周易 속 世上,
세상 속 주역

周易 속 世上,
세상 속 주역

정해왕 지음

"이 과제는 부산대학교 기본연구지원사업(2년)에 의하여 연구되었음"

㈜ 교학도서

『노자老子』에 이런 말이 있다. "문을 나가지 않고도 천하天下를 알고, 들창을 내다보지 않고도 천도天道를 볼 수 있다(不出戶, 知天下, 不闚牖, 見天道)".(『노자老子』제47장)

어떻게 하면 이런 경지에 이를 수 있을까.

고등학교 3학년 대학입시를 목전에 두고 있을 때, 주위의 핀잔을 들으면서도 수험서를 잠시 놓아두고 읽어 본『노자』속 글귀는 어린 마음에 오묘한 어떤 경지를 동경하게 했다.

고등학교 1학년 때 학교 도서실에서 늦도록 플라톤의『국가』와 『소크라테스의 변명』을 읽으며 철학에 관심이 있었던 터에, 3학년 담임 선생님이자 국어 선생님께서 수업 시간에 들려주셨던 동양철학 이야기가 솔깃하게 다가왔다. 그래서『노자』를 읽어 보기로 하였다.

그 당시 대학입시는 본고사도 있어 본고사 국어 시험에는 교과서 밖의 내용도 여러 가지 다루어지곤 하여, 참고서에는 그런 점을 반영하여 교과서보다 확장된 내용이 많이 수록되곤 했었다.

필자는 국어 교과서에 나오는 『두시언해 杜詩諺解』 중 언해 부분과 같이 수록된 두보杜甫 시의 원문을 대조해 보며, 언해의 어떤 구절이 원시의 어떤 시구를 번역한 것인지를 비교해 보았다.

본고사에 그런 문제가 나오기도 했기 때문이다. 내친김에 교과서 언해와 원시를 다 외워 버렸다. 한편으로는 국어 시간에 촉발된 동양철학에 대한 관심이 문학적 공부에 추진력을 더하였다.

심지어 서점에서 두보 시집도 샀다. 그뿐만 아니라 역시 국어 시간에 자주 언급되었던 이백李白의 시를 읽어보려고, 시집을 사서 원문과 번역을 대조해 보았다. 나아가 교과서 외로 확장하여 한문 참고서에 수록된 내용 중, 도연명陶淵明(본명 도잠陶潛)의 문학 작품을 읽고 읊조리기도 했다. 당시 특히 도가류의 낭만적 분위기가 좋았다.

그리고 소동파蘇東坡(본명 소식蘇軾)의 '적벽부赤壁賦'에도 매료되어 그것을 암송하기도 했다. 그 여운이 남아 많은 세월이 흐른 지난 2017년 여름, 배낭을 메고 중국 호북성湖北省에 있는 '적벽赤壁'에 가보았는데, 우연하고 신기하게도 '적벽부'에 언급된 시점(칠월기망七月旣望)이었다. 물론 『삼국지연의三國志演義』의 '적벽赤壁'도 같이 현장 답사하였다. 이런 관심들이 동양철학 전공으로 이어졌다.

그런데 대학에 들어간 직후, 선친께서 사 두셨던 『사서삼경四書三經』이 떠올라 그것을 찾아 마치 영어 해석하듯이 원문과 번역을 대조해 보았다. 마침 그 『사서삼경』은 '명문당明文堂'에서 나온, 어구에 대한 해설이 풍부한 버전이었다. 한문 해독력이 보다 늘어났다. 아버지께서 『사서삼경』을 사셨던 것이 다 계획이 있으셨던 것일까.

필자가 대학생으로 『주역周易』에 관심을 가지기 시작한 것이 바로 대학 1학년 때였다. 『사서삼경』 속의 『주역』이 특히 관심을 끌었다. 『주역』은 세상의 변화를 말하는 책이며, 나아가 그 변화의 이치를 이야기하는 책이라고 하였다. 그러면 『노자』의 저자는 혹시 『주역』을 읽고 그런 경지를 언급한 것은 아닐까 여겨졌다.

『주역』은 유가의 경전으로 되어있지만, 도가에서도 중요하게 다루고 있고, 그 대표적인 경우가 왕필王弼이 도가의 관점에서 『주역』을 해석한 것이다. 심지어 불교의 승려가 불교의 관점에서 주석을 단 경우도 있다. 어찌 보면 『주역』은 중국 공통의 문화자산이라고 할 수 있다.

그런데도 『주역』의 처세 관점을 보면, 변화의 흐름 속에서 때에 따라 진퇴進退를 결정한다는 측면에서 역시 유가적이라고 할 수 있다. 무엇보다 유가 쪽의 해석서가 압도적으로 많을 뿐만 아니라, 후대 유가 철학 사상 내용의 기본 요소가 많은 부분 『주역』에서 온 것이란 점이다.

필자는 고등학생 때 입시의 중압감 때문에라도 정신적으로 초탈의 분위기가 있는 도가류의 글을 좋아했지만, 대학에 들어와서 『사서삼경』을 읽으면서는 유가의 문헌에 관심을 두기 시작하였다. 당시 계열별 모집으로 대학에 입학하여 2학년으로 올라가면서 철학과를 선택했고, 당연히 동서양 다방면의 철학을 공부하였다. 그리고 학부 중간 최전방 군 복무 시기에 소대원들이 다들 각자의 사회 경험으로 허풍 치길래, 필자는 별 허풍 칠 게 없어 『주역』을 잘 아노라고 허풍 쳤다.

대학원에서는, 학부에서부터 아예 대학원 진학 시 『주역』에 대해 논문을 쓰리라 생각했으므로, 바로 그에 매진하여 석사 논문은 북송대北宋代 정이

程頤(정이천程伊川)의 역학 사상에 관해서, 이어 박사 논문은 조선조 정약용丁若鏞의 『주역』 해석 방법에 관해서 썼다.

전자는 역학사易學史에 있어서 이른바 의리역義理易 관점을 대표하는 역학 사상에 관한 것이고, 후자는 상수역象數易 관점에서 『주역』 텍스트를 분석하는 역학 사상에 관한 것이어서, 자연히 양자의 관점에서 『주역』을 폭넓게 공부하게 되었다.

철학과 교수로 강의와 연구를 본격화하고 나서는 서양철학 위주로 커리큘럼이 짜여 있는 우리나라 철학과의 현실로 인해, 혼자서 중국철학을 다 담당한 덕에 중국 철학사 전반에 관심을 가지게 되었고, 특히 그중에서 성리학性理學과 심학心學에 더 관심을 가지게 되었다.

그래서 『주역』 텍스트에 관한 직접적 논문은 잠시 접어두게 되었지만, 그 학문 역시 『주역』이 저변에 깔린 학문이니 『주역』은 중요하였다. 『주역』 텍스트에 대한 직접적 관심의 끈을 놓지 않고, 이따금 그에 관한 연구논문을 써 왔다.

대학 입학 후 처음 『주역』을 접했을 때의 소회는, 세상의 모든 것은 『주역』의 64괘卦라는 변화 패턴에 포괄되고, 64괘는 그 존재와 변화의 범주라고 여겨지는 것이었다. 그래서 세상의 모든 것은 마치 물리학에서 '통일장이론'을 꿈꾸는 것처럼, 『주역』 이론으로 설명되지 않을까 여겨졌다. 『주역』의 「계사전繫辭傳」에서도 '역易'을 '광대실비廣大悉備', 즉 '넓고 커서 모든 것을 다 갖추고 있다'라고 성격 규정을 하지 않았는가. 적어도 인간이 살아가는 세상이라도 『주역』으로 포괄적 설명을 할 수 있지 않을까 생각했다. 세상역시 64괘 패턴에 따라 존재하고 변화한다면, 결국 『주역』의 64괘卦 384효

爻 기호를 언어로 설명한 텍스트를 음미하고, 그것을 세상에 적용하여 설명할 수 있다고 생각하였다.

그런데 대학에서 학문적으로 『주역』을 연구하고, 논문을 쓰는 경우의 주제와 그 내용은 『주역』 텍스트 자체보다는 대개 그 속의 일부 용어와 개념을 뽑아내어 천착하거나, 특정 역학 철학자의 『주역』 연구 방법을 분석하는 것이다. 논문이라는 제한된 형식으로는 그럴 수밖에 없기도 하다. 필자가 의도하는 대로 『주역』 텍스트 전반과 세상을 상응시켜 해석하는 것은 논문이라는 방식보다는 『주역』 전체를 세상에 빗대어 해석하는 책으로 이루어져야 하는 것이었다. 필자는 『주역』의 진정한 의미는 세상사를 이야기하면서 드러날 수 있다고 생각한다.

그러던 터에 '국제신문' 제의로 '정해왕의 주역으로 보는 세상'이라는 코너를 맡게 되어, 2007년 연초부터 매주 수요일마다 1회씩, 1년 넘게 연재하면서 매주 하나의 괘를 설명하는 글을 썼다. 그런데 신문 지면의 한계 상 200자 원고지 10매 이내로 내용을 표현할 수밖에 없어 충분히 설명하지 못하였는데, 신문사 사정으로 완결을 코앞에 두고 연재를 계속하지 못하게 되었다. 연재가 미완성으로 끝나자, 어떤 독자분은 연구실에 전화를 걸어와 아쉽다면서, 책으로라도 완성해 주면 좋겠다고 했다. 어떤 독자분은 지금도 자신의 블로그에 연재 내용을 올려놓고 있다. 필자 글에 관심이 있는 독자분들의 호응에 답하기 위해서도 그렇고, 필자 역시 어차피 연재가 완결되었더라도 그러한 계획을 세우고 있던 터라 이른 시일 안에 착수하려고 했었다.

그렇지만 강의와 논문 쓰기에 바빠 차일피일 미루다 10년이 넘는 세월을 보냈다. 그러다가 작년 초 이제 더 이상 미루어서는 안 되겠다는 생각으로 집필에 착수하였다. 처음에는 신문 연재 원고를 조금 더 보충, 확장하는 정도이면 되리라고 여겼는데, 막상 시작하니 생각이 많아져 글도 길어지게 되었고, 이전의 원고도 많이 수정하게 되었다. 만들어진 글은 원고량만 해도 신문 연재 원고보다 4배를 훨씬 넘을 뿐만 아니라 기존의 신문 원고도 많은 부분이 수정되어 사실상 거의 새로운 저술이 되었다.

이렇게 쓴 이 책은 필자가 보기에 이전에 시도한 적이 그다지 없는 방식이다. 『주역』 텍스트를 세상일에 빗대어 해설하는 것은 사실상 역학사에 있어서는 정이程頤와 같은 의리역가가 시도한 방식이다. 그러나 그가 쓴 내용은 시대적, 문화적 한계로 사례가 상당히 제한적이고, 특히 오늘날에는 공감하기 어려운 부분이 많은 데다가, 역학의 특수한 이론을 들어서 설명하는 방식도 많이 삽입되어 있다. 현대는 중국의 『주역』 연구자 중에 필자의 의도와 비슷한 시도를 한 책들을 일부 볼 수 있으나, 필자의 방식과는 상이한 점이 많았다.

본서는 먼저 『주역』 64괘 괘사卦辭와 효사爻辭 원문을 모두 번역하여 소개하면서 시작된다. 많은 부분이 누가 번역하더라도 그렇게 해석하고 번역할 수밖에 없지만, 이전의 해석과 번역이 적절하지 않다고 여겨지는 부분은 필자 나름대로 해석하고 번역하였다.

해석에 있어서 가장 많이 거론되는 정이(즉 정자程子)와 주희朱熹(즉 주자朱子)의 해석 중 불만스러운 부분은 필자의 해석을 제시하고, 주석에 그 점을 밝혔다. 그리고 괘마다 해당 괘의 총설과 괘사 해설을 실어, 괘마다 그 괘사의 의미를 세상사에 빗대어 설명하였다. 각 괘의 효사 역시 세상사에 빗대어 설명하였다. 이러한 과정에서 괘효사 원문의 모든 글자를 빠짐없이 세상사를 해석하는 근거로 제시하였다. 그리고 필자 나름대로 많은 주석을 달아, 책 뒷부분에 미주 형식으로 실었으므로, 독자분들께서 참고하시기 바란다. 고전은 언제나 새로운 관점으로 재해석될 수 있고 그렇게 해야 하는 것이지만, 필자는 특히 오늘날의 관점으로 해석하려고 했다.

그리고 글 속에 제시된 여러 역사적 사실에 관한 것은 필자가 배우며 공부한 지식과 그에 관련되는 자료에서 얻은 것이다. 하지만 역사 역시 언제라도 새로운 해석이 가능하여, 이전의 해석에 새로운 견해가 제기되기도 한다. 그러한 역사적 사실과 『주역』의 괘효사를 상응시킨 것은 어디까지나 지금껏 사실로 거론된 역사적 내용이 사실로 인정된다는 전제에서 성립되는 것임을 말해 두려고 한다.

필자는, 괘효사는 그 괘효에서 얻어지는 이미지로 썼다고 생각한다. 거론되는 사례들이 상응하는 이미지일 때 그러한 해석이 가능하다고 보는 것이다. 만일 역사적 사실 여부가 달라지면, 상응함이 더 이상 성립하지 않을 뿐이지, 그 괘효와 괘효사의 이미지는 여전히 남아 있는 것이다. 괘효사에 상응시킨 다른 문제들도 마찬가지다.

본서의 가장 큰 특징은 『주역』 64괘의 순서를 하나의 의도된 스토리로 본다는 점이다. 이 순서를 의미 있게 본 『주역』 「서괘전序卦傳」은 짤막짤막한 말로 그 연쇄적 논리를 설명하였다. 정이程頤 역시 이 점을 주목하여, 각 괘에 대한 풀이를 시작할 때마다 「서괘전」의 연쇄 논리를 언급하였다. 본서 역시 이러한 순서에 따른 『주역』 이야기를 의미 있다고 본다. 나아가 『주역』의 저자에 의해 의도된 안배라고 생각한다.

그런데 한편으로는 이러한 괘 순서가 『주역』이 만들어질 때 원래 정해진 순서가 아니라는 주장도 있다. 그 근거 중 하나가 1970년대 초 중국 호남성湖南省 장사시長沙市에서 서한西漢 시기의 부장품으로 추정되는 '마왕퇴백서본馬王堆帛書本'의 여러 문헌이 출토되었다는 점이다. 그중 『주역』의 괘 순서는 '통행본'하고는 아주 다르다. 괘 순서는 『주역』의 중요한 세계관을 반영한다. '백서본'의 괘 순서가 '통행본' 『주역』의 괘 순서와 다르다는 것은 그 세계관이 다르다는 것이다.

'백서본' 『주역』은 하나의 특수한 판본으로서 고고 문헌학적 의미는 있어도, '통행본' 『주역』처럼 수많은 세월을 통해서 그 내용과 사상의 가치가 검증된 경우에는 비할 수가 없다고 생각한다. 역학사와 철학사에서 의미를 가지는 것은 '통행본' 『주역』이라고 할 수 있고, 본서는 그 가치를 인정하는 토대에 선 입장이다.

어쨌든 『주역』은 상商나라(은殷나라) 말 주周나라 초에 성립되었으며, 그 저자는 당시 주周 문왕文王과 그의 아들 주공周公일 것이라는 전설이 있다. 이들이 실제 저자인지는 오늘날에는 밝히기 어렵고 그들이 실제 괘의 순서를 정했는지도 알 수 없으며 오히려 후대에 그 순서가 정해졌다는 학설도 있지만, 본서에서는 일단 전통적 견해로 썼다. 이외에도 『주역』에 관한 많은 부분이 학술적으로 논란이 있지만, 사실상 오늘날 명확히 밝힐 수는 없는 문제들이다.

백번 양보하여 비록 알 수 없는 가상의 저자라 하더라도 지금 문헌으로서의 『주역』 통행본의 존재는 분명히 있고, 그 문헌의 가치도 존재하며, 그 괘 순서의 스토리에 설득력 있는 의미가 있으므로, 본서에서는 그 점에 주목하여 내용을 전개하였다.

또 본서에서 한자음漢字音을 표기할 때는 필자 나름대로 고집을 부렸다. 우리 어문표기 방식에 두음법칙頭音法則이란 것이 있어 한자 원음이 그로 인해 제대로 드러나지 않는 데다가, 그에 더하여 한글전용을 장려하는 분위기로 인해 원문의 한자음이 이로 인해 왜곡되고, 의미 전달에도 혼란이 발생하는 현상이 있다. 더구나 오늘날 한자에 대한 지식도 예전 같지 않아, 그러한 점을 더 가중하고 있다.

따라서 본서는 괘의 명칭과 『주역』 원문 한자漢字의 음표기에 있어서 두음법칙을 적용하지 않고 한자의 원음을 표시하였다. 그 고유한 음에 대한 왜곡과 오인을 피하기 위한 방어책이다. 그렇지만 해설의 일반적 본문에서는 두음법칙을 따랐음을 밝혀둔다.

이 책을 오래 마음에 두고 계획한 필자로서는 참으로 감회가 크다. 그리고 이 책이 세상에 나올 수 있었던 것은 무엇보다도 출판을 수락해주신 ㈜교학도서의 배려 덕분이다. 정말 깊이 감사드린다. 이 책은 필자가 처음 『주역』을 접하고 오랜 세월 가져온 『주역』에 대한 나름대로의 이해에 따른 것이다. 그렇지만 그 평가는 당연히 세상의 독자분들이 하실 것이다. 독자분들의 충고와 질책을 기다린다.

2020년 11월 하늘 맑은 날
금정산金井山 기슭에서
저자 정해왕 삼가 씀

『주역』을 어떻게 읽나?

1. 역易의 의미

'역易'이란 무엇인가. 한 마디로 '변화變化'다. '역'은, 현상 세계의 일체 존재는 변하며 변하지 않는 것은 아무것도 없고 변하지 않는 것은 오직 변한다는 사실뿐이라는 것에서 출발한다. 이것을 움직일 수 없는 진리로 여겨 그러한 변화를 한자漢字로 표현하여 '역易'이라고 한다. 중국 상고시대 사람들이 삶 속에서 얻은 경험의 결과일 뿐만 아니라 지금도 앞으로도 사실상 누구라도 알 수 있는 당연한 사실이 '변화'라는 것이다. 다만 『주역』 「계사전繫辭傳」에서 말하는 것처럼 백성들, 즉 일반 사람들은 날마다 쓰면서도 모른다. 마치 우리가 날마다 공기로 호흡하면서도 그 존재를 평소에 자각하지 않고 무심히 살아가는 것처럼.

그런데 이 변화는 아무렇게나 전개되는 것은 아니다. 일정한 규칙이 있다고 생각했다. 경험상 낮과 밤이 번갈아 계속되고 추위와 더위가 교차하는 것처럼. 만일 규칙이 없다면 우리는 불확실성 속에서 불안한 나날을 보내야 할 것이다. 어두운 밤이 지나고 나면 또 해가 떠올라 밝은 낮이 되리라는 것을, 추운 겨울이 지나고 나면 다시 따뜻한 봄이 오리라는 것을 믿기에 살아갈 수 있다. 중국 상고 시대 사람들은 변화에는 규칙이 있고, 이러한 규칙에 따라 변화가 전개된다고 막연히 생각하였다.

그래서 처음에는 그 규칙성에 대한 관심보다는 현상의 전이轉移 과정에 주로 관심을 가졌다. 즉 어떤 과거에서 현재로 전개되었고, 현재는 어떤 상황이며, 미래는 어떻게 전개되어 갈 것인가 하는 것이다. 이것을 알기 위한 방법이 곧 '점占'이었다. 그래서 변화를 말하는 '역易'은 '점占'과 관련되었다. '점'은 인간이 종교적 존재와 교감하는 일종의 종교적 행위다. 이 행위를 통하여 종교적 존재가 변화의 상황을 계시해준다는 것이다. 그 말은 그러한 존재를 전제할 때에 가능한 이야기다. 그러한 종교적 존재는 고대 중국의 경우 '귀신鬼神'이며, 나아가서는 '천天', 즉 '하늘'이었다. 이러한 종교적 존재의 실재성을 믿는 것이 고대 원시종교다.

세상이 변화하고 그 변화가 무질서한 것이 아니라면, 거기에는 규칙성이 있다는 말이 된다. 그렇다면 중국 상고시대의 '하늘'이나 '귀신'은 세상의 변화 자체에 개입하여, 거기에 영향을 미치는 '기적'과 같은 것을 일으키는 종교적 존재와는 다르다는 이야기다. 다만 변화 상황을 계시해 줄 뿐이다. 세상은 종교적 존재와는 무관하게 자체 규칙, 나아가서 원리에 따라 변화한다는 것이다.

'역易'의 문자 의미는 곧 '변화'이면서 동시에 그러한 세상 변화의 패턴이나 원리를 말한다. '점'을 치는 목적은 종교적 존재로부터 특정 상황이 세상 변화의 어떤 패턴 중 어디에 속하는 경우인가를 계시받기 위해서다. 그 상황은 현재 상황이면서 동시에 과거와 미래가 연결된 것이 므로 과거를 해석함과 동시에 미래를 예측하는 목적도 있다.

'역'은 나아가서 이 세상 변화 패턴을 구체화하여 표현한 것으로 나타난 다. 그 표현은 먼저 기호로 표시되었다. 그래서 '역'의 의미가 확장되어 그 패턴이 기호로 표현된 것을 말하게 되었다. 그것을 '괘卦'라고 하였다. 어떤 사람은 이 글자가 점칠 때의 그 메시지를 걸어놓는다는 의미의 '괘掛'에서 나 왔다고도 하지만, 그다지 중요하지는 않다. 그보다는 그 글자에 역시 '점占' 을 의미하는 '복卜'이라는 글자 요소가 있는 것이 오히려 점과 관계된다.

그리고 나중에는 그 기호의 상징성만 가지고는 구체적 표현이 어려워 그 것을 표현하는 언어를 붙이게 된다. 그래서 변화의 패턴이 표현된 기호, 그 리고 그것을 또다시 언어로 표현한 것이 '역'이 되었다. 나아가 그 기호와 언 어를 총체적이고 체계적으로 표현한 문헌이 곧 '역'이 되게 된다. 그래서 이 후 점을 칠 때 점의 결과를 구체적으로 표현할 때 참조하는 편리한 수단으 로 된 것이다. 그런데 이렇게 문헌화한 기호와 언어의 체계가 곧 반드시 종 교적 행위인 '점'과 결부되지 않으면 안 되는 것일까.

세상 변화의 패턴은 결국 변화의 다양한 '경우의 수'로 전개되어 표현된 다. 그래서 '괘'는 그 '경우의 수'를 표현하는 기호가 되는 것이다. 그런데 '역' 의 특징은 이 '경우의 수'가 그저 아무렇게나 규칙성 없는 임의의 것이 아니 라, 질서 정연한 논리적 양상으로 나타난다는 것이다. 가장 간단한 것은 양 자택일이다. 길을 가다가 두 갈래의 갈림길을 만났을 때, 어디로 가야 할지 모르고 양쪽 길에 관한 아무런 정보도 없고, 어쨌든 둘 중의 하나를 선택해 야 한다면, 그 '경우의 수'는 둘이다. 정보가 있다면 그에 따라 판단하겠지만, 그렇지 않으면 프로스트의 '가지 않은 길'처럼 한쪽 길에 미련을 가지며 임의로 하나를 선택해야 한다. 그런데 만약 종교적 존재가 있어서 답을 제시해 준다면 어떨까. 그런 생각으로 나온 행위가 '점'이다. 하늘이나 귀신과의 감응을 바라는 것이다. 동전을 던져서 어느 면이 나올까, 그 결과에 따르듯이 결정할 것이다. 하지만 만약 종교적 존재가 없다고 해도 남는 것이 있다. 그것은 그러한 '경우의 수'에 관한 패턴이다.

만일 양자택일에서 선택지의 정보가 있거나 미루어 짐작하는 인간의 지혜가 있다면 점을 치지 않아도 될 것이다. 그래서 '역'은 점에서 출발했지만, 반드시 점에 종속될 필요는 없다고 할 수 있다. 어떤 선택지가 있고, 결정하는 데 '점'을 동원한다면, 우리가 수학 시험을 칠 때, 여러 가지 선택지 중에서 답을 골라야 하는 것도 점과 결부시킬 수 있을 것이다.

수학 시험을 칠 때 당연히 기대하는 것은, 스스로 문제 풀이 능력을 키워 답을 고르는 것이다. 그러나 그렇지 못할 때 어떤 학생들은 소위 '찍기'라는 것을 하기도 한다. 그저 무턱대고 찍을 수도 있고, 선택지 숫자에 따라 연필이나 펜을 굴릴 수도 있을 것이다. 그것도 말하자면 '점'이라고 할 수 있다. 그러나 우리는 수학책을 '점서占書'라고 하지 않는다.

만일 그렇게 생각한다면 어떤 분야도 점이 아닌 것이 없다. 관건은, 어떤 것을 결정할 때, 이성적 지혜에 의존하느냐 종교적 존재에 의존하느냐 아니면 그도 저도 아니고 그저 우연에 맡기느냐 하는 데 있는 것이지 어떤 제시된 선택지들에 있는 것은 아니다. 따라서 '역'은 점에서 출발했지만, 반드시 점과 관련되어야 하는 것은 아니다. 순자荀子는 "역易을 잘하는 이는 점을 치지 않는다(善爲易者, 不占)"라고 하였다. 말하자면 수학 실력이 있는 학생은 '찍기'를 하지 않는다는 것이다. 수학 이론과 '찍기'가 별개일 수 있듯이, '역'의 이론과 '점'이 별개일 수가 있는 것이다.

실제로 처음 '역'이 나왔을 때는 중국 상고시대 원시종교와 관련되었지만, 이후 합리적 이성을 사용하는 계몽시대로 발전했고, 철학의 시대가 시작되었다. 그 첫 주자가 바로 공자孔子이며, 공자는 '괴怪', '력力', '난亂', '신神'과 같은 불합리한 것을 추구하는 데 반대했다. 순자도 그 후계자 중 한 사람이다. 흔히 '역'을 이야기할 때, 공자에 의해서 '역'에 관한 문헌이 점술에 관한 '점서'에서 '철학서'로 되었다고 하는데, 이러한 점을 반영하는 것이다.

그래서 '역'과 '점'이 서로 관련 있는데, 이제 '점'을 뺀다면 결국 변화에 관한 이론만 남는다. 훗날 '역'에 관한 문헌을 철학서로 볼 때는, 바로 '역'을 이 변화에 관한 이론을 말하는 문헌으로 본다는 것이고, '역'을 연구함도 곧 이 변화의 이론을 연구하는 것이 된다. 그것은 곧 '역'에 관한 기호인 '괘'와 괘의 구성요소인 '효爻', 그리고 그 괘와 효를 표현한 언어를 연구하고 해석하는 것이며, 이것을 '역학易學'이라고 한다.

2. 『주역周易』이라는 문헌

중국 고대에 '역'이라는 말이 변화의 개념에서 시작하여 변화 패턴을 말하는 기호와 언어를 수록한 문헌의 의미를 지니게 되었는데, 그런 종류의 문헌 중 하나가 『주역』이다. 그중 '하나'가 『주역』이라는 것은 중국 고대에 『주역』 외에도 그러한 종류의 문헌이 더 있었다는 말이다. 문헌으로서 '역' 이외에 다른 것도 있었다는 것이다. 전해지기로는『주역』이전에 두 종류의 '역'이 더 있었다고 한다. 그것은 하夏나라의 역인『연산역連山易』, 상商(은殷)나라의 역인『귀장역歸藏易』을 말한다. 그러나 이 두 '역'은 그 명칭만 기록에 남아 전해지고, 그 실물은 사라지고 전해지지 않는다고 한다. 그래서 현존하는 역은『주역周易』뿐이어서 오늘날 역이라면 곧『주역』을 말하는 것이 되었다고 한다.(『주역』은 '주나라의 역'이라는 의미인데, 어떤 견해로는 '주周'가 '두루'의 의미이므로 '주역'은 '두루 변함', 즉 변화의 보편성을 말한다고도 한다.)

이름만 전해지는 그 두 '역' 이전에는 그러한 문헌이 있었다는 이야기는 없지만, '역'이라는 관념과 그것을 기호로 표현한 것은 이미 상고시대에도 있었다고 한다. 그 최초의 시도자가 전설적 인물 복희씨伏羲氏(또는 포희씨包犧氏라고도 함)이다.『주역』의 첫 번째 해설서 중 하나인『주역』「계사전繫辭傳」에는 복희씨가 위로 천문天文을 보고 아래로 지리地理를 살피며 조수鳥獸의 무늬와 땅의 마땅한 상태를 보고, 또 가까이는 몸에서 멀리는 현상 세계의 사물에서 취하여, 그러한 이미지로부터 처음으로 변화의 패턴을 지칭하는 범주인 여덟 개의 괘, 즉 세 줄로 만들어진 '팔괘八卦'를 만들어서, 신묘하고 밝은 덕을 통하면서 현상 세계의 만물을 분류하였다고 적고 있다.

상대적으로 소박했던 그 시대에는 만물을 '팔괘'라는 정도의 범주로 분류해도 충분하였고, 그것을 언어화하지 않고 기호만으로도 표현 가능했지만, 이후 세상이 복잡해져서 그 범주를 더 세분할 필요가 있어 8괘를 거듭 만나게 하여 8×8=64가지의 범주로 만들었다고 한다. 그래서 만들어진 것이 64괘의 기호라고 한다. 이렇게 64괘를 만든 이는 상商나라 말기 그 마지막 임금인 주왕紂王의 박해를 받던 주周나라 문왕文王이라고 한다. 그래서 문왕이 64괘의 기호를 언어로 설명하여 만든 것이 곧 『주역』이라는 것이다. 또 64괘의 각각은 여섯 줄로 만들어져 있고, 그 줄 하나하나를 효爻라고 부르는데, 문왕은 이 괘와 효에 언어를 붙였다고 한다. 괘에 붙인 언어는 괘사卦辭라고 하는 것이고, 효에 붙인 언어는 효사爻辭라고 하는 것이다.

그러면 복희씨 후 세월을 뛰어넘어 주 문왕에게 와서야 하나의 문헌이 만들어진 것처럼 되지만, 앞에서 말한 대로 그사이에 하나라의 『연산역』, 상나라의 『귀장역』이 있었다는 전설도 있다. 하지만 그 둘은 어차피 전해지지 않으니, 결국 『주역』만을 말할 수밖에 없다.

그런데 학설은 다양하여 복희씨가 이미 8괘와 64괘를 모두 만들었다고 하는 견해가 있고, 또 그 언어인 괘사와 효사, 괘사는 문왕이 지었지만 효사는 그의 작은 아들인 주공周公이 지었다는 견해도 있다. 그래서 『주역』이 이루어지기까지 복희씨와 문왕, 주공의 세 사람이 관여되었다는 것이다.

이상에서 말한 어떤 견해든지 그것은 전통사회에서 이야기되던 것이었고 현대의 중국 학자들은 그러한 견해들을 의심한다. 『주역』이란 어떤 특정인의 손에 의해서 만들어진 것이 아니라 오랜 세월 여러 사람에 의해 일련의 과정을 거쳐 이루어진 것이라고 주장한다. 『노자』라는 책도 노자라는 특정인이 쓴 것이 아니라, 여러 사람의 주장이 모인 것이라고 이야기되는 것과 마찬가지다.

본서는 사람에 따라 문헌의 저자가 누구인가가 중요하기도 하겠지만, 그보다는 그 책의 의의와 가치가 어떤가가 더 중요하다는 견해다. 『주역』도 『노자』도 누가 썼느냐가 아니라 그 책의 의의와 가치가 어떠하며 학술사에 어떤 영향을 끼쳤는가가 중요하다고 생각한다. 본서의 본문에는 편의상 전통적 견해에 따라『주역』의 저술에 주 문왕이, 나아가서는 주공이 관여되어 있다는 방식으로 서술하고 있다.

그러나 그것은 그것을 사실로 말하려는 것이 아니라,『주역』의 내용을 설명하면서 관련 내용이 있을 때, 그 내용의 취지를 말하기 위한 방편으로 거론하는 것이다. 본서는 8괘가 있고 난 다음에 그것이 중복되어 64괘가 되었다는, 유력했던 전통적 견해를 인정하지 않는다. 복희씨가 괘를 그었던, 아니면 알 수 없는 다른 어떤 사람이 그었던, 괘는 처음부터 64괘로 출발했다고 생각하는 것이다. 처음 8괘만 있었다면, 세상의 변화를 설명하는 데에 있어, 아무리 상고시대라지만 단지 그것만으로 복잡한 세상의 변화를 설명할 수 있었다는 것은 납득할 수가 없다고 생각한다. 정약용丁若鏞도 처음부터 64괘 상태였다고 주장한다.

본서는 흔히 이야기하는 대로 8괘가 있고, 그것이 나중에 중복되어 64괘가 된 것이 아니라, 처음부터 64괘가 존재하고 이를 설명하는 방식으로 그 요소인 8괘의 개념을 도입했다는 입장이다. 64괘의 각각은 여섯 획으로 이루어져 있고 8괘는 세 획으로 이루어져 있는데, 여섯 획 내에 있는 8괘의 요소를 가지고 64괘 각각의 이미지를 생각하여 그것을 언어적으로 만든 것이 괘사와 효사라는 것이다.

그리고 그것을 언어화한 이가 누군가 하는 것은 편의상 주 문왕을 내세우고 있지만, 그 점을 중요시하지는 않고『주역』이라는 문헌이 이 세계, 세상의 변화를 어떻게 설명하고 있는가를 중요시하는 입장이다.『주역』이라는 문헌의 유래를 설명하는 것은 그것대로 의미는 있겠지만, 완전히 밝혀질 수는 없는 것으로 철학적 의미가 더 중요하다고 생각한다.

어쨌든『주역』은 처음에는 점을 치는 데 활용되어 점서의 역할을 했는데, 시대가 흘러 문명이 더욱 발전하고 사람들이 계몽되어 세상을 합리적으로 해석하려는 시도가 이어졌다. 그것이 본격화한 때가 춘추 말기에 나타난 공자로부터 이후 전국시대의 여러 철학자가 등장한 제자백가諸子百家의 활동 시기다.

그러면서『주역』을 철학적, 합리적으로 해석하려는 시도가 있게 되었다. 세상의 변화 패턴을 말하는 것이『주역』인데, 그것이 실제 세상의 특정한 상황에 어떻게 대응되는가를 알고 싶을 때 점을 쳤지만, 만일 그러한 정보를 알려주는 종교적 존재를 믿지 않는다면, 그렇다고 해도 여전히 남는 것은 그 변화 패턴이다.

『주역』을 철학적으로 해석한다는 것은 그 변화 패턴, 즉 64괘 패턴을 해석하는 것이 된다. 이것은 종교적 존재와 무관하게 가능한 것이고 나아가 그 변화 자체도 종교적 존재와 무관하게 어떤 원리에 따라 이루어진다면, 그 원리를 파악하는 것, 즉 변화의 원리를 얻는 것이 중요하고, 순자가 '역'을 잘하는 이는 점을 치지 않는다고 한 것은 결국 종교적 존재에 묻는 것이 아니라 원리를 획득하는 인간 이성 스스로에게 묻는 것이 되는 것이다. 순자는 전국시대 말기 사람이고, 이러한 최초의 시도자는 전통적 견해로는 공자라고 한다. 공자는 이전부터 전해 오던『주역』이라는 문헌에 종교성을 배제하고 철학적, 합리적으로 해석하였고, 전통적 견해로 그렇게 이루어진 것이 「십익十翼」 또는 「역전易傳」이라는 최초의『주역』 해석서라고 한다. '십익'은 열 개의 날개라는 의미다. 날개는 새가 나는 것을 돕는 것이므로『주역』의 의미를 이해하도록 돕는 10가지 해석서라는 것이다. 이로 인해, 『주역』

이 점서에서 철학서가 되었다고 한다.

다음이 그 10가지다.

① 「단전彖傳 상上」 　　　　　② 「단전彖傳 하下」

③ 「상전象傳 상上」 　　　　　④ 「상전象傳 하下」

⑤ 「계사전繫辭傳 상上」 　　　⑥ 「계사전繫辭傳 하下」

⑦ 「문언전文言傳」 　　　　　⑧ 「설괘전說卦傳」

⑨ 「서괘전序卦傳」 　　　　　⑩ 「잡괘전雜卦傳」

이를 구체적으로 보면 다음과 같다.

① 「단전彖傳 상上」, ② 「단전彖傳 하下」

'단彖'은 '단斷'과 같은 뜻으로 괘사卦辭를 판단判斷, 또는 단정斷定한다는 뜻이다. 괘마다 붙어 있는 괘사는 '단사彖辭'라고도 하는데, 「단전彖傳」은 그 해석이다.

③ 「상전象傳 상上」, ④ 「상전象傳 하下」

'상象'은 본뜬다는 뜻으로 「상전象傳」은 각 괘의 괘사를 해석한 '대상大象' 과 각 괘의 효마다 붙어 있는 효사를 해석한 '소상小象'으로 구성되어 있다.

⑤ 「계사전繫辭傳 상上」, ⑥ 「계사전繫辭傳 하下」

'계繫'는 묶는다는 뜻으로 괘사와 효사를 묶어 해석한 것이다. 『주역』의 문헌 내용 전반에 관한 총괄적 해석으로서, 『주역』의 대의를 통론한 것이므로 「역대전易大傳」이라고도 한다.

⑦ 「문언전文言傳」

'건괘乾卦'와 '곤괘坤卦' 두 괘에 관한 보다 상세한 해석이다.

⑧ 「설괘전說卦傳」

8괘의 성질性質, 방위方位, 그 상징象徵하는 의의와 8괘를 구성요소로 하는 중괘重卦인 64괘의 유래를 해석한 것이다.

⑨「서괘전序卦傳」

오늘날 전해지는『주역』의 문헌 형태 그대로의 64괘 순서에 대해서 그 이유를 계통적이고 연쇄적인 논법으로 풀이한 것이다.

⑩「잡괘전雜卦傳」

『주역』에 열거하고 있는 64괘는 '건괘乾卦'와 '곤괘坤卦'를 비롯하여 둘씩 짝을 지어, 기호로 보면 그 음양이 반대이거나 그 위치가 반대인 관계에 있는데, 이러한 것을 설명한 것이다.

「십익」 또는 「역전」은 사마천司馬遷이 그 지은이를 공자孔子라고 하여 전통적으로 공자가 지은 것으로 알려져 왔다. 그러나 북송대北宋代의 구양수歐陽修가 「계사전」의 지은이를 의심한 것을 시작으로 청대淸代에서 현대에 이르기까지의 많은 학자는 그 10편이 모두 동일한 시대에 동일한 인물에 의해 이루어진 것이 아니라며 공자 저자 설을 부정하고 있다.

원래『주역』이란 당연히 「십익」이 있기 전의 괘와 효, 괘사와 효사만을 이르는 말이었지만, 이후 「십익」의 가치가 높아지게 되어 이 부분까지도『주역』에 포함해 부르게 되었다. 그리고『주역』을 일명『역경易經』이라고도 하지만 현대의 중국 학자들은 「십익」을 뺀 원래의 주역을『역경』이라고 부르고, 「십익」을 「역전」이라고 부르므로, 그 명칭에도 차이가 있는 점이 있다.

「역전」 즉 「십익」은 비록 후대의 다른『주역』 해석들보다 존중받고 우월적 지위를 가지게 되어『주역』에 포함되는 대접을 받고 있지만, 그래도 원래『주역』 자체는 아니고 그에 대한 해석이다. 다만 최초의 해석이라는 점이 있다. 이 최초의 해석 이후 역사를 통해서 오랜 세월 수많은 해석이 나왔고, 그러한 해석사가 곧 역학사易學史를 형성하였다. 역학사를 해석 경향에 따라 분류하는 방법도 다양하지만, 가장 대표적이고 대체적인 분류는 『주역』의 기호와 언어의 유래를 해명하는 상수역象數易과 『주역』의 도덕적 의미와 인간사의 연관성을 말하는 의리역義理易이다.

본서에서는 「역전」 역시 비록 최초의 해석이기는 하지만 일단 해석의 지위로 보고, 본래의 『주역』 내용을 세상사와 연관하여 해석하고 이해하는 입장에서 해설하려고 한다.

3. 『주역』의 기본적 세계관과 인생관

『주역』이 비록 점서로 출발하였지만, '점'에 관한 종교적 부분을 접어 둔다면, 세계 변화에 대한 64가지 형식의 패턴과 그 패턴 전개 규칙만 남는다. 패턴과 규칙은 세계의 변화뿐만 아니라 인생의 변화에도 적용된다. 사실상 점서로 간주하는 『주역』이야말로 결국 인생의 굽이굽이에서 선택과 결정의 순간에 어떻게 할 것인가 하는 용도의 문헌이다. 이 문헌을 철학적으로 해석해도 점 부분만 배제하면, 결국 삶에 관한 철학으로 인생관을 말하는 문헌이 된다. 『주역』의 관점에서는 세계도 인생도 일체가 『주역』의 원리 속에 포섭되는 것이다.

『주역』은, '역'이란 글자의 의미처럼, 이 세계는 변화하지 않을 수 없고, 만일 변화하지 않는다면 그것은 곧 세계가 죽은 상태라고 본다. 세계 전체가 하나의 생명체로서 변화하며 운동한다. 『주역』을 철학적으로 해석함은 그 변화와 운동 방식의 양태와 원리를 말함에서 시작된다. 『주역』 사상뿐만 아니라, 중국 고대로부터 비롯된 철학들은 대체로 우주宇宙를 하나의 큰 생명 유기체로 본다. 그 생명체의 활동이 곧 변화로서의 '역易'이다. 그래서 「역전」 중 「계사전」은 이 점을 두고, "생生하고 또 생生함을 일러 '역易'이라고 한다(生生之謂易)"라고 하였다.

『주역』에서 말하는 이러한 생명체로서의 세계 변화는 또 퇴락하는 변화가 아닌 날로 새로워지는 변화다. 이 변화는 항상 새롭게 진보하면서 낡고 묵은 것을 털어 내고 발전하는 변화로, 어떤 고착적인 것을 거부한다. 그래서 「계사전」에서는 이를 두고 "날로 새로워지는 것(일신日新)을 일러 '성덕盛德'이라고 한다"라고 했는데, 이 '성덕'이란 세계 변화의 왕성한 힘이란 의미다. 이러한 왕성한 힘으로 세계는 살아있는 생명체로서 끊임없이 변화한다는 것이다.

세계의 자연적 측면인 '우주宇宙'라는 한자어는 공간과 시간이라는 의미다. '우宇'가 공간이고 '주宙'가 시간이다. 즉 '우주'라는 말 자체가 공간과 시간이 병합된 개념이다. 변화란 사실상 공간의 시간에 따른 추이推移를 말한다. 『주역』에서 말하는 변화는 때[時]에 따른 변화로 이를 매우 중시한다. 공간을 점유하고 있는 각 존재자의 시간적 추이가 중요한 것이다.

존재자 중 하나인 인간이 삶을 꾸려 나가는 데에도 때가 중요하다고 본다. 모든 변화에는 때가 있으며, 때가 성숙해야 변한다. 삶에서의 행위도 때에 맞춰서 해야 한다. 그래서 「역전」 중 「단전」의 이 말은 그 점을 단적으로 보여주고 있다. "때가 그쳐야 할 때면 그치고, 때가 행해야 할 때면 행하며,

활동하고 정지함에 그때를 잃지 않으면, 그 도道가 빛나고 밝아질 것이다(時止則止, 時行則行, 動靜不失其時, 其道光明.『주역』「간괘艮卦 단전象傳」)."

그런데 우리는 이러한 변화 속에서 때에 맞는 행동을 하려고 해도 그 맞추기가 참으로 어려움을 안다. 우선 그 변화의 과정을 인식하기가 쉽지 않기 때문이다. 변화는 어느 순간 그 결과만으로 갑자기 우리 앞에 나타나는 경우가 매우 많다. 영국 시인 바이런은 어느 날 자고 일어나 보니 하루아침에 갑자기 자기가 유명해져 있었다고 말했다지만, 어떤 사람의 몰락도 어느 날 갑자기 일어나기도 한다. 좋은 일이든 나쁜 일이든 어느 날 발생한 것 같은 일이 흔히 있다. 특히 어떤 대형 사고를 어느 날 뉴스에서 갑자기 접하게 된다.

이렇게 갑자기 일어나는 어떤 변화를 두고 '돌변突變'이라고 한다. 흔히 '돌변의 사태' 운운하는 일이 있다. 그러나 『주역』의 관점으로는 세상에 '돌변'이란 없다. 그 원인은 이미 이전에 발생하였고, 그다음 성숙 과정을 거쳐 어느 날 '돌변'인 것처럼 나타날 뿐이다. 그것은 그 이전의 원인에 대한 결과일 뿐이다. 다만 우리가 그 원인과 과정을 눈치채지 못했을 뿐이다. 이러한 '돌변'은 우리가 눈치채기 어려울 정도의 어떤 미시적 원인과 과정을 거치므로, 그 미시적 원인과 과정이 어느 날 드러난 거시적 결과로서의 변화이며, 그로 인해 인식하기 쉬운 가시적 변화가 되었다는 것이다.

『주역』에서는 엄밀히 말해서 세상에 '돌변'이란 없으며, 그 반대로 점차로 변화하는 '점변漸變'만 있다. 사실상 세계 모든 변화는 원래 '점변'이라 할 수 있다. 이렇게 '점변'이라고 말할 수 있는 변화는 '돌변'이라는 결과가 나오기 전, 원인으로부터 진행된 미시적, 단계적 과정으로의 변화이며, 우리가 그것을 인식하기 어려우나 실제적 변화 그 자체다. '돌변突變'이란 '점변漸變'의 결과가 인식하기 쉽게 드러나는 것이다. 이러한 이치를 모르는 사람은 '돌변'만을 보고 '점변'을 보지 못하지만, 지혜로운 사람은 사실상의 모든 변화란 곧 '점변'임을 안다.

이 점을 「역전」 중 하나인 「문언전文言傳」에서는 이렇게 말한다. "신하가 그 임금을 시해하고, 아들이 그 아버지를 시해하는 사건이 일어난 것은 어느 날 하루아침 하루 저녁에 일어난 일이 아니다. 그것이 말미암아 온 것은 '점차로 진행된 것'이다. 그것은 분별해야 할 것을 일찍 분별하지 않았기 때문이다. 그래서 '역'에서 말하기를, '서리를 밟으면, 굳은 얼음이 이르게 된다'라고 하는 것이다(臣弑其君, 子弑其父, 非一朝一夕之故. 其所由來者 漸矣, 由辯之不早辯也. 易曰'履霜堅氷至'.「곤괘坤卦 문언전文言傳 초육初六」)."

이 예를 든 것은 중국 춘추시대春秋時代의 혼란상과 관련이 있다. 춘추시대는 당시 중앙정부인 주周나라의 제도, 즉 '주례周禮'가 붕괴하고 사회가 무질서해져 아래가 위를 치는 이른바 '하극상下剋上' 사건이 빈번하였다. '신하가 그 임금을 시해하고, 아들이 그 아버지를 시해하는 사건이 일어난 것'은 그 극단적인 경우다. 이러한 상황을 비판하면서 지어진 것이 공자의 『춘추春秋』로, 이는 공자가 당시 노魯나라 역사책인 『춘추』의 사료에 도덕적 비평을 가하여 '시시비비是是非非'를 판단한 것이다.

그런데 이러한 극단적 패륜 상황은 어느 날 갑자기 일어난 '돌변'의 사태가 아니다. 그것은 작은 씨앗에서부터 자라 점점 커져 온 것이며, 그렇게 커지게 된 것은 어떤 도덕적으로 작고 미세한 것이 발생했을 때 그것을 처음부터 시시비비를 가려 부도덕의 싹이 자라지 않도록 해야 했는데 그러지 않았기 때문이다. 미리 가려서 조치를 취하지 않았기 때문에 그것이 점점 커져 급기야는 크나큰 패륜의 상황에 이르렀다는 것이다. 그래서 '분별해야 할 것을 일찍 분별하지 않았기 때문'이라고 하는 것이다. 마치 가을이 시작되어 처음 서리가 내렸을 때, 언젠가는 굳은 얼음에 이르는 추운 겨울이 올 것을 대비하듯이, 좋은 일이든 나쁜 일이든 어떤 일의 작은 씨앗을 보았을 때 그 미래의 상황을 예측하여 대비해야 한다.

요컨대 어떤 결과는 그 원인과 과정이 있으므로, 지금 벌어진 큰 사건들은 지난날의 미세하고 사소한 일로부터 기인하였음을 반성하고, 동시에 지금 조그만 일들이 미래의 큰 결과를 초래함을 알아서 미리 대처해야 한다는 것이다. 이러한 것이 '변화'에 대한 인간의 대처 자세로, 「계사전」에서는 이렇게 말하고 있다. "'기幾'라는 것은 움직임의 미세함으로 길吉한 것이 먼저 나타난다. 군자는 '기幾'를 보고 행동하지, 종일을 기다리지 않는다(幾者, 動之微, 吉之先見者也. 君子 見幾而作, 不俟終日.)."

'기幾'란 좋은 일이든 나쁜 일이든, 어떤 일이 처음 일어난 최초의 징후요 조짐이다. 지혜로운 군자는 그 결과를 기다리지 않고 오히려 그 결과를 예측하여 미리 행동한다. 『주역』을 읽는 이유 중 하나는 세상의 변화에 대해서 그 결과가 나타날 때까지, 더구나 '돌변'의 사태가 일어날 때까지 기다리지 않고, 그 변화의 법칙을 파악하여 미리 대처하기 위함이다. 그러면 『주역』에서 말하는 변화의 법칙은 어떤 것인가.

『주역』의 관점은 변화의 기본적 힘의 바탕에는 '물극필반物極必返', 즉 만물은 그 기존 변화의 상황이 궁극에 달하면 반드시 되돌아간다는 원리가 있다는 것이다. 이것이 '역'에서 말하는 그 변화變化의 기본적 추동력推動力이다. 세계의 모든 존재, 그리고 인생의 모든 사건은 모두 언젠가는 그 한계상황에 도달하게 되고, 그렇게 되면 반드시 반전反轉함이 그 이치임을 말한다. 달은 차면 이지러지고, 해는 중천에 이르면 서산으로 기울며, 낮이 궁극에 이르면 밤이 오고, 밤이 궁극에 이르면 낮이 오며, 추위가 가면 더위가 오고, 더위가 가면 추위가 온다. 이러한 '물극필반物極必返'의 '역'의 이치를 「계사전」에서는 더 구체적으로 이렇게 말한다. "역易이란 궁극에 이르면 변하고, 변하면 통하고, 통하면 오래간다(易, 窮則變, 變則通, 通則久.)."

그런데 변화는 그저 이렇게 동일한 것을 반복함으로써만 이루어지는 것은 아니다. 그 형식은 같지만, 그 내용은 달라진다. 현상 세계는 극極과 극極을 왔다 갔다 하면서, 유사한 것을 반복하면서도 변화 발전해 나간다. 변화 원리는 일관되지만, 그 내용은 언제나 다르다. 그것은 극과 극을 반전反轉하는 동시에, 그것이 하나로 통일되려는 힘으로 변화가 가속된다. 서양 철학에서는 이러한 것을 변증법적 통일이라고 한다. 변증법을 말하는 변증 논리역시 변화를 말하는 논리다. 중국에서의 '역'의 논리와 같은 취지다.

또한 『주역』에서 말하는 이 현상적 자연 세계는 표면적으로 보면 모두 극과 극의 반전인 것처럼 보이지만, 사실상 근본적 원리는 그 평균으로서의 '중中'이다. 변증법에서 말하는, 상호모순적인 두 힘이 그 모순을 지양止揚해서 나아가는 변증법적 통일이 『주역』에서는 '중中'인 것이다.

그렇다면 이러한 원리에 따라 흘러 변해가는 세계 속에 존재하는 인간의 삶은 어떠해야 하는가. 앞에서 『주역』을 읽는 목적이 변화의 법칙을 알고 미리 대처함이라고 했는데, 대처함이란 어떻게 하는 것인가. 이것이 『주역』을 읽는 그다음의 목적이다. 즉 '역易'의 이치로부터 삶의 교훈을 얻어야 한다는 것이다. 그 대처 방식은 먼저 '물극필반'에서 얻는 교훈에서 비롯한다. 만물은 극에 이르면 반전한다. 잘될 때가 있다면, 이 상태도 한계에 봉착하여 반전할 수가 있으므로 잘될 때 삼가고 조심한다. 일이 잘 풀리지 않아 안 될 때가 있다면, 이 상태도 한계에 봉착하여 반전할 수가 있으므로 안 될 때 좌절하지 말고 희망을 품어야 한다. 『주역』에서는 특히 잘될 때 주의할 것을 강조한다. 항상 겸손하여 교만하지 말아야 한다고 한다. 그 반대 상황인 안 될 때는 미래를 위하여 지금의 고통을 인내할 줄 알아야 한다는 것 역시 그 가르침이다. 이 점을 「계사전」에서는 "자벌레가 굽히는 것은 펴기 위함이요, 용과 뱀이 숨어서 웅크리고 있는 것은 자신을 보전하기 위함이다(尺蠖之屈, 以求信也, 龍蛇之蟄, 以存身也.)."라고 표현한다.

말하자면 흔히 '고진감래苦盡甘來' 또는 그 반대 상황, '전화위복轉禍爲福' 또는 그 반대 상황이 있으므로, 유명한 '새옹지마塞翁之馬'의 고사처럼 극과 극을 오고 가는 세상 만물의 변화 속에서 지혜롭게 대처해야 한다. 『주역』은 잘될 때 삼가고 조심하며, 안 될 때 좌절하지 말고 인내하라는 것으로, 곧 '역易'은 희망과 경계의 철학이다.

그런데 이조차 『주역』에서 말하는 진정한 처세 원칙은 아니다. 『주역』에서 말하는 처세 원칙의 가장 본질은 '중中'의 원리를 체득하여 그에 따른 교훈을 얻음에 있다. 자연은 극과 극을 왕래往來한다. 그런데 이것은 자연의 표면상 현상이다. 『주역』은 자연과 인간, 세계와 인생에는 동일한 원리가 적용됨을 알고, 그로부터 교훈을 얻으려는 것이다. 그렇다면 자연이 극과 극을 왔다 갔다 하면, 우리 인간도 그처럼 표류하듯 행동하는 것이 바르고 현명한 행동일까.

자연 역시 양극을 왔다 갔다 함이 그 본질적인 원리는 아니다. 그것은 표면이고 그 이면에는 양극을 지양하여 '중'을 지향하는 통일적 원리가 있다. 인간 역시 그와 같이 처신해야 한다. 즉 인간은 극과 극 사이에서 양극단을 피하고 자연의 평균적 원리인 '중中'을 잡아야 한다. 여기서『주역』과『중용中庸』의 원리가 서로 만나게 된다.『중용』에서 말하는 자연의 도道는 '성誠'이요 '중中'이다. 마음의 도道 역시 이러하다. 중국 상고시대에 요堯와 순舜과 우禹가 서로 전한 도道는 그 심법心法으로서의 '윤집궐중允執厥中', 즉 '진실로 그 중을 잡으시오'라는 이상적 처세 원칙의 도道라고 한다. 이렇게 '중', 곧 '중용'을 지향하는 행위 원칙이 그대로『주역』의 내용에 반영되고 있다.

　　『주역』에서 대표적 주인공은 '군자君子'다. 한편『중용』에서는 공자孔子의 말로 "군자는 '중용'을 지향하고, 소인은 '중용'에 반反한다(君子中庸, 小人反中庸.)."라고 하고 있다. 이를『주역』속의 주인공인 '군자'의 입장과 결부시켜 말하면, '군자'는 세상에 처하여 64괘의 패턴으로 전개되는 변화의 과정에서 상황마다 '중용'을 지향한다는 것이다. '소인'은 그에 반反하는 처신을 한다. 군자가 상황마다 언제나 완벽한 '중용'을 실현하는 것은 아니다. '성인聖人'의 경지를 기준으로 하면 아직은 완벽하지 않은 존재다. '중용'을 지향하여 실현하려고 노력하는 '도덕 실천자'인 것이다. 이론상 64괘로 전개되는 모든 상황에서 언제나 '중용'을 지킬 수 있는 경지의 존재는 바로 '성인聖人'이다. 그러므로 군자가 '성인'이 되려고 노력함은『주역』64괘의 모든 상황에서 '중용'을 지키려고 노력하는 것이 된다. 이것은『주역』의 중요하고도 기본적인 가르침이다.

4.『주역』이해를 위한 몇 가지 사전 지식

『주역』은 인류 문화에서 비슷한 경우를 찾기 어려운 독특한 형식을 가진 문헌이다. 『주역』을 세계와 인생의 변화 흐름을 알고 싶어서 만든 점서로 보든, 거기에서 종교적 요소인 점에 관한 것을 배제하고 변화의 패턴과 원리를 말하는 철학서로 보든, 문헌 형태는 어차피 동일한 것으로 단지 기호와 그 기호를 설명한 언어의 집합체다. 서술식으로 된 보통의 문헌과는 다르다.

서양에서 변화를 말하는 논리는 변증 논리다. 고대 그리스의 헤라클레이토스가 그러한 관점을 가졌음을 헤겔이 『대논리학』에서 언급하면서, 변증법으로서의 변화의 논리를 말하였다. 그런데 서양 철학에서는 변화를 말하는 변증법을 말하는 문헌이더라도 일반 문헌처럼 서술식으로 되어 있다.

그와 달리 『주역』은 변화의 과정을 패턴화하여 기호로 표시하고, 그 기호를 다시 언어로 표현하는 특별한 형태를 띠고 있다. 원래 점서에서 출발했으므로 그러한 형태를 띠게도 됐겠지만, 중요한 것은 그러한 특성이 세계의 변화 과정에 대응할 수 있는 논리적 형식을 가진 문헌이 될 수 있었다.

『주역』이란 문헌 자체는 철학적으로 해석하기 전에는 그저 기호와 언어일 뿐이다. 그것을 철학적으로 해석하면서 거기에 철학적 숨길을 불어넣어 철학적 의미를 띠게 된다. 그래서 본서에서는 전통적 해석 방법을 고려하며 다음과 같이 해석한다.

먼저 '역易'이 말하는 자연의 기본체계를 '음양대대관계陰陽對待關係'로 이해한다. 자연의 원리가 '중中'이고 인간 또한 '중中'을 그 도덕 법칙으로 삼아야 하지만, 자연 자체의 현상적 변화는 '중中'을 기준으로 하여 양극단이 서로 대립하기도 하고, 서로 조화하기도 하는 관계 속에서 이루어진다. 자연은 두 가지 상대적 힘이 서로 '짝'을 이루면서 변화를 생성한다. 세계는 이 두 가지 상대적 힘이 있으므로 존재하고 변화한다. 이 두 가지는 마주 보는 관계다. '대對', 즉 '마주함'의 관계다. 그러나 단순한 상대적 관계만은 아니고 서로가 서로를 필요로 하는 상호의존 관계다. '대待', 즉 '기다림' 또는 '의존함'의 관계이기도 하다. 이것을 중국 철학에서는 전통적으로 '대대관계對待關係'라고 한다.

하늘이 있으면 땅이 있고, 남자가 있으면 여자가 있고, 밝음이 있으면 어두움이 있고, 낮이 있으면 밤이 있고, 더위가 있으면 추위가 있다. 이런 '짝'은 서로가 서로를 필요로 하며 의존하는 관계로, 한쪽이 없으면 다른 한쪽도 없는 관계로 해석되었다. 다음의 짝을 예로 들 수 있다.

天 日 父 男 明 來 晝 暑 大 多 老 動 實 淸 始 尊 貴 福 前 左 上 凸
地 月 母 女 暗 往 夜 寒 小 少 少 靜 虛 濁 終 卑 賤 禍 後 右 下 凹

直 呼 伸 進 生 …
曲 吸 屈 退 死 …

이런 짝은 서로가 서로에게 의지하여 존재하는 관계다. 이러한 만상萬象의 관계를 일반화하여 양陽과 음陰의 관계라고 한다. 그리고 그 상대적 의존 관계를 강조하여 '음양대대관계陰陽對待關係'라고 한다.

『주역』의 독특한 점은 이러한 관계를 기호로 표시한 것이다. 이 음양대대 관계를 기호화한 것이 『주역』 기호인 '괘卦'다. 『주역』에서는 음양 관계로 자연 세계와 인간 세상을 해석하고 설명하는데, 단순히 추상적으로 언급하는

데 그치지 않고, 더욱 구체적으로 표현하고 묘사하기 위해 기호를 도입한 것이다. 사실상 『주역』 텍스트 자체에서는 '괘'라는 기호가 곧 '음양'이라는 두 글자에 바로 연계되어 말해지지는 않는다. 『주역』을 해석하면서 이러한 개념과 용어로 말하게 된 것이다.

『주역』은 여섯 줄짜리의 선으로 이루어진 64괘 기호로 이루어져 있다. 문헌에서 제시된 순서에 따르면, ䷀䷁䷂䷃䷄ … ䷿䷾䷽䷾의 64가지 기호다. 이 기호는 모두 이어진 선인 '⚊'과 중간에 끊어진 선인 '⚋'의 조합으로 구성되어 있다. 이 두 선을 '양陽'과 '음陰'의 기호로 부르기로 약속하였다. 즉 양은 '⚊', 음은 '⚋'으로 약속한 것이다. 양극의 두 힘을 기호로 표현한 것이다.

중국에서는 고대로부터 철학 사상의 역사가 진행되면서, 이 세계의 근본 질료를 '기氣'로 보는 사상이 형성되었다. 우주 만물은 '기氣'가 모여서 형체를 이루고, 다시 언젠가는 흩어져 우주의 허공으로 돌아간다는 사상이 형성되어 왔다. 세계의 변화는 기의 작용이다. 기의 작용에는 두 가지 양태가 있는데, 하나는 '발산發散'이요 또 하나는 '수렴收斂'이다. '발산'은 적극성, 능동성의 표현이고, '수렴'은 소극성, 수동성의 표현이다. 전자는 양陽의 양태, 후자는 음陰의 양태로 개념화되었다. 그래서 전자의 기는 양기陽氣이고, 후자의 기는 음기陰氣다. 『주역』을 철학적으로 해석할 때 이런 개념이 적용된다.

『주역』에서 말하는 세계 변화는 곧 기의 변화이고, 그것은 음기와 양기의 상호 작용으로 이루어지는데, 그 구체적 양상이 64가지 형식, 패턴으로 전개된다. 그러므로 64괘 기호는 곧 기의 변화 양상을 기호화한 것이다. 64괘가 '⚊', '⚋'의 조합으로 이루어져 있음은 그 두 가지를 요소로 한 구체적인 경우의 다양한 양상을 표현한다. 『주역』 문헌상의 기호 순서에 따라 예를 들면, ☰는 모두 양의 기운으로만 이루어져 있는 상태이고, ☷는 모두 음의 기운으로만 이루어져 있는 상태다. 그리고 ☳ ☶ ☵ ☲ ☴ … ☱ ☷ ☰ ☷ ☷ 등은 각각 다양한 경우로 양과 음이 조합되어 있는 상태다.

이것을 이론적으로 설명하는 방식에 있어서 처음 '━', '╍'이 있고, 그다음 '═', '═', '═', '══'으로 분화되었다고 하는데, 이는 양 중의 양, 양 중의 음, 음 중의 양, 음 중의 음을 표현하는 것으로 본다. 『주역』의 양과 음의 기호는 맨 아래에서부터 시작하여 하나의 획을 얹어 가는 것으로 설명한다. 그래서 앞의 4가지의 조합이 있었다. 이것은 세계를 두 측면으로 보는 것을 더 세분하여 네 측면으로 보는 것을 상징한다.

이를 더 세분하면, 이 4가지를 각각 둘로 나누어 분화하는 것이 되며, 그 방식은 4가지의 맨 위에 각각 양과 음 획을 얹어가는 방식으로 이루어진다. 그러면 ☰ ☱ ☲ ☳ ☴ ☵ ☶ ☷의 모양으로 된다. 이것을 '팔괘八卦'라고 부른다. 여섯 줄짜리도 '괘'라고 부르지만, 이것도 '괘'라고 부른다. 『주역』의 문헌을 해석할 때, 여기에 각각 이름을 붙인다. 맨 앞에서부터 건괘乾卦☰, 태괘兌卦☱, 리괘離卦☲, 진괘震卦☳, 손괘巽卦☴, 감괘坎卦☵, 간괘艮卦☶, 곤괘坤卦☷의 팔괘다.

여기에 같은 방식으로 8괘의 맨 위에 각각 양과 음의 획을 하나씩 계속 얹어 가서 4줄, 5줄을 거쳐 6줄이 되면 모두 64가지가 나오는데, 이것이 ䷀䷁䷂䷃䷄䷅䷆䷇䷈䷉䷊䷋䷌䷍䷎䷏䷐䷑䷒䷓䷔䷕䷖䷗䷘䷙䷚䷛䷜䷝䷞䷟䷠䷡䷢䷣䷤䷥䷦䷧䷨䷩䷪䷫䷬䷭䷮䷯䷰䷱䷲䷳䷴䷵䷶䷷䷸䷹䷺䷻䷼䷽䷾䷿

☷ ☶ ☵의 64괘卦다. 이것을 하나의 선을 계속 둘씩 분할해 가는 방법으로 설명하기도 하는데, 결국 같은 논리다. 이것은2진법 원리이므로 『주역』의 기호 전개 역시 2진법이다.

즉 $2^1 \rightarrow 2^2 \rightarrow 2^3 \rightarrow 2^4 \rightarrow 2^5 \rightarrow 2^6$으로 전개해 나가는 논리다. 이렇게 64괘를 도출하는 것은 8괘의 두 열을 두고 서로 거듭 만나게 하여 8×8=64로 64가지 수를 만드는 방식으로 설명하기도 한다.

위의 방식 중 어떤 방식이든 결국 이러한 연역적 논리는 ━을 'T'로 ╍을 'F'로 치환하면 기호 논리학 진리표 배열과 완전히 일치한다. 그리고 ━을 '1'로 ╍을 '0'으로 치환하면 라이프니츠의 '보편 기호법'의 기호 배열과 완전히 일치하며, 이는 곧 전자계산기 논리와 같다.

이것은 전통적으로 64괘의 괘 연역에 관한 해석 방식으로 거론되어 왔다. 비록 전통적 방식이라고는 하나, 사실상 처음부터 이야기된 것은 아니고, 북송대北宋代 소옹邵雍(소강절邵康節)이 언급하고, 남송대南宋代 주희朱熹(주자朱子)가 이어받은 이후 늘 거론된 것이다. 여기서 8괘든 64괘든 전후의 횡적 순서는 중요하지 않다.

소옹은 오히려 ━ ╍ → ☰ ☱ ☲ ☳ → ䷀ ䷪ ䷍ ䷡ ䷈ ䷈ ䷪ ䷈ → ䷀ ䷪ ䷍ … ䷁의 종적 순서를 중시하여, 음양에서 8괘에 이르는 순서를 '복희선천팔괘차서伏羲先天八卦次序'라고 부르고, 이어 음양에서 64괘까지의 전체 순서를 '복희선천육십사괘차서伏羲先天六十四卦次序'라고 불렀다.[1]

이런 논리 방식의 64괘는 아무런 순서 없이(8괘도 마찬가지) 동시에 전개된다. 64괘의 어떤 괘에도 지위상 차이가 없다. 그것은 진리표 등과 마찬가지로 단지 이진법 논리만을 말할 뿐이다. 여기에는 특별한 철학적 배경이 없다.

그러나 『주역』의 괘 순서는 전혀 다르다. 맨 먼저 '건괘乾卦䷀'가 나오고 그다음 '곤괘坤卦䷁'가 나오고, 그다음 나머지 62괘가 이어져 나와서 ䷂䷃ ䷄䷅䷆ … ䷿䷾䷽䷼의 순서가 된다. (어차피 본문에서 말할 것이므로 여기에 전체를 제시할 필요는 없다. 일목요연하게 보려면 '차례'에서 보면 된다) 이것은 『주역』 문헌상 실제 괘 순서다. 이 순서는 『주역』의 세계관을 보여준다. 앞의 소옹과 주희의 괘 연역 방식과는 다르다.

『주역』이 『주역』인 것은 괘 순서에서 나타나는 세계관을 비롯한 그 철학적 의의에 있는 것이며, 이 순서를 접어두고 『주역』의 본래 사상을 말하는 것은 무의미하다. 『주역』의 사상은 문헌상 괘 순서와 그 과정을 설명한 『주역』 텍스트 자체에 있는 것이다. 『주역』의 기호 배열이 '진리표' 등과 다른 점이 바로 『주역』이 『주역』인 것이다.[2]

소옹과 주희의 괘 연역 방식은 그 후 유교 철학에서 『주역』을 해석할 때 대체로 신봉한 방식이었다. 이것은 복희씨가 처음 8괘를 만들고 나중에 64괘가 만들어졌다는 「계사전」의 내용에 따른 것이다. 그러나 이 설명 방식은 성리학의 학적 체계를 설명할 때 관련되는 방식이지 실제 『주역』의 기호 원리라고는 할 수 없다. 그런데도 오랫동안 소옹과 주희의 도식에 지나치게 집착해 온 바 있다.

이상의 방식은 『주역』의 괘 연역 방식에 논리적 의미를 부여해 본 시도라고 할 수 있다. 하지만 『주역』의 64괘는 처음부터 그 모습대로이고, 점서로 활용되었을 때도 처음부터 64가지 수, 나아가서 64괘 각각의 여섯 줄 하나하나에 따른 64×6=384가지에 따른 경우의 수를 보는 것이었다고 봐야 한다. 8괘는 이미 존재하는 여섯 줄짜리 64괘의 구성 요소로, 64괘의 의미를 파악하는 요소 괘로 쓰인 것이다. 동시에 64괘에 붙어 있는 언어를 구성할 때 사용된 의미 요소에 해당한다.[3]

이런 괘들은 현상現象 세계의 삼라만상森羅萬象을 지칭하며 그것을 반영하게 된다. 그런데 현상계現象界는 변화하지 않을 수 없다. '역易'은 세계를 표현하는 것이므로 세계의 운동과 변화도 반영하지 않을 수 없다. '역' 자체가 '변화'라는 뜻이듯이, '역'의 괘는 당연히 세계의 변화를 반영하며, 그 체계는 곧 세계의 변화 체계를 나타낸다. 그리고 괘들끼리의 관계는 현상 간의 변화를 반영한다. 직접 현상 세계를 반영하는 것은 64괘이고, 8괘는 그 64괘에 내재해 있는 요소의 역할로 현상 세계를 간접적으로 반영한다. 8괘는 64괘의 요소 괘이고, 64괘는 8괘로 이루어진 복합 괘다.

세계를 반영하는 64괘는 '━'과 '--'의 조합으로 이루어진 여섯 줄짜리 육획 괘이므로, 괘 하나하나 마다, 논리적으로 질서 정연하게 '━'과 '--'을 요소로 하여 '䷀䷁䷂䷃䷄ … ䷾䷿䷽䷼'의 64가지로 만들어진다. 이 64괘는 세계의 64가지 패턴으로서의 존재와 변화의 범주인데, 괘마다 여섯 획은 하나의 패턴이 지칭하는 상황에서 여섯 단계의 발전 과정을 지칭한다. 그리고 그 단계는 맨 아래에서 위로 올라가는 방식의 전개로 표현하는 것으로 약속되어 있다. 이러한 여섯 단계의 획을 '효爻'라고 부른다. 64괘 하나하나가 모두 6줄이므로,『주역』전체로 봐서 효는 모두 64×6=384개가 되어『주역』은 64괘 384효로 구성된다. 그 구성요소인 '━'은 '양효陽爻', '--'은 '음효陰爻'라고 한다.

'효爻'는 구체적 변화이며 맨 아래로부터 위로 올라가면서 상황이 변화하는 때의 추이를 말하는 것으로 이야기된다. 그러면서도 세계의 변화는 각 괘 간의 상호 전화轉化로 이루어지기도 한다. 이 상호 전화를 표현하는 구체적 국면이 역시 효爻다. 그래서 효爻란 각 卦를 구성하는 요소로서의 획畫(劃)이라고 보는 견해가 있는가 하면, 그 해당 획畫 자체가 변한 상태를 지칭하는 것이라는 견해가 있다. 이 견해로는 효란 양은 음으로, 음은 양으로 바뀌는 각 상황을 지시하는 것이 되고, 이 양상은 64개의 6획 괘의 각 국면마다 나타나는 것으로 설명되는데, 정약용은 후자의 견해다. 어쨌든 효爻는 삼라만상 변화의 가장 직접적이고 적극적인 국면을 말한다.

『주역』은 기호와 언어로 되어 있다고 했다. 이 64괘 384효의 기호는 언어화하게 된다. 이 64괘의 기호 체계가 비록 세계를 지칭하며 반영하지만, 구체적 의미를 알기 어려우므로 그 의미를 언어화한 것이다. 이 언어를 '사辭'라고 하는데, 괘를 언어화한 것을 '괘사卦辭'라고 하고, 효를 언어화한 것을 '효사爻辭'라고 한다. 합쳐서 부를 때 '괘효사卦爻辭'라고 하기도 한다. 결국 『주역』은 '괘', '효'의 기호와 '괘사', '효사'의 언어로 이루어진 문헌이고, 『주역』을 해석함은 이 기호, 언어와 그 상호관계를 해석하는 것이다.

『주역』이라는 특수한 문헌을 읽는 데는 특수한 약속이 있는데, 구체적으로 괘의 구조 속에서 그 괘를 보는 방법에서 나타난다. 다음은 그 대표적 약속이다.

① '양陽'은 '구九', '음陰'은 '육六'으로 표시한다.
② 괘의 구성 요소인 '효'의 획은 아래에서부터 '초初', '이二', '삼三', '사四', '오五', '상上'으로 표시한다. 가운데 넷은 숫자이지만, 맨 아래와 맨 위

는 숫자가 아닌 '초初'와 '상上'임을 유의해야 한다. 괘는 이처럼 맨 아래의 효부터 읽어나간다. '초初'는 어떤 상황의 초기이고, 이어서 그다음의 때로 나아가며, '상上'은 그 상황의 한계점이다. 괘의 기호에서 효들은 맨 아래에서 위로 차례로 전개된다. 이러한 여섯 가지를 '위位', 즉 '자리'라고 하며, 한 괘에는 모두 '육위六位', 즉 '여섯 자리'가 있다.

③ 각 효의 명칭은 위 두 조합으로 이루어져 '초구初九', '구이九二', '구삼九三', '구사九四', '구오九五', '상구上九', '초육初六', '육이六二', '육삼六三', '육사六四', '육오六五', '상육上六'의 12가지가 있다. 이때 '초初'와 '상上' 자리를 말하는 글자의 경우는 앞에 위치하고, '이二'에서 '오五'의 자리를 말하는 글자의 경우는 자리가 뒤에 가고 '구九(陽)', '육六(陰)'이 앞에 온다.

이에 따라 64괘 중 다음 4개의 괘를 예시로 하여 그 점을 살펴보도록 하자.

먼저 첫 번째 예로 '건괘乾卦'다. 이 '건괘'는 모두 양으로 이루어진 '순양純陽'의 괘다.

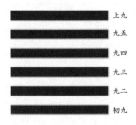

이 '건괘乾卦'는 맨 아래에서부터 '초구初九', '구이九二', '구삼九三', '구사九四', '구오九五', '상구上九'로 읽는다.

두 번째로 '곤괘坤卦'를 보자. 이 '곤괘'는 모두 음으로 이루어진 '순음純陰'의 괘다.

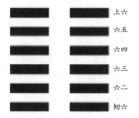

이 '곤괘坤卦'는 맨 아래에서부터 '초육初六', '육이六二', '육삼六三', '육사六四', '육오六五', '상육上六'으로 읽는다.

이 두 괘는 각각 모두 양, 모두 음이지만, 나머지 62괘는 음양이 뒤섞인 괘로, 최소한 하나 이상 다른 효가 있다. 효를 부르는 명칭은 모두 '건괘'와 '곤괘'의 경우와 마찬가지다. 그 위치에 따라 그대로 '건괘', '곤괘'의 경우처럼 읽으면 된다.

예를 들어 '풍괘豐卦'를 보자.

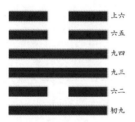

'풍괘豐'는 맨 아래에서부터 '초구初九', '육이六二', '구삼九三', '구사九四', '육오六五', '상육上六'으로 읽는다.

하나 더 예를 들어 '려괘旅卦'를 보자.

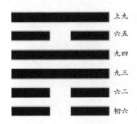

'려괘旅卦'는 맨 아래에서부터 '초육初六', '육이六二', '구삼九三', '구사九四', '육오六五', '상구上九'로 읽는다.

나머지 60괘도 이 방식으로 읽으면 된다.

☞ 변화變化와 '구九'·'육六' : '구九'와 '육六'은 괘의 구조를 말할 때는 하나하나의 획畫(劃)에 대한 양과 음의 명칭이 되지만, '역'에 있어서 가장 근본적으로 중요한 '변화'의 관점에서는 그 둘은 하나의 상황이 성숙하여 다른 상황으로 변화가 임박한 상황을 말한다. 즉 '구九'는 '노양老陽'으로 '음陰'으로의 변화가 임박한, 이미 무르익은 '양陽'이고, '육六'은 '노음老陰'으로 '양陽'으로의 변화가 임박한 이미 무르익은 '음陰'이다.[4]

전통적으로 괘에 관한 용어에 다음과 같은 몇 가지가 있다.

우선 64괘가 8괘의 중복이라는 관점에서 8괘는 '단괘單卦' 또는 '소성괘小成卦'라고 부르고, 64卦는 '중괘重卦' 또는 '대성괘大成卦'라고 부른다.

또 한 괘卦의 구조 안에서는 이러한 용어가 있다.

① 하괘下卦(내괘內卦): 6획괘 중 아래 3획의 괘. '정괘貞卦'라고도 함.

　상괘上卦(외괘外卦): 6획괘 중 위의 3획의 괘. '회괘悔卦'라고도 함.

② 중中: 하괘의 가운데 자리 또는 상괘의 가운데 자리.

　정正 또는 당當: 양陽이 양陽의 자리에 있고, 음陰이 음陰의 자리에 있는 경우.

③ 응應: 하괘의 첫째 자리와 상괘의 첫째 자리, 즉 초와 사, 하괘의 둘째
자리와 상괘의 둘째 자리, 즉 '이'와 '오', 하괘의 셋째 자리와 상괘의 셋
째 자리, 즉 '삼'과 '상'이 서로 음양일 때를 '응應한다'고 한다. 반면 그
러한 둘씩 관계가 같은 양끼리거나 같은 음끼리일 경우는 '응應하지
않는다'고 한다.

④ 호괘互卦(또는 호체互體) : 6획괘중에서 2 · 3 · 4를 취하여 3획괘로 삼
거나, 3 · 4 · 5를 취하여 3획괘로 삼는 것.

☞ 참고로 더 이야기할 것은, 상수역象數易에서는 이상과 같은 6획괘 중에
서 8괘로서의 3획괘를 취하여 그 상징을 언어화시켜 『주역』의 '괘사'와 '효
사'를 만들었다고 주장한다. 이 상징을 '상象'이라고 하여, 상수역 계통에서
특히 중시한다. 다음은 그러한 8괘의 상징(상象), 즉 8괘의 이미지다. 상수
역 계통의 이론은 8괘의 상을 언표하는 '요소 명제'가 결합하여 64괘의 괘사
와 효사라는 '복합 명제'를 만드는 것이라고 해석할 수 있다. 상수역의 관점
으로 괘사와 효사의 구성 원리를 종합적으로 잘 설명한 사람이 정약용丁若
鏞이다. 이러한 관점을 현대 분석철학 이론을 차용하여 말한다면 '논리적 원
자론(logical atomism)'에서 '원자 명제'가 결합하여 '분자 명제'를 이루듯, 8괘
의 상을 지칭하는 '원자 명제'의 결합으로 '분자 명제'로서의 괘사와 효사가
구성되는 셈이라고 할 수 있다.

이 '상'들의 예는 「십익」 중 「설괘전說卦傳」에 그 리스트가 있다. 다음은 그
일부다.

〈64괘 구성 요소인 8괘의 대표적 상징〉

① 건乾☰ : 天, 건강·굳셈, 남자, 父, 大川, 늦가을·초겨울, 西北, 馬, 목.

② 태兌☱ : 澤, 기쁨·온화함, 小女, 친구, 골짜기, 가을, 西, 羊, 입.

③ 리離☲ : 火, 열, 밝음·아름다움, 中女, 문서, 편지, 여름, 南, 꿩, 눈.

④ 진震☳ : 雷, 결단·분발, 長男, 나무·수레, 봄, 東, 龍, 발.

⑤ 손巽☴ : 風, 들어감, 長女, 초목, 늦봄·초여름, 東南, 닭, 넓적다리.

⑥ 감坎☵ : 水, 정착, 中男, 술·약, 겨울, 北, 돼지, 귀.

⑦ 간艮☶ : 山, 머묾, 小男, 집, 이른 봄, 東北, 개, 손.

⑧ 곤坤☷ : 地, 온순, 母, 마루·음식, 늦여름·초가을, 西南, 소, 배.

주역周易 64괘卦 해석

1

건괘 乾卦

원문과 번역

乾, 元亨利貞. (건은 크고 형통하고 이롭고 곧다.)[5]
건 원형리정

(初九) 潛龍, 勿用. (잠겨 있는 용이니, 쓰지 마라.)
잠룡 물용

(九二) 見龍在田, 利見大人. (나타난 용이 밭에 있으니, 대
현룡재전 리견대인

인을 봄이 이롭다.)

(九三) 君子, 終日乾乾, 夕惕若, 厲无咎. (군자가 종일토록 굳세게 노력하며,
군자 종일건건 석척약 려무구

저녁때까지 두려워하듯 하면, 위태로우나 허물이 없을 것이다.)

(九四) 或躍在淵, 无咎. (못에서 뛰기도 하니, 허물이 없을 것이다.)
혹약재연 무구

(九五) 飛龍在天, 利見大人. (나는 용이 하늘에 있으니, 대인을 봄이 이롭다.)
비룡재천 리견대인

(上九) 亢龍, 有悔. (지나치게 올라간 용이니, 뉘우침이 있을 것이다.)
항룡 유회

(用九) 見群龍, 无首, 吉. (무리 진 용을 보되, 머리가 없듯 하면, 길할 것이다.)
견군룡 무수 길

건괘乾卦 총설과 괘사卦辭 해설

'건괘'는 『주역周易』의 첫 번째 괘로서, 위도 아래도 모두 하늘을 상징함이 거듭되어 있다(重天乾). '건괘'는 단순히 첫 번째 괘라는 의미일 뿐 아니라, 모든 괘 중에서 가장 우선적 지위를 가진다.

『주역』 64괘卦 기호는 논리적으로 유추함에 있어서 괘 상호 간에 어떤 서열 없이 평등하다. 이것은 기호 논리학 진리표에서 참을 나타내는 T와 거짓을 나타내는 F가 안배되는 것과 똑같은 방식으로 이루어진다. 컴퓨터 논리에서 1과 0의 배열과도 같다. 이런 점에서 보면 『주역』의 기호 체계는 그러한 것들과 아무런 차이가 없다. 그러나 『주역』이 『주역』인 것은 그 기호 해석에 『주역』의 저자가 적용한 어떤 가치 기준이 적용된다는 점이다.

『주역』의 저자는 먼저 우주론적 관점에서 이 괘들 간의 관계를 설정한다. '건'에는 하늘의 상징성을 부여하고, '곤'에는 땅의 상징성을 부여한다. 이렇게 '건곤'을 하늘과 땅, 즉 천지天地에 대응하고 나머지 62괘는 천지 교합으로 만물이 생겨 나오는 것에 대응시킨다. 천지와 만물 간의 우주론적 관계를 '건곤'과 나머지 62괘의 관계에 담는 것이다. 그래서 '건곤'은 다른 62괘들에 대해 부모 괘의 역할을 한다. '건괘'와 '곤괘'는 64괘 전체의 괘 중에서 서열상 우선되며, 「역전易傳」에도 '건'과 '곤'에 대해서는 그 해설이 특별히 많다.

『주역』은 우주의 모든 변화 양상을 그리고 있으므로, '건'과 '곤' 역시 다른 괘와 마찬가지로 나름대로 어떤 변화 상황을 지칭한다. 하지만 '건'과 '곤'에는 모든 변화를 집약적이고 대표적으로 반영하는 특별함이 있다. 그래서

『주역』에서는 건 곤만 봐도 역易 원리의 대요를 알 수 있다고 여긴다.

『주역』에서 먼저 우주론의 관점에서 건 곤과 62괘의 관계를 설명하지만, 이 원리는 현상의 모든 시스템에 동일하게 반영된다. 건 곤을 나머지 62괘의 부모 괘로 설명했듯이 당연히 한 가정의 시스템을 설명하는 데도 적용된다. 즉 부모와 자식 간의 관계에서 벌어지는 가정 상황의 변화를 반영한다고 본다. 이 원리는 국가에든, 기업에든, 어떤 조직이나 구성체에든 모두 적용되며, 또한 그 구성체 특정 상황의 전개 과정에도 적용된다.[6]

'건괘乾卦'는 64괘 전체의 으뜸 괘다. 이 괘는 어떤 일의 시작을 상징한다. 크게는 우주의 시작에서 작게는 미립자의 세계까지 모두 시작을 말한다. 이 시작에서 64괘의 모든 변화가 전개된다. 우주의 시작이요, 한 국가의 시작이며, 한 기업의 시작이요, 한 가정의 시작이다. 어떤 장인이 한 물건을 만드는 시작이요, 한 상인이 어떤 사업을 하는 시작이다. 일 년을 도모한 일의 시작이기도 하고, 한 달을 계획한 일의 시작이기도 하며, 하루를 작정한 일의 시작이기도 하다. 한 연극의 시작이요, 한 영화의 시작이며, 한 시간의 수업, 강의의 시작이다. 무엇이든 어떤 것의 시작을 말한다. 그래서 '건괘'의 「단전彖傳」에서는 이 점을 두고 '만물자시萬物資始'라고 말한다.

이 '건괘'의 전체 상황은 그 괘사卦辭인 '건乾, 원형이정元亨利貞'으로 말한다. '건괘'는 으뜸 괘로 이 괘로부터 시작된 64괘 전체의 변화 과정을 대표하기도 한다. 그래서 괘사의 '원형이정'은 '건괘' 전체 상황을 말하는 것일 뿐만 아니라, 64괘 전체의 변화 상황을 말한다.

『주역』은 만물 변화의 대표적 예로 일 년의 자연변화를 든다. '원형이정'은 자연의 시간적 운행인 '춘하추동春夏秋冬', 즉 '봄, 여름, 가을, 겨울'에 대응하여 쉼 없이 성실하게 운행하는 자연계 법칙을 말하는 네 가지 덕으로 해석되기도 한다.

『주역』은 인간이 이렇게 성실한 자연법칙을 본받아 살 것을 가르친다. 『주역』에서는 이러한 삶의 실천자를, 특히 도덕적 삶의 실천자를 '군자君子'라고 한다. 그래서 이 '건괘'의 「상전象傳」에 "하늘의 운행이 건실하니, 군자는 이를 본받아 자신을 굳세게 하며 쉬지 않는다(天行健, 君子以自彊不息)."라고 말한다.

건괘乾卦 효사爻辭 해설

초구初九

'건괘乾卦'를 변화과정에 따라 단계별로 나누어 말하는 것이 이 괘의 효爻와 효사爻辭다. 건괘의 '초구'는 그 시작이다. '건괘'가 모든 변화의 시작을 말하므로 '건괘' '초구'는 시작 중의 시작인 셈이다. 그 효사인 '초구初九 잠룡물용潛龍勿用'은 이러한 시작을 말한다. '건괘'의 초기 상황이고 모든 변화의 시작이다.

『주역』은 비유적 상징물로 천기天機의 코드(code)를 암시한다. 이러한 상징물을 '상象'이라고 한다. '용龍'은 '건괘'의 대표적 상象 중 하나다.[7] 그런데 '초구'에서 이 용이 물에 잠겨(潛) 있다고 한다. 그래서 '잠룡潛龍'이다.(오늘날 대권을 꿈꾸는 잠재적 후보자를 '잠룡'으로 부르는 것도 여기서 유래하였다. 옛날 조선왕조의 중종中宗처럼 사가私家에 있다가 임금이 되면, 임금 되기 전 머물던 사가를 '잠저潛邸'라고 불렀다.)

　'잠룡潛龍'은 아직 자신을 밖으로 드러낼 때가 되지 않은 용이다. 인간사로 말하면, 이 험난한 세상에 아직 자신을 드러내서는 안 되는 때다. 그래서 '쓰지 말라(勿用)'고 했다. 옛 문헌에는 은둔해 있는 군자를 지칭했다. 비유하면, 아직 한漢 유방劉邦에 의해 쓰이기 전, 치욕을 참으며 불량배 가랑이 사이로 지나갈 때의 한신韓信, 조선말, 때를 기다리며 굴욕을 참던 흥선대원군興宣大院君이다. 자신이 능력 있어도 적에게 들키지 않기 위해 보호색으로 감추어야 하는 시기다. 『노자老子』에서 말하는 '화광동진和光同塵'[8]이다.

구이九二

　'건괘'의 '초구'에서 이렇게 기다리면, '구이'의 때가 된다. 용이 밖으로 조금 자신의 모습을 드러낼 때다(見龍在田). 그래서 '나타난 용(현룡見龍)'이라고 한다. 『주역』에서 하괘는 시간상으로 세상에 나가기 전을, 상괘는 세상에 나간 후를 말한다. (상괘와 하괘는 공간적으로는 상·하의 지위를 말한다) '구이'는 이 하괘의 가운데다. '중용中庸'을 중시하는 유가 철학에서는 이 가운데 자리를 중시한다. 하괘의 '이二'와 상괘의 '오五'가 이 가운데 자리를 상징한다. '구이'는 '초구'보다 세상으로 좀 나아간 때다. 이때 자기를 알아주고 도와주는 사람이 있으면 좋다.

　『주역』은 일을 실행함에서의 상호 협력을 강조한다. 세상일은 혼자 이루기 힘든 경우가 많기 때문이다. 그래서 조력자, 즉 도와줄 사람이 필요함을 자주 이야기한다. '구이'에서 그런 사람을 '대인大人'이라고 했다. 그래서 '이견대인利見大人', 즉 '대인을 보면 이로운' 상황으로 본다. '구이'에서 말하는 이때의 대인은 '구오'다. 그런데 '구오'에도 '이견대인利見大人'이라는 같은 표현이 있다.

'구오' 또한 상괘의 가운데 자리이며, 아래로 '구이'와 호응한다. 『주역』에서는 '이'의 자리와 '오'의 자리가 상호 호응하는데, 그 점이 '건괘'의 '구이'와 '구오'의 효사에서 잘 나타나고 있다. 즉 '구이'의 대인은 '구오'이고, '구오'의 대인은 '구이'다.

이전에는 중국 상고시대 순舜 임금을 이 상황의 예로 설명했다. 순이 아직 은둔하고 있을 때, 당시 임금 요堯는 그의 덕을 알고 발탁하였다. '구이'는 은둔할 때의 순이고, 그 대인은 요 임금이다. 여기서 요 임금은 '구오'의 자리다. 또 '구이'가 나중에 꼭 임금이 되는 경우가 아니라 하더라도 제갈량諸葛亮이 와룡선생臥龍先生으로 은둔해 있을 때처럼, 나중에 임금이 되는 유비劉備가 '삼고초려三顧草廬'할 때, 제갈량의 대인은 유비이고, 유비의 대인은 제갈량이다. 서로가 서로에게 대인이 된다.

'구이'와 '구오'의 관계는 오늘날 정치 상황이나 한 기업이 창업할 때의 상황에도 적용될 수 있다. '구오'는 대권을 꿈꾸는 사람, '구이'는 그를 돕는 책략가, 즉 킹메이커다. 물론 일상적인 작은 일이라도, 도움을 주고받는 인간관계에도 적용될 수 있다.

구삼九三

'건괘' '구이'의 때가 더 진전하면 '구삼'이 된다. '삼'의 자리는 하괘 제일 위로, 상괘로 상징되는 세상에 나가기 직전이다. 세상에 나가기 전 은둔해 있는 상황과 비바람 몰아치는 험난한 바깥세상의 상황은 다르다. '삼'의 자리는 세상에 나가기 전, 앞으로 어떻게 될까 하는 불안하고 위태로운 심리 상태도 반영하고 있다. 이러한 불안을 해소하려면 어떻게 해야 할까. 그 방법은 충분한 준비다. 그래서 '건괘'의 경우 하괘의 맨 위인 이때, 자신의 덕과 실력을 기르고 점검해야 한다, 곧 '군자君子가 덕에 나아가고 업을 닦음(進德 修業)⁹⁾'을 가르친다.

『주역』의 전반적인 주인공은 도덕을 실천하는 군자다. 『주역』 64괘의 대표성을 띠고 있는 괘인 '건괘'의 대표적 상(이미지)은 '용龍'인데, 이 용은 '군자'를 비유적으로 나타낸다. 이 군자가 '건괘' '구삼'에서 명시적으로 드러난다. '건괘'의 주 이미지인 용의 비유 대상이 군자임을 말하면서도, 그 외의 효에서는 그 비유인 용으로서 군자를 묘사하고 있다. '구삼'에서 군자를 명시함은 '구삼'이 특히 도덕 실천자의 면모를 가장 잘 나타내기 때문이다.

도덕 실천자인 군자는, 도덕 역량인 덕德과 실무 능력인 업業을 모두 연마해야 한다. 악한 소인이 설치는 '이 풍진 세상'에 군자가 무턱대고 준비 없이 함부로 나서면 안 되니, 충분한 대비가 있어야 한다. 소인은 항상 군자를 해치려고 한다. 그러므로 군자는 언제나 두려워하듯 조심해야 하며, 온종일 굳센 마음으로 노력하면서(君子終日乾乾), 저녁때까지 두려워하듯 조심하는 태도를 가져야 한다(夕惕若). 그렇게 하면 비록 '삼'이라는 위태로운 상황에서도(厲), 허물이 없게 된다(无咎).

구사九四

이제 세상에 나간다. '건괘' 상괘의 맨 아래인 '구사'다. 『주역』에서 '사'의 자리도 위태롭고 불안한 자리다. 비바람 치는 바다에 막 나간 듯, 눈보라 몰아치는 벌판에 막 나선 듯, 험한 세상에 막 나가서 아직 적응이 어려울 때 건괘 '구사'는 역시 '구삼'처럼 조심해야 한다. 나쁜 인간들이 설치는 세상에서 섣불리 행동해서는 안 된다. 그래서 잠룡일 때 자신의 근거지였던 못에서 상황을 봐가면서 '뛰어야(躍)' 한다(或躍在淵). 그래야 문제가 없게 된다(无咎). 마치 학교를 졸업하고 막 세상에 나간 사회 초년생과 같다.

구오九五

'건괘'에서 이제 마침내 '구오'의 전성기가 되었다. 잠룡이 하늘을 나는 용, '비룡飛龍'이 된 것이다. 그 비룡이 하늘에 있다(飛龍在天). 이제 참고 기른 실력을 마음껏 펼칠 때다. 순이 임금이 된 때다. 제갈량, 한신, 흥선대원군이 자신의 실력을 발휘할 때다. 이때 자신을 도와주는 사람, 즉 대인이 있으면 좋다. 유비가 '구오'라면 자신을 도와주는 '구이'의 제갈량이 대인이다. 사회 지도자는 자신을 도와주는 참모가 대인이다. '구이'가 하괘의 가운데 자리인 것처럼 '구오'는 상괘의 가운데 자리다. '구오'와 '구이'는 서로 호응하면서 '구오'에서도 '구이'와 같이 '이견대인利見大人'을 말함으로써 조력자의 필요성을 이야기한다.

상구上九

그러나 '만물은 극에 이르면 되돌아간다(物極必反)'고 했다. 해가 중천을 지나면 서산으로 기울고 달이 차면 이지러진다. '건괘' '상구'는 '구오'의 비룡이 자신을 과신하고 자만하여 높은 하늘로 지나치게 올라간 것이다. 그러다가 결국은 후회하게 된다. 그래서 '항룡亢龍', 즉 '지나치게 높이 올라간 용'으로 '뉘우침이 있다(有悔)'고 했다(亢龍有悔). 한신이 이용만 당하고 토사구팽兔死狗烹됨이다. 흥성하다가 쇠망하게 되는 왕조, 권력욕을 다하려 하다가 결국 자신을 망치게 되는 폭군 또는 독재자나 사업이 잘된다고 자만하여 무리한 사업 확장으로 회사를 도산시키는 사업가를 말한다.

이를 두고 '건괘' 「문언전文言傳」에서 "나아갈 줄만 알고 물러날 줄은 모르며, 존재함만 알고 망함이 있음은 모르며, 얻을 줄만 알고 잃음이 있음은 모른다."[10]고 하였다. 겸허하게 자신을 되돌아보아야 한다. 교만함은 안으로 자신의 이성을 바르지 못 하게 하고 밖으로 타인의 질투를 유발한다.

이카로스는 아버지 다이달로스와 새의 깃털과 밀랍으로 날개를 만들어 붙이고 하늘로 날아 미궁을 탈출하였다. 이카로스는 새처럼 나는 것이 신기하여 하늘 높이 올라가지 말라는 아버지의 경고를 잊은 채 높이 날아올랐고, 결국 태양열에 날개를 붙인 밀랍이 녹아 에게해에 떨어져 죽지 않았는가. 너무 높이 올라간 것이다.

프랑스 절대왕정 시대 루이 14세의 재무장관이었던 니콜라 푸케(1615~1680)는 당시 자신의 지위와 부에 걸맞은 성을 지어야겠다고 생각하고 보 르 비콩트 성을 완성했다. 푸케는 루이 14세를 집들이에 초대하여 자랑했고, 자신의 궁보다 더 크고 화려한 보 르 비콩트 성을 본 루이 14세는 질투와 분노로 푸케를 횡령죄와 대역죄로 종신형을 내렸다. 푸케는 피네롤로 감옥에서 남은 생을 보내다가 옥사한다. 당시 루이 14세가 본 푸케 가家의 문양 아래에는 루이 14세의 분노를 더욱 부채질한 '못 올라갈 곳이 없다'는 문구가 있었다. 스스로 '항룡亢龍'임을 말한 것이다.[11]

용구用九

'건괘'는 순양純陽의 괘로 양의 속성을 말하는 대표적 상징이다. 건괘의 여섯 효는 여섯 마리의 용(六龍)을 상징한다. 이는 곧 『주역』의 '양陽'의 상징이기도 하다. 그 점을 '건괘'에서 대표로 말하는 것이다. 양은 강건剛健함을 말하고, '건괘'는 모두 그러한 속성을 지니고 있다. 그런데 모두 강건한 상황은 지나친 상황이다. 모두 나서서 자신이 잘났다고 하는, 자신이 지도자, 리더라고 나서는, 즉 군웅群雄이 할거割據하는 무질서한 춘추전국春秋戰國의 상황이다. 한 공동체가 이런 상황이면, 사공이 많아서 배가 산으로 올라간다.

그러므로 각각의 여러 용이 활동할 때(見群龍), 그 강건함을 절제하여 우두머리가 없듯 양보하는 미덕으로 행동해야(无首) 좋다는 것이다(吉).[12] 양의 장점은 강건함이지만, 지나치게 나대며 설치는 것이 단점이며, 더구나 구성원이 모두 강건하게 나서면서 그 단점이 극대화하는 점을 특히 경계한다.

2

곤괘 坤卦

원문과 번역

坤, 元亨利牝馬之貞. (곤은 크고 형통하여 이롭고 암말의
곤 원형리빈마지정
곤음이다.)[13]

君子有攸往. 先迷後得, 主利. (군자에게 갈 바가 있다.
군자유유왕 선미후득 주리
먼저 하면 잃고, 뒤에 하면 얻을 것이니 이로움을 주로 한다.)

西南得朋, 東北喪朋, 安貞, 吉. (서남에서는 벗을 얻을 것이요, 동북에서는 벗
서남득붕 동북상붕 안정 길
을 잃을 것이니, 곤음을 편안히 여기면 길할 것이다.)

(初六) 履霜, 堅氷至. (서리를 밟으면 굳은 얼음이 이를 것이다.)
리 상 견빙지

(六二) 直方大, 不習无不利. (곧고 모나면서 크니, 익히지 않아도 이롭지 않음이
직방대 불습무불리
없을 것이다.)

(六三) 含章可貞, 或從王事, 无成有終. (빛남을 머금으면 바를 수 있으니, 때
함장가정 혹종왕사 무성유종
로는 왕의 일을 따르면서, 이룸은 없어도 마침은 있을 것이다.)

(六四) 括囊, 无咎无譽. (주머니를 여미면, 허물도 없고 영예도 없을 것이다.)
괄 낭 무구무예

(六五) 黃裳, 元吉. (누런 치마면, 크게 길할 것이다.)
　　　　황　상　　원　길

(上六) 龍戰于野, 其血玄黃. (용이 들에서 싸우니, 그 피가 검고 누르다.)
　　　　룡 전 우 야　기 혈 현 황

(用六) 利永貞. (오래도록 곧음이 이롭다.)
　　　　리 영 정

곤괘坤卦 총설과 괘사卦辭 해설

　'곤괘'는『주역周易』의 두 번째 괘로서, 위도 아래도 모두 땅을 상징함이
거듭된다(重地坤).『주역』64괘 중 맨 앞의 두 괘인 '건괘乾卦'와 '곤괘坤卦'는
전체 괘의 대표이면서 각각 독자적으로 어떤 상황을 반영하기도 한다. 삼획
괘 8괘 중 '건괘乾卦☰'는 하늘과 아버지를 상징하며 '곤괘坤卦☷'는 땅과 어
머니를 상징한다. 그래서 64괘 중 '곤괘'는 8괘 중 '곤괘'가 거듭된 것이므로,
거듭된 땅이라는 의미다. 하늘과 땅 사이에서 만물이 생육生育하고 아버지
와 어머니 사이에서 자녀가 생육한다.『주역』「계사전繫辭傳」에서 "하늘과 땅
이 기운을 교합하여 만물이 변화하여 무르익고(天地絪縕, 萬物化醇), 남자와
여자가 정기를 교류하여 만물이 변화하여 생겨난다(男女構精, 萬物化生)."라
고 함이 이것이다.
　'건'은 순수한 양으로 '곤'에 그 기운을 베풀고, '곤'은 순수한 음으로 '건'의
기운을 받아들인다. 그 사이에서 만물을 상징하는 나머지 62괘가 음양이 뒤
섞여 생겨난다. 그래서 '곤'은 '건'의 기운을 받아 함께 만물을 생성하는 역할
이 중요하다. '건'은 원元·형亨·리利·정貞의 덕德을 가지고 있다. 이 덕들과
짝을 이루며 만물을 이루는 '곤'의 덕이 있는데, 곧 '곤坤'은 '원元·형亨·리

利·빈마지정牝馬之貞'이다. 즉 '건'의 봄, 여름, 가을, 겨울을 운행하는 힘을 받아, '곤'은 봄, 여름, 가을을 같이 짝하여 응하다가 겨울에 그 씨앗을 저장하여, 이듬해를 준비하는 역할을 한다. 이는 대지大地의 덕으로 '암말의 곤음(牝馬之貞)'이라고 한다.

'역易' 사상에서 '양'은 발산과 능동을, '음'은 수렴과 수동을 말한다. 우주론적으로 우주 에너지가 확장·발산하여 유동하는 태허太虛, 즉 광막한 우주공간이 형성된 것이 하늘로서의 '건'이다. 그 우주 에너지가 태허 속에서 수렴하여 응결한 것이 우리가 사는 땅덩어리를 포함한 무수한 일월성신日月星辰으로 '곤'이다. "까마득한 날에 하늘이 열리고, 큰 강물이 길을 열었다"라고 시인이 노래했듯이, '건'과 '곤'은 개천開天 벽지闢地의 과정으로 '곤'에서 인간을 비롯한 만물이 딛고 설 수 있는 땅이 열리는 벽지闢地가 된다. 백마白馬 타고 오는 초인超人의 곤음貞으로 말 달릴 '광야曠野'가 이루어진다.

우주의 온갖 천체를 형성한 것은 '곤'의 작용으로 이 작용이 '갈 바가 있음'이지만, 우주가 운행하려면 능동성의 양인 '건'이 먼저 행하고, 수동성의 음인 '곤'이 그것을 이어받는다. 그래서 '곤'은 '건'에 앞서면 그 작용을 잃고, '건'의 에너지 발산 후 뒤따르면 성과를 얻을 수 있다. 나아가 땅에서 하늘과의 교합 작용으로 이익을 주관하게 된다. 인간은 이러한 이치를 본받아, 인간의 대표인 군자는 어떤 일을 함에(君子有攸往), '곤'의 위치에 있을 때는 앞서면 잃고 뒤따르면 성과를 얻게 되며(先迷後得), 이익을 주관한다(主利).

예컨대 한 국가를 세우거나 경영할 때 임금의 위치에 서는 경우가 '건'이라면 신하의 위치에 서는 경우가 '곤'이다. 이때 '곤'의 신하는 리더인 임금을 보좌하는 위치이기 때문에 임금에 앞서서 참월僭越하면 안 되고, 임금을 도와 그 통치 철학을 실행해야 성과를 이룰 수 있다. 한 기업의 창업과 경영도 이와 마찬가지다.

이 괘의 상황에 처한 사람은 어떤 일을 행할 때 먼저 나서지 않는 것이 좋다. '먼저 하면 잃고 뒤에 하면 얻을 것'이기 때문이다. '건'에 대해서 '곤'은 전반적으로 어떤 지도자를 돕는 참모다. 주동은 지도자가 하고, 참모는 그를 돕는 역할이다. 땅이 두텁게 하늘을 받쳐 주면서 만물을 실어 이로움을 주듯이 한다. '건괘'에서 각 효의 위상에 따라 지도자와 참모·조력자를 나누어 말하였지만, '건괘'와 '곤괘' 사이에서 볼 때는 '건괘'가 전체적으로 지도자, '곤괘'가 그 참모·조력자의 의미를 띤다. 예컨대 '건괘'는 유비劉備, '곤괘'는 제갈량諸葛亮의 역할을 말하는 것이다.

또 음은 양과 응하여 일을 이루므로 같은 성질인 음과 어울리기보다는 양과 어울려야 한다. 그래서 음이 성한 서남西南에서 동류인 음을 얻기보다는(西南得朋), 동류를 잃더라도 양이 성한 동북東北에서 양과 어울려야 한다(東北喪朋). 이것이 천지의 교합交合이요, 남녀의 어울림이다. 특히 동류의 잃음을 감수하는 것은, 혈연, 지연, 학연, 종교, 이념 등 사적 인간관계나 파당을 고려하지 않고, 욕심을 버리고 의로움에 따르는 것이다. 그래서 마음을 편안히 하여 뜻을 곧게 지키면(安貞), 좋은 결과를 얻게 된다(吉). 이러한 '곤'의 입장을 종합하여 '곤괘'「상전象傳」에서 "땅의 형세가 곤이니, 군자는 이를 본받아 두터운 덕으로 만물을 싣는다(地勢坤, 君子以厚德載物)."라고 하였다.

'곤괘'는 '건괘'와 더불어 64괘 전체의 중심 괘이므로, 그 안에 '건괘'처럼 『주역』의 종합적 취지가 함축되어 있다. 그런 측면이 역시 그 단계적 전개

과정인 다음의 효爻와 효사爻辭에 나타난다.

곤괘坤卦 효사爻辭 해설

초육初六

'곤괘' 첫 번째 단계 '초육'에는 『주역』 전체 핵심 사상이 내포되어 있다. '곤괘' '초육'은 『주역』을 보면서 세상의 변화에 관해 가져야 할 근본적 태도를 함축한다. "서리를 밟으면 굳은 얼음이 이를 것이다(履霜堅氷至)."라고 하는 말은 '역易'에서 매우 의미심장하게 받아들여진다. '서리'는 머지않아 이르게 될 '굳은 얼음'의 전조前兆다. '곤괘' '초육'은 음이 처음 생기는 것으로 나중에 온통 음이 되는 전조다. 세상만사 변화는 미리 그 조짐을 보인다. 지혜로운 사람은 개미구멍을 보고 그것이 언젠가 둑을 무너뜨릴 원인이 되리라 여기고 사전에 방비하지만, 어리석은 자는 그 조치를 보고 비웃는다.

'곤괘' 「문언전文言傳」에서는 이에 대해 우리가 익히 알고 있는 유명한 말을 한다. "선을 쌓은 집안에는 반드시 남은 경사가 있고, 불선을 쌓은 집안에는 반드시 남은 재앙이 있다(積善之家, 必有餘慶, 積不善之家, 必有餘殃)." 이어 말하기를 "신하가 그 임금을 죽이고, 아들이 그 아버지를 죽이는 일은 하루아침 하루 저녁에 일어난 일이 아니다. 그 원인은 '점차적인' 것이다(臣弑其君, 子弑其父, 非一朝一夕之故. 其所由來者漸矣)."라고 한다. 무엇 때문인가? "분별해야 할 것을 미리 분별하지 않은 때문이다(由辨之不早辨也)." 이것은 난신적자亂臣賊子가 횡행하던 그 당시를 『주역』의 관점에서 진단한 것이다.

'건괘'가 순양임에 대해 '곤괘'는 순음이다. 음의 지극함이다. 여기서 물의 이미지로 '곤괘'의 상황을 설명한다. 물[水]은 불[火]에 대해 음이다. 물의 음 상태가 가장 지극하게 된 것이 '얼음'이다. 지극하게 되어 얼음으로 된 상태가 순음의 '곤괘'다. 그런데 그 첫 단계가 '서리'다. '초육'은 얼음으로 가는 초기 단계, 즉 그 전조를 서리의 이미지로 말한다. 서리가 내리는 가을이 되면 얼마 있지 않아 얼음이 어는 추운 겨울이 될 터이니, 겨울나기 준비를 해야 한다. 눈보라 몰아치고 얼음이 꽁꽁 어는 추운 겨울이 되어서야 월동 준비를 하면 때 늦은 대처가 된다. 얼음의 조짐인 서리를 밟을 때, 곧 굳은 얼음이 어는 겨울이 될 것을 알고 그에 대비해 준비해야 한다.[14]

세상에는 우리가 느끼기에 어느 날 갑자기 일어나는 '돌변突變'이 많다. 그러나 『주역』의 취지에 따르면 세상에 돌변이란 없다. 모두 점차적인 '점변漸變'이다. 소도둑은 바늘 도둑에서부터 된다. 악행으로 흔히 뉴스를 장식하는 인간 중에는 누적된 악의 습관이 원인이 되는 경우가 많고, 걸핏하면 발생하는 안전사고나 인류 역사 속의 수많은 사건도 원인이 누적되어 오다가 그 결과가 돌변처럼 나타나는 것이다. 그 결과가 부정적인 경우는 모두 "분별해야 할 것을 미리 분별하지 않았기 때문이다." 그 결과가 긍정적으로 예측되어도 효과를 누리지 못하는 경우 역시 미리 대처하지 않았기 때문이다. 어떤 산업이 호황이 되는 것을 미리 대비하지 않으면, 수혜를 누리지 못할 수 있다.

육이六二

'곤괘' '육이'는 하괘의 가운데 자리이며 음의 자리인 두 번째 자리에 있다. 가운데 자리에 있는 음이 자신의 정당한 음의 자리에 있어서, 이것을 '중정中正'이라고 한다.[15] 곧고 방정하며 큰(直方大), 땅의 자리를 지키고 있어서 매사가 자연스럽다. 이것은 '곤괘'라는 음의 위치에 있는 '건괘'의 조력자가 참월하는 일없이, 하극상下剋上하는 일없이, 자신의 본분을 지키는 중용의 상태다. '익히지 않아도 모두 이로운'(不習无不利), 자연스럽고 순조로운 상태다.

육삼六三

'곤괘' '육삼'은 하괘의 맨 위로 세상에 나가기 직전이다. 음의 입장에서 이때는 양의 경우보다 더욱 자신을 삼가야 한다. 그것이 '빛남(章)을 머금음(含)'(含章)이다. '빛남'은 자신의 실력이나 장점이다. 악인이 많은 험난한 세상에 나가기 전, 군자가 자신이 가진 실력을 안으로 머금고 있는 채로 아직 드러내지 않아야 한다. 그러면서 자신의 지조를 지킬 수 있는 상황이다(可貞). 마치 '건괘' '초구'인 '잠룡 물용'의 취지와 같다. 다른 점은, '건괘'의 경우는 지도자 입장에 선 군자라는 것이다. 그런데 이 경우는 그러한 지도자를 따르면서 그의 일에 도움을 주는 위치에 있는 군자다(或從王事). 그러나 그 성과는 그 지도자가 가지도록 배려한다. 자신을 드러내지 않으면서도 일의 전반을 도와 마무리해준다(无成有終). 『노자』의 '공이 이루어지면 몸은 물러남(功遂身退)'[16]의 처신이다. 한漢 고조高祖 유방劉邦을 도운 후 그 공을 내세우지 않고 물러난 장량張良의 경우다.[17]

육사六四

'곤괘' '육사'는 상괘의 처음이며 세상에 나간 직후로 역시 자신을 삼가야 한다. '건괘'를 따르는 '곤괘'의 입장이므로 더욱 삼가야 한다. 마치 '주머니를 여미듯(括囊)' 언행을 조심해야 한다. 그러면 나쁜 일도 없지만(无咎), 그렇다고 해서 별다른 영예도 없다(无譽). 현상 유지, 본전은 건진다. 오지랖 넓게 쓸데없이 나서서는 안 된다.

세상에는, 입신양명을 위해서 오랫동안 준비하여 마침내 자신이 본격 활동할 지위를 얻었음에도, 더 빨리 많은 것을 이루려고 함부로 나서서 입을 놀리며 입방정을 떨다 설화舌禍에 휘말리는 이들이 흔하다. 특히 대중에게 자신의 존재를 홍보하고 각인시키려는 욕심에 자극적인 언사로 우선 언론에 자신을 드러내기에 급급하다가, 오히려 자신을 망치는 경우가 있다. 입지가 확실한 상태라도 말 한마디로 지위가 급전직하할 수도 있는 것이 세상이다. 하물며 '육사'처럼 이제 막 세상에 나갈 때는 말할 것도 없다. 차라리 말없이(括囊), 책잡힐 일도(无咎) 없고, 칭찬들을 일도 없이(无譽), 사태를 관망하는 것이 나은 것이다.

육오六五

그러다가 '곤괘' 상황이 '육오'의 단계가 된다. '건괘乾卦' '비룡飛龍'에 대응하는 '곤괘'의 전성기다. 그러나 '곤괘'는 음의 입장이므로, 모든 것을 배후에서 돕는 입장이다. 효사에 있는 '황상黃裳'에서 '치마(裳)'의 역할은 위가 아닌 아래에서다.[18] 그래서 신하, 조력자의 입장인데, 그러면서도 가운데 있으니 '황黃'이다. 누런색은 가운데 자리를 상징한다. 이렇게 중도로 처신하면 크게 좋다(元吉).

이러한 전성기도 중도를 벗어나 지나치게 된 것이 '곤괘'의 궁극인 '상육'으로 '곤괘'의 음이 극성하게 된 것이다. '초육'의 서리가 이제 굳은 얼음이 되었다. 음이 극성하여 양과 치열하게 다투는 것이 마치 용들이 들판에서 싸우는 듯하다(龍戰于野). 군자와 소인이, 선과 악이, 정의와 불의가 크게 싸운다. 용들의 싸움에서 그 피가 '검고 누르다'(其血玄黃). 이는 곧 '하늘은 검고 땅은 누르다(天玄而地黃)'는 것이다. 양의 상징인 하늘과 음의 상징인 땅이 싸워 그 피가 검고 누르다. 음의 세력이 커져서 오만하여 지도자를 조력해야 할 위치에 있는 사람이 지도자를 능멸하는 '하극상下剋上'이다. 쿠데타요 반란의 상황이다. '초육'에서 서리를 밟고 굳은 얼음이 될 수 있음을 간과하고 방치한 결과다.

달리 이야기하면, '곤괘' '상육'은 새 나라를 세우는 마지막 마무리 단계다. 한 나라가 독립하여 개국하는데, 그것을 방해하는 세력과의 투쟁 등 많은 고난이 있음을 표현하는 것이다. 그 고난이 용들의 싸움으로 묘사된다. 모세가 히브리 백성을 이끌고 이집트에서 '영광의 탈출(Exodus)'을 할 때, 이집트 파라오가 보낸 군대를 따돌리고 홍해를 건너 광야로 나아가 옛날 이스라엘의 초석을 세우는 과정이요, 주몽朱蒙이 부여夫餘의 추격병을 따돌리고 강을 건너 탈출하여, 광야에서 고구려高句麗를 세우는 과정이다. 어느 나라든 새로운 나라를 세울 때 투쟁하는 과정, 딴 나라의 속박받던 나라가 독립을 위해 투쟁하는 과정이다.

용육用六

'곤괘' '용육'은 '건괘' '용구'에 대응하는 개념이다. '건괘'가 순양의 괘임에 대해 '곤괘'는 순음純陰의 괘이므로 음의 속성을 말하는 대표적 상징으로 『주역』 전반에 걸친 '육六'으로 표현되는 음의 운용적 측면을 말하기도 한다. 음의 속성은 양의 강건剛健함에 비하여 '유순柔順'함이다. 이 속성이 『주역』 전면을 통해 음의 기본 자질로 '음'으로서의 '육六'에 내재하여 있다.

그런데 '용육'을 '곤괘'의 측면만을 두고 말한다면, '곤괘'는 모두 음의 '유순함'만 모여 있는 것이므로 그 유순함이 지나치게 된다. 지나치게 유순하여 어떤 것에 대해 전혀 적극성을 보이지 않고 자신을 드러내지 않으면, 부정적 측면으로 '음험함'이 될 수 있다. 그러다가 그 상태가 누적되면 서리가 얼음이 되듯이, 궁극적으로는 세상의 악으로 표출될 수 있다.

그래서 그 운용의 측면에서는, 유순하더라도 '곧고 바름(貞)'을 강조하여 '利永貞'이라고 한다. 그저 일시적인 '곧고 바름'이 아닌 '항구적인 곧고 바름(永貞)'을 유지해야 이롭다는 것이다. 그래야 '음'이 소인적 악으로 가지 않아서, '곤괘'의 최종적 단계인 '상육'에서 음양 투쟁으로 용들이 들판에서 피비린내 나게 싸우듯이 공동체의 파괴로 나타나는 상황에 이르지 않게 된다.

3

준괘 屯卦

원문과 번역

屯, 元亨, 利貞. 勿用有攸往, 利建侯. (준은 크게 형통
준 원형 리정 물용유유왕 리건후
하고 바르게 함이 이롭다. 갈 바를 둠을 쓰지 말고 제후를 세움이

이롭다.)

(初九) 磐桓, 利居貞, 利建侯. (머뭇거림이니, 바르게 처신
반환 리거정 리건후
함이 이롭고 제후를 세움이 이롭다.)

(六二) 屯如邅如, 乘馬班如, 匪寇婚媾, 女子貞, 不字, 十年乃字. (어
준 여전 여 승마반여 비구혼구 녀자정 부자 십년내자
려운 듯, 되돌아온 듯, 말을 타고는 망설이는 듯하다. 도적이 아니라 청혼하는 사

람이다. 여자가 정조를 지켜 결혼을 허락하지 않다가, 십 년 만에야 결혼한다.)

(六三) 卽鹿无虞, 惟入于林中. 君子幾, 不如舍, 往吝. (사슴사냥을 나갔
즉록무우 유입우림중 군자기 불여사 왕린
으나 몰이꾼이 없어서 홀로 숲 속에 들어간다. 군자는 조짐을 보고 그만둠이 나으

니, 가면 부끄럽게 될 것이다.)

(六四) 乘馬班如. 求婚媾, 往, 吉, 无不利. (말을 타고는 망설이는 듯하다. 청
승마반여 구혼구 왕 길 무불리

혼할 사람을 찾으니, 가면 길하여 이롭지 않음이 없을 것이다.)

(九五) **屯其膏, 小貞吉, 大貞凶.** (그 혜택을 베풀기 어려우니, 작은 곧음엔 길하
　　　준 기 고　소 정 길　대 정 흉
고 큰 곧음엔 흉할 것이다.)

(上六) **乘馬班如, 泣血漣如.** (말을 타고는 망설이는 듯하며, 피눈물을 흘리는 듯
　　　승 마 반 여　읍 혈 련 여
하다.)

준괘屯卦 총설과 괘사卦辭 해설

　'준괘'는 『주역周易』의 세 번째 괘로서, 위가 물이고 아래가 우레다(水雷
屯).[19] '건괘'에서 하늘이 생기고, '곤괘'에서 땅이 생겼다. 이제 하늘과 땅의
기氣가 교류하여 그 사이에서 만물이 생기기 시작한다. 즉 태초에 천지가 서
로 교합하여 만물을 낳는 상황이다. 그 최초가 '준괘'다. 처음 만물이 생성될
때는 모든 것이 새로우므로 쉽지 않다. 묘하게도 '屯'의 자형字形은 풀[屮]이
발아하여 어렵게 땅[一]을 뚫고 나오려는 모습이다. 처음 움직이려는 데 앞
에 어려움이 있다. 마치 추운 겨울이 지나고 만물이 소생하는 새봄, 아직 땅
위에 찬바람이 불 때, 풀이 땅을 뚫고 나옴의 어려움을 묘사한다.
　'준괘'는 새 생명이 태어날 때의 산고産苦를 상징한다. 천지간에 만물이
생겨남도, 나라나 기업을 만듦도 처음은 이렇듯 어렵다. '곤괘'에서는 나라
의 터전을 마련할 때의 어려움을 말했지만, 개국 직후 이제 그 경영을 시작
할 때 아직 기반이 잡히기 전, 어려움이 또 있게 된다. 기업 등 다른 조직체
도 마찬가지다.

이럴 때 어떻게 해야 할까. 성급하게 나아가서는 안 된다. '머뭇거리며 나아가지 못하듯' 해야 한다. 아직 안정되지 못한 어린 새싹이나 병아리처럼 연약하니 조심해야 한다. 무모하게 돌진하듯이 하면, 어렵게 만든 나라나 기업을 허망하게 무산시킬 수도 있다.

중국 춘추전국시대 진秦나라는 제후국 역사는 오래되었으나 통일제국으로는 새로운 경험을 하게 되었다. 진시황秦始皇은 나름대로 국가를 경영하였지만, 강압적이고 무리한 법의 운용으로 국가를 경영하고, 자신의 권력을 과시하려고 태산泰山에 봉선封禪의 제사를 지내며 과도하게 재정을 낭비하고, 자신이 정복한 영토를 확인하듯이 지방 순시를 강행하다가 객사하고 난 후, 진나라는 다음 2세 황제 호해胡亥가 이어받았지만 2대 만에 망하였다.

훗날 수隋나라는 혼란하던 위진남북조시대魏晉南北朝時代를 마감하며 통일하였지만, 초기에 고구려 원정, 대운하 건설 등 처음부터 무리한 정책을 펴다가 역시 2대 만에 망하였다. 진나라 다음의 한漢나라와 수나라 다음의 당唐나라가 오히려 전대의 과오를 거울삼아 각각 그 왕조를 전대보다는 오래 유지하였다. 나라를 세우고 아직 안정되지 못했을 때 내부적으로 세력 다툼이 있는 것도 어려움의 하나다. 성급하게 빨리 이루려다 때로는 전쟁이 있기도 하다.

우리 민족은 일제로부터 해방 직후 성급히 이념 문제를 해결하려다 크나큰 민족적 고통을 치렀다. '준괘'는 초기에 이러한 어려움이 있을 수 있으니 머뭇거리듯 신중하게 대처하여 무리하게 경영하지 말 것을 충고한다. '준괘'는 비록 어려움을 말하지만, 어차피 겪어야 할 산통産痛으로 발전적이고 긍정적인 어려움이다. 그래서 '준괘'는 가장 중요한 괘들인 '건괘', '곤괘'처럼

'원형이정元亨利貞'으로 시작한다(屯, 元亨利貞). '준괘'는 '건괘', '곤괘'라는 기본 토대의 장場이 펼쳐져 있지만, 그 토대에서 이제 어떤 구체적 일을 시작하는 상황으로의 신중함이 필요하므로 섣불리 어떤 것을 행하려고 하지 말아야 한다(勿用有攸往). 또 '준괘'는 어려움을 헤쳐 나가기 위하여 지도자에게는 도우는 이가 있어야 함을 강조한다. 그래서 '제후를 세움이 이롭다(利建侯)'고 한다.

인류가 탄생하여 처음의 자연 상태는 홉스(Thomas Hobbes)의 '만인에 대한 만인의 투쟁 상태'였다. 무질서하고 약자가 보호받을 수 없는 상태다. 이때 질서를 잡기 위해 정치 구성체인 국가가 필요하게 된다. 이보다 훨씬 앞서 중국의 유가 철학자인 순자荀子의 사상이 그와 비슷하다. 자연 상태의 무질서를 다스릴 국가의 필요성을 주장하는 사상에서는 그 국가를 경영할 정치 지도자의 필요성도 강조한다. 정치 지도자는 또 그를 도울 제후가 필요하다. 기업 등 조직도 리더를 조력할 참모가 필요하다. 홀로 하기는 어렵기 때문이다.

장기판은 초楚의 항우項羽와 한漢의 유방劉邦이 중국 천하를 두고 쟁패함을 빗댄 것이다. 유방은 장량張良, 소하蕭何, 한신韓信의 도움으로 천하를 얻었다. 항우는 범증范增이 있었지만 그의 계책을 쓰지 않았다. 독불장군식으로 독단하였다. 한신의 능력도 알아주지 못해 유방에게 가도록 만들었다. 유방 자신이 참모들보다 나은 것은 그들을 쓸 줄 앎에 있다고 하였다. 어려울 때 사람을 잘 써야 어려움을 헤쳐나갈 수 있음을 '준괘'는 말한다. '준괘'의 여섯 단계 상황 전개는 어려움을 헤쳐나가는 과정이다. 괘 전체에 흐르는 기조는 괘의 근본 취지를 계속 확인하듯, '머뭇거리듯' 신중해지길 요청한다.

준괘屯卦 효사爻辭 해설

초구初九

'준괘'는 먼저 '초구'부터 '머뭇거림(磐桓)'을 이야기한다. 괘의 맨 아래에 있으면서 위로 움직이려는 양이지만, 함부로 날뛰지 말고 머뭇거리듯 신중한 태도로 '바르고 곧음'을 강조한다(利居貞). '초구'는 괘 전체에서 강조하듯, 처음부터 조력자를 구해야 좋음을 말한다(利建侯). 그의 조력자는 상괘의 음인 '육사'이므로 그와 호응해야 한다.

육이六二

'준괘'의 '육이'도 여전히 조심해야 하는 상황이다. 어려운 듯한 태도로, 게다가 출발하다가 되돌아오는 듯한 태도까지도 취한다(屯如邅如). 말을 타고도 망설인다(乘馬班如). '육이'는 음으로 가운데 있으면서 위의 가운데인 '구오'의 양과 호응하려 한다. '육이'는 여자에 비유되고, 그와 호응하는 '구오'는 남자에 비유된다. 그 남자가 자신과 결혼할 상대인가, 자신을 속이는 도적이 아닐까 의심이 가기도 한다. 그러나 도적이 아니라 진정으로 결혼할 상대다(匪寇婚媾). 즉 일을 도모하면서 믿을 만한 동지인가 아니면 적인가 하는 것을 결혼 관계로 비유한 것이다.

그런데 바로 아래의 양이 청혼한다. 하지만 지조를 지켜 그에 응하지 않다가(女子貞不字), 10년 만에야 사랑하는 짝인 '구오'와 만난다(十年乃字). 주위에 자신을 나쁜 길로 빠지도록 유혹하는 인간들이 있는 상황을 비유한다. 지조를 지키다 '구오'와 만남은 어려울 때 함부로 주위의 유혹에 빠지지 않고 소신을 지키다가 오랜 세월 인고하여 목표를 달성함을 말한다. 나라를 세웠을 때, 빨리 나라를 발전시켜야겠다는 성급한 욕심으로 바르지 못한 정책('초구'의 유혹)을 성급하게 추진하다 실패하지 말고, 건전한 장기계획(상응하는 '구오')을 세워서 추진하라는 의미로 볼 수 있다.

육삼六三

'준괘' '육삼'에서도 역시 신중함을 계속한다. 하괘의 맨 위로서 세상 밖에 나가기 직전이다. 정책을 현실에 본격적으로 적용하여 성과를 내려고(卽鹿: 사슴 사냥) 준비하는 단계다. 이때 조력자(虞: 몰이꾼) 없이(卽鹿无虞) 함부로 숲 속으로 들어가듯 무모하게 행동함을 우려한다(惟入于林中). 사냥할 때의 '몰이꾼'으로 조력자를 비유한 것이다. 지도자는 이러한 상황을 종합적으로 파악하고 올바른 판단으로 주위의 도움도 없는 불확실한 정책은 차라리 접는 것이 낫다(君子幾不如舍). 그런데도 만일 국가의 리더가 범증范增 같은 참모의 말을 듣지 않고 독단적으로 행동하는 항우項羽처럼 국가정책을 추진한다면(往), 부끄럽게도 실패할 수 있다(吝).

육사六四

'준괘' '육사'에서는 하괘의 어려운 상황에서 어느 정도 벗어나 상괘로 접어들어 일이 풀리지만, 성과를 말하는 '구오'까지는 아직 이르지 못했으므로 역시 '말을 타고는 망설이듯 한다'(乘馬班如). 목표를 상징하는 '구오'의 결혼 상대자를 만나기 직전 상황이다(求婚媾). 목표를 향하여 신중하게 추진한다면(往), 길하여(吉) 모두 이로운 결과를 낳을 것이다(无不利). 다만 정책의 성과가 나기 직전, 아직은 결과가 나오지 않았으므로 성급히 샴페인을 터뜨리는 경솔한 행동을 하지 않는다면, 좋은 성과가 눈앞에 있다.

구오九五

'준괘' '구오'는 '준괘'의 전성기로 마침내 결혼 상대자를 만났다. 그동안 조심스럽게 추진하던 정책이 드디어 성과가 나타났다. '구오'는 신중히 정책을 추진한 지도자의 위치이지만, '준괘' 자체가 '건괘'와 '곤괘' 후의 초기 불안정한 상황이므로, 성과가 있다고 하여 지나치게 기뻐할 일이 아니다. 경제 정책이라면 그 혜택(其膏)을 베푸는 데도 신중해야 한다(屯其膏). 새로운 나라가 처음으로 성과를 낸 상태라면 그것을 섣불리 분배하여 재투자해야 할 국가 자본을 소진해서는 안 되며, 새로운 기업이라면 처음 난 이익을 재투자할 것도 남기지 않고 투자자에게 대부분 배당해서는 안 되기 때문이다.

더욱 발전적인 재투자를 생각해서 종잣돈은 남겨 놓아야 한다. 작은 분배(小貞) 정도는 길하나(小貞吉), 큰 분배(大貞)는 흉하다(大貞凶). 이 종잣돈이란 공적 자본으로 쓰임을 말함이지, 사적 재산으로 축적됨을 말하는 것은 아니다. 정책 입안에 대해 참모인 '육이'의 도움을 얻어 다음의 계획을 세워서 추진하면 좋다.('貞'은 '곧음' 또는 '일[事]'로도 해석된다.)

상육上六

그런데 '준괘'의 취지가 모든 일이 처음 시작될 때 신중한 접근을 충고하는 것이므로, 비록 그동안의 조심스러운 행보를 통해 '구오'의 성과를 이루었다 하더라도 욕심을 내어 더 나아가는 것을 조심하라고 말한다. 어떤 일을 처음 시작할 때 성과가 생기면 그런 상황이 언제나 계속되리라고 성급하게 기대할 수 있다. 그로 인해 망동妄動하여 지나치게 나아가면, '상육'의 단계에서 다시 말을 타고도 머뭇거리는, 때늦은 신중함을 보여도(乘馬班如), 전성기를 지난 '상' 단계의 어려움이 지극하여 피눈물을 흘리듯 할 수 있으니(泣血漣如), 자중자애自重自愛하여야 한다.

4

몽괘 蒙卦

원문과 번역

蒙亨. 匪我求童蒙, 童蒙求我. 初筮告, 再三瀆.
<small>몽 형 비 아 구 동 몽 동 몽 구 아 초 서 곡 재 삼 독</small>
瀆則不告, 利貞. (몽은 형통하다. 내가 동몽을 찾는 것이 아니
<small>독 즉 불 곡 리 정</small>
라, 동몽이 나를 찾는다. 처음 점칠 때는 알려 주지만, 여러 번 점치

면 모독하는 것이다. 모독하면 알려 주지 않으니, 바르고 곧게 함이

이롭다.) (여기서 '告'의 음은 '곡')

(初六) 發蒙, 利用刑人用說桎梏, 以往, 吝. (몽함을 일깨워 주되, 형벌을 쓰
<small>발 몽 리 용 형 인 용 탈 질 곡 이 왕 린</small>
면서도 질곡을 벗겨줌이 이로우니, 계속하면 부끄러워질 것이다). (여기서 說=

탈脫)

(九二) 包蒙, 吉, 納婦, 吉, 子克家. (몽을 감싸주면 길하고, 지어미를 받아들이
<small>포 몽 길 납 부 길 자 극 가</small>
면 길할 것이니, 자식이 집을 다스림이다.)

(六三) 勿用取女. 見金夫, 不有躬, 无攸利. (여자를 취하지 말아야 한다. 금
<small>물 용 취 녀 견 금 부 불 유 궁 무 유 리</small>
부를 보고 몸을 간직하지 않을 것이니, 이로울 바가 없을 것이다.)

(六四) 困蒙, 吝. (몽함에 곤란함을 겪을 것이니, 부끄러워질 것이다.)
　　　곤 몽 린

(六五) 童蒙, 吉. (어린 몽이니, 길할 것이다.)
　　　동 몽 길

(上九) 擊蒙, 不利爲寇, 利禦寇. (몽을 침이니, 도적이 됨에 이롭지 않고, 도적을
　　　격 몽 불 리 위 구 　리 어 구
막음에 이롭다.)

몽괘蒙卦 총설과 괘사卦辭 해설

　'몽괘'는『주역周易』의 네 번째 괘로서, 위가 산이고 아래가 물이다(山水
蒙). 바로 앞 '준괘屯卦'의 모양을 180° 뒤집은 모습이다.『주역』64괘는 순서
대로 두 괘씩 짝을 지어 기호상 연관 관계를 보인다. '건괘'와 '곤괘'는 양과
음이 서로 모두 바뀐 관계이고, '준괘'와 '몽괘'는 서로 180° 뒤집은 모습이
다. 64괘 32쌍이 모두 이 두 가지 중의 한 가지 또는 둘 다의 관계를 보인다.
『주역』저자의 의도적 안배로 보이지만, 그런데도 내용상 그런 배열에서 오
는 스토리가 존재하니 묘한 일이다. 건·곤乾·坤의 괘가 상호 교합하여 만물
이 처음 생겨나는 '준괘'가 되었는데, 이때 만물의 어린 모습을 상징하는 것
이 '몽괘'다.

　'몽蒙'은 어려서 몽매蒙昧함이다. 어릴 때는 아직 멋모르고 몽매한 상태
다. '몽괘'는 이런 상태에서 가르쳐 깨닫게 하는 교육과 관련한다. 나아가 현
자賢者가 무지無知하고 몽매한 이를 깨우침을 말하기도 한다. 인류가 아직
미몽迷夢의 상태에 있을 때 몽매함에서 벗어나 깨닫는 데는 개인차가 있었
다. 그래서 먼저 알고 깨달은 사람이 아직 그러하지 못한 이들을 알게 하고

깨우치게 하였다.

『맹자孟子』에 있는 "하늘이 이 백성을 냄에, 먼저 안 이가 뒤에 아는 이를 알게 하고, 먼저 깨달은 이가 뒤에 깨달은 이를 깨우친다(天之生斯民也, 使先知覺後知, 使先覺覺後覺)."(『맹자孟子』「만장하萬章下」)라는 것이 이 취지다. 인류 역사에서 원시 미몽에서 문화 문명으로 계몽啓蒙함을 말하는 것이며, 역사가 흐르는 동안에도 인간의 자유와 행복을 억압하여 퇴행 퇴보하는 야만을 몰아내기 위해 언제까지라도 계속 인간을 일깨워 계몽함을 말한다.

국가나 기업을 두고 말하면 신생 국가나 신생 기업의 미숙한 상태로 아직 많이 배우고 연구해야 하는 상태임을 말한다. 교육은 그 자체가 발전을 위한 것이므로 형통한 것이다(蒙亨). 개인이든 국가든 아직 미숙하고 무지함을 스스로 인정하는 데서 출발하는 겸손함을 가져야 한다.

철학은 무지無知를 자각하여 진지眞知·진리眞理를 향해 나아감이다. 고대 그리스에서 서양 철학이 발생할 때, 그것은 philos(애愛)+sophia(지知)(영어 'philosophy'의 어원)인 '애지愛知'의 활동이었다. 소크라테스가 델포이 신전에서 인용한 '너 자신을 알라'는 말도 곧 자신의 무지를 자각하라는 것이다. 무지의 자각은 진지·진리를 향한 전제조건이요 첫걸음이다. 동양의 철학 정신도 이와 다르지 않다. 동서양을 막론하고 참을 가르치는 철학은 교육에서 시작한다.

'몽괘'는 교육자와 피교육자가 가져야 할 태도를 말한다. 가르치는 사람이 배우는 이를 찾아가서 배우도록 하는 것이 아니라(匪我求童蒙), 배울 이가 스스로 배울 의지로 가르치는 사람을 찾아가 성심誠心으로 가르침을 청해야 하는 것이다(童蒙求我). 배울 뜻이 없는 이에게는 가르치려고 해도 별로 효과가 없다.

'몽괘'에서는 교육의 실행을 점占을 치는 데 비유하였다. 점을 치는 것은 하늘과 신의 계시啓示를 얻고자 함이다. 그 결과가 마음에 들지 않는다고 마음에 들 때까지 계속 점을 치게 된다면, 점의 취지가 아닐 뿐만 아니라 하늘과 신을 모독하는 것이다. 점을 치는 동기가 불순한 것이다. 그래서 "처음 점칠 때는 알려 주지만(初筮告), 여러 번 점치면 모독하는 것이다(再三瀆). 모독하면 알려 주지 않으니(瀆則不告), 곧게 함이 이롭다(利貞)"고 한다. 하늘과 신이 계시함을 교육에 빗대어 스승이 제자를 계몽啓蒙함에 제자가 배우려는 올바른 의지를 가지고(貞), 경청하여 가르침에 반응해야 함을 말한 것이다.

공자孔子는 "분발하지 않으면 열어주지 않고 애태워하지 않으면 깨우쳐 주지 않는다. 한 모퉁이를 들 때 나머지 세 모퉁이로 반응하지 않으면 더 가르치지 않는다(不憤不啓, 不悱不發. 擧一隅, 不以三隅反, 則不復也)."(『논어論語』 「술이述而」)라고 하였다. 소를 물가로 끌고 가더라도 억지로 물을 먹이기는 어려운 것이다.

몽괘蒙卦 효사爻辭 해설

초육初六

'몽괘'의 두 양효는 교육자를, 네 음효는 피교육자를 상징한다. '몽괘'의 '초육'은 아주 무지몽매한 학생을 교육하는 엄격한 교육방식은 교육목적을 위해 불가피한 경우에 한할 뿐, 그러한 방법을 지속하는 것은 바람직하지 않음을 말한다. 특히 유아, 아동의 경우처럼 아직 자각自覺 능력이 미숙할 때는 그들의 몽매함을 일깨워 주기 위해서(發蒙), 처음에는 다소 엄격한 규범적 교육방식을 적용할 수밖에 없다(利用刑人). 그러나 그 교육적 효과는 제한적이므로 그 방식을 지속함은 강압적이고 비교육적이다. 그래서 형벌 도구인 질곡桎梏을 벗겨주듯 함이니(用說桎梏), 그 방법을 지속함(以往)은 옳지 못하며 부끄러운 교육 방법이라고 하는 것이다(吝).

구이九二

'몽괘' '구이'는 교육자의 입장으로서 상응 관계에 있는 '육오'의 동몽童蒙을 가르친다. '구이'의 낮은 위치가 교육자이고 '육오'의 높은 위치가 피교육자인 것은, 그 피교육자가 고대의 제왕학帝王學을 배우는 태자太子를 두고 말하는 것이기 때문이다. 그 후 다른 왕자나 귀족의 자제로 대상이 확대되었고, 당연히 시대가 변함에 따라 그 교육 대상이 점차 보편화한 것이다. 하지만 교육 원칙의 취지는 마찬가지다.

일반적 교육 원칙에서 볼 때, '구이'의 스승은 하괘의 가운데 자리라는 중용의 위치에서 몽매한 학생을 포용하면서(包蒙), 누구의 의견이든 옳으면 받아들여야 좋다(吉). 『주역』이 만들어진 중국 고대 당시는 남성 중심의 사회였지만, 여성의 생각도 받아들여야(納婦) 좋으며(吉), 심지어 아이라도 옳으면 집안을 다스릴 수도 있음을 수용한다(子克家). '구이'는 '육오'와의 관계로 보면 스승의 입장이지만, 괘 전체를 아래에서부터 위로 전개되는 학생의 발달 단계로 본다면 초등학생 정도의 단계다.

육삼六三

'몽괘' '육삼'은 중고등학생의 청소년기 정도에 해당하는 단계다. 청소년기는 아동기에서 성인기로 넘어가는 과도기다. 신체적으로나 정서적으로 활발하게 발달하면서도 감수성이 예민하고, 주변 환경의 영향을 많이 받는다. 사춘기, 심리적 이유기離乳期, 질풍노도疾風怒濤의 시기로 불리며, 육체적 탄생기에 대해 정신적 탄생기다. 이성異性에 대한 관심이 커져서 유혹에 쉽게 빠지기도 한다. 공자는 인생의 단계에 있어서, "소년기에는 혈기가 아직 안정되지 않았으므로, 이성(色)을 조심해야 한다(少之時, 血氣未定, 戒之在色)."(『논어論語』「계씨季氏」)라고 하였다.

'몽괘' '육삼'은 청소년기 미숙한 몽매함이다. 괘로 봐서 '삼'의 자리가 불안정을 나타내고 있다. '육삼'에서는 당시 남성 중심의 사회 기준으로, 이성에 관심 있는 청소년기에 그 관심을 자제해야 하는 점을 말하는데(勿用取女), 특히 내면을 보지 않고 외모나 물질을 기준으로 남자를 선택하는(見金夫) 여자를 취하지 말라고 한다. 자신의 몸을 간직하지 못하므로(不有躬), 이로울 바가 없기 때문이다(无攸利).[20] 『주역』이 쓰일 시기에는 남성 중심이어서 남성 위주로 말하였지만, 여성도 이성 문제에서 동일하다고 할 수 있다. '육삼'은 이렇듯 청소년기의 여러 불안정성 등, 그 시기에서 교육상 주의할 것을 말하고 있다.

육사六四

'몽괘' '육사'는 상괘에 막 진입한 상황으로 몽매함으로 인한 어려움을 말한다(困蒙). 교육 과정에서 있을 수 있는 부끄럽고 난처한 일들로(吝),

청소년기에서 성년기까지 피교육자가 교육 과정에서 겪는 온갖 우여곡절을 말한다. 미성숙하여 곧잘 반항하는 이 시기의 피교육자는 여러 가지 갈등을 겪을 수 있고, 피교육자를 다루는 교육자도 여러 어려움이 있다고 말한다. 교육적 슬럼프도 겪을 수 있다.

육오六五

'몽괘' '육오'는 피교육자의 발달 단계로 보면 어려운 청소년기를 거쳐 좋은 교육적 효과가 나타나는 '몽괘' 전성기다(童蒙吉). 지위의 관점으로 볼 때 이 '육오'는 '구이'라는 스승 또는 현인의 가르침에 중도中道로 성실히 임하는 '동몽'의 피교육자를 말한다. '동몽'이 원래는 '구이'에게 배우는 지위 높은 '육오'의 위치인 태자, 그다음은 여타 왕자나 귀족 자제였지만, 후대에는 그 의미가 확대되어 아직 미성숙한 보편적인 어린이를 말하며, 이 부분의 교육적 취지도 마찬가지로 일반화한다. 즉, 배우려는 이('육오')가 가르치는 사람('구이')에게 서로의 신분과 지위에 상관없이 성실하게 배움을 구하는 괘사의 취지가 반영되어 있다. 정치적으로는 이때 '육오'의 미숙한 지도자는 상응하는 위치인 '구이'의 현명한 참모의 말에 귀 기울여야 길하다는 것이다.

상구上九

'몽괘' '상구'에서는 최종적으로 교육 목적을 이야기한다. 교육 목적은 격몽(擊蒙), 즉 몽매함을 깨뜨리는 것인데 그것은 단순한 지식의 전수가 아닌, 도덕 교육이 중심이라고 말한다. 교육 목적이란 악을 행하는 도적과 같은 존재가 되어서는 안 되고(不利爲寇), 선을 지향하며 악을 행하는 도적을 막는 데 있다(利禦寇).

세속적 측면에서 물질적 이익을 얻기 위한 능력을 기르는 것이 아무리 중요하다고 해도, 이익을 얻기 위한 수단과 방법에 선악을 가리지 않는다면 세상을 해치고 자신을 도덕적으로 나락에 빠뜨리는 것이다. 그래서 그 이익 역시 사람을 고르게 행복하도록 하는 데 있다고 가르치는 것이 교육의 본질적 목적임을 암시하는 것이다.

그리고 그 교육 목적을 달성함을 '계몽啓蒙'이라는 표현보다, 마치 선승禪僧의 졸음을 죽비竹扉로 쳐서 깨우듯이, '격몽擊蒙'(무지몽매함을 쳐서 깨뜨림)이라는 보다 강력한 표현을 쓴 것도 인상적이다. (조선 왕조시대 율곡 栗谷 이이李珥의 『격몽요결擊蒙要訣』이란 책명도 여기서 나왔다.)

5

수괘 需卦

원문과 번역

需, 有孚, 光亨. 貞吉, 利涉大川. (수는 성실함을 가지면
_{수 유부 광형 정길 리섭대천}
빛나게 형하다. 바르게 하여야 길하고, 큰 내를 건너는 데 이롭다.)

(初九) 需于郊, 利用恒, 无咎. (교외에서 기다림이니, 항심
_{수우교 리용항 무구}
을 씀이 이로우며, 허물이 없을 것이다.)

(九二) 需于沙, 小有言, 終吉. (모래밭에서 기다림이니, 말이 조금 있을 것이지
_{수우사 소유언 종길}
만, 마침내 길할 것이다.)

(九三) 需于泥, 致寇至. (진흙밭에서 기다림이니, 도적이 이름을 초래할 것이다.)
_{수우니 치구지}

(六四) 需于血, 出自穴. (피 밭에서 기다림이니, 구멍으로부터 나올 것이다.)
_{수우혈 출자혈}

(九五) 需于酒食, 貞吉. (술과 밥에서 기다림이니, 바르고 곧으면 길할 것이다.)
_{수우주식 정길}

(上六) 入于穴, 有不速之客三人來, 敬之, 終吉. (구멍으로 들어감이니, 청
_{입우혈 유불속지객삼인래 경지 종길}
하지 않은 손님 셋이 올 것인데, 그들을 공경하면, 마침내 길할 것이다.)

수괘需卦 총설과 괘사卦辭 해설

'수괘'는 『주역周易』의 다섯 번째 괘로서, 위는 물이요 아래는 하늘이다(水天需). '수需'는 '기다림'이다. '수괘'는 기다림과 더불어 음식飮食을 상징하는 괘다. 앞의 '몽괘蒙卦'의 교육 결과는 기다려야 한다. 교육 결과는 자동판매기에서 원하는 물건이 지불 즉시 나오듯 조바심을 낼 수야 없다. 학생을 가르친 교육 결과도 채근하고 다그치는 것은 비교육적일 뿐만 아니라, 한 나라의 교육 정책도, 바른 교육 정책이 되어야 하지만, 그 결과가 나올 만한 시기를 기다리지도 않고 평가하며, 성급히 실망하여 조변석개朝變夕改해서도 안 된다.

교육에 있어서 성급함은 교육적 부실함을 초래한다. 기능 교육이든 도의 교육이든 모두 성숙 기간이 필요하다. 교육에 조바심을 내어 인위적으로 성장을 재촉하는 것을 맹자孟子는 '조장助長'이라고 했다. 맹자는 '호연지기浩然之氣'와 같은 기운, 즉 도덕적으로 넓은 기운은 제대로 키우면, 하늘과 땅 사이에 그 기가 가득 찬 듯한 인격의 경지에 이를 수 있다고 했다.

그 기운은 도덕적 기운으로 외부에서 오는 것이 아니라 도덕 주체가 스스로 내면에서 키워야 한다. 그것은 하루아침에 이루어지는 것이 아니라, 꾸준한 도덕적 습관의 누적으로 이루어진다. 그래서 '의義로움을 모음'(集義)으로 생긴다. 즉 오늘 하루 옳은 일, 내일 하루 옳은 일, 또 그다음 날... 하는 식으로 옳은 일의 습관화로 이루어진다.

이렇게 얻어지는 '호연지기'를 하루 이틀 만에 성급히 얻으려고 하는 것은 농부가 벼 이삭을 심고 빨리 자라지 않는다고 그 싹을 뽑아 올려, 성장을 도와주려는 조급한 행위와 같다고 비유한다. 그러면 그 싹의 뿌리가 밖으로 노출되어 말라죽듯이, '호연지기'가 생기기는커녕 기본적 기운도 얻을 수 없을 것이다. 이를 '싹을 뽑아 올려 자람을 도움(揠苗助長)'이라고 한다. 맹자는 이처럼 조장하지도 말고, 그렇다고 해서 방치해서 잊어버리지도 말라는 것이다.(『맹자孟子』「공손추상公孫丑上」참조)

한 마리 제비와 왔다고 봄이 온 것이 아니고, 한 번의 선한 행위로 곧바로 선인의 평가를 받을 수 있는 것이 아니므로, 꾸준히 '중용'의 태도를 습관화할 때만 인간은 행복에 이를 수 있다는 아리스토텔레스의 취지와도 통한다.

'수괘'가 상징하는 음식도 교육처럼 기다림이 필요하다. 요리의 완성도 기다림이 필요하지만, 그보다 먼저 요리의 재료는 더욱 기다림이 필요하다. 사람에 대한 교육이나 음식 재료인 곡식이나 그 결실은 기다려야 한다는 말이다.

이 기다림을 '수괘'에서는 물을 건넌다는 이미지로 비유했다. '수괘'의 상괘는 물을 상징하는 감괘坎卦☵이고, 하괘는 하늘을 상징하는 건괘乾卦☰다. 『주역』이 지어지던 옛날에는 물을 건너는 수단이 부족하였다. 그래서 물을 건넌다는 것, 그중에서도 큰 내(大川)와 같은 물을 건넌다는 것은 인간이 해결해야 할 큰 난제를 상징하였다. 과학기술이 발달한 오늘날도 물을 건너기 위해서 배를 만들고 교량을 건설하는 것은 큰 프로젝트인데, 고대에는 오죽했겠는가.

'수괘'는 물이라는 어려움을 눈앞에 두고, 하늘인 순양純陽이 약진하려는 모습을 띠고 있다. 하괘의 세 양이 어떤 일을 도모하여 앞으로 나아가려 하는데, 큰 강이 가로막고 있다. 어려움을 해결하는 데 있어서 가볍게 망동해서는 일을 그르칠 수가 있다. 때를 기다려야 한다. 『주역』의 모든 괘에는 때를 기다린다는 기조가 있지만, '수괘'는 특히 그 면을 상징한다.

우리는 인생에서 수많은 기다림 속에서 산다. 조국의 해방과 독립을 기다리고, 독재 정권하에서 민주화된 세상을 기다리고, 조국 통일을 기다린다. 두만강 강가에서, 일출봉, 월출봉 기슭에서, 바우고개에서 떠나간 님을 기다리고, 카페에서 연인을 기다리고, 눈보라 몰아치는 전선의 초소에서 다음 보초 교대자를 기다린다. 불경기에서 호경기를 기다리고, 내려간 주가가 올라가기를 기다리고, 내 인생의 봄날이 오기를 기다린다. 로마는 하루아침에 이루어지지 않았다. 기다려야 한다.

동서고금을 막론하고 성공한 사람들의 비결은 기다림의 끈기와 인내에 있음을 말하는 경우가 많다. '수괘'에서 말하는 어려움은 단순히 세월만 보낸다고 해결되지 않는다. 조건이 있다. 기다림은(需) 우선 성실함을 가져야 한다(有孚). 다음에는 꼭 광복光復의 형통함을 보리라(光亨)고 하는 희망을 가져야 하며, 삿된 마음을 가지지 않고 마음을 곧고 바르게(貞) 하여야 좋은 결과를 가져와서(吉), 큰 내를 건너듯 어려움이 해결된다고 한다(利涉大川). '수괘'의 여섯 효는 어려움에 직면하여 그 해결을 기다리는 과정을 묘사한다.

'수괘'의 '초구', '구이', '구삼'은 양효陽爻이므로 나아가는 성질을 가진다. 그러나 앞에 물이라는 어려움이 가로 놓여 있다. 그 물의 이미지를 가지고 있는 감괘坎卦☵는 가운데 양이 위아래 음의 함정에 빠져 있어 어려운 상황으로 해석되기도 한다. '수괘'는 하괘의 세 양이 어려움에 빠진 상괘인 감괘의 가운데 '구오'를 구출하러 가려는 괘상으로 볼 수 있다. 이 '구오'를 구하려는 아래 삼효는, 그 목표를 실현하기 위한 고충 속에서 번민하며 기다리는 것이다.

'구오'가 조국이요 민족이라면, 아래 삼효는 의병이요 독립투사이며 민주투사다. 그리고 '구오'를 함정에 빠트린 두 음효는 외세요 매국노요 밀정이요 독재자요, 거기에 빌붙는 주구走狗다. '구오'가 가난과 굶주림에 빠진 국민이라면, 아래 삼효는 그것을 해소하기 위한 단계적 경제 계획일 수도 있으며, 위 두 음효는 부의 양극화 속에서 기득권을 누리며 가난한 국민을 착취하는 세력일 수도 있다.

수괘需卦 효사爻辭 해설

초구初九

'수괘' '초구'는 그 어려움인 물에서 가장 먼 교외에서 아직 기다리는 단계다(需于郊). 어려움에 직면하지는 않았지만, 멀리 그 어려움이 관측된다. 차츰 거기에 가까워져 얼마 있지 않으면, 그 어려움과 바로 마주치는 물가가 될 것이다. 지혜로운 군자는 다가올 난관을 예측하고 마음을 다잡아 대비한다. 어리석은 소인은 눈앞의 상황만 보고 곧 다가올 일이 무엇인지 알지 못한다. 비록 알게 된다 하더라도 침착성을 잃고 어쩔 줄 모르고 지혜롭지 못한 행동을 할 수가 있다. 어려움이 예측될수록 경거망동하지 말고 항심恒心을 지녀야 사태 해결에 도움이 된다(利用恒). 그래야 어려움 속에서도 잘못된 대응을 피할 수가 있다(无咎).

구이九二

'수괘' '구이'는 한층 더 어려움에 다가간 상황이다. 어려움을 상징하는 물에 가까워진 모래밭에서 대비하며 기다리는 것이다(需于沙). 멀리서 폭풍우가 밀려오면 내부에서도 동요가 있을 수 있고, 변절자가 있을 수도 있는 등 분쟁이 일기 시작한다(小有言). 일제의 침략 상황이 점차 현실화할수록 민족 속에 이탈자가 늘 수도 있다. 외세에 붙은 매국노들이 의병을 감시하며 뒤를 캔다. 외부의 적뿐만 아니라 내부의 적까지도 어려움으로 등장한다(小有言).

또는 정부에서 나라의 어려움을 해결하기 위하여 새로운 경제 정책을 제시해도, 그에 반대하는 다른 이념을 가진 측의 비판이 있을 수 있다(小有言). 그러나 '구이'는 하괘의 가운데 자리다. 그 자리에서 중도를 지키고 기다리면, 큰 국면에서는 어려움이 계속되지만, 작은 국면의 결과는 좋을 것이다(終吉).

구삼九三

'수괘' '구삼'은 마침내 어려움의 상징인 물가에 다다른 상황이다. 그래서 그 물가 진흙 밭에서 이제 적들과 직접 대면하여 대치하게 되었다(需于泥). 그동안 이웃 나라를 침략하여 식민화하려는 계획을 하나하나 진행해 오던 일제가 이제 마지막 병탄 작업에 돌입하려는 상황이다. 또는 그동안 소규모 국지전이 수없이 계속되다가 대규모 전쟁의 위험성이 감지되며 전운이 감도는 전선에 적들이 대전차군단을 전선에 배치하고, 아군을 공격할 상황이 임박한 것이다(致寇至).

육사六四

'수괘' 상황이 결국 '육사'의 단계에 이르렀다. 이제 피밭에 처한 상황이다 (需于血). 폭풍우 속으로, 어려움 속으로 빠져 들게 된다. 침략자들, 적들과 본격적 투쟁을 하게 된 상황이다. 이제 편안한 거처인 구멍(穴)에서 나올 수밖에 없다(出自穴). 구멍은 상고시대에 혈거穴居 생활하던 때의 집이다. 적들이 눈앞에 나타났는데, 그저 집안에서 편안하게 있을 수는 없다. 긴 투쟁의 시기에 돌입하여 이제 다시 평화를 기다릴 수밖에 없다.

구오九五

어려움은 해결을 위해 존재한다. 마침내 '수괘'는 '구오'의 단계에 이르렀고 어려움이 풀린다. 침략자들과의 긴 투쟁 속에 기다리고 기다리던 평화가 왔다. 그 결실의 상징을 '술과 밥'으로 표현했다(需于酒食). 개인적으로는 큰 뜻을 품고 대의를 위해 인고의 삶을 살던 사람이 바르고 곧은 지조를 가지고 기다린 보람으로 그 목적을 이룬 것이고(貞吉), 한 민족과 나라가 굳은 의지를 가지고 조국의 독립이나 민주화 투쟁을 하며 압제를 참고 버티며 기다려 그 목적이 이루어진 것이며, 보릿고개도 넘기 어려운 나라가 경제발전을 위한 의지를 갖고 오랜 경제정책의 시행으로 좋은 성과를 본 것이다(貞吉).

상육上六

'수괘' '상육'은 어려움이 해결된 후의 편안함이다. 제왕이 은퇴 후 편안한 집인 구멍(穴)으로 다시 들어간다(入于穴). 긴 투쟁 후 안락한 평화를 얻은 것이다. 이렇게 어려움이 해결된 것은 미래에 대한 기대가 난망할 때 뜻하지 않았던 손님들, '초구', '구이', '구삼'이 투쟁에 참여한 결과다(有不速之客三人來). 이들은 조국 독립을 위한 애국 세력이며, 독재 정권 타도를 위한 민주 세력이며, 빈궁한 민중을 구제하는 경제 지도자다. 그들의 공을 높이 사면(敬之), 나라의 미래가 좋을 것이다(終吉). 그러나 만일 그들을 존중하지 않고 잔존하는 매국 세력이 다시 발호하여 오히려 애국 세력을 밀어 내면, 세상은 다시 분쟁과 투쟁의 소용돌이에 빠질 것이다. 이것이 다음의 '송괘訟卦'다.

6

송괘 訟卦

원문과 번역

訟, 有孚, 窒, 惕. 中吉終凶. 利見大人, 不利涉大
_{송 유부 질 척 중길종흉 리견대인 불리섭대}
川, (송은 믿는 바가 있으나, 막힐까 두렵다. 중지함은 길하고 끝
_천
까지 함은 흉하다. 대인을 봄이 이롭고, 큰 내를 건넘에는 이롭지

않다.)

(初六) 不永所事, 小有言, 終吉. (일 있는 것을 길게 끌지 않으면, 말이 조금 있
_{불영소사 소유언 종길}
더라도 마침내 길할 것이다.)

(九二) 不克訟, 歸而逋, 其邑人三百戶, 无眚. (송사를 이기지 못하여 돌아
_{불극송 귀이포 기읍인삼백호 무생}
가 도망하는 데, 그 읍 사람이 삼백 호 정도면 탈이 없을 것이다.)

(六三) 食舊德, 貞, 厲終吉. 或從王事, 无成. (옛 덕을 먹고 바르게 하면, 위
_{식구덕 정 려종길 혹종왕사 무성}
태로우나 마침내 길할 것이다. 왕의 일을 따르는 경우라도 이룸은 없을 것이다.)

(九四) 不克訟, 復卽命, 渝, 安貞, 吉. (송사를 이기지 못하여 돌아와 명에 나아
_{불극송 복즉명 유 안정 길}
가니, 변하여, 마음을 곧게 가짐을 편안히 여기면 길할 것이다.)

(九五) 訟, 元吉. (송사에 크게 길할 것이다.)
송   원길

(上九) 或錫之鞶帶, 終朝三褫之. (반대를 주는 경우가 있더라도, 조회를 마치기
혹 석 지 반 대   종 조 삼 치 지

전에 세 번 그것을 빼앗을 것이다.)

송괘訟卦 총설과 괘사卦辭 해설

'송괘'는 『주역周易』의 여섯 번째 괘로서, 위는 하늘이고 아래는 물이다(天水訟). 바로 앞 '수괘需卦' 기호를 180° 뒤집은 모습이다. '수괘需卦'는 기다려서 음식飮食이라는 결실을 얻는 괘다. 음식이 있으면 다툼이 있게 된다. 대표적인 다툼으로 작게는 송사訟事가 있고 크게는 전쟁이 있다. '송괘'는 송사 같은 인간 사회의 비교적 작은 다툼을 상징한다. 인류는 경제적 이익을 두고 끊임없는 다툼을 벌여 왔다. '밥'은 적고 먹을 '입'은 많기 때문이다. 밥이 충분할 때도, 더 많이 가지려는 인간의 욕심으로 아귀餓鬼 다툼을 벌인다.

송사는 다툼의 상징이다. 다툼은 바람직하지 않으므로 여기서 '큰 내를 건넘에는 이롭지 않다(不利涉大川)'고 한다. '송괘'는 적과의 대치 상황에서 오히려 내부 분열이 생기는 것으로, 적과의 전투라는 외환外患의 해결은커녕 내부 분열이라는 내환內患이 생긴 것이니, '큰 내를 건넘에는 이롭지 않다'고 볼 수 있다. 강했던 고구려는 내부 분열로 망했다고 할 수 있고, 조선 왕조 역시 끊임없이 당쟁을 벌였다. 지금 우리에게도 교훈을 준다.

그래서 이런 다툼을 공정하게 해결할 사람이 필요하다. 즉 송사를 다루려면 지혜로운 판관判官이 있어야 한다. 이전에 중국 안훼이성安徽省 허페이

合肥에 가보았는데, 바로 그 곳은 북송北宋대의 유명한 판관判官 포청천包靑天(본명 포증包拯)의 고향이다. '송괘'의 '대인大人'은 포청천 같은 명철한 재판관을 말한다. 특정 집단과 세력의 이익을 변호하지 않는 공명정대한 재판관을 말한다. 억울함이 생기지 않게 하는 재판관을 말한다. 부와 권력이 있는 쪽은 유리하고 그렇지 못한 쪽은 불리한 결과가 나오는 판결, 무전유죄無錢有罪, 유전무죄有錢無罪, 무권유죄無權有罪, 유권무죄有權無罪의 판결은 판관과 사법부를 불신하게 한다.

결과가 어떻게 나오든 억울하기 때문에라도 송사를 제기할 수 있고, 제기하는 쪽에서 승산이 있다고 송사를 일으킬 수도 있다. 그러나 어떤 경우든 송사란 오래 끌 일이 아니므로, '송괘'에서는 중간에라도 그만두는 것이 좋고, 끝까지 가는 것을 좋지 않게 본다(中吉, 終凶). 현명한 '대인大人'은 처음부터 분쟁이 생기지 않도록 한다. 공자孔子는 그의 제자 자로子路의 과단성 있는 판결보다도 근본적으로 송사를 없게 할 것을 지향하였다.

'송괘'는 인간 세상에서 앞의 '수괘'에서 어떤 좋은 결과를 얻었다 하더라도, 사회 구성원이 정의롭지 못하고 조화롭지 못하면, 그 좋은 결과가 무색하게 갈등과 투쟁에 빠지게 될 수도 있다고 경고하는 것이기도 하다. '송괘'는 작게는 일상 속의 분쟁일 수도 있고, 확대하면 국가와 같은 큰 공동체의 분쟁을 비유한 것일 수도 있다.

조국의 독립을 이루었다 해도, 구성원이 과실을 앞에 두고 불화하며 다투어, 민족 스스로 해결하지 못하고, 또 다시 외세의 개입을 부르는 것이기도 하다. '송괘'는 해방 직후 좌우의 극심한 대립으로 우리의 문제를 우리 스스로 해결하지 못한 상황이다. '송괘'에서 말하는 훌륭한 지도자인 '대인'도 제대로 없이, 마치 수많은 사공이 난립하여 배가 산으로 올라가는 격으로, '대인'을 자처하는 수많은 자가 난립하여 국가와 민족이 파국으로 치달았던 것이다.

또 '송괘'는 국가 초기 가난한 상황을 극복하기 위하여 앞의 '수괘'에서 모두 허리띠를 졸라매고 경제발전에 매진하여 어느 정도 성과를 이루었건만, 각 경제 주체들이 그 파이의 분배를 놓고 아귀다툼을 벌이는 것이기도 하다. 이럴 때 '송괘'의 '대인'은 공정한 분배 정의를 이끄는 현명한 지도자다.

송사(訟)는 당사자가 각자 승산이 있다고 믿어서(有孚) 제기하지만, 원래 좋은 일이 아니어서 막히는 경우가 많고(窒), 두려움을 비롯한 정신적 고통이 따른다(惕). 그렇기 때문에 가급적 중간에 타협하고 화해하여 합의를 보는 것이 좋다(中吉). 만일 끝까지 가면 진 쪽은 물론이요 이긴 쪽도 그 과정에서 타격이 클 수가 있으므로, 끝까지 가는 것은 흉한 일이다(終凶). 이러한 송사를 중간에서 판단하는, 지혜로움과 성실함을 가진(有孚) 판관을 만나면 문제를 해결할 수도 있지만(利見大人), 근본적으로 난관을 해결하는 데 좋은 상황은 아닌 것이다(不利涉大川).

송괘訟卦 효사爻辭 해설

초육初六

'송괘' '초육'은 이 괘의 초기로 음이 '구사'의 양과 호응하는 자리인데도 오히려 싸우는 상황이므로 송사를 길게 끌지 말 것을 충고한다(不永所事). 경제 주체 간에 성과를 분배할 때도, 민족 내부에서 이념이 다를 때도, 어느 정도의 분쟁은 있을 수 있다. 그러나 빨리 화해하여 길게 끌지 않으면, 비록 그 과정에서 어느 정도 분쟁이 생기더라도(小有言), 결과가 좋게 된다(終吉). 해방 정국에서 국가와 민족의 앞날을 우선하여, 좌우와 남북의 대립과 분쟁을 빨리 해결해야 결과가 좋을 것이며, 경제성과에 대한 경제 주체 간의 분쟁을 빨리 해결해야 결과가 좋을 수 있다. 그렇지 못하여 분쟁을 길게 끌면, 결국 훨씬 큰 투쟁 상황을 초래할 수가 있다.

구이九二

만일 분쟁을 계속한다면, '송괘'는 '구이'의 상황으로 전개된다. '구이'는 하괘인 물 중간에 있는 자가 상괘의 하늘 중간에 있는 '구오'와 맞서 싸우는 격이므로, 위상의 큰 차이로 인해 송사에서 이기지 못한다(不克訟). 욕심을 버리고 물러서야 한다(歸而逋). 정치세력 간이든 경제세력 간이든 분쟁 자체가 바람직하지 않으므로, 모두를 위해서 분쟁을 중지할 것을 권고한다. 정치적 문제를 두고 말한다면, 이때 자신의 지지세력(其邑人)이 충분하면(三百戶), 재앙이 없게 될 것이다(无眚).

육삼六三

'송괘' '육삼' 역시 소송과 분쟁을 계속 말리는 것이다. 음인 '육삼'이 양인 '상구'와 싸우는 상황이다. 세가 불리하므로 차라리 원래의 이익, 즉 구덕(舊德)에 만족하는 것이 낫다(食舊德). 노동자가 기업가를 상대로 투쟁할 때, 자신이 정당하게 가져야 할 몫을 넘어서는 이익에 욕심을 내서는 안 된다. 더구나 '삼'의 자리는 원래 위태로운 자리다. 설사 명분이 있는 정당한 요구라 하더라도(貞), 세가 불리하여 위태로운 상황이다(厲). 그러나 명분이 있다면, 끝내는 결과가 좋게 된다(終吉).

이때에 노동조합 지도자가 본래의 목적을 넘어서서, 정치에 개입하려 할 수도 있다(或從王事). 그러나 노동운동의 변질이라는 내외의 비판으로 성공할 수가 없는 상황이 된다(无成). 기업가 역시 경제적 분쟁에 있어서, 마찬가지로 정당한 원래의 이익을 넘어서서 욕심을 내봐야 이루는 것이 없게 되므로 기존의 이익에 만족하고 노동자에게 양보하는 것이 낫다.

해방 후 남북문제에서도 외세의 농간에 놀아나 마치 욕심 많은 강아지가 다리 위에서 냇물에 비친 자신이 문 물고기를 욕심내려다, 물고 있던 자신의 물고기마저 잃어버리듯 하여, 전쟁으로 온 겨레를 참화에 몰아넣지 말고, 원래의 이익에 만족하는 것이 낫다(食舊德). 실제 전쟁 전이나 전쟁 후나 그 차지한 땅은 결국 그대로(舊德) 되었지 않은가.

구사九四

그래도 계속 욕심을 내어 소송을, 분쟁을 계속해 나간 상태가 '송괘' '구사'다. 하괘에서 상괘로 막 올라간 상황의 변동으로 여건이 좋지 않게 되어 송사에 이길 수 없으므로(不克訟), 원래 상태로 돌아가 자신에게 주어진 천명에 따라(復卽命), 마음을 바꿔(渝), 현재의 처지를 편안하게 여기며 바르게 행동하는 것이 좋다(安貞吉). 이 '구사'는 아래로 하괘의 음인 '초육'에 대해서는 투쟁 관계상 우월적 입장에 있으나, 지금 욕심을 내어 바로 위 임금 자리에 있는 '구오'와 대적하려는 상황이다. 이루지 못할 욕심을 계속 부린다. 해방 후 남북 분쟁을 지속시키지 말고, 겨레가 하나였던 원래 상태로 돌아가는 것이 천명에 맞는 것이다.

구오九五

'송괘' '구오'는 그 전성기다. 송사에 크게 좋다(訟元吉). '송괘' 전체 취지가 송사를 말리는 것이므로, 여기서 송사에 크게 좋음은 송사를 계속 끌고 가서 좋아진다는 의미는 아니다. 상괘에서 양이 중도를 지켜 소송과 분쟁의 시기에 그나마 화해의 성과가 있게 된다는 의미다. 훌륭한 대인의 판단과 리더십에 따라 소송과 분쟁을 해결한다는 것이다. 남북이 국제사회의 중재와 권고에 따라 민족화합에 나서는 것을 말한다.

상구上九

'송괘'의 중요한 교훈은 '상구'에 있다. 송사를 길게 끌면 좋지 않다는 핵심적 교훈이 담겨 있다. 그런데 '상구'는 송사를 지나치게 끄는 자리다. 임금이 우선 상賞으로 '반대鞶帶[21]'를 하사하듯, 송사에서 일시적으로 이길 수도 있음을 말한다(或錫之鞶帶). 그러나 그것이 오래 가지 못하여, 임금이 그의 비리를 알고는, '조회를 마치기 전에 세 번 그것을 빼앗을'(終朝三褫之) 만큼 금방 이익을 반납해야 하는 사태가 될 수도 있음을 말하고 있다.

'상구'는 임금인 '구오'의 권력에 호가호위狐假虎威하듯 힘없는 백성인 '육삼'의 이익을 빼앗는 상황이다. 그러다가 신문고를 두드리는 '육삼'으로 인해 그 '권력형 비리'가 폭로되어 부당하게 취한 이익을 다시 빼앗기게 된다(終朝三褫之). 남북이 '구오'에서의 분쟁 해결을 도모하였으나, 만일 욕심이 지나처 이후의 주도권을 노린다면, 화해가 무산되고 오히려 극단적 상황으로 갈 수도 있다. 즉 '송괘'에서의 분쟁이 끝내 해결되지 못한다면, 결국 더 극단적 상황으로 진행될 수도 있다. 그것이 곧 전쟁이다. '송괘' 다음에 '사괘師卦'가 올 수 있다는 것이다. 해방 후 남북 분쟁이 해결되지 않아 6.25전쟁이 발발하였던 것이다.

7

사괘 師卦

원문과 번역

師, 貞, 丈人吉无咎. (사는 곧고 바름이니, 어른이라야 길하
사 정 장인길무구
고 허물이 없을 것이다.)

(初六) 師出以律, 否, 臧, 凶. (군사가 나가는 데는 군율로
사 출 이 율 부 장 흉
해야 하니, 그렇지 않으면 착하더라도 흉할 것이다.)

(九二) 在師, 中, 吉无咎, 王三錫命. (군사에 있음에, 중도를 지켜서 길하고 허
재 사 중 길 무 구 왕 삼 석 명
물이 없으니, 임금이 세 번 명을 내릴 것이다.)

(六三) 師或輿尸, 凶. (군사가 시체를 싣고 올 지도 모르니, 흉할 것이다.)
사 혹 여 시 흉

(六四) 師左次, 无咎. (군사가 물러나 쉼이니, 허물이 없을 것이다.)
사 좌 차 무 구

(六五) 田有禽, 利執言, 无咎. 長子帥師, 弟子輿尸, 貞, 凶. (밭에 새가
전 유 금 리 집 언 무 구 장 자 솔 사 제 자 여 시 정 흉
있으면 말씀을 받듦이 이로워 허물이 없을 것이다. 장자가 군사를 거느려야 함이

니, 제자의 경우는 시체를 싣고 오게 되어, 곧고 발라도 흉할 것이다.)

(上六) 大君有命, 開國承家, 小人勿用. (대군이 명을 둠이니, 나라를 열고 집
대 군 유 명 개 국 승 가 소 인 물 용
을 이음에, 소인을 쓰지 말아야 한다.)

사괘師卦 총설과 괘사卦辭 해설

'사괘'는 『주역周易』의 일곱 번째 괘로서, 위는 땅이고 아래는 물이다(地水師). 앞 '송괘訟卦'의 작은 다툼이 큰 다툼으로 번진 것이 '사괘'다. '사師'는 '군사' 또는 군사로 치르는 '전쟁'을 의미한다. 분쟁이 해결되지 않고 오히려 격화하여 급기야 전쟁이 난 것이다. 전쟁은 인류 욕망으로 인한 투쟁의 극단적 표출이다. 인류 역사의 끊임없는 전쟁은 겉으로는 정당한 명분을 내세우지만, 실은 경제적 이익다툼인 경우가 많다. 국가의 성립도 전쟁을 통하였고, 그 성립 후에도 전쟁으로 이권을 다투었다. '수괘'에서 생긴 경제적 과실을 두고, '송괘'에서 분쟁이 생겼다가, 마침내 '사괘'에서 전쟁이 터졌다.

『주역』이 나온 시대도 그러했지만, 특히 『주역』에 대한 해석이 처음 나오기 시작한 춘추전국시대春秋戰國時代는 중국에서 난세로 불리던 전쟁 시대였다. 당시 묵가墨家라는 학파를 이끈 묵자墨子는 전쟁을 말리기 위해 노력하였는데, 전투 시뮬레이션으로 전쟁의 부질없음을 설파하기도 하였다. 그러나 인류 전쟁사를 보면, 그와 같은 노력이 허망함을 느낀다. 전쟁의 근원적 이유가 인류의 원초적 욕망이기 때문이다. 평화는 인류의 숙원이자 이상이지만 현실은 그렇지 못하다. 그래서 평화를 원하면 오히려 전쟁에 대비해야 한다. 무방비 상태의 낭만적 평화론은 오히려 호전적 세력의 침략전쟁을 불러일으킨다.[22]

'사괘'는 전쟁의 명분과 전투를 위한 병법兵法 원칙을 이야기한다. 괘의 모습을 보면 '구이'라는 하나의 양을 중심으로 나머지 다섯 음이 펼쳐져 있다. 임금에 해당되는 '육오'는 오히려 음으로 주도권을 가지지 못하는 상황이다. '육오'는 중국 삼국시대三國時代 촉한蜀漢의 2대 황제 유선劉禪(1대 황제 유비劉備의 아들)이나 임진왜란 때 조선 왕조의 임금 선조宣祖와 같은 경우다.

전시에서 임금은 평화 시와는 달리, 전투를 직접 수행하는 전투 지휘자보다 민중의 주목을 받지 못하는 위치다. 민중의 주목을 받는 위치는 오히려 '사괘'의 유일한 양인 '구이'다. 이 '구이'는 제갈량諸葛亮이나 이순신李舜臣과 같은 전략가나 최고 지휘자다. 특히 이순신은 전략가인 제갈량과 달리 전략가일 뿐만 아니라 직접 전투하는 장군으로 지휘자이기도 하였다. 이러한 지휘자는 전술 전략에 능해야 하지만, 우선 바르고 곧아야 한다(師貞). 만일 그렇지 않으면 그가 가진 군사력이 오히려 내부를 향하여 자신의 권력욕을 채우는 반란에 사용될 수도 있기 때문이다.

더불어 그의 곧고 바름은 군사가 따를 만한 덕으로 나타나야 한다. 전시에 부하의 목숨을 가벼이 여기고 자신만을 보호하려는 이기심을 가진 지휘자를 군사들이 충심忠心으로 따르지 않기 때문이다. 솔선수범하고 엄하면서도 따뜻해야 한다.[23] 이러한 덕을 지닌 어른, 즉 '사괘'에 표현된 '장인丈人'이어야 좋고 아무런 문제가 없게 된다(丈人吉无咎). 덕이 없거나 군령軍令을 행함에 일관성이 없고 편파적이면, 아래 사람이 겉으로는 따르는 척해도, 속으로는 비웃고 무시하게 되어, 영이 서지 않기 때문이다.

사괘師卦 효사爻辭 해설

초육初六

'사괘' '초육'은 전투 수행에서 가장 기본인 군율軍律의 확립을 말한다(師出以律). 군에 입대할 때 훈련소 입구에 크게 써져 있던 '군령여산軍令如山'이란 말이 생각난다. 군율이 서지 않는 군대는 오합지졸烏合之卒에 불과하다. 오기吳起는 명을 받지 않고 마음대로 적진에 나아가 적군 머리 둘을 베고 오는 공을 세운 병사에게 상을 주기는커녕 군령을 어겼다는 이유로 그 병사를 즉결처분했다. 제갈량諸葛亮은 군령을 어기고 자신이 지시한 전략을 임의로 변경하여 위魏의 군대에게 패한 마속馬謖을 눈물을 머금고 군율로 참하였다. 울면서 마속을 참했다는 이른바 '읍참마속泣斬馬謖'이다. 오기의 병사나 마속이 군율을 어긴 동기가 비록 그들 나름대로 판단하여 아군을 위한 것이며 결과에 자신 있다고 여긴 것으로 그 동기는 나쁘지 않지만, 군율을 따르지 않으면(否), 비록 선한 동기라도(臧), 나쁜(凶) 것이 된다.

구이九二

'사괘' '구이'는 군중軍中에 있으면서(在師), 중도를 지켜(中), 적절한 처신을 하여 길(吉)하다. '사괘' 중 유일한 양으로 '사괘'의 상황을 주도하는 위치다. 나라의 최고 통치자인 '육오'는 오히려 음으로 전시에는 이 '구이'가 주목을 받는다. 야전野戰 지휘관으로 직접 군령을 내려 군사를 움직일 수 있으므로 딴마음을 품으면, 일순간 이성계가 위화도에서 회군하듯 정치적 상황도 바꿀 우려가 있으므로, '육오'는 '구이'에게 전시 상황을 맡기지만 내심으로는 불안할 수가 있다. 역사를 보면 오랜 세월 그런 경우가 있었고, 현대사에도 그런 사례는 많았다.

그래서 '구이'는 괘사에서 말하는 것처럼 '장인丈人'으로서 진정한 군인정신을 지녀 아무런 문제가 없는(无咎) 지휘관을 군 통수권자인 '육오'의 왕이 계속 신임하며 명을 내린다(王三錫命). '사괘'의 전쟁 상황에서 중도를 지키며 군대를 총지휘하는 가장 핵심적 위치로, 제갈량이나 이순신이 처한 위치다.

육삼六三

'사괘' '육삼'은 하괘의 맨 위로 불안한 위치다. 자신의 판단을 과신하여 함부로 행동하는 장수다. 마치 제갈량이 명한 자신의 임무를 잊고, 군율을 어기며 함부로 행동한 마속과 같은 장수다. 비록 스스로 승리를 확신했을지라도 결국 패하여 시체를 싣고 돌아오는(師或興尸), 나쁜(凶) 결과를 초래하였다. 제갈량은, 마속이 비록 재능 있는 장수이지만, 군율을 어긴 독단 행동은 군 전체에 나쁜 영향을 미치므로 눈물을 머금고 참하였다. 임진왜란 때의 원균元均은, 군율 문제는 아니나 역시 '육삼'의 위치에서 자신의 판단을 지나치게 확신하여, 비록 그 동기는 나라를 위한 것이었더라도 자신도 전사하고 패전의 결과를 낳았다.

육사六四

'사괘' '육삼'에 대해 '육사'는 전황이 불리할 때 경거망동하지 않는 장수다. 나아감이 적절하지 않을 때 함부로 전투에 임하지 않고, 차라리 물러나 진을 치고 전열을 정비하며(師左次), 아군에 문제가 없도록(无咎), 다음 전투에 대비하는 장수다. '육오'인 선조가 왜군의 계략에 속아 이순신에게 내린, 카토오 키요마사(加籐淸正)를 생포하라는 명을 어겨서라도 아군을 보호하는 것이다. 그 결과로 이순신은 백의종군白衣從軍의 명을 받고, 그를 대신한 원균元均이 비록 충정은 있었으나 전술 전략의 오류로 패전의 결과를 가져왔다. 즉 '육삼'은 원균의 처신이고, '육사'는 이순신의 처신이다.

육오六五

'사괘'에서 '육오'는 임금이나 대통령과 같은 군 통수권자로 전시에 '구이' 같이 덕 있는 지휘관에게 전쟁 임무를 맡기는 위치다. 평화시라면 통치권자인 자신이 상황을 주도하겠지만, 전시이므로 '구이'의 위치인 지략 있는 장수가 상황을 주도한다. 이때 용렬한 임금이면 '구이'의 장수를 의심할 수도 있다. 병력을 '구이'가 가지고 있으니 불안할 수가 있고, 정치적으로는 백성 민중이 '구이'의 장수를 더 따를 수 있기 때문이다.[24]

그런데 전쟁은 밭에 새가 와서 곡식을 먹듯(田有禽), 침략하는 적을 응징하는 명분이 있어야(利執言), 정당하여 허물이 없게 된다(无咎). 만일 도리어 침략을 위한 전쟁을 벌이는 것은 도덕적이지 못할 뿐만 아니라 백성을 고통에 빠트리며, 나아가 나라를 위태롭게 한다. 또한 해방 정국에서 민족 내부의 갈등과 분쟁을 전쟁으로 해결하려던 것처럼, 수많은 생명을 희생하고, 그로 인한 민족 내부의 앙금으로 통일을 지연시키는 것과 같다.

'육오'의 군 통수권자는 경험 많고 훌륭한 장수를 임명하여 군사를 지휘하도록 해야 한다(長子帥師). 혈기만 있고 의욕만 앞서는 젊은 장수(弟子)에게 맡기면, 그가 비록 우국충정에 불타고 동기는 곧고 순수하다 하더라도(貞), 결과적으로 군사를 잃어 수레에 싣고 오는(輿尸), 나쁜 결과를 초래할 수도 있다(凶).

상육上六

'사괘' '상육'은 전쟁이 끝난 후 나라를 안정시키는 상황으로 다음의 '비괘 比卦'를 준비하는 상황이다. 평화기에 접어드는 즈음, 이제 정국 주도권은 군인에서 다시 임금 또는 대통령으로 넘어간다(大君有命). 전쟁 후 다시 평화를 복구하여 새로 나라를 세우는 각오로 국가의 각 조직을 정비해야 할 필요가 있다(開國承家). 이때 논공행상論功行賞에 있어 신중해야 할 것은 소인에 대한 조치다. 군자는 공을 세워도 겸손하나, 소인은 공이 있으면 교만해진다. 그래서 소인에게는 일시에 그치는 물질적 상은 주되, 나라를 경영할 수 있는 벼슬은 내리지 말 것을 충고한다(小人勿用). 소인이 공신功臣의 지위를 얻을 때 끼치는 해악을 역사에서 흔히 볼 수 있다.

8

비괘 比卦

원문과 번역

比, 吉. 原筮, 元永貞, 无咎. 不寧方來, 後, 夫, 凶.
비 길 원 서 원 영 정 무 구 불 녕 방 래 후 부 흉
(비는 길하다. 처음 점쳐 크고 길고 곧은 징조면 허물이 없다. 편하

지 않아서 바야흐로 오는 것이니, 뒤늦으면 대장부라도 흉하다.)

(初六) 有孚比之, 无咎, 有孚盈缶, 終, 來有他吉.
유 부 비 지 무 구 유 부 영 부 종 래 유 타 길
(성실함으로 도와야 허물이 없으니, 성실함으로 질그릇을

채우듯 하면, 마침내 다른 길함을 오게 할 것이다.)

(六二) 比之自內, 貞吉. (돕는 것을 안으로부터 하니, 바르고 곧아서 길하다.)
비 지 자 내 정 길

(六三) 比之匪人. (돕는데 사람이 아니다.)
비 지 비 인

(六四) 外比之, 貞吉. (밖에서 도우니, 바르고 곧아서 길하다.)
외 비 지 정 길

(九五) 顯比. 王用三驅, 失前禽, 邑人不誡, 吉. (도우는 바를 드러낸다. 왕
현 비 왕 용 삼 구 실 전 금 읍 인 불 계 길
이 삼면에서 모는 방법을 써서 앞면의 새를 잃음이니, 읍 사람이 경계하지 않아서

길하다.)

(上六) 比之无首, 凶. (돕는 데 처음이 없으니 흉하다.)
비 지 무 수 흉

비괘比卦 총설과 괘사卦辭 해설

'비괘'는 『주역周易』의 여덟 번째 괘로서, 위는 물이고 아래는 땅이다(水地比). 바로 앞 '사괘師卦'의 기호를 180° 뒤집은 모습이다. '사괘'의 전쟁이 끝나고, 평화가 찾아왔다. 전쟁 상황이 반대로 뒤집혀 평화가 되었다. 포성이 그치고 총성이 멈춰, 초연硝煙이 쓸고 간 깊은 계곡 양지 녘에 이제 평화의 꽃이 피었다. '비괘'의 상괘인 감괘坎卦 ☵의 물은 하괘인 곤괘坤卦 ☷의 땅과 친하여 아래로 내려가려고 하고, 심지어 스며들기까지 한다.[25] 이는 평화시의 화해와 융화를 상징한다. 그래서 '비괘'는 친하게 도움(친보親輔)을 뜻한다. 이제 안정된 나라에서 임금, 대통령이 자신을 친하게 도울 인재를 찾을 때다.

'사괘'의 여러 음을 지휘하는 양이 아래에 있어 임금, 대통령의 명을 받아 전쟁을 수행하는 입장이라면, '비괘'의 양은, 위에서 여러 음을 지휘하는 임금, 대통령의 위치다. 전시에는 군인이 주도권을 쥐어 무武로 나라를 지키거나 스스로 나라를 세워 창업創業하지만, 전쟁이 끝난 후 수성守成은 문文으로 한다. 제도를 만들고 인재를 모으는 것이다.

'사괘'와 '비괘'는 나라뿐만 아니라 기업의 창업 과정도 상징한다. 오늘날 선거를 통해 정권이 창출되는 과정에도 비유될 수 있다. 선거도 하나의 전쟁이다. 지휘부를 두고 여러 전술 전략으로 승리를 쟁취하려고 한다. '사괘'의 유일한 양인 '구이'는 선거 본부장이다. '비괘'의 유일한 양인 '구오'는 승리한 당선자다. '비괘'는 당선한 대통령이 나라를 이끌어가기 위해 자신을 친보親輔할 인재를 발탁함을 말한다.

'준괘屯卦' → '몽괘蒙卦' → '수괘需卦' → '송괘訟卦' → '사괘師卦' → '비괘

比卦'로 이어지는 일련의 과정은 인간 세상의 분쟁 원인과 해소 과정을 대표적으로 보여주는 세계대전의 전과 후를 상징적으로 말한다. 유럽 중세시대의 빈곤하고 정체된 경제 상황에서 벗어나는 과정에서 자본가 세력의 싹이 트고('준괘'), 그 자본가의 자본 축적이 아직은 미미한 단계를 거쳐('몽괘'), 산업혁명 과정에서 생산력이 증대하여 자본 축적이 점차 이루어지고('수괘'), 이 과정에서 먼저 자본주의 사회에 진입한 국가들과 후발 주자들 사이에 제국주의적 식민지 분쟁이 일어나고('송괘'), 그러다 그 세력들 간의 국지적 분쟁이 두 차례의 세계대전으로 폭발하게 되며('사괘'), 전쟁에 지쳐 마침내 전후 평화를 모색하게 된다('비괘').

평화와 화해의 '비比'는 당연히 좋다(吉). 그런데 전쟁이 계속되는 고난의 시대에 평화를 위하여 분골쇄신하며 불꽃같은 삶을 산 전쟁 영웅이나, 조국을 위해서 살신성인殺身成仁한 의병이나 독립투사의 진정한 노력이 있는가 하면, 투사인 척하면서 수수방관하거나 기회주의적으로, 이기적으로 행동하는 경우가 있기도 하고, 심지어 국가와 민족을 짓밟는 악랄한 매국 행위도 있다. 그런데도 평화가 오면 후자가 앞장서 그 공을 내세우는가 하면, 심지어 매국노들이 오히려 독립투사를 다시 밟고 올라서서 전면에 나서며, 부와 권력을 누리는 전도顚倒되는 일이 있다.

그래서 '비괘'는 처음부터 정의로운 일에 참여하여(原筮), 그 정신이 진정으로 크고 영원하고 곧아야(元永貞) 허물이 없다(无咎)고 한다. 만일 기회를 노리다가 떳떳하지 않은 상태에서(不寧), 참여하는 척하며(方來), 나중에 상차려지고 숟가락 얹듯 하는(後) 자는 겉보기에 그럴듯한 지도자(夫)인 것처럼 보이더라도 위선의 나쁜(凶) 인간이다.

비괘比卦 효사爻辭 해설

초육初六

'비괘' '초육'은 전쟁이 끝난 평화 시대에 잿더미에서 다시 나라를 일으켜야 하는 나라의 모든 국민이거나, 또는 힘든 시기를 거친 어떤 조직의 일반 구성원이다. 그래서 그러한 단계에서 요청되는 새 시대의 새로운 마음가짐이 말해진다. 새롭게 가다듬는 정부나 조직의 집행부가 순조로우려면, 그 모든 구성원들이 믿음과 성심을 가지고(有孚), 서로 친밀하게 협조하며(比之), 나라와 조직이 잘되도록 도와야 탈이 없을 것이며(无咎), 구성원 모두 각자 맡은 바를 역시 믿음과 성심을 가지고(有孚), 질그릇에 곡식과 물을 채우듯이 하면(盈缶), 결국(終) 좋은 결과가 있을 것이다(來有他吉).

육이六二

'비괘' '육이'는 재야의 인재 중 마음을 곧고 바르게 갖고 중도를 지키는 군자로서 전후 복구에 힘쓰는 국가의 지도자 또는 선거 후 국민의 지지를 받은 당선자인 '구오'와 호응한다. 그러나 스스로 구차히 어떤 지위를 얻으려고 하지 않는 덕 있는 사람이다. '구오'는 '사괘'의 국난을 극복한 지도자, 어려운 선거를 겪은 당선자로 국난 극복과 선거 승리에 도움을 준 이들에 대한 보은 인사의 유혹이 있을 수 있다. 이때 '구오'는 공신功臣보다는, 중도를 지키는 덕 있고 올바른 인재를 발탁해야 한다. 이런 이는 내면으로부터 우러나오는 성심으로 구성원을 화합하게 하고(比之自內), 곧은(貞) 인품을 지니고 있으니, 결과가 좋을(吉) 것이기 때문이다.

육삼六三

'비괘' '육삼'은 중도를 지키지 못하고 하괘 맨 위에 있으면서 밖을 기웃거리는 위치다. 자리를 얻기 위해서 권력자 주위를 기웃거리며 아첨하는 소인배다. 조국 독립에 기여함 없이, 민주화에 기여함 없이 거짓된 공적으로 유공자 대접을 받으려는 자들이다. 최악의 경우는 조국 독립과 민주화를 탄압한 자들이 오히려 국민 위에 군림하려고 한다. 이들은 가까이해서는 안 될, 사람답지 않은 자들이다(比之匪人).

육사六四

'비괘' '육사'는 곧고 바름이 검증된 이들로 발탁해서 좋은 인재들이다. 직접 독립 투쟁에 참여하지 않았더라도 여러 가지 방법으로 독립에 힘쓰거나(外比之), 선한 의지로 마치 은자隱者처럼 정의로운 소신을 지키며 은인자중한(貞) 이들이다. 천하에 도가 행해지지 않으면 물러나 소신을 지키고, 도가 행해지면 나아가 의로움을 행하는 경우다. 이들을 발탁하면 좋을 것이다(吉).

구오九五

'비괘' '구오'는 '사괘'의 전쟁이 끝난 후 다시 권력의 중심이 된 임금, 대통령이나 선거가 끝난 후 새롭게 권력을 쥐게 된 당선자 등으로서, 앞으로 자신을 도울 인재를 발탁하여 나라를 경영하는 위치다(顯比). 이때 이 '구오'에 아주 의미심장한 함축이 있다. '비괘'의 핵심적 취지를 말하는 것이기도 하다. 그것은 사냥으로 비유된다.

옛날에 왕이 새를 사냥할 때 먼저 몰이꾼으로 사냥감을 몰게 했다. 사방에서 사냥감을 몰면, 그야말로 일망타진—網打盡하여 다 잡아들일 수 있다. 그러나 '비괘' '구오'에서는 왕이 사방에서 모두 사냥감을 몰 것이 아니라, 그 중 한 면은 풀어놓고 삼면에서만 사냥감을 몰아(王用三驅), 앞 한 면의 새는 잃듯 달아날 여지를 주어야 한다는 것이다(失前禽).

한 나라의 지도자나 그 정파의 이념이나 시정 방침을 모든 구성원이 동조하는 것은 아니다. 지도자가 만일 인민 백성을 사방에서 새를 몰듯이 하여 생각의 다름을 허용하지 않는 독선을 부린다면, 그는 곧 폭군이나 독재자일 뿐이다. 구성원은 그 억압과 자유 없음에 고통스러워할 것이다. 그래서 앞으로 날아가는 새는 자유를 주어 잡지 말라는 것이다. 어떤 지도자가 권력으로 자신의 생각과 그 정치적 소신에 따라 정치할 수는 있다. 그러나 '프로크루스테스의 침대'와 같이 지도자와 그 정파의 생각과 같기만을 강요할 수는 없다. 이미 권력을 잡은 지도자는 정치하는 그 대체大體에 만족하고 자신과 생각이 다름을 허용한다면(失前禽), 나라의 구성원(邑人)은 경계하지 않고 안심하게 되어(不誠), 나라에 길(吉)한 결과가 올 것이다.

인류 역사를 보면 어떤 특정 종교나 정치 이념을 강요한 경우가 있었고, 지금도 있다. 서양 중세시대 기독교의 특정 해석에 따르지 않아 이단으로 마녀 사냥되거나, 조선 왕조시대 유교의 특정 이념 프레임인 주자학적 성리학 해석에 따르지 않아 사문난적斯文亂賊으로 몰리기도 했다. 근·현대에서도 냉전시대 정치 이념의 독단이나, 특정 정치세력의 이익을 합리화하기 위해 특정 이념을 강요하는 일, 그 이념의 프레임에 맞추려고 분서갱유식 문화적 검열을 하는 일 등이 바로 사방에서 사냥감을 모는 것이다. '비괘' '구오'는 이러한 것에 대한 경종이다.

상육上六

'비괘' '상육'은 괘사에서도 말한 취지다. 치열한 전쟁이 끝나고 평화가 왔는데, 어려운 전시에 평화를 가져오는 노력에는 기여하지 않다가(比之无首), 전후에 나라의 기틀을 새로 세울 인재를 발탁할 때가 되어, 부귀영화만 추구하여 자리를 얻으려는 자를 등용하면 좋지 않음(凶)을 말한다. 조국 독립에 등을 돌리다가 해방과 독립 후 자리만 노린다든지, 선거 전 어떤 후보를 처음에는 당선 가능성을 의심하여 돕지 않다가 당선 후 이미 차려진 밥상에 수저 들고 찾아오듯 관직이나 보직을 바라는 기회주의자를 말한다. 그러나 이미 때는 늦어서 얻을 수 없게 된다는 뜻임과 동시에, 그러한 자들을 등용해서는 안 된다는 뜻이기도 하다.

9

소축괘 小畜卦

원문과 번역

小畜, 亨. 密雲不雨. 自我西郊. (소축은 형통하다. 짙은
_{소 축 형 밀 운 불 우 자 아 서 교}
구름이 일지만 비는 내리지 않는다. 내가 있는 서쪽 변두리로부터

시작할 것이다.)

(初九) 復自道, 何其咎. 吉. (돌아옴이 길로부터이니, 무슨
_{복 자 도 하 기 구 길}
허물이 되리오. 길할 것이다.)

(九二) 牽復, 吉. (이끌어 돌아옴이니, 길할 것이다.)
_{견 복 길}

(九三) 輿說輻, 夫妻反目. (수레에 바큇살이 벗겨지며, 부부가 반목한다.) (여기서
_{여 탈 복 부 처 반 목}
說=탈脫)

(六四) 有孚, 血去, 惕出, 无咎. (성실함을 가지면, 피가 사라지고 두려운 상황에
_{유 부 혈 거 척 출 무 구}
서 나오니, 허물이 없을 것이다.)

(九五) 有孚攣如, 富以其隣. (성실함을 가지고 손을 맞잡아 끄는 듯, 부유함을 그
_{유 부 련 여 부 이 기 린}
이웃과 함께 한다.)

(上九) 旣雨旣處, 尙德, 載, 婦貞, 厲. (이미 비가 내리고 벌써 그침은, 덕을 높
기 우 기 처 상 덕 재 부 정 려
이어 실음이니, 지어미가 곧고 바르더라도 위태로울 것이다).

月幾望, 君子征, 凶. (달이 거의 보름이니, 군자가 가면 흉할 것이다.)
월 기 망 군 자 정 흉

소축괘小畜卦 총설과 괘사卦辭 해설

'소축괘'는 『주역周易』의 아홉 번째 괘로서, 위는 바람이고 아래는 하늘이
다(風天小畜). 아래의 강건한 하늘 기운이 위로 올라가려는데, 위의 바람이
쓰다듬으면서 그치게 한다. 올라오려는 기운을 머물게 하면서 조금 비축한
다. 그렇게 비축된 에너지가 앞으로 형통하게 순환할 것을 예고한다(亨). 그
에너지의 비축 상황이 빽빽하고 짙은 구름이 일지만 아직 기운이 충분히 비
축되지 않아 비 올 정도까지는 되지 않은 것처럼, 일이 진행될듯하면서도
더 나아가지 않고 머물러 있는 형국이다(密雲不雨).

이 괘는 『주역』을 지었다고 하는 주周 문왕文王 세력이 장차 상商나라
주왕紂王 정권을 몰아낼 준비를 하며 때를 기다리는 상황으로 해석되기
도 하였다. 상나라 서쪽에 있는 주나라에서부터 혁명의 기운이 일어나
고 있는 상황이다(自我西郊). 그러나 나아가려 하지만 일이 풀리지 않아
잠시 머물러 있는 상황이다. 실제로 주나라가 상나라를 무너뜨리는 역
성혁명易姓革命은 문왕의 아들 무왕武王 때 이루어졌다.

'소축괘' 이미지를 일반화하면, 나라를 세우고서 '비괘比卦'에서처럼 인재
를 모아 국력을 양성하는 단계에서 성급하게 국력을 낭비하지 말고 잠시 머

물며 그 에너지를 비축하여야 함을 말한다. 『주역』「계사전繫辭傳」에서 "한 번 음이다가 한 번 양이다가 하는 것을 일러 도라고 한다(一陰一陽之謂道)"라고 했듯이, 변화 발전은 일진일퇴一進一退를 거듭하는 단계를 거친다. 일부러라도 힘을 비축하며 때를 기다릴 필요도 있다. 성급히 모든 것을 소진해서는 안 된다. 조선 왕조가 무武로써 창업하면서 초기에 분란이 있었지만, 세종世宗대의 문文의 창달로 찬란한 문화의 꽃을 피우려면, 잠시 머물듯 국력을 비축하며 준비해야 한다.

'소축괘'는 전쟁의 '사괘師卦' 후 '비괘比卦'의 평화기에 나라의 새로운 기틀을 마련하고 인재를 등용한 후, 이제 본격적 전후 복구에 나서면서 국력을 비축하는 것이다. 다 무너지고 타버린 잿더미 속의 복구로써 거의 처음부터 다시 시작하는 셈이므로, 마치 '건괘乾卦'와 '곤괘坤卦' 후에 '준괘屯卦'의 새로 시작하는 어려움처럼 조심스러운 단계다. 아직은 욕심내지 말고 조금 비축한다는 생각으로 행해야 한다.

경제적인 측면으로는 '준괘' 후에 국내 경제든 세계 경제든, 국내 경제 주체 간의 성급한 분쟁과 갈등, 국가 간의 제국주의적 탐욕으로 인한 분쟁과 갈등으로, 초기의 자본 비축에서부터 애써 쌓아 놓은 경제력이 전쟁으로 무너졌으므로 다시 조심스럽게 시작하는 것이다.

우리 민족의 입장에서는 해방과 독립 후 국가 설립 초기에 정치와 경제가 아직 시작 단계였는데, 미처 초석을 놓을 겨를도 없이 6·25 전쟁을 맞이한 '사괘' 후, '비괘'의 제도적 정비를 거쳐 다시 본격적 경제발전에 매진하려는 단계다. 아직 국가 자본이 충분하지 못한 상황에서 자본의 축적을 시작하는 단계인, 작은 축적의 '소축'이다. 기업이나 개인으로는 처음 사업을 시작하여 과도한 욕심으로 실패한 후의 재기 단계에서 앞의 실패를 거울삼아 신중하게 다시 사업을 시작하는 것이다.

또 중요하게 생각해볼 수 있는 것은 자본가와 노동자의 문제다. 세계사의 큰 틀에서 볼 때, 산업혁명 후 자본주의가 제국주의화하여 식민지 쟁탈전을 벌이며 급기야 세계대전이 일어나는 과정 속에 부를 축적한 자본가가 자본의 탐욕적 확장 과정에서 노동자에 대한 억압과 착취의 문제가 발생한다. 이 과정에서 자본가와 노동자의 대립이 발생하고, 그 연장선 상에서 이념의 문제가 생겨나며 냉전시대를 거친다. 이는 부의 쟁탈 과정으로 우위를 점한 자본가와 그에 반발한 노동자의 문제다.

'수괘需卦'에서 '송괘訟卦'와 '사괘師卦'를 거쳐 '비괘比卦'에 이르는 과정 역시 이러한 점을 반영한다. 이 과정은 세계대전을 거치면서 발생하는 문제와 뗄 수 없는 인因과 연緣이 있으며, 오히려 본질의 문제이기도 하다. '소축괘'는 그러한 지나간 과정에 대한 반성과도 관계되며, 앞으로 극단적 갈등을 피하고자 하는 뜻있는 노력이 일정 부분 미래에 반영되는 교훈의 의미이기도 하다.

국내적으로는 조선 봉건 사회와 일제 강점기를 거치면서, 정치적 지배와 피지배의 문제와 외세의 식민지 침탈의 문제 속에 내재된 또 다른 문제인 자본가와 노동자의 문제가 점차 표출되는 과정이 있었다. 이에 특히 경제개발 과정에서 무시되고 소외된 노동자의 인권과 권익에 대한 노동자 자신들의 자각이 있게 되고, 결국 노동운동으로 표면화된다. 전태일의 투쟁을 비롯한 지난한 과정의 노동운동 역사는 국가와 자본가의 반성을 요구한다. '소축괘' 이전의 괘는 곧 이러한 측면을 반영하는 것이며, '소축괘'는 그 반성이다.

소축괘小畜卦 효사爻辭 해설

초구初九

'소축괘' '초구'는 회복 단계의 조심스러움을 말하는 가장 첫 단계다. 마치 '준괘屯卦'의 처음처럼 머뭇거리듯 가려다 다시 돌아오듯 하여야 함을 말한다. 마치 수레가 나아가던 길로부터 돌아와 힘을 회복하여 비축함이다(復自道). 비축된 에너지, 비축된 자본을 섣불리 써 버리는 것을 경계하는 것이다. 계속 진행하려는 것을, 그 과속을 염려하여 잠시 머물도록 권고하며 그 충고의 정당성을 말한다. 이렇게 초기부터 무모한 진행을 삼가며 신중하게 진행하는 것을 누구라도 우유부단하다고 허물할 수도 없다(何其咎). 이 상황에서는 그러한 태도가 좋은(吉) 결과를 가져오는 것이기 때문이다.

구이九二

'소축괘' '구이'는 하괘의 가운데에서 중도를 지키며 주위에서 뜻이 맞는 자들을 규합하면서(牽) 힘을 회복하는(復) 것이다. 혼자 단기필마로 용기만 내세워 나가려 해서는 안 되고, 벗과 동지와 더불어 연대하여 힘을 회복하려고 노력해야 한다. 이러한 구성원들과의 화합과 협동으로 에너지를 비축하고 자본을 축적해야 나라의 강성함과 경제의 풍요로움을 이루어 좋은 결과를 낳게 할 수 있다(吉). 국제적으로는 세계대전 후, 그동안 전쟁으로 파괴된 세계의 물적 토대의 복구뿐만 아니라, 세계 인류가 함께 인류공영을 위한 화합과 평화의 장을 만들려는 정신적 연대의 복구(牽復)를 위해 '국제연합(UN)' 창설과 같은 노력을 말한다.

구삼九三

그런데 '소축괘' '구삼'은 하괘의 맨 위로 이전 실패 원인을 잠시 잊고 수레 바퀴살이 벗겨지듯, '소축괘'의 취지에서 일탈하는 것이다(輿說輻). 이전에 실패한 원인은 과도한 욕심이요 구성원 간의 불화와 그로 인한 분쟁이었다. 개인이나 작은 조직에서부터 국가나 국제 정세에 이르기까지 이러한 불화는 결국 큰 전쟁으로 나타났다. '소축괘' '구삼'은 이전에 대한 반성이 있었어도 인간과 사회의 원초적 탐욕이 다시 일어 또다시 분쟁이 일어날 수 있음을 경고한다.

그래서 부부가 반목하듯(夫妻反目), 쓸 데 없는 내분과 혼란으로 국력이 낭비되거나 국제적 분쟁을 초래하는 일이 있을 수 있다. 국제적으로는 세계대전 후 냉전 상황 속에서 이념 갈등과 여러 국제 분쟁, 경제적 이익 충돌에 의한 지역 전쟁이 있을 수 있고, 국내적으로는 6.25 전쟁과 그 후에 계속된 남북 간의 분쟁이 이를 말해 준다. 또한 초기 국가 자본 비축 후에 오는 초기 성과에 대한 경제 주체들의 분쟁, 즉 자본가와 노동자와의 분쟁 역시 이러한 점을 말한다.

육사六四

'소축괘' '육사'는 '구삼'까지의 알력과 분쟁을 성심으로 대처하여(有孚), '구삼'에서의 피비린내 나는 분쟁의 고비를 넘기고(血去), 국제적이든 국내적이든, 정치적 측면이나 경제적 측면에서 구성원들을 두렵게 하는 난국을 타개하여 벗어나고(惕出), 분쟁에서 발생하는 문제를 제거한다(无咎). 국제적으로 이른바 '데탕트(détente)'의 노력, 분쟁을 조정하려고 외교적 해결과 인도적 헌신에 힘쓰는, 뜻있는 이들의 노력이 그 점을 말해주고, 국내적으로는 남북 간의 화해 노력이 또 그 점을 말해준다. 자본가와 노동자의 분쟁을 화해, 중재하는 제도적 노력이기도 하다.

구오九五

'소축괘'는 '구오'에 이르러 전성기의 효험을 본다. 즉 상괘의 가운데에서 최고책임자로서 중도를 지키며 성실한 마음으로 노력하여(有孚), 그동안 비축해 놓은 성장의 과실(富)을 이웃과 손에 손을 맞잡고 더불어(攣如) 분배한다(富以其隣). 개발 독재 시절에 '구오'의 국가 최고책임자는 파이를 키우는 것이 급선무라는 성장 우선의 명분으로 자본가, 기업가 우선 정책으로 파이의 분배를 뒤로 미루다가 정치적, 경제적 갈등과 분쟁을 촉발하고, 그 분쟁 속에서 불필요한 국가적, 사회적 에너지를 낭비하기도 하였는데, 그에 대한 반성 과정이 '소축괘'다.

'소축괘' '구삼'은 그 사회적 반성 속에서의 기득권자들의 반발과 버팀이며, '육사'는 사회적 발전에 역행하려는 세력을 누르고 무마하며 반성하는 지도자의 노력이다. 그런 단계 이후인 이 '소축괘' '구오'는 '구사'의 반성과 노력을 주도하는 지도자 또는 주위의 정치세력이다. 이 효사 "有孚, 攣如, 富以其隣"은 한 사회에서 어떤 특정 부류가 부를 독점하고 그 독점을 위해서 정치권력을 악용하지 않으며 모두 성심으로 사회적 부를 나누는 것이다.[26]

상구上九

그러나 '소축괘'에서 지나친 자리인 '상구'에 이르면 다시 또 경계하고 조심해야 한다. 구름이 짙게 드리워져도 좀처럼 비가 오지 않다가 결국 비가 오는 상황, 즉 그동안 힘들여 비축해 놓은 소축괘 하괘인 건괘乾卦≡의 경제적 에너지를 섣불리 소모하는 것이다. 한 사회에서 부의 분배는 상대적 박탈감이 없고 한쪽으로 편중되는 양극화가 없도록 하는 것이지, 그 사회 경제 총력의 낭비를 말하는 것은 아니다. 만일 한 때의 경제성과에 자만하여 섣불리 샴페인을 터뜨리거나, 재투자할 자본도 제대로 남겨놓지 않고 모두 나누어 먹어 마치 이듬해 새로 뿌릴 씨앗까지 먹어 버리듯 한다면, IMF의 통제와 간섭 같은 경제적 난국을 초래할 수도 있음을 '소축괘' '상구'는 말한다.

괘사의 '밀운불우密雲不雨'는 에너지를 비축만 하고 아직 소모하지 않은 것인데, 이제 '상구'에서 비가 내리고 나서 또 그침(旣雨旣處)은 그 에너지를 소비하는 것이다. 즉 어느 정도 경제개발의 성과로 국민소득이 높아지고, 국민들이 그 성과를 누려 윤택해지기 시작함을 보고는 경제정의를 위한 도덕적 취지를 높여(尙德), 가난에 찌들어 온 국민들의 오랜 소망을 실현하는(載) 것이다.

하지만 문제는 다음 단계의 발전을 고려하지 않고, 그 부를 지나치게 소비하는 것이다. 지도자든 국민이든(婦) 그 동기가 경제정의에 따른 올바름(貞)에 의거한 것이라도, 국부의 지나친 소모는 위태로운(厲) 국가 사태를 초래할 수도 있다. 그래서 초승달에서 거의 보름달이 되듯 경제발전이 이루어졌지만(月幾望), '건괘乾卦'의 '상구' '항룡유회亢龍有悔'처럼 지도자나 국민 모두(君子) 올바른 상황 판단을 못하고 계속 국부를 소모해 나가면(征), IMF 사태나 그리스 부도 사태 같은 나쁜(凶) 결과를 초래할 수도 있다.

10

리괘 履卦

원문과 번역

履虎尾, 不咥人, 亨. (호랑이 꼬리를 밟아도, 사람을 물지 않
리 호 미 부 질 인 형
으니, 형통할 것이다.)

(初九) 素履, 往, 无咎. (꾸밈없이 밟음이니, 가면 허물이 없을
소 리 왕 무 구
것이다.)

(九二) 履道坦坦, 幽人, 貞吉. (밟는 도가 탄탄하니, 은둔한 사람이면서 바르게
리 도 탄 탄 유 인 정 길
해야 길할 것이다.)

(六三) 眇能視, 跛能履, 履虎尾, 咥人, 凶, 武人爲于大君. (애꾸눈이 볼
묘 능 시 파 능 리 리 호 미 질 인 흉 무 인 위 우 대 군
수 있고, 절름발이가 밟을 수 있지만, 호랑이 꼬리를 밟아서 사람을 무니 흉할 것

이고, 무인이 큰 임금이 된다.)

(九四) 履虎尾, 愬愬, 終吉. (호랑이 꼬리를 밟음이니, 두려운 듯 조심하면, 마침
리 호 미 삭 삭 종 길
내 길할 것이다.)

(九五) 夬履, 貞, 厲. (결단하여 밟음이니, 바르더라도 위태로울 것이다.)
쾌 리 정 려

(上九) 視履, 考祥, 其旋, 元吉. (밟은 것을 보아, 상서로운지 살피되, 두루 잘 행
시 리 고 상 기 선 원 길
했으면 크게 길할 것이다.)

리괘履卦 총설과 괘사卦辭 해설

'리괘'는 『주역』의 열 번째 괘로서, 위는 하늘이요 아래는 못이다(天澤履).
바로 앞 '소축괘小畜卦'의 기호를 180° 뒤집은 모습이다. '소축괘'에서 축적된
에너지를 이제 사용하는 것이다. 특히 '소축괘' '구오'에서 지도자나 지도층
이 '상구'의 지나침에 이르지 않고, 축적된 국가자본을 효율적으로 활용하여
경제계획에 따라서 다음 단계를 실천하는 것이다. '리履'는 밟음, 즉 실천함
이다. 또 실천을 위한 '예禮'이기도 하다. 예는 사회 질서이고 그 질서를 유지
하기 위한 제도다. 즉 절제된 실천의 제도다.

국가와 같은 공동체 설립 후 축적된 역량을 베풀어 사용하려면, 구체적
제도인 예가 필요하고, 개인도 삶을 영위해 가기 위한 인생관과 그 인생관
을 실천해 갈 삶의 원칙이 필요하다. '리괘'는 사회든 개인이든 질서를 잡는
원칙을 세우고 실천함을 의미한다. 그러나 실천이라고 해서 다 정당화되는
것은 아니다. 정당한 목적과 과정이 전제되어야 한다. 잘못된 이념을 실천
하는 폭군과 독재자, 또는 제국주의적 목적을 위해 약소국을 침략하는 강대
국의 실천이 옳은 것은 아니다. '리괘'는 바른 실천을 말한다.

유가儒家 철학에서는 특히 실천의 중요성, 그것도 바른 실천을 강조한
다. 공자孔子는 행동보다 말이 앞서는 것을 경계하고, 말만 번드르르하

게 잘하는 사람을 인仁이 적은 소인小人이라고 보았다(巧言令色, 鮮矣仁).[27] 차라리 말은 더듬더라도 행동에 민첩할 것을 가르쳤다(訥於言而敏於行).[28] 그런데 이 실천을 가볍게 해서는 안 된다. 험난한 세상에서 살아가려면 '호랑이 꼬리'를 밟은 듯 항상 삼가고 조심해야 한다. 공자의 제자 증자曾子는 평생을 깊은 못에 다다른 듯(如臨深淵), 살얼음을 밟는 듯(如履薄氷) 조심조심 살았다지 않은가.

'리괘' 괘사는 "호랑이 꼬리를 밟아도 사람을 물지 않으니 형통할 것이다" 라고 하였다. 위험한 호랑이 꼬리를 밟았음에도(履虎尾), 사람을 물지 않고 (不咥人), 오히려 형통하다(亨)니 납득이 가지 않을 수 있다. 그런데 그 취지는 '리괘'의 형통할 조건이란 위험한 호랑이 꼬리를 밟은 듯, 인생을 삼가고 조심스럽게 살아가는 경건한 태도라는 것이다. 국가 공동체나 사회 공동체, 기업을 운영할 때도 이러한 태도로 해야 '소축괘'의 '상구'와 같이 되지 않는다. 애써 모은 국가적, 사회적 자본을 헛되이 소모해서는 안 된다. 특히 국가와 같은 사회 공동체든 기업이나 개인이든, 어떤 계획을 세워 실행한 결과, 이제 막 초기의 성과를 본 경우에는 더욱 그러하다.

리괘履卦 효사爻辭 해설

초구初九

'리괘' '초구'는 어떤 계획을 세운 후 실천의 초기단계다. 이 단계에서 처음부터 과욕을 부려 겉만 화려하고 거창한 과정을 만들어서는 안 된다. 꾸밈없이 소박하게 실천(素履)하면서 일을 진행해야(往), 그에 따른 부작용이 없게 된다(无咎). 마치 '건괘乾卦' '초구' '잠룡潛龍'의 단계처럼 아직 자신을 드러낼 때가 아니다. 세상이 알아주지 않아도 홀로 소신을 지켜나가야 한다.

이렇게 앞으로 세상에 나아갈 준비를 하면서 상황을 초기화시켜(素) 새로 출발하는 것이다(素履). 컴퓨터의 리셋에 해당하며, 개인이나 조직, 공동체의 새 출발이다. 그러려면 이전에 있었던 문제를 반성하고, 시스템을 재점검하면서 주도면밀하게 진행해야(往), 새로운 오류가 없게 된다(无咎).

국가경제에 있어서는 '소축괘'에서 기본적으로 축적된 국가자본으로 더욱 발전적으로 경제계획을 실천해 나갈 때, 이전의 여러 문제는 각 경제 주체가 이기적 시각으로 서로 탐욕적 주장을 하여 분쟁과 투쟁이 있었음을 반성하고, 성장과 분배를 조화롭고 적정하게 시행하도록 유의하여야 한다. 특정 집단이 그들의 탐욕을 실현하려고 정치적 주장을 하는 데 흔들리지 말고, 균형감각을 가지고 소박하게 근본부터 시작하는 태도로(素) 실천하여(履), 이를 추진해 나가야(往) 한다.

구이九二

'리괘' '구이'는 '초구'에서 다시 기초를 점검하여 새 출발하는 실천 원칙이 굳건하여, 실행 과정이 흔들리지 않는 상태이며, '초구'의 튼튼한 기초 위에 수립된 하괘의 가운데 자리로 중도를 지키는 안정된 상태다(履道坦坦). 정치적 측면이든 경제적 측면이든 '초구'에서 소박하게 실천하여 검증을 거친 정책을 각 정치세력이나 각 경제주체가 한쪽에 치우치거나 흔들림 없이 탕탕평평蕩蕩平平하게 중도로 실천하는 것이다.

그런 정책이 공적 이익을 위한 것이지 사적 욕심에서 나온 것이 아니므로, 지도자는 자신의 명예나 이익은 뒤로 하는 자세를 가지고 마치 은둔자(幽人) 같은 마음으로, 내가 어떤 일을 하노라고 내세우지 않으면서 곧고 바른 지조를 지켜 정의(貞)를 실천해야 좋다(吉).

'리괘' '초구'에서 '구이'로 이어지는 상황은 대개 앞 정권, 정부에서 각 정치세력, 경제세력 간의 갈등과 분쟁을 겪고 새로 집권한 정권, 정부에서 국민통합을 강조하며 새 출발하는 상황에 해당하며, 흔히 새로운 임기를 시작하는 국가 지도자가 비록 초심의 표현이거나 또는 그저 정치적 수사일 뿐이더라도, 자신을 지지한 국민이든 그렇지 않은 국민이든 모든 국민의 지도자가 되겠다는 연설문의 취지와 같은 상황이라고 할 것이다.

육삼六三

'리괘' '육삼'은 이 괘의 유일한 음이다. 게다가 하괘의 맨 위로서 곧 상괘로 나아갈 때의 불안함을 반영하는 자리다. 그런데도 홀로 있는 음이 자신의 덕과 능력을 고려하지 않고 경거망동하는 상황이다. 한 국가, 사회에서 각 집단이 각자의 이익을 위한 욕망을 분출하며 다투는 경우도 있고, 이로 인해 비상사태가 발생할 수도 있다.

'초구'와 '구이'에서 가졌던 공정과 정의를 강조하는 마음이 하괘의 맨 위 자리에서 흔들려 불안해질 수 있는 상황이다. '초구'와 '구이'의 초심이 흔들리면서 처음에 했던 공약도 차츰 잊고, 전체를 보지 않고 편향적 시각으로 자신이 속한 이념적 진영의 시각에서만 상황을 판단하고(眇能視), 공동체 전체를 위하기보다는 특정 세력의 집단 이익만을 고려하여 편향적으로 행동한다(跛能履).

　구국의 결단을 핑계 삼아 자신의 직분을 잊고 사적 이익을 취하려는 세력들이 많이 나타나고, 이러한 세력들의 정치적 행동이 도리어 나라를 위기에 빠트려 역사를 후퇴시키게 된다. 호랑이 꼬리를 밟듯 위험한 행동을 함에도(履虎尾), 그 위기를 제대로 인식하지 못하여 호랑이가 사람을 물 듯(咥人), 구성원들을 위기에 빠트려 흉한 결과를 만들게 된다(凶).

　『주역』에서는 이를 무인武人이 통치자(大君)가 됨에 비유하였는데(武人爲于大君), 주희朱熹(주자朱子)는 진시황秦始皇이나 항우項羽 같은 이가 오만방자하게 무력을 행사하다가 오래가지 못하는 것을 예로 들었다. 플라톤도 이상 국가를 구상하며, 무인이 자신의 역할을 넘어서는 것을 정의롭지 못하게 보았다. 우리 역사의 경험에서도 이러한 예들을 찾을 수 있다.

　그러나 중요한 것은 그 출신이 무인인가, 문인文人인가가 아니다. 인민 백성에 대한 사랑 없이 폭력으로 강압하는 통치가 무인 통치다. 문인 출신이라도 강압적 독재자가 있을 수 있고, 무인 출신이라도 덕으로 나라를 다스리는 지도자가 있기 때문이다. 본질은 지도자의 출신이 아니라 그 정치의 폭력성 여부에 있다. 폭력적 통치자는 통치 방식의 폭력성만 문제 되는 것이 아니다. 이러한 통치자는 결국 '구이'에서와 같은 사심 없는 자세로 나라를 다스리지 않고, 나라를 위한다는 명분으로 개인과 가문 또는 자신을 둘러싼 정치세력을 위한 사적 이익을 취하게 된다.

구사九四

　'리괘' '구사'는 상괘에 막 진입한 가장 아랫자리로 하괘의 맨 윗자리인 '육삼'처럼 불안하고 위태로운 상황이다. 그 불안한 모습이 '육삼'처럼 호랑이 꼬리를 밟듯 비상사태, 위기인 상황이다(履虎尾). 특히 '구사'는 '구오'라는 최고 지도자, 즉 임금이나 대통령에 가장 가까이 있는 측근의 고위 공직자다. 조심스럽게 처신해야 하는 '리괘'의 시대에 '구오'를 보필하면서도 자신의 임무에 대한 책임도 막중하다.

이 자리에서 처신을 잘못하면, 자신도 그르치고 '구오'의 통치도 그르치게 된다. 그러나 '육삼'과 달리 두려워하고 조심하여 삼가는 태도로(愬愬) 임하면, 마침내 그 결과는 좋아진다(終吉). 지위로 봐서는 조선 왕조시대에 정조正祖를 보필하면서 자신도 권력을 잡은 홍국영洪國榮과 같은 입장이지만, 그는 조심하고 삼가는 태도로 임하지 않아 개인적 비극을 맞았다.

구오九五

'리괘' '구오'는 실천의 시대에 책임자로서 결단을 해야 할 위치다. 우유부단하지 않고 결단하는 실천(夬履)이 요구되는 상황이다. '리괘'는 괘의 전성기에 해당하는 '오'의 위치에서도 삼가고 조심할 것을 주문한다. 행동에는 책임이 따르기 때문이다. 그래서 흔히 '삼'과 '사'의 자리에서 말하는 '위태로움(厲)'이 '오'의 자리에서도 언급된다.

그런데 지도자의 우유부단하지 않는 결단이 요구된다고 해서 만일 지도자가 독선과 독단의 늪에 빠져 편향적이고 왜곡된 결단을 함부로 내린다면, 이것이야말로 오히려 위험하다. 그런 결단력, 추진력은 때로는 전쟁도 불사하여 민족을 위태롭게 하거나 인류에 고통을 줄 수도 있다. 자신은 옳다고 믿더라도(貞), 세상을 위태롭게(厲)하는 경우를 과거 역사에서 많이 볼 수 있다. 이런 경우는 나라에 따라서 지금도 볼 수 있고 앞으로도 경계해야 한다.

상구上九

'리괘'의 실천이 올바로 이루어졌는지 이제 '상구'에서 평가된다. '리괘'의 다음은 '태괘泰卦'와 '비괘否卦'로 이어진다. '리괘'의 '상구'는 이제껏 실천해온 것을 반성하는 단계다. 여태까지 실천해온 것을 되돌아보아(視履), 잘했는지 살펴본다(考祥). 그래서 두루 잘했으면(其旋), 크게 길하여(元吉), 다음의 '태괘泰卦'에 반영될 것이고, 잘하지 못했으면 그다음의 '비괘否卦'에 반영될 것이다.

11

태괘 泰卦

원문과 번역

泰, 小往大來, 吉, 亨. (태는 작은 것이 가고 큰 것이 오니,
<small>태　소 왕 대 래　길　형</small>
길하여 형통하다.)

(初九) 拔茅茹, 以其彙, 征, 吉. (띠뿌리를 뽑아서, 그 무리
<small>발 모 여　이 기 휘　정　길</small>
와 함께하니, 가는 것이 길할 것이다.)

(九二) 包荒, 用馮河, 不遐遺, 朋亡, 得尙于中行. (거친 곳을 포용하고 맨
<small>포 황　용 빙 하　불 하 유　붕 망　득 상 우 중 행</small>
몸으로 하수를 건너며, 먼 곳을 버리지 않고 벗을 잃으면, 중도를 행함에 숭상을

받을 것이다.)

(九三) 无平不陂, 无往不復. 艱貞, 无咎, 勿恤, 其孚, 于食有福. (평
<small>무 평 불 피　무 왕 불 복　간 정　무 구　물 휼　기 부　우 식 유 복</small>
탄하다가 비탈지지 않은 것이 없으며, 가다가 돌아오지 않는 것이 없다. 어려워도

바르게 하면 허물이 없고, 근심하지 않아도 믿을 수 있음이니, 먹는 데 복이 있을

것이다.)

(六四) 翩翩, 不富以其隣, 不戒以孚. (펄펄 날듯하니, 부유함을 그 이웃과 함
<small>편 편　불 부 이 기 린　불 계 이 부</small>

께하지 않으며, 성실함으로 경계하지 않는다.)

(六五) 帝乙歸妹, 以祉, 元吉. (제을 임금이 누이를 시집보내니, 이로써 행복하
　　　제 을 귀 매　이 지　원 길
며, 크게 길할 것이다.)

(上六) 城復于隍. 勿用師. 自邑告命, 貞, 吝. (성이 무너져 해자로 돌아간다.
　　　성 복 우 황　물 용 사　자 읍 고 명　정 린
군사를 쓰지 말 것이다. 읍으로부터 명을 고하니, 바르더라도 부끄럽게 될 것
이다.)

태괘泰卦 총설과 괘사卦辭 해설

'태괘'는 『주역周易』의 11번째 괘로서, 위는 땅이고 아래는 하늘이다(地天
泰). 대표적인 형통 괘다. 아래로 내려오려는 땅기운이 위에 있고, 위로 올라
가려는 하늘 기운이 아래에 있어, 하늘과 땅이 만나 교합하여 그 사이에서
만물이 조화롭게 생성되는 상황이다. 앞의 '리괘履卦'의 실천이 정당한 목적
과 과정의 실천이라면, 안정된 질서 속에 그 실천의 효과가 드러나 모든 것
이 형통한 태평泰平의 때가 된다. 그러나 주목할 것은 아무리 태평할 때라도
방심하면 다시 위기가 찾아올 수 있음을 '태괘'는 동시에 경고하고 있다.

유가 철학에서는 역사를 군자君子와 소인小人의 투쟁 과정으로 본다. 군
자는 공公을 위주로 하고 소인은 사私를 위주로 한다. 공자孔子는 "군자는
의義를 밝히고 소인은 이利를 밝힌다(君子喩於義, 小人喩於利)"[29]라고 하였
다. 그래서 군자가 주도권을 잡으면 정의를 중시하는 치세治世가 되고, 소인
이 주도권을 잡으면 이익을 앞세우는 난세亂世가 된다. 『주역』에서는 군자를

양, 소인을 음에 대응시키는데, '태괘'는 아래에 군자를 상징하는 양 셋이 위의 소인을 상징하는 음 셋을 밀어내는 형국이므로, 소인(小)은 밀려나고 군자(大)가 중심이 되어 태평성대를 이룬(泰小往大來), 길(吉)하고 형통(亨)한 상황이다.

또 하괘는 곧 내괘內卦이고 상괘는 곧 외괘外卦이므로, 군자가 안에서 주도권을 잡고 있고 소인은 밖으로 밀려나는 상황이기도 하다. 그래서 이를 두고 '태괘'「단전象傳」에서는 "안은 양이고 밖은 음이며, 안은 강건하고 밖은 유순하며, 안은 군자이고 밖은 소인이어서, 군자의 도가 자라나고 소인의 도가 사라진다"라고 하였다. 나라든 기업이든 사리사욕만을 채우려는 소인이 주도한다면 잘 될 리 없다. 멸사봉공滅私奉公하는 군자가 주도해야 정의로운 사회가 될 수 있다.

태괘泰卦 효사爻辭 해설

초구初九

'태괘' '초구'는 태평세를 지속하기 위한 기초로 군자들이 띠풀 뿌리처럼 연대하여(拔茅茹以其彙) 간사한 소인이 감히 범접하지 못하게 해야 하는 상황이다. 이러한 군자들의 상호 협력 실천(征)이 소인을 물리쳐 세상의 주도권과 관계되는 중요한 곳에 소인이 발을 들일 수 없게 하는 좋은(吉) 세상을 만든다.

'곤괘坤卦' '초육'에서 하나의 소인이 나타났을 때, 앞으로 그 소인이 같은 소인을 끌어들여 세상을 어지럽힐 수 있음을 경계하도록 했듯이, '태괘'에서는 태평할 때 세상을 다시 어지럽힐 수 있는 소인이 다시 반격해 올 것을 주의시키는데, 이 '초구'에서 그것을 위해 군자끼리의 협력을 강조하고 있다. 소인은 원래 그 특성상 사적私的 이익을 위해서 무리를 잘 모으지만, 군자는 공公을 중시하기 때문에 편당 짓기를 꺼려한다. 군자는 소인을 물리치기 위해서라도, 군자끼리의 협력에 의지를 모아야 한다.

구이九二

'태괘' '구이'는 이 괘에서 가장 중요하다. 이 자리는 '육오'의 유순한 임금을 돕는 현자의 입장이다. 여기서 태평세를 위한 네 가지 조건이 제시된다. 첫째 미개하고 거친 무리들도 포용할 것(包荒), 둘째 황하를 맨몸으로 건널 정도의 용기와 의지를 가질 것(用馮河)[30], 셋째 자신과 멀리 있는 이들도 버리지 말 것(不遐遺), 넷째 붕당을 짓지 말 것(朋亡)이 그것이다. 여기서 붕당을 짓지 말라고 하는 것은 '초구'에서 군자끼리 띠풀 뿌리처럼 연대해야 하는 것을 부정하는 것이 아니다. 붕당은 소인들이 사사로운 이익을 위하여 모이는 것으로서, 같은 붕당이 아니면 배척하는 모임이다. 군자의 연대는 이러한 소인들을 물리치는 협력으로서, 그 원칙은 '중용'을 지키는 것을 숭상하는 것이다(得尚于中行).

구삼九三

그런데 『주역』은 '물극필반物極必反'의 교훈을 이야기한다. 잘 될 때라도 항상 삼가고 조심하며, 잘 안 될 때라도 낙담하여 포기하지 말고 희망을 품을 것을 충고한다. '태괘' '구삼'은 바로 잘 될 때 조심할 것을 말한다. 평탄한 것은 언젠가는 기울어질 수 있고(无平不陂), 간 것은 언젠가는 돌아올 수 있다(无往不復). 태평세는 언젠가 난세가 될 수 있으므로 태평할 때 오히려 난세에 대한 경각심을 가지라는 경계를 둔다. 이러한 난세는 소인이 다시 득세함으로 인해 생기는 경우가 많다. 즉 밀려난 소인이 다시 돌아올 수 있으니 경계하라는 것이다.

군자는 공公을 앞세우고, 소인은 사私를 앞세운다. 경제발전으로 '소축괘小畜卦'에서 일정한 국가 자본을 축적하여, 한 편으로는 국가 구성원에게 분배하고 한 편으로는 지속적 경제발전을 위해 재투자를 계획하며, '리괘履卦'에서 바르게 실천하여 마침내 이 '태괘'의 풍성한 경제발전을 이루었다. 이때 군자가 국가의 주도권을 잡고 있으면 분배와 성장의 균형과 조화를 이루는 '중용'의 경제정책을 쓴다. 그러나 소인이 국가의 주도권을 잡고 있으면 국가의 뒷일을 생각하지 않고 포퓰리즘으로 씻나락까지 까먹듯 분배 일변도의 정책을 쓰거나, 성장을 핑계로 부와 권력을 가진 기득권만을 위하여 분배를 뒷전으로 하고 성장 일변도의 정책을 쓸 수가 있다. 모두 이념적 붕당(朋)의 사적 관점에 선 것이다.

위태로운 하괘 맨 윗자리인 '삼'의 처지는 형통한 괘인 '태괘'에서도 마찬가지니 삼가고 조심해야 한다. 이러한 어려운 시기(艱)에 지도자가 멸사봉공의 정신으로 정의롭게(貞) 나라를 이끌어 가면, 별 탈 없이(无咎) 어려움을 극복하여, 구성원이 근심하지 않고(勿恤), 지도자를 신뢰할 수(其孚) 있을 뿐만 아니라, 국가의 경제적 성과에 있어서도 행복한 결과가 있을 것이다(于食有福).

육사六四

'태괘' '육사'는 이 괘의 첫 번째 음이다. 상괘에 처음 진입한 '사'의 자리이고 군자를 상징하는 하괘의 세 양 다음에 있는, 소인을 상징하는 상괘 세 음의 첫 번째다. 이때 자칫 소인들이 준동하면 발생할 수 있는 상황을 말하고 있다. '소축괘小畜卦'와 '리괘履卦'를 거치면서 애써 이룬 경제적 성과에 소인들이 펄펄 날 듯(翩翩), 자만할 뿐만 아니라 기득권층이 '소축괘' '구오'의 "성실함을 가지고 손을 맞잡아 끄는 듯 부유함을 그 이웃과 함께 한다(有孚, 攣如, 富以其隣)"는 태도를 버리고, "부유함을 그 이웃과 함께 하지 않는(不富以其隣)" 태도를 취하거나 "성실함으로 경계하지 않는(不戒以孚)" 오만함을 보일 수가 있으니, 경각심을 가져야 하는 상황이다.

육오六五

'태괘' '육오'는 발전을 상징하는 형통의 '태괘'에서 그 발전을 갉아먹을 수도 있는 사사로운 욕심과 오만에 대한 반성을 충고하는 '구삼'과 '육사'의 단계를 거치면서, 지도자는 자신을 내려놓고 낮은 데로 임하는 겸허함의 자세를 보여 국가 공동체를 쇄신하는 단계다.

이 괘의 '육오'는 임금 또는 대통령과 같은 지도자가 이 괘의 상황에서 오는 경제발전의 공에 대해서 그것을 온 국민의 피와 땀의 결실이기보다는 자신의 지도력으로 이루어진 것이라고 생각하거나, 자본가·기업가 역시 경제발전이 노동자가 헌신한 덕이기보다는 자신들의 자본력과 경영능력으로 이루어진 것이라고 생각하여 국가 사회의 갈등을 초래한 오만함에 대하여 반성하는 것이다.

그래서 아래로 몸을 숙여 겸허한 자세로 '구이'의 신하나 인민 백성을 존중하는 경우다. 즉 상商나라 임금 제을帝乙이 제 여동생을 현명한 신하에게 시집보내듯 겸허히 행동하면(帝乙歸妹), 만인이 복지를 누리는 '태괘'의 행복함을 누리며(以祉), 국가 사회가 크게 길하게 된다(元吉).[31]

상육上六

그러나 '태괘'의 형통함에 자만하고 방심하여 지도층이 소인적 행태를 보이거나, 소인이 국정을 농단하게 만들고 부유층이 탐욕으로 민중을 착취하면, 마침내 '건괘乾卦'의 궁극인 '상구'의 '항룡亢龍'같이 '태괘'의 궁극인 '상육'이 된다. 권력과 부를 가진 자들이 '태괘'의 풍요로움에 탐닉하여 흥청망청하면, 마치 성을 쌓으면서 파 놓은 해자[32]를, 그 해자를 만들 때 파서 나온 흙으로 성을 쌓은 토성이 다시 무너져 그 해자를 메우듯, 태평세가 다시 난세로 가게 된다. 즉 조선 왕조처럼 국운이 기울어 안타깝고 부끄러운 역사를 초래하듯, 다음 '비괘否卦'의 시대가 될 수도 있다.

12

비괘 否卦

원문과 번역

否之匪人, 不利君子貞, 大往小來. (비는 사람이 아니
비지비인 불리군자정 대왕소래
니, 군자의 바름에 이롭지 못하며, 큰 것이 가고 작은 것이 온다.)

(初六) 拔茅茹, 以其彙, 貞, 吉, 亨. (띠뿌리를 뽑아서, 그
발모여 이기휘 정 길 형
무리와 함께 하며, 바르게 하니 길하여 형통할 것이다.)

(六二) 包承. 小人吉, 大人否, 亨. (감싸고 받듦이다. 소인은 길하고 대인은 막
포승 소인길 대인비 형
힘이니, 형통할 것이다.)

(六三) 包羞. (감싼 것이 부끄럽다.)
포수

(九四) 有命, 无咎, 疇離祉. (명이 있으면, 허물이 없어서, 무리가 복을 만날 것
유명 무구 주리지
이다.)

(九五) 休否. 大人吉, 其亡其亡, 繫于苞桑. (막힘을 쉬게 한다. 대인이 길하
휴비 대인길 기망기망 계우포상
니, '망하리라 망하리라'하며, 덤불 뽕나무에 잡아 맨 듯한다.)

(上九) 傾否, 先否後喜. (막힘을 기울이니, 먼저는 막히고 나중은 기뻐한다.)
경비 선비후희

비괘否卦 총설과 괘사卦辭 해설

'비괘'는 『주역』의 12번째 괘로서, 위는 하늘이고 아래는 땅이다(天地否). 앞의 '태괘泰卦'의 기호를 180° 뒤집은 모습이면서 '태괘' 각 효의 음양을 모두 바꾼 모습이다. 올라가려는 하늘 기운이 위에 있고, 내려가려는 땅기운이 아래에 있어서, 이 두 기운이 서로 반대로 향하며 소통되지 않아 막혀 있음(否)이다. '태괘'와 정반대로 사회의 위아래가 막혀 정치든 경제든 양극화되어, 그 뜻이 서로 소통되지 않는 난세를 상징한다. 그래서 사람이 살만한 세상이 아니다(否之匪人).

하괘이면서 내괘가 모두 소인을 상징하는 음이 차지하고 있어서, 소인이 득세하여 정국을 주도하고 있고, 상괘이면서 외괘는 모두 군자를 상징하는 양으로 군자가 밖으로 밀려나 있는 형국이다(大往小來). 앞의 '태괘' '상육'에서 이미 예고한 바와 같이, 군자가 이끄는 태평세도 방심하면 오래가지 못하고 소인이 다시 발호하는 난세가 된다. 세상이 썩지 않으려면 군자가 정국을 주도하며 항상 정의를 실현하려는 의지를 보여야 하지만, 이 '비괘'는 군자가 밖으로 밀려나 있고 소인이 전횡하는 세상으로 군자가 정의를 실현하는 데 불리하다(不利君子貞).

그런데 '비괘否卦'의 괘상은 위가 하늘이고 아래가 땅으로 자연현상으로 볼 때 지극히 정상적인 모습이다. 앞의 '태괘泰卦'가 오히려 위가 땅이고 아래가 하늘로 자연현상으로 볼 때 비정상적으로 역전된 모습이다. 그런데도 '태괘'가 형통하다고 하고, '비괘'가 그 반대의 평가를 받음은 어떤 이유인가? 하늘의 기운은 그 자연성이 위로 올라가고, 땅의 기운은 그 자연성이 아래로 내려간다. 하늘이 위에 있고 땅이 아래에 있으면, 두 기운은 서로 반대

방향으로 향하여 만나고 교류하지 못한다.

만물이 생육 번성하려면 하늘과 땅의 두 기운이 서로 만나 소통해야 한다. '곤괘坤卦'에서 말한 바와 같이 『주역』 「계사전繫辭傳」에서 "하늘과 땅이 기운을 교합하여 만물이 변화하여 무르익고, 남자와 여자가 정기를 교류하여 만물이 변화하여 생긴다"라고 함이 이런 취지다. 하늘과 땅의 두 기운이 교류, 소통하지 못하면, 만물은 생육生育하지 못하고 말라죽는다. 인간 사회에서도 상층부와 하층부가 계급화, 카스트화하여 한 번 왕족, 귀족은 영원한 왕족, 귀족이고 한 번 평민, 천민은 영원한 평민, 천민이어서, 아래에서 위로 올라가는 사다리가 없고 미꾸라지가 용이 될 수 있는 가능성이 없는 세상은 죽음의 지옥 세상이다. 상층부는 오만으로 가득하고, 하층부는 절망으로 가득한 세상이다. '비괘否卦'가 사람이 살만한 세상이 아닌(否之匪人) 이유이기도 하다.

그래서 위가 땅이고 아래가 하늘이어서, 내려오는 자연성의 땅과 올라가는 자연성의 하늘이 교류, 소통함을 상징하는 '태괘泰卦'가 형통한 괘가 된다. '태괘'는 하늘과 땅의 기운이 서로 만나 소통하여 만물이 생육하고 번성하며, 상층부는 겸허하게 아래로 향하고 하층부는 희망을 가지고 위로 향하는 생명을 상징하는 괘다.[33]

앞의 '태괘泰卦'의 세상에서는 겸허한 군자가 정치적, 경제적 정의를 실현하려고 노력하며, 위아래가 소통할 수 있는 제도를 만든다. 그런데 이 '비괘否卦'의 세상에서는 탐욕에 물든 소인이 자신의 기득권을 유지·확장, 세습·상속하는 제도를 만들고, 그것을 정당화하는 이념을 수립한다. 그러한 이념은 소인이 군자를 억압·모함하여 군자를 소인으로 오인하게 하고, 소인이 오히려 군자 코스프레를 하며 위선을 정당화한다.

『대학大學』에서 "소인은 한가히 있을 때 착하지 않은 일을 이르지 않음이 없을 정도로 하다가, 군자를 보고 나면 슬그머니 착하지 않음을 감추고 착한 척하는 모습을 드러낸다"라고 소인을 묘사하였듯이, 난세를 가져오는 간악한 소인배의 위선僞善을 간파하기는 참으로 어렵다. 그래서 평화로운 시대는 자칫 방심하면 악화가 양화를 구축하는 '그레샴의 법칙(Gresham's law)'처럼 악인이 선인을 몰아내는 세상이 된다(大往小來).

소인은 군자를 항상 모함하려고 한다. 조선조 중종中宗 시절 조광조趙光祖는 소인들이 조작한 '주초위왕走肖爲王'의 사건(趙 씨氏인 조광조趙光祖가 왕이 된다는 의미의 참언讖言이면서 참언讒言)으로 사약을 마시고, 소크라테스는 그를 제거하려는 세력에 의해 독배를 들었다. 이 '비괘'의 세상은 군자가 밀려나고 소인이 판을 치는 세상, 즉 조선조 후기 노론老論의 세력이 국정을 전횡하여 정조正祖와 같은 계몽 군주는 뜻을 이루지 못한 채로 세상을 뜨고, 정약용丁若鏞과 같은 개혁적 지식인은 유배 가며, 나라의 위아래가 서로 소통하지 못하던 것과 같은 세상이다.

비괘否卦 효사爻辭 해설

초육初六

'비괘' '초육'은 난세의 시작이다. 세상의 중심은 악인들이 차지하고 있으므로 선인들은 다시 바른 사회를 회복하기 위해 띠풀 뿌리처럼 연대하여 마음을 곧게 가지고(貞) 때를 기다려야 한다. 상대되는 괘인 앞의 '태괘'의 '초구'와 비슷하나 조금 다르다. '태괘'에서는 "拔茅茹, 以其彙, 征, 吉"이라고 했는데, '비괘'의 '초육'은 "拔茅茹, 以其彙, 貞, 吉, 亨"이라고 하였다.

둘 다 모두 군자가 소인과 투쟁하기 위해 띠풀 뿌리처럼 연대해야 함을 강조하고 있지만, '태괘'는 치세의 시작으로 군자가 세상에 참여할 일이 있어서 '정征'이라 했다. 그런데 '비괘'는 난세의 시작으로 군자가 은인자중하며 '곧음'을 지키면서 때를 기다려야 하므로 '정貞'이라 했다. '태괘'는 치세이므로 '길吉'하고, '비괘'는 난세라 하더라도 군자가 때를 기다리며 소인들과 어울리지 않고 정의를 지킴이 오히려 '길'한 일이며, 이에 더하여 '형통(亨)'하기까지 한 것이라고 보았다. 일제 강점기에, 독재시대에 입신출세를 꿈꾸는 소인들과는 다른 처세인 것이다.

육이六二

'비괘' '육이'는 소인들이 폭군, 독재자인 '구오'의 비위를 맞추며 아첨하는 (包承) 난세에, 소인은 출세 가도를 달리고(小人吉), 대인군자는 진출이 막혀 있어(大人否), 차라리 물러나 도를 지키는 것이 소인들에 의한 화를 면할 수 있으며 역사에 이름을 더럽히지 않음이니, 아이러니하게도 막힘이 오히려 형통한(亨) 것이다.

육삼六三

'비괘' '육삼'은 소인들이 바르지 못한 자리이면서, 더구나 하괘의 제일 윗자리의 위태로운 자리에 있으면서 위로 감싸듯 아첨하는 것이므로 더욱 부끄러운 일이다(包羞). 하괘의 '삼' 자리는 불안한 자리인데, '비괘'에서 득세하는 소인 역시 현재의 부와 권력을 잃을까 불안해하는 것이며, 그럴수록 더 악하고 부끄러운 일을 할 수가 있다.

앞의 '태괘'의 치세에서는 난세에 대비하라 하였듯이, '비괘'에서는 다시 치세를 얻기 위해 노력해야 한다. '비괘'가 비록 난세로 시작하였지만, 때가 흐를수록 다시 치세를 기대하게 된다. 따라서 '비괘' '삼'의 자리에서 오히려 소인이 물러가는 희망을 바라볼 수도 있다.

구사九四

그래서 '비괘'의 '구사'는 하괘에서 상괘로 상황이 바뀌어, 군자들이 다시 소인들을 몰아내고 정의로운 사회를 도모하기 시작하는 때가 무르익어, 천명이 바뀌는, 즉 혁명의 때가 오는 것(有命)이다. 그것도 정의롭지 못한 반란이 아니라 폭군, 독재자를 몰아내는, 도덕적 허물이 없는(无咎) 혁명의 때가 오는 것이다. 그 결과로 혁명의 동지들(疇)이 그 복을 누리게 된다(疇離祉).

구오九五

'비괘' '구오'가 되면 혁명의 성공으로 난세의 막혀있는 상황을 그치게 한다(休否). 이는 혁명 과업을 완수한 대인군자에게 좋은 결과이지만(大人吉), '비괘'는 혁명의 성공 시점에 자만을 경고한다. '태괘'에서 자만하다가 '비괘'가 되는 수난을 당했으니, 철저히 각성하고 반성하여 이 혁명의 성공이 다시 소인의 반격으로 도로徒勞에 그칠 수 있음을 명심해야 한다. 그래서 머릿속에 언제나 '망하리라 망하리라'(其亡其亡) 되뇌면서 위기의식을 갖고, 애써 얻은 혁명, 다시 찾은 치세를 뒤엎지 않고, '덤불 뽕나무에 잡아맨 듯(繫于苞桑)' 튼튼히 유지하도록 노력해야 한다.

상구上九

'비괘' '상구'는 혁명의 성공으로 마침내 '비괘'의 상황이 종식된다(傾否). '태괘'가 극에 달하면 '비괘'가 되듯이, '비괘'가 극에 달하면 다시 '태괘' 또는 다음의 '동인괘同人卦'와 같은 화합의 시대가 온다. 그래서 비록 막혀 있는 난세로 시작했지만(先否), 이를 극복하려는 노력으로 이후 다시 좋은 세상이 온다(後喜). 즉 '태괘'가 시작됐다고 경망하게 좋아할 것이 아니라 언제나 삼가고 조심해야 하며, '비괘'가 시작됐다고 절망하지 말고 다시 권토중래捲土重來할 기회를 얻도록 노력해야 하는 것이다.

13

동인괘 同人卦

원문과 번역

 同人于野, 亨, 利涉大川, 利君子貞. (들에서 사람과 함
동 인 우 야　형　리 섭 대 천　리 군 자 정
께 하면 형통하니, 큰 내를 건너는 데 이로우며, 군자의 바름에 이

롭다.)

(初九) 同人于門, 无咎. (문에서 사람과 함께 함이니, 허물이
동 인 우 문　무 구
없을 것이다.)

(六二) 同人于宗, 吝. (종족에서 사람과 함께 함이니, 부끄러울 것이다.)
동 인 우 종　린

(九三) 伏戎于莽, 升其高陵, 三世不興. (군사를 풀숲에 매복시키고, 그 높은
복 융 우 망　승 기 고 릉　삼 세 불 흥
언덕에 올라가나, 삼 년을 일어나지 못한다.)

(九四) 乘其墉, 弗克攻, 吉. (그 담을 타고 있지만, 공격하지 못하니 길할 것이다.)
승 기 용　불 극 공　길

(九五) 同人, 先號咷而後笑, 大師克, 相遇. (사람과 함께 하는데, 먼저 부르
동 인　선 호 도 이 후 소　대 사 극　상 우
짖으며 울다가 나중에는 웃으니, 큰 군사로 이겨야 서로 만날 것이다.)

(上九) 同人于郊, 无悔. (교외에서 사람과 함께 함이니, 후회가 없을 것이다.)
동 인 우 교　무 회

동인괘同人卦 총설과 괘사卦辭 해설

'동인괘'는 『주역』의 13번째 괘로서, 위는 하늘이고 아래는 불이다(天火同人). 하늘 기운이나 불기운이나 모두 위로 올라가려는 동류의 성질을 지니고 있다. 앞의 '비괘否卦'의 난세를 타개하는 혁명의 성공으로 이제 다시 치세를 누리게 된다. 이러한 '동인'은 모두 볼 수 있는 공개된 광장(들판)(野)에서 해야(同人于野), 형통하다(亨). 이러한 '동인'이라야 난관을 극복할 수 있어서(利涉大川), 궁극적으로 유교儒敎의 이상사회인 대동大同 사회로 나아갈 수 있으며, 민주 사회에서는 민주주의의 꽃을 피울 수 있다.[34]

또 앞의 '비괘'의 막힌 상황을 타개하기 위해서는 정의로운 군자들이 힘을 합쳐 소인을 몰아내야 한다(利君子貞). 그래서 동심同心 동력同力하여 '동인同人', 즉 사람들과 함께 해야 한다. '동인'하는 데는 조건이 있다. 그것은 공명정대해야 한다. 사적으로 가까운 사람들끼리 '동인'함을 말하는 것이 아니다. 그런데 군자의 바른 '동인'에 대해 소인들은 그들만의 사적인 '동인'을 하려고 하면서 군자의 '동인'을 방해한다. '동인괘'는 이러한 소인의 방해공작을 극복하는 진정한 '동인'의 조건을 말하고 있다.

세상을 바꾸는 혁명 조건이 뜻을 같이 하는 동지同志들과의 '동인同人'이지만, 어떤 공동체를 지속, 유지, 발전시키는 조건도 구성원들과의 '동인'이다. 공동체를 침략, 침탈하려는 외부 세력은 단지 무력만 수단으로 삼는 것은 아니다. 침략 대상 공동체의 구성원을 분열, 이간질시키는 책략 역시 중요한 수단이다.

이전 중국 전국시대에 장의張儀는 진秦나라를 위해 나머지 여섯 나라를 각개 격파하려고, 가로로 진과 해당 나라를 연대하는 연횡連橫의 책략을 내고, 장의와 더불어 귀곡자鬼谷子에게서 동문으로 수학한 장의의 라이벌 소진蘇秦은 진의 동쪽 여섯 나라를 세로로 연대·규합하여 강한 진나라에 대항하는 책략, 즉 합종合從의 책략을 내었으나, 장의의 이간적 연횡책이 승리한다. 이는 단지 무력의 문제만이 아닌 공동의 적 앞에서 분열의 위험성을 말한다.[35]

'동인'은 구성원들이 모두 화합하는 것이다. 그런데 이 '동인'으로 가는 과정은 순탄하지 않다. 온갖 탐욕과 그 실현을 위한 투쟁으로 난무하는 세상, 남을 비방하고 헐뜯으며 악플을 달고 모함하는 이 세상에서, '동인'이 쉽사리 이루어질 리 없다. 그런데도 '동인'을 실현하기 위한 과정을 말하는 것이 '동인괘'다.

동인괘同人卦 효사爻辭 해설

초구初九

'동인괘'의 '초구'는 올바른 '동인'의 기본 조건으로서 '문門'에서 동인함을 말한다(同人于門). 이는 사적으로 몰래하는 '동인'이 아닌 공개적이고 공정한 '동인'이다. 문 안에서 하는 '동인'이 아니므로 정파나 이익집단에 따른 붕당朋黨의 '동인'이 아니다. 그렇다고 완전히 개방된 '길[路]'이 아닌 '문門'이므로 대공무사大公無私한 것은 아니지만 이상적 '동인'을 위한 첫걸음이다.

'문'에서 '동인'하는 자는 그 자신이 '문 안의 사람(門人)'과 '집안', '문벌', '동문'의 관계를 가지고 있지만, 그런 사적 이익을 등지고 문 밖으로 향하여 '길 가는 사람(路人)'과 교류하며, 정보를 공개하고 이익을 공유하려 한다. '비괘 否卦'의 험난한 상황을 타개하여 세상 사람과 화합하기 위해 리더는 이러한 태도에서 출발해야 한다는 것이 '동인'의 기본 정신이다.

전쟁에서 승리하거나 선거에서 이겨 권력을 획득하더라도 이념 코드나 파벌 이익에 따라 권력을 나누고 인사를 결행하면, 반대 세력과 극단적 대립 상황을 초래하여 정권 획득의 명분을 잃을 수도 있다. 급기야는 국민, 인민 일반 세력의 지지를 계속 유지하기도 어렵다. 그래서 역사에서도, 정권 획득에 성공한 정파가 반대파에 대해 피의 숙청을 감행하면, 세상은 또 다른 혼란의 소용돌이에 빠지는 상황을 초래하지만, '문에서 동인'하듯 하여 공동체 구성원의 화합을 도모하고 탕평蕩平을 실시하면, '허물이 없다(无咎)'고 볼 수 있다.

'동인괘'의 '초구'가 그에 호응할 수 있는 '사'의 자리인 '구사'와 같은 양으로서 호응하지 않음은 같은 문인門人(동문同門)의 이익에 응하지 않고, 세상 사람들과 공개적으로 교류하는 것이다. 그런데 만약 '초구'의 초심을 잃고 세상 사람을 등지고 동문의 이익에 따른다면 어떻게 될까. 바로 다음 '육이'처럼 된다.

육이六二

'동인괘' '육이'는 하괘의 가운데로서 상괘의 가운데 양인 '구오'와 사적으로 '동인'하는 음이다. 이것은 가족, 가문, 종족, 족당, 족벌과 작당하는 소인의 동인이다(同人于宗). 조선조의 당파정치는 물론이고, 특정

성씨 족벌끼리 권력을 독점한 세도정치勢道政治가 대표적 사례다. 이 '동인'은 또 문인文人은 문인文人끼리, 무인武人은 무인武人끼리 결탁하고 혈연, 학연, 지연, 종교, 지역, 이념에 따라 작당하여 앞에서 끌어주고 뒤에서 밀어주는 '동인'이다. 국가든 기업이든 학교든 어떤 공동체든, 족벌 경영의 문제, 친인척 비리 같은 것이다.

유가의 이상 정치를 실현한 '대동大同'의 사회나 플라톤의 이상 정치인 철인정치가 세습과 상속을 배제한 토대 위에 있는 것도 이런 문제 때문이라고 할 수 있다. 오늘날 이 점을 인식하여, 뜻있는 세계적인 큰 부호들 중에 그 많은 재산을 사회에 기부하는 이들도 있다. 반면 엄청난 재산을 가지고도 더 많이 욕심내며, 그것을 상속하기 위하여 온갖 편법을 동원하는 부호도 있는가 하면, 왕국이 아닌 공화국을 세습하는 경우도 있다. 이러한 경우가 '동인우종(同人于宗)'으로, 곧 '부끄러운(吝)' 일이 된다.

구삼九三

'동인괘' '구삼' 역시 소인의 위치다. 이 위치는 다른 사람('육이'와 '구오')의 '동인'을 시샘하여 방해한다. 그러나 자신의 힘이 그들을 정공법으로 이길 만큼 크지 못하여 군사를 매복시켜두고(伏戎于莽), 높은 곳에서 관측하며 그의 적 '구오'의 세력을 정탐하고(升其高陵), 게릴라식 전법을 쓰려고 하나, 결국 성공하지는 못하는(三歲不興) 위치다.

이 '구삼'은 '동인'의 과정에서 올바른 '동인'을 방해하는 세력이 있을 수 있음을 말한다. 그러나 '구오'가 지휘하는 '동인'의 대세가 시대적 추세로 '구삼' 같은 소인 세력이 기회를 노리지만, 하괘 맨 윗자리의 불안정한 지위에 있는 그들은 세력도 용기도 부족하여 감히 준동하지 못하는 상황이다.

구사九四

'동인괘' '구사'도 '구삼'처럼 이 괘의 '구오'를 공격하려고, '구오'에 아주 근접한 위치에서 담을 타고(乘其墉) 때를 엿보지만, 상괘를 막 시작한 불안정한 상황이고 양으로서 음의 자리인 '사'의 정당하지 못한 자리에 있으므로 이기지는 못한다(弗克攻). 이 경우 역시 '동인'으로 가는 것이 시대의 대세여서 소인의 세력이 감히 설치지 못하는 상황이므로 좋은 결과를 가져올 것이 예측된다(吉).

구오九五

그러다가 '동인괘' '구오'에서는 마침내 '구삼'과 '구사'의 방해를 물리치고 결국 '육이'와 동심同心하는 '동인'에 성공한다. 이렇게 '동인'에 성공하는 과정에서 많은 방해 세력이 있어 그들과 투쟁하여 극복하느라 그 과정이 순탄치 않아, 처음에는 그 난관을 헤쳐 나가느라 울부짖을 만큼 힘들었지만, 끝내 적들을 물리치는 데 성공하여 나중에는 샴페인을 터뜨리며 웃게 되는 날이 오게 된 것이다(同人先號咷而後笑).

그러나 그냥 가만히 기다려서 그러한 결과를 얻는 것이 아니라, 적들을 물리치기 위하여 앞서 나가는 용기와 결단을 가지고, 같이 나아갈 세력을 크게 모아 혁명의 길을 가야(大師克), 마침내 좋은 날, 좋은 곳에서 동지들을 만나게(相遇) 되는 것이다. 여기에는 군자의 동심同心과 소인의 동심同心이 있다. 군자의 진정한 '동심'을 두고 『주역』「계사전繫辭傳」에서는 "그 날카로

움이 쇠를 끊고", "그 말의 냄새가 난초와 같다"라고 하였지만, 소인이 하는
동심은 그 냄새가 썩은 생선과 같은 것이다.

상구上九

'동인괘' '상구'는 이 괘의 마무리다. 이제 이전투구泥田鬪狗하는 세상
의 중심과 거리를 두고 교외에서 '동인'하므로(同人于郊), 적적하지만 후
회도 없는 형국이다(无悔). 천하를 얻는 데 도움을 주는 조력자인 참모로
서는 초한전楚漢戰 이후 자신의 위치를 명확히 하지 못한 한신韓信과 달
리, 유방劉邦을 돕고 난 후에는 은둔한 장량張良의 처신이다.

또는 혁명에 성공한 지도자로서는 혁명이 개인과 가문의 영예를 위한 사
심에 의한 것이 아니라, 도탄에 빠진 인민 백성을 구하기 위한 것이라면, 혁
명의 성공 후에는 사리사욕을 버리고 '천하대공天下大公'과 '공화共和'의 정
신으로 천하를 경영해야 한다. 그래야 다음의 '대유괘大有卦'의 세상이 와서
후회가 없게 되며, 역사에서 혁명 영웅으로 추앙받게 된다. 그러나 개인과
가문의 탐욕을 앞세우면, 그 역시 혁명의 대상이 된다.

14

대유괘 大有卦

원문과 번역

大有, 元亨. (대유는 크게 형통하다.)

대 유　원 형

(初九) 无交害, 匪咎. 艱則无咎. (해로운 것과 사귐이 없으

무 교 해　비 구　간 즉 무 구
면, 허물이 아니다. 어려운 과정을 거치듯 하면, 허물이 없

을 것이다.)

(九二) 大車以載, 有攸往, 无咎. (큰 수레로 실음이니, 갈 바가 있어 허물이 없을

대 거 이 재　유 유 왕　무 구
것이다.)

(九三) 公用亨于天子, 小人弗克. (제후가 천자에게 예물을 바침이니, 소인은 감

공 용 향 우 천 자　소 인 불 극
당할 수 없을 것이다.)(여기서 亨=享享)

(九四) 匪其彭, 无咎. (성대하게 하지 않으면, 허물이 없을 것이다.)

비 기 방　무 구

(六五) 厥孚交如威如, 吉. (그 성심으로 사귀듯 하면서도 위엄을 드러내듯 하면,

궐 부 교 여 위 여　길
길할 것이다.)

(上九) 自天祐之, 吉无不利. (하늘에서 도우니, 길하여 이롭지 않음이 없을 것이다.)

자 천 우 지　길 무 불 리

대유괘大有卦 총설과 괘사卦辭 해설

'대유괘'는 『주역』의 14번째 괘로서, 위는 불이고 아래는 하늘이다(火天大有). 앞의 '동인괘同人卦'의 기호를 180° 뒤집은 모습이다. '동인괘'에서 떠오르기 시작한 태양이 하늘 높이 솟아 만천하를 밝게 비추는 모습이다. '대유大有'는 '크게 가짐'이란 뜻으로 풍요로움을 말한다. 천하 사람이 한 마음 한 뜻으로 '동인'하여, 그 결실로 마침내 풍요롭고 좋은 세상이 찾아온 것이다. 이상理想 사회의 한 요건을 갖춘 것을 상징하는 크게 형통한 괘다(大有元亨). 경제와 문화가 모두 발전한 선진 사회가 이루어진 것이다.

'동인괘'가 하괘의 중간만 음이고 나머지 여섯 효는 모두 양인 데 대해, '대유괘'는 '동인괘'를 뒤집은 괘상이므로, 상괘의 중간만 음이고 나머지 여섯 효는 모두 양이다. 이는 '대유괘' 세상의 지도자가 부드러운 덕으로 무위의 치(無爲之治)를 세상에 베푸는 것을 상징한다. 지도자의 덕에 세상의 온갖 강건함도 감화를 받는다. 이는 요堯와 순舜이 무위의 치로 세상을 다스리는 대동의 사회와 같은 것을 말한다.

동서고금의 많은 사상가가 현실의 여러 모순을 벗어난 이상 사회의 모습을 그렸다. 유교儒敎의 이상 사회는 '대동大同'의 사회다. 『서경書經』 「홍범洪範」에서는 모든 구성원이 한마음으로 따르는 것을 '대동'으로 보았고, 『예기禮記』 「예운禮運」에서는 '대동'을 천하에 대도大道가 행해져 모두 공심公心으로 화합하고 사랑하며, 공평하게 풍요를 누리는 이상 사회로 묘사한다.[36] '동인괘' 바로 다음에 '대유괘'가 오는 것과 상통한다. 국가나 기업, 가정도 구성원이 합심하여 풍요로운 성장을 가져오면, 곧 '대동'의 한 조건인 '대유괘'에 해당한다. 그런데 '대유'는 단순한 물질적 풍요로움이 아니다. 도덕이 갖추어져야 한다. 그래서 '대유괘'의 「상전象傳」은 '악을 막고 선을 드날릴 것(遏惡揚善)'을 말한다.

대유괘大有卦 효사爻辭 해설

초구初九

'대유괘' '초구'는 풍요로운 때가 도래했지만, 아직 성대하지 않은 초기 상태다. 부유해지면 교만해지기 쉬워, 나라든 기업이든 개인이든 풍요로움의 달콤함을 맛보기 시작하면, 성급히 욕망에 빠질 수 있다. 이때 교만을 버리고 해로운 욕망의 대상을 가까이하지 않으면(无交害), 문제가 발생하지 않는다(匪咎). 그러나 요堯가 순舜에게, 순이 우禹에게 전한 말처럼 인간의 원초적 욕망이 꿈틀대는 실존 속의 마음(人心)은 언제라도 해로운 욕망의 대상에 빠질 듯 오직 위태로울 뿐이며(惟危), 반면 선한 진리의 마음(道心)은 오직 미세할 뿐이어서(惟微)[37], 초심을 지키기가 참으로 어렵다.

북송대北宋代 주돈이周惇頤가 말하듯, "하늘의 도인 성誠 그 자체는 무위無爲하나, 그 미세한 움직임의 시초에서 선과 악이 나뉜다(幾善惡)".[38] 처음 마음이 발동하기 시작할 때 해로운 것을 가까이하지 않도록 마음을 삼가야 한다. 이렇게 해로운 욕망을 사전에 차단하는 것은 욕망을 근원적으로 안고 태어난 인간으로서 매우 어려운 일이지만, 그 어려움을 극복하려는 굳센 의지를 지니면 허물이 없을 것이다(艱則无咎). '대유'의 풍요로움을 끝까지 누리려면 처음부터 잘해야 한다.

구이九二

'대유괘' '구이'는 풍요로움이 크게 드러나는 양상이다. '대유괘'의 유일한 음이며 부드러운 덕을 지니고 있는 '육오'의 임금과 상응하는 자리다. '육오'의 부드러운 지도자가 중용을 지킴에 호응하여 하괘의 가운데 자리에서 중용을 지키며, 지도자를 도와 '대유'의 시대를 가져온다. 이는 아래 '초구'에서 초심을 튼튼히 하여 그다음 단계에서 효과가 발휘되는 것이다. 위로 '육오' 지도자의 두터운 신임을 받으며 능력을 발휘하는 참모다. 실무적 능력이 훌륭하여 '육오' 지도자가 천하에 '대유'의 밝은 빛을 비출 수 있도록 돕는다. 경제적 풍요로움을 큰 수레에 실어 오듯(大車以載) 가져와서, 천하에 베풀어 행할 수 있으니(有攸往), 나라의 모든 구성원의 불만이 없게 할 수 있다(无咎).

구삼九三

'대유괘' '구삼'은 '구이'의 인재(公)가 중책을 맡아 경제발전을 이루어 나라 살림을 풍요롭게 하여, '육오'의 지도자(天子)는 풍요로운 결실을 그 치적으로 삼을 수 있게 된다는 것이다(公用亨于天子). 그런데 사리사욕을 가진 소인은 이러한 임무를 감당할 수가 없고, 오히려 어렵게 달성한 '대유'의 상황을 무산시킬 수가 있다.

소인은 이익에 밝아 욕망 실현에 재주가 있어, 일시적으로 물질적 풍요를 가져오는 경제 발전의 작은 성과는 낼 수 있어서, 때로는 국민이 그러한 지도층이 능력 있는 것으로 판단할 수 있으나, 결국 국가 정책도 자신의 재산 불리는 데 유리하게 입안하고, 자신이 직무상 알게 된 정보로 투기를 일삼으며, 심지어 공적 자금도 횡령할 수가 있으므로 국가의 중책을 맡길 수는 없다(小人弗克). 고양이에게 생선을 맡기는 꼴이기 때문이다.

구사九四

'대유괘'의 '구사'는 이 괘 상황의 최고 권력자이지만 부드러운 덕을 가진 '육오'의 바로 밑에까지 나아간 위다. 이 위치에 처한 이는 자칫 '초구'부터 수행해 온 자신의 업무 성과에 자만하고, '육오'의 유순함에 방심하여, 자신의 본분을 잊을 위험이 있다. '대유괘'의 풍요로움이 단순히 신하, 실무자 등의 실무적 능력에만 있지 않고, 그들에게 권위적으로 강압하지 않으면서 부드러운 덕으로 포용하며, 일선의 직무 수행자들의 전문성을 믿고 맡긴 '육오'의 포용력에도 있음을 잊을 수 있다.

더구나 아래에는 자신이 거쳐 온 길을 걷고 있는, 자신과 같은 하위의 부하들이 지나칠 정도의 의욕으로 자신을 추월하려는 듯하여 자신의 입지가 불안하기도 하다. 어떨 때는 그 부하들이 최고지도자인 '육오'보다는 오히려 자신을 실세로 여겨 따르며, '육오'에 대한 하극상下剋上을 부추길 수도 있다.

'구사'는 양으로 음의 자리에 처하며 자신의 자리를 잃고 있는 상황에서 정치적 고민을 할 수도 있다. 더구나 '대유괘'의 상황이 자신의 덕이라면서 자신의 공적을 내세우며, 국민 백성에게도 '육오'보다는 자신을 정치적으로 더 홍보할 수 있는 선택을 할 수도 있다. 이때 '구사'가 만일 '구삼'에서 경고한 소인이면 정변을 일으켜 '대유괘'의 상황을 허사로 만들 수도 있다.

만일 군자로서 자신의 본분을 자각하고, '대유괘'의 성과를 가져온 이유가 자신의 능력보다는 자신의 능력을 알아주고 등용해 준 '육오'의 포용적 덕에 있다고 여겨, 풍요로움의 결실을 자신에게 돌리지 않고, 자신을 정치적으로 지나치게 내세우지 않는(匪其彭), 지혜로운 처신을 한다면, 자신에게나 '대유괘'의 풍요로운 시대나 허물이 없게 된다(无咎).

육오六五

'대유괘' '육오'는 풍요로운 성장 시대의 임금, 대통령이며 큰 실적을 이룬 기업의 회장이다. '육오'는 '대유괘'의 유일한 음이면서도 나머지 다섯 강건한 양을 통솔하는 위치다. 음의 유순한 덕을 가지고 지존의 자리에 있으면서 나머지 다섯 양을 통솔하므로, 다섯 양이 불순한 마음을 품으면 그 자리가 위험할 수 있다. 하지만 '대유괘'는 앞의 '동인괘'를 거쳐 오면서 동심, 동력하는 시대가 된 상황으로 나머지 다섯 양들도 지도자가 유순하다고 함부로 하극상하기보다는, 바르고 건전한 부하일 가능성이 높은 시대 상황이다. 나머지 다섯 양은 오히려 '육오'의 인간적이고 온화한 리더십에 감화된다.

'대유괘' '육오'는 그만큼 자신의 성심으로 부하들과 소통하는(厥孚交如) 지도자다. 그러나 인간에 내재된 원초적 욕망과 무지로 인하여 결국 인간을 믿을 수 없게 되는 경우가 있다. 나머지 다섯 양이 기본적으로는 바른 성품을 지닌 자들일 수 있지만, 그들 역시 자칫하면 미세한 도심道心을 밀어내고 불거져 나올 수 있는 위태로운 인심人心을 가지고 있는 실존적 욕망의 인간들이다. 물질욕도 권력욕도 있을 수 있다. 게다가 '육오'는 강권적인 독재자가 아닌 유순한 지도자가 아닌가? 특히 아래 '구사'는 '대유'의 공을 스스로에게 돌리도록 선전할 수도 있고, 마음만 먹으면 자신이 가진 직무상의 실권과 정보를 이용하고 자신 아래의 세력을 규합하여 '육오'에 대해 역심을 품을 수도 있다.

'대유괘'로 오는 동안 시대 추세상, 나머지 양들이 그런 인사들일 가능성은 매우 적지만, '육오'는 아랫사람들과 소통할 수 있는 유순한 덕의 포용성뿐 아니라, 그에 못지않게 권위를 위한 권위가 아닌, 아랫사람들이 감히 자신을 소홀히 여기지 못할, 덕에서 우러나오는 진정한 위엄 있는 권위 역시 가져야(威如), 풍요로우면서도 기강이 서는 '대유괘'의 상황을 유지시키는 데 좋다(吉).

공자孔子가 정의와 조화를 갖춘 사회를 위해서 '예禮'와 '악樂'의 겸비를 주장한 것도 이러한 이유다. 예는 질서와 기강의 원리요, 악은 조화의 원리다. 예만 강조하면 사회 질서는 잡히지만, 사회 구성원이 서로 서먹하고 소통이 어려워져 조화에 저해된다. 한편 악만 강조하면 구성원 간의 소통은 아주 잘 이루어지지만, 이 소통이 지나쳐 기강이 서지 않는 무질서 상태가 되기 때문이다. '육오' 효사의 교여(交如)는 '악樂'을, 위여(威如)는 '예禮'를 말한다. '대유괘'의 풍요를 유지할 '예'와 '악'을 겸비함이 곧 지도자의 성심이다(厥孚).

상구上九

'대유괘' '상구'는 이 괘의 지극함이다. 다른 괘들의 '상' 자리는 그 괘의 전성기가 끝나는 경우나 괘의 지나침을 말하는 경우가 많지만, '대유괘'는 특별하여 그 지극한 풍요로움을 말한다. 심지어 하늘이 도울 정도다(自天祐

之). 여기에는 조건이 있다. 『주역』「계사전繫辭傳」에서는 이를 두고 사람이 돕는 바에 관해 믿음을 이행하고(履信), 하늘이 돕는 바에 관해 따를 것을 생각하며(思乎順), 그리하여 현자를 숭상할 것(尙賢)을 말하였다. 좋은 세상은 그저 오는 것이 아니라 노력이 있어야 한다. 특히 '육오'의 성심 어린 지도력이 발휘되어야, 이러한 '대유괘'를 오래 누리면서 '좋아서 이롭지 않음이 없는(吉无不利)' 세상이 된다.

15

겸괘 謙卦

원문과 번역

謙亨, 君子有終. (겸은 형통하니, 군자에게 마침이 있다.)
겸 형 군자유종

(初六) 謙謙君子, 用涉大川, 吉. (겸손하고 겸손한 군자니,
겸 겸 군 자 용 섭 대 천 길
이로써 큰 내를 건너더라도 길하다.)

(六二) 鳴謙, 貞吉. (겸손함이 알려짐이니, 바르고 길하다.)
명 겸 정 길

(九三) 勞謙, 君子有終, 吉. (공로 있는 겸손함이니, 군자에게 마침이 있어서 길
로 겸 군 자 유 종 길
하다.)

(六四) 无不利撝謙. (겸손함을 발휘함에 이롭지 않음이 없다.)
무 불 리 휘 겸

(六五) 不富以其隣, 利用侵伐, 无不利. (부유하지 않아도 그 이웃과 함께 함
불 부 이 기 린 리 용 침 벌 무 불 리
이니, 이로써 침벌함에 이로워서, 이롭지 않음이 없을 것이다.)

(上六) 鳴謙, 利用行師征邑國. (겸손함이 알려짐이니, 이로써 군사를 행하여 읍
명 겸 리 용 행 사 정 읍 국
국을 침에 이롭다.)

겸괘謙卦 총설과 괘사卦辭 해설

'겸괘'는 『주역』의 15번째 괘로서, 위는 땅이고 아래는 산이다(地山謙). 높은 산이 낮은 땅보다 아래에 처하는 모양을 띤 이 괘는 겸손, 겸양을 나타낸다. 유교儒敎의 이상 사회인 '대동大同'의 사회를 위해서는 세 가지 조건이 있다고 할 수 있다. 우선 '동인괘同人卦'의 화합, 다음으로 '대유괘大有卦'의 풍요, 그리고 이번 '겸괘謙卦'의 겸손이다. 구성원이 화합하고 물질적 풍요로움이 있다 하더라도, 서로 양보하는 미덕, 도덕심이 없으면 '대동 사회'라고 할 수 없다.

인류가 누리기 쉽지 않은 이상 사회까지는 말하지 않고, 현실적으로 선진 사회를 추구하는 경우라고 해도, 그 사회의 물질 총량이 아무리 많아도 그것을 골고루 나누지 않고 부가 편중되어 있다면, 진정한 선진사회라고 할 수 없다. 후진 사회일수록 부가 편중되어 있다. 선진사회는 도덕 사회이고, 도덕 사회는 봉건시대처럼 지배층이 그들의 권력과 이익을 합리화하고 유지시키기 위해 만든, 조작된 도덕 이념을 강요하는 사회가 아니다. 강자가 양보하고 약자가 보호받는 사회다.

'대유괘'의 풍요로움을 지속하려면 다음의 '겸괘'로 지향해 가야 한다는 것은 풍요로움으로 인한 흥청망청의 교만을 경계해야 한다는 것이다. 이는 곧 성장 후에 그 성장에 자만하지 않는 겸양을 말한다. 그것은 곧 분배다. '겸괘' 「상전象傳」은 고른 분배를 주장한다. 대동의 사회는 성장의 과실을 고루 분배하여 잘 사는 사회, 특히 사회적 약자를 보살피는 복지사회다.

그런데 '대유괘' 후 '겸괘'이므로 『주역』은 '선先 성장, 후後 분배'를 말하는 듯하지만, 이는 논리적 순서이지 실제적으로는 성장은 곧 분배를 위한 것이고, 분배를 통한 순환적 피드백으로서의 성장이 경제 정의의 도덕적 성장이다. 성장의 풍요함을 오래 지속할 수 있는 조건이 도덕적 태도를 말하는 겸손이며, 교만은 풍요함을 오래 지속하지 못하도록 하기 때문이다. 즉 성장을 위해서도 분배를 해야 한다.

공자孔子의 제자 자공子貢은 요즘으로 치면 재테크에 능하여 부유하였다. 그에 반해 공자가 가장 아낀 제자 안연顏淵은 빈민촌에서 가난하게 살면서도 그 처지를 괴롭게 여기지 않고 오히려 그 속에서 도道를 즐겼다. 자공이 안연에 대해 스스로 부족하다고 느낀 것일까. 그는 공자에게 부유하면서도 교만하지 않으려면 어떻게 해야 하는지 물었다. 이에 공자는 그것도 괜찮지만 부유하면서도 예禮를 좋아함이 더 낫다고 하였다. 이것은 곧 부자가 부자의 도리를 알고 겸손하게 도덕적으로 행동하라는 것이다. 요즘 흔히 말하는 '노블레스 오블리주(noblesse oblige)'와 통한다.

'겸괘'는 이처럼 재벌 기업가 같은 큰 부자가 가져야 할 겸양의 미덕을 가르친다. 우리는 겸양하지 못하고 그 부를 추하게 누리는 부자들을 흔히 본다. 풍요의 오만함으로 인해 한 순간 나라가 나락으로 빠지는 사례를, 고대부터의 인류 역사 속에서나 가까운 역사적 사례를 통해서 뿐만 아니라, 지금 세계의 상황에서도 볼 수 있다. 기업의 경우 경영실적 문제가 아닌, 엉뚱하게도 소위 '갑질'의 문제와 같은 기업가의 겸손하지 못한 교만함으로 인해 천민자본주의라는 경영자 리스크가 원인이 된 기업가치 하락의 사례를 지금도 보고 있지 않은가.

개인도 역시 자신의 능력이든 운이든 풍요를 누리는 상황을 맞았을 때, 그것을 지속시키기 위해서는 교만하지 않고 겸손해야 한다. 국가든 기업이든 개인이든 잘 될 때 겸손하여 조심하면서 '까불지' 말아야 한다. 옛시조에서 "잘 가노라 닫지 말며, 못 가노라 쉬지 마라"라고 했는데, '잘 가노라 닫지 마라'는 것이다. '대유괘'는 '건괘乾卦'의 '비룡재천飛龍在天'을 말하는 것이라면, '겸괘'는 '건괘乾卦'의 '항룡유회亢龍有悔'의 교훈을 말하는 것이라고 할 수 있다.

이러한 이치를 깨닫지 못하고 오만방자하면, 세상도 개인도 그 말로가 좋지 않다. 그렇지만 '겸괘'의 교훈을 새기면, 세상도 개인도 '대유괘'의 풍요로움을 지킬 수 있어서 형통하고(謙亨), 세상과 그 세상에서 개인적 삶을 바르게 하려는 군자에게 좋은 결과를 가져온다(君子有終).

겸괘謙卦 효사爻辭 해설

초육初六

'겸괘' '초육'은 겸손을 말하는 '겸괘' 중에서도 가장 아래에 있으므로 더욱 겸손한(謙謙) 모습이다. 군자가 이러한 삶의 태도로 행동한다면(謙謙君子), 크게 어려운 일도 헤쳐 나갈 수 있으니(用涉大川) 얼마나 좋은가(吉)! 『노자老子』에서 "최고의 선善은 물[水]과 같다. 물은 만물을 이롭게 하면서 다투지 않고, 세상 사람들이 싫어하는 곳에 처하므로 도에 가깝다"[39]라고 하고, 또 "강과 바다가 여러 골짜기의 왕이 될 수 있는 까닭은 기꺼이 아래에 처하기 때문이다"[40]라고 하였으니, 낮은 곳에 임하는 겸손하고 겸손한(謙謙) 태도의 대표적인 말이다.

그런데 '겸괘' '초육'에서처럼 겸손함이 겉보기에 아무리 지극하다 하여도, 실제 내면에 덕이 없이 단순히 세상 사람들에게 그런 덕을 지닌 것처럼 평판이 나도록 처세의 목적으로만 꾸미면 어떨 것인가. 실제로 많은 경우 처세 전략으로 겸손한 척하지만, 속에는 칼날을 품고 있는, 즉 은인자중隱忍自重의 경우도 있다. 『주역』에서도, 『노자』에서도 그러한 처세 전략을 말하고 있다. 그래서 남에게 겸손의 덕이 있는 것으로 알려진 이들에는 단순히 전략적 경우와 내면에 실제로 덕이 갖추어져 있으며, 그에 따라 전략적 효과가 있다 하더라도 당사자의 본래 의도가 아니라 그에 따른 부수적 효과로 나타나는 경우가 있다.

육이六二

이에 '겸괘'의 '육이'는 진정으로 겸손하면서 중도도 지키므로, 그로 인해 세상에 좋은 평판이 나는(鳴謙) 경우다. '초육'에서 쌓기 시작한 겸손의 덕이 음이 음 자리에 있는 '육이'의 상황에서 세상에 평판(鳴)으로 드러나는 것이다. 그런데 이 평판은 처세 전략만을 위한 것이 아니라 덕성 자체가 음의 자리에 처하여 내면의 곧고 바름(貞)이 토대가 되어 있다. 그래서 도덕적으로나 전략적으로나 모두 좋은(吉) 것이다. '겸괘' '육이' 「상전象傳」에서 이들 두고 '내면의 마음에서 얻은 것이다(中心得也)'라고 한 이유다.

그러나 소인은 겸손한 덕으로 알려졌더라도 실상은 가식의 겸손이다. 그 평판으로 드러난 겸손의 외양만 보고 등용하거나 투표하면 이후 본색을 드러낸다. 겸손한 군자는 감히 스스로 나서지 않고 덕 있는 선비는 '여러 번 불러도 세상에 나가지 않는(三徵不就)' 겸손의 성품을 가지고 있지만, 소인은 자신의 문제를 깨닫지 못하고 등용에 응해 청문회에 나섰다가 망신을 당한다. 욕심에 앞뒤를 가리지 않고, 어차피 망신을 당해도 부끄러운 줄 모른다.

이런 소인이 폭군과 독재자로 신음하는 난세에 고통받던 민중의 혁명 덕에 지도자로 추대되면, 권력을 얻고 난 뒤 결국 겸손을 잃고 새로운 독재자로 군림할 수 있다. 전 왕조나 정권의 독재와 부패를 명분으로 민중 덕에 집권하고는 오만과 독선으로 같은 길을 걷기도 한다. 인류 역사에서 혁명의 종류를 불문하고 새로운 정권, 새로운 지도자는 '中心得'의 상태여야 한다.

구삼九三

'겸괘' '육이'에서처럼 내면에 진정한 겸손의 덕이 갖추어졌다 하더라도 방심하면 그 덕을 잃을 수 있으므로 군자는 언제나 마음을 가다듬어야 한다. 즉 진정으로 겸손하려는 노력을 계속하여 잃지 않도록 해야 한다. 그것을 말하는 것이 곧 '겸괘'의 '구삼'이다. '구삼'은 '겸괘'의 유일한 양으로 이 괘를 대표한다. '겸괘'의 괘사와 이 '구삼'의 효사도 '군자유종君子有終'으로 같다. '대유괘'에서 이룬 풍요로움을 잃지 않고 유지하는 조건이 겸손이므로 이어서 '겸괘'가 나왔는데, '겸괘'의 대표가 '구삼'이다.

'구삼'은 하괘의 맨 윗자리로 세상에 나가기 직전에 자신을 연마하는 노력을 하는 자리다. 겸손의 덕을 쌓은 '겸괘' '구삼'의 자리는 그 겸손의 덕을 연마하는 노력을 하는 자리다(勞謙). 이런 노력이 애써 얻은 '대유괘'의 풍요로움이나 폭군과 독재자를 타도한 후 오는 혁명의 열매를 잃지 않는 조건이다. '겸괘'의 '구삼'에서 그런 노력을 강조하는 것은 마치 '건괘乾卦' '구삼'의 효사에서 '군자종일건건君子終日乾乾'하는 노력을 연상하게 한다.

풍요의 시대에 겸손하게 누리고, 혁명의 열매를 겸손하게 누리며, 부와 권력을 가진 자들이 교만하지 않고 나누는 겸손의 미덕을 보여야, 유종의 미를 거두어(君子有終), 좋은(吉) 세상이 유지된다.

'구삼'은 '겸괘'의 시대를 주도하는 위치다. 최고 지도자의 자리인 '오'의 자리도 음인 '육오' 임을 비롯하여 '구삼' 외의 효가 모두 음이다. 그래서 '구삼'이 겸손을 주도한다. '겸손'은 '대유괘'의 풍요에 따른 겸손이므로, '대유'의 풍요로움을 나누는 것이다. 즉 그 혜택을 인민 대중에게 베푸는 것이다. '대유'에서의 풍요로운 경제성장, 발전된 민주화의 혜택을 인민 대중에게 나눈다. 부와 권력을 가진 기득권층, 사회 지도층이 양보하여 베푼다. 그래서 '육오'를 비롯한 지도층이 나서지 않고, 그 분배의 정책을 '구삼'이 주도하도록 한다. '勞謙'은 겸손에 힘쓰는 것이지만, 그로 인해 '구삼'에게 '공로功勞'가 있게 되는 것이기도 하다.

육사六四

'겸괘' '육사'는 시간의 단계로 봐서는 겸양의 덕이 쌓인 결과 그 베풂이 본격화되는 단계다. 또 자리로 봐서는 노력하여 공이 있는 '구삼'과 유순한 덕이 있는 지도자인 '육오'의 사이에서 겸양의 덕을 발휘하는 자리다(撝謙). 정책 실무자인 '구삼'과 최고 지도자인 '육오' 사이에서 정승이나 총리의 자리가 된다. 이러한 자리의 '육사'는 분배 정책을 실행하여 노력하는 '구삼'에 대해 그 공로를 시기·질투하고, '육오'에 아첨하면서 '구삼'을 모함할 수도 있는 자리다. '구삼'의 공로로 인해 자신의 자리가 무의미하게 느껴질 수도 있고, '구삼'이 자신의 자리를 위협할 수도 있기 때문이다.

이 자리에 소인이 있으면, '육오'에 아첨하여 '구삼'을 모함하고, '육오'의 눈을 가려 암군이 되게 하여 풍요롭고 바른 세상을 물거품으로 만들 수도 있다. 마치 전쟁에서 공이 있는 장군을 시기 질투하는 임금 주위의 신하와 같다. '대유'의 풍요로움을 사회 구성원이 모두 누릴 수 있도록 노력하는 '구삼'에 대하여 임금 주위에서 이간질할 수도 있다는 것이다.

'겸괘' '육사'에 군자가 있다면, 그는 나서지 않으며 '구삼'에 대해서는 독려를, 임금에게는 그 덕에 대한 칭송을 아끼지 않는다. '육사'는 '구삼'처럼 직접 나서서 실무적으로 일을 맡지 않으면서도, 바른 처신만으로도 '겸괘'의 상황이 올바로 돌아가도록 하는 매우 중요한 자리다. 지도층이 '노블레스 오블리주'를 실행하고, 부와 권력을 나누는 데 있어서(撝謙), 드러내는 공로가 없이도 공로가 있는, 세상에 이롭지 않음이 없게(无不利) 하는 것이다(无不利撝謙).

육오六五

'겸괘' '육오'가 되면 '대유괘'의 풍요로운 성장 이후 겸손과 양보에 따른 분배의 베풂을 시행하는 지도자의 위치에 들어선다. 양보는 부와 권력을 가진 쪽에서 할 일이다. 가지지 않은 쪽은 애초에 양보할 것이 없기 때문이다. 부와 권력은 골고루 나누어지든, 극단적 양극화로 한쪽으로 치우치든, 공동체 내의 총량이 같다면 외견상 풍요로움의 '대유괘' 상황처럼 보인다. 그러나 1%가 부와 권력의 대부분을 차지하는 경우나 그에 가까운 병적인 풍요로움이 아닌, 진정한 풍요로움은 사회 구성원 모두의 행복에 바탕을 둔다.

사회 구성원의 행복의 관건은 부와 권력을 가진 쪽, 기득권 쪽이 탐욕을 버리는 양보에서 비롯된다. '겸괘'의 의미가 바로 그것인데, '구삼'이 그러한 정책의 실무를 담당하는 위치라면, '육사'와 '육오'는 양보의 당사자인 기득권층이며, 이러한 양보의 핵심적 지위가 당연히 지도층의 대표인 '육오'인 것이다. '육오'는 최고 권력자이며, '육사'는 '육오'를 보좌하면서 이익을 공동으로 향유하는 귀족층이다. 이들이 겸손하게 양보하여 '대유'의 풍요로움을 공유하여야 아름다운 '공화共和'의 세상이 된다.

'육사'와 '육오'가 양보하지 않고 반대의 극단으로 가까워질수록 고통의 난세가 된다. 역사 속의 혁명은 '육사'와 '육오'가 자발적으로 양보하지 않을 때 발발한다. 그런데 만일 '육오'의 지도자가 겸손의 양보 없이, 자신의 부와 권력의 기반이 되는 백성 인민(其隣)과 부유함이나 권력을 나누지 않으면(不富以其隣), 그 지도자에 대해 봉기하여 혁명을 일으킴이(利用侵伐) 성공하여 모든 것이 순조롭게 될 것이다(无不利).[41]

상육上六

'겸괘' '상육'은 그 '육이'처럼 '명겸鳴謙'을 말한다. '육이'의 '명겸'이 주문왕이 상나라 주왕紂王에 의해 유리羑里에 유폐되어 있는 어려움을 당하면서도 중도를 지키며 겸손의 덕을 쌓고 때를 기다리지만, 그 명망이 세상에 절로 알려져 인민 백성의 추앙과 지지를 받는 상황이라면, '상육'의 '명겸'은 주문왕의 아들 주무왕이 이제 그들 세력의 겸손의 덕이 세상의 지지를 얻게 되어(鳴謙), 비로소 봉기하여 무력 혁명의 때가 왔다고 판단하고(利用行師), 상나라 주왕의 궁성을 쳐(征邑國), 거사를 완수하는 것이다. 일반적으로 폭군이나 독재자의 압제에 시달리던 인민 백성들의 지지를 받는 혁명 세력들이 비로소 혁명을 수행하는 것이다.[42]

16

예괘 豫卦

원문과 번역

豫, 利建侯行師. (예는 제후를 세우고, 군사를 행함에 이롭다.)
예 리건후행사

(初六) 鳴豫, 凶. (즐거움을 소문내니, 흉할 것이다.)
명예 흉

(六二) 介于石. 不終日, 貞吉. (절개를 돌같이 지닌다. 하루
개 우석 부종일 정길
마침을 기다릴 것도 없으니, 바르면 길할 것이다.)

(六三) 盱豫. 悔, 遲, 有悔. (쳐다보며 즐거워함이다. 뉘우치면서 지연시키지만,
우 예 회 지 유회
그래도 뉘우침이 있을 것이다.)

(九四) 由豫. 大有得, 勿疑, 朋盍簪. (즐거움을 유래함이다. 크게 얻음이 있을
유예 대유득 물의 붕합잠
것이니, 의심치 않으면, 벗이 비녀를 합할 것이다.)

(六五) 貞, 疾, 恒不死. (곧게 하면, 병들어도 늘 죽지 않는다.)
정 질 항불사

(上六) 冥豫, 成, 有渝, 无咎. (즐거움에 빠진 어두움이 이루어지지만, 변함이 있
명예 성 유유 무구
으면, 허물이 없을 것이다.)

예괘豫卦 총설과 괘사卦辭 해설

'예괘'는 『주역周易』의 16번째 괘로서, 위는 우레이고 아래는 땅이다(雷地豫). 앞의 '겸괘謙卦' 기호를 180도 뒤집은 모습이다. 여기서 '예豫'는 '즐거워함(樂)'의 뜻이며 동시에 '음악(樂)'의 뜻이기도 하다. 모두 화합하고(同人), 풍요로우며(大有), 골고루 나누어 가지는(謙) 좋은 세상이 와서 그것을 다 함께 기쁘게 누리고 즐김이다. 만일 '대유'의 풍요가 있음에도 지도자나 지배 계층이 겸손하지 못하여 다 함께 부를 나누어 가질 줄 모르고 오만하다면, 결국 혁명과 같은 정변을 불러일으킬 수도 있다. 만일 지도자 또는 지도층의 오만으로 혁명이 일어나면, 혁명 세력이 추대, 옹립한 새 지도자는 기존의 지도자와 대비되게 겸손의 덕을 갖춰 민중의 지지를 얻은 이다.

새 지도자는 새 시대를 열고, 새 사회 시스템을 갖추고, 앞의 권력이 부와 권력을 독점하면서 초래한 수도 일극의 중앙집권을 개혁하여, 중앙과 각 지역의 권력을 나누어 맡을 제후를 둔다(建侯). 그래서 지방 분권으로 나라를 균형 발전시키며, 새로운 나라를 튼튼히 지키기 위해, 안보의 중요성을 인식하여 강한 군대를 만든다(行師). '예괘'의 시대는 새로운 체제를 만드는 데 이로운 시대(豫利建侯行師)다.

사실상, 앞에서 말한 '대유'의 시대에 이미 사회 구성원이 행복할 기본 경제적 조건이 마련되었다. 그러나 단순히 양적으로 경제적 총량이 늘어나 모든 것이 풍부해졌다고 하여 좋은 세상이 된 것은 아니기 때문에, 골고루 나누는 '겸괘'를 거쳐야 비로소 질적인 행복까지 누릴 수 있는 세상이 온다. 이렇게 질적으로도 행복하여, 구성원이 '대유괘'의 단순한 풍요 이후 안정적으로 즐거움을 누리는 시대가 이 '예괘'의 시대다. 즉 '겸괘'에서 한 번 겸손으로 검증을 거친 사회가 되어야, 진정으로 행복한 세상의 조건이 마련되는 것이다.

맹자孟子가 추구한 이상 사회는 사랑과 정의(인仁과 의義)의 도덕을 근간으로 하는 왕도정치王道政治가 행해지는 사회다. 이것은 힘으로 억압하는 패도정치覇道政治와 대립되는 개념이다. 왕도정치는 백성이 주리지 않도록 기본 생계부터 보장하는 데서 출발하여, 사람으로서 사람답게 살 수 있는 문화적, 도덕적 가치를 실현시켜 주는 정치다. 여기서 중요한 것은 이러한 사회의 혜택을 모두 함께 누림이다. 맹자의 이른바 '여민동락與民同樂(백성과 함께 즐김)'이다. 조선조 세종世宗 때 세종이 작곡한 음악 '여민락與民樂'도 이 말에서 유래하였다.

그러면 이렇게 아름다운 세상이 되었다면, 이제 구성원은 그것을 즐거이 누리기만 하면 되는 걸까? 난세는 고통으로 가득 찬 세상이지만, 반대로 치세의 즐거움을 누릴 수 있는 '예괘'의 시대는 그 즐거움에 탐닉하여 방탕해질 위험성을 내포하고 있는 시대다. 로마제국이 주위를 평정하고 안정적 풍요를 누리는 '예괘'의 시대를 구가했을 때, 사회는 점차로 쾌락과 방탕으로 흘러갔다. 주위를 평정하여 긴장감이 없어지면, 보다 더 나태하고 해이해질 수 있다.

개인도 마찬가지다. 사업에 크게 성공하여 '대유'를 누리게 되었고, 그것을 보다 안정적으로 누릴 수 있도록 '겸손'의 덕을 쌓아 '노블레스 오블리주'까지도 실천하는 부유층의 후세대 중에 때로는 마약과 같은 쾌락에 탐닉하는 자들이 생기는 것은, 노력하지 않아도 풍요를 누리면서 그것을 지키고 유지하려는 긴장감이 없어진 도덕적 해이와 나태함으로 인한 것이기도 하다.

예괘豫卦 효사爻辭 해설

초육初六

'예괘'는 최초의 상황인 '초육'에서부터 그 점을 경고한다. '나는 행복합니다. 우리 집은 행복합니다. 내가 사는 이 세상은 행복합니다. 노력하지 않아도 모든 것이 풍요롭고 즐겁습니다'라고 방정맞게 그 즐거움을 떠들어 대면(鳴豫) 흉(凶)하다는 것이다. 까불지 말라는 것이다. 즐거운 시대가 이제 겨우 시작하여 무르익지 않았는데, 샴페인을 너무 일찍 터뜨려(鳴豫) 좋지 않다(凶)는 말이다. 그동안 고생스럽게, 힘들게 살다가 즐거운 상황이 오면 마음이 들뜨게 되어 어찌할 줄 모르는 경우가 생길 수 있다. 주위에 자랑도 하고 싶다. '예괘' '초육'은 이 점을 경계하고 있다.

육이六二

'예괘' '초육'의 들뜬 마음을 진정시키는 것이 이 괘의 '육이'다. 즐거움에도 소인의 즐거움이 있고, 군자의 즐거움이 있다. '육이'는 세상이 모두 즐거움에 빠진다고 하더라도 경각심을 가지고 깨어 있는 군자요, 현자다. 그들은 즐거움을 누린다고 하더라도 그것은 군자의 즐거움으로 그 즐거움이 도리에 맞다. 안회顏回의 안빈낙도安貧樂道와 같은 종류의 즐거움이다. 괘 전체의 유일한 양陽인 '구사'에 대해 다른 음들은 모두 잘 보이려고 하나, '육이'는 하괘의 가운데에서 중도를 가지고 굳은 돌 같이 홀로 절개를 지킨다(介于石).

'육이'는 '초육'이 경망스럽게 즐거움을 떠들며 탐닉하다가 흉하게 되는 것을 보고, 경각심을 가지고 그로부터 교훈을 얻는다. '육이'의 군자는 지혜로워서 '예괘'의 시작 단계인 '초육'에 나타나는 흉함만 보고도 문제점을 미리 간파하므로, 그 문제의 결과가 나타날 때까지 기다리지 않고도 상황을 안다(不終日). 그래서 스스로 단속하여 곧고 바르게(貞) 처신한다. 이런 처신이 궁극적으로 길(吉)함을 가져오므로, '초육'의 사례는 '육이'에게는 반면교사의 역할을 한다.

그래서 『주역』 「계사전繫辭傳」에서는 '예괘' '육이'의 이 부분을 두고, '길함이 먼저 나타나는 것'으로서의 변화의 조짐인 '기幾'를 말하면서, "'기幾'라는 것은 움직임의 미세함이며, 길함이 먼저 나타나는 것이다. 군자는 '기'를 보고 행동하지 종일終日을 기다리지 않는다"[43]라고 한다. 흉한 일도 마찬가지여서, 길하든 흉하든 지혜로운 군자는 그 조짐(幾)을 보고 향후에 올 일을 예측하여 미리 행동한다.

육삼六三

'예괘'의 즐거움을 가장 주도하는 자리는 이 괘에서 유일한 양인 다음의 '구사'다. '예괘' '구사'는 이 괘의 즐거운 상황에서 부와 권력을 실제로 가장 크게 향유하는 자리다. '구사'의 바로 밑에서 그 자리를 부러워하는 자리가 바로 이 '육삼'이다. 이 괘의 '초육'은 들뜬 소인의 즐거움이지만, 이 괘의 '육이'에는 중도를 지키며 바르게 행동하며 절제된 즐거움인 쇄락灑落의 초연함이 있다.

그런데 이 '육삼'은 다시, 소인으로서 고생하다 얻은 오랜만의 즐거움이 어느 정도 진정되었지만, 그렇다고 '육이'의 군자의 진정이 아니라, 이제 새로운 욕심이 생기는 소인의 자리다. '초육'에서 시작된 세속적 즐거움이 '육삼'에 이르러 더욱 증가했지만, 하괘의 맨 위에서 상괘로 진출하기 직전의 '삼'이라는 불안정하고 위태로운 자리에서 그 자리의 즐거움 정도에 만족하지 못하고, 즐거움의 시대를 가장 크게 누리는 '구사'를 부러워하여 그 자리를 쳐다보며 즐거워한다(盱豫).

'예괘'의 '육삼'은 '초육'에서 사업을 시작하여 어느 정도 성공한 중소기업이나 재계에서 상대적으로 작은 규모의 대기업으로서, 재계에서 상대적으로 큰 규모의 대기업, 나아가 재벌인 '구사'를 부러워하는 것이다. 그래서 나도 저렇게 되었으면 좋겠다는 욕심으로 사업을 확장하려 하기도 한다. 때로는 무리수를 두어 후회하기도 하지만(悔), 그래도 미련이 남아 포기를 미루면서(遲), 머뭇거리며 이를 지속하려고 하지만, 현실적 한계로 인해 결국 또 후회만 남는다(有悔).

권력의 측면에서도 마찬가지다. '초육'에서 오랜 노력으로 관직에 진출, 그것을 기뻐하고 자랑하여 그 당시에는 그 정도만 해도 기뻤다. 하지만 점차 승진을 하면서 권력에 맛을 들이기 시작하여 '육삼'에 이르러 중견의 지위를 가지게 되었지만, 위를 보니 권력의 실세인 '구사'가 권력을 누리는 게 부럽기만 한 상황이다. 그래서 이 방법 저 방법을 써서 자신도 그 세계에 들어가려고 하지만, 아수라 세계 같은 권력 다툼의 상황에서 바람을 이루지 못해 미련을 두다가, '구사'의 자리는 강고한 기득권 계급의 자리임을 알고, 또 후회하는 것이다.

또 내 노라 하는 대기업에 들어간 신입사원이 막 입사했을 때는 유명 대기업에 들어갔다는 기쁨에 들떠 자랑하곤 하지만, 이내 더 큰 자리를 욕심내며 중견의 간부급에 오르려고 한다. 그러다가 그 바람도 이루었지만, '구사'의 대기업 실세를 부러워하는 상황이 이 '예괘' '육삼'이기도 하다. 이 '육삼'은 자신도 '구사' 같이 되고 싶어 노력하지만, 현실적 어려움 속에서 후회와 미련을 반복하다가, '구사'의 자리는 족벌 기업의 혈족이 누리는 자리임을 알고는 결국 또 후회만 남는 상황이다.

구사九四

　'예괘' '구사'의 단계는 '예괘' 즐거움의 원천이다. 모든 즐거움이 여기에서 말미암는다(由豫). 이 괘의 유일한 양으로 바로 위 '육오'의 부족한 임금이나 대통령 밑에서, 그 사회 구성원이 누릴 온갖 복록을 만들어내는 재주 있는 신하나 공직자다. '예괘'의 상황에서 명목상의 최고 권력자는 바로 위 '육오'이지만, '육오'는 유순한 음의 지도자다. 이런 상황의 '구사'는 앞의 '겸괘'에서의 겸손하지 못한 상나라 주왕에 대비되면서, 겸손으로 백성의 신망을 얻은 주 문왕의 작은 아들인 주공周公 단旦(희단姬旦)이다. 그는 상나라 주왕을 몰아낸 주 무왕이 죽고 그 뒤를 이은 아들인 성왕成王이 아직 어려 섭정을 한, 무왕의 동생이며, 성왕의 숙부다.

　'육오'의 성왕은 아직 어려 '구사'인 주공이 권력의 실세로 천하를 좌지우지한다. 주위에서는 주공이 권력에 대한 욕심으로 결국은 성왕을 밀어내고 권좌를 차지할 것이라는 의혹을 가지기도 했지만,[44] 상나라를 밀어내고 당시 중국 천하의 중심이 된 주나라가 새 시대가 온 '예괘'의 즐거움을 안정적으로 누리기 위한 '주례周禮[45]'라는 통치 시스템을 확립한 큰 성과가 있게 되며(大有得), 주위의 의심을 물리치고(勿疑), 소신을 가지고 정책을 실행해 나가면, 구성원 모두가 합심하게 될 것이다(朋盍簪).

그러나 주공의 경우와 달리 이 괘 '구사'의 부정적 측면으로는 이전부터 가지고 있던 야욕의 이빨을 드러내어 왕위를 찬탈한 역사적 인물의 상황이기도 하다. 로마의 카이사르(시저)이기도 하고, 후한後漢 말 국정을 농단한 위魏의 조조曹操이기도 하며, 아이러니하게도 그의 사후 그의 신하였던 사마의司馬懿 집안에 의해 권력이 찬탈되어 진晉나라가 된 상황에서 그 사마씨 집안이기도 하고, 조선 왕조의 수양대군首陽大君(세조世祖)이기도 하다.[46]

이처럼 부정적 측면에서도 '예괘' '구사'와 같은 경우가 있을 수 있으니, 모든 권력이 그에 의해 누려지며(由豫), 무력을 사용한 강압으로 주위를 두려워하게 하여 크나큰 독재적 권력을 얻고(大有得), 주위가 뭐라 해도 독단으로 자기 확신을 가지니(勿疑), 주위에 그를 따라 권력을 얻으려는 부나비 같은 소인배들(朋)이 거기에 협력하려고 모인다(盍簪). 역사에서나 오늘날에 있어서나 권력 찬탈 성격의 쿠데타가 그렇다.

육오六五

'예괘' '육오'는 '예괘'의 상황에서 '구사' 위에 최고 권력자로 있지만, 실권은 '구사'가 가지고 있고 자신은 명목적 지위만 가지고 있는 유약하거나 능력이 부족한 임금, 또는 즉위 초기의 주나라 성왕이나 조선 왕조 단종처럼, 본인의 능력과 상관없이 아직 어리거나 주위에 그를 겁박하는 세력이 있는 임금의 경우다.

긍정적 측면으로는 '몽괘蒙卦' '육오'의 동몽童蒙의 임금처럼 아직 어리고 미숙하지만, 교육 훈련을 통해 명실상부한 최고 지도자로 성장하기 위해 아래에 있는 현명한 신하를 믿고 의지하는 상황이다. 그러나 부정적 측면으로는 자신을 투명인간, 허수아비로 만들고 국정을 농단하고 전횡하는 아래 신하의 위세에 눌려 기를 못 펴는 임금이다.

그렇지만 어떤 경우든, 임금의 체통을 버리고 비굴하게 굴어서는 안 되니, 곧은 마음으로 바른 처신을 하며 때를 기다리면(貞), 지금은 유명무실하고 병든 권력이지만(疾), 자신의 지위는 잃지 않고 계속 유지할 수 있다(恒不死). 반면, 겁만 먹고 어쩔 줄 몰라 하면, 그를 가볍게 여기고 얕잡아 보는 '구사'에 의해 결국 자리를 찬탈당하고 목숨도 보전하지 못할 수도 있다.

상육上六

'예괘' '상육'은 마침내 '예괘'의 끝으로, 즐김에 어두워(冥豫) 지나치게 쾌락에 탐닉할 우려가 있는 상황이다. 선의의 '구사'는 '육오'에게 언젠가는 권력을 이양하려고 하므로 '몽괘蒙卦' '구이'가 '육오'를 교육시키듯 바른 지도자 교육에 힘쓴다. 그래서 많은 것을 즐기고 누릴 수 있는 최고 권력자의 신분으로 태어났다 하더라도, 그 즐거움에 탐닉하지 않도록 인도한다. 그러나 악의의 '구사'는 진秦 왕조의 이세二世 황제皇帝 호해胡亥가 즐거움에만 탐닉하도록 하고, 자신이 국정을 농단한 조고趙高처럼 행동한다. 역사에서는 임금을 향락에 빠지도록 하고, 자신들이 권력을 좌지우지한 임금 측근의 세력들이 있음을 무수히 볼 수 있다.

'구사'가 선의든 악의든, 훗날을 도모할 줄 아는 '육오'는 자신이 쉽사리 접근할 수 있는 향락의 환경에 빠져들지 않고, 곧은 마음으로 훗날을 도모한다. 만일 그렇지 않으면 몰락의 길로 접어들 수 있음을 '예괘' '상육'은 경계한다. 즉 즐거움에 탐닉하는 상황이 이루어지나(冥豫成), 이에 빠져들지 않고 변함이 있으면(有渝), 몰락의 길로 빠져드는 허물이 없게 된다(无咎)는 것이니, '육오'가 '상육'에서 어떤 처신을 할 것인가가 중요하다.

일반적으로, 어떤 개인이 금수저로 태어나 즐거움을 한껏 누릴 수 있는 환경에서 살 수 있다 하더라도, 퇴폐 향락에 빠지지 않고 올바른 마음으로 살아야 함을 충고하는 것이기도 하다. 나아가 한 국가나 사회 역시 마치 로마의 번영 후 향락에 빠져 몰락의 길을 걷지 않도록 경계하는 것이기도 하다.

17

수괘 隨卦

원문과 번역

隨, 元亨, 利貞. 无咎. (수는 크게 형통하고 바름이 이롭다.
_{수 원 형 리 정 무 구}
허물이 없을 것이다.)

(初九) 官⁴⁷⁾有渝. 貞吉, 出門交, 有功. (감관感官으로서
_{관 유 유 정 길 출 문 교 유 공}
의 주체에 변함이 있다. 바르게 하면 길하니, 문밖에 나가

사귀면, 공이 있을 것이다.)

(六二) 係小子, 失丈夫. (소자에게 매여, 장부를 잃는다.)
_{계 소 자 실 장 부}

(六三) 係丈夫, 失小子. 隨, 有求得, 利居貞. (장부에게 매여, 소자를 잃는
_{계 장 부 실 소 자 수 유 구 득 리 거 정}
다. 따름에 있어서 구함을 얻음이 있으나, 바른 데 거처함이 이롭다.)

(九四) 隨, 有獲, 貞, 凶, 有孚, 在道, 以明, 何咎. (따름에 얻음이 있으나,
_{수 유 획 정 흉 유 부 재 도 이 명 하 구}
바르더라도 흉하니, 믿음을 가지고 도에 있으면서, 밝음으로써 하면, 무슨 허물이

될 것인가.)

(九五) 孚于嘉, 吉. (아름다운 데에 믿음을 두니 길하다.)
_{부 우 가 길}

(上六) 拘係之, 乃從維之, 王用亨于西山. (붙들어 매고는 이에 따라가 묶어
구 계 지　내 종 유 지　왕 용 형 우 서 산

둠이니, 왕이 이로써 서산에서 형통하다.)

수괘隨卦 총설과 괘사卦辭 해설

'수괘'는『주역周易』의 17번째 괘로서, 위는 못이고 아래는 우레다(澤雷
隨). 못 아래에서 우레의 진동이 있어 못이 그 진동에 따르는 형국이다. 그래
서 '따름(隨)'의 뜻을 가진다. 앞의 '예괘豫卦'에서 말한 '즐거움', 그 즐거움을
'즐김'은 어떻게 실현될 수 있을까. '즐거움'은 행복이요, 그것을 '즐김'은 삶
이다. '즐거움(樂)'을 따르고 '괴로움(苦)'를 피하려는 것은 인지상정人之常情
이다. 행복을 추구함이 인생이다.

그런데 이 행복의 기준이 다 같지가 않다. 그런데도 자신의 기준에 따라
행복을 추구하고 남에게 권하거나 심지어 강요하기도 한다. 사람은 현재의
즐거움도, 미래의 즐거움도, 심지어 다음 생의 즐거움도 말하고 목표로 삼는
다. 그것은 종교 사상으로 말해지기도 하고 정치 이념으로 말해지기도 한다.
천당을 말하고, 극락을 말하고, 인민 백성이 꿈꾸는 선진사회를 말한다. 종교
지도자, 정치 지도자는 이를 위해 따를 원칙과 지침을 '이념'으로 말한다. '이
념(이데올로기)'은 어떤 체제의 통치 권력의 합리화를 위한 사상과 의식 체계다.

『주역』은 은나라(상나라)와 주나라가 교체될 때 만들어졌다고 하는데, 주나
라가 천하를 장악할 때 그 통치 권력을 정당화하고, 그것을 운영·유지하기
위한 이념에 따라 만들어진 체제가 곧 '주례周禮'이며, 이는 주나라 구성원들

이 따라야 할 제도였다. 이후 유교를 통치 이념으로 삼은 국가는 이 '주례'를 제도의 모범으로 삼았다.

우리도 저마다 삶의 기준과 원칙을 정하고 그것을 인생관 삼아 삶을 꾸려 간다. 그런데 저마다 다양한 가치관으로 각자 따르는 인생의 지침이 다양하다. 즐거움의 대상이 다르기 때문이다. 유가 철학에서 분류하는 인간 유형에서 군자는 '의義'를 따르고, 소인은 '이利'를 따른다. 그들이 즐겁게 여기는 것이 다르기 때문이다. 군자는 의롭지 않은 부귀영화는 뜬 구름과 같이 여기고, 이익을 보면 그것이 정의에 맞는가를 생각한다. 그래서 안회顔回처럼, 의롭지 않은 부귀를 누리기보다는 차라리 한 표주박 물과 한 대그릇 밥으로 끼니를 때우며 더러운 거리에서 살더라도, 그것을 오히려 편안히 여기며 가난함을 즐긴다(安貧樂道). 배부른 돼지보다는 배고픈 소크라테스가 차라리 즐거운 삶이란 것이다.

소인은 어떤 행동을 할 때, 이 행동이 나에게 어떤 이익이 생길까를 따진다. 매사 계산하며 극단적인 경우에는 한 푼의 이윤에 목숨을 걸기도 한다. 이익이 생긴다면 남에게 불편함을 주고 민폐를 끼치며, 때로는 그들의 안녕과 안전, 심지어 목숨을 앗더라도 개의치 않으며, 이러한 사람이 국가 지도자가 되면, 안으로 국민을 괴롭히고 밖으로 남의 나라를 침략하여 그 나라의 국권을 빼앗기도 한다.

'수괘'는 개인과 공동체, 나아가서 인간마다 목표로 삼는 '즐거움'을 실현하기 위해 '따라야 할 것(隨)'을 말한다. 종교 사상이든, 정치 이념이든, 각자의 인생관이든. 이러한 따라야 할 대원칙이 제대로 마련되어야 개인과 공동체가 올바른 발전 과정을 거쳐(元·亨·利·貞) 탈이 없게 된다(无咎).

수괘隨卦 효사爻辭 해설

초구初九

'수괘' '초구'는 세상을 주도하는 주체(官)가 변화하는(渝) 세상에 대처하여 따라야 할 대원칙을 말한다. 『주역』은 일체 존재의 변화를 말한다. 세상은 변하므로 세상을 주도하는 주체에도 당연히 변화가 있다(官有渝). 모든 것이 변하지만, 변하는 이치는 변하지 않으므로 그 이치를 파악하려는 것이 『주역』이다. 『주역』에서는 세상은 변하지만, 그 변화에 대처하는 대원칙은 변하지 않으며, 그것은 올바름(貞), 정의正義로움으로 생각한다. 공자孔子는 정치를 바름(正)(政者, 正也)[48]으로 정의定意하였다. 역사는 흐르고 시대는 변한다. 그러나 정치의 대원칙과 목적은 특정 세력의 이익을 위한 것이 아니라 세상을 올바르게 하는 것이어야 한다.

세상을 바르게 이끎이(貞) 정치 공동체의 구성원을 진정으로 행복하게 만든다(貞吉). 그렇지 않으면 세상은 그 구성원의 알력과 갈등으로 불행한 나날을 보낼 것이고, 부정부패로 인한 사회적 비용이 늘 것이며, 사회 속의 불만은 사회를 불안정하게 만들어 투쟁과 혁명을 조장한다. 세상에 정의를 세우고, 세상을 바르고 정정당당하게 이끌어 나가려면, 특정 계급계층, 특정 집단만의 이익을 추구하는 사적私的 정치를 행해서는 안 된다. 사적 정치를 버리고 구성원 모두를 위하는 공적公的 정치를 행해야(出門交), 올바른 정치의 목적이 달성된다(有功).

그런데 '수괘'에서 세상을 주도하는 주체(官)를 '초구'로 말한 것은 모든 권력의 토대가 인민 백성임을 의미하여, 어떤 이념이든 민심이 그 근거가 되어야 한다는 것이다. 그 주체가 변할 수 있다는 것은 상층의 지배계층, 그중에서도 통치자가 어떻게 하느냐에 따라 민심이 옮겨갈 수 있다는 것이다. 순자荀子가 당시 전해지는 격언으로 이르길, "임금이란 배이고, 백성이란 물이다. 물은 배를 띄울 수도 있으나, 배를 뒤집을 수도 있다"[49]라고 한 것을 말한다. 통치자가 공명정대하지 않아서 인민 백성이 정치를 편안하게 여기지 못하면 아래에서 뒤집을 수도 있다.

하지만 민심의 변화가 언제나 정당한 것은 아니다. 계몽되지 않은 민중은 때로는 정치적 선동가의 의해 이용될 수도 있다. 히틀러의 연설에 격동할 수도 있고(히틀러는 선거에 의해 다수결로 집권했다), 일제 군국주의에 마취돼 희생될 수도 있으며, 인민재판의 현장에서 정치 구호를 외칠 수도, 극좌 사회주의의 선동에 '문화대혁명文化大革命'의 전위대인 '홍위병(Red Guards, 紅衛兵)'[50]으로 앞장설 수도 있다. 극우와 극좌의 광기에 놀아날 수가 있는 것이다. 민심의 이름으로 여론이 조작될 수도 있고, 민심을 아전인수我田引水로 해석할 수도 있다. 민심을 내세우는 '수괘' '초구'의 '올발라야 길함(貞吉)'은 권력층이나 인민 백성이나 모두 해당한다.

육이六二

'수괘' '육이'는 음으로서 어떤 양을 따를까 결정해야 한다. '수괘'에는 세 개의 양과 세 개의 음이 있는데, 음들이 경우에 따라 어떤 양을 따를 것인가가 주된 논점이 되고 있다. 지금 '육이'의 음은 가까이 있는 양인 아래의 '초구'를 따를 수도 있고, 상괘의 상응하는 자리의 양인 '구오'를 따를 수도 있다. 그런데 지금 '육이'는 지도자(丈夫)인 '구오'를 따르지 않고, 아래에서 꼬드기는 다른 이(小子)를 따른다. '초구'는 원래 상괘의 상응하는 자리인 '사四'에 음이 자리 잡고 있으면 그 음과 호응할 수 있지만, 양이 그 자리에 있으므로 가까운 음인 '육이'를 유혹한다. 이에 '육이'는 그 유혹에 넘어가 '구오'를 잃더라도 '초구'를 따르는 선택을 한다.

하괘의 중심인 '육이'가 상괘의 중심인 '구오'를 따르지 않고, 민심을 핑계로 '초구'를 따른다. 그 민심이 정당한 경우도 있지만, 집단이기주의로 인해 부당한 주장을 할 수도 있다. '육이'는 음유한 자질의 존재로 '구오'의 정치나 행정 행위의 정당성 여부보다는 일단 '초구'의 민심을 따르는 특정한 재야의 지식인, 시민운동가 등과 같다. 민심에 얽매여(係小子), 국가의 공적 조치에 반대한다(失丈夫). 그런데 '수괘' '육이'에서는 그런 선택의 현상만 언급하고 가치 판단, 당위 판단은 하지 않는다. '초구'의 요구가 정당할 수도 있고 그렇지 않을 수도 있기 때문이다.

육삼六三

'수괘' '육삼'은 자신이 따를 양으로 '초구'의 '소자小子'보다는 바로 위에 있는 지도자 그룹인 '구사'의 '장부丈夫'를 선택한다. '초구'는 민심이기는 하나, 바로 위의 '구사'가 실세이므로 이에 더 의존한다. '육이'는 제도권에서 거리가 먼 세력이지만, '육삼'은 제도권에 진입하였으나 지위가 낮은 세력이다. 바로 위의 제도권 권력자인 '구사'를 따르는 것이 더 현실적이라고 여긴다. 이런 '육삼'은 때로는 정권에 줄을 서느라(係丈夫), 민심을 저버리고(失小子), 어느 쪽을 따라야(隨), 자신에게 유리할까 저울질하고는 '구사' 따름을 선택하여 그 따름(隨)에서 자신이 바라는 것을(有求), 얻게 될 수도 있다(得).

이런 선택이 이기적 동기이기는 하지만, 민심의 요구가 항상 옳은 것은 아니기도 하다. 그 민심이 사적인 집단이기주의의 발로이거나, 계몽되지 않은 상태에서 미래를 내다보지 못하는 경우일 수도 있기 때문이다. 이에 '육삼'은 '초구'의 민심에 영합하는 것을 포퓰리즘으로 간주하고, 진정으로 국가를 위하는 길은 '구사'의 리더십에 따르는 것이라는 명분을 내세운다. '육삼'이 '초구'보다 '구사'를 따르는 것이 정당하려면 결국 그들의 동기가 정의로워야 한다(利居貞).

구사九四

'수괘' '구사'는 이 괘에서 '구오'와 더불어 권력을 함께하고 있다. 만일 '구사'가 음으로 '육사'라면 '구오'가 최고 존엄의 지위로 이인자를 허용하지 않을 정도의 강력한 권력을 구축하는 것이고, 만일 '구사' 그대로의 상태에서 '구오'가 음으로 '육오'라면 '육오'는 명목뿐인 허수아비 권력자이고 '구사'가 실세인 상황이지만, 여기서는 '사'와 '오'의 자리가 모두 양인 '구사', '구오'이므로 권력층이 권력 유지를 위해 공조하고 있는 것이다. 이런 상황이면 기득권 세력 내부의 분열 없이 강력한 지도 체제를 구축하여 인민이 따르도록 하는 것이며, 그 정당화를 위한 이념 선전도 강력히 이루어진다.

그런데 정치권력의 세계는 내부의 완전한 결속을 언제까지나 보장할 수 없는 냉정한 세계다. '구사'는 외견상으로 '수괘'의 최고 지도자인 '구오'를 보좌하는 아래의 재상이나 실력 있는 신하의 위치, 더 넓게는 해당 체제에서 이익을 누리는 계층이고, '구오'는 그들의 지지를 받는 최고 지도자다. '구사'

는 여기서 최고 지도자를 받들고 있지만, 직접 실무적인 권력을 실행하는 이들로 실제적 권력은 오히려 '구오'보다 더 누릴 수도 있으므로, 아래의 하급자들이나 인민 백성들이 '구오'를 명목으로만 여기고 '구사'를 더 따를 수가 있다. 따라서 자칫하면 '구오'의 의심을 받을 수 있다. 역사에서 실제 의심받은 수많은 사례가 있다.

그래서 '구사'는 따름(隨)에 있어서 상당한 성과를 얻는(有獲) 능력을 가진 이들이지만, 서로 믿지 못하는 정치세계에서는 비록 자신의 동기가 순수하고 배신하지 않는 충정을 가지고 있다 하더라도(貞) 흉(凶)할 수가 있다. 그렇기 때문에 한신韓信처럼 의심을 사는 태도를 보이는 일 없이, 성실한 태도로(有孚), 원칙과 정도에 입각해서(在道), 공명정대하게 일을 행하면(以明), 아무런 문제가 없을 수 있다(何咎).

구오九五

'수괘' '구오'는 구성원에게 그를 따르도록 신뢰를 주는(孚) 최고 지도자의 위치다. '구오'는 '구사'와 권력 유지를 위해 공조하는 상황이지만, 실제로 권력을 실행하는 '구사'에 가려 구중궁궐 속의 명목만의 허수아비가 될 수도 있다. 그래서 '구오'는 언제나 한편으로는 '구사'를 믿어야겠지만, 냉혹한 정치권력의 세계에서 '구사'를 견제할 수밖에 없는 상황이다. 그러나 지나친 의심으로 이인자를 허용치 않으며, 측근의 비밀 친위대를 통해 '구사'를 감시하며 최고 권력을 유지하려고 하면, 권력층의 공멸을 초래할 수도 있다.

따라서 '수괘'의 상황에서 '구오'가 따를 것은 인민 백성이다. 즉 민심에 근거한다는 공개적이고 정당한 대의명분으로 자연스럽게 견제되도록 하여야 한다. '구사'가 하극상할까 노심초사하여 정치사찰의 방법을 쓰거나, 그들끼리 상호 견제와 밀고를 조장하거나 하는 아름답지 못한 방법을 쓰면, 상호 신뢰를 깨트리면서 측근이 자신을 떠나가게 되어 오히려 배신을 초래한다. 오직 민심에 따른다는 아름다운 대의명분을 성실히 따르면(孚于嘉), 길(吉)할 것이며, 이 경우에도 민심이 자신에게 있다는 것을 보이기 위해 여론조작과 같은 아름답지 못한 인위적 술수를 써서는 안 된다.

상육上六

그런데 이러한 '따름(隨)'의 시기에 만일 권력자가 아름다운 대의명분의, 인과 의의 정치로 천하를 다스려 인민 백성이 그 덕에 감화하여 스스로 따르게 하는 정치를 하지 않는 경우, 오늘날의 의미로는 국민을 위한 민주적 이념에 따른 정치로 국민이 자발적으로 지지하는 정치를 하지 않는 경우, '수隨'의 도리는 마침내 한계에 달하여 폭압의 정치에 '따름'을 강요하는 국면으로 들어갈 수가 있다. 곧 '수괘'의 '상육'이 그것이다.

'수괘' '상육'은 이 괘의 끝으로 '따름'의 도리가 왜곡되어 폭력을 사용하는 독재로 인한 강요된 '따름'이 있을 수 있는 상황이다. 민심을 평계로 여론을 조작하거나 지도자가 자신의 권력을 유지하기 위해 극단적 이념으로 인민을 세뇌하여, 인의의 정치, 민주적 정치를 버리고, 오로지 권력욕에 사로 잡혀 악법을 만들어 인권을 유린할 수가 있다. 이는 백성을 '붙들어 매고는(拘係之), 따라가 묶어 둠(乃從維之)'으로써 억지로 권력을 유지하려는 것이다.

그전에 아무리 백성을 위한 덕치를 하고, 국민을 잘 살게 하기 위한 경제 발전에 힘썼다고 하더라도, 권력욕으로 인해 과거의 업적을 무위로 돌리는 한계 상황에 봉착한다.[51] 이전에 훌륭했던 지도자라도 '끝 삼가기를 처음과 같이 함(愼終如始)'(『노자老子』64장)에 힘쓰지 않으면, 폭군·독재자의 오명을 쓰게 된다.

이런 상황이 오면 결국 혁명을 초래하게 되니, 상나라 주왕의 폭정에 신음하던 백성이 서쪽에 근거지를 두고 인망을 쌓던 문왕을 지지하는 상황이 오는 것이다. 그래서 문왕이 이러한 정치적 상황에 따라 그 근거지인 서산西山에서 형통하듯(王用亨于西山)[52] 하면서 혁명의 때를 기다리고, 이후 그가 죽은 뒤 10년 후 실제로 그의 아들 무왕이 혁명을 일으킨다.

18

고괘 蠱卦

원문과 번역

蠱, 元亨, 利涉大川, 先甲三日, 後甲三日. (고는 크
게 형통하고 큰 내를 건너는 데 이로우니, 갑보다 먼저 사흘이며,

갑보다 뒤에 사흘이다.)

(初六) 幹父之蠱, 有子, 考, 无咎, 厲, 終吉. (아버지가
일낸 것을 맡아 처리함이니, 아들이 있으면 돌아가신 아버

지가 허물이 없을 것이니, 위태로우나 마침내 길할 것이다.)

(九二) 幹母之蠱, 不可貞. (어머니가 일낸 것을 맡아 처리함이니, 바르게 할 수만
은 없다.)

(九三) 幹父之蠱, 小有悔, 无大咎. (아버지가 일낸 것을 맡아 처리함이니, 조금
뉘우침이 있으나, 큰 허물은 없을 것이다.)

(六四) 裕父之蠱, 往, 見吝. (아버지가 일낸 것을 너그럽게 대함이니, 가면 부끄러
움을 당할 것이다.)

(六五) 幹父之蠱, 用譽. (아버지가 일낸 것을 맡아 처리함이니, 그로써 영예로울 것
간 부 지 고   용 예
이다.)

(上九) 不事王侯, 高尚其事. (왕과 제후를 섬기지 않고, 그 일을 높여 숭상한다.)
불 사 왕 후   고 상 기 사

고괘蠱卦 총설과 괘사卦辭 해설

'고괘'는 『주역周易』18번째 괘로 위는 산이고 아래는 바람이다(山風蠱). 앞
의 '수괘隨卦' 기호를 180도 뒤집은 모습이기도 하고, 뒤집지 않은 상태에서
그 음양이 모두 바뀐 모습이기도 하다. 바람이 산 아래에서 산으로 불다 산
에 막혀, 맴돌며 휘몰아쳐 만상이 어지러워져 일이 생기는 형국이다. 그래
서 '고蠱'는 '일[事]'의 의미를 가진다.

여기서 '고蠱'가 '일'이라는 것은 '고'의 글자 뜻이 '일'이라는 것이 아니다.
'고蠱'의 글자 모양은 그릇(皿)에 벌레(蟲)가 생기는 것이다. 어떤 그릇, 도구
를 오래 사용하지 않고 두거나 잘못 사용하면 벌레가 생긴다. 그릇을 올바
르게 사용하려면 이 벌레를 제거해야 한다. '고'가 일이라는 것은 이 벌레를
제거하는 '일', 즉 해결해야 할 '일'이라는 문제가 발생한다는 것이다.[53]

앞의 '수괘'에서 어떤 세력들이 그들의 입장에 따라 무리 지어 따르는 곳
에는 좋은 의미든 나쁜 의미든 해결해야 할 일이 생긴다. 특히 정치적으로
정치적 목적을 가지고 그 목적을 실현하기 위해 만든 이념을 따라 수행하다
보면 여러 가지 문제가 생긴다. 겉으로 드러낸 이념이 그럴싸해 보여도, 현
실적으로 실행하기에는 많은 병폐를 노정할 수도 있고, 이념을 내세운 구성

원의 욕망, 위선, 이중성 등이 거기에 얽히면, 그 병폐는 더 가중될 수 있는 것이 세상사다. 이를 빌미로 기존 세력을 타도하고 들어선 새로운 정치세력 은 이러한 문제들을 '적폐積弊'로 규정, 그것을 해소하려고 하고, 밀려난 기 존 세력의 저항으로 갈등과 투쟁을 겪기도 한다.[54]

'수괘'에서 선의로 어떤 이념을 따르고 실행해도 폐단이 생길 수가 있는 데, 그 '상육'의 경우처럼 불량한 정치 지도자와 그 세력에 의해 생기는 '수 괘'의 한계 상황은 그 폐단이 더 큰 것이다. '수괘'의 다음이 '고괘'인 것은 이 처럼 '수괘'에서 생긴 문제를 해결해야 하는 상황이 그다음 온다는 의미다.

어떤 시대에는 그때 시급히 해결해야 할 일인 '시무時務'가 있다. 옛날에 는 시무에 대한 대책을 묻는 과거시험 과제도 있었다. 이것이 '책문策問'이며 이에 대답하는 '책문策文'이 곧 '대책對策'이다. 그런데 '고蠱'는 단순한 시무 가 아니라 새 시대에 해결해야 할 전대의 과오나 적폐다. 전대가 폭군의 시 대였거나, 독재자의 시대였거나, 외세에 의해 침탈된 식민의 시대였다면 그 러한 시대의 과오나 적폐가 '고蠱'이다. 역사에서나 오늘날의 정치 상황에서 도 새로운 권력자가 이전 시대를 그렇게 간주하고 구시대를 청산한다는 명 분을 내세우는 경우가 많다.

통일 신라가 그 전대를 그렇게 평가하고, 조선이 고려를 그렇게 평가 한 것과 같다. 오늘날에도 정권이 교체되면 이전 정권을 대체로 그렇게 평가한다. 만일 그러한 주장이 정당하다면 그 과오, 적폐는 '고'일 것이 다. 그렇지만 어떤 경우에는 거꾸로 정당한 명분이 없는 권력 찬탈자가 집권 정당성을 강변하기 위해 전대를 적폐로 선전할 수도 있고, 일제 같 은 외세가 남의 나라를 침탈하고도 적반하장으로 식민 지배를 정당화하기 위해서 피침탈국의 역사와 문화를 폄하 부정하는 경우도 있다. 이 경우 부당한 세력이 오히려 피해자를 '고'라고 날조할 수도 있다. 그렇지만 결국 이러한 가해자가 청산 대상인 '고'이므로, 역사 상황과 정치 상황을 정당하게 판단해야 한다.

그러면 전대가 행한 일에 과오와 적폐가 있음이 분명하다면 그 청산은 어떻게 할 것인가. 만일 그 청산 작업의 방법과 과정이 온당하지 않다면 그것이 곧 새로운 적폐가 되며, 그로 인해 새 세력이 오히려 청산하여야 할 적폐를 만드는 주체가 될 수도 있다. '고괘'의 내용은 바로 이 점을 짚고 있다.

'고괘'는 언어적 의미만 보면 앞에 문제 덩어리를 놓고 있는 부정적 상황으로 보인다. 그럼에도 역설적으로 '고蠱는 크게 형통하다(蠱元亨)'라고 말한다. 이는 당연한 표현이다. 『주역』이 나온 은(殷) 말 주초의 상황을 두고 볼 때, 새 시대인 주나라 입장에서 은대의 과오와 적폐가 해결해야 할 과제로 앞에 놓여 있지만, 그들이 그 해결 주체가 된 새 권력자이니 당연히 이전의 문제를 청산하는 작업에 신이 나게 될 것이니, '크게 형통하다'고 하는 것이다. 동시에 그들 스스로 새로운 패러다임으로 새 시스템을 만들어 그들 방식으로 '큰 내를 건너는 것이 이롭다(利涉大川)'라고 문제 해결을 자신하는 것이다. 일반적으로 이 세상에는 일이 없을 수가 없으니, 그것을 적극적으로 해결하는 자세에서 좋은 결과를 가져올 수 있다는 것이다.

그렇다면 문제 해결은 어떤 태도로 해야 하는가. 전대의 문제가 분명히 드러나 있다 하더라도, 그것을 성급히 해결하는 것은 새로운 문제를 야기할 수도 있음을 '고괘'는 말한다. 은나라에서 주나라로 왕조가 바뀌었고, 고려에서 조선으로 왕조가 바뀌었다 하더라도, 백성은 그 백성이다. 어제의 법이 오늘 갑자기 바뀐다면, 세상에는 대 혼란이 일 것이다.

한 시대 안에서도 법령을 바꾸려 하면, 그것을 미리 예고하고 시행 후에
도 적응을 위해 일정한 계도기간을 주는데, 시대가 바뀌자마자 백성에게 갑
작스러운 변화를 강요한다면, 이야말로 전대를 탓할 수 없는 새로운 적폐
다. 그래서 새로운 제도와 법령이 시작되는 최초 시점(甲)에 앞서 일정한 여
유를 두어(先甲三日) 미리 예고하고 시행 시점 후에도 여유를 두어(後甲三日)
적응기간을 거쳐야 한다.[55]

만일 급격하고 과격하게 적폐 청산을 시도하려 한다면, 정치적 원한을 정
의로 교묘하게 숨겨서 정적을 처단하려는 음모가 있을 수도 있게 되며, 많
은 억울한 경우를 만들 수도 있게 된다. 또는 아무리 정치적 의도가 순수하
고 오로지 정의를 위한 행위라고 주장하여도, 그 과정이 바르지 않으면 새
로운 부정의가 생긴다. 프랑스 대혁명 후의 공포정치가 그런 것이다.[56]

영화로도 알려진 바가 있는 이른바 '킬링필드(Killing Fields)' 역시 1975년
캄보디아의 공산주의 무장단체이던 폴 포트의 급진 공산주의 크메르루주(붉
은 크메르) 정권이 론 놀 정권을 무너뜨린 후, 1979년까지 노동자와 농민의
유토피아를 건설한다는 명분 아래 최대 200만 명에 이르는 지식인과 부유
층을 학살한 전대 적폐 청산을 명분으로 광기를 보여 준 사건이다.

전대의 적폐를 청산한다는 명분이 밖으로 다른 나라 다른 민족에게 향해
지면, 자신의 국가와 민족이 우수하며 타민족은 열등하다는 논리가 된다.
인종 청소에 나선 나치의 아우슈비츠 학살, 일제의 남경대학살과 같은 광기
로 나타난 것이 그것이다. 우리나라 현대사에서 이념을 달리하는 상대편에
게 가한 광기 역시 그러한 것이다. 홍위병의 광기를 부추겨 진행된 중국의

'문화대혁명'은 지금도 중국인들이 후회하고 있는 부분이기도 하다.

따라서 '고괘蠱卦'에서 말하는 '고蠱'에 대한 규정은 정당해야 하며, 비록 정당하다 하더라도 그 청산의 방법과 과정 역시 정당해야 한다. 대상 선정에 생사람 잡지 않아야 하고, 더불어 교활한 소인배가 정의의 군자로 둔갑하지 않아야 하며, 대상의 공功과 과過에 대한 적절한 평가가 있어야 하고, 광기가 아닌 휴머니즘을 바탕으로 한 정의가 실현되어야 할 것이다.

고괘蠱卦 효사爻辭 해설

초육初六

'고괘' '초육'은 이전에 아버지가 못다 한 일을 해결함(幹父之蠱)에 비유하였다. '고괘'에서는 맨 위 '상구'를 제외한 '초육'부터 '육오'까지 다섯 효에 걸쳐 '부모父母'가 일낸 것(蠱)을 말하고 있다. 그중에서 '모母'가 일낸 것은 '구이' 하나뿐이고, 나머지 넷이 '부父'가 일낸 것이다. '고괘'의 효 전개 과정은 이처럼 전대의 주역主役이었던 부모가 행한 것, 그중에서도 과오를 어떻게 해결할 것인가에 관하여 말하고 있다. 그런데 전대의 잘못을 이야기하면서 왜 부모를 언급할까. 직접 부와 모에 관한 것을 말한, 말 그대로의 의미도 있지만, 그 주된 취지는 비유에 있다.[57]

부모의 잘못을 해결한다는 것을 액면 그대로 받아들일 경우, 아버지의 잘못을 해결한 사례로는 중국 상고시대에 우禹가 그의 아버지 곤鯀이 완수하지 못한 치산치수治山治水에 성공한 것을 들 수 있다. 우의 아버지 곤은 당시 큰 홍수가 일어나서 요堯임금으로부터 물을 다스리는 임무를 부여받았지만, 결국 해결하지 못하여 이후 순舜임금으로부터 벌을 받았다. 곤이 해결하지 못한 이 일은 다시 그의 아들 우가 맡아서 해결한다. 우는 자신의 집 앞을 세 번이나 지나가면서도 집에 들르지 않을 정도로 사적인 일은 접어두고 천하를 구하는 일에 희생적으로 나서서 대홍수 문제를 해결하였고, 나중에 순임금으로부터 천하를 선양禪讓받는다.[58]

이러한 '아버지의 잘못'은 그 의미를 보다 일반적으로 확대하면, 전대의 과오나 적폐를 말한다. 전대에 정치적 무능으로 인한 정치적 과실이나 적극적 독재로 인한 폭정이 있어 왕조나 정권이 바뀐다면, 그것이 평화적 정권교체든 혁명에 의한 것이든 다음 대에서 그 전대의 잘못을 해결해야(幹父之蠱) 한다. 만일 다음 대에 덕이 있는 임금이 나타나거나 민주적인 정치 지도부가 나타나서(有子), 이미 밀려난 전대의 지도부(考)[59]의 잘못을 바로 잡아 해결한다면, 그 나라는 문제가 없어질 것이다(无咎).

그러나 왕조가 바뀌고 정권이 교체될 정도의 잘못이므로 다음 대에서 그 문제를 해결하기도 쉽지 않을 것이며, 정치 경제적 이익에 따라 반발도 매우 클 것이므로, 그 교체 시기에는 일시적으로 큰 혼란이 일어 매우 위태로울 수도 있다(厲). 그래도 다음 대에 덕과 능력을 갖춘 훌륭한 지도부가 정권을 이어받는다면, 그 결과는 좋게 될 것이다(終吉).

구이九二

'고괘' '초육'에 이어 '구이'에서는 '어머니의 잘못'을 해결함을 말하고 있다(幹母之蠱). 그런데 어머니의 잘못은 '바르게 할 수만은 없다(不可貞)'고 한다.

왜 그런가. 가부장적 사회에서는 '부'가 일을 주도하고, 책임도 우선적으로 져야 한다. '모'는 부의 가정 운영 방침을 따라간다. 집안에 문제가 생겼을 때, '모'에게도 '부'처럼 책임을 묻는 것은 형평에 어긋나고, '모'로서도 억울할 것이다. 행동은 공동으로 했으니 책임이 없다고는 할 수 없으나, '부'에 주主된 책임이 있고, '모'는 책임이 있다 해도 종從된 역할에 따른 종된 책임이 있을 것이다. 따라서 '부'와는 달리 엄격한 잣대(貞)를 댈 수는 없는 것이다. 부모 대에 저질러 놓은 과오에 대해서 자식 대에서 뒤치다꺼리해야 할 상황이 발생하여도 그 잘못의 비중을 볼 때 특수한 상황에 따라서 다양한 경우가 있겠지만, 그래도 '부'의 잘못이 크고 '모'는 단지 그 방침을 따른 소극적 책임이 있을 뿐이며, 강요 등에 의한 행위처럼 경우에 따라서는 전혀 책임이 없을 수도 있다.

가정사로 세상사를 비유하면, 그것을 확대하여 국가의 경우에는 어떨까. '부'는 최고 권력으로 국가 경영을 주도한 임금이나 대통령이 될 것이다. 이 경우 '모'는 최고 권력자의 통치 방침에 따라 행동한 신하가 된다. 그러면 전대의 잘못에 있어서 신하, 공직자의 잘못의 범위는 어떻게 될까. 그들이 최고 권력자의 명령을 수행한 잘못밖에 없다면 어떨까. 주된 책임은 최고 권력자에게 있지만, 그래도 보좌를 잘못한 책임이 있을 뿐만 아니라 임금, 대통령의 잘못을 적극적으로 바로 잡지 않은 책임이 있다. 최고 권력자의 잘못을 적극적으로 바로 잡는 행위를 전통적으로 '간諫'이라고 하고, 신하는 임금의 잘못에 대해서 간諫하지 않았다면 책임이 있다. 어떤 신하는 목숨을 걸고 간하는 경우도 있었다.

만일 신하, 공직자가 최고 권력자와 코드가 같아서 공동 책임이라면, 그 경우에 맞춰서 책임 범위가 늘어날 것이다. 그래도 명분상 일차 책임은 최고 권력자이고, 그 명령 수행자는 종된 책임이지만, 그 책임이 작지는 않다. 다만 종된 책임이므로 '바르게 할 수만은 없다(不可貞)'.[60] 이런 문제는 전대가 폭군, 독재자의 폭정일 경우 그 당시 정부에 참여한 이들의 잘못 범위에 대해서 논하는 문제라고 할 수 있다.

'부', '모'로 상징되는 문제는 단지 최고 권력자와 그 아래 신하, 공직자에 한하지는 않는다. 보다 확대하여 '부'는 전대의 실세 권력층으로, '모'는 그 당시 하위 공직자와 인민 백성이기도 하다. 하위 공직자와 인민이 그 당시를 살았다는 이유로 잘못이 있을까. 이것은 일제강점기의 친일파의 범위와 독재 시기의 정부에 대한 협조자의 범위 산정에 관련된다고 할 수 있다. 이역시 그 시대를 숨 쉬고 살았다고 해서, 적극적으로 저항하지 않았다고 해서, 주된 책임이 있는 자들과 동일하게 취급할 수는 없을 것이므로, 역시 '바르게 할 수만은 없다(不可貞)'. 오히려 이들은 피해자일 수도 있다.[61]

구삼九三

'고괘' '구삼'은 일의 해결 방법이 지나치게 강경하여 그로 인한 후회가 생김이지만, 큰 문제는 없다. '고괘' '구삼'은 양강陽剛의 자질을 가지고 양강의 자리에 있다. 그래서 전대의 잘못을 처리하고 해결함에 있어서(幹父之蠱) 지나치게 강경한 경우다. 잘못한 이가 아버지라도 멸사봉공滅私奉公이란 명분으로 잘못을 지탄하고 심지어 처벌까지 한다.

그러나 하괘가 부드러움을 상징하는 손괘巽卦≡≡이고 '구삼'은 그 맨 위에 있으므로 강경함을 누그러뜨리는 측면도 있다. 즉 전대의 잘못을 바로잡으려는 데에 있어서 로베스피에르와 같은 극단적 강경함에는 이르지 않는다. 결과적으로 적폐 청산 과정에서 정치적 충돌과 갈등이 다소 있겠지만(小有悔), 정국이 파국에 이르지는 않을 것이다(无大咎).

전대에 과오가 있다 하더라도 전면적인 과오만 있는 경우는 드물다. 공도 있는 경우가 많다. 공과 과를 요량하여야 하며, 과오도 처지와 상황과 경중을 따져 참작하여야 한다. 청산하고 처벌할 경우에도 인간성을 해치는 잔혹함으로 시행하면 이 역시 새로운 과오다. 전대는 후대로 이어지는 연속성도 있으므로 전대에 대한 전면 부정 역시 새로운 문제를 낳는다. 그러나 적폐 청산이라는 이름으로 전대의 과오에 대해서 극단적으로 강경하게 대처해서는 안 된다는 것 때문에 반드시 청산해야 하고 처벌해야 할 일에 대해서 지나치게 관대해서도 안 된다. 종합적 판단이 필요하다.

육사六四

'고괘' '육사'는 이처럼 극단적 적폐 청산의 문제를 우려하여 오히려 반대의 극단이 발생하는 것이다. 아버지 또는 전임자가 저지른 일에 대하여 그 사안의 중대성에 비해 너무 안이하게 대처하여, 강경하게 처리하여야 할 일에 지나치게 관용적으로 처리함이다(裕父之蠱). 이때는 정의가 바로 서지 않아 이런 정치 행위를 진행하면(往), 역사와 미래에 부끄러운 일을 당할 것이다(見吝). 적폐 청산에 있어서 정의라는 이름하에 정의를 빌미로 정적을 보복적으로 소탕하는 것도 새로운 불의不義이지만, 반대로 관용과 화합이라는 미명 하에 반드시 처단하여야 할 구악을 방면하는 것도 역시 독버섯을 계속 자라게 하는 불의다.[62]

육오六五

'고괘' '육오'는 '고괘' 시대의 문제 해결에서 가장 적절한 위치에서 가장 적절한 해결책을 제시하여 영예로운 결과가 있는 것이다. 우禹임금이 자신의 아버지 곤鯀이 홍수를 다스리지 못한 과오를 해결하여(幹父之蠱), 이후 순舜임금으로부터 권좌를 선양禪讓받는 영예로운 결과가 있는 것이다(用譽). 즉 전대의 과오와 적폐를 청산함에 있어서(幹父之蠱), 극단적 강경함으로 인한 잔혹한 처리도 지양하고, 구악에 대한 지나친 관대함으로 역사를 비틀고 정의를 묻어 버리는 과오도 지양하여, 제대로 된 정의를 실현하여 국가와 민족을 진정으로 영예롭게 하는 것이다(用譽).

상구上九

'고괘' '상구'는 '고괘'의 끝으로서 일을 처리하는 위치에서 물러나 세상 중요 사에 관여하지 않는 단계다(不事王侯). 이렇게 되는 것은 전대의 적폐가 제대로 청산된 경우와 그렇지 못한 경우 모두 해당한다. '고괘'에서는 '초육'에서 '육오'에 이르기까지 모두 '고'의 청산을 시대의 과제로 삼아 그 처리가 중요한 이슈요 시대적 어젠다였다. 만일 전대의 문제를 제대로 청산했다면, 그 일에 나서서 역사를 바로 세운 공적이 있는 사람은 이제 그 공을 내세우지 않고, 시대적 사명을 다 하였으니, 벼슬살이(侯)의 출세욕도 버리고(不事), 최고 권력자가 되려는 권력욕(王)도 버리고(不事), 물러나 세상을 관조하면서 정신적 경지를 높여야 한다(高尚其事).

만일 전대의 문제를 제대로 청산하지 않은 새로운 난세라면, 그 난세를 타개하기 위해 선비로서 최선의 노력을 다하고, 그래도 해결되지 않음이 천명이라면, 공자가 제자 안회顔回와 더불어 자처했던 "등용하면 실행하고, 버리면 은둔하여(用之則行, 舍之則藏)", 더 이상 불의한 정치에 관여하지 않고(不事王侯), 자신의 뜻을 고결하게 지키는 것이다(高尙其事). 또 이 괘의 '상구'는 양위한 상왕上王이나 퇴임한 전직 대통령이 계속 정사에 간섭하면 안 됨을 말하는 것이기도 하다.

19

림괘 臨卦

원문과 번역

臨, 元亨, 利貞, 至于八月, 有凶. (림은 크게 형통하고
림 원형 리정 지우팔월 유흉
바르게 함이 이로우니, 8월에 이르러선 흉함이 있을 것이다.)

(初九) 咸臨, 貞吉. (느껴 임함이니, 바르게 하여 길할 것이다.)
함림 정길
(여기서 '咸은 感의 뜻', 또는 '모두'의 뜻. 아래 '구이'도

같음.)

(九二) 咸臨, 吉, 无不利. (느껴 임함이니, 길하여 이롭지 않음이 없을 것이다.)
함림 길 무불리

(六三) 甘臨, 无攸利, 旣憂之, 无咎. (달콤하게 임함이어서, 이로운 바가 없지
감림 무유리 기우지 무구
만, 이미 근심하였으므로 허물이 없을 것이다.)

(六四) 至臨, 无咎. (지극하게 임함이니, 허물이 없다.)
지림 무구

(六五) 知臨, 大君之宜, 吉. (지혜롭게 임함이며, 대군의 마땅함이니, 길할 것이다.)
지림 대군지의 길

(上六) 敦臨, 吉, 无咎. (두텁게 임함이니, 길하여 허물이 없다.)
돈림 길 무구

림괘臨卦 총설과 괘사卦辭 해설

'림괘'는 『주역周易』의 19번째 괘로서, 위는 땅이고 아래는 못이다(地澤臨). 위에 있는 언덕의 땅과 아래의 못이 접하여 서로 임(림)臨해 있는 모습이다. 아래에서 양기가 임하여 음기를 밀어내는 모습이다. 군자가 소인을 밀어내는 상황을 상징한다. 괘사에 『주역』 대표 괘 '건괘乾卦'처럼 '원형이정(元亨利貞)'이 있을 정도로 희망찬 미래를 말한다(臨, 元亨利貞). '고괘蠱卦'에서 소인들이 만든 적폐를 청산하여 군자가 이끄는 새 시대가 오게 되었다. 그런데 만일 이러한 상황에 도취하여 방심하게 되면, 음인 소인들이 반격하게 되는 때(八月)가 올 수 있어서, '8월에 이르러 흉함이 있을 것이다(至于八月有凶)'. 언제나 경계를 늦추어서는 안 되는 것이 세상에 임하는 현명한 처신이다.

'림괘'가 앞의 '고괘' 다음에 오는 이유에 대하여 『주역』 「서괘전序卦傳」에서는 "고蠱라는 것은 일[事]이다. 일이 있은 후에 '커질大' 수 있으므로 '임(림)臨'으로 받았다. '임'이란 '대大'이다"라고 하였다. 앞의 '고괘'를 '일'로 풀이함에 대해서도 '고'가 곧 일이 아니라 '고'라는 문제를 해결함으로 인하여 일이 생긴다는 것처럼, '임'의 글자에 '크다大'는 뜻이 있는 것이 아니라, '고'의 적폐가 해결, 청산되어 이제 본격적으로 바르게 발전하여 커질 수 있는 국면에 임하였으므로 크다고 한 것이다.

'림괘'의 괘 모양은 맨 아래 양이 둘이고 그 위 넷은 모두 음이다. 즉 소인들이 설치는 음의 세상에서 맨 아래 군자인 하나의 양이 힘을 얻어 소인들이 만든 적폐를 청산하는 혁명이 성공하여, 이제 또 하나의 군자인 양이 더하는 단계에 임하여 본격적으로 음을 밀어내는 형상이다. 그래서 양의 세력이 커진다. 『주역』이 성립한 시기의 '혁명'이란 말의 본래 의미인 '역성혁명易姓革命'이든지, 아니면 프랑스 대혁명이나 볼셰비키 프롤레타리아 혁명이든지, 외세를 몰아내고 식민지 상태를 청산하는 혁명이든지, 우리 현대사의 민주 혁명이든지, 구체제나 적폐를 본격적으로 단죄하고 청산하며 희망의 팡파르를 부는 것이다.

림괘臨卦 효사爻辭 해설

초구初九

'림괘' '초구'는 혁명의 성공으로 이제 새로운 희망의 미래로 나아가기 위해 모든 구성원이 서로 손에 손 잡고 감응하는 것이다(咸臨). '임(림)臨'은 다가감, 다가옴, 참여함이다. 하늘의 명을 받아 천명을 바꾼 혁명이 성공하여, 기독교의 '주기도문'처럼 하늘의 나라가 임(림)臨하여 하늘의 뜻이 땅에 이루어질 것을 기대하는 것이다. 민중이 모두(咸) 이에 들뜨고 감동하여(咸=感이기도 하여 이중적 의미), 적폐를 청산하고, 세상의 일에 다 함께 참여(臨)하려는 의지가 커진다.[63]

주 무왕의 역성혁명은 하늘의 명을 받아 정권을 교체하는 쿠데타이지만, "하늘이 보는 것은 우리 백성을 통해서 보고, 하늘이 듣는 것은 우리 백성을 통해서 듣는다"[64]라는 하늘, 백성, 혁명 세력이 서로 상응한다는 명분의 정치 행위다. 근·현대에서는 민중이 직접 혁명의 주체 세력으로 참여하지만,

결국 민중을 자신들의 지지기반으로 하는 새로운 집권 세력이 정치적 이권의 수혜자가 된다. 옛날이든 후대든, 하늘의 나라가 임하여, 인민 백성이 감응하고 모두 참여하여, 새로운 집권 세력이 역시 이에 감응한다는 명분이다.

이 새로운 집권 세력이 '육사'와 '육오'로 '초구'와 '구이'의 양에 감응한다. 이들이 음인 것은 '초구'와 '구이'의 양인 민중이 먼저 주체적으로 모두 나서고, 이후 그들이 민중의 뜻이라는 명분으로 권력을 장악하기 때문이다. 하늘과 민중과 새 정치권력이 모두 합심하여, 정의가 이루어지는(貞), 좋은(吉) 세상이 올 미래를 생각하며 꿈에 부푼다.

구이九二

'림괘' '구이' 역시 '초구'처럼 '함림咸臨'이다. 공간적 지위 상으로 '초구'와 그에 상응하는 '육사', '구이'와 그에 상응하는 '육오'가 혁명에 모두 참여한 민중과 그로부터 권력을 위임받은 정치권을 상징하지만, 시간적 추세로는 '초구'와 '구이'의 두 양이 군자로서 정의의 혁명 세력이 되어, 소인이며 학정虐政 세력인 '육삼'에서 '상육'까지의 네 음을 밀어내는 양상을 상징한다.[65] '구이'는 '초구'처럼 인민 백성의 토대 세력이 모두 참여하여 적폐를 일소하여 혁명을 완성함을 상징한다. 인민이 모두 참여하므로(咸臨), 그 결과는 좋아서(吉), 모든 것이 이롭게 된다(无不利).

육삼六三

그런데 '림괘'는 전반적으로 순탄하지만, 그 때문에 오만하게 방심할 수 있음에 대해 경각심을 주는 상황이 있다. 그것이 '림괘' '육삼'이다. '육삼'은 음이 부당한 자리에 있으면서 바르지 못하게 임하는 것이다. 그리고 아래 양인 군자가 음인 소인 '육삼' 자신을 밀어내고 있는 최전선이므로, 거기에 아첨하여 비위를 맞추며 임하여(甘臨) 자신의 지위를 유지하려 하지만, 그때 까지 누리던 이익을 더 이상 누리지 못할 상황이 된다(无攸利). '초구', '구이' 의 민중이 다 함께 참여하는 혁명이 대세이기 때문이다.

'육삼'은 그나마 시대가 바뀌었음을 간파하여 구시대를 유지하려고 완강 히 저항하는 태도를 버리고, 잘못을 반성하는(旣憂之) 태도를 보여, 그 허물 이 오래가지는 않는다(无咎). 한편 이때가 되면 혁명 세력도 처음에는 각자 의 이해관계를 접어두고 우선 구폐를 일소하는 혁명에 동참하지만, 어느 정 도 세상이 신 시대로 안정되어 가면 점차 자신의 입장에 따른 이해관계가 드러나게 된다. 그래서 각자의 달콤한 이익(甘)에 따라 참여하면서(甘臨), 혁 명의 순수함인 원래의 정의감보다는 이기심을 드러내게 되어 각자 이해 충 돌이 생길 수 있다.

이 때문에 각 이익 집단마다 자신들이 혁명의 주 세력임을 주장하여, 혁 명 과업이 답보상태에 빠져 세상에 이익이 되지 않게 될 수 있다(无攸利). 구 세력을 탄핵하여 선거혁명을 이루었더라도, 각 이익집단이 자신들의 공을 주장하며 이익을 추구하여 정치에 참여하려 하며(甘臨), 자신들에게 비례대 표와 같은 권력의 지분을 요구한다. 이에 민중의 혁명 덕에 손쉽게 집권한 '육사', '육오'의 새 정권은 마치 아버지와 아들이 나귀를 장에 팔러 가는 상 황처럼 민중의 각 이익집단의 눈치를 보면서 우왕좌왕하며, 그들에게 영합 하는 포퓰리즘 정책을 쓰기 쉽다. 민중이 달콤한 이익에 빠져 정치에 참여 하는 것이 민중의 '감림甘臨'이라면, 민중에 영합하는 정권의 포퓰리즘은 권력자의 '감림甘臨'이다.

이를 기화로 '육삼'의 구세력 실무자들이 구세력의 권력자인 '상육'과 호응하여 구시대로 회귀하려고 시도할 수도 있지만, '상육'은 같은 음으로 호응하지 못하고 구시대의 황혼, 지는 해의 입장이어서 역시 이익이 되지 않는다(无攸利). 하지만 이러한 혁명의 방황에 대하여 근심하며 반성하고 나면(既憂之), 이를 계기로 다시 혁명 과업에 문제가 없게 될 것이다(无咎). 만일 이러한 근심과 반성이 없으면, 그들 역시 적폐로 간주되어 권력이 교체될 것이다.

육사六四

'림괘' '육사'는 '육삼'의 '감림甘臨'의 문제점을 잘 인식하여, '림괘'의 상황에 최선을 다하여 임한다. '육사'와 '육오'는 '초구'와 '구이'의 민중 혁명에서 위임받은 권력을 수행하는 지도층이다. 양인 '초구'와 '구이'가 직접 피 흘리며 혁명을 수행한 데 대한 마음의 빚을 지고 있어 그들에 대하여 함부로 강경하게 대할 수 없는 음유陰柔한 지도층이다. '육오'는 그 대표자인 임금, 대통령이고 '육사'는 '육오'의 임명으로 그 지휘를 받는 신하·관료로서 '초구'와 '구이'의 민심을 정책에 반영하는 권력층이다.

'육사'가 지녀야 할 태도는 인민 백성과 최고 지도자 사이에서 자신의 지위에 따른 최선의 노력을 다하여(至) 임무를 수행하는(臨) 것이다(至臨). 이렇게 해야 스스로 부끄러움이 없어 허물이 없게 된다(无咎). '육사'의 위치는 참으로 어려운 상황이다. '초구', '구이'의 위치와 단계를 정책에 반영하고 실무에 적용하면서, '육오'를 대표로 하는 정권의 정체성을 확립해야 하는 입장인데, 그 중간에 올 수 있는 '육삼' 단계의 각 집단, 각계각층의 이기적 욕망과 이해관계의 충돌을 잘 조정해야 하기 때문이다. 게다가 자신에게도 있을 수 있는 권력욕, 재화 욕, 명예욕과 같은 인간의 탐욕, 이기심도 극복해야 한다.

그렇지 않고 여러 집단의 요구에 이리저리 끌려 다니고, 자신들도 여전히 타도된 정권 담당자들과 마찬가지로 비리를 저지르면, 정의를 표방한 그들도 타도된 정권과 마찬가지일 뿐 아니라 오히려 위선적이라는 비난이 있을 수 있기 때문이다. 오로지 성심으로 최선을 다해야 허물이 없게 된다(至臨无咎).

육오六五

'림괘' '육오'는 '육사'를 지휘하며 새 정권을 담당하는 최고 권력자인 임금, 대통령이다. '초구'와 '구이'의 민중 혁명 덕에 권력을 잡아 '육사'와 더불어 그들의 눈치를 보는 입장이다. 그런데 정권의 태생이 그러하다고 '초구'와 '구이'의 집단 이기심에 끌려다녀 우유부단하게 우왕좌왕한다면 이전 정권과는 다른 차원의 적폐가 생길 수 있다. 이에 '육오'에게 가장 필요한 것은 '지혜(知)'다. '육오'의 지도자는 아래 '육사'의 신하, 관료의 각개 능력을 잘 보고 판단하여 그들을 적재적소에 등용하고, 그들로 하여금 실무를 잘 수행하도록 하는 것이 '림괘' 시대에 자신이 해야 할 바른 처신이다. 즉 지혜롭게 세상에 임해야 하는 것이다(知臨).

최고 지도자의 지혜는 직접 실무를 수행하는 것이 아니다. 실무를 잘 수행할 수 있는 능력 있는 인재를 잘 발굴하여 등용하는 것이다. 한고조漢高祖

유방劉邦은 그를 도운 장량張良, 소하蕭何, 한신韓信을 두고 "세 사람은 모두 인걸人傑이다. 그러나 나는 그들을 쓸 줄 안다. 이것이 내가 천하를 얻은 까닭이다"라고 했다. 임금이나 대통령이 천하 만사를 다 챙길 수는 없다. 윗사람의 능력은 좋은 인재를 등용하는 데 있다.

최고 지도자가 발휘하는 지혜는 유방처럼 단지 능력에 따른 인재 등용에만 있는 것이 아니다. 능력은 있으나 도덕성이 결여된 자를 등용하면 국민이 용납하지 않는다. 공자에게 노魯나라 애공哀公이 "어떻게 하면 백성이 따르겠습니까?"라고 물은 적이 있었다. 이에 공자가 대답하기를 "곧은 사람을 굽은 사람 위에 쓰면 백성이 따르지만, 굽은 사람을 곧은 사람 위에 쓰면 백성이 따르지 않습니다"[66]라고 하였다.

정의를 표방한 '림괘' 시대에 정의롭지 못한, 부도덕한 자를 정의로운 이의 위에 둔다면 위선의 시대가 되는 것이요, 그들이 불의하다면서 적폐 시대로 비난한 그 시대보다 더한 적폐가 생기는 것이다. 그래서 '육오'의 최고 지도자는 지혜로 임해야(知臨), 특히 임금이 임금다운 정의로움(大君之宜)을 실현하는 지혜로 임해야, 세상이 좋아지는(吉) 것이다. (플라톤의 이상 국가에서 통치자의 덕인 '지혜'의 취지이기도 하다.)

상육上六

이처럼 '림괘' 시대에 '초구'와 '구이'에서 민중은 모두 열렬히 새 시대에 참여하고, '육삼'의 집단 이기심을 극복하며, '육오'를 보좌하는 '육사'의 지배계층이 사심을 버리고 지극 정성으로 국정에 임하고, 최고 지도자인 '육오'가 '육사'를 잘 지휘하여 정의로움으로 민중의 갈등과 이해충돌을 지혜롭게 조정하면, 새로운 시대가 두텁게 안정될 것이다. 이것이 '림괘' '상육'이다. '상육'은 '림괘'를 종합하는 위치에서 윗사람이 아랫사람에게 두터운 덕으로 임하는 것이다(敦臨).

한 고조 유방은 인재를 잘 썼으나 그 시대를 마무리하는 '림괘' '상육'의 상황에서는 그 덕의 두터움을 보이지 못하여 한신을 토사구팽兎死狗烹하고, 장량을 은둔하게 만들었으니, 군신 간의 신뢰를 저버리고 상호 의심하는 하나의 예가 되었다. '림괘' '상육'은 새로운 시대에 지도자의 두터운 덕이 그 시대의 세상을 좋은 세상(吉), 갈등과 혼란이 없는(无咎) 세상으로 만드는 조건임을 말하고 있다.

'림괘'는 앞 시대의 모순과 적폐를 해소하고 새 시대를 상징하는 좋은 괘다. 구시대에 국정을 농단하거나, 심지어는 나라를 팔아먹어 다른 나라의 식민지가 되게도 하는 소인들을, 군자들이 합심하여 몰아내는 양상이 괘의 모습에 반영되어 있다. 마치 엄동설한의 추위를 몰아내고 따뜻한 봄이 오듯, 소인이 지배하는 암흑시대를 밀어내고 군자가 정의를 세우는 광명의 시대가 오는 것이다.

그러나 추위가 가고 다시 더위가 오는 것과 마찬가지로 더위가 가고 다시 추위가 오는 것이 자연이다. 사람이 사는 세상도, 소인을 몰아내고 군자의 시대가 오지만 다시 소인이 군자를 몰아내는 시대가 올 수도 있다. (인간사는 자연처럼 '반드시'가 아니라, 군자가 어떻게 하느냐에 달려 있다.) 즉 '림괘' '육삼'의 '감림甘臨'처럼 정의로운 새 시대에 다시 소인의 마음이 생겨 서로 다투고 혁명의 공을 빙자하여 이기심을 내세우면, 이를 기회로 소인이 다시 세력을 얻거나 군자가 소인으로 타락할 수도 있다. 특히 비록 이러한 문제를 극복하여 새 시대를 평화롭게 잘 유지한다 하더라도, '상육'에서 지도자가 두터운 덕으로 임하지 않으면, 즉 '돈림敦臨'하지 않으면 모처럼 찾은 광명의 시대가 쉽사리 가버린다.

만일 지도층, 지도자가 '돈림敦臨'하지 않고, 자신들의 부와 권력을 유지하면서 그 배만 불리고, 스스로 자신들의 공을 부풀려 그것을 빌미로 특권의 혜택과 제도를 만들어 새로운 귀족인 금수저의 계급을 만들고, 그들만의 나라를 만드는 위선의 정치를 하면서 민중의 피로 이루어진 혁명을 배신하여 그들만의 왕조를 구축하여, 이전 소련의 '노멘클라투라'나 중화인민공화국의 '태자당太子黨'에서 보듯 세세손손 권력을 물리면, '림괘' 괘사에서 '원형이정元亨利貞'이라는 아름다운 말에 곧이어 '8월에 이르러선 흉함이 있을 것이다(至于八月有凶)'[67]라고 경계하고, 경고하는 말의 당사자가 될 것이다.

20

관괘 觀卦

원문과 번역

觀, 盥而不薦, 有孚, 顒若. (관은 손을 씻고 제사 올리지
<small>관 관 이 불 천 유 부 옹 약</small>
않은 상태이면, 성실성이 있어서 우러러보는 듯하다.)

(初六) 童觀, 小人无咎, 君子吝. (어린아이의 봄이니, 소인
<small>동 관 소 인 무 구 군 자 린</small>
에게는 허물이 없고, 군자는 부끄러울 것이다.)

(六二) 闚觀, 利女貞. (엿보는 것이니, 여자가 바름에 이롭다.)
<small>규 관 리 녀 정</small>

(六三) 觀我生, 進退. (나의 사는 모습을 보고, 나아가거나 물러난다.)
<small>관 아 생 진 퇴</small>

(六四) 觀國之光, 利用賓于王. (나라의 빛을 봄이니, 그로써 왕에게 손님 대접을
<small>관 국 지 광 리 용 빈 우 왕</small>
받음에 이롭다.)

(九五) 觀我生, 君子无咎. (나의 사는 모습을 보되, 군자이면 허물이 없을 것이다.)
<small>관 아 생 군 자 무 구</small>

(上九) 觀其生, 君子无咎. (그의 사는 모습을 보되, 군자이면 허물이 없을 것이다.)
<small>관 기 생 군 자 무 구</small>

관괘觀卦 총설과 괘사卦辭 해설

'관괘'는『주역周易』의 20번째 괘로서, 위는 바람이고 아래는 땅이다(風地觀.) 앞 '림괘臨卦'의 기호를 180도 뒤집은 모습이다. 바람이 땅 위에서 불며 여러 사물과 접촉하는 것처럼 두루 보는 것을 상징한다. '관괘觀卦'는 '보는 것(觀)'을 말한다. 앞의 '림괘'에서 일에 임해 그 일을 처리하고는 그 결과를 관조觀照함이며, 실천 후의 관망觀望이다.

『주역』「계사전繫辭傳」에서는 "우러러 천문天文을 보고, 아래로 지리地理를 살핀다(仰觀於天文, 俯察於地理)"라고 하여, 공간적 측면에서 상대적으로 멀리 떨어진 하늘의 현상, 즉 '천문天文'은 '관觀', 보다 가까운 땅의 현상, 즉 '지리地理'는 '찰察'이라고 하였다. 오늘날 '관찰觀察'이라는 말이 바로 이 둘을 합친 말이다. 그래서 '관觀'은 이후에 상대적으로 대상과 거리를 두고 보는 것의 의미가 강해지며, 그 보는 것도 대상의 내용과 속성을 반성하는 의미를 담게 된다.

흔히 세계관世界觀, 인생관人生觀, 가치관價値觀 등의 표현을 쓰는데, 이때의 '관觀'은 단순히 보는 것이 아닌 어떤 체계적 견해요 관점이다. 그렇지만『주역』'관괘觀卦' 텍스트 자체의 의미는 후대의 의미만큼 나아간 것은 아니다. 그래도 사태를 관조하며 반성하는 의미를 가진다.[68]

정치적으로 볼 때 '림괘臨卦'까지의 혁명과 같은 정치적 상황에서는 세상 사람들이 이성적 관조보다 감성적 격동에 치우칠 수가 있다. 구체제에서 일하던 사람들의 잘잘못이 제대로 가려지지 않을 수도 있다. 때로는 홍위병식의 인민재판, 중세식의 마녀사냥에 억울하게 희생되는 사람들도 있을 수 있고, 때로는 교활한 기회주의자가 변신하여 혁명세력 쪽에 가담할 수도 있다. 독립운동을 위하여 친일을 가장하여 활동하다가 해방 후 이 사실이 그대로 묻힐 수도 있고, 친일파가 가장하여 독립투사인 척할 수도 있다.

혁명세력에 가담한 사람들이 모두 정의로운 사람이 아닐 수도 있다. 때로는 정치적 사심으로 보복 행위에 나선 사람들이 있을 수도 있고, 파렴치범이 정치적 혼란 속에서 혁명투사인 척할 수도 있다. 정치적 격변 속에 혁명 정의를 내세우면서 개인과 집단의 이익을 추구할 수도 있다. 이러한 이들은 민중 속에 있을 수도, 정치 지도자 그룹 속에 있을 수도 있다. 이러한 이들이 오히려 앞장서서 더 큰 목소리로 혁명 대의를 외칠 수도 있으며, 피의 보복과 학살을 일삼을 수도 있다. 선의의 민중도 이들에게 속아서 정치적 상황을 오도하는 데 참여할 수도 있다.

프랑스혁명 당시 바스티유 감옥 습격 사건은 프랑스혁명을 상징하는 사건의 하나다. 볼테르 같은 지식인이 수감된 적도 있었지만, 1789년 7월 14일 습격 당시 그곳에는 단지 7명의 경제사범이나 성범죄자 같은 자들이 있었을 뿐 양심수는 없었다. 그 감옥을 지킨 사람들은 80여 명의 늙고 병약한 이들이었고, 이들은 1천여 명의 흥분한 혁명군에 의해 함락되어 학살되었다. 혁명과 해방의 혼란한 정국 속에서 감성적 격동으로 시시비비是是非非가 제대로 가려지지 않아 때로는 선악이 전도될 수도 있으며, 선의의 사람도 감정을 주체할 수 없어 또 다른 잘못을 저지를 수도 있다. '관괘'는 이러한 감성적 충동의 시대를 반성하고, 이성적으로 세상을 바라보는 시대를 반영한다.

'관괘'의 시대에서 보는 대상은 무엇인가. 시대 상황이요, 그 시대 상황을 만든 구성원들이다. 그래서 그 시대 상황, 즉 '림괘'로부터 전개된 '관괘' 시대의 본질을 보고, 그 '관괘' 시대를 만든 구성원들 상호 간에 벌어지는 양상을 본다. 서로는 서로를 보고, 또 서로에게 보인다. 서로 평가하고 때로는 서로 감시한다. 지배계층은 인민을 보고, 인민은 지배계층을 본다. 그리고 서로 보인다.

인간은 근본적으로 자신을 이성적으로 제어하지 않으면 문제를 유발할 수 있는 감정과 욕망이 있다. 그래서 '인심人心은 다만 위태로울 뿐이다'라고 한다. 이러한 인심을 이성적으로 관조하고 제어하는 마음이 곧 '도심道心'이며, 이 도심의 발현은 상대적으로 어려우므로 '도심은 다만 미세할 뿐이다'라고 한다.

'림괘' 시대로부터 전개된 혁명 과정을 거치는 동안, 인간 사회에 있을 수 있는 탐욕의 발현으로 그 과정에서 수많은 위선과 사이비가 있을 수 있다. 그것은 지배계층에도 인민에도 있을 수 있다. 구시대 적폐를 일소하자고 소리높이 외친 정치가들 중에서 실제로는 그들의 정치적 야욕을 목적으로 인민을 선동한 위선자를 가려내고, 혁명 정의를 내세우며 왕의 궁성으로 돌진한 인민들 중에서 사실은 자신의 이기적 탐욕을 위해 앞장섰지만 그 탐욕을 선의로 포장한 무뢰한들을 가려내야 한다. 그렇게 해야 진짜와 가짜가 선명해지고, 정의와 불의가 가려진다.

이렇게 하기 위해서는 감성에 휘둘리지 않는 냉철한 이성이 필요하다. 『주역』에서는 그 이성은 '중정中正'으로 나타나며, 그로써 이성적 도심이 발현된다. 그래서 오직 '정일精一'함으로써 '진실로 그 중을 잡아라(允執厥中)'라고 말한다. '관괘觀卦'의 괘사는 이러한 냉철한 이성적 태도를 묘사하여, '관觀'은 '손을 씻고 제사 올리지 않은 상태로(盥而不薦)', '성실함을 가지고 우러러보는 듯하다(有孚顒若)'라고 말한다. '손을 씻음(관盥)'은 제사 지내기 전 그 준비를 위하여 감정과 욕망을 가라앉히고 냉철한 이성을 회복하는 것이다.

그런데 막상 제사를 지내기 위해 제수를 올리고 제사 절차를 시작하고 나면, 그 번다함 때문에 행하는 과정에서 '정일精一'함을 유지하지 못하고, 냉철한 이성이 흐트러질 수도 있다. 그러므로 '제수를 올리기 전(不薦)'이 이성의 경건함이 가장 잘 보존된 상태라 할 수 있다. 이는 곧 『중용中庸』의 '성誠', 즉 성실함의 상태다. 이어서 이러한 상태를 부연 설명하여 '성실성이 있어서 우러러보는 듯하다(有孚顒若)'고 한 것이다.

『중용』에서 '성실함이란 하늘의 도이고, 성실하려고 함이란 사람의 도이다(誠者, 天之道, 誠之者, 人之道)'라고 한다. 하늘의 도는 도심으로 냉철한 이성적 마음의 표준이므로, 그것을 지향하는 행위는 곧 '성실한 마음을 가지고(有孚)', 하늘을 '우러러보듯(顒若)'하는 것이다. 요컨대, '관괘' 괘사는 '관괘'의 시대에 가져야 할 정일하고 냉철한 이성적 태도를 묘사하는 것이다. 이 마음자세로 그 시대를 보고, 그 시대의 구성원을 보며, 진짜와 가짜를 가리고, 선과 위선을 가리는 것이다.

관괘觀卦 효사爻辭 해설

초육初六

'관괘' '초육'은 그 초기로서 어린아이 같이 낮고 협소한 관점을 말한다. 즉 '동관童觀'이다. 이 시기는 본능적 감정에 따르기 쉽다. 특히 청소년기는 '질풍노도疾風怒濤'와 같은 격정을 겪으며, 냉철한 이성을 아직 발휘하지 못하여 충동적 행위를 함부로 할 수 있는, 한마디로 철없는 시기다. 한 인간이 성장하는 과정에서 겪는 이러한 시기는 인류의 정신 진화과정의 초기 계몽 과정과 같다. 인간이 본격적으로 이성을 발휘하기 시작한 때가 인류 문화사에서 철학이 시작되는 시기다.

그러나 이는 시간적 과정에 빗댄 인류 진화의 기본적 패턴일 뿐, 개개의 인간은 스스로 계몽되기 전까지는 여전히 '동관童觀'이다. 이는 욕망에 쉽게 휩쓸리는 소인의 좁고 낮은 관점이다. 소인은 스스로 철들기 전까지 평생 그렇게 산다. 이와 달리 넓고 높은 '달관達觀'의 성인聖人 관점을 지향하는 인간 유형이 군자君子다. 좁고 낮은 관점에서는 넓고 높은 관점의 경지를 이해할 수 없다.[69]

'동관童觀'의 상태는 『장자莊子』에서 말하는 큰 바다를 모르는 '우물 안 개구리(井底之蛙)'와 겨울 얼음을 모르는 '여름 벌레(夏蟲)'와 같다. 또 역시 『장자』에서 말하는 구만리 창천蒼天을 높이 나는 '대붕大鵬'의 큰 뜻을 모르는 매미나 메추라기 같은 작은 짐승과 같다. 플라톤이 비유하는 바, 동굴 속에 갇혀 동굴 밖의 '이데아' 세계를 모르는 존재이기도 하다.

그런데 만일 한 인간이 철없고 소견이 좁을 경우(童觀), 즉 도덕적 기준으로 소인일 경우, 그가 정치 지위 상의 소인, 즉 인민 백성으로 그럴 경우와 정치 지위 상으로 군자, 즉 사회 지도층으로 그럴 경우가 있을 수 있지만, 그 도덕적 책임은 당연히 후자가 더 크다. 하층의 백성은 교육 기회도 적거나 없을뿐더러, 사회적 지위에 따른 책임도 적거나 없으므로, 설사 철없고 소견이 좁다 하더라도 정상을 참작한다면 허물이 없다(小人无咎).

그렇지만 사회 지도층이 소인의 성품을 가지고 있다면, 그가 교양과 품성을 도야할 교육 기회가 더 많음에도 그런 것이므로 정치 지위 상의 군자로서는 부끄러운 것이며(君子吝), 무엇보다 그 지위에 따른 책임이 막중하다. 사회 지도층은 그에 걸맞은 '노블레스 오블리주'를 가져야 한다. 만일 그렇지 못하다면, 그가 부와 권력을 가진 지도층이라 하더라도 도덕적으로는 '소인小人'이며 '천민賤民'인 것이다.[70)]

한편 '관괘' '초육'은 비록 어린아이 같은 철없는 관점이어서 예禮의 의미도 모르고 세상 물정에 어둡지만, 정치적으로는 민중의 혁명에 대한 열정을 상징하는 측면도 있다. 폭정을 겪으며 불만을 가지고 격한 감정으로 나서는 순수성도 있다. 그러나 정보에 있어서, 높은 곳에서 세상을 바라보는 폭넓은 관점을 가질 기회가 없어 전체 상황 판단에 서툴러 쉽게 선동에 따르는 경우도 있다. 앞장서서 혁명을 성공시켜도 결국은 정치인들의 권력 장악 도구로 이용만 당하기 쉽다.

앞 '림괘'는 맨 아래 두 개만 양이고, 나머지는 모두 음일뿐만 아니라 상층의 정치가들을 상징하는 것도 음이다. 그래서 상층의 정치가들은 민중을 전면에 내세우고 민중의 혁명에 뒤따르면서 민중이 이룬 혁명성과를 정권 장악에 이용하는 입장이지만, 이 '관괘'는 그다음 상황을 상징하는 바, 그 괘상이 상하로 바뀐 모습으로 두 양이 상층부를 차지하고 그 아래는 모두 음이다. 즉 정국의 주도권이 이제 민중에서 상층의 정치세력으로 넘어간 것이다. 민중은 혁명의 전위대로 피 흘리며 앞장서고도 그 혜택은 상층의 정치

세력이 보는 것이다. 상층의 정치세력은 이제 민중의 뜻을 핑계 삼아 권력 장악에 나선다.

육이六二

'관괘' '육이'는 어린아이의 관점에서는 벗어났지만, 그래도 아직 편협함을 면치 못하는 관점이어서 세상 상황과 돌아가는 판도를 단지 엿보는(闚觀) 수준이다. 이 괘 '육이'는 '초육'의 기층 민중이 격동의 감성으로 혁명에 나설 때, 그 민중의 세력을 선동하고 결집하는 지식인들이다. '초육'의 민중은 정치에 관한 포괄적 정보와 지식 없이 혁명의 순수성만 앞세워 구체제의 궁성으로 돌진해 나가지만, '육이'는 민중보다는 더 정보와 지식을 가지고, 약간 더 이성적으로 사태를 바라보며 혁명을 지휘한다. 그렇지만 상층부에서 가진, 전체를 관망하는 만큼의 정보와 지식보다는 부족한 면이 있어, 그저 대통으로 세상을 바라보듯 좁은 소견으로 엿보는(闚觀) 정도밖에 안 된다. 세상의 편면片面만 바라보고 전면全面을 조망하지 못한다.

비유하면 『주역』이 지어질 때인 은나라 말, 주나라 초의 가부장적 사회에서 규중閨中의 좁은 공간을 벗어나지 못하여 세상의 정보에 어두웠던 아녀자의 입장과 같아서, 하층의 민중 속 지도자의 역할 정도 이상으로는 크게 벗어나지 못하는 것이다. 이는 봉건사회 아녀자의 좁은 소견이 그들의 자질 탓이 아니라 시대적 상황에서 교육과 정보의 제한 때문이듯이, 하층 민중 속의 지식인 역시 그들의 자질 탓이 아니라 그들의 지위에 따른 정보의 제한 때문이다.[71]

그래서 엿보는 정도밖에 안 되는 것이므로, 역시 비유하면 당시 아녀자가 도덕적 곧음을 지키는 것에 이로운 상황이듯이(利女貞), 지식인도 그들 입장에서 정치적 동기는 정의의 순수성을 지키는 것에 이로운 정도밖에 안 되는 것이다. 그런데도 음인 '육이'는 위의 '구오'의 양과 호응하는 지식인의 위치로서, 이 지식인들이 '구오'의 정치인들에게 등용되기를 기대하는 것이다. 그러나 아직 때가 아니므로 이럴 때 등용되기를 구하는 것은 군자로서 구차하고 부끄러운 일이다(이 효의 「상전象傳」에서는 추한 일이라고 평했다).

육삼六三

'관괘' '육삼'은 하괘의 맨 위에서 상괘로 상징되는 세상에 나가기 전의 위치로서, 자신을 돌아보고(觀我生) 세상에 나아갈지 말지의 진퇴進退를 결정한다. 마치 『주역』의 대표 괘인 '건괘乾卦' '구삼'에서 군자가 '종일건건終日乾乾'하고 '진덕수업進德修業'하면서 세상에 대한 진퇴를 고심하는 것과 같다. 다만 '건괘'는 어떤 것이 처음 이루어질 때 세상에 대한 진퇴를 고민하는 것이라면, '관괘'는 세상의 여러 우여곡절을 겪고, 또 한 번의 혁명적 전변轉變을 거친 후에 지식인이 진퇴를 저울질하는 것이다.

'관괘'의 '육삼'은 '삼'이라는 양의 자리에서 그 자리의 특성상 나아가려는 것이지만, 그 자리를 음으로 머물러 있으니 함부로 나아가지 못하고 물러나려는 태도를 보이므로 진퇴의 상象이 있다. 상괘인 손괘巽卦☴의 '바람'에 근접하여 그 중심인 '구오'의 발탁을 기대하면서 그 정치적 바람을 타고 날아 보려 하지만, 그 사이에 '육사'의 견제가 있어 역시 나아갈까 물러날까 번민한다. 그러나 무엇보다도 그 진퇴 여부는 자신이 어떤 사람인가에 달려 있으니, 자신의 모습을 반성해 보고(觀我生) 결정해야 한다.

세상에 나아가려면 도덕적 인격(德)과 실무적 능력(業)을 갖추어야 하지만, 많은 사람은 자신의 부족함을 돌아보지 못하고 단지 출세욕 때문에 함부로 세상에 나아가려 하다가 언론과 여론에 의해 자신의 본색이 털려, 평소 도덕적인 척 정의로운 척했으나 뒤로는 부도덕과 불법을 일삼은 위선의 모습이 적나라하게 세상에 드러나 청문회에서 망신을 당하고서야 포기하는 경우도 있다. 소위 주제 파악을 못한 것이다. 그 결과는 물고기를 물고 있는 욕심 많은 개가 다리 위에서 다리 아래 물에 비친 자신의 그림자를 보고는, 그 그림자가 자신인 줄 모르고 물에 비친 물고기에 욕심내어 짖다가, 자신이 가진 물고기마저 잃어버리는 격이 되는 것이다.

이러한 경우는 대개 '구오'와 공생의 측근인 '육사'가 자신들의 이해관계와 결을 같이 하는 것만으로 '덕德'을 무시하고 '업業'을 내세우면서 코드에 맞춰 등용하려 하는 경우이지만, 세상은 도덕성인 '덕德'에 주목한다. '구오'와 '육사', 그리고 지명된 당사자인 '육삼'이 최소한의 양심이 있다면 그나마 만신창이가 되고 나서라도 물러나지만, '구오', '육사', 그리고 '육삼'이 위선의 한 통속이라면 두꺼운 낯으로 인사를 강행한다.

육사六四

'관괘' '육사'는 재야 지식인이던 군자 자신의 덕·업 수준이 이제 '구오'의 임금에게 등용될 정도가 된 것이다(利用賓于王). '관괘' 시대에 자신의 덕과 업을 닦아 온 인재가 비로소 때를 만나고 자신을 알아주는 사람을 만난 상황이다. 소인은 자신의 모습을 보고 그의 덕과 업이 제대로 갖추어졌는지 반성하지 않고, 또 그 세상이 다른 나라에 의해 침탈된 식민 상황인지, 폭군이나 독재자에 의한 폭정의 상황인지, 교활한 위선자가 판치는 세상인지 가리지 않고, 욕심에 어두워 발탁의 소식만 기다린다.

하지만 군자는 언제나 자신의 덕·업을 닦고 반성하는 중, 등용의 소식이 오더라도 '구오'의 덕이 어떤지를 평가하여 자신이 능력을 펼칠만한 올바른 군주요 대통령이며, 올바른 세상이라고 판단하고서야 세상에 나아간다. 즉 '나라의 빛을 보고(觀國之光)' 나아갈 만해야 나아간다. '나라의 빛'은 곧 '임금의 빛'과 그 임금이 조성한 '정치상황의 빛'을 아우른다.[72] 또 군자는 바른 지도자와 바른 세상의 조건이 갖추어지면 현실참여를 사양치 않고 현실 참여를 자신의 시대적 소명과 책무로 여긴다. 또 바른 지도자는 바른 인재를 알아보고 대접해준다. 그래서 '그로써 왕에게 손님 대접을 받음이 이롭다(利用賓于王)'고 한 것이다.

구오九五

'관괘' '구오'는 그 시대 최고 위정자의 자리다. 아래의 네 음으로 상징되는 일반 인민 백성이나 나라에 등용될 수 있는 지식인들에게 그가 위선자가 아닌 올바른 지도자인지 '보이는(觀)' 자리다. 동시에 위정자 자신의 입장에서는 진정으로 자신의 덕과 경지가 최고 지도자로서 적합한지, 일반 백성과 세상의 지식인들은 자신을 어떻게 생각하는지, 자신이 정치를 잘하고 있는지 되돌아보는 자리다. 그래서 언제나 자신을 '보고(觀)' 스스로 평가한다. 언제나 자신을 되돌아보고(觀我生), 자신이 올바르게 덕을 닦는 군자인지를 반성해야, 자신에게도 세상에게도 허물이 없게 된다(君子无咎). 이 말은 만일 군자가 아니고 소인이라면, 허물이 있음을 함축하는 것이다.

상구上九

'관괘' '상구'는 퇴임 후의 '구오'다. 재임 시에 높은 덕으로 세상을 올바르게 다스리고 세상 사람들의 귀감이 되었는지 재임 당시에 물론 평가할 수 있지만, 또 현실 정치에서 물러나서도 재직 시에 바른 정치를 했는지 평가하게 된다. 자신도 자신의 삶과 자신이 행한 정치를 되돌아보고 반성하는 상황이다(觀其生).[73] 동시에 세상 사람들에게 그 삶과 정치를 평가받는 상황이다. 인류 역사에서 수많은 권력자가 재임 중 축출되거나 극단적 비극을 당하기도 하고, 퇴임 후에도 재임 중의 일로 심판받거나 때로는 비참한 일을 겪기도 했다. '구오'가 '상구'가 되어 만일 그 평가가 '군자로 평가되면 허물이 없을 것(君子无咎)'이지만, 그렇지 않고 '소인'으로, 때로는 극악무도한 지도자로 평가되면 당연히 큰 허물이 될 것이다.

21

서합괘 噬嗑卦

원문과 번역

噬嗑, 亨, 利用獄. (서합은 형통하니, 옥을 씀이 이롭다.)
서합 형 리용옥

(初九) 屨校, 滅趾, 无咎. (형구를 신겨 발꿈치를 없애
구교 멸지 무구
니, 허물이 없을 것이다.)

(六二) 噬膚, 滅鼻, 无咎. (살을 씹다가 코까지 없애니,
서부 멸비 무구
허물이 없을 것이다.)

(六三) 噬腊肉, 遇毒, 小吝, 无咎. (마른 고기를 씹다가 독을 만나니, 조금
서석육 우독 소린 무구
부끄러우나 허물은 없을 것이다.)

(九四) 噬乾胏, 得金矢, 利艱貞, 吉. (뼈 붙은 마른 고기를 씹다가 금과
서건자 득금시 리간정 길
화살을 얻지만, 어려움 처리하듯 바르게 함이 이로우니, 길할 것이다.)

(六五) 噬乾肉, 得黃金, 貞厲, 无咎. (마른 고기를 씹다가 황금을 얻음이
서건육 득황금 정려 무구
니, 바르게 하며 위태롭게 여기는 마음을 가지면, 허물이 없을 것이다.)

(上九) 何校, 滅耳, 凶. (형구를 메고 귀를 없애니, 흉하다.) (여기서 何=荷.)
하교 멸이 흉

서합괘噬嗑卦 총설과 괘사卦辭 해설

'서합괘'는『주역周易』의 21번째 괘로서, 위는 불 아래는 우레다(火雷噬嗑). '관괘觀卦'에서 세상을 보고 선악善惡을 평가하여 악함이 있으면 징계하는 단계다. 위의 불은 번갯불이 비치듯 밝은 판결이고, 아래의 우레는 엄정한 형벌이다. 세상에는 선인도 있고 악인도 있다. 컴퓨터를 선용하는 사람이 있으면, 바이러스와 악성코드를 만들어 퍼뜨리는 악인도 있다. '서합噬嗑'의 '서噬'는 씹음, '합嗑'은 합함이다. 입 안에 방해물이 있으면, 그것을 씹어 위아래가 합하게 하듯(噬嗑), 악인을 징계하고 제거하여 세상을 화합하고 형통하도록 한다(亨). 이렇게 하는 데는 형벌을 써야 한다(利用獄).

봄은 '인仁', 즉 사랑으로 만물에 생명을 부여한다. 여름에 만물이 무성해지고 질서를 잡음이 '예禮'다. 그런데 그중에는 질서를 어기고 다른 생명을 해치는 것들이 있다. 가을은 바른 생명체는 씨앗 속에 보호하며 숙살肅殺의 기운으로 해로운 것들을 죽인다. 이것이 '의義'다. 씨앗으로 보호한 생명체를 겨울 동안 지혜롭게 저장, 이듬해 봄을 기다림이 '지智'다. 자연에서 질서를 어지럽히는 존재를 없애듯, 세상의 악을 징벌하고 제거함이 '서합괘'다. 악인도 인간이고 악인의 인권도 인권이지만, 유교에서는 선인의 보호가 우선이다. 선을 사랑하고 악을 미워하기 때문이다.

그러나 "오직 인자仁者만이 다른 사람을 좋아할 수 있고, 다른 사람을 미워할 수 있다"[74] 그렇지 못한 자가 이런 위치에 서서 오히려 선인을 심판하고 처벌하면 안 된다. 친일파가 권력을 가지고 오히려 독립투사를 심판하고 처벌하면 안 되는 것이다. 정의롭지 못하여 부도덕한 자가 법을 관장하는 자리를 맡으면, 세상 사람들이 받아들일 수 없을 뿐 아니라, 그 직무에 관하여 아랫사람에게 영조차 서지 않을 것이다. 세상은 그에 의한 법집행에 냉소적으로 대할 뿐만 아니라, 사회의 가치관에 큰 혼란이 일 것이다.

과거 친일파가 제대로 징벌, 청산되지 않고, 독립투사가 오히려 홀대받은 탓으로 세상의 가치관이 전도되어 부정부패가 만연하였듯이, 부도덕하여 바르지 않은 자가 법을 관장하면 역시 부정부패에 대한 도덕적 불감증이 사회에 만연하고, 공정치 못한 사회 상황에 구성원은 절망할 것이다.

앞에서 본 여섯 번째 괘인 '송괘訟卦'도 재판과 관련하는 괘고, 이 '서합괘'도 재판과 관련하는 괘이지만, '송괘'는 음식을 두고 다투는 의미로 경제적 이익을 다투는 민사적 측면이 있다면, 이 '서합괘'는 세상의 선과 악, 정의와 부정의를 심판하여 권선징악勸善懲惡하는 형사적 측면이 있다.

'서합괘'의 모양을 보면, '초구'와 '상구'의 양 둘이 맨 아래와 맨 위에 있으면서 가운데 음이 있는 모양, 즉 입을 벌린 모양이다. 그리고 가운데 '구사'가 중간에 있으면서 위아래 턱의 작용을 방해하여 입을 다물지 못하는 것과 같다. 그래서 '초구'와 '상구'의 양이 강한 의지를 가지고 입을 다물어, 가운데 '구사'의 방해물을 씹어 제거하는 것을 상징하는, 악에 대한 응징과 징계, 징벌의 의미를 가지고 있다.

앞 '관괘觀卦'에서 세상을 냉철하게 보아 진짜와 가짜를 가리고, 선과 악, 정의와 불의를 가려서, 이제 '서합괘'에서 악惡, 특히 위선僞善인 악과 불의를 심판하여 응징한다. 드러내 놓고 저지르는 악과 불선도 물론 사회의 독버섯이지만, 위선이 오히려 더 위험한 것은 악과 불선을 선으로 포장하여 세상 사람의 경계심을 풀고, 세상을 속이고 몽매한 민중을 오도하여, 사회를 모르는 사이에 안에서부터 썩고 병들게 하기 때문이다.

이러한 자들은 공자의 표현대로 '교언영색巧言令色'하여, 간교하고 교활한 세 치 혀를 놀려 민중을 현혹하므로, 어리석은 민중은 그 말에 현혹되어 그러한 자들을 군자나 영웅으로 오인하고 그들을 맹목적으로 추종하며 비호하는 일에 앞장선다. 공자는 이러한 위선자를 '향원鄕原'이라고 하였다. 누구나 악과 불선으로 판단하기 쉬운 자들보다 이러한 자들이 오히려 세상에 훨씬 더 큰 해악을 끼치므로, '서합괘' 상황의 냉철하고 지혜로운 판단과 판결 시에 특히 이 점을 중시해야 한다.

서합괘噬嗑卦 효사爻辭 해설

초구初九

'서합괘'의 괘상은 '초구'와 '상구'가 가운데 있는 악을 제거하는 모양이지만, 효사의 내용으로는 '초구'와 '상구'는 형벌을 받는 쪽이고, '육이'에서 '육오'까지는 형벌을 주는 쪽이다. '초구'는 악의 정도가 약하여 죄가 경미한 자를 벌하는 경우다. 족쇄와 같은 형구로 발을 구속하고(屨校), 그 발뒤꿈치에 벌을 주는 것(滅趾)은 악을 초기에 징벌하여 더 큰 죄를 지으러 다니지 않게 행동을 제지함을 비유한다. 악은 미연에 방지하는 것이 가장 좋지만, 이미 발생하였더라도 초기에 징벌하여 바늘 도둑이 소도둑 되지 않도록 하는 것이 세상의 문제를 해소하는 것이다(无咎). 또 죄를 지은 자도 개과改過하여, 더 이상 허물이 없게 된 것이기도 하다(无咎).

육이六二

'서합괘' '육이'는 법을 집행하여 형벌을 주는 쪽이며, 그 대상자는 '초구'다. '초구'는 양강陽剛으로서 양강의 자리에 있다고 여겨, 자신을 스스로 정당하다고 믿는 확신범이거나 어떤 이념에 편집偏執하여 다른 생각을 배척하는 자다. 원래 '초'의 자리는 '사'의 자리와 상응해야 하나, '사'의 자리 역시 양강한 '구사'로 '초구'와 이념상 극단적 대립을 보이고 있다. 이러한 상황에서 '육이'는 '초구' 위에서 법으로 심판하는 위치다. '육이' 자신은 음유하면서, 양강으로 버티는 '초구'를 응징해야 하는 어려움이 있지만, 그 자리가 원래 음유함이 있을 수 있는 정당한 자리이면서, 동시에 '중'의 자리로 '중용'을 지키는 위치다.

그리고 '육이'는 지금 '초구'와 '구사'의 극단적 이념 세력 사이에서 심판하는 위치이므로, 정치적 중립을 지키며, 오로지 법과 원칙, 양심에 따라서 처결해야 하는 위치다. 이렇게 해도 '초구'와 '구사'는 '육이'를 두고 서로 상대편 진영에 편향적이라며 쉽게 승복하지 않고 저항하며, 심지어 '육이'를 매도하면서 정치적으로 모함할 수도 있다. 그러나 '중정中正'의 자리에 있는 '육이'가 흔들림 없이 '초구'와 '구사'의 증거 인멸의 틈을 주지 않고, 모함의 빌미도 주지 않으면서 전광석화처럼 신속하게 행동할 필요가 있다.

그렇게 하면서 용기와 과감성을 발휘하여 외견상 매몰차고 비정해 보일 수도 있을 정도로 '초구'의 기선을 제압하여야 그 기를 꺾을 수 있다. 그렇게 하지 않으면 '초구'는 자신의 범죄를 정치적 이유로 덮으려고 하면서 반격하기 때문이다. 비유하면 '육이'는 '초구'의 강한 뼈가 아닌 그 취약한 살을 물고서(噬膚), 파고 들어가 코가 파묻힐 정도로 깊이 공격하는(滅

鼻), 센 형벌을 주어도 대의명분상 정당하여, 자신의 임무 수행에 관한 허물이 없는 것이다(无咎).

육삼六三

'서합괘' '육삼' 역시 '육이'처럼 법을 집행하는 위치이지만, 음유陰柔이면서 양강의 자리에 있기 때문에 그 처한 자리가 마땅하지 못한 상황이다. 법을 집행하는 자는 그 처신이 올발라야 형벌을 받는 쪽이 승복하기가 쉽지만, '육삼'은 철저히 완벽하지 못한 아쉬움이 있다. 자신은 바르지 못하면서 남의 잘못을 징계하는 상황이므로, 형벌을 받는 쪽이 굴복하지 않아 마치 마른 고기를 씹다가(噬腊肉), 독을 만난 듯하다(遇毒).

'육삼'이 비록 문제는 있지만 결코 법을 집행하는 자격에 관한 본질적 하자가 아닌 작은 허물이고, 문제의 초점은 처벌 대상자의 잘못에 있지만, 그 처벌 대상자와 지지자는 이 틈을 타 오히려 물타기하며 하이에나 떼처럼 법 집행자인 '육삼'에게 달려들어 그를 끌어내리려 시도할 수 있다. 그러나 '육삼'이 흔들리지 않고 법을 집행하면, 비록 조금 부끄러우나(小吝), 대체에는 손상이 없어 허물은 없을 것이다(无咎).

구사九四

'서합괘' '구사'는 앞의 '육이'의 입장에서 볼 때는 '초구'와 더불어 이념의 양극단이므로 그들이 법을 범할 때 그것을 다스려 처벌해야 할 것이지만, 『주역』은 매번 그 위치에 따라 판단하므로 '구사' 역시 하나의 법 집행자다. 특히 그는 '육오'의 임금이나 대통령에 가까이 있어 그 신임을 받아 임명된

법 집행자다. 그런데 문제는 그가 징벌해야 하는 대상 역시 임금, 대통령의 총애와 신임을 받는 측근이라는 것이다. 즉 권력형 비리를 저지르는 탐관이며, 살아있는 권력이다.

'육오'는 '구사'에게 이미 살아있는 권력도 비리가 있으면 징벌하라고 임무를 주었지만, 그 대상자는 정치적으로 차마 버릴 수 없는 자여서 딜레마에 빠진다. '구사' 역시 임명권자인 '육오'의 심정을 알지만, 법을 위반한 자를 그대로 둘 수 없다. 그런데 정치적으로 손대기 어려운 그 탐관에 대한 그의 정치적 입장은 양의 강직함이지만 음의 자리에 있는 난처한 상황이고, 그 탐관의 지지세력 역시 그 탐관을 광적으로 비호하며 '구사'를 공격한다. 이러한 상황이 마치 뼈 붙은 마른 고기를 씹는 것과 같이 힘든 것이다(噬乾胏). '육삼'의 상황인 단순한 마른 고기를 씹는 것이 아닌, 뼈 붙은 마른 고기, 즉 권력을 가진 완강한 악인인 범법자이므로, 처결하기가 매우 힘들다.

그러나 '구사' 역시 이미 임명권자로부터 권한을 부여받아 대의명분이 있고, 비록 음의 자리라는 난처한 처지이지만, 본래 양강의 자질과 '금시金矢'로 비유되는 지혜, 용기, 강직함도 가지고 있으므로(得金矢), 난국을 타개하려면 어려움을 인내하며 곧고 바르게 하여야 이롭게 되어(利艱貞), 그 결과가 좋게 될 것이다(吉).

육오六五

'서합괘' '육오'는 비록 임금, 대통령의 자리이지만 음유한 성정으로 양강의 자리에 있으니, 그 처신이 우유부단하여 정국을 주도적으로 처리하지 못하는, 마른 고기를 씹는(噬乾肉) 어려움이 있는 상황이다. 그런데도 그 자리가 곧 권력이어서 황금을 얻음이니(得黄金), '황黄'은 가운데 색으로 임금의 색이고, '금金'은 강한 권력을 상징한다. 그런데 앞의 '구사'의 상황에서 친인척과 측근의 비리가 있으면 정치적으로 매우 위태로운 상황이 된다. 이때 우유부단한 '육오'가 그나마 자신의 측근이 저지른 비리에 대해 인정에 끌림 없이 '구사'의 법 집행에 외압을 행하지 않고, 읍참마속泣斬馬謖하는 심정으로 오직 공정과 정의에 따라(貞), 위태로움에 경각심을 가지면(厲), 정치적 위기를 타개하여 허물이 없게 될 것이다(无咎).

상구上九

'서합괘' '상구'는 이 괘의 끝으로서 '초구'의 경미한 초범에서 시작하여 그에 상당한 형벌을 가해왔지만(何校), 끝내 귀를 덮듯(滅耳), 바른 도리를 알아듣지 못하여 마침내 극단적 범죄를 저질러 그 말로가 흉(凶)하게 된 것이다. 오늘날 흉악범에게조차 인권을 보장해 주어야 한다는 교화주의를 취하여, 피해자의 인권이 오히려 도외시되면서까지 가해자의 인권을 보호해 주려고도 하지만, 세상에는 교화되기 어려운 악인이 있다. 유교는 낭만적 교화주의를 취하지 않는다. 흉악한 범죄자로 인해 고통을 받는 시민을 구하기 위해, 그런 악인까지 교화되기를 언제까지나 기다려주지는 않는다. 미꾸라지 한 마리가 우물을 흐리면, 그 미꾸라지가 자발적으로 조용해져 우물이 맑게 되기를 기다리기는 요원하다.

'서합괘' '상구'는 정치적 측면에서 볼 때는 '육오'의 임금, 대통령이 권력에서 물러난 상황이다. 그런데 그러한 물러남이 자발적인 것이 아니라, 반정이나 혁명, 탄핵에 의한 것이다. 무엇 때문인가. 만일 '육오'에서 친인척, 측근의 비리에 대해 인정에 이끌리는 온정을 베풀지 않으면서 위기의식을 가지고, '구사'로 하여금 법과 원칙에 따라 처결하도록 하면(貞厲), 그로 인한 정치적 위기를 타개하여 허물이 없게 될 것이지만(无咎), 그 반대로 세상의 쓴소리와 충고에 귀를 막고(滅耳) 그 측근을 비호하면, 권력에 있어서 레임덕을 자초하고, 심지어 그 측근의 발호와 국정농단을 초래하여, 결국은 자신까지도 권좌에서 물러나는 흉(凶)한 말로가 될 수도 있기 때문이다.

22

비괘 賁卦

원문과 번역

賁, 亨, 小利有攸往. (비는 형통하니, 갈 바를 둠에 조금
비 형 소 리 유 유 왕
이롭다.)

(初九) 賁其趾, 舍車而徒. (그 발꿈치를 꾸미니, 수레를
비 기 지 사 거 이 도
버리고 걸어간다.)

(六二) 賁其須. (그 수염을 꾸민다.)
비 기 수

(九三) 賁如濡如, 永貞, 吉. (꾸미는 듯 윤택이 나는 듯하니, 오래도록 바르
비 여 유 여 영 정 길
게 하면, 길할 것이다.)

(六四) 賁如皤如, 白馬翰如, 匪寇婚媾. (꾸미는 듯 흰 듯하며, 흰말이
비 여 파 여 백 마 한 여 비 구 혼 구
나는 듯 빠르니, 도적이 아니라 청혼하는 사람일 것이다.)

(六五) 賁于丘園, 束帛戔戔, 吝, 終吉. (언덕과 동산에서 꾸밈이니, 묶은
비 우 구 원 속 백 전 전 린 종 길
비단이 적으면, 부끄러우나 마침내 길할 것이다.)

(上九) 白賁, 无咎. (희게 꾸미면, 허물이 없을 것이다.)
백 비 무 구

비괘賁卦 총설과 괘사卦辭 해설

'비괘'는 『주역周易』의 22번째 괘로서, 위는 산이고 아래는 불이다(山火賁). 앞 '서합괘噬嗑卦' 기호를 180도 뒤집은 모습이다. 산에 있는 온갖 자연물인 동물, 식물, 기암괴석, 시냇물을 아래의 불이 비춰 꾸미고 있다. 마치 풍등風燈에 온갖 그림을 그려 꾸미고, 그 안에 등불을 넣어 그 꾸며낸 그림을 나타내어 날려 보내는 모습이다. 그래서 이 '비괘'는 '꾸밈'이요 '수식修飾', '문식文飾'이다. '서합괘'에서 칼날 같이 악을 징벌하고 난 후, 봄에 선의 꽃이 찬란히 피어나서 세상을 아름답게 꾸밈이다.

그런데 이것은 그냥 단순한 꾸밈의 의미가 아니다. '서합괘'에서 한 일을 평가한다. '서합괘'에서 권선징악이 바로 되었다면, 그것을 정당하게 평가해야 할 것이고, 또 예찬해야 할 것이다. 이러한 예찬의 수식이요 꾸밈이 '비괘'의 상황이다. 자연에도 이러한 꾸밈이 있다. 자연의 삼라만상은 아무렇게나 무질서하게 존재하지 않는다. 자연은 그대로 질서와 조화를 가지고 자연의 예술로 드러난다. 그것은 자연의 문식이다. 그 자연의 문식을 대표하는 것은 '천문天文'이다.[75] 이 자연의 문식을 인간 세상에 인간적으로 실현한 것이 '인문人文'이다. 천문이든 인문이든 이때의 '문文'은 '문紋', 즉 '무늬'다. 인류는 자연의 질박質朴함 속에 태어나 거기에 문식文飾을 더한다. 그것이 문화文化요 문명文明이다. 유가儒家 철학은 이러한 인문적 가치를 존중한다.

인류가 발생한 초기 자연 상태의 질박質朴함을 높이 사는 철학은 도가道家의 철학이요, 서양 루소(Rousseau, Jean-Jacques)의 철학이다. 이에 반해 인위人爲를 가미해 수식하는 문화와 문명을 존중하는 철학이 유가 철학이다.

그런데 공자孔子는 이러한 질박함(質)과 꾸밈(文)의 어느 한쪽으로 지나친 것을 지양하고, 그 둘의 조화로운 상태, 문질빈빈文質彬彬을 지향하였다. 질박함에 치우치면 미개하고 야만적이며, 꾸밈에 치우치면 사치와 방탕에 흐르기 때문이다(『논어論語』「옹야雍也」참조). 비록 문文의 가치를 존중하지만, 궁극적으로 문질文質의 조화로운 중용中庸을 지향함이 유가적 가치다.

정치적 의미로는 이 '비괘'는 역시 앞의 '서합괘'의 연장선에 있다. '서합괘'에서의 악에 대한 응징이 정당한 명분으로 행해졌다면, 그것은 정의의 실현으로 평가되고 찬양받아 마땅하다. 그런데 인간 세상에서의 이해관계, 특히 정치적 이해관계에 있는 무리들은 자신은 옳고 남은 그르다는 자기중심적 관점으로 자신의 이기심을 정당화하고 상대편 정파를 불의로 비난하는 경우가 많다. 특히 그러한 것이 이념으로 독단화할 경우에는 더욱 심해진다.

이때 어떤 한 정파의 잘못을 사법기관이 심판하여 그 비리를 응징하면, 처벌의 칼날에 정치적 이익이 손상된 정파는 그 심판이 잘못되었으며, 사법적 판단을 정치적 이해관계에 따른 것으로 선전한다. 한편 처벌받은 정파의 정치적 손상이나 몰락에 반사이익을 얻은 정파는 마치 자신들이 정의의 심판자 인양 선전하고 반대파에 대한 공격을 위해 인민을 선동한다.

그러므로 이때 사법기관은 어떠한 정치적 이해관계에도 따르지 않고, 정치적 중립을 지키며 오직 도덕적 양심에 기초하여 법과 원칙에 따라 일을 처결해야 오해를 피할 수 있다. 그래야 당대에도, 역사가 흐른 훗날에도, '비괘'의 '꾸밈', '문식'으로서의 정당한 평가를 받을 수 있다. 이러한 '비괘'는 '서합괘'에서 불의를 응징하여 사회를 정화하는 정당한 명분을 얻는 것이므로, 기본적으로 형통하고 좋은 일이다(賁亨). 그리고 그러한 것이 세상에 이익이 된다.

하지만 누군가를 응징하기 위해 서릿발 같은 칼날을 휘두른 것이므로, 크게 대놓고 샴페인 터뜨리며 축하할 일도 아니다. 그래서 그러한 일을 행함에 단지 '조금' 이롭다(小利有攸往)고 할 수 있을 뿐이다. 따라서 반사이익을 얻은 상대편 정파가 이 일을 두고 자축하고 자화자찬하는 일은 지극히 경박한 일이다.

비괘賁卦 효사爻辭 해설

초구初九

'비괘' '초구'는 '서합괘噬嗑卦'의 사법적 행위가 끝난 후의 첫 단계다. 악을 응징한 후 선을 표창할 수도 있지만, 정치적 오해를 피할 필요가 있으므로 행동에 신중해야 한다. 따라서 그 행동은 의로움에 따르고, 국민 백성의 지지를 받아야 한다. '초구'이므로 국민 백성의 자리이기도 하기 때문이다. 국민 중에는 징벌을 받은 정파를 여전히 지지하고, 그 징벌이 부당하다고 목소리를 높이는 이들도 여전히 있으므로, 이들에게 '서합괘' 때의 정당성을 증명하고, 또 그들을 정치적으로 설득할 필요도 있다.

이런 상황에서 반사 이익을 얻은 정파와 그 지지자들이 그들의 반대파도 역시 그들 공동체의 일원이고, 궁극적으로 공동체 전체를 위하여 포용의 정신으로 사회 통합을 이루어야 하는 마음을 가져야 하는데도, 상대편을 끝까지 비난하고, 조소하며, 자신들끼리 축하하며 서로 표창하는 행동을 한다면, '서합괘' 때 행동의 정당성을 축소하는 소인의 행태가 될 뿐이고, 자신은 물론 사회 공동체 전체에 대해서도 해악이 된다.

앞 '서합괘'에서 불의에 대한 응징을 직접 수행한 사법기관의 경우는 더욱 처신을 조심해야 한다. 만일 이 중 어떤 이가 이후에 어떤 사회적 지위에 대한 이익을 취한다면, 그 공정성을 의심받을 수도 있다. 세상이 그가 어떤 행보를 보이는지, 뒤에서 그 발뒤꿈치를 보며 그의 처신과 행보를 평가하고 있기 때문이다(賁其趾). 그러므로 마치 고급 자동차를 선사받는 것처럼 어떤 부와 권력의 대가와 같은 유혹을 받으면, 그것이 자신이 탈 수레가 아님을 알고 걸어가듯 해야 한다(舍車而徒). 이때일수록 오히려 정치적 의미에서의 백의종군白衣從軍이 필요하다.

육이六二

'비괘' 괘상을 보면, 맨 위와 맨 아래는 양강이고, 또 그 중간에 있는 '구삼'이 양 강으로 그 외 음유들의 '꾸밈(賁)'을 받고 있다. '비괘' '구삼'은 '서합괘' 때 법을 집행하던 그 괘 '구사'가 '비괘'의 때가 되어 가지게 된 자리다. '비괘'에서도 '구삼'이 여전히 법 집행자로 주도적 역할을 맡고 있지만, 이제는 '서합괘'에서의 행동에 대한 평가를 받는 상황이 더 중요한 국면이다. 이 '비괘' '구삼'에 대해 그 바로 아래의 '비괘' '육이'와 바로 위의 '육사'가 그 평가를 맡는다. 그뿐만 아니라 '서합괘' 때의 '육이'와 '육사'는 동시에 '비괘'의 때가 되어 자신들의 처신을 어떻게 해야 하는가를 고민하게 된다.

그런데 이때 '비괘' '육이' 효사는 단지 '비기수(賁其須, 그 수염을 꾸민다)'라고만 말하고 있다. 통상 『주역』 효사는 우선 그 상황에 대한 사실 판단을 하고, 그에 대한 가치 판단이나 그 상황에서 행해야 할 행동 지침인 당위 판단을 덧붙인다. 그런데 '비괘' '육이'에는 오직 '그 수염을 꾸민다'라는 사실 판단뿐이다. 이것이 묵시적으로 보여주는 '육이'에 대한 행동 지침이다. 정치적 오해를 피하기 위해 나서지 말고, 나대지 말고, 그냥 그것만 할 수밖에 없는 상황이라는 것이다.

이때 '그 수염'의 '그'는 이 '비괘'의 '구삼'이다. 즉 '육이'가 '구삼'의 수염을 꾸미는 것이다. 그런데 '수염'은 '얼굴'에 붙어 있는 것으로 종속적이다. 직접 얼굴을 꾸미는 것이 아닌 그에 종속된 것을 꾸민다. '구삼'은 사법기관의 책임자이고, '육이'는 그 아래 실무적으로 그 일을 수행하는 위치다. 모든 일은 오로지 '구삼'의 지휘에 따르는 것이므로, 세상의 평가도 '구삼'의 몫이다. 자신은 '구삼'에 대해서 어떤 판단도 할 필요 없다. 그것은 그 사람에게 충성하는 것이기 때문이다. 그 사람 자체보다는 그에게 종속된 직무만 수행하면 된다(賁其須).

구삼九三

'비괘' '구삼'은 앞서 '서합괘'의 '구사'였다. 그때는 사법적으로 정의를 실현하기 위하여 주도하는 입장의 '사四'의 위치였지만, 이제 그 상황이 끝나고 그 행위에 대한 평가가 이루어지는 상황에서 '삼三'의 위치가 되고, '사四'의 위치는 '육사'로서 '서합괘' 때에 마음 졸였던 임금, 대통령의 측근이거나, 그 외 권력층이 '서합괘'를 마무리하는 시점에서 자신의 처신을 점검하는 때다.

'구삼'은 이때 비록 '삼'의 위치이지만 '서합괘'의 '구사'에서 맡았던 사법기관의 역할을 여전히 담당하면서, 그것을 '비괘'의 입장에서 정리한다. '구삼' 은 여전히 상황을 주도하지만, 정치적 오해를 받지 않도록 주의해야 할 때 다. 만일 자신이 사법적 칼자루를 쥐고 있다고 사적으로 유리한 정파에 기 울어 정치적 행위를 하거나, 자신이 쥔 칼자루에 정치권이 속수무책인 상황 을 이용해 스스로 사법 권력으로 나서면, '서합괘'에서의 공정한 처결이 물 거품이 되고, 정치적 법관, 정치적 검찰이라는 오명을 뒤집어쓸 뿐만 아니 라, 적폐로 몰려 개혁대상이 될 수도 있다.

따라서 '구삼'은 '서합괘' 때 행한 바에 대하여 '비괘'로 그 꾸밈의 마무리가 공정하다는 찬사를 받을 수 있도록 윤택한 처리가 되어야 한다(賁如濡如). 그렇게 계속적으로 정의롭고 바르게 하면(永貞), 결과가 좋게 될 것이다(吉).

육사六四

'비괘' '육사'는 '서합괘' 때 권력형 비리를 저지르거나, 또는 이미 발각된 다른 사람의 비리에 연루될까 하여 노심초사하던 권력층을 비롯하여, 그에 연계된 정치권이나 재계의 기득권층이다. '서합괘'에서 한바탕 사법처리가 끝났지만, 그 여진이 계속되는 상황에서 이 '비괘' '구삼'의 눈치를 보고 있 다. '구삼'은 이처럼 그 아래 '육이'와 이 '육사'인 음의 꾸밈을 받는 상황이다.

이때 '육사'의 처신은 어떠해야 하는가. 이전처럼 욕심을 내어서 '육오'의 최고 권력자 주위에서 호가호위狐假虎威하다가는, 정치생명이 끝나거나 심 지어 패가망신할 수도 있다. 욕심을 버리고 혐의를 받지 않도록, 그 꾸밈이 희고 깨끗하도록, 자신과 주변을 깨끗하게 해야 한다(賁如皤如). 그리고 자 신의 입지를 안정화하고 정치적 정당성과 명분을 가지려면 결국 민심을 살피고 그에 기초한 정치행위를 해야 정당성을 확보할 수 있다. 이 민심은 곧 '초구'의 뜻이다.

원래 '초'와 '사'의 자리는 상응하는 자리인데, 마침 '초구'와 '육사'는 양과 음의 호응관계에 있으므로, 주저 없이 민심에 따라 스스로 허물없게 하는 노력을 '흰말이 나는 듯 빠르게(白馬翰如)' 해야 한다. 자신이 음의 위치라고 하여 바로 그 아래 양인 '구삼'의 눈치만 보지 말고, '초구'의 뜻에 기반하여 떳떳하게 행동해야 한다.

'구삼'은 '육사'에게는 자신을 언제라도 정치적으로 해할 수 있는 '도적(寇)'이지만, '초구'는 '육사' 자신의 정치적 버팀목이 되어 줄 수 있는 존재, 비유하면 결혼 상대자다. 그래서 '초구'는 '육사'에 대해서 도적이 아닌(匪寇), 청혼 상대(婚媾), 즉 지지 세력이 된다.

육오六五

'비괘' '육오'는 '서합괘'에서나 '비괘'에서나 여전히 난처한 입장에 처해 있는 최고 권력자인 임금, 대통령이다. 유약한 음으로 그나마 중을 지키는 상황이다. '서합괘'에서 자신이 신임하던 측근이나 친인척의 비리가 만천하에 들통이 나서, 측근에 대한 인사권자로서나 친인척의 가족으로서나 온 나라 사람에 대해서 체면을 구긴 상태다.

'서합괘'에서부터 자신의 측근들이 사법적 처단을 받아 온 상황에서 자신의 권력으로 그들을 비호해야 하는지, 아니면 골육을 자르는 심정으로 정도正道를 가야 하는지를 선택하면서 번뇌와 고민의 나날을 보내고, 그 사법적 처리가 끝나 마무리되는 시점인 '비괘'에서 이제 자신의 정치적 입장을 안정화할 방법을 모색해야 하는 때다.

이때 자신의 체면을 회복하기 위하여 자신의 최고 권력을 이용하여 사법 기관에 정치적 압력을 가하거나 국민의 여론을 호도하는 선전에 나서면, 자신까지도 적폐로 몰려 그 지위까지 흔들릴 수도 있음에 유의해야 한다. 이때 정신 차려 자신과 주변 세력의 이익에 연연하지 않고, 자신을 반성하고 멀리 일반 백성과 나라의 이익을 앞세워야 그나마 정치적 전기를 마련할 수 있다.

그래서 이 '육오'의 효사에서 이 점을 비유하여, '구원丘園(언덕과 동산)에서 꾸밈(賁于丘園)'이라 하고, 또 '속백束帛(묶은 비단)이 적음(束帛戔戔)'을 말하였는데, '구원丘園'은 백성이 사는 '전야田野'이며, '속백束帛'은 임금, 대통령의 재화財貨다. 즉, 임금이 자신의 이익인 '속백束帛'을 줄이고, 백성의 '구원丘園', 즉 전야의 이익을 늘이면, 비록 '서합괘'에서 '비괘'에 이르기까지 자신의 입장이 비록 부끄러우나(吝), 결과적으로는 인민 백성의 지지를 회복하여 마침내 길할 것이다(終吉).

만일 그렇지 않고 판단을 그르쳐 권력으로 강압하며, 자신과 주변의 이익만을 위함으로써, 맹자가 말하듯, 임금의 주방과 마구간에는 살진 고기와 짐승이 있는데, 백성에게는 주린 기색이 있고, 들판에 굶어 죽은 시체가 즐비하게 되는 상황이 된다면, 자신의 주변뿐 아니라 자신마저도 혁명의 대상이 되거나 탄핵의 대상이 될 수도 있다.[76]

상구上九

'비괘' '상구'는 그 끝이다. '꾸밈'의 종극이다. '비괘'가 '꾸밈', '수식'을 말하므로, 그것이 종극에 달했다는 것은 곧 '꾸밈'이 지나친 국면이 될 수도 있다는 것이다. 앞에서 공자가 말한 '문질빈빈文質彬彬'을 이야기했는데, '비괘' '상구'에서 그 꾸밈이 지나침은 '문'이 지나쳐 본질을 외면한 외화내빈外華內貧의 사치에 흐를 수 있다는 것이다. 일반적으로는 문명이 지나친 사치로 몰락하는 경우로 로마제국의 말로 또는 부패한 왕조나 정권의 말로를 말한다.

더구나 이 '비괘'는 '서합괘'에서부터 곤욕을 치르지 않았는가. 그 말로를 비참하게 하지 않으려면, '육오'에서 말한 경고를 잊지 말아야 한다. 게다가 '상구'이므로 '육오'가 이미 레임덕에 처해 있거나, 퇴임 후 재임 시의 비리로 심판을 받을 우려도 있다. 그래서 더욱 경계해야 하므로, 이에 '희게 꾸미면 허물이 없을 것이다(白賁无咎)'라고 하였다. '희게 꾸밈'이란 다른 수식을 하지 않고 질박한 본바탕을 드러낸다는 것으로서, 자신을 반성하고 겸허히 처신함을 말한다.

23

박괘 剝卦

원문과 번역

剝, 不利有攸往. (박은 가는 바를 둠이 이롭지 않다.)
_{박 불 리 유 유 왕}

(初六) 剝牀以足, 蔑貞, 凶. (침상을 깎음을 침상 다리에
_{박 상 이 족   멸 정 흉}
　　　서 하니, 바름을 없앰이어서 흉하다.)

(六二) 剝牀以辨, 蔑貞, 凶. (침상을 깎음을 침상 허리에
_{박 상 이 변   멸 정 흉}
　　　서 하니, 바름을 없앰이어서 흉하다.)

(六三) 剝之无咎. (깎아먹는데도, 허물이 없다.)
_{박 지 무 구}

(六四) 剝牀以膚, 凶. (침상을 깎음을 살갖에서 하니, 흉하다.)
_{박 상 이 부 흉}

(六五) 貫魚, 以宮人寵, 无不利. (물고기를 꿰어서 궁인의 사랑으로 하면,
_{관 어   이 궁 인 총   무 불 리}
　　　이롭지 않음이 없을 것이다.)

(上九) 碩果不食, 君子得輿, 小人剝廬. (큰 열매를 먹지 않음이니, 군자
_{석 과 불 식 군 자 득 여 소 인 박 려}
　　　는 수레를 얻고, 소인은 집을 깎을 것이다.)

박괘剝卦 총설과 괘사卦辭 해설

'박괘'는 『주역周易』의 23번째 괘로서, 위는 산이요 아래는 땅이다(山地剝). 기호 모양을 보면 아래에서 음이 양을 갉아먹고 벗겨내며 올라가(剝), 맨 위의 양 하나만 남아 있는 상황이다. 소인이 군자를 밀어내고 득세하여, 군자의 세력은 이제 모두 밀려나기 직전의 상황이다. 그래서 군자가 세상에 나서서 활동하기에는 이롭지 않다(不利有攸往). 앞의 '비괘賁卦'는 꾸밈, 즉 수식修飾, 문식文飾이라 했다. 그런데 꾸밈이 지나치면 그것은 사치로 흐르게 된다. 그래서 공자孔子는 "문식이 질박함보다 나으면 사치스럽게 된다"라고 경계하였다. '박괘'는 수식이 지나쳐 사치로 흐르는 것이다.

인류의 문화와 문명은 인류 사회의 수식이다. 이것은 인류가 미개와 야만의 상태에서 벗어나, 다른 만물과 구별 짓는 영장靈長으로서의 능력을 표현하는 것이다. 그러나 이것이 지나치면 사치와 방탕으로 흐르게 된다. '박괘'는 도를 지나쳐 사치하게 된 문명을 상징하기도 한다. 로마제국의 번성은 '비괘'다. 그런데 그 문명의 번성이 오만으로 인한 사치로 몰락함은 '박괘'다.

중국의 진秦, 한漢, 당唐의 왕조가 모두 처음에는 번성하다가 이후 기울어진 계기는 오만함으로 인해서다. 아이러니하게도 그 왕조들의 임금이 자신의 권위와 왕조의 번영을 과시하기 위하여 태산泰山에서 봉선封禪의 제사를 지내고 난 후 국력이 기울었다. 당시 임금이 그 의식을 치를 자격이 있는지 여부의 문제가 아니라, 중국 서쪽의 함양咸陽, 장안長安에서 동쪽의 태산까지 먼 거리를 임금과 그 수행하는 행렬이 움직이려면, 당시로서는 크게 국력이 소모되었을 것이다. 이 또한 '비괘' 후의 '박괘'인 셈이다.

한편 '박괘' 괘상을 두고 볼 때, 자연의 이치로는 양의 기운이 극단적으로 위로 몰려 있고, 아래는 온통 음의 기운이다. 맨 위만 극단적으로 뜨겁고, 그 아래는 온통 차가운 기운이다. 한의학에서 양陽은 생명력이다. 그 생명력이 '박괘'에서는 맨 위에 몰려 있고, 아래에는 생명력이 제대로 분포되어 흐르지 않는 양상이다. 우리 몸이 건강하다는 것은 생명력이 골고루 퍼져 순환하는 것이다. 이것을 철학적으로 말해서 '인仁'의 상태라 하며, 의학과 철학을 연결 짓는다.

'인仁'은 유가 철학에서 볼 때는 사랑이다. 몸의 생명력이 골고루 퍼짐은 사랑이 골고루 퍼지는 것이다. 이 개념을 의학에서도 사용하여, 몸에 생명력이 골고루 퍼지지 않는 상태를 '불인不仁'이라고 하였다. 그래서 한의학에서 수족手足이 마비됨을 '불인不仁'이라고 한다. 생명력, 즉 바이털 에너지가 미치지 못하는 곳은 마비가 된다는 것이다.[77]

'박괘'는 생명력이 맨 위에만 극단적으로 몰려 있는 상태로 몸으로 봐도 건강하지 않은 몸이며, 사회로 봐도 건강하지 않은 사회다. 몸도 사회도 '박괘'는 사랑이 위로만 편중된 상태다. 인체가 태어날 때 머리부터 맨 아래 발까지 생명력이 골고루 퍼진 상태로 시작하여, 점차로 그 생명력이 위로 편중되어 가다가, 마침내 맨 위 머리에까지 가서 급기야는 하늘로 날아가는 과정이 생로병사生老病死이다. 이것이 자연 상태이므로 건강하게 장수하려면 그 생명력을 아래로 계속 잡아두는 노력을 하는 것이 양생의 이치다. '박괘'는 그렇지 않아서 생명력이 점차 사라져 죽음에 임한 상태다.

사회를 두고 보면, 구성원에게 모두 '인', 즉 사랑이 미치지 않고, 그 사랑이 그 사회의 상층부에만 몰려 있는 상태다. 부도 권력도 지배층, 기득권층이 독점하고 있는 것이다. 인체가 생명력을 아래로 잡아 두는 노력을 하지 않으면, 위로 몰려가서 늙고 병들듯, 사회의 사랑도 아래로 잡아 두는 노력을 하지 않으면 역시 인체의 생로병사 과정처럼 생명력이 위로 몰려 노쇠의 과정을 밟는다. '박괘'는 생명력이 위로 편중되어 가는 과정을, 아래에서부터 음이 그 몸을 갉아먹어 가는 양상으로 표현한다.

인류는 평등하게 태어났지만 경쟁에서 이득을 선점한 자들은 그다음에는 선점한 이득을 기반으로 보다 더 경쟁력이 생겨, 이득을 기하급수적으로 축적해 나간다. 반대로 경쟁에서 이득을 빼앗긴 쪽은 그다음에는 더 불리한 여건에서 시작한다. 이것이 빈익빈貧益貧 부익부富益富로 전개된다. '박괘'는 아래 대부분의 사회 구성원은 먹고살려고 허덕이다 생활고로 극단적 선택까지 하고 있는데, 맨 꼭대기에서는 흥청망청 대며 그들만의 호화로운 '엘리시움(Elysium)'에 살면서 아래를 돌아보지 않는 양상이다.

한 사회의 경제가 건강하려면 자본이 편중되지 않고 골고루 흩어져 순환해야 한다. 이 또한 인체의 생명력이 골고루 퍼진 것과 같은 상태다. 이 상태는 경제가 활성화되어 성장하면서 성장의 과실도 골고루 나누어지는 상태이며, 그로 인해 창출된 경제력이 다시 재투자로 이어져 선순환하여 날로 발전하는 상태다. '박괘'는 이 반대의 상태다.

'박괘'의 시대에는 자본이 지역으로는 수도권과 같이 어떤 대표적 특정 지역에 편중되고, 계층 계급으로는 최상위의 한 계층 계급에 편중되는 것이다. 자본이 몰린 쪽은 인구도 몰리며, 자본이 빠져나간 쪽은 공동화되어 인구가 감소한다. 인구는 자본 따라 움직이기 때문이다. 인구와 자본이 몰린 쪽은 공급이 수요를 따라가지 못하여 부동산 값이 폭등하는 등 사회적 비용이 발생하며 이에 따른 고통을 수반하고, 인구와 자본이 빠져나간 쪽은 공급이 오히려 수요를 초과하여 부동산 값이 폭락하며 지역 경제가치가 하락하는 고통을 겪는다.

또한 상위 계층 계급에 몰린 자본은 그 계층 계급을 도덕적 해이에 빠지게 하여 사치와 향락에 물들게 만들며, 노력하지 않아도 세습과 상속으로 '금수저'가 되어 부와 권력을 당연시하여, 지도층으로서의 의무감, 책임감을 마비시켜 각종 제도를 후대에 쉽사리 물려줄 음서蔭敍제도를 만들고, 국가의 위기에 책임을 회피하여 국방의 의무를 하위 계층에 전가한다. 자본의 혜택에서 소외된 하층민은 생명 유지를 위해서 자본을 좇아 이동하며, 생존을 위해 아등바등하면서 계층 상승의 기대로 부와 권력을 향해 발버둥 치지만, 탐욕스러운 상위 계층의 기득권 공고화를 위한 집요한 법과 제도의 왜곡 속에 미래에 대한 희망을 잃고 공동체 유지를 위한 노력이 사라진다.

이로 인해 하층민은 우선 현실의 생존에 급급하여, 결혼도 출산도 포기하게 되어 인구도 줄어든다. 하층민이 현실에서 더 이상 기대할 것이 없이 희망을 잃으면, 현세로부터 구원해 줄 구세주를 바라며 내세를 추구하는 종교가 득세하게 된다. 이를 틈타 세기말, 종말론적 종교가 나약해진 민중의 정신 속에 전염병처럼 파고들 수 있다. 특히 미래의 희망을 잃은 청년세대가 이에 빠지기 쉽다. 스스로 생을 포기하는 자살률이 늘어난다. 이 또한 '박괘'의 양상이다.

이 '박괘'는 하나의 국가공동체뿐만 아니라 국제적 상황에서도 나타난다. 인류 역사에서 근대화와 산업혁명으로 앞서 성공한 서양은 자본주의를 발전시키고, 그 발전의 과잉으로 인해 필요하게 된 원료와 시장 확보를 위해 식민지 쟁탈에 나서 제국주의화한다. 식민지 쟁탈전의 극대화가 양차 세계 대전이다. 이러한 과정에서 약소국을 약탈하고 착취하거나 무역 우위를 통해 축적된 부로 선진국은 윤택한 삶의 혜택을 누린다.

이에 비해 약소국은 식민지화로 그들의 부를 수탈당하고, 후진적 기술과 경제시스템으로 선진국으로의 부의 유출은 거듭된다. 이것이 국제 상황에서의 '박괘'다. 즉 부의 선진국으로의 집중과 가난에서 벗어나기 힘든 후진국 상황이 곧 그것이다. 이의 결과가 바로 후진국을 벗어나 선진국으로 몰리는 난민의 발생이다. 난민의 발생 원인은 선진국에 의한 부의 독점이다. 이를 외면하고 난민을 막기 위해 장벽을 쌓아도 근본 원인을 없애지 않는 한 그 현상은 계속될 수밖에 없다.

수도권에 인구가 집중하는 것은 국가 경제력을 그곳에 집중하기 때문이며, 후진국에서 선진국으로 난민이 유입되는 것은 국제 경제력이 그곳에 집중되어 있기 때문이다. 식물은 물과 양분을 향해 뿌리를 뻗고, 태양을 향해 잎과 가지를 번성하며, 동물도 물과 먹이를 향해 이동한다. 세상에 갈등과 투쟁이 생기면, 그 자본이 어디에 있는가를 봐야 한다.

'박괘'는 한 나라의 지배층이 부와 권력을 극단적으로 독점하고, 국제사회에서 선진국이 부와 영향력을 극단적으로 독점하여, 일반 국민과 후진국을 경제적 사막으로 내몰고, 자신들만 오아시스에서 안주하는 상황이다. 그러나 그 기초가 무너지면 그 상부도 무너진다. 자신들이 스스로 토대를 무너뜨리는 것이다. 그래서 '박剝은 가는 바를 둠이 이롭지 않다(剝不利有攸往)'라고 하는 것이며, '박괘'의 '초육'으로부터 시작되는 과정은 그 무너짐의 과정이다.

박괘剝卦 효사爻辭 해설

초육初六

'박괘' '초육'은 한 국가의 지배층과 국제사회의 선진국이 그들의 탐욕으로 하층민과 후진국의 경제력을 그 토대부터 갉아먹으면서 자신들의 배를 채우고(剝牀以足), 그 경제적 정의로움을 파괴시켜(蔑貞), 나라와 세계를 흉(凶)하게 만드는 것이다. 맨 꼭대기에 하나의 양만 남게 되어 세상의 소멸이 임박한 상황이 이때 시작된다. 세상은 탐욕으로 아귀다툼을 하여, 군자가 곧은 처세를 해도 세상은 소인 쪽으로 기울어 가기 시작한다(蔑貞).

육이六二

'박괘' '육이' 역시 '초육'과 같은 상황으로서, 그 정도가 더 진행되어 침상의 허리 부분까지 좀먹음이다(剝牀以辨). 최하층민('초육'의 '족足')의 생존이 벼랑에 내몰리는 정도에서 바로 그 위의 계층[변辨: 하괘의 가운데인 '이二'의 자리로 침상의 다리와 그 윗판을 나누는(辨) 곳을 상징한다.]까지 위태롭게 되는 상황이다. '초육'처럼 역시 정의로움을 파괴시켜(蔑貞), 흉(凶)함이 더 깊어지는 것이다. 더구나 '이'와 호응해야 할 '오'가 같은 음으로 서로 상응하지 못한다.

이러한 것은 민생이 아래에서부터 갉아 먹히는 시대 상황을 상징하는 것으로서, 나라의 아래 인민은 생존의 벼랑에 내몰려 도의심을 돌아볼 겨를이 없어, 맹자가 말한 바 "백성은 항산恒産이 없으면, 그로 인해 항심恒心이 없게 된다. 만약 항심이 없으면, 방탕함, 편벽됨, 사악함, 사치함을 하지 않는 것이 없을 정도가 된다"[78]라는 것이다. 나라의 지도층은 소인들로서, 겉으로는 정의를 외치면서 집권하여도, 속으로는 사리사욕을 채우는 위선을 보인다.

육삼六三

그런데 '박괘' '육삼'은 특별한 상황이다. '육삼' 역시 음으로 소인들 틈속에 있으면서 군자를 몰아내는 형국이지만, 다른 소인들과 달리 홀로 '상구'의 양인 군자와 호응하고 있는 자리다. 시대가 '박괘'라 그 대세가 소인이 군자를 몰아내는 상황이나, 도적의 무리 안에 일말의 양심이 있는 자처럼, '상구'의 군자가 '박괘'의 상황에서 마지막 노력하는 것을 안쓰럽게 보고 그와 호응하는 '내부 고발자'다. 다른 소인들처럼 세상을 갉아먹는 상황에 처해 있지만, 일말의 양심으로 인해 도덕적 허물이 없는 것으로 평가될 수 있다(剝之无咎).

육사六四

그러나 '박괘'가 '육사'가 되면, '육삼'의 노력도 아랑곳없이, 다시 소인인 음의 기운은 '초육'과 '육이'에서 시작된 것보다 더 극렬히 작용하여, 침상의 몸체 겉, 사람으로 치면 살갗까지 침범해 들어간다(剝牀以膚). 소인인 최고 지도자의 측근이며 역시 소인인 '사'의 위치에서 국정을 사사로이 농단하며 권력형 비리를 저지르니, 이제 본격적으로 국력은 쇠퇴한다. 그 상황이 흉(凶)함은 말할 나위도 없다.

육오六五

그러다 '박괘'의 대표 자리인 그 '육오'가 된다. '육오'는 아래로 서민에서 측근에 이르기까지 온통 음이어서, 세상에 정의로움은 없이 부정과 위선이 횡행하고, 자신 역시 용렬한 소인 지도자로서 적극적으로 세상을 개혁할 의지와 능력은 없지만, 바로 위 마지막 남은 양인 '상구'의 군자가 최후의 일각까지 목숨을 걸고 간언 하는 상황이다. 그래서 그의 능력으로 할 수 있는 것은 아래의 다섯 음을 물고기를 꿰듯 엮어서(貫魚)('어魚'는 음물陰物로서 소인을 상징한다), 일괄적으로 대우하기를 대궐 속의 '궁인宮人'을 총애하듯이 하는 것이다(以宮人寵).

임금이 '궁인宮人'에게 대하는 것은 그저 '총애'일 뿐, 벼슬을 주는 것은 아니다. 즉 소인에게는 그저 궁인 대하듯 총애와 물질적 혜택은 주더라도, 관직을 주어 국정에 참여하게 해서는 안 되는 것이 '상구'의 간언이다. '박괘' 시대에 용렬한 임금이 할 수 있는 한계로서 그나마 부각되는 문제없이 대체로 이롭게 하는 최소한이다(无不利).

상구上九

마침내 '박괘'는 양이 하나 남아 있는 '상구'가 된다. 밤이 깊으면 다시 밝은 낮의 시작인 새벽을 맞이한다. '상구'는 절망의 '박괘' 끝에서 마지막까지 세상을 구하려고 하는 군자의 의지를 상징한다. 세상을 구제하려는 군자의 의지로 먹히지 않고 남겨진 희망의 씨앗을 잉태하고 있는 큰 열매가 곧 이괘의 '상구'다(碩果不食). 이때 군자는 새 날을 위해 전열을 가다듬어 준비하고(君子得輿), 소인은 오히려 그 터전을 잃게 된다(小人剝廬). 다시 오는 밝은 세상이 곧 양이 아래에서 회복되기 시작하는, 다음의 '복괘復卦☷☳'다.

24

복괘 復卦

원문과 번역

復, 亨, 出入无疾. 朋來无咎. 反復其道, 七日來
복　　형　　출 입 무 질　　붕 래 무 구　　반 복 기 도　　칠 일 래
復, 利有攸往. (복은 형통하니, 출입에 문제 될 것이 없다.
복　　리 유 유 왕
벗이 와야 허물이 없을 것이다. 그 길을 되돌아와, 이레 만에

와서 회복하니, 갈 곳을 둠이 이롭다.)

(初九) 不遠復, 无祗悔, 元吉. (머지않아 돌아오니, 뉘우침에 이르지 않아
　　　 불 원 복　　무 지 회　　원 길
서, 크게 길할 것이다.)

(六二) 休復, 吉. (아름답게 돌아오니, 길하다.)
　　　 휴 복　　길

(六三) 頻復, 厲, 无咎. (자주 돌아오니, 위태로우나, 허물은 없을 것이다.)
　　　 빈 복　　려　　무 구

(六四) 中行, 獨復. (중도로 행하되, 홀로 돌아온다.)
　　　 중 행　　독 복

(六五) 敦復, 无悔. (두텁게 돌아오니, 뉘우침이 없을 것이다.)
　　　 돈 복　　무 회

(上六) 迷復, 凶. 有災眚, 用行師, 終有大敗, 以其國, 君凶, 至于十
　　　 미 복　　흉　　유 재 생　　용 행 사　　종 유 대 패　　이 기 국　　군 흉　　지 우 십
年, 不克征. (돌아올 길을 잃어 흉하다. 천재도 있고 인재도 있어
년　　불 극 정

서, 군사를 움직이면 마침내 크게 패함이 있고, 그 나라에 쓰면 임금이 흉하여, 십 년이 되도록 갈 수가 없다.)

복괘復卦 총설과 괘사卦辭 해설

'복괘'는 『주역周易』의 24번째 괘로서, 위는 땅이고 아래는 우레다(地雷復). 앞의 '박괘剝卦'를 180° 뒤집은 모양으로 그에 대한 반전을 말한다. '박괘'는 양이 음에 밀려 하나 남은 상황으로 아래에 다섯 음이 있고 맨 위 오직 하나만 양이지만, '복괘'는 이의 반전으로 맨 아래에 새로 생긴 '초구', 하나의 양으로 양이 다시 회복하기 시작하여 그 위의 다섯 음들을 장차 밀어낼 형국이다. '박괘' '상구'의 양이 곧 이 '복괘' '초구'로 이어지는 셈이다. 절망이 희망으로 다시 살아난 것이다.

인간에게 불을 가져다준 프로메테우스를 코카서스의 바위산에 쇠사슬로 묶고 독수리에게 날마다 간을 쪼아 먹히는 벌을 내린 제우스가, 프로메테우스에게 혜택을 받은 인간을 벌하기 위하여 프로메테우스의 동생 에피메테우스에게 보낸 최초의 여성인 판도라의 상자에 든 '희망'이 복괘의 '초구'다.

판도라의 상자 안에는 인간에게 불행을 가져오는 온갖 나쁜 재앙과 악덕이 다 들어있었다. 제우스가 보낸 헤르메스는 판도라에게 상자를 건네주며 그녀에게 호기심을 불어넣어 그것을 열어보게 하였고, 그 결과 인간 세상에는 온갖 불행이 퍼지게 되었다. 판도라는 놀라 급히 상자 뚜껑을 닫았지만, 이미 엎질러진 물. 하지만 상자 안에서 들려오는 아직 나오지 않은 하나의 목소리, 그것은 '희망'이었다. 판도라가 마저 나오게 한 '희망'으로 인간이 온갖 불행에도 불구하고 계속 살아갈 수 있게 되었다는 것이다. '박괘' '초육'에서 '육오'까지의 불행 끝, 하나 남은 양인 '상구'가 '복괘'의 '초구'에서 판도라의 상자 속 '희망'으로 되살아난 것이다.

'복괘'는 자연의 변화에서 동지冬至에 대응한다. 자연에서는 일 년 중 하지夏至에 처음 음이 아래에서 생기기 시작하여 양을 밀어내고 가을 그리고 겨울이 되는데, 동지가 되면 다시 아래에서 양이 시작되어 봄과 여름을 준비한다.

'복괘'는 양기의 회복이며, 군자의 도가 자라고 소인의 도가 사라지는 상황이어서 형통한 것이다(復亨). 소인에 의해 밀려났던 군자가 다시 권토중래捲土重來, 그 새 기운으로 새 일을 도모하는데 아무런 걸림돌이 없게 된 상황이다(出入无疾). 하지만 이제 막 시작한 회복 활동이며, 위에는 아직 물러가지 않은 소인인 다섯 음이 있으므로, 뜻을 같이 하는 동지들을 규합해야 문제가 없게 된다(朋來无咎).

일제로부터 막 해방되었지만, 아직 일제의 세력이 완전히 물러가지 않고, 그들에게 부역하던 친일파가 아직도 세상에 횡행하고 있는 때, 이 민족의 각 정치세력들이 자신들의 이념과 욕심으로 분열하지 않아야 겨레의 미래에 문제가 없게 되는 것이다(朋來无咎).(겨레 구성원들의 다른 선택으로 역사는 그렇게 되지 않았다.)

하나의 괘는 여섯 효로 이루어지므로, 맨 아래에 음이 생기기 시작하는 '구괘姤卦'에서부터 일곱 번째 효만에 다시 양이 시작된다(七日來復). 이 일곱 번째란 하나의 변화 주기가 끝나 다시 새로운 주기가 시작함을 말한다.

일제 세력과 친일 세력을 상징하는 음의 세력으로 인한 엄혹한 추위가 물러가고, 따뜻한 봄기운이 시작하는 것이다. 자연은 그냥 두어도 봄이 오지만, 인간 세상은 노력 없이 새 날이 저절로 오기 어렵다. 민족이 독립 의지를 가지고 지속적이고 반복적으로 투쟁하여(反復其道), 때가 무르익어 광복이 오는 것이며(七日來復), 광복된 세상에 새로운 일을 도모할 수 있게 되는 것이다(利有攸往).

이처럼 '복괘'는 '박괘'에서 무너진 세계가 다시 회복하는 것이며, 군자가 다시 소인을 몰아내는 것이요. 이 괘는 한 우주가 다시 생겨나는 것이요,[79] 한 나라가 다시 시작하며, 한 사람이 개과천선하는 것이요, 난세가 지나 다시 치세가 시작되는 것이다.

복괘復卦 효사爻辭 해설

초구初九

'복괘' '초구'는 아래에서 처음 양기가 회복되는 때다. 만물은 극에 이르면 되돌아온다. 비록 음이 가득한 세상이라 하더라도, 머지않아(不遠) 또는 언젠가 다시 양으로 회복되며(不遠復), 눈보라 몰아치는 겨울이 깊으면, 머지않아 봄을 맞이할 희망을 싹 틔운다. 이처럼 자연은 필연이므로 물극필반物極必反이다.

인간 세상도 이 필연의 토대에 있지만, 인간은 자유 의지를 가지고 있으므로, 책임 있는 인간 주체가 선악의 분기점에서 어디로 가느냐에 따라 달라진다. 소인이 설쳐 악이 횡행하는 '박괘'에서 자연의 법칙에 힘입어 반전을 이루어 '복괘'가 왔지만, 관건은 군자의 회복 의지에 있다. 군자 자신이 방심하여 소인이 횡행하도록 만든 책임을 통감하고, 뼈를 깎는 반성을 하는 수양이 있어야 한다.

조선 왕조가 지배층의 어리석음과 욕심으로 임진왜란, 정유재란이라는 외침을 당하고, 비록 류성룡柳成龍이 『징비록懲毖錄』으로 원인을 되새기며 반성하고 노력했지만, 조선의 지배층은 진실한 반성을 하지 못하여 이내 정묘호란, 병자호란이란 또 다른 외침으로 크나 큰 굴욕을 당했다.

그러나 이러한 참담한 국난을 거듭 겪고서도 지배층은 여전히 반성하지 않고, 그들의 기득권을 지키며 백성들을 착취하고 수탈할 뿐 아니라, 지배층끼리 정쟁으로 세월을 보내고, 그 승자인 노론老論 세력은 정권을 독점하여 바른 정치보다는 기득권 지키기에 혈안이 되었다. 결국 세계사의 흐름을 제대로 읽지 못하고 급기야는 일본의 식민지로 전락하였다.

그것도 부족하여 식민지로부터 해방되고도 국토는 분단되고 민족은 분열하여 서로를 죽이는 전쟁까지 겪고, 정파와 이념으로 나뉘며 생각이 다른 상대를 부정하였다. 이러한 과정의 원인을 걸핏하면 민족 외부에 돌린다. 이러한 수백 년의 역사는 반성의 부재를 보여준다. 소홀한 문단속에 대한 자기반성보다는 도적의 간악함만을 강조한다. 진정한 정치적 해방과 광복(復)은 주체의 이기적 욕심을 이겨내고 정의로운 세상을 회복하는(克己'復'禮) 반성에 있다. '박괘'의 때가 있게 된 원인을 반성해야 하는 것이다. 반성의 기회는 늘 있는 것이 아니다. 도덕적 중심에서 멀리 가기 전에(不遠) 반성(復)해야만, 후회에 이르지 않아서(无祗悔), 크게 길하게 된다(元吉).

또 부와 권력이 계층적으로 지나치게 위로, 지역적으로는 지나치게 수도권 편중으로 세상이 밑동부터 뿌리째 붕괴될 상황에서 지배층은 자신들이 살고 있는 세상을 노력하지 않아도 원하는 것은 무엇이나 얻을 수 있는 세상으로 여기고, 중심에서 소외된 하층민, 청년들은 자신들이 살고 있는 세상을 아무리 노력해도 미래의 희망이 보이지 않는, 병들고 지옥 같은 세상으로 받아들이는 '박괘'의 상황에서 판도라의 상자 속의 한 줄기 빛과 같은 희망을 본 군자들이 다시 희망의 싹을 틔우는 것이 이 '복괘'의 '초구'다. 그래서 '박괘'의 원인이 모든 계층에, 모든 세대에, 모든 지역에 '인仁'의 사랑이 골고루 미치지 않은 것에 있음을 아는 군자들이 다시 회복을 도모하는 것이다.

육이六二

'복괘' '육이'는 하괘의 가운데로서 중도를 지키는 자리다. '박괘'의 음들은 맨 위의 양을 몰아내는 상황이지만, '복괘'의 음들은 양이 맨 아래 있으면서 바야흐로 그 세력이 장차 갈수록 더 커져 자신들이 내몰리는 상황이다. 그중 다른 음과 달리, 바로 아래 양과 이웃한 음은 그 상황을 더 잘 알 수 있는 위치에 있다.

이에 이 '육이'는 자신이 지킬 바를 알아서 장차 아래에서 양기가 올라옴이 대세임을 간파하고, 그와 친하며 바른 도리로 아름답게 돌아간다(休復)(여기서 '休'는 '美'의 뜻). 즉 소인들 중 군자와 이웃한 소인이 그에 감화되어 아름답게(休) 반성하는(復) 것, 즉 약간의 '극기복례克己復禮'의 태도를 보이는 것이다. 이로써 길(吉)하게 된다. 이 '육이'는 부와 권력을 독점하였던 '박괘'의 소인들 중, 군자들과 가장 가까운 입장에 있는 소인들이, 군자에 감화되어 새로운 세상에 '아름다운(休) 반성(復)으로 협력하는 때이다.

육삼六三

그런데 '복괘'가 '육삼'이 되면 그 상괘로 진입하기 전 하괘 윗자리의 불안한 특성이 드러난다. 선을 회복했다가 다시 나태해짐을 반복하는 회복의 권태기다(頻復). 봄이 왔다가 꽃샘추위가 올 수도 있다. 즉 봄이 와도 봄 같지 않은(春來不似春) 때다. 양이 회복하는 것이 대세이긴 하지만, 때로는 음의 저항도 만만치 않아 음양이 밀고 당기면서도 결국 봄으로 향한다.

한 개인에게 있어서는 그동안 '박괘'로 말할 수 있는 욕망에 늪에 빠져 잘못된 삶을 살다가, 그런 삶을 뉘우치고 반성하여 양심을 회복하는 것이 '복괘'다. 그런데 그중 '육삼'은 이전 삶의 행태가 훈습熏習된 업력業力이 아직 완전히 소멸되지 않아 욕망의 언저리에서 탐닉과 탈출을 반복하는 상황이다. 이 때문에 악에서 완전히 손을 씻지 못하는 위태로운(厲) 상황에 빠질 수도 있다. 그러나 점차 선으로 옮겨가는 노력이 훈습되어, 그것이 대세로 작용하므로, 마침내 도덕적 허물이 없게 된다(无咎).

한편 사회적 측면으로는 '육이'에서 반성을 시작한 소인들이 한편으로는 개과천선하기도 하다가, 또 한편으로는 그들의 기득권을 차마 버리지 못하고 미련을 가지며, 반성과 구태를 반복하는 상황이다. 그래서 사회 전체로 보면 진정한 정의의 개혁 세력과 진보를 가장한 위선 세력, 그리고 탐욕적 수구의 저항 세력이 서로 투쟁하며, 전진과 후퇴를 반복하는 상황이다. 기득권을 놓지 않고 발악하는 상황이므로 개혁이 무산될까 우려하는 위태로운(隕) 상황이 전개되기도 하지만, 대세는 이미 양이 음을 밀어내는 상황이므로 결국 문제가 없게 된다(无咎).

육사六四

'복괘' '육사'는 이 괘에서 아주 의미 있는 효다. 장차 양기가 회복됨이 시대의 대세이지만, 세상은 아직 맨 아래 하나의 양기만 있다. 장차 군자가 주도할 세상이 올 것이나 아직 소인이 설치는 상황이다. 이때 '육사'는 비록 음의 편에 속해 있지만, 그중에서도 홀로 '초구'의 양과 호응하는 위치에 있다. '박괘'의 때에 '육삼'의 위치이다가, '박괘'가 반전된 '복괘'에서 '육사'가 된 것이다. 이 '육사'는 '복괘'의 시대에 음의 무리 속에서, 그것도 그 세력의 한 복판에서 중도를 행하며(中行), 홀로 양심을 회복하고 정의로운 행동을 하는 이가 있음을 말한다(獨復). 잔혹한 일제 강점기하에서, 살벌한 독재 시대에서, 악의 무리 속에서 홀로 양심적인 행동을 하는 사람이다.

그런데 아래의 '육이'도 '초구'와 가까워 그 영향으로 음의 무리에 있으면서도 양에 따르려 하는 경우로서, 그 위치는 양에 가까운 상황에서 일어나는 것이지만, '육사'는 음 세력의 한가운데에 있으면서 '초구'의 양과 호응하는 것이다. 음의 세력에서는 배반자일 수도 있지만, 선과 정의의 각도에서는 양심을 차마 저버리지 못하는 내부 고발자다.

이 점에서 주목해야 할 '육사'의 또 한 가지 중요한 특징은 그것이 이처럼 음의 내부에 있다는 점으로서, 음의 무리 바깥에서 양을 행하는 것과 다르다는 점이다. 예를 들어, 일제 강점기에 나라밖에서 독립 투쟁하는 자들은 그들이 실제적으로나 명분상으로나 떳떳해 보인다. 그런데 누군가 일제 치하에서 법관이나 검사나 경찰이 되어 밖의 독립투사들과 호응하거나, 개인적으로 양심을 지켜 조국에 도움이 되는 일을 한다면, 그 일제 체제 내부에서는 배반자가 되고, 독립운동 세력에게는 자칫하면 오해를 받고, 일반 민족에게는 매국노로 매도될 수도 있는 위험한 위치다.

이러한 '육사'의 경우는 또 일본인이면서도 자신의 국가가 인류 보편적 도덕에 위배되는 일을 하고 있다는 양심의 가책으로 오히려 그의 국가에 의해 피해를 보고 있는 국가들을 돕는 경우다. 또 비슷하게는 독일인으로 나치의 만행에 양심의 가책을 느끼고 그 피해자들을 몰래 돕는 경우이기도 하다.

또 우리의 현대사에서 엄혹한 권위주의 독재시대에 그에 저항하여 명시적으로 민주화운동을 하는 이들과 달리, 일단 그 체제 속에서 어떤 직위를 맡는 상황에서 자신의 양심에 따라 악을 멀리하고 선한 행동을 하는 경우다. 아마도 역사 속에서 몰래 옳은 일을 하고도 제대로 평가받지 못하거나, 오히려 살아서나 죽어서도 악으로 매도되는 경우도 있을 수 있다.

이처럼 어떤 명확한 평가로 드러나기 어려우므로 효사에 길吉·흉凶·회悔·린吝·구쏨·무구无쏨와 같은 평가도 없다. 한편 세상에는 이와 반대로 겉으로는 선하며 정의롭다고 알려져 있고, 살아서나 죽어서도 명예로운 평가를 받지만, 실상은 위선의 악인 반대의 경우도 있을 수 있다. 요컨대 '육사'는 음의 무리 속에서 홀로 개인적으로 중도를 행하며 양심을 회복하여(中行獨復) 양과 호응하는 특징이 있다는 것이다.

육오六五

'복괘' '육오'는 소인이 물러가기 시작하는 시대에 최고 지도자의 위치에 있다. 이 '복괘' 시대의 최고 지도자는 소인이 군자를 몰아내는 '박괘'의 상황에서 벗어나, 군자가 소인을 몰아내는 상황에서 그 자리에 있는 것으로서, 이전에 자신이 누렸던 권력이 점차로 대세에 따라 사라져 가는 상황이다. 이는 탄핵이나 어떤 극단적 정변에 의해 끌려 내려오는 것이 아니라, 추운 겨울이 가고 따뜻한 봄이 오듯 추세에 따라 물러날 준비를 하는 상황이다.

그동안 음의 소인들에 둘러싸여 있었고, 자신 또한 선과 정의에 대한 인식이 제대로 없는 음유한 자질에 머물러 있는 상황이었으므로, 적극적으로 세상을 바로 잡는 노력을 하지 않은 지도자다. 그러나 예기치 못하게 정국이 급변하는 경우가 아닌, 예측 가능한 대세에 따르고, 대세에 거슬러 기득권과 지위를 억지로 놓지 않으려는 시도가 없이, 시대에 두텁게 순응하면서 반성하는(敦復) 상황이다. 그동안 능동적으로 선을 행하지는 못하여 적극적 의미의 좋은 평가는 받지 못하지만, 그래도 소극적 의미에서 후회는 없다는 평가를 받는다(无悔).

상육上六

'복괘' '상육'은 양기의 회복 국면으로부터 가장 멀리 있기 때문에 회복할 길을 잃고(迷復) 흉(凶)한 상황이다. '육오'의 상황이 대세에 순응하는 경우라면, '상육'은 지도자가 이미 정치적 상황에서 돌이킬 수 없을 정도로 자신에게 불리하게 되었는데도, 자신의 권력에 미련을 두고 억지로 유지하려는 것이다.

그렇지만 이미 대세는 기울어 밖에서 오는 재앙(災)인 외부 모순과 안에서 생긴 재앙(眚)인 내부 모순에 빠져 있다(有災眚). 그런데도 자신의 권력을 놓지 않으려고 군사력을 동원해 보지만(用行師), 결국 크게 패하게 된다(終有大敗). 게다가 자신이 다스리는 나라의 힘을 총동원해 보지만(以其國), 임금인 그 자신에게 불리한 결과만 초래하고(君凶), 끝까지 발악해 보아도(至于十年)('十'은 숫자의 끝을 말함), 이기지 못하게 된다(不克征).

이는『주역』이 지어진 상나라 말, 그 마지막 임금인 주왕紂王이 신흥 세력인 주나라 무왕武王의 역성혁명에 끝까지 저항에 보지만, 결국 밀려남을 말하는 것이기도 하고, 역사에서 폭군이나 독재자가 끝까지 버티지만, 결국 권좌에서 밀려나는 경우를 말하는 것이기도 하다.

또 '박괘'의 세상을 청산하려고 세력을 규합한 정의로운 선인善人, 군자가 개혁을 시도하여 세상을 바꾸려고 기득권 세력을 밀어내려고 할 때, 그나마 대세를 간파하고 순순히 물러나는 '육오'의 경우와 달리, 끝까지 기득권에 미련을 가지고 무력을 써서라도 그것을 지키려고 하지만, 결국 혁명에 의해 억지로 기득권을 빼앗기는 경우다.

25

무망괘 无妄卦

원문과 번역

 无妄, 元亨, 利貞. 其匪正, 有眚, 不利有攸往. (무
무 망 원형 리정 기비정 유생 불리유유왕
망은 크게 형통하고 곧음이 이롭다. 그 바름 아님에 재앙이

있으리니, 가는 바를 둠에 이롭지 않다.)

(初九) 无妄, 往吉. (무망이니, 가면 길할 것이다.)
무 망 왕길

(六二) 不耕穫, 不菑畬, 則利有攸往. (밭 갈지 않고도 거두며, 개간하지
불경확 불치여 즉리유유왕
않고도 좋은 밭이 되니, 곧 가는 바를 둠에 이롭다.)

(六三) 无妄之災, 或繫之牛, 行人之得, 邑人之災. (무망의 재앙이니,
무 망 지 재 혹 계 지 우 행 인 지 득 읍 인 지 재
매어 놓기도 한 소가 행인의 얻음이요 마을 사람의 재앙이다.)

(九四) 可貞, 无咎. (곧게 할 만하니, 허물이 없을 것이다.)
가 정 무 구

(九五) 无妄之疾, 勿藥, 有喜. (무망의 병은, 약을 쓰지 않으면 기쁨이 있을
무 망 지 질 물 약 유 희
것이다.)

(上九) 无妄, 行, 有眚, 无攸利. (무망에 행하면, 재앙이 있어서, 이로울
무 망 행 유 생 무 유 리
바가 없다.)

무망괘无妄卦 총설과 괘사卦辭 해설

'무망괘'는 『주역周易』의 25번째 괘로서, 위는 하늘이고 아래는 우레다(天雷无妄). 하늘의 기운을 받아 아래의 우레가 움직인다. 『중용中庸』과 『맹자孟子』에서는 하늘의 이치를 '성誠'으로 정의하고 있다. 즉 자연법칙은 성실함으로 전개된다. 우주 만물은 쉬지 않고 끊임없이 운동하고 변화하는 것이 본성이다. 우주는 성실함이 없으면 곧 죽음이다. 존재 자체가 사라진다. 『중용』에서는 "성실하지 않으면, 만물의 존재란 없다(不誠無物)"라고 한다.

인간은 이 자연법칙의 성실함을 도덕 법칙으로 삼는다. 『중용』에서는 이를 '성실하려고 노력하는 것(誠之)'으로 표현했다.[80] 『주역』 전체를 대표하는 '건괘乾卦'에도 이 취지를 말하고 있다. '건괘' 「상전象傳」에서 "하늘의 운행이 건실하니, 군자는 이를 본받아 자신을 굳세도록 힘써 쉬지 않는다(君子以自强不息)"라고 하는 것이 이러한 취지다. 원문의 '이以'가 곧 자연법칙'으로 도덕 법칙을 삼는 것을 말한다.

'무망괘' 상괘인 건괘乾卦☰를 하괘인 진괘震卦☳가 이어받아 움직이고 있음이 곧 '성誠'의 표현이다. '무망无妄'의 '망妄'을 중국 삼국시대 위魏의 왕필王弼은 '거짓으로 속임(虛妄矯詐)'이라고 해석한다. '무망'은 이러한 것이 없는 상태, 곧 '성실함', '진실함'이다. '무망괘'는 하늘의 이치인 진실무망眞實无妄한 '성誠'을 드러내는 괘다. 인간은 이 이치에 따라서 선善함을 추구해야 한다. '박괘剝卦'의 허물어짐은 인간의 악惡한 욕심으로 인한 것이다.

공자孔子가 '인仁'의 정의定義 중 하나로 든 '그 욕심을 이겨 올바름을 회복함(克己復禮)'[81]의 '회복(復)'을 '박괘' 다음의 '복괘復卦'의 의미와 연관시킬 수 있으며, 이렇게 하여 선한 '인'을 회복하면 망령됨이 없다는 의미의 '무망無妄'의 괘가 된다. 도덕 회복의 기준은 하늘 법칙인 '건괘乾卦'의 '원형이정元亨利貞'이므로, '무망괘'의 괘사에서도 이 점을 말하였다.

'복괘'의 도덕적 의미의 회복은 그 실행 주체가 결국 인간이다. 그래서 인간의 도덕 회복으로 인한 도덕심의 '무망無妄'을 '복괘' 후에 말하는 것이다. 이 무망함의 도덕 회복이 없으면, 세상은 언제라도 다시 무너질 수가 있다. 독재시대 후의 민주주의의 회복도, 국가경제 파탄 이후 회복도 그 주체인 구성원의 '무망'함이 관건이다. '박괘' 시대의 과오에 대한 개과천선을 말한다. 이를 위해서는 철저한 자기반성이 필요하다. 이러한 반성에는 언제라도 가짜가 끼어들 수 있다. 이전의 과오를 적폐로 몰기 위해 극렬 인민을 선동하여 자신들의 정치적 이익을 꾀하려는 소인들의 발호가 있을 수 있음을 역사에서 자주 본다.

북송대北宋代 왕안석王安石의 개혁 정책이 그의 당초 취지에도 불구하고, 그 자신은 물론 그와 더불어 당여黨與를 이룬 신법당新法黨의 과잉 행동과 그 무리에 끼어든 위선자들로 인해 구법당舊法黨의 문제를 해소하지도 못하고, 오히려 자신들의 새로운 문제를 드러내는 경우가 되었다.

그러므로 진정으로 '무망'의 상황이 되려면 전제가 있다. 그래서 괘사에 이를 밝혔다. 만일 진정으로 반성하지 않아 개인이든 집단이든 그 도덕 주체가 바르지 못하면(其匪正), 오히려 재앙이 있게 된다(有眚). 북송은 왕안석 이전부터 왕안석에 이르기까지 여러 차례 내적 외적 모순에 대한 개혁의 시도가 있었지만, 번번이 실패하고 외침外侵에 속수무책 당하다가 금金에 중원을 내어주었고, 결국 남송南宋으로 버티다 몽골의 원元에 망하였다.[82]

그런데 '무망괘'는 괘사에서 '건괘乾卦'와 같은 '원형이정元亨利貞'을 먼저 내세우고, 그 상황 속의 주체가 올발라야 하는 전제를 충족하면 원형이정의 하늘 법칙이 실현된다는 취지를 말하는데, 괘사의 말미에 왜 구태여 '가는 바를 둠이 이롭지 않다(不利有攸往)'라고 하여 이 상황에서 어떤 행위를 하지 말도록 경고하는가.

그것은 이전 '박괘' 시대를 겪으면서 그때의 경험으로 인한 트라우마 때문이다. 개인은 전대의 잘못이나 개인 자신의 이전 잘못으로 크나큰 문제를 초래했을 때, 그것이 트라우마로 남을 수가 있다. 근본적으로 반성할 줄 모르는 사람이 아니면 모르되, 이전의 문제에 대한 잘못을 인정하고 반성하려는 사람은 다시 그런 실책을 되풀이하지 않으려고 그 사례를 교훈으로 삼을 것이다.

그러나 반성이 정도가 지나쳐 개인적 트라우마가 되면, 향후에 과잉 대응하는 문제가 있을 수 있다. 전대나 자신의 과거에 어떤 도덕적 일탈로 개인적 '박괘'의 고통을 겪었다면, 그 잘못에 대한 반성을 넘어 자신과 후대에 지나친 도덕적 엄격성을 적용하여 상식적 수준의 일상조차 지나치게 옥죄어 새로운 고통이 될 수도 있다.

한 사회에 있어서도 전대가 도덕적으로 타락하여 몰락하거나 멸망하였을 경우, 다음 대에서 그 반성이 필요 이상으로 집단적 트라우마가 되어 과잉 대응을 초래하여, 지나치게 엄격한 중세적 성격의 종교적 도덕주의에 빠질 수도 있다. 사회는 자연스러운 인간의 기본 욕구도 퇴폐로 간주하여 활기를 잃고, 종교적 엄숙주의와 경건주의의 '겨울왕국'에 갇힐 수가 있다. 이 경우 위정자는 이를 악용해 인민을 통제하는 수단으로 삼을 수도 있으며, 갇힌 욕구는 오히려 속으로 곪을 수도 있고, 통제의 밖에 있는 위정자 계급을 오히려 타락시킬 수도 있다.

과잉 대응은 사상적 근본주의, 원리주의로 나타날 수도 있다. 기독교 근본주의, 이슬람 근본주의일 수도 있고, 조선 왕조의 주자학적 성리학 근본주의일 수도 있으며, 좌파 근본주의, 우파 근본주의일 수도 있다. 거기서 추구하는 이념은 자신들만의 신념에 따른 양심과 정의에 의한 것이므로, 철학이나 정치이념도 종교화한다. 거기에는 확신에 차 있으면서도 교활한 정치 세력과 지식인, 그에 선동되는 집단 최면 상태의 광기의 민중이 있다. 이들은 독일 나치 시기의 히틀러 유겐트와 같은 우파 전위대, 중국 문화대혁명 시기의 홍위병과 같은 좌파 전위대처럼 이념의 선봉으로 나선다.

과잉대응은 문화적 측면에서 일어나기도 한다. 과거 오랜 세월 동안의 중국 문화에 대한 사대모화事大慕華 사상과 일제 강점기의 민족 말살정책의 피해가 역사적 트라우마가 되어 현대에 와서 그 반작용으로 문화에 대한 강한 민족주의로 나타나기도 하여, 인류 문화는 다른 문화권과의 교류와 융섭을 통하여서 발전하고 풍성해진다는 것을 간과하기도 한다. 이로 인해 지나친 배타적 문화 순혈주의가 과거 겨레 문화의 억압 시대와는 반대의 부작용으로 나타날 수 있다는 것이 이 '무망괘'의 '가는 바를 둠이 이롭지 않다(不利有攸往)'는 말의 의미일 수도 있다.

'무망괘'의 기본 취지가 '박괘' 시대에 대한 '복괘' 시대의 반성을 통해, 진실 무망함의 좋은 상황을 말하는 것이므로 효사가 기본적으로 좋은 취지이지만, 그 지나침에 대한 경고 역시 괘사에 덧붙이면서, 효사에서도 그 취지를 반영하고 있는데, 하괘의 끝인 '육삼'과 상괘의 끝인 '상구'의 효사가 그것이다.

무망괘无妄卦 효사爻辭 해설

초구初九

'무망괘' '초구'는 '복괘復卦'의 반성 효과가 처음 나타난 것이다. '박괘剝卦'에서 무너진 양심을 '복괘'에서 반성하고 회복한 후, 이제 망령됨이 없게 되는 발전의 싹이 보인다. 국가나 기업을 부실하게 경영하다가, 다시 초심으로 돌아가 양심적으로 경영하는 것이다. '박괘'의 부패함이 일소되고 사회가 정화되어 성실함, 진실함(无妄)으로 세상을 바꾸어 새로운 일을 추진할 수 있게 되었으며(往), 그 과정도 순탄할 것이다(吉). 개인도 과거의 잘못을 반성하고, 진실 무망함(无妄)으로 개과천선하여, 자신의 삶을 리셋할 수 있게 되었으며(往), 미래도 밝아져 일이 잘되게 될 것이다(吉).

육이六二

'무망괘' '육이'는 '초구'의 안정된 기초에서 나아간 하괘의 가운데 자리로서 '무망괘'의 상황이 중용을 지키면서 굳건해지는 단계다. 진실 무망한 태도와 자세로 부패와 나태, 그리고 방만한 경영으로 인한 적폐 요인을 제거한 국가나 기업에 새로운 경영의 토대가 세워져, 힘들이지 않고도 좋은 결과가 있음이 '밭 갈지 않고도 수확하고(不耕穫)', '개간하지 않고도 좋은 밭을 얻게 되는(不菑畬)' 것과 같다. 이러한 상황으로 당연히 국가의 새로운 정책이나 기업의 새로운 사업, 개인의 새로운 계획을 추진할 만하다(則利有攸往).

육삼六三

그런데 만일 '초구'와 '육이'에서 동기의 순수함만을 믿고, 자신만의 잣대에 따른 소신과 양심에 지나치게 경도되면, 괘사에서 경계한 대로 의욕에 넘쳐 과잉 대응으로 나갈 수도 있다. '무망괘'의 '육삼'은 그 점을 재앙으로 간주하여 경계한다(无妄之災). '무망괘' '육삼'의 상황은 하괘의 맨 위로서 중도를 벗어난 과잉 대응의 상태다. 그래서 '무망괘' 속에서 오히려 '유망有妄'한 상태가 된 것이다.

또한 '육이'는 '밭 갈지 않고도 수확하고', '개간하지 않고도 좋은 밭을 얻게 되는' 정도로 일이 자연스럽고 순조롭지만, '육삼'의 상태는 그에 따른 오만함이 중도를 벗어난 과잉 대응으로 번져, 밭을 가는 정상적 수단인 소를 매어 놓고(或繫之牛), 즉 정상적 수단을 벗어나서 일을 추진하는 것이다. 인민 백성(邑人)은, 적폐 청산의 정의로움을 내세우며, 이념적 근본주의로 과잉 대응을 부추기고 선동하는 위정자(行人)의 집정 초기의 성과를 믿었다. 하지만 인민 백성 자신들은 오히려 그 위정자 세력들의 부와 권력(매어 놓은 소)을 늘리고 확고히 하는 데 이용된 것이다(行人之得). 그것은 곧 기만당한 인민 백성 자신들의 재앙으로 돌아오는 것이다(邑人之災).

구사九四

'무망괘' '구사'는 '육삼'의 위기를 극복한 후 오는 재도약의 상황이다. 그런데 이 위기를 극복하고 발전의 상황을 계속 유지하려면, 마음이 바르고 곧아야 한다(貞). '육삼'의 위기는 위정자 그룹의 극단적 이념 편향이나 위선적 교활함에 희생될 수도 있다는 인민 백성들의 각성과, 그 위선과 교활함을 비판하고 고발하는 군자 지식인들의 정의로움이 있어야(可貞) 문제없이 극복될 수 있으며(无咎), 이러한 단계가 '구사'에서 이루어져야 한다. 즉 사회 공동체의 분위기가 위선적 위정자 그룹의 실체를 간파할 만큼 지혜롭고 정의롭지 못하면, '무망无妄'의 시대는 그대로 무망無望해지는 것이다.

구오九五

만일 '구사'에서 정의로움을 살릴 수 있어서(可貞) 위기를 극복한다면, '무망괘'의 전성기인 '구오'가 된다. '무망无妄'의 존위尊位에 이른 것이다. 그런데 진실 무망한 시대가 좋은 시대이기는 하지만, 의욕 과잉으로 과잉 대응함은 오히려 평지풍파를 일으킨다.

병이 들면 약을 쓸 수 있다. 그런데 병이 들지 않았는데 건강한 몸에 미리 약을 쓴다면, 그것은 몸에 약이 되지 않고 오히려 독이 된다. '무망괘'의 전성기에 이 전성기를 오래 유지하려면, 겸허히 자연스럽게 순리대로 대처해야 한다. 만일 '박괘'의 트라우마에 사로 잡혀, 지금 누리고 있는 '무망괘'의 행복이 쉬이 가버릴까 불안하여 거기에 인위적인 대책을 써서, 세상을 더 깨끗하게 한답시고 건강한 사회에 극단의 근본주의적 처방을 내려 구성원을 검열하고 통제한다면, 오히려 사회의 독이 되는 것이다.

'무망괘'에서 문제가 있다면, 그 문제(无妄之疾)는 '박괘'와 같은 시대처럼 부패함이 아니라, 불필요한 약을 쓰듯 과잉의 정책을 쓰는 것이다. 인위적 대책을 억지로, 그것도 과잉으로 쓰지 않아야, '무망괘'의 행복함이 지속될 것이다(勿藥有喜).

상구上九

'구오'와 같은 취지의 경고는 이미 하괘의 끝 '육삼'에서 나온 바다. 그렇지만 최전성기인 '구오'에서 다시 각성시키고 있다. 가장 잘 될 때 그 경고를 상기시키는 것이다. 그런데도 이 경고를 잊거나 듣고도 무시하여 인위적으로 과잉 대응을 계속한다면, 결국 '무망괘'는 '상구'의 상황에 이르게 된다. 역시 마치 '건괘乾卦' '상구'의 '항룡유회亢龍有悔'의 상황처럼 되는 것이다. '무망괘'의 '상구'는 마지막 기회를 주어 조건부로 말한다. 즉 '무망'의 시기에(无妄) 인위적으로 과잉 대응하면(行), 오히려 재앙을 초래하여(有眚), 이로울 바가 없으니(无攸利), 경거망동하지 말라는 것이다.

26

대축괘 大畜卦

원문과 번역

大畜, 利貞. 不家食, 吉, 利涉大川. (대축은 곧고 바
르게 함이 이롭다. 집에서 먹지 않으면 길하니, 큰 내를 건넘
에 이롭다.)

(初九) 有厲, 利已. (위태로움이 있을 것이니, 그침이
이롭다.)

(九二) 輿說輹. (수레에 당토를 벗긴다.)(여기서 說=탈脫)

(九三) 良馬逐, 利艱貞, 日閑輿衛, 利有攸往. (좋은 말이 달림이니, 어
려운 일 하듯 하면서 곧고 바르게 함이 이롭다. 날마다 수레 몲과 지킴을
익히면, 갈 바를 둠에 이로울 것이다.)

(六四) 童牛之牿, 元吉. (송아지 뿔빗장이니, 크게 길하다.)

(六五) 豶豕之牙, 吉. (불깐 돼지의 어금니이니, 길하다.)

(上九) 何天之衢, 亨. (하늘의 네거리를 멤이니, 형통하다.)(여기서 何=荷)

대축괘大畜卦 총설과 괘사卦辭 해설

'대축괘'는 『주역周易』의 26번째 괘로서, 위는 산이고 아래는 하늘이다 (山天大畜). 앞 '무망괘无妄卦' 기호를 180도 뒤집은 모습이다. 아래에 있는 건괘乾卦☰ 하늘의 강건한 기운을 위의 간괘艮卦☶인 산이 그치어 머물게 (止) 하여, 그 기운을 크게 쌓는다. '대축大畜'은 덕, 역량, 지식, 경험 등을 크게 쌓음이다. '박괘剝卦'에서 무너진 것을 '복괘復卦'에서 회복하는데, '무망괘无妄卦'로 '박괘'의 원인인 망령됨을 없애고, '대축괘大畜卦'에서 그 역량을 크게 쌓을 수 있게 된다.

그런데 아홉 번째 괘로 이미 나온 '소축괘小畜卦☴'는 작게 쌓음이다. '소 축괘'는 '대축괘'와 마찬가지로 하괘가 모두 건괘☰乾卦이지만, 상괘가 다르 다. 둘 다 하괘의 하늘 기운이 위로 올라가려는 상태인데 그 기운을 머물게 하여 에너지를 쌓는 것이다. 그중 '소축괘'는 처음 '건괘乾卦☰'에서 시작된 변화 과정에서 아직 초기 상황이므로 비축할 수 있는 에너지도 적어 조금 쌓는다. 그래도 그 쌓음의 의미는 에너지를 함부로 써 버리지 않는다는 것 이다.

이 '대축괘' 역시 에너지를 쌓는다는 의미를 가지고 있으면서, 그 에너지 를 '소축괘'처럼 함부로 써 버리지 않는다는 의미가 있다. 그런데 '대축괘'는 '소축괘' 이후 이제 그동안 제법 많은 우여곡절의 변화 과정을 거친 상황이 다. 우여곡절 과정에서 많은 시행착오도 겪고, 모순도 보정하는 등의 일들 이 있었다. 그러면서 노하우도 쌓여서, 에너지 비축도 더 큰 규모로 이룰 수 있게 되었다.

그 에너지 비축은 '소축괘'에서 바람이 아래의 하늘 기운을 머물러 잠재
우는 정도로 되지 않는다. 그 규모가 크기 때문에 머물게 함도 더욱 크게
작용해야 한다. 그래서 상괘가 간괘艮卦☶다. 즉 아래 하늘의 큰 기운을
큰 산이 덮어서 가두는 것이다. 간괘의 그침(止)의 의미가 여기에 작용하
는 것이다.[83]

에너지를 크게 비축하는 것은 향후 크게 쓰기 위해서다. 크게 쓰기 위해
서도 쓸데없이 헛되이 낭비해서는 안 된다. 헛되이 낭비할 수 있음을 경계
하는 것이 앞의 '무망괘'에서 이미 나왔다. 즉 '박괘'의 힘든 과정을 거친 스
트레스로 인한 트라우마로 지나친 대응을 할 수도 있음을 경고하는 것이었
다. 또, 그 지나친 대응이 오히려 새로운 문제를 초래할 수 있음도 경고하였
다. 진정으로 진실 무망한 시대가 되려면 이를 경계해야 한다는 것이었다.

'대축괘'는 이 '무망괘'에서 지나침이 없는 대응으로 이룰 수 있는 다음 과
정이다. 그래야 큰 비축이 있게 된다. 그런데 이렇게 큰 비축이 있게 되었지
만, 역시 아직 과잉 대응에 대한 경계는 여전하다. 비록 '소축괘'와 비할 바
없는 큰 에너지가 모였지만, 그렇다고 흥청망청 써 버리면 비축의 노력이
허사로 되어 버릴 수도 있기 때문이다. 그래서 일단 태산처럼 큰 산으로 덮
어 눌러 놓고, 바른 용처를 찾아야 한다.

'소축괘'일 때 쌓은 에너지를 낭비하지 않음은 국가나 기업이 처음 생긴
지 얼마 되지 않아 역량과 자본이 아직 충분하지 않은 상태이기 때문에 헛
되이 쓰지 않기 위한 것이었다면, '대축괘'일 때는 이제 그 국가와 기업이 어
느 정도 산전수전 겪은 상태에서 비축된 역량과 자본이므로, 규모도 더 커
졌고, 그에 따라 역량과 자본을 쓸 계획도 크게 잡게 되는 것이다. 계획이

클수록 그에 따른 신중함도 커져야 한다. 잘못되어 망하면, '소축괘' 때와 달리 크게 망하기 때문이다.

그래서 '대축괘'에서는 아래에서 솟아오르는 하늘 기운과 같은 자본을 신중하게 투자하도록 계속 경계한다. 국가는 돈이 많다고 대규모 국책사업을 벌일 수도 있고, 기업이나 개인이 속된 말로 간덩이가 커져 무모한 도전을 할 수도 있기 때문이다. 트라우마로 인한 위축과 과대망상으로 인한 무모함 사이에서 중용을 잃을 수 있음을 경계해야 한다.

'대축괘'의 상황은 이렇게 바른 마음과 자세로 조심만 한다면 이롭게 된다 (大畜利貞). 이 괘의 상황은 그 축적된 에너지, 자본으로 큰일을 도모할 수 있다(利涉大川). 큰 일을 도모할 수 있는데도, 지나친 신중함으로 위축될 수는 없다. 그래서 집에서 머물지 않고 세상에 나아가 큰 일을 도모하는 것(不家食)이 좋은 것이다(吉). 인재는 집에 은둔하기(家食) 보다는 세상에 나아가고(不家食), 지도자는 이러한 인재들을 널리 구하여 큰 일을 맡겨야 하는 것이다. 그래서 큰 물을 건너듯 큰 일을 도모하는 데 이로운 시대라는 것이다 (利涉大川).

'대축괘'의 시대는 국가와 같은 공동체가 이처럼 인재를 키우고, 인재를 발탁하는 것을 말하며, 그리고 인재 입장에서는 또 세상의 일에 참여하는 것을 말하기도 한다. 이때 그 인재는 아무런 준비 없이 무턱대고 세상에 나가도 되는 것은 아니다. 평소에 자신의 덕을 충분히 쌓아 준비해 놓아야 한다. 어떻게 준비하는가. 이 괘의 「상전象傳」에서는 그 인재가 되는 군자가 이때 해야 할 일을, "이전의 말과 과거의 행동을 많이 앎으로써 자신의 덕을 키워야 한다"라는 말로 표현하였다.

대축괘大畜卦 효사爻辭 해설

초구初九

'대축괘' '초구'는 역량과 자본을 쌓는 초기 단계다. 아직 역량과 자본이 충분히 축적되지 않은 초기 단계는 위태로운(有厲) 상황이다. 아래 건괘☰의 강건한 기운은 이 경우 오히려 경거망동으로 나타날 수 있다. 이때 행동을 자제하는 것이 이롭다(利已). 국가자본이든, 기업자본이든, 개인자본이든 이전 투자의 성과로 어느 정도 축적이 이루어지면, 사장시키지 않고 활용해야 한다는 조바심이 들 수가 있다. 그러다가 때로는 사업계획에 대한 충분한 검토 없이 새로운 계획을 실행할 수 있다. 일반적으로 괘의 처음이 조심하는 단계인 것이 여기에도 적용된다.

이 괘의 괘사에서 말하듯이, 궁극적으로 세상일에 참여하는 것이 목표이지만, 역량과 자본의 충분한 축적이 이루어지지 않은 초기 단계에서는 아직 나아가지 말고 신중할 것을 요구한다. 이 괘의 '초구'는 한 국가가 역량과 자본을 아직 축적하지 않은 상태에서 국가의 저변을 이루는 국민이 국가에 대하여 조급히 국가적 대책을 요구하는 것이다.

그런데 이 '초구'의 국민, 민중에게 먼저 내실을 기하여야 함을 설득하는 위치는 원래 '초구'와 호응하는 위치이지만 이 상황에서는 멈추게 하는 역할을 하는 상괘인 간괘艮卦☶ 맨 아래의 '육사'다. 즉 국가의 주요 직책을 담당하여 국가사업을 실행하는 정치와 행정의 지도 그룹이다. 만일 인민대중의 요구에 편승하여, 정치적 목적에서 포퓰리즘으로 성급히 실행하면 안 된다는 것이 이 상황의 의미다.

이 '초구'에 호응하는 '육사'는 음유한 속성을 가지고 있는 지도자 그룹이다. 그래서 이들은 경제개발 독재 시절의 국가 정책자들처럼 인민의 요구에 대해 노동운동을 탄압하듯 억압적으로 분배의 실행을 미루는 것이 아니라, 노사정 협의를 하듯 현황을 설명하고, 인민 백성에 대해서도 그 사유를 유순한 태도로 설득하는 상황이다.

구이九二

'대축괘'의 '초구'가 조급히 실행을 요구하는 일반 인민들이라면, '구이'는 그중에서도 중도를 지키는 현명한 인민들이다. 하괘의 가운데서 중도를 지키며 자발적으로 행동을 자제한다. 설사 포퓰리즘 정책을 남발하여 민심과 표를 얻으려는 지도층이 있다 하더라도 오히려 이를 비판한다. 그래서 스스로 마치 수레의 차체와 굴대의 중심을 연결하는 당토(輹)(또는 수레바퀴)를 벗겨 놓고(輿說輹) 쉬듯 한다.

'구이'와 호응하는 위치의 '육오'는 그 아래 '육사' 그룹을 지휘하는 국정 최고 책임자이며, 상괘인 간괘艮卦☶의 중심에서 아래 인민 백성의 요구에 대해 설득하는 유순한 지도자로 역시 '구이'의 현명한 국민들의 협조를 구한다.

구삼九三

'대축괘' '구삼'은 하괘인 건괘乾卦☰ 기운의 윗자리에 있으면서 건괘의 기운을 위로 뻗쳐 나가려고 한다. 아래 '초구', '구이'가 역시 건괘의 기운으로 위로 내달리려는 의욕이 있었지만, 아직 충분히 역량이 축적될 만큼 때가 무르익지 않아 상괘 '육사'와 '육오'의 제지를 받았다. 그러나 '구삼'에 이르러서는 이제 역량이 무르익어 비로소 위로 달려갈 수 있게 되었다. 게다가 상괘 맨 위 '상구'가 '대축괘'의 맨 끝으로 역량이 최고조에 달한 상태('상구'에서 '天之衢'로 표현)에서 이 '구삼'과 호응하여 역량 발휘를 돕는다.[84]

'구삼'은 이제 그동안 축적된 역량과 자본을 활용하여 세상에 나아가 쓸 계획을 하는 단계다. 축적된 역량과 자본도 급조된 부실 역량이나 매판자본 같은 것이 아니고, 충분히 단련하고 정제한 양질의 역량과 자본이다(良馬). 그래서 이 역량과 자본의 말을 달려 이제 적극적으로 활용할 수 있게 되었다(良馬逐).

그러나 하괘에서 상괘로 나아감에서 겪는 세상의 풍파를 이겨나가기 위하여 이전의 여러 실패 사례를 교훈으로 삼아, 아직도 어려움에 처한 듯 삼가고 조심하며 바르게 수행하려는 자세가 필요하다(利艱貞). 동시에 날마다 역량과 자본을 효율적으로 활용할 기술을 습득하여 행동에 나설 준비를 해야 한다(日閑輿衛). 때로는 세상에 역량과 자본을 적극적이고 공격적 측면에서 발휘할(輿) 기술도 익히고(閑), 또 때로는 소극적이고 방어적 측면에서 그것을 지킬(衛) 기술도 익혀야 한다(閑). 이것은 마치 '건괘乾卦☰' '구삼' 취지와도 상통한다. 이런 철저한 대비태세를 갖추고, 세상에 역량과 자본을 쓴다는 전제가 있다면, 세상에 필요한 행동에 나설 수 있다(利有攸往).

육사六四

크게 쌓음은 아래 건괘乾卦☰의 강건한 양기가 함부로 분출되지 않도록 산과 같이 머물도록 함, 즉 그침을 상징하는 위의 간괘艮卦☶가 제어함으로 인해서다. 그래서 '대축괘' '육사'는 그에 상응하는 '초구'의 기운을 제어하는 역할을 한다. 일반 국민 중 나라 전체의 대국적 국면을 보기보다는, 우선 자신의 삶과 가계를 챙기려는 이기심으로 자신들의 이익을 위한 정치와 행정을 요구하는 '초구'와 같은 국민들에 대해, 그들을 설득하는 현명한 국가 지도자들이 '육사'다.

만일 이 '육사'의 위치에 자신의 정치적 욕심을 위해 역시 '초구'처럼 나라 전체보다는 자신의 정치적 입지 확보를 위한 포퓰리즘과 선동을 일삼는 소인 정치인들이 자리 잡는다면, 모처럼 '구삼'에까지 키운 '대축괘' 시대의 나라 역량과 자본을 헛되이 낭비하여 부유할 수 있게 된 국가가 일시에 몰락할 수도 있다.

이 괘의 '육사'는 이러한 점을 잘 아는 현명하고 도덕적인 국가 지도자로 '초구'의 일반 국민이 그들이 지역이든, 직종이든 또 다른 영역에 따른 입장이든, 자신들의 이익만을 위해서 국가에 요구하는 것을 효율적으로 설득하고 제어해야 할 임무를 가지고 있다. 이는 마치 송아지(童牛)가 뿔이 자라기 시작할 때, 그 뿔을 경거망동하게 사용하지 않도록 뿔 빗장(牿)으로 제재함과 같다(童牛之牿). 이렇게, '육사'가 현명하게 대처하는 나라의 상황은 크게 좋아질 것이다(元吉).[85]

육오六五

'대축괘' '육오'는 그에 상응하는 '구이'의 기운을 제어한다. 비록 '구이'는 '초구'보다는 현명하고 합리적인 국민들이지만, 국가 경영자는 국가의 역량과 자본을 충분히 비축하기 위하여 국민들의 섣부른 욕망을 합리적으로 제어할 정책을 만들어야 한다. 그래서 마치 제 성질에 못 이겨 좌충

우돌하는 숫 멧돼지의 억센 기운을 거세로 억제함에 비유한다. 거세하여 순해진 멧돼지의 어금니(豶豕之牙)가 더 이상 위험하지 않게 된 것처럼, '육오'는 합리적 정책으로 '초구'든 '구이'든 비합리적 요구를 무마하면, 나라에 이롭게 된다(吉).[86]

상구上九

이렇게 하여 바라던 '대축'의 결실을 맺음이 '대축괘' '상구'다. 이제 하늘나라의 사통팔달한 거리(天之衢)를 활보하며 걸을 수 있듯(何天之衢), 국가 경제가 살아나고 기업의 재무구조가 다시 건전해지고 개인의 사업도 성공 가도를 달리게 된다. '초구'와 '구이'의 국민들이 자신들의 무리한 요구를 자제하여 '구삼'에서 충분한 역량과 자본이 축적되고, 지도자인 '육사'와 '육오'는 국가를 경영함에 강압적인 수단을 쓰지 않으며, 유순하고 합리적이며 민주적인 방식으로 국가 구성원들을 설득하고 이끌어가는 리더십을 발휘하여, 그 결과로 '상구'에서 나라의 발전이 하늘의 거리를 거닐 듯, 천국의 삶을 누리듯 형통하게(亨) 된다는 것이다.[87]

27

이괘 頤卦

원문과 번역

頤, 貞吉, 觀頤, 自求口實. (이는 곧고 바르면 길하니,
<small>이 정길 관이 자구구실</small>
길러줌을 보고 스스로 음식을 구한다.)

(初九) 舍爾靈龜, 觀我朶頤, 凶. (너의 신령한 거북을
<small>사 이 령귀 관아타이 흉</small>
버리고, 나를 보고서 턱을 늘어뜨리니, 흉하다.)

(六二) 顚頤, 拂經. 于丘頤, 征凶. (거꾸로 길러줌이어서, 도리에 어긋난
<small>전이 불경 우구이 정흉</small>
다. 언덕에서 길러줌이니, 가면 흉할 것이다.)

(六三) 拂頤貞, 凶. 十年勿用, 无攸利. (길러줌의 바름을 거슬러서, 흉하
<small>불이정 흉 십년물용 무유리</small>
다. 십 년이 되더라도 쓰지 말 것이니, 이로울 바가 없기 때문이다.)

(六四) 顚頤, 吉, 虎視眈眈, 其欲逐逐, 无咎. (거꾸로 길러줌이라서 길
<small>전이 길 호시탐탐 기욕축축 무구</small>
하니, 범이 노려 봄이며, 그 바람이 계속 이어지면, 허물이 없을 것이다.)

(六五) 拂經, 居貞, 吉, 不可涉大川. (도리에 어긋나나, 처신함이 곧고
<small>불경 거정 길 불가섭대천</small>
바르면 길하지만, 큰 내를 건너서는 안 된다.)

(上九) 由頤, 厲, 吉, 利涉大川. (말미암아 길러줌이니, 위태로운 듯 처신하
면 길하여, 큰 내를 건너는 데 이롭다.)

이괘頤卦 총설과 괘사卦辭 해설

'이괘'는『주역周易』의 27번째 괘로서, 위는 산이고 아래는 우레다(山雷
頤). 괘의 모습이 마치 위아래 턱 사이의 입모양 같다. 그래서 '이괘'는 '턱' 또
는 턱 사이의 입에서 음식물을 섭취하여 몸을 '기름(養)'의 의미를 가진다.
'이괘' 위의 산은 그침(止), 아래의 우레는 움직임(動)의 이미지를 가지고 있
다. 욕망이 아래에서 움직이면 이성이 위에서 그치게 한다. 먹을 것을 가지
고 아래에서 다툼을 벌이면 위에서 합리적으로 조정해야 한다.

'이괘頤卦'는 앞 '대축괘大畜卦'에서 말하는 '축畜'의 세 가지 의미, 즉 그
침·제지함(止), 기름(養), 닦음(修)의 의미 중 특히 '기름(養)'과 '닦음(修)'의 의
미를 계승한다. '대축괘'에서 크게 쌓은 것을 이제 구성원에게 베풀어 먹여
야 한다. '이괘'는 나라든 가정이든 먹여 살리는 것을 말한다. 사람 세상은
언제나 기본적으로 먹고사는 문제가 중요하다. 정치 문제도 결국 국민 인민
백성을 먹여 살리는 경제문제로 귀결한다.

그런데 경제정책의 성공으로 국부가 증가해도, 그것이 지배층의 곳간에
만 있고 국민이 혜택을 받지 못한다면, 맹자孟子가 "길에 굶어 죽은 송장이
있어도 풀어먹일 줄 모르고", "임금의 주방에 살진 고기가 있고, 임금의 마
구간에 살진 말이 있어도 백성에게 굶주린 기색이 있다"라고 말한 상태라

면, 국가 경제력은 오히려 사회갈등의 원인이 된다. 그래서 '박괘剝卦'에서 무너진 경제를 회복하여, '대축괘大畜卦'에서 크게 쌓은 결실을 이제 합리적으로 분배해야 한다. 그 과정에서 희생을 감수한 이들도 어루만지고 보살펴야 한다.

'이괘頤卦'는 공동체 구성원을 길러 먹이는 것(養)인데, 이 '기름'의 '양養'에는 두 가지 측면이 있다. 먼저 지도층이 인민을 먹여 살리는 것이 우선이지만, 지도층이 스스로를 먹이는 측면도 있다. 전자는 인민 백성을 먹여 살리는 것(養)이고, 후자는 지도층이 물질을 먹는 것이 아니라 인민을 위해서 자신의 이익보다 먼저 인민을 먹여 살리는 마음가짐의 덕을 닦는(修) 것이다. 지도층이 이렇게 인민 백성을 먹여 살리고(頤), 그런 마음가짐을 가지는 것이 경제와 분배의 정의로움(頤貞)이며, 그런 정치가 좋은 정치(吉)일뿐 아니라 사실상 정치의 본래 목적으로서, '이괘頤卦'의 괘사에서 '이頤'의 '정길貞吉'을 말한 취지다.

또 '이괘'의 괘사에 말한 '관이觀頤'함은 나라의 지도자가 백성의 기름을 관찰함이다. 백성 기름을 관찰함이란 우선 경제적으로, 물질적으로 백성이 굶주리지 않고 잘 먹는지를 관찰하여 보살피는 것이다. 그다음으로 곧 세상에 의해서 길러질 인재가 올바로 길러져 궁극적으로 적재적소에 등용되는가를 관찰하는 것이다. 이미 앞의 '대축괘'에서 '不家食吉'의 시대가 무르익어, 세상을 위해서 일할 인재를 바로 뽑아야 할 상황이 도래한 것이 '이괘'다. 이때 발탁·등용된 인재가 의로운 군자이면 '정길貞吉'한 것이고, 반대로 사특하고 위선적인 소인이면 '정길貞吉'하지 않은 것이다.

또한 '이괘'의 괘사에 말한 '자구구실自求口實'함은 나라의 지도자가 자신을 기름이다. 이는 곧 지도자인 자신의 덕을 기름이다. 만일 지도자가 스스로 자신의 이기심과 욕망을 절제하여 인민 백성을 위할 덕성을 함양하면 이는 곧 '정길貞吉'한 것이고, 반대로 자신의 욕망으로 마음대로 사치 방탕하며 인민을 속이고 착취하여 거짓된 마음을 가지면 이는 곧 '정길貞吉'하지 않은 것이다.

'이괘頤卦' 「단전彖傳」에서는 특히 '때[時]'를 강조하고 있다. 남을 기르는 것이든 자신을 기르는 것이든 때를 놓치면 안 된다. 인민이 굶주리는데도 때를 고려하지 않고 기다리라는 것은 『장자』에서 말한, 마른 웅덩이 속의 붕어가 말라 죽어 가는데, 서강西江의 물을 끌어다 줄 테니 기다리라는 것과 같다. 때를 놓친 구제는 그 붕어를 건어물 상점에서 보게 되는 것처럼, 생활고로 가난한 백성 일가족이 자살하고 나서야 대책을 세우는 것과 같다. 자신의 수양이야말로 때를 미룰 수 없다. 인간의 욕망은 잠시라도 방심하면 솟구쳐 오르므로 언제나 반성해야 하며, 지도층은 더욱 그래야 한다. 그럴 자신이 없으면 그 자리에서 물러나야 한다.

'이괘頤卦' 「상전象傳」에서는 이 상황에서의 지도층의 자세를 두고, '말을 삼가고 음식을 절제할 것(愼言語節飮食)'을 강조한다. '이頤'는 입을 표현한다. 입은 말을 하는 기능과 음식을 먹는 기능이 있다. '이괘'는 지도층이 두 가지 모두에 신중할 것을 충고한다. 하괘 진괘震卦☳는 움직임(動)의 상이 있고, 상괘 간괘艮卦☶는 그침(止)의 상이 있다. 즉 아래에서 입이 움직이는 것을 위에서 그치게 한다. 말하는 것도, 먹고 마시는 것도 모두 그렇다.

지도자의 말은 함부로 나와서는 안 된다. 말이 나오는 입이 모든 화의 근원이 될 수 있다. 지도자는 희언戱言을 해서도 안 된다. '이괘頤卦'에서 언어

는 단순히 실제의 말만을 의미하는 것이 아니다. 한 국가에 있어서는 법령法
令이기도 하다. '언어를 삼감'은 나라에서 시행할 법령을 만드는 데 신중해
야 한다는 것이기도 하다.

　여기서 말하는 지도자의 절제 대상이 되는 '음식'은 경제 전반을 의미하
여, 백성이 헐벗고 굶주리는데, 지도층은 주지육림酒池肉林에 빠져 사치 방
탕하면 안 되며, 국민은 등 눕혀 쉴 한 뼘 공간도 송곳 꽂을 땅도 없는데, 지
도층은 자신이 얻을 수 있는 국정 정보로 각종 투기를 해서도 안 된다. '이
괘'의 '기름(養)'은 경제적으로 백성을 길러 줌이고, 지도층은 백성을 기르기
위하여 자신의 욕망을 절제하는 덕을 길러야 한다는 것이 그 의미다.

이괘頤卦 효사爻辭 해설

초구初九

　'이괘' '초구'는 경제회복 과정에서 생긴 양극화현상으로 득을 본 부유층이
자신이 이미 가지고 있는 값비싼 많은 재물(靈龜)에도 만족하지 않고(舍爾靈
龜), 오히려 빈곤층의 적은 재물까지도 싹쓸이하려고 눈독 들여 보면서 턱을
늘어뜨리고 침 흘리며 욕심을 내는 것이다(觀我朶頤). 양극화의 극단은 이미
'박괘'에서 뼈저리게 겪었다. 그것을 다시 바르게 회복하기 위한 '복괘'를 거
치고, 회복 과정에서 '박괘'에서 겪었던 일을 반복하지 않기 위해, '무망괘'에
서 진정으로 반성하여 진실 무망의 마음가짐으로 임하도록 노력하여, 마침
내 '대축괘'에서 많은 역량과 자본을 쌓았다.

이젠 '이괘頤卦'에서 세상에 베풀어 구성원들을 길러 먹이려 하지만, 재물 긁어모으기에만 영악한 재주를 가진 자들이 제 버릇 개 못 주고, 또 온갖 수단과 방법을 가리지 않고 가난한 이들을 착취하려고 할 수 있다. 중국 속담에 '부자는 돈이 모자라고, 가난한 자는 잠이 모자란다'라는 말이 있다. 이 '초구'는 9999…9원을 가진 탐욕의 부자가 가난한 자의 1원을 빼앗아 숫자를 채우려 함을 말한다. 가난한 자는 노동 착취와 과도한 노동시간으로 잠이 모자라도록 과로하여 생명까지 위협받고, 가족과도 저녁이 없는 삶을 살며, 자신의 정신과 육체를 소진하는 노예의 삶을 이어간다.

『장자莊子』에서 말하듯, 두더지가 황하의 물을 마셔도 제 배 채우면 족하고, 뱁새가 숲에 깃들어도 나무 한 가지만 있으면 충분하다. 그러나 탐욕의 부자는 이미 재산 축적이 숫자의 증가에 불과하더라도 황하 물을 다 마실 양, 온 숲을 다 차지할 양 더 가지려고 하여, 자신의 많은 재산에도 만족하지 않고(舍爾靈龜), 가난한 이의 푼돈을 보고 침을 흘린다(觀我朶頤). 그 자신도 흉(凶)할 뿐 아니라, 모처럼 회복한 '대축괘'의 풍요로운 세상 경제에 찬물을 끼얹고, '이괘'의 분배 정의 노력에 반하여, 사회 갈등만 부추긴다. 심지어 권력을 가진 부패한 정치인들도 '박괘'에서의 사회적 모순을 바로 잡아 적폐를 청산한다는 명분으로 집권하고도, 정경 유착으로 계속 탐욕을 부리는 흉(凶)한 상황이다.

육이六二

세상 구성원의 욕망이 극단으로 치닫는 탐욕의 끝은 '대축괘'에서 쌓은 풍요를 한순간에 무너뜨릴 수도 있다. 풍요의 결실을 서로 차지하려고 아귀다툼을 벌인다면, 풍요의 의미가 없어지고 도리어 재난의 씨앗이 될 수도 있다. 풍요로움으로 세상의 구성원을 먹여 길러주는 '이괘'의 취지는 양극화를 지양하고 세상을 고르게 하는 데 있으며, 『주역』 전반의 취지이기도 하다.

'이괘' '육이'는 '초구'에서의 탐욕이 제어되지 않고 더 진행되는 상황이다. 구성원들이 자신이 가질 수 있는 정당한 만큼의 부에 만족하지 않고, 거꾸로(顚) 자신보다 가난한 이의 재물도 탐하여 그것으로 자신을 길러 먹이려고 한다(頤). 그리고 세상의 정상적 도리(經)를 어기면서(拂經), 동시에 자신보다 많이 가진 부유층(丘)의 재물도 탐내어(于丘頤), 그 실행(征)에 혈안이 된다. 이로 인해 구성원들이 아귀다툼을 벌인다면, 모처럼의 풍요로운 세상에 재앙이 될 것이다(凶).

육삼六三

지극히 풍요로우면서 동시에 사회 구성원이 모두 골고루 나눠 가지면 세상의 갈등이 없으련만, 인간의 원초적 욕망은 풍요로움에도 서로가 더 많이 가지고 독점하려는 탐욕으로 흘러가기 쉬움을 '대축괘' 후 '이괘' 초기부터의 전반부 상황이 보여준다. 탐욕으로 일어나는 부의 편중은 '이괘'의 '초구', '육이'에 이어 '육삼'에 이르기까지 계속된다. 세상 사람들이 법과 도덕을 거슬러 가면서까지 재화를 다툰다.

그래서 모두 골고루 길러짐(養)을 받아야 할 경제정의, 즉 길러짐의 올바름(頤貞)을 거슬러 어긴다(拂頤貞). 당연히 세상은 탐욕의 경쟁으로 재앙이 된다(凶). 이런 탐욕의 인간은 세상의 바른 도리를 거슬리는 존재들이므로 끝까지 등용해서는 안 된다.(十年勿用, '十'은 수의 끝, 십 년 동안 쓰지 말라는 것은 끝까지 쓰지 말라는 것이다). 이러한 인간들은 세상의 바른 도리를 어기는 소인배들이므로 그들을 세상에 쓰면 이로운 바가 없기 때문이다(无攸利).

육사六四

그렇다면 모처럼 도래한 '대축괘' 같은 풍요로운 기회를 이대로 날려 버릴 것인가. '이괘'는 여기에서 이러한 탐욕에 대한 통제와 절제로 답한다. 즉 하괘인 진괘震卦☳의 욕망의 준동(진괘의 '動'의 상)을 상괘인 간괘艮卦☶가 견제하여(간괘의 '止'의 상) 사태를 반전시킨다. '이괘'의 상괘는 욕망으로 인한 다툼을 위에서 이성적으로 조정하는 것이고 그 시작이 '육사'다.

최고 지도자인 임금이나 대통령 아래의 지도층인 '육사'가 비록 그 사회의 부와 권력을 장악한 계층이지만, '박괘'와 같은 난세의 기득권층과는 다르게 그 후의 반성을 통해 이성을 회복하여 자신들의 기득권을 양보하고, 자신들이 먹기보다 도리어 거꾸로 국민 백성을 길러 먹인다면(顚頤), 세상이 좋아지게 된다(吉).

한 나라가 성립되고 나면 지배층은 생산자인 백성들의 산업 덕에 그들의 부를 누리게 된다. 역사 속의 수많은 나쁜 지배층은 백성들을 가렴주구苛斂誅求하여 그들의 배를 불리는 경우가 많았다. 그들이 양보하여 백성에게 베푸는 경우는 훌륭한 통치자가 아니면 드물었다. 아래가 위를 길러 먹이는 경우가 일반적이었으므로 지배층이 아래 백성을 베풀어 먹이는 드문 경우가 발생하는 것을 '거꾸로 먹인다(顚頤)'고 하는 것이다.

이러한 아름다운 세상의 지배층은 아래 백성을 사랑하여 먹이고자 하는 정성이 마치 범이 아래로 내려다보듯 한다(虎視眈眈). 즉 마치 범이 노려보듯 어려운 백성에 대하여 관심을 가지는 노력을 보인다는 것이다.[88] 이런 행동으로 바라는 것(其欲)은 백성을 위한 지도자의 그 높은 뜻의 표현으로(逐逐),[89] 지배층으로서 사리사욕을 취하려 하지 않고, 오히려 백성에게 베풀어주듯 하는 것이다. 이렇게 해야 허물이 없는(无咎) 정치 지도자로 평가받을 수 있다.

육오六五

'이괘' '육오'는 음유한 자질로서 아래 '육이'와 호응하는 입장도 아니면서 양강한 최고 지도자의 자리에 있는, 능력이 부족한 지도자다. 그러나 아래의 '육사'가 음유한 자질로 음유한 자리를 차지하고, 아래로 '초구'의 양강에 호응하고 있으면서 양강의 인민 백성의 바람에 따르고 있다. 그러면서도 또 위로 '육오'를 보좌하고 있다. '육오'는 이러한 대신, 참모 덕에 큰 무리 없이 자리를 지킬 수 있다. 동시에 위로 '상구'와 같은 양강한 사회 원로의 지혜에 의뢰할 수 있는 상황이기도 하다.

이러한 모든 상황은 임금이나 대통령이 유약하여 자신이 적극적으로 정책을 펼치는 주도적 역할을 하지 못하기 때문이다. '육오'는 그냥 참모와 사회 원로의 견해에 끌려다니므로, 최고 지도자로서의 권위와 체면을 부지하지 못하여 상도에 어긋나지만(拂經), 그래도 욕심내지 않고 바른길을 따르면(居貞), 나라가 좋게 될 것이다(吉). 하지만 그의 자질과 능력의 한계로 큰일을 도모하지는 못하니(不可涉大川), 바르게 처신하려 노력할 뿐이다(居貞).

상구上九

'이괘' '상구'는 능력 있는 나라의 원로로서, 그 지혜로 말미암아(由) '육오'
가 백성을 먹일 수 있다(由頤). 그러나 자신의 능력을 믿고 임금이 자신에게
의지할 수밖에 없다고 무시하고 교만하면, 이미 자리가 끝까지 올라간 상황
으로 반역의 의심을 받을 수도 있다. 그러므로 겸허한 마음으로 위태로운
듯 처신하면(厲) 좋게 된다(吉).

중국 삼국시대 촉한蜀漢의 초대 황제 유비劉備가 죽고, 그 뒤를 이은 후
주後主인 유선劉禪과 같은 경우가 이 괘의 유약한 '육오'의 입장인데, '상구'
의 양강한 제갈량諸葛亮이 나라의 정국을 주도하는 것과 같다. 이때 제갈량
이 감히 임금을 업신여기지 않고, 겸허한 마음으로 충성을 다하며, 나라의
큰일을 이루는 데 이로운 것과 같다(利涉大川). 동시에 일반적으로 사회 원
로들이 좋은 정책을 조언하여, 세상의 구성원들을 골고루 먹이는 큰일을 하
는 것이기도 하다(利涉大川).

28

대과괘 大過卦

원문과 번역

大過, 棟橈, 利有攸往, 亨. (대과는 용마루가 휘어짐이
_{대 과 동 노 리 유 유 왕 형}
니, 갈 바를 둠이 이로워서 형통하다.)

(初六) 藉用白茅, 无咎. (자리 깖에 흰 띠풀을 쓰면 허물
_{자 용 백 모 무 구}
이 없다.)

(九二) 枯楊生稊, 老夫得其女妻, 无不利. (마른 버드나무에 싹이 트며,
_{고 양 생 제 로 부 득 기 녀 처 무 불 리}
늙은 지아비가 처녀 지어미를 얻음이니, 이롭지 않음이 없다.)

(九三) 棟橈, 凶. (용마루가 휘어짐이니 흉하다.)
_{동 노 흉}

(九四) 棟隆, 吉, 有它, 吝. (용마루가 높음이니 길하지만, 다른 것을 두면
_{동 륭 길 유 타 린}
부끄럽게 될 것이다.)

(九五) 枯楊生華, 老婦得其士夫, 无咎, 无譽. (마른 버드나무에 꽃이
_{고 양 생 화 로 부 득 기 사 부 무 구 무 예}
피며, 늙은 지어미가 총각 지아비를 얻음이니, 허물은 없지만 기림도 없

을 것이다.)

(上六) **過涉滅頂. 凶, 无咎.** (지나치게 물 건너다 이마까지 빠짐이다. 흉하
나 허물은 없다.)

대과괘大過卦 총설과 괘사卦辭 해설

'대과괘'는 『주역周易』의 28번째 괘로서, 위는 못이고 아래는 바람이다(澤
風大過). 앞 '이괘頤卦' 기호의 음양이 모두 반대로 바뀐 모습이다. 『주역』 64
괘 기호는 둘씩 짝을 지어 기호상 관련성을 가지고 있는데, 위아래가 서로
180도로 뒤집힌 관계이거나, 음과 양이 상호 반대인 관계다. 그리고 둘 다
같이 있는 예도 있다.

이 '대과괘'는 음과 양이 서로 반대인 관계다. 기호의 맨 위아래는 약한 음
이고, 가운데 넷은 강한 양이어서, 그 무게를 견디지 못하고 휘어질 우려가
있는 모습이다. '대과大過'의 의미는 '큰 것이 지나친 것'이다. 여기서 큰 것이
란 양陽이다. 양이 과중하여 용마루가 휘어지는 듯한 상황은 어떤 구제해야
할 위난이 있어 크게 노력해야 할 상황이다. 그래서 '대과괘'의 때는 비상한
시기로서, 어떤 대인大人이나 영웅이 비상한 노력을 기울여야 하는 때다. 그
런데 앞 '이괘頤卦'와 같은 상황 다음에 왜 이러한 '대과괘'가 오는가.

'대축괘'에서 많은 역량과 자본이 쌓여서 '이괘'에서 그것을 구성원에게 나
누어 먹여 길렀다. 물론 '이괘'에서 본 바와 같이 먹여 기르는 것도 그저 순
탄하게 이루어지는 문제는 아니었고, 분배에 있어서 구성원 간의 갈등을 잘
극복해야 하는 과제가 있었다. 만일 지도층이 이러한 문제를 잘 극복한다

면, 세상은 한동안 융성하고 태평할 수 있다.

그런데 만물은 극에 이르면 되돌아간다(物極必反). 자연 상태가 원래 그러하지만, 자연에 속해 있는 인간 역시 그 극으로 돌아가게 되는 것은 특히 인간 마음의 문제다. 고난 후 즐거움이 오기도 하지만, 반대로 즐거움 후 고난이 오기도 한다. 태평할 때의 즐거움이 있고 난 후에 고난이 오게 되는 것은 그 태평함이 나태함을 불러올 수 있기 때문이다. 그것은 사회도 그렇고 개인도 그렇다.

늘 있는 익숙함 속에서 태평함을 당연한 것으로 받아들여 주의 깊게 세상을 살지 않고 방심할 수 있다. 전쟁이 나면 그 전쟁이 언제까지나 지속될 수 있는 것이 아니라 다시 평화가 오므로 전시에서도 평화를 논할 수 있지만, 평화가 지속될 때도 방심하면 전쟁이 올 수 있으므로 평소에 항상 그런 위기에 대비해야 한다.

'대축괘'에서 이룬 풍요로움을 '이괘'에서 서로 나누어 누리면서 태평한 세월을 보내는 동안, 방심하면 다시 고난의 시기가 올 수 있다는 것을 잊어서는 안 되는데, 그 방심함으로 인해 올 수 있는 상황이 바로 '대과괘'다.

'대과괘' 괘상이 가운데 네 효가 모두 양으로 양의 과중함이 있고, 맨 아래와 맨 위는 음으로 마치 집의 기둥이 맨 아래의 건물 기초와 맨 위의 지붕 사이에서 버티는 역할을 해야 하지만, 맨 아래와 맨 위가 약한 음으로 가운데 과중한 네 양의 무게를 버티기 어려운 형국과 같다. 중심의 풍요로움을 누리는 동안, 부지불식간에 그 뿌리(本)와 끝(末)이 약해져 가는 것이다.

조선 왕조가 건국되고 나서 한동안 비록 작은 사변과 외침外侵은 있었지만 큰 전란은 없었다. 그래서 그때그때 그 문제들을 미봉하면서 지내왔다.

그러나 여러 차례 작은 파랑波浪은 보다 큰 파도를 준비하고 있는 조짐일 수 있으며, 여러 차례 미진微震 후에 대지진이 올 수 있듯이, 여러 차례 작은 사변이 후에 올 큰 전란의 예고일 수도 있다.

인간의 어리석음은 우선의 태평함에 취해 나태할 수 있다. 때로는 앞날에 올 수 있는 큰 문제를 감지하고 먼저 세상에 경고하는 사람들이 있기도 하다. 그러나 당장에 누리는 태평과 평화에 도취한 무리가 이런 사람들을 사회불안을 조성한다고 오히려 비판하거나 나아가서 탄압하기도 한다. 개중에는 불안을 느껴도 애써 외면하는 무리도 있다.

임진왜란 전 폭풍 전야와 같은 조선 정국에서 당시 지도층의 태도가 그러하였다. 한 나라뿐만 아니라, 한 기업이나 한 개인도 당장의 풍요에 취해 미래에 올 수 있는 위난에 대비하지 않는 경우가 있다.

잊을 만하면 엄습, 창궐하여 인류를 괴롭혀 온 전염병도 마찬가지다. 의학과 의술이 발달하지 않은 옛날에는 페스트 같은 역병이 돌아도 어쩔 수 없었다. 하지만 의학과 의술이 발달하고 그것을 활용할 수 있는 첨단 과학 기술이 발전한 현대에도 사스, 신종 플루, 메르스, 코로나19와 같은 전염병이 한 번씩 뜸 들이다 오는 것은 지금까지 축적한 인류의 의술과 상관없이 전염병이 없을 때의 안이함과 방심이 원인이 되기도 한다.

어떤 전염병을 이제 막 극복하고 난 직후에는 공중위생과 개인위생에 관한 경각심이 최고조에 달하여도, 다시 한동안 태평해지면 잊어버리고 위생을 소홀히 하게 되어 또 다른 전염병을 초래하기도 한다.

안전사고도 마찬가지다. 나태함과 방심으로 큰 인재를 초래하였을 때는 온 나라가 정부와 언론으로부터 시작해서 전 사회에 안전에 대한 경각심을 강조하다가도, 지나고 나면 다시 안전 불감증으로 되돌아가는 것도 다음 인재의 원인이 된다.

'대과괘' 괘상에서 상징하는 것은, 집의 기둥이 모두 양으로서 멀쩡해 보여도, 모르는 사이에 집의 초석과 연결된 맨 아래와 지붕과 연결된 맨 위가 음으로서 점점 취약해지는 점이다.

그런데 그렇게 그 시대의 많은 사람이 미래에 있을 수 있는 위기에 대해 안이하게 생각하거나, 미심쩍은 측면을 느끼고도 현재의 태평에 안주하여 애써 외면할 때, 미리 경각심을 가지고 장차 올지도 모르는 난국에 대비하는 소수의 사람이 있다. 나아가 그중에서도 그 시대를 구하는 극소수의 군자인 영웅과 지사志士가 있다. '대과괘'는 바로 이 영웅과 지사를 부각하여 말한다.

이처럼 '대과'의 시기는 한 국가를 비롯한 사회 공동체의 중심(棟)이 무너지는 상황(橈)을 맞아(大過棟橈), 자신의 안위를 돌보지 않고 희생적으로 살신성인殺身成仁하는 영웅, 지사인 군자가 비상한 노력을 기울이고 상당한 공을 이루어, 민족과 국가의 위난을 해결하고 구제하는 것이므로, 그들의 행동이 공동체에 이익이 되어(利有攸往), 형통해지는(亨) 것이다.

이들은 남들이 다 괜찮다고 하는 상황에서도 태평한 시기에 미래의 난세에 대비하고, 평화 시대에 장차 있을 수도 있는 전쟁에 대비한다. 마치 앞에서 말한 '곤괘坤卦䷁' '초육'의 '서리를 밟으면 굳은 얼음이 이른다(履霜堅氷至)'라는 변화의 이치를 알고, 군자가 조그만 조짐에도 그로 인해 있을 수 있는 향후의 큰 결과에 대비하는 것과 비슷하다.

'곤괘坤卦'는 군자와 소인의 투쟁 속에서 극소수의 소인이 나타나, 향후 그 세력이 점차 늘어나 세상을 농단할 것에 대한 대비이지만, '대과괘'는 미래에 있을 수 있는 총체적 난국 상황에 대비하는 영웅과 지사의 역할이 강조되는 것이다. 예를 들면, 조선 왕조시대에 임진왜란이 있기 전, 평화 시에 미리 거북선을 만드는 등 전쟁에 대비한 이순신李舜臣과 같은 이들의 경우다. 이런 영웅, 지사들은 실제 난국이 오면 살신성인殺身成仁의 정신으로 자신의 몸을 던져 세상을 구하려고 한다.

그런데 '대과괘'의 시대에 있을 수 있는 문제는 이런 영웅, 지사의 뜻을 이해하고 인정해 주는 사람이 적거나 없을 수도 있다는 것이다. 그래서 앞서 뜻을 가지는 영웅, 지사들은 소외되고 외면받아, 그 삶이 고독하고, 때로는 형극荊棘의 길을 걸을 수도 있다. 어떤 경우에는 앞날의 환란에 대비하는 그들의 뜻이 오해되고, 왜곡될 수도 있다. 이순신 같은 군인이 장래를 대비해 군사들을 조련하고 거북선이나 그 외의 신무기를 만든다면, 임금이나 그 주위의 세력들에 의해 반란, 쿠데타의 준비로 오해되거나 고의에 의해 왜곡될 위험도 있다. 그래서 남이南怡와 같이 모함당해 죽을 수도 있다. 세상에는 간악한 소인배들이 넘쳐나기 때문이다.[90]

그러나 이런 군자인 영웅, 지사는 세상이 알아주지 않아도 세상에 대해서 화내지 않고, 소외되어도 번민하지 않는다. 공자가 "다른 사람이 알아주지 않아도 화내지 않으니 또한 군자가 아니겠는가!"[91]라고 하고, 오히려 "다른 사람이 나를 알아주지 않음을 근심하지 말고, 내가 다른 사람을 알아주지 못할까 근심하라"[92]고 하는 삶의 태도가 이것이다. 남들이 뭐라 해도, 남들에게 소외되고 버림받아도, 금강석 같은 소신으로 그것을 견뎌 나간다. 이순신의 백의종군白衣從軍의 태도가 그것이다.

이런 군자들의 삶의 태도를 바로 이 '대과괘' 「상전象傳」에서 이렇게 말하였다. "군자는 '대과괘'의 취지를 본떠, 홀로 서 있어도 두려워하지 않고, 세상에서 은둔해 있어도 근심함이 없다."[93]

대과괘大過卦 효사爻辭 해설

초육初六

'대과괘' '초육'은 뜻있는 사람이 장차 올 수 있는 민족과 국가와 같은 사회 공동체의 위기에 미리 대처하는 것이다. 그러나 보통 사람이 외견상 보기에는 위기로 보이지 않아, 그런 대비 행동은 공연히 평지풍파를 일으키며 사회불안을 조성하는 것으로 비판받을 수도 있으며, 나아가 정적들에 의해 모함을 당할 수도 있다.

그래서 장차 올 수 있는 시대의 위기를 구제함에 아직 때가 이르지 않았거나 세상 사람들이 수긍하지 않는 단계에서는, '건괘乾卦' '초구' '잠룡물용潛龍勿用'의 단계처럼 신중하고 조용히 행동할 필요가 있다. 예컨대, 제사 지내기 전, 바닥에 희고 깨끗한 띠자리를 깔 듯, 삼가고 조심하여 준비하는 태도로 임해야 하는 것이다(藉用白茅).

'초육'은 양강의 자리에 음유가 처해 있으므로 스스로 드러내거나 교만하지 않고, 겸허하고 신중하게 행동해야 한다. 땅바닥을 상징하는 '초육'으로서 처음 일을 시작하는 단계이고, 아직 드러내 놓고 행동에 나설 상황이 아니므로 소박하게 아무것도 없이 땅바닥에서 시작해도 되지만, 띠 자리를 깔아서 행동 주체의 몸과 옷이 더럽혀지지 않도록 하는 것이다.

나아가 이런 절차는 더럽혀지지 않은, 희고 깨끗한 띠 자리를 깔 듯이 하는 마음가짐도 상징한다. 즉 이순신이 국가의 위난에 미리 대비하여 군사를 조련하면서, 거북선과 같은 군사 장비를 만들되, 세상의 소인배들에게 비난과 모함의 빌미를 주지 않도록 삼가 조심하는 태도로 임하면, 허물이 없을 것이다(无咎).

구이九二

'대과괘' '구이'는 겉으로는 멀쩡해 보여 태평세를 구가하는 듯하지만, 태평한 세월에 도취한 무사안일로 속으로 취약해져 가는 나라에 바야흐로 위기가 도래하려고 하여, 영웅, 지사가 세상 구제에 나서는 단계다. 위난에 빠지려던 나라가 영웅, 지사로 인해 마른 버드나무에 새싹이 트는 듯하고(枯楊生稊), 늙은 지아비가 젊은 아내를 맞아 회춘하는 듯 새 기운을 얻는다(老夫得其女妻). 임진왜란을 맞아 임금과 신하들이 의주까지 몽진蒙塵할 정도로 나라가 누란의 위기에 빠진 상황에서, 이순신 같은 이가 나라를 구하려고 나서서, 기사회생의 기회를 맞아 나라에 이롭지 않음이 없게 된 것이다(无不利).

구삼九三

그러다가 본격적으로 세상 구제에 나서는 상괘에 이르기 전, 하괘의 맨위인 '대과괘' '구삼'에서 세상 구제에 적절하지 않은 위기 상황을 만난다(棟橈). 임금인 선조와 조정의 신하들이 일본의 계략에 빠지고, 이순신이 주위의 모함으로 삼도수군통제사三道水軍統制使의 직을 잃고 백의종군할 때, 원균이 그 직을 이어받아 칠천량해전漆川梁海戰에서 패하여 전사하고, 조선 수군은 많은 전함을 잃는다. 그래서 단지 경상우수사慶尙右水使 배설裵楔만이 12척의 전함을 이끌고 남해 쪽으로 후퇴하여, 국가가 다시 위난에 빠져서 흉(凶)하게 된 것이다.

구사九四

'대과괘' '구사'는 이순신이 연전연승했지만, 우매한 임금과 조정 때문에 임진왜란, 정유재란에 걸쳐 유일하게 패한 해전이 된 칠천량해전의 결과에 놀라, 조정이 다시 이순신을 삼도수군통제사에 임명하여, 이순신 같은 영웅, 지사가 다시 위난 구제에 나선 상황이다. 이순신이 다시 수군을 지휘, 겨우 남은 12척으로 명량해전鳴梁海戰에서 승리하여, 왜군을 물리쳐 전황을 반전시킨 상황이다. 용마루가 튼튼하게 높이 솟은 듯(棟隆), 좋아진 상황이다(吉). 그러나 만약 조정에서 또다시 다른 마음을 품고 이를 방해하면(有它), 불미스러운 일이 있을 수도 있다(吝).

구오九五

'대과괘' '구오'는 누란의 위기에 처한 나라를 지사가 다시 구제하여, 마른 버드나무에 꽃이 피는 듯한 것이다(枯楊生華). 이순신이 열두 척의 배로 승전하고, 많은 우국지사가 나서서 전황이 좋아졌지만, 무능한 임금과 조정의 비협조로, 늙은 지어미가 젊은 남자를 얻어서(老婦得其士夫), 남녀관계는 있어도 생육生育의 효과는 없이, 서산에 지는 해의 마지막 빛을 다하듯 한다.

나라는 겉으로는 위기를 모면한 듯하지만, 속으로는 모순을 안고 있는 상태다. 일단 외견상 국난을 벗어나는 것처럼 보여 허물은 없는 듯하나(无咎), 나라의 근본 문제는 해결되지 않았으므로 영예로운 것도 없는 상황이다(无譽).

상육上六

'대과괘' '상육'은 이 괘의 클라이맥스다. 영웅, 지사가 살신성인殺身成仁하여 위난을 구제하는 상황이다.[94] 비유컨대, 강을 건너다가 자신의 머리까지 빠질 정도로 희생하는 것이다(過涉滅頂). 이순신이 노량해전露梁海戰에서 순국함이다. 자신을 희생하여, 개인으로는 흉하나(凶), 나라는 구하였다(无咎).

29

감괘 坎卦

원문과 번역

習坎, 有孚, 維心亨, 行有尙. (습감은 믿음을 가지고
<small>습 감 유 부 유 심 형 행 유 상</small>
있으면, 마음만은 형통하여, 가면 숭상함이 있을 것이다.)

(初六) 習坎, 入于坎窞, 凶. (습감에 구덩이에 들어감이
<small>습 감 입 우 감 담 흉</small>
니, 흉하다.)

(九二) 坎有險, 求, 小得. (감에 험함이 있으나, 구하는 것을 조금 얻을 것
<small>감 유 험 구 소 득</small>
이다.)

(六三) 來之, 坎坎, 險, 且枕, 入于坎窞, 勿用. (오고 감에 구덩이고 구
<small>래 지 감 감 험 차 침 입 우 감 담 물 용</small>
덩이며, 험한 데에 또 베개를 하여 구덩이에 들어감이니, 쓰지 말아야
한다.)

(六四) 樽酒簋貳, 用缶, 納約自牖, 終无咎. (한 잔 술에 한 그릇의 안주
<small>준 주 궤 이 용 부 납 약 자 유 종 무 구</small>
를 더하는데, 질그릇에 담아 검약함을 들창으로 들이면, 마침내 허물이
없을 것이다.)

(九五) 坎不盈, 祗旣平, 无咎. (구덩이가 차지 않음이니, 다만 평평해지고
_{감 불 영 지 기 평 무 구}
나면, 허물이 없을 것이다.)

(上六) 係用徽纆, 寘于叢棘, 三歲不得, 凶. (두 겹 끈 세 겹 끈으로 묶어
_{계 용 휘 묵 치 우 총 극 삼 세 부 득 흉}
서, 빽빽한 가시나무숲에 두어, 삼 년이 지나도록 얻지 못하니 흉하다.)

감괘坎卦 총설과 괘사卦辭 해설

'감괘'는『주역周易』의 29번째 괘로서, 위도 물이고 아래도 물이다(重水
坎). '감坎'은 물, 구덩이이며, '험險함', '고난' 등을 상징한다. 험난함이 위아
래로 거듭되었으니, 그 얼마나 고통이겠는가. 빠져나오기 어려운 함정 속에
있다. 8괘의 '감괘坎卦☵'가 거듭된, 64괘의 '감괘坎卦䷜'이므로, 괘사의 첫
머리에 '습감習坎'이라고 하며, 이 괘를 흔히 '습감괘習坎卦'라고도 한다. 하
나의 함정, 구덩이에 빠졌는데, 그 안에 또 이중의 함정, 구덩이가 있는 어
려운 상황을 말한다. 하괘, 즉 내괘에도 우환, 상괘, 즉 외괘에도 우환, 이른
바 내우외환內憂外患의 상황이다.

그런데 위아래의 괘가 모두 같은 3획괘인 괘가 64괘 중 모두 8개가 됨에
도, 다른 7개의 괘와 달리, 유독 '감괘'만 앞에 '습習'이란 글자를 붙여서 중복
됨을 다시 강조하고 있다. 여기에서 '습習'이란 글자에는 두 가지 뜻이 있어
서, 우선 괘상으로도 알 수 있듯이 '거듭됨', '중복'의 뜻이 있다. 이것은 다른
7개의 중복된 괘도 마찬가지다. 그런데도 '감괘'에 '습감'의 표현이 있는 것은
거듭된 고난을 강조하기 위한 것이 아니다. 거듭된 고난만을 이야기한다면,

거듭된 고난 속에 있는 삶의 주체가 괴로움, 고통 속에 있으니, 절망적 상황만을 강조하는 듯이 보인다. 얼핏 보기에 좌절에 빠질 수 있는 원인을 제공하는 듯하다. 그러나 이 괘는 오히려 그런 상황에 빠진 삶의 주체가 좌절하지 않고, 고난을 이겨내는 강인함을 단련할 것을 강조한다. 그래서 이 괘에서는 '습'이란 글자의 또 다른 뜻을 강조한다. 흔히 말하는 '익히다'의 의미로서, 여기에서 '습習'은 '학습學習', '단련', '훈련'의 의미도 강조된다.

감괘坎卦☵는 물, 구덩이를 상징하는데, 물이 구덩이에 충분히 차지 않았을 때는 어려움이지만, 물이 계속 흘러 들어가 결국 구덩이를 채우고도 넘치면, 어려움을 헤쳐 나오는 것이 됨을 상징하기도 한다. 그래서 지극한 어려움이지만, 어려움을 헤쳐 나오는 노력을 기울여, 결국 어려움을 해결하는 것을 말한다.

'습감괘'는 앞의 '대과괘'를, 그것도 특히 '상육'의 '過涉滅頂, 凶, 无咎'를 이어받는다. 영웅, 지사가 자신을 희생하여 개인적 상황은 비록 흉하나, 천하의 대의는 허물이 없다는 것을 말한다. 그러나 이러한 희생은 부득이한 경우로 일부러 무모하게 '맨손으로 호랑이를 때려잡으려 하거나, 맨몸으로 황하를 건너려는' 무모한 모험을 말하는 것은 아니다.[95]

일부러 불나비가 불을 향해 무작정 달려가듯이 '개죽음'을 하는 행동이 영웅, 지사의 행동은 아니다. '신중하게 일을 도모하여' 전략을 세우고, 미리 훈련과 단련하여 일에 임하고, 결과는 천명에 맡긴다. 그 후, 결과가 부득이하게 개인적으로 흉하더라도, 도덕적으로는 허물이 없게 된다.

그래서 '습감괘'는 앞 '대과괘'를 이어서 영웅이나 지사志士가 천하의 난제를 해결하려 할 때 처해 있는 고난의 상황과 고난의 상황을 벗어나는 비법

한 노력을 말한다. 공자, 석가모니, 예수를 비롯한 인류의 위대한 스승들은 모두 각자 나름의 고난을 겪으면서 인류를 가르치며 구제하려 하였다. 그런데 역설적으로 위대한 이들은 오히려 고난을 헤쳐나가는 과정에서 위대해졌다.

맹자는 "하늘이 장차 어떤 사람에게 대임大任을 내릴 때는, 반드시 먼저 심지心志를 고통스럽게 하고, 근골筋骨을 힘들게 하며, 체부體膚를 굶주리게 하고, 몸을 공핍空乏하게 한다"[96]라고 하였다. 뜻있는 사람은 이러한 고난 속에서 자신의 과오를 알고 깨닫게 되며, 그 과정을 통해 자신의 능력을 키우기 때문이다. 그런 후에 "우환 속에서는 오히려 살게 되고, 안락 속에서는 오히려 죽게 된다는 것을 안다".[97] 이렇기 때문에 '습감'은 '고난을 익힘'이라는 의미도 지닌다.

이러한 취지는 비범한 영웅, 지사에게만 국한되는 것이 아니다. 보통 사람의 삶 속에서도 고난은 자신을 단련시킨다. 온실 속의 화초보다 야생화가 험난한 환경에 더 강하다. 어려울 때 좌절하지 말고, 고난을 극복할 의지로 자신을 단련하라는 것이다. 이처럼 '습감'에서 '습'의 이중적 의미는 고난의 '곱빼기'이면서도, 동시에 고난에서 배우고 익히며 단련함을 말한다.

고난에 대면하여 그것을 벗어나려고 노력하며 자신을 단련하는 정신자세는 성심, 성의다. 그래서 이 괘의 괘사에서 거듭된 고난 속에서 자신을 단련함(習坎)을 성심, 성의를 가지고(有孚) 하면, 마음이 형통해질 것이니(維心亨), 이런 태도로 행동하면(行), 세상 사람들의 존숭을 받을 것(有尙)이라고 한 것이다.

감괘坎卦 효사爻辭 해설

초육初六

'감괘' '초육'은 앞의 '대과괘' '상육', '過涉滅頂, 凶, 无咎'를 이어받는 초기 상황이다. 지사·영웅의 살신성인殺身成仁의 희생으로 개인은 흉하나 대의가 표창되었다. 그러나 나라의 위정자들은 크나큰 국난에도 교훈을 얻어 배우지 못하고, 거듭된 고난 속에 빠져 있는 상황이다. 즉 임진왜란, 정유재란 같은 거듭된 고난을 겪으면서(習坎), 고난에서 학습하는 바가 있어야(習坎) 함에도, 위정자들은 깨닫지 못하고, 도리어 정묘호란, 병자호란 같은 거듭된 국난에 더욱 빠져들어(入于坎窞), 흉(凶)하게 된 상황이다.

왜란과 호란을 모두 겪고 엄청난 국치國恥를 당하고도, 그 원인이 자신들에게 있음을 깨닫지 못하고, 기득권만 더 공고하게 하면서 당파싸움에만 혈안이 되고, 백성들은 안중에도 없이 오히려 가렴주구苛斂誅求만 일삼아, 백성들의 원성이 갈수록 커졌으니, 이 또한 '入于坎窞'하여 '凶'한 상황이다.

구이九二

'감괘' '구이'는 위 '초육'의 상황에 이어, 위아래 음 속에 양이 빠져 고초를 겪고 있는 상황이다. 소인이 파놓은 함정 속에서(坎), 군자가 고초를 겪고 있는 것이다(有險). 사색당쟁에서 승리한 '노론老論'이 자신들의 이익을 확대 재생산하기 위해 온갖 술수를 쓰고 있는 상황이다. 다만 정조正祖나 정약용丁若鏞과 같은 개혁파들이 소인들의 틈바구니에서 개혁을 실행하여(求), 조금 성과가 있게 되기도 한다(小得).

육삼六三

이 '감괘☵☵', 즉 '습감괘習坎卦' '육삼'은 하괘로서 감괘☵의 맨 위이지만, 이어서 곧 상괘로서의 감괘☵로 진입하게 되는 상황이다. 고난과 위험을 말하는 아래 감괘☵를 벗어나도, 위의 고난, 위험인 상괘의 감괘☵가 또 기다리고 있어서 오나(來)가나(之) 첩첩산중 같은 어려운 험지의 감괘☵가 거듭되는(坎坎) 상황이다.

기득권을 가지고 있는 소인들이 반격을 가하여 아래위, 오나가나 어려움이 있는 상황이어서(來之坎坎), 소인들이 온갖 방해와 음모, 모함하는 겹겹의 위험 속에 있다. 그래서 나라가 막 건물이 무너지려는 듯한 상황에서, 그것을 철로의 침목 버티듯 개혁을 시도하려 하기도 한다(險且枕).

그러나 나라가 안으로는 소인들의 방해로 지난날의 국난에서 얻은 교훈도 소용없이, 밖으로는 세계사적 흐름도 모른 채 우물 안 개구리로 전락한다(入于坎窞). 그래서 모처럼 얻을 수도 있었던 계몽시대의 개혁정책을 실행할 수 없게 되었으니, 뜻있는 군자들은 당쟁의 희생양이 되지 않도록 처신을 삼가서 등용에 연연하지 말아야 하는 상황이다(勿用).

육사六四

'감괘' '육사'는 '육삼'처럼 연이어 위험한 상황이 계속되는 것이다. '육삼'과 '육사'는 괘 전체로 봐서는 육효 전체 중 가운데 두 효다. '육삼'은 하괘의 위험한 상황에 이어 상괘의 위험한 상황을 예견한다. '육사' 역시 하괘의 위험한 상황에 이어 상괘에 와서도 그 위험 상황이 계속됨을 말해야 하지만, 상괘 맨 아래인 '육사'는 그렇지 않고, 긍정적 표현으로 되어 있다.

효 자리의 정당성을 볼 때 '육삼'은 자신과 맞지 않는 양강의 자리에 있지만, 그래도 '육사'는 음유의 자리에 음유함이 있어서 부당한 자리는 아니다. 임금의 자리인 '구오'의 아래에서 '구오'를 받들고 있는 측근의 자리다. '육사'는 원래 '초육'과 상응해야 하는 자리이지만, 같은 음끼리이므로 상응할 수 없다. 그래서 '육사'는 다른 생각 없이 오로지 바로 위 '구오'의 임금을 전심전력으로 섬긴다.

하지만 주위의 정적으로 인한 위험이 겹겹이 있는 상황에서 드러내 놓고 임금에게 도움을 주기도 어렵다. 예컨대, 정약용 같은 뜻있는 신하가 정조 같은 뜻있는 군주를 가만히 독대獨對하여 우국憂國하는 상황이다. 임금으로 재위하는 정조이지만, 국정 운영의 주도권이 노론 귀족에게 있는 상황에서, 좌우에 터놓고 국정 운영 문제를 의논할 수 없다.

정조 입장에서는, 주위에서 자신을 수발드는 궁중의 궁인들조차 마치 CCTV 같이 자신을 감시하여 노론의 정적들에게 일거수일투족이 알려질 수 있는 상황이다. 궁중 안팎의 누가 도대체 자신의 의사를 솔직히 말하여 의논할 수 있는 사람인지, 누가 자신을 감시하여 생명을 위태롭게 할 수 있는 사람인지, 피아조차 제대로 구분할 수 없이 불안하다.

공식적으로 누군가를 불러 공개적으로 정조 자신이 추구하는 개혁에 대하여 의논할 수도 없어서, 정적들의 감시를 피하여 한 잔의 술과 한 대그릇 안주의 소박한 술상을 마련하여 만난다(樽酒簋貳). 그것마저도 고급 목재로 만든 나무술잔도 아니고, 정교하고 가늘게 다듬은 대로 만든 대그릇도 아니다. 흙으로 만든 질그릇으로도(用缶), 아주 검소하고 소박하게(納約) 들창을 통하듯이 비공식적으로 만난다(自牖).

만일 나쁜 목적과 의도를 가지고 이런 식으로 만난다면 부도덕하고 떳떳하지 못한 만남이지만, 언제 들이닥쳐 위해를 가할지 모르는 소인들의 위협이 있으므로 불가피한 전략적 선택이고 도덕적으로 문제 삼을 수 없다(終无咎). 그러려면 기본 전제가 있다. 겸손하게 소박하고 검약한 마음으로(樽酒簋貳, 用缶, 納約自牖) 임금을 돕는 것이다. 어떤 정치적 야망을 목적으로 하지 않고, 천하의 정의와 양심의 회복을 위한 순수한 의도로 임금과 의기투합하여야 한다.

만일 홍국영洪國榮과 같이 처음에는 정조를 위하여 전심전력으로 도왔지만, 나중에는 자신의 이기적인 정치적 욕망을 달성하려고 젊은 나이에 얻은 권력을 방자하게 남용하면, 결국 정조에 의해서 밀려나는 결과를 초래한다.

현대 정치에서도 구태를 부리는 기득권 세력에 대항하여 정의와 민주를 부르짖으며 민중을 선동하였지만, 그 구호는 자신들의 권력욕을 실현하기 위해 민중을 위한다는 명분에 기생하여 민중을 이용하는 순수하지 못한 것이었다면, 결국 자신들도 구태로, 오히려 위선의 죄목까지 붙어 심판받는 결과를 초래한다. 요컨대 '육사'가 '끝내 허물이 없을(終无咎)' 수 있는 조건은 꾸밈없이 순수한 마음이지, 교언영색巧言令色 하는 소인들의 위선이 아니라는 것이다. 문제는 순수한 군자와 군자를 가장한 위선적 소인에 대한 구별이 쉽지 않다는 점이다. 인사권을 가진 최고 지도자로서도 그렇고, 선동에 휘말리기 쉬운 민중으로서도 그렇다.

구오九五

이렇게 '육사'에서 뜻있는 임금과 의로운 신하가 신중하게 만나 세상을 구제하고 위난을 제거하려고 해도 '육사'에서 매우 조심해야 한다고 강조하였 듯이, 기득권을 장악하여 국정을 농단하는 기존 세력의 집요한 반격과 저항 이 있을 수 있어 뜻대로 되기는 매우 어렵다. 이런 어려움 속에서도 '감괘' '구오' 자리에 이른 경우가 정조 같은 임금이다.

간악한 소인배가 주위에 가득 설치면 아무리 계몽적, 개혁적 의지를 가진 임금이 세상을 바꿔 보려 해도, 그 목적 달성은커녕, 시해弑害의 위험 때문 에 평소 자신의 식생활을 비롯하여 의료적 문제가 생겨도 주위를 믿을 수 없게 된다. 자신에게 명목상 권력이 있어도 그 집행을 방해하는 세력이 있 다면 더욱 그렇다. 아무리 덕과 재능이 있는 지도자라도 세상을 바꾸는 것 은 혼자 모든 것을 다할 수는 없다. 그래서 자신을 도울 사람을 찾아야 하지 만, 누가 진심을 가진 인재인지 알기도 어렵다. 더구나 방해 세력으로 그런 인재들을 만나기도 어렵다.

'감괘' '구오'는 이런 와중에서도 정조와 같은 군주가 위난을 제거하려는 노력을 기울이지만, 그러한 위난의 구덩이를 채워서 위난을 제거할 만큼의 물이 충분히 차지 않은(坎不盈) 형국이다. 그래도 최선의 노력을 다하여 위 난의 구덩이가 채워지는 정도가 될 정도로 나라를 이끌어 간다면(祗旣平), 어느 정도 성과를 기대할 수 있어 잠시 조선 왕조가 일시적으로 문화를 융 성한 것과 같이 한동안 어느 정도 문제가 해결된다(无咎).

상육上六

'감괘' '상육'은 '구오'의 노력이 무위로 된 상태다. 위상으로는 '구오'의 정 조에 대해 '상구'는 정조의 할아버지인 영조의 계비 정순왕후貞純王后가 대비로서 노론 정파의 뒷배가 된 상태다. 정조가 노론의 방해 책동에도 굴하지 않고 나라를 개혁하려 했지만, 완성을 보지 못하고 결국 세상을 떠나 개혁은 실패하고, 정약용 등 정조의 지지 세력은 숙청되어, 두 겹 세 겹으로 끈으로 묶이듯 형벌을 당하여(係用徽纆), 감옥에 갇히거나 유배 가서(寘于叢棘), 오랫동안 고초를 겪으면서 풀려나지 못한다(三歲不得).

조선이라는 나라도 두 겹 세 겹 끈으로 묶이듯, 노론 기득권 세력에 의해 근대화의 기회를 얻지 못하고 발목이 묶여(係用徽纆), 나라가 가시나무 숲에 갇힌 듯 국제적으로 고립 상태가 된다(寘于叢棘). 그리고 결국 말기에는 무능한 임금과 노론의 끝 세력인 이완용을 비롯한 친일파의 반역으로, 조선왕조는 회복하지 못하고(三歲不得) 일본에 망한다(凶).

30

리괘 離卦

원문과 번역

離, 利貞, 亨, 畜牝牛, 吉. (리는 바르고 곧게 함이 이로
리 리 정 형 축 빈 우 길
워서 형통하니, 암소를 기르면 길할 것이다.)

(初九) 履錯然, 敬之, 无咎. (밝음이 섞이니, 공경하면
리 착 연 경 지 무 구
허물이 없을 것이다.)

(六二) 黃離, 元吉. (누런 리니, 크게 길하다.)
황 리 원 길

(九三) 日昃之離, 不鼓缶而歌, 則大耋之嗟, 凶. (해가 기울어 걸려 있
일 측 지 리 불 고 부 이 가 즉 대 질 지 차 흉
음이니, 질장구를 두드리며 노래하지 않으면, 큰 늙은이가 탄식하

니, 흉할 것이다.)

(九四) 突如其來如, 焚如, 死如, 棄如. (갑자기 오는 듯, 타는 듯, 죽는
돌 여 기 래 여 분 여 사 여 기 여
듯, 버리는 듯하다.)

(六五) 出涕沱若, 戚嗟若, 吉. (눈물이 줄줄 흐르는 듯하며, 슬퍼 탄식하는
출 체 타 약 척 차 약 길
듯하나, 길할 것이다.)

(上九) 王用出征, 有嘉, 折首, 獲匪其醜, 无咎. (왕이 나가 침으로써 하
왕 용 출 정 유 가 절 수 획 비 기 추 무 구
면, 아름다움이 있을 것이니, 우두머리는 끊되, 얻음이 그 무리가 아니
면, 허물이 없을 것이다.)

리괘離卦 총설과 괘사卦辭 해설

'리괘'는 흔히 『주역』을 「상경上經」과 「하경下經」으로 나눌 때, 「상경」의 마
지막 괘인 30번째 괘로서, 위도 불이요 아래도 불이다(重火離). 앞 '감괘坎卦'
기호의 음양이 모두 반대로 바뀐 모습이다. '감괘'가 물을 상징함에 대해, 그
반대 성질인 불을 상징한다. 「상경」은 하늘과 땅으로 시작되고, 물(또는 달)과
불(또는 해)로 마무리되는 셈이다. 그리고 『주역』 전체의 마지막 두 괘는 '기
제괘旣濟卦'와 '미제괘未濟卦'인데, '기제괘'는 위가 감괘 아래가 리
괘이고, '미제괘'는 위가 리괘 아래가 감괘로 「상경」의 끝과 「하경」의
끝이 서로 연관된다.

'감괘'(습감괘習坎卦)는 고난을 상징하는데, '리괘'는 고난을 극복하고
이루는 문명文明을 상징한다. '리괘'는 불이면서 불의 빛과 밝음의 이미지를
가진다. 하나의 밝음이 아닌 거듭된 밝음이므로, 찬란함이 배가倍加한다. 불
은 어떤 사물에 붙어 의지하여야 존재할 수 있다. 그래서 리괘離卦의 '리
離'는 흔히 쓰이는 '떨어지다'와는 반대로 '붙다(麗)', '의지하다'의 뜻을 가지
기도 한다. 앞의 고난을 극복하기 위해 단련한 총명과 재기에 의지하여 밝
은 문명을 이루는 단계다.

인류의 초기 원시시대는 누가 누구를 지배하는 관계가 아닌, 모두 독립적, 자율적인 자유와 평등의 시대였다. 그러다 인구가 늘고 모여 살며, 나아가 사회를 이루면서 경제적 독점과 착취의 사회적 관계가 있게 되었고, 이에 정치적 지배, 피지배의 관계가 생기게 되었다. 그 대표적 시스템이 바로 국가다. 영악한 재주로 지배자의 권력을 선점한 세력은, 신화와 종교를 만들어 그들의 탐욕을 실현하는 착취적 지배관계를 합리화하면서 계급적 신분으로 고착시켰다.

종교적 절대자를 내세워 신神, 하늘[천天], 상제上帝의 이름으로 지배 권력의 근거로 삼은 지배자와 지배계급은, 절대자를 권력의 배후로 삼아 지배 권력을 합리화하거나 아예 절대자의 아들로 신의 아들, 하늘의 아들을 자임하거나 심지어 신, 하늘을 자칭하기도 하였다. 피지배 백성은 지배자를 신, 하늘 또는 그 아들로 받들기를 신앙으로 강요받으며, 노예로 전락했다. 그들은 처음 출생부터 계급과 신분이 다름을 세뇌받아, 감히 이의를 제기하거나 저항할 의지는 꺾였고, 사실상 당시 그들은 어리석고 무지하여 실제 그러한 의지를 다지기 어려웠다. 앞의 '습감괘'는 인민 백성의 입장에서 이러한 암흑의 시대다.

지식과 정보를 선점한 지배계급은 지식과 정보로 세상을 장악하여 아직 무지몽매한 민중을 지배하였다. 그러나 세상이 발전하고 구성원들도 진화하여 지식과 정보가 민중 속에 퍼졌고, 비로소 계몽의 때가 무르익어 계몽된 선각자들이 나타났다. 그들이 고대의 대표적 문화권인 중국, 인도, 그리스에서 비슷한 시기에 나타난 철학자들이다.[98] 이러한 계몽의 문화 문명 시기가 바로 '리괘離卦'의 시기다.

즉, 앞 '습감괘習坎卦'의 민중 억압 시대를 지나면서 지배와 착취의 험난함 속에서도 덕과 지혜를 갈고 닦아, 비로소 찬란한 문화를 꽃피운 시대가 바로 '리괘'의 계몽시대이며, 철학자들은 앞 시대의 정치 경제적 지배와 착취의 관계를 반성하고 재해석하여, 자신들의 사상을 표출하며, 억압된 민중을 구제하려 하였다. 그들은 '습감' 시대의 종교적 신앙 중심의 문화를 철학적 이성 중심으로 변혁하려고 했다.

두 대립하는 힘이 밀고 당기는 『주역』의 이치가 여기에도 나타난다. 신앙 중심의 시대에 대립하여 이성 중심의 시대가 나타났지만, 다시 신앙 중심의 힘이 반격하여 상호 투쟁 속에 새로운 신앙 중심의 시대가 나타난다. 그것이 중세의 종교 시대다. 이 종교 시대는 처음 신화시대의 특성이 부활한 것이다. 다시 신 중심, 하늘 중심이 된 시대다. 정치, 경제적 시스템도 다시 그에 맞춰 재편성된다.

철학과 이성의 힘은 다시 종교와 신앙에 종속되고, 지배와 피지배, 정치와 경제의 관계가 종교적 이념으로 합리화되고, 이에 따른 신분과 계급이 공고화된다. 신과 하늘에 종속된 인간의 이성은 소외되고, 인간의 주체적 자율성이 종교에 의해 배제된다. 철학과 이성의 입장에서 다시 '습감괘'가 된 것이다.

인류 역사는 백성이 억압받고 고통받는 불평등한 사회체제를 극복하고, 문명화를 지향해 왔다. 중세시대는 전근대의 계급적 불평등 사회체제다. 이러한 시대를 겪는 동안 이성 중심의 철학자들이 신앙 중심의 종교 사회 극복을 위해 끊임없이 반성과 사색을 지속하였고, 이 반성과 사색이 곧 '습감괘'에서의 고난에서 학습하는 투쟁이다. 이렇게 해서 다가온 시대가 근대이며, 이는 인간 중심, 이성 중심 문화 문명인 고대 '리괘' 시대의 재탄생으로서, 말 그대로 르네상스(Renaissance)다. '나는 생각한다. 그러므로 나는 존재한다'라는 데카르트의 선언이 바로 '습감괘'의 고난을 거친 결과다. 신으로부터 소외된 인간 주체의 회복이다.

이 근대의 '리괘' 정신은 세계사적으로 정치적 상황에 반영된다. 중세의 전근대 시대를 청산하기 위한 정치적 혁명이 그것이다. 이런 정치적 혁명에는 고대 '축의 시대(Achsenzeit)'에 대거 나타난 사상가들처럼 우후죽순으로 나타난 수많은 계몽 사상가의 사상이 기폭제 역할을 한다. 이러한 근대 사상을 통해 민주화된 시민사회가 요청되었고, 지식인들과 민중이 그 과제를 실행해 왔다. 이렇게 근대화와 정치적 혁명 시대에 타도 대상이 된 것이 전근대의 앙시앵 레짐(ancien regime)이요, 바로 중세인 '습감괘' 시대다. 이 전근대 중세의 '습감괘' 시대 속의 고난을 극복하고 나타난 것이 근대인 '리괘'의 시대인 새로운 민주적 문명시대다.[99]

'리괘'의 근대화, 문화 문명화 시대는(離) 인간의 탐욕을 제어하여 인류의 보편적 도덕에 입각한 정의로움에 따르는 것이 이로운 시대이며(利貞), 이를 통해 인간 사회가 행복하고 형통해지는 것이다(亨). 그리고 정의로움을 이롭게 여기는(利貞), 덕성은 암소의 성향에 비유할 수 있어 '리괘'에서는 '암소를 기르면'(畜牝牛) 좋다(吉)고 한다. 이는 '곤괘坤卦'의 '암말(빈마牝馬)'의 비유와 마찬가지다. '암컷(牝)'은 음유함, 유순함을 말한다. 그래서 '곤괘', '리괘'에서 비유로 쓴다.

말은 광활한 대지를 달리는 것을 상징하여 땅을 상징하는 '곤괘'에서 썼고, 소는 무거운 짐을 감당하는 것을 상징하여 문명을 상징하는 '리괘'에서 문명을 올바르게 꽃 피우는 군자들이 그 역할을 감당함에 썼다. 그래서 '리괘'에서 올바르게 '암소'를 기르듯 문명을 꽃피울 것을 강조하였다.

만일 근대화의 리더가 암소의 이미지에 반하여 난폭하고 폭력적인 방법을 쓰면, 그 문화 문명화 과정에서 정치적 격동과 폭력적 전쟁이 있게 되어, 수많은 인민 백성이 피해를 볼 수 있다. 또 만일 구체제 기득권의 리더들이, 그들의 시대가 이미 서산에 해가 기울 듯 떠나가야 할 상황임을 깨닫지 못하고, 마지막 발악으로 폭력적으로 억압하거나, 신세력의 리더들이, 그들이 권력을 잡은 것을 사적 욕망을 실현할 기회로 삼아 민중을 선동하여 폭력적 정변을 일으키면, 민중이 힘들어진다. 그로 인해 결국 그 신구 세력의 리더들도 어느 순간 정변의 과정에서 자신을 보전하기 어려울 수도 있게 된다.

리괘離卦 효사爻辭 해설

초구初九

'리괘' '초구'는 '리괘' 맨 아래 양으로서, 문명의 불을 댕기는 계몽적 선각자다. 그러나 아직 때가 오지 않았으므로 그가 실천(履)할 사회 상황이 혼란스럽다(錯然). 섣불리 나서면 순교적 삶을 살 것이다. 멀리 보고 때를 기다려 조심함(敬之)이 장기적으로 좋다(无咎).

프톨레마이오스(Ptolemaeus, 85?~165?)의 지구를 중심으로 삼는 천동설天動說을 진리로 받아들인 중세 기독교에 반기를 들고, 태양 중심의 지동설地動說 체계를 내놓은 대표적 학자가 코페르니쿠스(Nicolaus Copernicus,

1473~1543), 브루노(Giordano Bruno, 1548~1600), 갈릴레이(Galileo Galilei, 1564~1642) 등 세 사람이다.

코페르니쿠스는 자신의 주장이 사후에 알려지게 하여 살아서는 탄압을 피했고, 갈릴레이는 1616년에 가톨릭 교회가 내린 "코페르니쿠스 우주론은 가톨릭 교리는 물론 참된 철학에도 위배되며, 따라서 가톨릭교도는 코페르니쿠스 우주론을 옳다고 주장해서는 안 된다"라는 금지령을 지키고, 코페르니쿠스의 견해를 지지하지 않을 것이라고 서약했지만, 이후 쓴 책으로 종교 재판에 회부되어 자신의 견해를 부인했음에도 말년에 가택연금으로 살았다. 그런데 그 사이에 살았던 브루노는 자신의 신념을 굽히지 않고, 종교재판에서 화형당하는 순교적 삶을 살았다.[100]

'리괘' '초구'는 이러한 세 사람의 실천(履)에 따른 개인적 차이가 중세의 세계관에 대해 근대의 세계관으로 도전하는 선각자들의 각기 다른 투쟁으로 복잡하게 전개됨(錯然)을 말한다. 그러면서 삼가 조심하여(敬之), 개인의 생에 특별한 문제를 불러일으키지 않은(无咎), 코페르니쿠스의 처신을 말하는 것으로 볼 수 있지만, 브루노나 갈릴레이 역시 『주역』 전반의 취지로 보아서 살신성인하는 군자의 처신이라 할 수 있을 것이다.

육이六二

'리괘' '육이'는 '리괘'의 근대화, 문명화의 단계가 더 진전하여 어느 정도 세상이 계몽된 상황이다. 육이는 음이 음자리에서 바른 자리를 차지하고 있고, 하괘의 가운데 자리로 중도를 지키고 있다. 너무 급진적이지 않고 중도로 바른 원칙을 지키며 민중을 이끄는 계몽적 지식인이다(黃離, 黃色은 中의

색). 마치 르네상스 시대의 사상가, 예술가들과 같다.

이러한 계몽적 지식인은 상괘의 중간에 자리하고 있는 '육오'의 중도적 지도자와 호응하므로 크게 좋다. '육오'는 르네상스 시기 이탈리아 중부지방 피렌체 공화국의 메디치 가문(Medici family, Casa de Medici)처럼, 계몽적 지식인들을 지원하는 천박하지 않은 부유한 지도자들이다. '육이'와 '육오'의 호응으로 근대화, 문명화의 계몽시대가 발전한다. 그래서 황금빛으로 찬란한 문명을 이루어(黃離), 인류 역사에서 크게 길하게 된다(元吉).

구삼九三

'리괘' '구삼'은, 해는 서산 넘어 황혼이 지려 하고(日昃之離), 한 시대는 저물어 대세가 기울어 새 시대로 가고 있는데, 구체제에 미련을 가지고 부여잡고 있는 구시대적 지도자, 지식인들을 말한다. 새 시대를 준비하는 새로운 사고를 하는 이들이 새로운 세계관을 제시함에도, 옛날 사고를 진리라 믿고 집착하여, 자신들의 이권을 놓지 못할 뿐만 아니라, 새로운 사상을 가진 이들을 오히려 탄압하고 박해한다. 아무리 그래도 결국 시대의 대세를 거스를 수 없음을 자각하지 못한다. 그렇지만 이제 혁명의 기운이 감돌고 있다.

세계사적인 시대 전환만이 아니라, 한 국가의 시대 전환이나, 체제 전환, 권력 교체도 마찬가지이며, 문화나 산업의 패러다임 전환도 마찬가지이고, 구세대, 신세대의 세대교체도 마찬가지다. 저물어야 할 시대, 권력, 세대가 스스로 소박한 질장구를 두드리고 노래 부르며 명예롭게 퇴진하지 않으면(不鼓缶而歌), 구시대, 구권력, 구세대(大耋)는 결국 강압에 의해서 밀려나,

뒤늦게 탄식할 수밖에 없으니(則大耋之嗟), 참으로 흉(凶)한 결과를 초래하게 될 것이다.

구사九四

'리괘' '구사'는 '구삼'에 이어 구체제 귀족 세력이 민중의 혁명 준비를 감지하고, 이미 저물어 가는 그들의 기득권을 놓지 않으려고 발버둥 치며, 그들에 의해 그동안 이미 허수아비로 무력화된, 음유인 '육오'의 지도자에 대해 반란을 일으킨다. 기습적으로 거사하여 궁정에 난입하여(突如其來如), 불사르듯 일을 도모하나(焚如), '구사'의 정변이 정의로운 혁명이 아니라 사익을 도모하는 반란이므로, 진정한 혁명을 원하는 하괘 '초구' 백성들의 호응을 얻지 못하여 도리어 죽고(死如) 버림받는다(棄如). 프랑스혁명 과정의 일련의 정치적 혼란이며, 근대 중국 신해혁명辛亥革命을 무력화하고, 자신의 권력을 위해 왕정을 복고하려다 실패한 위엔스카이(袁世凱)다.

육오六五

'리괘' '육오'는 '구사'의 반란으로 눈물을 흘리며(出涕沱若) 일시적 수난을 겪고, 인민 백성이 원하는 시대의 대세 또한 거스를 수 없어 슬피 탄식하지만(戚嗟若), 결국 억지로 버티지는 않아, 그나마 영국같이 큰 유혈 혁명은 피하여 명예는 지키며, 입헌군주제의 민주화로 타협하여, 문명화, 근대화를 이루는 지도자로서, 나라를 민주화로 연착륙시켜 좋은 결과를 낳는 경우다(吉).

상구上九

민중이 봉기하여 혁명하더라도, 결국 새 시대를 올바르게 다스릴 수 있는 지도자가 세상을 수습하여 새로운 체제를 만들 수밖에 없다. '리괘' '상구'는 그러한 지도자가 민중을 이끌고 직접 구세력의 반란을 진압하며 혁명을 완성하는 것으로서(王用出征), 결과가 아름다울 것이다(有嘉).

그런데 새 시대가 오면 구시대의 우두머리를 비롯한 핵심 세력은 처단해야 하지만(折首), 어쩔 수 없이 그 치하에 있던 하급 졸개들이나 백성들은 포용해야 한다. 그래서 새로운 세력의 정치적 타도 대상이 그 졸개들이 아니어야(獲匪其醜), 혁명 후의 체제가 안정되어 정치적 후유증이 없게 될 것이다(无咎).

만일 그렇지 않고 힘없는 아랫사람들까지 정치보복으로 학살하듯 하면, 올바른 지도자라 할 수 없고 세상은 새로운 혼란에 빠질 것이다. 현대의 민주정치 하에서 선거로 정권을 획득했다 하더라도, 구정권의 핵심 세력뿐만 아니라 단지 명령에 의해서 공무를 수행했던 하급직까지 정치 보복하듯 무자비하게 숙청하면, 세상에 새 불화를 조성하여 새 정권 역시 새로운 적폐 세력이 되는 것이다.

31

함괘 咸卦

원문과 번역

咸, 亨, 利貞, 取女, 吉. (함은 형통하고 곧음이 이로우
<small>함 형 리정 취 녀 길</small>
니, 여자를 취하면 좋을 것이다.)

(初六) 咸其拇. (그 엄지발가락에 느낌이다.)
<small>함 기 무</small>

(六二) 咸其腓, 凶, 居, 吉. (그 장딴지에 느끼니 흉하다.
<small>함 기 비 흉 거 길</small>
가만히 있으면 좋을 것이다.)

(九三) 咸其股, 執其隨. 往吝. (그 넓적다리에 느끼며 그 따름을 잡으
<small>함 기 고 집 기 수 왕 린</small>
니, 가면 부끄럽게 될 것이다.)

(九四) 貞吉, 悔亡, 憧憧往來, 朋從爾思. (곧으면 좋아서 뉘우침이 없어
<small>정 길 회 망 동 동 왕 래 붕 종 이 사</small>
질 것이니, 뜻을 정하지 못하며 오가면, 벗만이 네 생각을 좇을 것이다.)

(九五) 咸其脢, 无悔. (그 등심에 느낌이니, 뉘우침이 없을 것이다.)
<small>함 기 매 무 회</small>

(上六) 咸其輔頰舌. (그 광대뼈와 뺨과 혀에 느낌이다.)
<small>함 기 보 협 설</small>

함괘咸卦 총설과 괘사卦辭 해설

'함괘'는 『주역周易』 전체에서는 31번째 괘이며, 전통적 방식에 따라 『주역』을 「상편上篇」과 「하편下篇」으로 나누어 그것을 「상경上經」과 「하경下經」으로 부를 때는 「하경下經」의 첫 번째 괘다.[101] 그러나 『주역』은 전체적으로 하나의 스토리로 연결되는 것으로 '리괘'와 '함괘' 사이에서 특별히 어떤 의미를 구분할 필요는 없다. 따라서 '리괘' 다음에 오는 '함괘'는 '상·하경'의 문제와 상관없이 연속적으로 이어지는 것이다.[102]

'리괘' 다음에 '함괘'가 오는 것은 어떤 의미인가. '습감괘'에서 고난을 겪고, 이어 '리괘'에서 고난 극복 후 문명을 실현하고, 세계사로 보면 중세인 '습감괘'의 인문주의 휴머니즘에 대한 암흑시대를 르네상스로 극복하여 근대로 나아가고, 그다음에 오는 상황을 상징하는 것이 '함괘'이므로, 곧 근대의 문화, 정치, 경제 등 각 분야가 새로운 근대적 체제, 시스템을 갖추어 가는 진보를 말한다.

중세 봉건체제는 종교와 정치가 결탁한 신정神政 체제로 그 정점의 종교적 수반과 정치적 수반 아래 승려, 귀족, 평민, 농노의 신분 계급으로 된 피라미드 조직이다. 그런 상황에서 상·하의 신분 조직이 고착화하여 아래 신분이 위로 상승하는 것이 세습으로 인해 이동이 봉쇄되거나 제한된 체제다. 상승을 시도하는 것은 곧 체제에 대한 도전이요 반역이었다. 근대화는 이를 정치적, 경제적으로 뒤흔들어 바꾸는 것이다.

그런데 『주역』에서는 상하가 고착되어 소통하지도, 교감하지도 않는 것을 부정적으로 보고, 그 반대로 변통하고, 소통하고, 교감하는 것을 긍정적으로 본다.

『주역』「계사전」의 "하늘과 땅이 기운을 교합하여 만물이 변화하여 무르익고(天地絪縕, 萬物化醇), 남자와 여자가 정기를 교류하여 만물이 변화하여 생겨난다(男女構精, 萬物化生)"라고 하는 것은 자연계와 인간계를 유비類比시키는 것인데, 자연계든 인간계든 기운의 상호작용과 교감을 강조한다. 이 부분의 원문에 있는 '남녀구정男女構精', 즉 '남녀의 정기 얽음'은 남녀상열男女相悅의 일이다.

이는 인간계만이 아니라 자연계의 모든 양성과 음성의 교류를 말한다. 이것을 『주역』에서는 천지 음양 이치와 남녀 음양 이치를 유비하는 방식으로 표현한다. 이러한 취지를 구체적으로 묘사한 괘가 '함괘咸卦'다. '함괘'는 이 남녀 음양 이치에 관한 비유적 표현으로 세상의 소통, 교감의 문제를 말한다.

『주역』은 「상경」의 처음에 가장 먼저 천지天地를 말하고, 「상경」의 끝에 수화水火를 말한다. 그리고 이제 그런 요소들의 구체적 교감을 말하는 '함괘'를 「하경」의 첫머리에서 말하는 것이다. '함咸'은 '감感', 즉 '느낌'이다. '感'이라는 글자에서 '心' 없는(無心) 느낌이 '咸'이다. '함괘'는 말초적 느낌에서 사심私心 없는 느낌을 지향하는 것이다. '함괘'는 위는 못이고 아래는 산이다(澤山咸). 상·하의 교감을 큰 틀에서 말할 때는 천지와 수화의 교감 관계로 말했지만, 구체적 교감에서는 '함괘'처럼 말하고 있다.

'함괘'의 8괘 상의 구성요소로 볼 때, 위는 태괘兌卦☱이고, 아래는 간괘艮卦☶인데, 그 상징하는 자연물의 대표가 전자는 못이고, 후자는 산이다. 그런데 8괘를 가족관계로 볼 때, 건괘乾卦☰는 부父, 곤괘坤卦☷는 모母, 진괘震卦☳는 장남長男, 손괘巽卦☴는 장녀長女, 감괘坎卦☵는 중남中男, 리괘離卦☲는 중녀中女, 간괘艮卦☶는 소남少男, 태괘兌卦☱는 소녀少女를 말한다. 따라서 '함괘'는 위에는 소녀, 아래에는 소남이다. 소남과 소녀로 남녀 관계를 묘사하는 것은 소남, 소녀의 남녀관계가 가장 예민하고 자연스럽기 때문이다.

'함괘'는 소남이 소녀의 아래에 있는 것으로 소남이 소녀에게 자신을 낮춤을 상징하고 있다. 양인 소남이 음인 소녀의 아래에 있어, 올라가려는 양의 기운과 내려오려는 음의 기운이 중간에서 만나 소통하고 교류, 교감하는 상황(천지가 교류, 교감하는 태괘泰卦와 수화가 교류, 교감하는 기제괘既濟卦처럼)을 말하는 것이기도 하지만, 여기서 특히 중요한 것은 사회적 측면이다.

남녀가 맺어지는 공식적인 사회적 관계는 결혼이다. 동양이나 서양이나 이전 봉건사회에서는 대체로 결혼 후 여자가 남자의 집으로 가서 그 일원이 되었다. 그럴 경우 남자의 집안에서 여자의 집안에 대해 겸손함을 표하는 것이 예인데, 태어나고 자라서 살던 가족을 떠나 남자의 집안으로 가게 되는 여자와 그 여자의 집안에 대한 예의요 배려다.

지금도 서양식으로 프러포즈할 때, 남자가 여자 앞에서 무릎을 꿇고 의사 표현하는 형식을 취하는 것과 같다. 결혼 관계에서 결국 남성 위주의 봉건 체제에서, 남자 쪽에서 겸손한 태도로 시작한 관계여야 이후의 결혼 관계도 순조롭지만, 남자 쪽에서 거만하고 무례하게 여자 쪽의 자존심을 손상하며 시작한 결혼 관계는 바람직하지 못하다. 공식적 결혼이 아닌, 그 전 연애의 경우도 마찬가지다.

'함괘'에서 쓰인 남녀 관계의 표현은 그 자체로도 의미가 있지만, 결국 일반적 사회관계, 특히 정치적 관계를 말하는 비유의 취지다. 봉건적 정치 관계의 대표는 군신 관계다. 임금은 자신을 도와 일해 줄 신하를 필요로 한다. 이때 임금이 덕망 있고 능력 있는 인재를 발탁하여 영입할 때 취해야 할 태도가 곧 남자가 여자에게 취해야 할 태도이다. 임금이 재야의 인재를 발탁할 때는 임금이 먼저 겸손하게 인재에게 도와달라고 예를 표하여 청해야 한다. 유비劉備가 제갈량諸葛亮을 영입하기 위하여 삼고초려三顧草廬한 것을 떠올리면 된다.

이전에 임금이 현자를 영입하려 할 때, 현자는 일부러라도 겸손하고 올바른 임금인가를 시험하기 위하여 바로 응하지 않기도 했다. 그리고 임금은 세 번까지는 권해보는 것이다. 그래도 응하지 않는 사람은 벼슬에 뜻이 없는 사람이다. 권력욕과 명예욕이 없는 사람을 두고 나라에서 '세 번이나 불러도 나아가지 않았다(三徵不就)'고 평가하는 것이다.

임금이 인재에 대해 거만한 태도로 징발하듯이 하면 예의가 아닐뿐더러, 그런 임금은 올바른 임금이 아니다. 인재가 일단 응해서 벼슬을 맡으면, 임금과 신하의 상하관계가 정해지지만, 그 시작은 윗사람이 겸손한 태도로 출발해야 한다. 태도는 내면 덕성의 표출이기도 하므로, 임금의 성품을 말해 주기도 하기 때문이다.

신하도 거만하고 무례한 임금에게 굽히고 벼슬하는 것은 출세에 안달하고 권력에 빌붙어 아첨하려는 것이어서, 역시 올바른 신하가 아니므로 임금은 이러한 인재를 써서는 안 된다. 오늘날에도 개각 시기만 되면 전화통을 붙들고 기다리는 사람들과 같다. 임금과 신하가 이러한 예로 시작하고, 예에 맞는 덕을 갖춘 사람들끼리의 조합이어야 임금과 신하의 소통이 원만하고 바른 정치가 되기 때문이다. '함괘'는 남녀관계의 비유를 통하여 정치적, 사회적 소통과 교감의 관계를 말한다.

'함괘'는 이러한 교감이 형통하려면(咸亨), 예禮에 맞아 올바른(利貞) 남녀관계(取女)여야 바람직함(吉)으로 비유한다. 군신의 교감도 예에 맞아 곧고 발라야 한다. 일반적으로 어떤 지도자가 자신을 도울 인재를 구하여 교감함이 예禮와 의義에 맞아야 한다는 것이다. 이러한 교감은 임금과 신하의 관계에서만은 아니다. '함괘'에서는 궁극적으로 지도자와 모든 백성이 원활하게 교감하고 소통해야 한다고 말한다.

지도자는 언제나 독선과 독단에 사로잡히고 있지는 않은지 자신을 돌아보며 민심을 잘 살펴야 한다. 그래서 '함괘' 「단전彖傳」에서 "성인聖人이 인심人心을 느껴 천하가 화평하다"라고 한다. 또 그 「상전象傳」에서는 "산 위에 못이 있는 것이 '함咸'이니, 군자는 이를 본받아서 겸허하게 사람을 받아들여야 한다"라고 한다.

이처럼 문화, 문명의 '리괘' 이후에 오는 진정한 근대화, 민주화는 그 문화와 문명에 걸맞은 교양과 품격을 갖추고 권위를 타파한 지도층과 인민 사이의 소통과 교감으로 이루어짐을 '함괘'는 말하고 있다. 그래서 소통하고 교감하는 것이 세상을 형통하게 하며(咸亨), 소통은 어떤 야합이 아닌 바른 소통이어야 이로운 것이다(利貞). 그리고 지도자는 야합이 아닌 이러한 바른 소통을 통하여, 남자가 결혼 상대자인 여자와 소통하듯(取女), 인민 백성과 소통하고 교감해야 세상이 좋아지는 것이다(吉).

함괘咸卦 효사爻辭 해설

초육初六

'함괘' '초육'은 남녀의 정이 처음 시작되는 때다. '함괘' 상괘는 '소녀少女' 이고, 하괘는 '소남少男'이다. 하괘 '초육'은 상괘 '구사'와 상응하며, 처음 그 에게 이성으로서의 감정을 느낀다. 몸의 맨 아래 엄지발가락에서 그 감정을 느끼듯 한다(咸其拇). 엄지발가락은 몸의 맨 아래이므로 감정만 이제 생기기 시작한 상황이고, 아직 행동으로 옮겨지지는 않은 상황이다.

『주역』에서는 양이 감感하면 음이 응應한다고 본다. 하늘이 땅에 감感하 면 땅이 하늘에 응應한다. 남자가 여자에게 감感하면 여자는 남자에게 응應 한다. '초육' 소녀가 '구사' 소남에게 뜻을 두고 있지만, 아직 단순한 낭만의 정일뿐이다. 먼저 나서지도 않아서 음란함도 없다. '구사'인 소남이 감하여 오기를 소녀는 기다리는 위치다. 그러면서도 '구사'에게 뜻을 두고 있다. 먼 저 소녀가 나서면 품위가 없으니, 뜻을 두고 있으면서도 기다리고 있다.

지금 '함괘' '초육'의 단계는 재야에 있는 인재가 새로운 문명사회를 이끌 어갈 지도그룹의 '구사'에게 발탁되기를 기다리는 위치다. 그 인재는 자신을 발탁해줄 지도자와의 정치적 교감만 막 시작하여 가장 처음을 상징하는 엄 지발가락에서 느끼듯 아직 행동으로 옮기지 않고, 자신을 발탁할 지도자를 기다린다. 아직 은둔해 있지만 세상을 피하는 은둔은 아니고, 아직 때가 되 지 않았을 뿐이다. 자신을 발탁해 줄 지도자를 기다리며, 세상에 나아갈 뜻 을 두고 있는 정도의 위치다. 행동으로 옮기지 않아 효사에서 단지 그런 상 태만 이야기할 뿐(咸其拇), 길흉회린吉凶悔吝과 같은 어떤 가치 판단도 어떤 행동 지침도 말하고 있지 않다.

육이六二

'함괘' '육이'는 엄지발가락에서 시작하듯 한, 이성에 대한 감정을 행동으로 옮긴다. 그래서 장딴지(腓)에서 느낀다(咸其腓). 장딴지는 엄지발가락에서 시작한 발과 그 위의 넓적다리(股) 사이에서 몸의 힘이 실려 행동으로 옮겨지는 부분이다. 그래서 함부로 행동하기도 쉽다. 남녀의 혼인은 먼저 남자가 여자에게 겸손하게 예를 표하며 시작해야 하고, 임금이 자신을 도와줄 인재를 발탁하는 것도 먼저 임금이 인재에게 겸손하게 예를 표하며 시작해야 한다.

'초육'은 남녀 간, 군신 간의 교감이 그저 마음으로만 시작한 단계다. 그런데 '육이'의 여자는 '구오'의 남자를 기다리지 않고 스스로 안달하여 '구오'를 찾아가니, 남자에게 얕보일 수 있다. '육이'의 여자는 '구오'의 남자와 혼인한다 해도 이렇게 자존심을 굽히고 이루어졌으므로, 이후에도 남자의 존중을 받기 어렵게 되니 흉(凶)하다.

마찬가지로 '육이'의 인재가 '구오' 지도자의 삼고초려를 기다리지 않고, 빨리 출세하고 싶은 욕심에 먼저 권력을 가진 지도자를 스스로 찾아가 벼슬을 얻으려고 권력자 주위를 기웃거리며 자리를 구걸하는 것이다. 올바른 지도자라면 그런 자들을 경멸한다. 설사 지도자에게 이용 가치가 있어 등용한다고 하더라도, 진심으로 터놓고 함께 큰일을 도모할 만한 인재라고 여기지 않으니 흉(凶)하다. 이 단계에서는 먼저 움직이지 말고 가만히 있는 것(居)이 좋다(吉).

구삼九三

'함괘' '구삼'은 양강한 효가 양강의 자리를 제대로 차지하고 있다. 그러나 원래 '삼'의 자리는 아래에서 벗어나 위로 나아가기 직전의 불안한 자리다. 양강한 자질이어도 행동이 불안정하다. 몸에 있어서 '육이'의 장딴지보다 위에 있는 넓적다리(股)인데, 넓적다리는 장딴지를 따라 움직인다. 장딴지가 앞으로 가면 따라서 가고, 멈추면 따라서 멈춘다. 즉 주견을 가지고 움직이는 위치가 아니다. 줏대가 없다. '구삼'은 양강한 자질을 가지고 있는 남자로서, 상괘의 '상육'과 상응하기를 구하는 위치다. 그런데 그 행동이 줏대 없는 행동이다.

'구삼'은 이웃한 '육이'의 여자에게 마음을 두는 듯도 하지만, '육이'의 여자가 '구오'의 남자에게 반하는 것을 보고, 자신도 넓적다리에서 느끼듯(咸其股), '육이'에게 마음을 두기보다 '육이'를 흉내 내어 행동하여(執其隨), '상육'의 여자에게 구애한다. '육이'의 여자가 상류층의 '구오'를 마음에 두듯, 자신도 상류층인 '상육'의 여자를 추구한다. 진실로 사랑하기보다는 현실을 중시하는 부모나 주위 사람의 권유에 따라 정략적으로 행동한다.

정치적으로는 '육이'가 '구오'의 발탁을 기다리지 않고 출세하려고 날뛰니, '구삼' 역시 줏대 없이 덩달아 움직여 '상육'의 권력자, 그것도 한물간 권력자를 추종한다. 혼인에 있어서든, 정치에 있어서든 이런 추구는(往) 결국 부끄러움만 남길 것이다(吝).

구사九四

'함괘' '구사'는 '함괘'의 클라이맥스요 핵심이다. 다른 효는 신체 부분으로 말했지만, 여기서는 신체를 주재하는 생각(思)과 관련이 있다. '함괘'의 '咸'이 '感'이라는 글자에서 '心'字가 없는 무심無心의 글자이므로, 궁극적으로 마음을 비우고 대상을 편견 없이 대할 것을 요청하는 것으로 해석하기도 한다. 여기 '구사'에서 생각의 주체가 발현한다. 다른 효가 육체적 감각기관을 통하는 감성적 생각이었다면 여기서는 주체의 이성적理性的 판단을 요구한다.

'구사'에서는 이성異性을 대함에도 감성보다는 냉철한 이성理性에 따를 것을 요구한다. 이성적 판단이란 남녀 간의 애정보다 정략결혼과 같은 실리를 추구하는 측면에서의 냉철함을 말하는 것이 아니다. 도덕적으로 올바른 도리에 따라야 좋으며(貞吉), 그래야 그 결정에 있어서 후회도 없어지지만(悔亡), 그렇지 않고 물질과 권력에 따른 정략적 남녀관계를 추구하면, 반대의 결과가 되어 좋지 않고, 후회를 남기게 된다는 것이다.

드라마나 영화에서 어려울 때 함께한 첫사랑의 의리나 결혼 초의 어려움을 함께한 조강지처糟糠之妻를 버리고, 현실 이익을 추구하는 내용이 흔히 나온다. '구사'의 첫사랑이나 조강지처가 바로 효에 있어서 서로 호응하는 '초육'이다. 즉 '초육'과의 의리를 저버리지 않아야 한다. 그렇지 않고 다른 음인 '육이' 또는 특히 상류층의 '상육'에 눈독을 들이면 결과가 좋지 않다. '구사'에서는 행동의 양쪽 갈래를 분명히 하였다. 방금 말한 '정길회망貞吉悔亡'이 하나의 선택이다. 이에 대한 또 다른 선택이 이어서 나온다.

'구사'가 만일 '초육'에 대한 '정貞'함의 의리와 현실적 실리 사이에서 마음을 정하지 못하고, 복잡한 심경을 가지고 왔다 갔다 흔들리면서 저울질하면(憧憧往來), 주위에서도 '구사'의 인격을 하찮게 보게 된다. 그래서 충심으로 충고하는 사람보다는 사회 정치적 관계로 좋은 게 좋다는 식으로 적당히 영합해 주는 사람들만 있게 되어(朋從爾思), 결국 판단을 그르칠 수 있다.

'구사'는 정치적 해석이 더욱 의미가 있다. '구사'는 정치적으로 권력층에 속하며 현 정세를 실무적으로 이끌어 가는 정치 세력으로서 향후 '구오' 자리의 대권을 노리는 위치다. 생각이 공명정대하여 곧다면 좋고(貞吉), 후회도 없어져(悔亡), 정치적 어려움도 해소될 것이다. 그러나 '구사'가 그와 정치적으로 상응하는 일반 국민인 '초육'의 민심을 따르지 않고, '육이'의 이념과 종교에 따른 정치 편향적인 극단적 골수 지지층과 코드를 맞추려 하거나, '초육'인 국민의 권익을 위해 평소에 주장했던 기득권 타파의 공정과 정의(貞)를 저버리고, 최상층 기득권인 '상육'의 비위를 맞추며 자신도 그 반열에 들어가려고 저울질하며 이리저리 눈치를 살피고(憧憧往來), 생각이 다른 사람들을 도외시한다면, 그들 역시 '구사'를 버릴 것이다. 그렇게 되면 '구사'는 자신과 같은 이념, 같은 종교의 극단적 추종자나, '구사' 자신의 생각에 영합하여 아첨하려는 간사한 자들만 얻게 될 뿐이다(朋從爾思). 이는 구성원들 간의 소통과 교감을 말하는 '함괘'의 원래 취지에 반하는 것이 된다.

구오九五

'함괘' '구오'는 몸으로 말하면 생각하는 주체인 마음을 말하는 '구사'를 넘어서는 위치이며, 그 위 '상육'인 입보다 아래의 위치로 육체적 중추인 등심(膵)이다. '구오'는 마음의 진실과 성심을 넘어서 물질의 지나침이 있을 수 있는 위치지만, 남자로서 '육이'의 여자와 상응하며 둘 다 제 자리에서 중도를 지킬 수도 있다.

그런데 '육이'의 여자는 '구오'의 남자가 자신에게 적극적으로 프러포즈하기를 기다려야 하고, 먼저 나서서 남자에게 구애하면 천박하다는 평가를 받을 수 있다. 그래서 '구오'가 능동적으로 나서야 하지만, '구사'와 같이 마음의 진실성을 표현하는 위치를 넘어서므로, 자칫하면 '육이'에게 구애함에 물질을 개입하여 호감을 표시할 수 있는 점에는 주의해야 한다. 이러한 점에 유의하여, 그 몸의 중심(脢)을 잡는 위치에서 사랑을 구한다면(咸其脢), 후회하는 일은 없을 것이다(无悔).

정치적으로 볼 때 '구오'는 현재 대권을 잡고 있는 위치다. 그리고 아래의 '구사'는 자신의 국정 운영을 돕는 참모이면서 국정의 실무자이지만, 동시에 차기 대권을 노리는 정치적 라이벌이기도 하다. 그런데 자신은 비록 최고 권력자이지만, 구중궁궐 속에 있으므로, 직접 실무적으로 국민과 접촉할 수 있는 '구사'보다는 직접 국민과 소통, 교감하기 어려운 측면이 있다. '구사'가 만일 '동동왕래憧憧往來'하며 흔들리지 않고, '정貞'하게 정의로움을 지키면 민심은 그쪽으로 갈 수도 있다.

그런데 '구오'가 마음으로 국민과 소통하는 '구사'에 대해 이를 만회하려고, 자신이 국가의 중추(脢)로서 가지고 있는 실권을 이용해서, 물질과 벼슬, 또는 특정 부류를 위한 혜택이 되는 정책으로 재야의 지식인, 인재에게 환심을 사려고 하다가는 오히려 역효과가 날 수 있다. 이점에 유의하여 중심을 잘 잡아 국민과 소통하려 하면(咸其脢), 후회하는 일은 없을 것이다(无悔).

상육上六

'함괘' '상육'은 이 괘의 마지막으로서 입 근처인 광대뼈(輔), 뺨(頰), 혀(舌)에서의 느낌이다. 통틀어서 입 부위다. 이 괘의 '상육'은 '함괘'의 맨 위이므로 이성異性과 진정으로 교감함과는 가장 거리가 멀다. 마음을 다하지도 않고, 물질로 구애하지도 않고, 다만 화려한 언변으로 이성을 유혹하려는(咸其輔頰舌) 사람이다.

　정치적으로는 국민과 소통, 교감하는 거리가 가장 먼 위치다. '구사'같이 마음으로 국민과 소통하는 것도 아니고, '구오'처럼 물질과 벼슬자리로 국민을 꼬드기기도 어려운 상황이며, 그럴 생각도 없는 위치다. 즉 국민에게 입으로만 소통하고 교감하려는(咸其輔頰舌), 말만 앞세우는 지도자다. 말하자면 아무런 성의도 실속도 없이, 입으로만 그럴듯하게 공정과 정의를 외치며 국민을 현혹하는 '교언영색巧言令色'의 위선적 정치가다.

32

항괘 恒卦

원문과 번역

恒, 亨, 无咎, 利貞, 利有攸往. (항은 형통하여 허물이
항 형 무 구 리정 리유유왕
없으니, 바르게 함에 이롭고, 갈 바를 둠이 이롭다.)

(初六) 浚恒, 貞, 凶, 无攸利. (항구함을 깊이 하여, 바
준항 정 흉 무유리
르게 하여도 흉하니, 이로운 바가 없다.)

(九二) 悔亡. (뉘우침이 없어질 것이다.)
회 망

(九三) 不恒其德, 或承之羞, 貞, 吝. (그 덕을 항구하게 하지 않으니, 부끄
불 항 기 덕 혹 승 지 수 정 린
러움을 이을 수도 있어서, 바르게 하더라도 부끄럽게 될 것이다.)

(九四) 田无禽. (사냥하는 데 새가 없다.)
전 무 금

(六五) 恒其德, 貞, 婦人吉, 夫子凶. (그 덕을 항구하게 하면 바르나, 부인
항 기 덕 정 부 인 길 부 자 흉
은 길하고 장부는 흉하다.)

(上六) 振恒, 凶. (항구함을 흔듦이니 흉하다.)
진 항 흉

항괘恒卦 총설과 괘사卦辭 해설

'항괘'는 『주역周易』의 32번째 괘로서, 위는 우레, 아래는 바람이다(雷風恒). 앞의 '함괘咸卦'를 180도 뒤집은 모습이다. '항恒'은 '항구恒久함', 즉 '변함없이 오래감'이다. 앞의 '함괘'에서 말하는 천지의 교감交感은 항구하다. '항괘'는 부부와 군신의 감응도 이처럼 항구하길 바란다.

『주역』「계사전」에서는 "역易이란 한계 상황에 다다르면 변하고, 변하면 통하고, 통하면 오래감이다(易, 窮則變, 變則通, 通則久)"라고 한다. 어떤 문제가 발생하여 해결하려고 할 때 그 상태가 한계상황에 다다르면, 결국 변하게 된다. 변하면 문제가 해결되고, 문제가 해결되면 잘 소통하게 된다. 소통하게 되면 오래갈 수 있다. 즉 항구할 수 있다.

'습감괘習坎卦'의 험난한 문제를 '리괘離卦'에서 해결하면 '함괘咸卦'에서 소통할 수 있다. 그래서 이제 '항괘'에서 그 상황의 항구성을 도모할 수 있게 된다. '습감괘'인 중세의 암흑시대를 '리괘'의 근대화로 극복하면 '함괘'에서 소통의 근대 민주주의로 발전할 수 있다. 그러면 '항괘恒卦'에서 그 상태의 지속을 도모한다.

어떤 상태가 지속된다는 것은 마치 변화가 없이 계속됨을 말하는 듯하다. 그러면 모든 것은 변하고, 변하지 않는 것은 아무것도 없다는 '역易'의 원리에 반하는 것이 된다. 그러나 지속은 '역易'이라는 큰 변화의 이치 중 한 요소인 '구久'로, '역'의 큰 틀에 포함된다. 즉 '구', '항구'도 변화의 큰 흐름 속 한 요소다.

'습감괘'인 중세의 고착된 시대가 한계 상황에 봉착하면, 그 내부 모순에 의해서 '역'의 큰 변화 속의 한 요소로서의 변화인 '변變'이 일어난다. 그것이 '리괘'의 근대화이며, '함괘'로 활성화한다. 이 과정이 곧 근대화로서의 '진보'의 과정이다. 이 진보가 필요한 것은 그 전의 체제가 보수화하여 고착화하였지만, 그 모순에 의해서 한계에 도달하여 부패해졌기 때문이다. 그 부패가 혁명, 개혁에 의해 변화함이 진보다.

그러나 이러한 체제의 변화가 날이면 날마다 계속될 수는 없고, 그럴 필요도 없다. 날이면 날마다 변화한다면, 구성원이 오히려 불안해하고 사회는 혼란해진다. 사회의 기본적 질서 유지도 어려울 정도로 취약해질 수 있다. 오히려 안정화 과정이 필요하다.

혁명 후, 이미 이전의 모순이 해소되었는데도 또다시 변화한다는 것은 혁명의 전제에 반한다. 썩은 부위가 도려내어 지고 이제 해결할 문제가 없어졌는데, 또 혁명이 필요하다는 것은 모순이다. 썩은 음식은 버려야 하지만, 썩지 않은 음식을 버릴 필요는 없고, 그래서도 안 된다. 새롭게 조리한 신선한 음식이 다시 썩기 전까지는 그 음식을 버려서는 안 되고, 새로운 사회체제가 내부 모순이 새롭게 발생하여 썩기 전까지는 그 체제를 버릴 명분도 혁명의 명분도 없다. 만일 그런데도 혁명을 한다면, 그것은 정치적 권력욕에 의한 반란일 뿐이다.

새로 신선하게 조리한 음식에 필요한 것은 그 음식의 신선도를 계속 유지, 보존하는 것이다. 새로 혁신한 사회의 새로운 체제에 필요한 것 역시 그 체제의 신선도를 유지, 보존하는 것이다. 이것이 보수이며, 곧 '항괘'의 의미다.

탐관오리를 쳐내고 새로 임명된 청백리를 또 쳐낼 필요가 없고, 그래서도 안 된다. 폭군이나 독재자를 몰아내고, 현군이나 민주적 지도자가 집권했는데, 또 몰아낼 필요가 없다. 올바른 관리, 올바른 지도자를 몰아내는 것이 오히려 정의롭지 못한 것이다. 진보란 썩지 않았는데도 무조건 바꾸는 것이 아니다. 썩지 않고 잘 관리한 것은 계속 보존, 유지해야 하고, 이것이 보수의 의미다.

썩은 지도자는 임기가 아직 멀었다 하더라도 하루 만에라도 몰아낼 이유가 있고, 올바른 지도자는 오래도록 그 자리에 있어도 해악은 아니다. 임기가 남았다고 썩은 지도자를 그대로 두고, 임기가 다 되었다고 올바른 지도자를 썩은 지도자일 수도 있는 사람으로 계속 바꾸어가는 것은 임기제의 아쉬운 부분이다. 썩은 왕조는 일 년이 되지 않아도 무너뜨려야 하지만, 올바른 왕조는 천년 왕국도 가능한 것이다.

진보는 썩은 것을 개혁하여 변화하게 하는 것이고, 보수는 개혁한 체제를 썩지 않도록 보존, 유지하는 것이다. 진보는 유동성의 양이고, 보수는 안정성의 음이다. 슈트라츠(C.H. Stratz)가 말한 신체 발달 단계에서 신장기伸長期는 진보의 양이고, 충실기充實期는 보수의 음이다. 사회 발달도 그러하다. 두 가지가 밀고 당기고 하는 변증법적 과정이 『주역』의 이치다. 이러한 진보와 보수를 포괄하는 이치가 오히려 넓은 의미의 진보이고, '역易'인 것이다. 이런 과정의 한 부분이 '습감괘', '리괘', '함괘', '항괘'의 과정이다.

『주역』의 궁극적 이치는 '중용中庸'이고, '중용'은 '조화'이며, 역사 전개의 '중용'은 '진보'와 '보수'의 조화다. 이것은 저울추를 조정하는 것과 같아서 만일 지금 지나치게 진보로 기울었으면 보수 쪽으로, 만일 지금 지나치게 보수로 기울었으면 진보 쪽으로 저울추를 옮기는 것이 조화와 균형의 '중용'이다. 그것은 체제를 썩지 않도록 하는 노력이다. 그 기준은 정의로움이다.

덮어 놓고 변화를 추구하는 진보나 덮어 놓고 수구를 추구하는 보수는 진정한 진보도 보수도 아니며, 맹목적인 정치적 종교성을 가진 反중용의 극단주의일 뿐이다. 조령모개朝令暮改 식으로 끊임없이 바꾸는 것을 정의로 생각하는 것은 진보가 아니라, 사회를 불안하게 하며 우왕좌왕하는 변덕에 불과한 퇴보이며, 바꾸어야 함에도 바꾸지 않는 것은 보수가 아닌 썩어도 방치하는 경색된 수구일 뿐이다.

공자는 이 세상이 올바르게 꾸려져 나가려면 '예禮'와 '악樂'이 함께 필요하다고 하였다. 예는 질서이고, 악은 조화다. 예는 질서 유지를 위한 제도로 나타난다. 그것은 사회 구성원의 각자 다른 역할 분담을 말한다. 그러다 보면 구성원 간의 이질성이 강조되어 소원함이 생긴다. 모두 평등하지만, 사회질서를 유지하기 위해 만들어진 역할 분담이 불평등을 만들어낸다. 이를 해소하기 위하여 구성원 간의 평등과 동질성을 강조하는 조화의 음악 원리를 말하는 악이 필요하다.

'예禮'는 질서 유지를 위한 체제 보전의 보수이고, '악樂'은 평등과 동질성을 말하는 진보다. 예와 보수만 강조하면 세상은 정체되어 고인 물처럼 썩기 쉽다. 악과 진보만 강조하면 세상은 강물 따라 내려가는 유람선에서 주위의 풍경도 보지 못한 채로 떠밀려 내려가 안정되지 못하는 것이며, 나아가 오히려 급류 속에 모든 것이 쓸려가게 되는 것이다. 보수 세력과 진보 세력이 상대편을 부정하며 죽도록 제거하려고 하는 것은 어리석음과 광기의 소치다. 그러한 보수와 진보는 세상을 파탄 나게 하는 한갓 극우와 극좌일 뿐이다.

그러므로 항괘에서 말하는 '항恒'은 어떤 고착성을 말하는 것이 아니라,

계속 소통하며 형통(亨)하게 하고 또 부패하지 않도록(无咎) 하는 것이다. 그래서 공정과 정의를 그 체제의 이익이 되는 기준으로 삼아(利貞), 정체된 상태에 머물지 않도록 계속 노력함을 이익으로 여기는 것이다(利有攸往).

그러면 어떻게 해야 부패하지 않고 건전한 항구적 상태를 유지할 수 있을까. '항괘'는 이에 대한 해답으로, 항구함을 바라다 오히려 그렇지 못하게 되는 경우를 들어 반면의 논리로 경계한다. 그래서 '항괘'의 괘사卦辭는 긍정적 표현이지만, 효사爻辭는 대부분 역설적으로 이러한 '항구'의 염원이 이루어지지 못할 요인을 깨우치는 부정적 표현으로 구성된다.

항괘恒卦 효사爻辭 해설

초육初六

'항괘' '초육'은 어떤 일을 할 때 그 일이 항구적이기를 기대하며 초기부터 주도면밀하게 추진하는 것이다. 그러다 보니 처음부터 빈틈없이 잘해야 한다는 의욕이 지나칠 수가 있다. 교육에서 부모나 국가가 자라나는 학생들에 대해 그들의 장래를 위한다는 명분으로 지나치게 엄격한 방법을 사용하는 경우가 이런 것이다. 일찍부터 학생들을 채찍질하는 조기 교육에 혈안이 되어 학생들이 인격적 인간으로 어떤 삶이 행복한 삶인지를 자각할 여유도 없이, 극단적 경쟁 속의 자본주의 전사로 가혹하게 바닥을 긁어내듯이 교육하면서(浚), 그러한 교육 방식이 학생들 당사자나 사회 공동체의 항구적 발전을 위한다고 생각한다(恒).

기성세대는 자신들의 교육 방식이 동기 측면에서나 결과 측면에서도 정당하다고 여기지만(貞), 학생들의 삶을 일찍부터 피폐하게 하고, 과도한 경쟁 속에 인간관계를 적대적 관계로 만들어 학생들 당사자의 행복을 파괴하고, 사회 공동체 구성원의 결속과 조화도 깨트린다. 그래서 결국 모두의 항구적 발전을 해쳐(凶), 아무에게도 이로운 바가 없게 될 수 있다(无攸利). 도덕 주체의 확립보다는 입신양명을 위한 교육에 온 노력을 기울이는 현대 한국의 교육 상황을 말한다.

진秦의 시황始皇은 그를 '시작(始)'으로 왕조가 영원히 지속되기를 바랐고, 흉노匈奴가 그 장해 요인이라 여겨서 백성을 부려 만리장성을 잇게 했다. 수隋의 첫 임금 문제文帝는 국호의 기원이 되는 그의 원래 작위爵位인 '수국공隨國公'의 '수隨' 자에 있는 '辶'이 '달아나다'는 의미가 있다고 여겨서, 그의 왕조가 단명할까 걱정하여 '辶'을 빼고 새로 만든 글자 '수隋'를 국호로 삼았다. 그러나 두 왕조는 오히려 만리장성, 대운하 등의 무리한 토목공사, 특히 수隋나라는 고구려 침략으로 인한 국력 소모로 모두 2세 만에 망한다.

이 두 왕조는 왕조 초기에 자신의 왕조가 항구적으로 지속되기를 바라는 원대한 포부를 가졌다. 진시황은 처음부터 공고한 체제를 위하여 전국시대부터 해오던 엄격한 법 체제를 통일 후 전쟁이 끝난 평화 시에도 계속 적용하여, 바닥을 긁는 식의 가혹한 법치의 통치 방식으로(浚) 왕조의 항구(恒)를 추구하였다. 자신은 올바른 정책이라고 믿었을지 모르나(貞), 그 결과는 흉(凶)하여 이롭지 않게 되었다(无攸利).

수의 문제를 이은 양제煬帝도 남북을 연결하는 대운하 공사와 같이 토목공사를 많이 벌이고 고구려를 침략하면서, 백성들 삶의 바닥을 긁으면서도 왕조의 항구함을 바랐고(浚恒), 이러한 통치 방식이 스스로 정당하다고 믿었지만(貞), 역시 결과는 흉(凶)하여 이롭지 않게 되었다(无攸利).

현대사의 많은 독재 정권은 가혹한 독재의 방법으로(浚) 자기 권력을 항구적으로 지속하려 하였다(恒). 자기 민족이 우수하니 그렇지 못하다고 여겨지는 다른 민족을 학살해도 된다는 생각, 인민을 위해 자본가를 타도하는 폭력적 독재가 필요하다는 생각, 당장의 가난을 해결하기 위해 국민의 기본권은 유보해도 된다는 생각으로 목적을 위해서는 이런 가혹한 방법이 정당하다는(貞) 과대망상에 사로잡혀, 수단과 방법을 가리지 않고 정권을 연장하는 방법을 썼지만, 결과는 역시 흉(凶)하여, 이로운 바가 없게 되었다(无攸利).

심지어 민주적 정권임을 표방하는 세력도 정권을 잡고 나서, 비록 독재 정권처럼 물리적 강제력을 동원하지는 않지만, 온갖 편법, 권모술수나 음모, 선전·선동, 여론조작, 포퓰리즘 등, 수단과 방법을 가리지 않고 극단적 방법으로 권력의 항구를 추구한다면(浚恒), 비록 그 목적이 민주주의를 위한다는 정당성(貞)을 내세울지라도 민주주의와 모순되는 결과를 초래하므로, 흉(凶)하여, 이롭지 않게 된다(无攸利).

이 '항괘' '초구'의 흉함은 처음부터 지나치게 깊고 가혹하게 실행하려고 한 것이 원인이지만,[103] 지나친 가혹함은 사실상 '항괘' 전 과정을 통해서도 경계해야 하는 것이다.

구이九二

'항괘' '구이'는 '초육'에서 '시작이 반이다'라는 생각으로, 진시황이 왕조의 항구함을 위하여 처음부터 기선을 제압하여 나라를 가혹하고 엄격하게 다스린 것이 오히려 나라를 일찍 망하게 만들어, 그 후 이어진 다음 한조漢朝의 초기 상황과 같다.

한조漢朝는 초기 문제文帝 때, 진秦나라가 왜 일찍 망했는가 하는 원인을 분석하는 가의賈誼의 「과진론過秦論」과 같은 글도 있었을 정도로 전대의 과오를 돌아보았다. 한조는 막 통일한 직후 한 고조 때부터 이미 정책으로는 과도한 법가 정책에서 벗어나, '약법삼장約法三章'으로 법을 간단히 함과 같은, 진의 통치 방식과 차별화되는 새로운 통치 방식을 시행했다. 그래서 그 후에도 문제文帝처럼 초기에는 요컨대 『노자老子』의 '아무것도 하지 않으면서도 하지 않음이 없는', 즉 '무위이무불위無爲而無不爲'의 도가道家 기조로 나라를 다스리며, 그렇게 함이 오히려 항구성을 도모함이라고 생각했다.[104] '항구함'을 위해서 무엇을 할 것인가 생각하는 것이 아니라, 그런 목적 자체를 전제하지 않는 것이 오히려 항구함을 위하는 정치라는 것이다.

『주역』 괘 효사에는 흔히 먼저 사실 명제가 있고, 그다음 가치 명제나 그에 따른 당위 명제가 있다. 그런데 여기 '항괘' '구이' 효사에는 단지 '뉘우침이 없어질 것이다'라는 '悔亡'이라는 말만 있다. 그 앞에 어떠하기 때문에 '悔亡'이 되는지가 없다. 특히 '항괘'의 '항恒'이라는 말조차도 없다. 아무것도 하지 않으므로 오히려 '悔亡'하게 됨이다.

즉 인위적으로 왕조의 '항구함'을 도모하지 않음이 진정한 항구함이라는 것이다. 그렇게 하여 앞의 과오를 씻고 뉘우침이 없도록 할 수 있다. 이처럼 체제의 항구함을 목표로 처음 일을 시작할 때, 그 목표를 위해 한 행위가 지나쳐 뜻하던 바를 이루기는커녕 오히려 체제를 붕괴시킨다면, 그 반성으로 잠시 휴지기를 가지는 반작용이 일어나는 것이다.

구삼九三

'항괘' '구삼'은 항구함을 유지하기 위해 기존에 시행하여 실패한 정책을 새로운 정책으로 전환할 시점에, 정책의 향방에 따라 백가쟁명百家爭鳴 식의 의견이 중구난방으로 나오는 불안정한 시기다. 이 때문에 하괘 맨 위 '삼'의 위치에서 상괘의 '사'의 위치로 나아가서 항구함을 목표로 하는 지도자가 소신과 주관 없이 우유부단하게 방향을 결정하지 못하며, 주위의 유혹으로 초심도 유지하지 못하는 상황이다. 그로 인해 지도자가 지도력을 항구적으로 발휘할 수 없는 상황이다(不恒其德).

이러한 정도의 역량을 가진 이는 주위 사람의 눈치를 보며 기회주의적으로 처신하기 쉽다. 그래서 때로는 구성원의 비판과 조소를 받아서 부끄럽게 될 수도 있다(或承之羞). 자신이 세운 목표는 비록 그 공동체를 항구적으로 만들기 위한 정당성을 가지고 있다 하더라도(貞), 결단력이 없는 리더십으로 인해 구성원에게 부끄러운 꼴을 당할 수 있다(吝).

구사九四

'항괘' '구사' 역시 항구함을 유지하기 어려울 때이지만, '구삼'과는 반대의 경우다. '구삼'이 우유부단하거나 기회주의적이라면, '구사'는 완고함의 병통을 가진 경우다. 새를 사냥하기 위해, 어떤 곳에 사냥감이 있으리라 예상하고 갔는데, 장소를 잘못 골라 그 사냥터에 새가 없는데도(田无禽), 이미 한 자신의 결정에 대해 자존심과 미련함으로 완고하게 그 사냥터를 떠나지 않는 것이다. 주식투자를 할 때, 종목을 잘 못 고른 상황에도 미련을 버리지 못하고 손절매하지 못하는 경우다.

어떤 이의 덕과 능력을 평가하여 함께 의기투합하고 천하를 위해 큰일을 도모하기로 맹약했는데, 나중에 그 사람이 그러한 일에 맞지 않고 올바르지 않음을 알고 나서도, 자신의 오판을 인정하지 못하거나 시정잡배나 건달 세계의 의리 같은 데 집착하여, 떠남을 배신이라 여겨 떠나지 못하는 경우다. 장량張良이나 한신韓信이 항우項羽의 그릇됨이 어떠한가를 알고 난 후, 그를 떠나 유방劉邦으로 방향을 돌린 경우와 반대다.

선한 친구인 줄 알고 도원결의桃園結義하듯 우의를 다진 친구가 있지만, 그 친구의 악함과 위선을 알고도 건달이 의리 지키듯 버리지 못하는 사람이 세상에는 있으나, 의롭지 않은 이와 절연함은 배신이 아니며, 의로운 이를 자기 이익을 위해서 버림이 배신이다. 기준은 의로움에 있다.

불가피하게 벌어진 상황의 변동에도 그 점을 고려하지 않고, 약속 자체를 지키는 것을 신의로 생각하는 경우도 있다. 여자와 다리 밑에서 만나기로 한 약속을 지키기 위해, 물이 불어 다리 밑에 물이 차올라, 오지 않는 여자를 기다리며 그 자리를 지키고 교각을 끌어안고 있다가 물에 빠져 죽은 미생의 신의(尾生之信) 같은 것이다. 또한 이웃 나라에서 홍수로 수재가 나서 인도적 차원으로 식량을 지원하기로 약속했지만, 곧 자신의 나라도 그렇게 되어 식량이 부족해 굶주리는 국민이 폭증해도, 상황의 변동을 고려하지 않고 완고하게 그 약속을 지키는 정부의 경우다.[105]

육오六五

'항괘' '육오'는 '구이'의 '무위無爲' 상황과 호응하면서, 음으로 양의 자리에서 '구이'처럼 '중'을 지키고 있으며, 어떤 능동적, 적극적 작위 없이 수동적,

소극적으로 자리를 지키는 상황이다. 그러다 보니 이전 상황인 '구사'의 행동을 답습하는 경향이 있다. 완고하고 변통성 없는 신하의 보좌를 받는 유약한 지도자다. '구사'가 국제정세를 모르고 사대 모화사상에 젖어 완고하게 명나라를 섬기며 미생尾生처럼 의리를 주장하는 신하라면, '육오'는 '구사'와 같은 신하들에게 둘러싸여 그러한 주장에 끌려다니는 유약하고 용렬한 임금이다.

'구사'의 주장에 따라 명나라를 섬기는 것이 그 덕을 항구하게 하는 것이라 여기며(恒其德), 명나라와의 의리 지키는 것을 군자의 올곧음(貞)이라 여긴다. 그렇지만 이는 앞의 '구사'처럼 의리 지킴의 대상이 그만한 가치가 없는 존재임에도(田无禽), 완고하게 고집하는 것처럼 미련한 행동이다.

봉건사회에서 부인에게 강요하는 미덕은 평생 한 남자를 섬기며 수절하는 것이다. 그 남자가 살아 있든 죽었든, 올바른 사람이든 사악한 인간이든, 합리적, 도덕적 판단 없이 무조건 순종하는 것이었다. 조선이 명明과의 의리 지키는 것은 봉건시대에 폭력적으로 여성에게 강요했던 '부덕婦德'과 같은 것이다. 그러므로 조선의 외교정책은 봉건적 부인의 도리와 같은 행동으로는 길한 것이지만(婦人吉), 봉건시대에서 세상일을 주로 도맡은 남자의 도리에는 흉한 것이다(夫子凶).

여성의 판단력을 무시한 남녀 불평등의 봉건시대에서 남성에의 무조건적인 복종을 강요한 것은, 개가 개 주인에게 무조건적으로 복종함을 바라는 것과 같다. 도척盜跖의 개는 도척을 보고는 꼬리를 흔들지만, 요堯임금을 보고는 짖는다. 개는 주인의 선악을 가리지 않기 때문이다. '항괘' '육오'는 조선의 명에 대한 무조건적인 사대는 세상에 대한 사리판단을 하지 않는 맹목적인 추종으로 그것이 조선의 항구성을 보장하는, 길(吉)한 것이라고 착각하지만, 그런 사고가 사실상 결국 조선을 쇠락과 멸망의 길로 이끈, 명분도 실리도 없는 흉(凶)한 것임을 말함이다.

상육上六

'항괘' '상육'은 항구함을 위한다는 명분으로 '구사'와 '육오'가 잘못된 사고 방식을 고수하다가 도리어 진정한 항구함을 흔들어(振恒), 결국 흉(凶)한 결과를 초래하는 상황이다. 조선 왕조의 완고함이 이어져 바깥 세계는 근대화로 가고 있는데 나라 문을 닫고, 지배계층은 하층민을 착취하는 상태가 계속되어, 결국 일본에 의해 나라가 망함으로서 도리어 항구하게 되지 못한(振恒) 흉(凶)한 결과가 된 것이다.

또한 한 정권이 나라를 정의로움으로 이끌지 못하고, 도척의 개가 도척을 따르듯, 자신의 당파만이 무조건 옳다는 지지 세력만 믿고, 각종 권력형 비리를 저지르다 권력이 누수되어 항구적으로 장기 집권하려는 계획이 흔들리는 상황이다(振恒). 레임덕 현상이다. 이때 강압적 통치나 교활한 술수로 정권을 연장하려 하면, 오히려 국민의 반발을 사고, 그들의 정권 연장에 악재로 작용한다(凶). 그런데도 세상을 왜곡된 방향으로 이끌면, 올곧은 선비, 바른 지식인은 정치 혐오증만 생겨 세상에 나서지 않고 은둔한다.

33

둔괘 遯卦

원문과 번역

遯, 亨, 小利貞. (둔은 형통하니, 바르게 함에 조금 이롭다.)
둔 형 소 리 정

(初六) 遯尾, 厲, 勿用有攸往. (은둔의 꼬리여서 위태로
둔 미 려 물 용 유 유 왕
우니, 써 갈 바를 두지 말라.)

(六二) 執之用黃牛之革, 莫之勝說. (잡는 데 누런 소
집 지 용 황 우 지 혁 막 지 승 탈
의 가죽을 쓰므로, 벗어날 수가 없다.)(여기서 說=

탈脫)

(九三) 係遯, 有疾, 厲, 畜臣妾, 吉. (매여 있는 은둔이라 병 됨이 있어
계 둔 유 질 려 축 신 첩 길
위태로우니, 신첩을 기르는 데는 길하다.)

(九四) 好遯, 君子吉, 小人否. (좋은 일이 있어도 은둔하니, 군자는 길하고
호 둔 군 자 길 소 인 부
소인은 그렇지 않다.)

(九五) 嘉遯, 貞吉. (아름다운 은둔이니, 바르게 해서 길하다.)
가 둔 정 길

(上九) 肥遯, 无不利. (여유로운 은둔이니, 이롭지 않음이 없다.)
비 둔 무 불 리

둔괘遯卦 총설과 괘사卦辭 해설

'둔괘遯卦'[106]는 『주역周易』의 33번째 괘로서, 위는 하늘이고 아래는 산이다(天山遯). 그 괘상☰☶을 보면 아래 두 개의 음이 있고 위에 네 개의 양이 있어서, 아래 두 음이 네 양을 밀어내고 있는 모습이다. 즉 소인이 군자를 밀어내는 모습이다. 종국에는 아래 다섯 개가 모두 음이고, 맨 위에 하나의 양밖에 남지 않게 되는 '박괘剝卦☷☶'로 향함을 예고한다. 이때 군자는 어떻게 해야 하는가. '둔괘'는 군자에게 은둔을 권유한다. 아래에 있는 음은 두 개밖에 안 되고, 위의 양은 네 개인데, 왜 은둔해야 하는가? 추세가 음이 자라고 양이 밀려나는 상황이다. 무엇보다 아래 민중이 이들 음, 즉 소인을 지지하고 있는 세상이다.

『주역』 사상을 비롯한 유가 사상은 군자와 소인의 투쟁을 말한다. 소인은 세 가지 유형이 있다. 첫째, 드러내놓고 내 보란 듯이 뻔뻔하게 악을 행하는 소인이다. 드러내 놓고 폭정을 하는 폭군이나 독재자를 비롯하여 백주에 난동을 부리는 조직폭력배나 뒷골목 건달들이 그렇다. 그들이 악인임은 세상이 다 안다. 그렇지만 이런 강압적 형태의 소인들이 권력을 잡아 독재자가 되면, 그들에 의해 세뇌된 민중은 그가 소인, 악인임을 모를 수도 있다. 심지어 그 권력자들을 종교의 교주처럼 우상화하면서 구세주로 숭배하며, 그들을 보면 감격해 눈물을 흘리기도 한다. 그를 섬기는 것을 애국으로 여기기도 한다.

둘째, 위선적 소인이다. 이 유형은 『대학』에 묘사되어 있다. "소인은 남이 보지 않는 상태에서 한가히 지내고 있을 때 불선不善을 행함에 하지 않는 것이 없이 하지만, 군자를 보고는 슬그머니 그 불선을 가리고 선善함을 드러낸다." 열 길 물속은 알아도 한 길 사람 속은 알기 어렵다. 하물며 의도적으로 감춤에랴. 위선적 소인은 자신은 선하고 정의롭다며 다른 사람의 불선을 보면 가혹하게 비판하며, 정의의 실현이라면서 하이에나처럼 집요하게 물어뜯는다. 나아가 선한 군자를 소인으로 모함한다. 말로만 정의를 외치고, 뒤로는 불의를 저지르면서 양심의 가책을 느끼지 못한다. 이런 형태의 소인들이 권력을 잡으면, 자신이 정의의 화신인 양 코스프레하며, 그에 의해 세뇌된 민중은 이들이 군자인 줄 오인하게 된다. 그들을 따르는 것이 정의의 실현일 줄 착각하여, 그들을 수호하는 것을 정의의 수호인 양 사명감을 가지고 뿌듯해한다.

세 번째 유형은 이중 인격적, 다중 인격적 유형이다. 이들의 내면은 군자와 소인의 복합체다. 그래서 그 내면에 실제 군자의 성향이 있다. 그들은 실제로 나라가 식민화됨에 울분을 토하고, 자신을 희생하여 독립 투쟁에 나서기도 한다. 국민을 탄압하는 독재 정권에 맞서 민주화 투쟁을 하다가 투옥되어 고문당하기도 한다. 그러나 그 와중에도 두 번째 유형의 소인처럼 사리사욕으로 물질적 부패행위를 하기도 하고, 성적 폭력행위를 하기도 하는, 이중 다중 인격성을 보이는 '지킬'과 '하이드' 복합체다.

그러다가 좋은 세상이 오면 두 번째 유형의 소인과 더불어 자신의 공을 내세워 새로운 기득권이 된다. 정의를 내세우며 그로 인해 권력을 잡고는 그 공을 언제까지나 내세우며 권력과 혜택을 정당화한다. 심지어 작은 공으로도 큰 보상을 받으려 한다. 무엇보다 자기 스스로 실제 정의로운 자로 착각하는 경우도 있다. 역사는 그 둘째 유형과 셋째 유형의 소인을 군자로 기록하여 청사靑史에 길이 남길 수도 있다.

첫째 유형의 소인은 천하가 다 그들이 소인임을 안다. 민중 가운데 둘째 유형과 셋째 유형의 소인에 의해 세뇌되고 선동된 이들은 그들을 군자라고 여긴다. 이러한 민중이 이들 소인이 권력을 유지하는 근거다. '둔괘'의 아래 두 음은 이들 소인이면서 이들 소인의 권력 기반이 되는 민중이다. 그래서 '둔괘'의 상황에서는 위 네 양의 군자는 그 수가 많음에도 어리석은 민중에 의해 지지받는 소인들에 의해 밀려나, 위해를 당할 위기에 있게 된다. 비록 은둔하지는 않았지만, 신성 모독과 아테네의 청년들을 현혹한다는 죄목으로 다수결에 의해서 사형 판결을 받은 소크라테스의 처지와 같다.

앞의 '항괘恒卦'는 항구함이 지속되지 못하고 '둔괘'가 될 수도 있다. '항괘'의 내용에서, 항구함을 이야기하기보다는 오히려 아이러니하게도 항구함이 지속되지 못할 경우를 들어 경계한 바가 있다. 만일 그 경계를 홀시하게 되면, 소인들이 발호하여 항구함이 지속되지 못하는 '둔괘'의 상황이 오게 된다. "易, 窮則變, 變則通, 通則久"라고 하였지만, 이 '구久'함이 다시 '궁窮'함을 맞은 것이 '둔괘'다.

이렇게 '항괘'의 '구久'함이 종극에 달하거나 여의치 않아 소인배가 권력을 장악하여 세상에 부정과 부조리가 만연하고, 소인배들이 바른 군자를 해치려 한다면, 군자는 어떻게 처신해야 하나. 당연히 군자는 힘써 소인배를 물리쳐 세상에 정의가 실현되도록 함이 도덕적 의무다. 그러나 시세가 불리하여 군자의 노력이 목적 달성은커녕 오히려 장래의 희망조차도 없어질 위기가 초래된다면 어떻게 하나. 장렬한 순교 정신을 발휘할 수도 있으나, '둔괘'는 이때 은둔을 권한다. '둔괘'의 '둔遯'은 곧 은둔의 의미다. 그러나 둔괘의 은둔은 장차 권토중래捲土重來를 기약하는 이 보 전진을 위한 일 보 후퇴를 말하지, 무책임한 현실도피를 의미하지는 않는다.

공자가 세상을 구제하기 위하여 천하를 철환轍環할 때, 세상의 혼탁함이 싫어 은둔해 사는 은자隱者들과 마주치기도 했는데, 이 은자들은 전형적 은둔사상인 도가道家의 선구자로 해석되기도 한다. 유가에서 흔히 거론하는 은둔의 대표적 사례는 백이伯夷와 숙제叔齊 형제의 경우다. 그들은 주周 무왕武王의 쿠데타에 반대하였지만 받아들여지지 않자, 수양산首陽山에 은둔하여 주나라 곡식은 먹지 않겠다며 고사리만 캐 먹다 죽었다는 이야기는 유명하다. 이러한 은둔은 정견이나 이념의 차이 때문이다. 그런데 '둔괘'의 은둔은 군자와 소인의 투쟁에 있어서 때와 상황에 따른 군자의 정치적 처신의 문제다.

이런 '둔遯'은 군자가 세상을 완전히 포기하는 것이 아니라, 재기를 노리면서 훗날을 도모하는 것이므로 형통한 것(亨)이며, 비록 당장 큰일은 도모하기 어려운 상황이지만, 그 행동은 정의 회복에 이로운 조그만 초석이 된다(小利貞).

둔괘遯卦 효사爻辭 해설

초육初六

'둔괘' '초육'은 은둔해야 할 상황임에도 아직 세상에 미련을 두고 있거나 미쳐 몸을 피하지 못하여 은둔에 뒤처진 군자다(遯尾). 상효가 괘의 머리(首)이고, 초효가 괘의 꼬리(尾)로서, '둔괘'의 상효는 벌써 저 멀리 은둔하여 있다. 즉 초효는 은둔(遯)의 꼬리(尾)다. 위선적 소인이 정의를 가장하여 세력을 모아 몽매한 군중을 선동하여, 그 군중이 홍위병으로 군자를 적폐로 몰아 비판하고 규탄하며 타도하려 한다. 그런데 '초육'의 군자는 소인의 세력이 아직 미약하다고 여겨, 충분히 제압할 수 있지 않을까 생각한다.

그래서 다른 군자들이 이미 은둔했음에도 천하를 구제할 수 있을 것이라고 기대하고, 소크라테스가 아테네의 청년들에게 진정한 정의를 설파하듯이 세상에 항변한다. 그러나 천하의 대세가 이미 소인들에게 기울어 있고, 아테네의 시민들이 결국 소크라테스에게 독배를 들게 하듯 소인들의 해코지가 있지 않을까 위태롭다(厲). 소인과 정면충돌을 피하고, 어떤 일을 도모하러 갈 바를 두지 않아야 한다(勿用有攸往).

육이六二

'둔괘' '육이'는 소인이 더 세력을 키워 백성을 기만하여 지지를 더 강화한 상태다. 그래서 하괘의 가운데를 차지하여 더욱 안정적으로 주도권을 장악하게 되었다. 이제는 떠나야겠다고 생각한 군자가 소인들을 피해 은둔하려고 한다. 그러나 '구오'의 임금은 소인이 아니어서, 소인인 간신에게 둘러싸인 자기를 버리고 떠나지 말라고 군자를 간곡히 만류하는 상황이다(執之). 그 간곡함이 마치 누런 소의 가죽을 써서 붙들어 매듯 한다(用黃牛之革)('황黃'은 가운데 색으로서, 떠나려는 신하가 '중용'을 지키는 군자임을 상징한다. 소의 가죽에서 소는 유순한 성질을, 그 가죽은 질김을 상징한다). 그 군자는 간신에게 둘러싸인 임금을 차마 버리고 떠날 수 없다(莫之勝說). 소크라테스가 죽고, 브루노가 죽는 장면을 목도한 군자인 지식인이 '그래도 지구는 돈다'고 선언하듯, 세상에 다시 한번 진리와 정의를 외쳐 보려고 한다.

구삼九三

'둔괘' '구삼'은 군자가 은둔하려고 해도, 가족이나 주변의 여러 인간관계로 인한 인정상의 여건에 매여 은둔하기 어려운 상황이다(係遯). 그대로 있자니 자신의 곧음을 함부로 드러내기도 어렵다. 소인들이 자신들과 같은 부류인지 언제나 살피면서, 그렇지 않을 수 있다는 혐의를 두고 항상 감시를 한다. '삼'의 위치가 원래 위태로운데, 특히 은둔을 말하는 '둔괘' '삼'의 자리이기 때문이다.

자신을 드러낼 수 없으므로, 소인들에 대해서 군자로서는 병통이 되는 치욕을 감수하며(有疾), 그들과 어울리는 척할 수밖에 없다. 『주역』 「계사전」의 "자벌레가 굽히는 것은 펴기 위해서다(尺蠖之屈, 以求信也)"와 『노자』의 "그 빛을 부드럽게 하고, 그 먼지와 같게 한다(和其光, 同其塵)"라는 상황이다. 공간적으로 은둔할 수 없으니 떠나지 않은 공간에서 자신의 참모습을 감추는 세속의 시정市井에서 은둔한다. 소인들의 감시로 위태로운 상황에서(厲), 차라리 자기 뜻을 감추고 소인이나 여자들과 환락하며 어울리는 척(畜臣妾) 하면서, 위기를 모면해야 좋은 상황이다(吉).

역사 속의 많은 군자가 폭군이나 독재자, 그리고 조국이 식민지화된 상황에서 여러 가지 여건상, 혹은 전술 전략상 적의 진영에서 몰래 의로움을 행할 수도 있다(係遯). 외견상 소인의 무리나 적과 한패가 되어 있는 것으로 보이므로, 세상의 비난을 그대로 받는 치욕을 감당해야 할 수도 있다(有疾). 감추어진 독립운동으로 친일파의 오명을 뒤집어쓸 수도 있다. 적진에 있으므로 언제 어떻게 될지 모르는 위태로움(厲) 속에 있다. 소인들이나 적들과 어울리면서 타락한 듯 행동하지만(畜臣妾), 행하려는 목표에는 좋다(吉). 그러나 훗날 언젠가는 진실이 밝혀진다는 보장이 없으므로 역사적 불명예를 감수해야 할 수도 있다. 세상은 아직도 그들을 오해하고 있을 수도 있다.

구사九四

'둔괘' '구사'는 '구삼'과는 달리 군자가 은둔의 강한 결단을 내린다. 비록 소인들이 지위와 재물을 제공하며 포섭하므로 남아 있는 것이 이익(利)에는 맞는 상황이지만, 의義에 맞지 않으니 은둔을 흔쾌히 좋아한다(好遯). 그래서 군자에게는 은둔이 의로운 은둔이 되어서 좋은 평가를 받는다(君子吉). 그러나 정치적 상황이 은둔해야 좋을 자가 소인인 경우, 부와 권력의 유혹을 이기지 못하여 그러지 못한다(小人否).[107] 일제 강점기에 '구삼' 같이 자신을 숨기고 국내에서 독립운동하는 것이 아닌, 국외로 나가서 독립운동하는 것, 즉 국내의 상황에서는 공간적으로 벗어나는 군자의 은둔이다.

구오九五

'둔괘' '구오'는 '둔괘'의 가장 중요한 위치로서 유가적인 측면에서 명실상부한 은둔이다. 여러 가지 면에서 은둔에 가장 적절한 상황이다. '구오'라는 중정한 자리에서, '중용'이면서 바른 처신의 은둔이기 때문이다. 유가에서는 세상에 나아가 현실 참여함이 의로울 때는 나아가는 것이 '중용'이므로, 이때 세상을 버리고 은둔함은 군자의 도리가 아니다. 그런데 세상에 나아가 현실 참여함이 의롭지 못한 경우에는 세상에 나아감이 '중용'이 아니고 은둔함이 '중용'이다. '둔괘' '구오'는 바로 은둔이 가장 의로운 행동으로서의 '중용'이므로, '아름다운 은둔(嘉遯)'이라고 할 수 있다. 군자의 바른 뜻을 지켜(貞), 세상 사람들이 칭송하는 길(吉)한 은둔이기 때문이다. 백이伯夷·숙제叔齊의 은둔 같은 경우다.

상구上九

'둔괘' '상구'는 은둔의 지극한 상황이다. '구오'에서 말하는 나아갈 만하면 나아가고, 물러나야 할 때는 물러나는 유가적 처신에 따른 은둔이 아닌, 세상 자체에 아예 관여하지 말아야 할 것으로 보는 도가적 은둔이다. 도가의 선구자인 이전 은자隱者들의 은둔이다. 즉 요堯임금이 천하를 맡으라고 해도 맡지 않고, 오히려 요임금의 그 말을 들은 귀를 씻은 허유許由와, 허유의 그 말을 듣고 그 귀 씻은 물을 소에게 먹이지 않으려고 소를 끌고 상류로 올라갔던 소보巢父('소부'로 읽기도 함)의 은둔이다.[108]

그리고 공자가 천하를 철환할 때 만난 장저長沮와 걸닉桀溺 같은 이들의 은둔으로서, 세상을 완전히 피하는 은둔이다. 이들은 훗날 자기 정강이의 털 하나를 뽑아 천하를 얻거나 이롭게 할 수 있어도 천하에 관여하지 않겠다는, 즉 천하의 일에 털 하나만큼도 관여하지 않겠다는 양주楊朱 사상의 선구자다. 이들의 은둔은 세상에 아예 관심을 가지지 않고 소인들과 투쟁할 필요도 없이, 자연에서 유유자적하게 살며 마음을 괴롭히지 않는 자유롭고 여유로운 은둔이다(肥遯). 초월적 정신세계를 누리므로 이롭지 않음이 없다(无不利). 이는 『장자莊子』의 붕朋새와 같이 높이 날아 초월적 세계에서 소요逍遙하며 노니는 은둔, 즉 소요유逍遙遊의 은둔이기도 하다.[109]

34

대장괘 大壯卦

원문과 번역

大壯, 利貞. (대장은 바르게 함에 이롭다.)
<small>대 장 리 정</small>

(初九) 壯于趾, 征凶, 有孚. (발꿈치에 씩씩하니, 가면
<small>장 우 지 정 흉 유 부</small>
흉할 것이 확실하다.)

(九二) 貞, 吉. (바르게 하면 길하다.)
<small>정 길</small>

(九三) 小人用壯, 君子用罔. 貞, 厲, 羝羊觸藩, 羸其角. (소인은 씩씩
<small>소 인 용 장 군 자 용 망 정 려 저 양 촉 번 리 기 각</small>
함을 쓰고 군자는 그물을 쓴다. 바르게 하여도 위태로우니, 숫양이 울타

리를 들이받아, 그 뿔이 걸림이다.)

(九四) 貞吉, 悔亡. 藩決不羸, 壯于大輿之輹. (바르게 하면 길하여, 뉘
<small>정 길 회 망 번 결 불 리 장 우 대 여 지 복</small>
우침이 없어질 것이다. 울타리가 터져서 걸리지 않게 되며, 큰 수레의

바퀴 복토에 씩씩하다.)

(六五) 喪羊于易, 无悔. (쉽게 양을 잃으면, 뉘우침이 없을 것이다.)
<small>상 양 우 이 무 회</small>

(上六) 羝羊觸藩, 不能退, 不能遂, 无攸利, 艱則吉. (숫양이 울타리를
<small>저 양 촉 번 불 능 퇴 불 능 수 무 유 리 간 즉 길</small>

들이받아, 물러나지도 못하고 나아가지도 못하여, 이로운 바가 없으니,
어려운 듯하면 길할 것이다.)

대장괘大壯卦 총설과 괘사卦辭 해설

'대장괘'는 『주역周易』의 34번째 괘로서, 위는 우레, 아래는 하늘이다(雷天
大壯). 앞의 '둔괘遯卦'를 180도 뒤집은 모습이다. '대장괘'는 양이 다시 음을
몰아내는 상황인데, 몰아내는 기세가 괘 전체의 가운데를 넘었다. 그래서
'크게 씩씩함'이란 의미의 '대장大壯'이다. 군자가 소인을 피해 은둔함이 앞의
'둔괘'였지만, 이제 다시 군자가 힘을 길러 복귀하여 소인을 몰아내는 것이
'대장괘'다.

이렇듯 『주역』은 두 힘이 서로 밀고 당기며 변화를 이루어 감을 말하는데,
그 양상은 다양하다. 그중의 하나가 '둔괘'와 '대장괘'의 관계다. 이 두 힘을
도덕적 측면에서 군자와 소인으로 보는 유가儒家의 도덕적 해석을 접어두더
라도, 이것은 이 세상의 양대 세력의 상호 투쟁 관계로 볼 수도 있다.

중국 고대 주周 무왕武王의 쿠데타에 반대하여 은둔한 이들이 백이伯夷와
숙제叔齊였지만, 당시 그와 반대로 강태공姜太公(강상姜尙 또는 여상呂尙)은
오히려 위수渭水(진秦나라 수도인 함양咸陽가의 강으로 오늘날 서안西安을 여행
하는 사람이 함양 공항을 오고 가면서 건너게 되는 강)에서 곧은 바늘로 낚시하
며 은둔하다 문왕文王에 의해 발탁되어, 이후 무왕의 군대를 이끌고 쿠데타
를 성공시켰다. 그로서는 발탁되어 세상에 나온 것이 '대장괘'다.

'둔괘'의 사례로 볼 수 있는 백이와 숙제, 그 반대의 입장을 취한 강태공을 두고 어느 한쪽을 군자, 소인으로 보지는 않는다. 양쪽 다 군자이면서, 전자는 '둔괘'의 입장을 견지하고, 후자는 낚시하면서 '둔괘'의 입장을 취하며 때를 기다리다가, 마침내 '대장괘'의 상황이 된 것이다.

그런데 군자가 다시 세력을 얻는 '대장괘'는 드러내놓고 길吉함을 말하기보다는 오히려 조심스러운 표현이 많다. 군자도 완벽하지 않은 인간이므로, 자신이 세력을 얻은 것에 고무되어 교만을 부리다가 소인에게 허점을 보여 반격을 당할 수 있기 때문이다. 그래서 '대장괘'의 의의는 지나치게 강함에 대한 경계로서, 모처럼 얻은 기회를 날리지 않고 잘 살려 일을 마무리하려는 것이다.

'둔괘'는 일제에 의해 나라를 뺏긴 후, 우국지사들이 국내에서 독립 투쟁할 여건이 되지 않아, 국외로 일단 도피하는 것이다. 그러나 도피를 위한 도피가 아니라, 세력을 모아 나라를 되찾기 위해 투쟁하려는 것으로서, 이것이 곧 '대장괘'다. '대장괘'의 괘상을 보면 아래에는 양이 네 개이고 위에는 음이 두 개이므로, 이미 양이 세력을 회복하여 조만간 음을 모두 밀어낼 기세다. 그러나 '대장괘'는 결과만을 보여 주는 것이 아니라 과정도 보여 준다. '초구'부터 양이 음을 밀어내는 과정을 효의 진행으로 보여 준다.

그 과정은 우국지사 양이 '둔괘'에서 말머리를 만주로 향하다가, 이제 투쟁의 근거지를 확보하고 전열을 정비하여, 다시 말머리를 조국의 중심으로 향하여 투쟁을 개시하는 것이다. 다시 투쟁을 시작하는 양은, 시작부터 투쟁을 위해 결연한 의지를 다잡아야 한다. 희미한 태도와 자세로는 저 악랄한 일제와 맞서 싸울 수 없다.

『주역』에서 '대'는 양을 '소'는 음을 말하는 것으로 보아, 양인 '대'는 군자, 음인 '소'는 소인을 말하기도 한다. '대장'의 '대'는 곧 양을 말한다. 따라서 '대장'은 '크게 씩씩함'이기도 하지만, '양이 씩씩함'이기도 하고, '군자가 씩씩함'이기도 하다. 그래서 나라를 찾으려는 독립투사의 씩씩함이기도 하다. 또 그렇게 투쟁을 위한 용맹불굴勇猛不屈의 결연한 의지로 씩씩한 기상을 가져야 적들을 물리칠 수가 있다.

그런데 침략자의 군대도 그들의 나라를 위한다는 명분으로 씩씩함을 발휘하고, 그들의 침략 대상을 향하여 씩씩하고 용맹하게 싸울 것을 독전督戰받아, 심지어 자살특공대로 장렬하게 죽기도 한다. 그러나 이는 소인의 용맹함이지 정의로운 명분에 따른 것이 아니다. 그러므로 대장괘는(大壯) 정의로움을 이롭게 여긴다(利貞).

이 점은 군자도 마찬가지다. 자기 조국을 찾는다는 정당한 명분으로 도덕적 우위를 점하고 있다고 생각하고, 오히려 경거망동하여 그 정의의 진정한 취지를 잊을 수도 있다. 군자가 소인의 준동을 처단한다며 그 소인에 대하여 비인간적 잔혹성을 보인다면, 그 명분을 잃을 수가 있다.

바르지 않은 임금을 바로 잡는다는 명분으로 자신이 충신임을 지나치게 과시하여 임금에 대해 모욕적 태도로 간쟁하면, 오히려 명분을 잃을 수 있다. 이미 자신도 소인이 되어버린다. 그래서 '대장괘' 「상전象傳」은 경고한다. "우레가 하늘 위에 있는 것이 '대장'인데, 군자는 이를 본받아 예가 아니면 행동하지 않는다".

대장괘大壯卦 효사爻辭 해설

초구初九

'대장괘' '초구'는 군자가 '둔괘'에서 소인의 공격을 피해 은둔하였다가 다시 상황을 반전시키기 위해 반격의 태세를 취하는 것이다. 이 괘의 '초구'는 그 초기 상태로서, 아직 충분히 전열이 정비되지 않았고, 인적 물적 기반도 제대로 갖춰지지 않은 상황이다. 그런데도 의욕만 앞서 경거망동할 수 있다. 어떤 이는 비분강개하여 자결하기도 하고, 어떤 이는 단신으로 적들과 맞서기도 하며, 어떤 이들은 적은 무리로, 열악한 무기로 장렬히 산화하기도 한다.

다른 나라를 침략하여 식민지화하기 위해 오랫동안 정치, 외교, 군사, 경제, 문화 등 모든 방면에서 철저하고 치밀한 계획을 세우고 용의주도하게 계획을 진행하는 교활하고 간악한 일제 무리에 대해, 단지 애국심과 충정만으로 즉흥적이고 어설프게 제대로 된 계획도 없이 격분의 감정만 앞세워 무모한 행위를 한다면, 비록 그들 자신의 행동은 나라와 겨레를 위하여 짧지만 아름다운 열사의 삶을 살다 간 것이고, 그 행동은 우왕좌왕하다 허망하게 나라를 빼앗겨 패배감과 무력감에 빠진 동포들의 가슴에 애국애족의 불타는 마음과 침략자에 대한 적개심과 투쟁심을 불러일으키게 하는 나름대로 가치 있는 희생이지만, 실질적으로 조국 독립의 목적을 달성하기에는 아직 요원하고, 새로운 허탈감만 초래할 수도 있다.

즉 아무런 준비도 제대로 되지 않아 전력戰力이 인체의 발꿈치 위치처럼 바닥에 처해 있는 상황(趾)에서 마음만 앞서 씩씩하고 용맹하게(壯于趾), '돌격 앞으로' 하면서 적진을 향해 돌진하면(征), 호랑이 앞에 맨주먹으로 달려

들고, 황하를 맨몸으로 건너려고 하는 어리석고 무모한 행동에 불과하여, 그 결과의 흉함(凶)이 불을 보듯 뻔하다(有孚)(有孚는 여기서 '확실', '필연'을 의미한다).

구이九二

'대장괘' '구이'는 '초구'에서처럼 감정이 앞선 상황이 진정되어 지나치게 강한 격정을 누르고, 냉정을 되찾아 냉철하게 현실을 직시하는 이성적 태도를 취하는 상황이다. 큰 틀에서는 군자들의 집단에 속하면서 간악하고 잔인한 소인들의 발호를 물리치려는 마음은 대체로 같으나, 그 집단의 구성원에도 이성적이거나 감정적이거나 각자의 특성에 따라 여러 경우가 있기 때문이다. 또 동일한 사람이라도 처음에는 이성을 잃고 감정에만 사로잡혔다가, 그 점을 반성하고 정신 차려 냉정하게 새로운 방법을 강구하는 경우도 있기 때문이다.

제자 자로子路의 의로움을 향한 정신을 높이 살 수는 있지만, 그 실행의 무모함을 나무라는 공자孔子가 그에게 가르친 냉철함이기도 하다. 독립 투쟁을 하든, 민주 투쟁을 하든, 개인이 자기에게 어느 날 닥친 위기를 극복하려고 하든, 흥분만 해서는 문제가 해결되지 않는다.

'초구'의 상황을 되돌아보고, 양의 덕을 갖추고도 음의 자리에 있으면서 그 강함을 억누르며, 가운데 자리의 곧고 바른 중용을 지키며 사태를 살펴야(貞), 길(吉)하게 되기 때문이다. 조국 독립이든, 민주화든 목표 달성을 위하여 진정으로 무엇이 필요하며, 어떻게 해야 할지, 정신을 곧게 하여 모색하는 단계다.

구삼九三

'대장괘' '구삼'은 이제 '구이' 단계의 반성으로 전열을 정비하고 활동에 나선 단계다. 하괘의 극에 서서 상괘를 마주한, 마치 전선에서 침략해 온 소인 무리의 적과 대면한 상황과 같다. 하괘의 극인 '삼'의 자리는 이 괘 '구삼'에 잘 나타나듯이 위태로운 자리다. 전선에 섰으니 위태로움에 직면한 것이다.

그런데 인간의 집단은, 그 집단이 큰 틀에서 군자의 집단이라도 그 안에도 상대적으로 소인 성향의 무리가 있고, 마찬가지로 소인의 집단이라도 그 안에도 역시 상대적으로 군자 성향의 무리가 있다. 본래 양陽 중에 다시 음陰이 있고, 음 중에 다시 양이 있다. 독립 투쟁에 선 사람들, 민주화 투쟁에 나선 사람들 속에도 다시 군자와 소인이 나뉘고, 침략의 무리, 독재의 무리 속에도 다시 군자와 소인이 나뉘어 이쪽에도 양심이 부족한 사람이 있고, 저쪽에도 양심 있는 사람이 있다. 인격 수양에 차이가 있기 때문이다.

적들과 마주하여 투쟁할 때 소인 성향의 사람들은 어리석게 힘을 앞세우며 경거망동한다(小人用壯). 군자 성향의 사람들은 사냥꾼이 쳐 놓은 그물이 있지 않을까 짐승들이 조심하듯, 적의 함정이 있을 수 있음에 삼가고 조심한다(君子用罔). 마치 이순신이 왜군의 위계에 빠지지 않으려고 전황을 조심스럽게 살피는 것과 같다. 만일 원균처럼 무모하게 덤비면, 간교한 적들을 마주한 상황에서는 그 동기가 비록 적들을 물리치려는 정의로운 마음의 발로라 하더라도(貞) 위태로운(厲) 것이니, 그 성질이 날뛰기 쉬운 숫양(羝羊)이 무모하게 돌진하여 울타리를 들이받아(羝羊觸藩), 결국 그 뿔이 울타리에 걸리듯(羸其角), 저돌적으로 앞뒤 재지 않고 적들을 향해 용맹을 뽐내며 돌진하다가, 적들의 간계와 함정에 빠질 수 있다.

구사九四

'대장괘' '구사'는 '대장괘' 괘상으로 볼 때, 두 음陰과 마주하면서도 아래 뭇 양陽들을 이끄는 지도자다. 왜군과 싸우는 이순신이요, 독립 투쟁의 지도자다. 하괘 맨 위인 '구삼'도 위태롭지만, 막 상괘에 진입한 '구사'는 바로 투쟁의 현장에 나선 상태이므로 역시 위태롭다. 그러나 '대장괘' '구사'는 아래 뭇 양의 지지를 받아 강한 기세로 나서서, '구사'의 위치에서 군자로서 정의로움으로 행하여 그 결과가 좋아진다(貞吉). 그래서 그동안의 투쟁에서 있을 수 있었던 여러 가지 후회도 사라지고(悔亡), 울타리처럼 막아섰던 시대의 문제가 해결되어(藩決), 난관에 걸리지 않게 된다(不羸).

또한 '구사' 앞에는 이제 단지 유약한 '육오', '상육'의 두 음陰만 남아 대세가 이미 군자가 득세하는 쪽으로 기울어, 두 음陰은 양陽들의 기세를 더 이상 막을 수 없게 되어 군자가 탄 큰 수레의 중심축에 뭇 바큇살이 따라서 모이듯, 휘하 양陽들이 따르는 기세 위에 개선장군인 '구사'의 기세가 씩씩하다(壯于大輿之輹). 침략자가 물러가고 다시 광복이 온 것이다.

육오六五

'대장괘' '육오'는 아래 네 개의 강한 양陽의 군대가 밀고 올라오는 상황에 부닥친 일제의 지도자가 이미 전쟁의 대세가 기울었음을 안 것과 같은, 유약한 음陰의 지도자의 모습이다. 무모하게 여러 나라를 침략하던 군대의 기세가 숫양이 그 날뜀을 잃듯한(喪羊) 상황이 되었지만, 군대의 기세를 잃음이 연합군에게 끝까지 저항하지는 않고, 대세에 쉽사리(易) 순응하듯 하여(喪羊于易), 그나마 연합군에 의해 전범 재판에 회부되지도 않고, 왕으로서의 자기 지위도 유지하여 후회가 없게 된 것이다(无悔).

상육上六

'대장괘' '상육'은 일제의 군대가 숫양이 날뛰듯 여러 나라를 침략했지만, 결국은 울타리를 들이받아(羝羊觸藩), 물러나지도 못하고(不能退), 나아가지도 못하여(不能遂), 그들 나라에 이로운 바가 없게 되었고(无攸利), 그 임금 역시 자리를 물러나지도 않고, 그렇다고 해서 실권을 쥔 상태로 나아가지도 않는 입헌군주제의 임금이 되었지만, 그들 입장에서는 패전 상황의 어려움을 잘 참고 견디면, 침략의 불의를 저질렀음에도 이웃 나라의 어리석은 동족끼리의 전쟁 덕분에 급속한 전후 복구와 경제발전의 길이 열리게 된다(艱則吉).

35

진괘 晉卦

원문과 번역

晉, 康侯用錫馬蕃庶, 晝日三接. (진은 나라 편안하게
<small>진 강후용석마번서 주일삼접</small>
하는 제후에게 말을 많이 줌을 쓰고, 낮 동안에 세 번이나
응접한다.)

(初六) 晉如摧如, 貞吉, 罔孚, 裕, 无咎. (나아가는
<small>진여최여 정길 망부 유 무구</small>
듯, 물러나는 듯 하나, 바르게 하면 길할 것이니,
믿음이 없어도 여유로운 마음을 가지면, 허물이 없을
것이다.)

(六二) 晉如愁如, 貞吉, 受玆介福于其王母. (나아가는 듯 근심스러
<small>진여수여 정길 수자개복우기왕모</small>
운 듯하나, 바르게 하면 길할 것이니, 이 큰 복을 그 왕모로부터 받을
것이다.)

(六三) 衆允, 悔亡. (무리가 신뢰하니, 뉘우침이 없어질 것이다.)
<small>중윤 회망</small>

(九四) 晉如鼫鼠, 貞, 厲. (나아감이 다람쥐 같으니, 바르게 해도 위태로울
<small>진여석서 정 려</small>

것이다.)

(六五) 悔亡, 失得勿恤. 往吉, 无不利. (뉘우침이 없어질 것이니, 잃고
　　　회 망　실 득 물 흘　 왕 길　무 불 리
얻음을 근심치 말라. 가면 길하여, 이롭지 않음이 없을 것이다.)

(上九) 晉其角, 維用伐邑, 厲, 吉, 无咎, 貞, 吝. (그 뿔에 나아감이니,
　　　진 기 각　유 용 벌 읍　 려　 길 무 구　 정　 린
오직 그로써 읍을 치면 위태로우나 길하고 허물이 없을 것이지만, 바르
게 하여도 부끄러울 것이다.)

진괘晉卦 총설과 괘사卦辭 해설

'진괘'는 『주역周易』의 35번째 괘로서, 위는 불이고 아래는 땅이다(火地
晉). 지평선 위쪽으로 해가 솟아 찬란히 빛나는 모습이다. 이 빛이 땅 위로
드러나 전진하는 모습이므로 '진晉'은 나아감(進)의 뜻으로 진보, 약진이 된
다. 앞 '대장괘大壯卦'는 '둔괘遯卦'의 은둔을 넘어 크게 씩씩함으로 나아가야
할 단계였지만, '둔괘'의 어려웠던 때를 생각하여 교만을 경계하였다. '대장
괘'에서 자신감을 다진 군자가 이제 가슴을 활짝 펴고 기쁘게 전진할 때가
'진괘'다. 군자의 처세에 있어서 적극적 현실 참여의 기대가 큰 상황이다.

중국 상고시대로부터 제자백가諸子百家라는 이름의 수많은 철학적 지식
인들이 쟁명爭鳴하던 춘추전국시대春秋戰國時代에 이르기까지, 현실 참여
문제에 관한 처세의 다양한 관점이 있었다. 그중에는 세상은 근본적으로 깨
끗해질 수가 없다고 여기며, 자신만이라도 고고하고 깨끗한 삶을 살려고 은
둔의 처세를 한 사람들, 즉 은자隱者들이 있었다. 그 은자들의 원조 격인 전

설적 인물에 '둔괘遯卦'에서 말한 요堯임금 시대의 허유許由와 소보巢父가 있었다.

이들의 이야기는 전설이지만, 이런 관점이 훗날 도가道家의 원조가 되었다. 그 후 은자의 유명한 사례로는 백이伯夷와 숙제叔齊가 있었고, 공자의 시대에도 공자를 비웃은 장저長沮, 걸닉桀溺, 접여接輿를 비롯한 여러 은자가 있었다. 이러한 사고를 극단적으로 대변한 사람이 양주楊朱다. 그는 자기 정강이 털 하나를 뽑아 천하를 구제할 수 있다 하더라도, 또는 천하를 얻을 수 있다 하더라도 하지 않겠다고 하면서, 극단적 현실 도피의 은둔적 처세를 강조하였다.

그런데 비슷한 시기에 그 반대의 극단적 처세 관점이 있었는데, 그가 곧 묵가墨家의 창시자인 묵적墨翟, 즉 묵자墨子다. 묵가는 양주 일파와는 극단적 반대의 관점에서 자기 온몸이 머리끝부터 발끝까지 가루가 되어도 천하를 위하여 희생할 수 있다 는 사상으로 종교적으로 집단화하여, 천하의 일에 관여하려고 하였다. 양주의 극단적 현실 도피로부터 대척점에 있는 극단적 현실 참여 주의자들이다.

이 두 관점의 중간에 선 입장이 유가儒家다. 유가는 '중용'의 처세 관점을 주장한다. '중용'은 수학적 중간을 말하는 것이 아니다. 기준은 정의로움이다. 천하에 도가 행하여져 나아가 참여할 수 있으면 참여하고, 천하에 도가 사라져 참여함이 불의할 경우에는 은둔하는 것이 '중용'이다. 유가의 맹자는 그 시기에 양주와 묵적의 극단적 대립의 관점이 횡행한다고 생각하여, 천하가 양주가 아니면 묵적으로 돌아간다고 통탄하였다.

『주역』은 상황에 따른 유가의 처세 관점을 대표한다. 『주역』을 도가적으로 해석하거나 심지어 불교적으로 해석하는 견해도 있지만, 64괘의 다양한 현실 상황에서 그 상황에 맞는 '중용'을 생각하며 나아감과 물러남의 처세를 결정하는『주역』의 기본적 처세 관점을 생각하면『주역』은 유가적이라고 할수 있다. 앞의 '둔괘'가 물러나 은둔함이 '중용'이 되는 상황이었다면, 그 상황이 반전되어 다음의 '대장괘'에서 권토중래를 시도하고, 이제 본격적으로 현실 참여에 나서는 상황을 말하는 '진괘晋卦'로 진입하게 된 것이 그러한 점을 보여 준다.

이제 세상은 '대장괘'를 거치면서 참여할만한 세상으로 변모한 것이다. 도가 행해져 참여할만한 세상이 되었는데도 숨어 살면, 그것은 '중용'이 아니고 오히려 부끄러운 일이라고 유가에서는 생각한다. 자기 능력을 천하에 베풀어 인민 백성의 이익을 위해 일해야 하는 것이다. 그대로 두면 소인들이 천하를 좌지우지하며 그들의 탐욕을 채우는 먹이터로 삼아, 그 피해는 인민들에게 돌아가기 때문이다.

이때는 군자들이 천하를 위해서 일하고 정당한 이익으로 녹祿을 먹어도 부끄러운 상황이 아니다. 다만 그 기준은 '의義'다. 공자는 "이익을 보면 의를 생각한다(見利思義)"라고 했다. 의에 맞는 이익은 취해도 괜찮다는 것이다. 그래서 공자는 "위태로운 나라에는 들어가지 말고, 혼란한 나라에는 살지 말며, 천하에 도가 있거든 자신을 드러내고, 도가 없으면 숨어야 한다. 나라에 도가 있는데 빈천한 상태에 있는 것도 수치이고, 나라에 도가 없는데 부귀한 것도 수치다."[110)라고 하였다.

위태로운 나라, 혼란한 나라, 도가 없는 나라나 그런 천하일 때 군자의 처신은 '둔괘'의 처신이다. 그러나 '진괘'의 시대같이 이제 세상이 안정되고 도가 행해지는데도, 숨어 살며 빈천한 상태에 있는 것은 오히려 수치라는 공자의 관점은 천하 자체를 기피하는 도가와는 다르다. '진괘'에서 군자의 옳은 처신은 적극적으로 천하에 나아가 자기의 뜻과 능력을 펴는 것이다.

괘상으로도 땅 위에 밝은 태양이 비추듯 도가 행해지고 있다. 더구나 상괘인 리괘離卦☲ 중심인 '오五' 자리에 있는 '육오'의 최고 지도자는 음으로 유순한 지도자다. 강압적으로 자신의 권력을 휘두르는 지도자가 아니다. 그리고 하괘는 곤괘坤卦☷로 모두 음이다. 백성 역시 모두 음유하여 세상 분위기가 광폭하지 않다. 밝은 문명의 시기다.

'진괘'의 시기에 세상을 위해서 일하는 군자들은 그들의 공적에 따라 대우받을 권리가 있고, 스스로 청빈함을 소신으로 하지 않는 한 인민 백성의 삶과 동떨어진 사치가 아니라면, 그로 인한 부귀를 나무랄 일도 아니다. 그래서 '진괘晉卦'의 시대에는 '나라를 편안하게 하는 제후'(康侯)에게 말을 많이 주고(用錫馬蕃庶), 그들을 낮 동안에 세 번이나 응접할 정도로(晝日三接), 극진히 대접할 수도 있다. 즉 공적이 있는 나라의 일꾼들에게 물질적으로나 직위로나 충분한 예우와 보상을 해도 되는 때다.

그러나 인간은 잘될 때 나태해지기도 쉽고 교만해지기도 쉽다. 이미 앞의 '대장괘'에서 군자가 소인을 밀어내고 득세하여 '진괘'에서 그 효과가 빛을 발하지만, 군자도 세상이 편안하면 안일해지고, 자칫 오만해지기 쉽다. 이때 소인이 다시 자란다. 독재 시대를 청산하여 정의가 발현한 시대가 되고, 사회 민주화가 지극하여 인민을 억압하지 않고, 천부 인권이 보장되는 아름다운 시대가 되었지만, 이 천부 인권은 소인도 가지고 있다.

법 앞에 만민이 평등하다. 그런데 만민에는 악인도 포함되어 있다. 그들도 인권을 누릴 권리가 있다면서 선량한 군자들이 배려해 주고 처벌보다는 교화의 가능성을 강조하지만, 이 틈을 타서 악은 자란다. 민주사회에서는 이들 소인, 악인도 선거권, 피선거권을 누릴 수 있다. 도둑, 사기꾼, 온갖 흉악범, 사이코패스, 소시오패스도 투표할 권리가 있고, 선출된 권력을 누릴 수 있는 참정권이 있다. 특히 군자, 선인의 가면을 쓴 위선의 소인, 악인들이 권력을 가지면 세상과 역사를 오도할 수 있다.

그러므로 '진괘' 「상전象傳」에서는 '진괘'의 때에 군자는 스스로 밝은 덕(명덕明德)을 밝혀야 함을 말하고 있는데, 이는 『대학』의 맨 처음에 나오는 지도자의 마음가짐이기도 하다. 이는 곧, 지도자는 좋은 세상일 때 오히려 그 세상이 무너질 수도 있음을 경계해야 한다는 것이다.

진괘晉卦 효사爻辭 해설

초육初六

'진괘' '초육'은 본래 양의 자리이지만 지금 유순한 음이 자리를 잡고 있다. 덕이 있는 지도자가 경영하는 밝은 세상인 '진괘'의 때에 처음 세상에 나서는 군자인 인재가 나아가는 데 머뭇거릴 까닭이 없지만, 아직 자신감이 없어 나아갈까 말까 망설이는 상황이다(晉如摧如). 그렇지만 곧은 소신으로 처신하면(貞), 일이 잘될 것이다(吉).

그런데 아직 신인이므로 제대로 지위나 직무를 부여받은 것도 아니고, 그 재능과 덕행 또한 세상에서 시험받기 전이라, 주위 사람들로부터 아직 신뢰(孚)를 얻을 수는 없는 상황이다(罔孚). 그래서 세상의 평가가 걱정되고, 이것저것 다 행동하기에 두려워, 기가 죽고 의기소침해질 수도 있다. 하지만 상괘의 양인 '구사'와 호응한다. '초육'이 신진의 인재이지만, 그대로 버려지지 않게 '육오'에게 추천해 줄 수 있는 조정의 추천자가 곧 '구사'다. 게다가 밝은 '진괘'의 시대다. 마음을 넓게 크게 먹고 나아가면(裕), 문제가 없을 것이니(无咎), 자신감을 가져야 한다.

'진괘' '초육'은 또한 '둔괘'와 '대장괘'를 거쳐 조국의 독립을 이룬 신생 독립국이 아직 국가 운영에 미숙하여 어떻게 꾸려 갈까 일진일퇴하는 것이다(晉如摧如). 이때의 초창기 지도자가 사심에 따른 권력욕을 버리고 정의롭게(貞), 나라를 이끌어 나가면 좋을 것이다(吉). 그렇지 않고 지도자가 아직 독립국의 구성원으로는 미숙한 국민의 무지함을 이용하여 권력을 사유화하고 독재를 시행하면 인민 백성의 고통이 된다.

또 국가 운영의 미숙함을 핑계로 주변 강대국들이 국가 운영을 신뢰할 수 없다면서(罔孚), 이때를 틈타 간섭할 수도 있다. 이에 안으로 민족 구성원이 서로를 포용하면(裕), 문제가 없을 것이지만(无咎), 그렇지 못하여 상대를 포용하지 못하고 자신의 사회 체제를 강요하며 전쟁을 일으키면, 민족의 큰 불행이 된다. 이 와중에도 그나마 '구사'의 국제적 도움이 있을 수 있다.

'진괘' '초육'은 또 '둔괘'와 '대장괘'를 거쳐 독재에 저항한 투쟁의 성과로 민주화를 이루었어도 아직 미숙한 민주주의 운영으로 우왕좌왕하는 상황이기도 하다(晉如摧如). 민주적 자유를 방종과 혼동하여 무책임한 권리 주장만 앞세워 사회를 혼돈에 빠트려 다른 나라의 불신을 받아(罔孚), 그 나라에서 민주주의를 찾는 것은 쓰레기통에서 장미꽃을 찾는 것과 같다는 비아냥을 받을 수도 있다.

이때 좌와 우, 진보와 보수가 서로를 포용하면(裕), 문제없이(无咎) 민주 발전을 이루겠지만, 자기만이 옳다는 독선으로 상대방을 죽이려고만 한다면, 위선의 민주주의로 국가의 불행이 될 것이다. 이러한 상황에서도 정치적 입장보다는 나라의 경제발전을 위해 '구사' 각계 지도자의 헌신이 있을 수 있다.

육이六二

'진괘' '육이'는 초년생, 신인인 '초육'보다는 세상사에 좀 더 익숙해진 인재다. 음이 음 자리에 있으면서 동시에 중도의 자리로 '초육'보다는 안정적이다. 그렇지만 '초육'에게는 '육오'에게 추천해줄 '구사'가 있지만, '육이'는 같은 음인 '육오'와 호응하는 상태는 아니다. 따라서 '육오'가 알아주길 바랄 수는 없다. 자력으로 자신의 덕업이 세상에 드러나야 한다. 그러므로 '초육'과 입장이 다르면서도 역시 나아감에는 신중해야 하는 상황이라, 나아갈까 하면서도(晉如), 내면에는 자기 처신이 적절할까 고민하고 근심을 품게 된다(愁如).

이 근심을 타개하려면 역시 곧은 소신을 유지해야(貞) 좋게 풀린다(吉). 즉 "덕이 있는 이는 외롭지 않고, 반드시 이웃이 있다(德不孤, 必有隣)"라는 공자의 말처럼, 자신이 중정의 덕을 견지하면 근심이 해소된다. 그래서 같은 음유로서 적극적으로 호응해 주지 않을 '육오'이지만(王母), 비록 소극적 측면이라 하더라도, '육오'로부터 '이 큰 복茲介福'이 되는 기회를 받게(受) 된다(受茲介福于其王母).

'진괘' '육이'는 '초육'과 같은 신생 독립국에서 탈피해 국가 경영에 더 익숙해진 상황이다. '초육'보다는 안정적으로 정치적, 경제적, 사회 문화적 기초를 닦아 나간다. 처음 겪는 근대 국가의 실험이므로 전진하면서도(晉如), 정책의 시행착오를 거치는 근심이 있다(愁如). 매사 나라를 발전시킨다는 충정으로(貞) 행하면 좋아져서(吉), 국제적으로 우방의 협조도 얻을 수 있다(受玆介福于其王母).

이 괘 '육이'는 또 독재 상태를 벗어나 민주화하는 과정에서도 여러 정치적 갈등을 겪으며, 그것을 해소해 나가는 민주주의 연습과 훈련을 거치면 사회 구성원의 정치적 수준도 성장해 감을 의미한다. 이 역시 정치적 갈등 속에서 전진하면서(晉如), 근심을 거듭하며(愁如), 밀고 당기고 반복해 나간다. 그렇지만 진정으로 민주주의를 발전시키겠다는 정의로운 마음(貞)이 있으면, 민주주의의 진전이 있게 된다(吉). 나아가 산업화화 민주화를 동시에 이뤘다는 국제적 평가 속에서 시너지 효과까지 더해져 사회 문화적 측면에서도 국제적 호평을 얻을 수 있다(受玆介福于其王母).

육삼六三

'진괘' '육삼'은 '초육', '육이'의 신진 세력이 이제 경력을 가진 인재가 되어 그 아래 '초육', '육이'의 새로운 후배들의 모범이 되고, 삶의 롤 모델로 무리의 신망을 받아서(衆允), 무리가 믿고 따르게 된다. 이에 앞장서 업무에 매진하여 신진 때에 겪었던 근심과 시행착오에서 온 여러 후회스러움이 해소되게 된다(悔亡).

나라의 경제발전 측면에서도 그동안의 성과가 다른 후발 국가들의 모범이 되어, 국가 경제발전의 모델이 되기도 하는 등 국제 신용도가 높아진다

(衆允). 그에 따라 경제정책, 산업정책 상에서 겪었던 우여곡절의 후회가 사라진다(悔亡).

나라의 정치발전 측면에서도 독재 정권에 항거한 수많은 민주 투사의 희생 속에서, 그 나라에 과연 민주화의 희망이 있을까 하고 의심하던 국제사회가 괄목상대하게 만들어, 스스로 자긍심도 커지고 그동안 겪었던 민주화에 대한 회의로 인한 자괴감도, 뉘우침도 사라진다(悔亡).

구사九四

그런데 잘 나가면 오만해지기 쉽다. 하괘 '육삼'에서 음의 유순함으로 겸손하게 일을 하던 인재가 이제 상괘로 접어들어, '진괘' '구사'에서 중견 지도자가 되어 개구리 올챙이 적을 잊고 거만을 떨 수가 있다. 아직 도덕적 인격(德)도, 실무적 능력(業)도 성숙하지 않았는데, 섣불리 자화자찬할 수가 있다. 하괘가 곤괘☷로 내내 음의 유순함으로 있다가, 상괘 '사'의 지위를 얻은데다 '구' 양의 강건함도 얻어, 리괘☲의 찬란함을 믿고서 초심을 잊고 까불 수가 있다.

더구나 바로 '육오'의 최고 지도자, 그것도 음의 유순한 최고 지도자가 여러 가지 업무를 위임하는 신임까지 받는다고 생각하여, 그의 복심이라며 안하무인으로 처신할 위험성도 있다. 그러다 보면 분수에 넘치는 정치적 야심도 생길 수 있다. 비유하면 그의 나아감이(晉如) 날다람쥐(鼫鼠) 같다고 할 수 있다.

날다람쥐는 다섯 가지 능력이 있지만, 한 가지도 완전하지 못하다고 한다. 날 수는 있되 지붕을 넘어갈 만큼은 안 되고, 나무 기둥을 타지만 꼭대기까지 이를 만큼은 안 되고, 헤엄칠 수는 있지만 계곡을 건널 만큼은 안 되고, 구명을 팔 수는 있지만 몸을 숨길만큼은 안 되고, 달릴 수는 있지만 사람을 앞설 만큼은 안 된다. 즉 여러 가지를 하려는 탐심만 있고, 하나도 제대로 이루지 못하는 것이다.

이렇게 '구사'가 인격과 능력이 진전된 바는 있지만, 아직 어느 것도 완성되지 않은 상태에서 섣불리 자만심만 생긴다면, 자신이 하는 일은 매사가 옳고, '육오'의 신임을 받는다는 자기 확신에 사로잡혀, 독단적으로 일을 처리하여 그 동기가 아무리 스스로 옳다는(貞) 확신에서 나왔더라도, 결과는 위태로울 수가 있다(厲).

국가 경제발전 측면에서 '진괘' '구사'는 '오'의 자리라는 선진국의 턱밑에서 자만심이 생기는 것이다. 정치, 경제, 사회, 문화, 국방 등 각 방면에서 날다람쥐처럼 아직 완전하지 못하면서도, 후진국 상태에 있는 나라와 비교하여, 자신의 발전상에 기고만장하고 의기양양하며, 각 산업에 내재해 있을 수 있는 각종 문제점의 점검에 소홀하여, 언제라도 경제 위기의 폭탄을 터뜨릴 수가 있는 데도 방심할 수 있다. 자기 능력을 과신하여, 추진하는 경제 정책이(晉如) 아직 기술상 다방면으로 선진국보다 부족하므로(鼫鼠), 옳다고 여겨 행하더라도(貞), 언제 경제 위기가 닥칠지 모른다(厲).

정치발전의 측면에서도 아직 선진 민주국가에 이르지 못하였으면서도 정치적 욕구 분출만큼은 선진국 수준이 되어, 사회 각계각층이 책임 의식은 없이 권리 주장만 남발할 수가 있다. 그래서 민주화 투쟁을 명분으로 앞서서 나가며(晉如), 자신이 속한 이념과 지역과 이익집단의 권익을 내세우지만, 날다람쥐같이(鼫鼠) 아직 성숙하지 못한 민주적 정치의식과 무책임한 독선으로, 기업가와 노동자가 서로 다투고, 좌파와 우파가 서로 싸우며, 보수와 진보가 서로 헐뜯으면서도, 자신들만 옳다고 여기고(貞), 상대방은 적폐라고 몰아붙여 부정하므로, 세상이 위태로울 수가 있다(厲).

이렇게 되는 이유는 무엇인가. 개인으로는 인간에게 내재한 원초적 욕망이 원인이다. 그런 욕망이 상대적으로 큰 소인은 말할 것도 없고, 군자도, 심지어 성인도 인간인 이상 욕망이 있다. 소인이야 위선적이므로, 자신이 정의로 내세운 것이 자신의 이익에 부합하고 요행히 결과가 좋아 그 공을 자랑할 수 있게 되면, 쉽사리 그 공을 이용해 권력을 사유화하고, 그 맛을 오래 누리기 위해 법과 제도를 고쳐서라도 장기집권, 심지어 세습까지도 획책할 수 있겠지만, 군자라 하더라도 자칫하면 자신의 초심을 잃고, 개인과 가문과 정파의 이익에 따라 탐욕을 부릴 수 있다.

제국주의 침략을 물리치고 조국 독립의 공이 있는 이가 자신의 공을 빌미로 오래도록 권력에 탐닉하며 독재자로 전락하는 경우나, 이러한 독재자가 구축한 수구의 체제를 무너뜨리고 정의와 진보의 기치를 내세우고 집권한 세력이 또다시 보수화하여 자기가 올라온 사다리를 걷어차서, 그들만의 나라를 만드는 경우가 이것이다. '진괘' '구사'에서 이런 상황에 빠진다면 '진괘'의 영광은 신기루처럼 사라지고, 바로 다음 괘인 '명이괘明夷卦'의 암흑기로 직행할 수도 있다.

육오六五

하지만 이런 탐욕을 극복한다면, '진괘'는 '육오', 즉 전성기, 클라이맥스가 된다. 조국 독립에 이바지한 공이 있더라도 경제발전과 산업화의 공이나 민주화의 공이 있더라도 그 공을 자랑하지 않으면, '구사'와 같은 단계의 잘못으로 인한 후회가 사라진다(悔亡). 이는 부와 권력을 잃고 얻음에 연연하지 않고, 그것을 근심하지도 않는 마음가짐으로 이룰 수 있다(失得勿恤). 이러면 개인이든 공동체든 더욱 전진해 나아가도(往), '진괘'의 상황이 꽃길을 걷듯 좋아져(吉), 하는 일마다 이롭지 않음이 없게 된다(无不利).

특히 '육오'의 지도자가 유순한 음의 덕을 지켜 자기중심의 독선적 강권정치를 하지 않고, 덕으로 다스리면서 세상의 여러 인재에게 일을 나누어 위임하면, 그 치적이 '진괘'의 상괘인 리괘☲가 상징하는 태양처럼 빛날 것이다.

상구上九

'진괘' '구사'는 집권층으로서의 자신의 세력을, 양강으로 과시하므로, 자칫 오히려 다음 '명이괘明夷卦'로의 빠른 몰락을 가져올 수 있다. 설사 그것을 극복하여 '육오'의 음유한 덕으로 세상을 포용하더라도, 또다시 권력의 달콤함에 빠져 그것을 놓치기 싫어, 권력 유지를 위해 세상을 광폭하게 다스리려는 '진괘' '상구'의 양강한 지나침에 빠진다면, 마치 '건괘乾卦' '상구'의 '항룡유회亢龍有悔'와 같은 상황이 된다.

이것은 곧 '진괘'의 찬란함이(晉) 그 극한(其角)에 달한 것으로(晉其角), 해 지기 직전의 찬란함이요, 몰락 전에 오히려 기세가 왕성해 보이는 '회광반조回光返照'의 현상이다. 그런데도 이를 강압적으로 지키려고 물리적 친위 쿠데타를 벌여 정권을 연장한다든지, 자기 비리를 덮기 위해 친위적 사찰기구, 사법기구를 만들고, 그것을 정당화하기 위하여 자기 진영의 인민을 선동하면(維用伐邑), 우선은 정권의 위태로움(厲)을 면하여, 길(吉)하면서 문제가 해소되는 듯하나(无咎), 그 정치 행위가 정의로운가 하는 정당성(貞)을 말하기에는, 세상과 역사에 부끄럽게 된다(吝).

36

명이괘 明夷卦

원문과 번역

明夷, 利艱貞. (명이는 어려운 듯 처신하며 바르게 함이
명 이　리 간 정
이롭다.)

(初九) 明夷于飛, 垂其翼, 君子于行, 三日不食,
명 이 우 비　수 기 익　군 자 우 행　삼 일 불 식
有攸往, 主人有言. (명이의 낢에 그 날개를 드리
유 유 왕　주 인 유 언
우니, 군자가 감에 사흘을 먹지 않아, 가는 바를
둠에, 주인이 말이 있다.)

(六二) 明夷, 夷于左股, 用拯馬, 壯, 吉. (명이에 왼쪽 넓적다리를 상함이
명 이　이 우 좌 고　용 증 마　장　길
니, 도움 말을 쓰는데, 씩씩하면 길할 것이다.)

(九三) 明夷于南狩, 得其大首, 不可疾貞. (명이의 남쪽 사냥에 그 큰
명 이 우 남 수　득 기 대 수　불 가 질 정
머리를 얻으니, 바르게 함을 서두르지는 말 것이다.)

(六四) 入于左腹, 獲明夷之心, 于出門庭. (왼쪽 배에 들어가, 명이의
입 우 좌 복　획 명 이 지 심　우 출 문 정
마음을 얻음이, 집안을 벗어남에서이다.)

(六五) 箕子之明夷, 利貞. (기자의 명이니, 바르게 함이 이롭다.)
기자지명이 이 리정

(上六) 不明, 晦, 初登于天, 後入于地. (밝지 아니하여 그믐이니, 처음에
불명 회 초등우천 후입우지
는 하늘에 오르고, 나중에는 땅으로 들어간다.)

명이괘明夷卦 총설과 괘사卦辭 해설

'명이괘'는『주역周易』의 36번째 괘로서, 위는 땅이고 아래는 불이다(地火
明夷). 그 기호는 앞의 '진괘晉卦'를 180도 뒤집은 모습으로 '진괘'가 반전하
였다. '명이明夷'란 '밝음의 상傷함'이라는 뜻으로 태양이 밝게 빛나던 세상에
서 태양이 땅속으로 숨어 세상이 어둠으로 가득 차게 된 것이다. '암흑시대'
다. 밝게 빛나던 '진괘'의 세상이 어둠의 세상으로 된 것이 '명이괘'다.

'명이괘'가 오는 원인은 앞의 '진괘'에 있다. 세상을 이끈 주도 세력의 오만
함에서 온다. '진괘' 세력이 '명이괘'로 전락하는 것을 일반적으로 말하면, 처
음에는 바르고 성실하다가 '신종여시愼終如始'하지 못하여 초심을 잃은 개
인, 집단, 시대 등의 모든 상황이다. 태양의 밝음을 비유하는 '명明'은 '지혜'
요 '지성'이다. '진괘'의 시대를 주도하던 합리적 '지혜'와 '지성'이 '상하여 이
지러짐'이 '명이明夷'다. 정의를 주도하던 세력이 자기 욕망에 굴복하여 부정
과 부패 세력이 된다. 자신들이 타도한 이전 적폐 세력의 전철을 밟고, 새로
운 적폐 세력이 된다.

그런데 '명이괘'의 시대에 역설적으로 이 위선의 적폐 세력을 타도하기
위하여, 다음 시대를 다시 준비하는 희망을 보기도 한다. 그렇지만 희망을

품고 준비하는 군자는 인고忍苦의 세월을 보내며 자신의 '밝음'을 감춘다. 아직 '명이'의 주도 세력이 힘을 잃지 않고, 군자들을 잔혹하게 탄압하기 때문이다.

원래 '명이괘'는 『주역』 성립 당시의 정치 상황을 묘사한 것이라고 말해진다. 서백후西伯侯 주周 문왕文王(희창姬昌)이 당시의 암군暗君이던 상商 (즉 은殷) 주왕紂王 치하의 암울한 상황에서 정치적으로 박해받을 때를 묘사한 것이라고 한다. 주왕紂王은 즉위 초에는 총명聰明과 재무材武를 천하에 떨쳤다.

그러나 만년에 들어서 술과 쾌락에 탐닉하고, 애첩 달기妲己와 더불어 주지육림酒池肉林을 만들어 퇴폐에 빠졌다. 단순히 쾌락을 탐닉함에 그치지 않고, 학정虐政을 일삼아 이를 만류하며 간언하는 신하들에게 포락炮烙의 잔혹한 형벌을 가하며, 달기와 이를 즐겼다고 전한다. 또한 숙부 비간比干을 죽이고, 주의 문왕을 7년간 유리羑里라는 곳에 유폐시키는 등, 충신을 박해하였다.

그때 주왕의 숙부였던 기자箕子는 미친 척하며 노예로 지냈다. 그러다 문왕의 아들 무왕武王의 쿠데타로 주周의 천하가 되자, 그의 방문을 받고 국정을 자문해 주었다. 훗날 명明·청淸 교체기의 계몽사상가 황종희黃宗羲는 『명이대방록明夷待訪錄』[111]이라는, 암울한 시대에 처한 자신을 기자에 빗대 현군을 만나 국책을 제공하기를 기다린다는 취지의 글을 썼다. '명이괘'는 광명한 '진괘'의 반전으로 올 수 있지만, 한편 역설적으로 괘 이름에서 오는 암울한 이미지와는 달리, 암흑의 때에 오히려 다시 올 희망의 광명 세계를 기다리는 군자의 노력을 담고 있다.

'명이괘'는 비록 상商나라말 주周나라초 상의 주왕紂王과 주의 문왕文王, 무왕武王의 일을 담고 있지만, 『주역』의 모든 괘는 특정한 일에 한하지 않고, 모든 상황 변화에 적용되는 변화의 패턴이며, '명이괘' 역시 다르지 않다. '진괘'는 그 앞의 '둔괘'의 암울함을 벗어나 '대장괘'를 지나온 결과 얻어진 찬란한 문명으로 조국의 독립이나 민주화로 꽃핀 상황이지만, '명이괘'는 그 결과를 누림에서 오는 독선과 오만함이 또 새로운 암울함이 되어, '둔괘'와는 또 결이 다른 암울함의 상황이다.

'명이괘'는 어떤 지도자가 처음에는 천하 국가와 인민 백성을 위한 선의의 리더십을 발휘했으나, 그 후 자신의 인욕人欲을 이기지 못하고 천리天理를 저버려 오히려 천하의 공적公敵이 된 것이며, 전통적으로 하夏의 걸왕桀王과 상商의 주왕紂王이 그 사례史例로 거론된다. 그들 모두 처음에는 선의와 지혜를 갖춘 지도자였지만, 초심을 잃고 탐욕에 빠져버렸다.

근·현대를 통해 민주주의를 명분으로 한 정치 상황 역시 마찬가지로 이와 유사한 사례事例가 적지 않다. 처음에는 봉건의 구체제를 타도하면서 폭군의 학정을 제거한다거나, 독재자의 억압 정치를 뒤집는다는 혁명의 기치를 내 걸고 백성을, 인민을 해방한다는 새로운 세력으로 나선 자들이 역시 그들도 새로운 기득권을 공고히 하며, 권력을 사유화하여 장기 집권을 획책한다, 또다시 타도되고 몰락하는 일이 근·현대사에 수없이 거듭되어 왔다. 이러한 과정 역시 '진괘'와 '명이괘'의 반복이다.

이것은 특정 권력자에게만 한하지 않는다. '명明'의 지성, 지혜는 개인의 지성, 지혜이기도 하지만, 집단 지성, 집단 지혜이기도 하다. 민의의 반영을 기초로 하는 민주 정치 시대는 집단의 지혜와 지성이 사회를 이끈다. 이 집단 지성의 '명' 역시 처음엔 적폐를 타도하는 혁명의 전사가 시대를 변혁하는 원동력이 되기도 하지만, 천리의 바닥에는 인욕이 있고, 도심道心의 근저에는 인심人心이 있어서, 집단 지성의 바닥에는 집단 욕망이 자리한다. 집단 욕망은 언제라도 집단 지성을 마비시키거나 몰아내며, 민주주의를 가장한 집단 광기가 될 수도 있다.

자신들을 정의의 화신으로 미화하고, 독선과 오만으로 다른 견해를 인정치 않을 뿐만 아니라, 하이에나처럼 반대 세력을 물어뜯으며, 마녀사냥과 인민재판으로 그들을 악으로 매도하고 배척하며, 자기들의 세력을 영구화하려는 홍위병의 집단 광기를 보일 수도 있다. 이러한 집단 지성의 '명明' 역시 언제라도 '이夷'하여 '명이明夷'가 될 수 있는 것이다. 그들의 정치세력이 세상을 석권하는 순간이 곧 그 몰락의 전조가 될 수도 있다.

명이괘明夷卦 효사爻辭 해설

초구初九

'명이괘' '초구'는 암울한 '명이'의 시대에 군자가 어떻게 처신해야 할지를 말한다. 아직 '초구' 상태이므로 세상의 전면에서 어떤 일을 하지 않은 상태다. '명이괘'의 가장 상징적인 효는 '상육'으로 이미 덕과 지혜를 잃은 지도자이며 폭정을 일삼는 암군暗君이다. 이 상황에서 세상에 나아가 일을 맡는 것은 능력을 펴기는커녕 목숨마저 보전하지 못할 수도 있다. 현명한 군자는 '명이괘'가 처음 시작되려고 할 때, 이미 암울한 시대의 조짐을 보고 미리 대처한다.

그래서 '초구'에서 어떠한 권력자의 부름도 받지 않았지만, 멀리 최상층부에 있는 '상육'이 집권 시의 초심을 잃고 폭정을 시작할 것임을 알아채고, '명이明夷'의 권력 중심부에서 멀리 날아서 벗어나(明夷于飛), 그 날개를 접어 드리우듯(垂其翼), 자신의 존재를 드러내지 않고 안전을 도모한다. 이것은 현명한 군자가 아직 어떤 일이 드러나지 않았더라도 장차 그런 일이 발생할 조짐을 미리 보고 대처하므로, 자기에게 어떤 위해가 닥칠 수도 있음을 미리 간파하는 것이다.

'초구'는 상괘의 '육사'와 호응하는 자리다. 지금은 세상에 자신을 드러낼 때가 아니지만, 훗날을 도모하기 위하여 지금 활동하고 있는 조력자와 소통할 필요가 있다. 그 위치에 있는 이가 '육사'다. 그러나 시국이 그와 소통할 때가 아니어서 나아가지 않고 기다리므로 그로 인해 궁핍한 현실에 처할 수 있지만, 그동안이라도 처신함에(君子于行) 의롭지 않은 녹祿은 먹지 않는다(三日不食-'초구'에서 '육사'까지 세 단계가 있으므로 '三日'이다). 일신의 고난을 참지 못하여 정당하지 않은 정부에 섣불리 참여하는 처신은 하지 않는 것이다.

이때 군자는 자기의 소신을 지키면서 정부로부터 멀리 떨어져 은둔하여 갈 곳이 있다(有攸往). 하지만 그 과정에서 군자가 기숙寄宿하는 곳의 주인은 은둔하려는 군자의 뜻을 알지 못하고, 그에게 세상에 나아갈 기회를 헛되이 버리는 어리석은 선택을 한다고 책망하며 비웃는 말을 한다(主人有言). 진짜 어리석은 이는 자신에게 곧 닥칠 위험을 알지 못하고, 오히려 위험을 미리 간파하여 피하는 지혜로운 자의 선택을 비웃고 조롱하면서 그대로 머물러 있다가, 위기가 목전에 닥치고서야 깨닫지만 이미 늦게 된다.

육이六二

'명이괘' '초구'는 아직 작금의 폭정에 관여하지 않고, 정계에 참여하지도 않은 상태로 다만 참여의 기회가 곧 오게 될 상황에서 정당하지 못한 정권에 참여할 수도 없고, 그렇다고 참여하지 않으면 반정부 인사로 위해를 당할 수도 있는 상황에서 그 조짐을 미리 알고 차라리 멀리 도피하는 것이다. 그런데 통치자의 초심만 믿고 이미 참여하여 어쩔 수 없이 직책을 맡은 상황이라면 어떻게 할 것인가. '명이괘'의 '육이'가 곧 그런 입장이다.

특히 이 괘의 '육이'는 가족을 비롯한 혈육과 의리로 맺어진 주변의 인간관계, 그리고 정치적으로 연계된 지지 세력을 쉽사리 저버리고, 자신만의 안위를 도모하기 위하여 그 몸만 빠져나갈 수 없는 상황이다. 나아가 단순히 자신과 그 주변의 인간관계를 넘어서 현 정권의 폭정에 실망한 인민들이 그에게 기대를 걸고 있을 때는 더욱 자신만을 생각할 수는 없는 입장이다. '초구'는 혈혈단신으로 망명해도 되고 아주 가까운 가족만 챙기면 될 입장이지만, '육이'는 그럴 수가 없다. 이 '육이'의 입장이 곧 상商의 주왕紂王에 의해 핍박받고 있던 주周 문왕文王이다.

문왕은 무엇보다도 주왕의 폭정에 시달리는 자신들을 위해 정치적 결단을 내리고 구원해 주기를 바라는 인민 백성들의 기대를 저버릴 수가 없었다. 그러나 아직 여러 정치적 상황을 고려할 때 아직 혁명의 때가 도래하지 않았으므로, 떠나지도 혁명할 수도 없다. 빛이 손상된(明夷) 폭정의 시대이지만, 그래도 그 손상이 왼쪽 허벅지에 미친 정도여서(明夷夷于左股) 아직 치명적이지는 않다.[112] 그래서 백성을 위하여 자신만의 정치적 도피는 하지 않고, 폭군의 탄압을 오롯이 견디며 때를 기다린다. 즉 문왕이 주왕에 의해 유리羑里에 유폐된 상황이다. 즉 '육이'가 음유함을 가지고 '이二'의 '중中'을 지키고 있는 상황이다.

효사의 표현으로 비유하자면, 비록 왼쪽이지만 허벅다리를 다쳤으므로 운신하기에 자유롭지는 못하다. 정치적으로 치명상은 입지 않은 상태이지만, 유폐·감금되어 정치적 운신이 쉽지 않음을 말하는 것이다. 그를 밖에서 정치적으로 도울 사람들이 있으면 좋은데, 문왕의 경우 굉요閎夭, 산의생散宜生과 같은 조력자가 있었다. 즉 비유컨대, 허벅다리가 불편하므로 운신을 도울 말[馬]이 있으면 좋다(用拯馬). 그 말도 가급적 튼튼해야(壯) 좋다(吉). 밖에서 자신을 도울 정치적 조력자의 능력이 셀수록 좋다는 말이다.

구삼九三

'명이괘' '구삼'은 문왕 생전에는 아직 혁명의 때가 도래하지 않다가, 그의 사후 그 아들 무왕武王에 이르러 비로소 그때가 도래한 상황이다. 그래도 '구삼'은 하괘의 맨 위로서, 상괘로 가기 전, 무왕이 혁명의 거사를 하여 강을 건너기 전, 아직 자기들보다 군사력이 더 큰 주왕을 대적하는 위험과 신하가 임금을 치는 것은 반역일 수도 있는 거사의 명분 문제로 동요할 때, 강이편에서, 강 중간에서, 강 건너고 나서 계속 다른 제후들과 군사들을 설득하기 위해 연설하는 아직 불안한 상황이다.

그렇지만 주왕이 폭정으로 천하 백성의 신뢰를 잃어 그 밝음이 손상된(明夷) 암울한 시대라는 것이 혁명의 명분이 되어, 남면하는 임금 자리에 있는 주왕의 정권을 그 임금이 임금답지 않으므로 사냥하듯 타도하여(南狩), 그 정권의 우두머리인(其大首) 주왕(紂王)을 왕좌에서 끌어내리는 반정을 성공시킨다(得其大首).

그런데 폭정의 시대에 그 치하에 있었다는 이유로 부역자를 처단하고, 적폐를 청산한다는 명목으로 무차별적으로 숙청하면, 억울한 일이 있게 된다. 어느 왕조 어느 정권하에 있든, 힘없는 인민 백성이 어찌할 수 없음을 참작하지 않고 반혁명 분자라고 처단한다면, 그 행위 자체가 새로운 불의가 된다.

근본 원인이 된 우두머리와 그 주변의 적극적 가담자를 처단함(得其大首)에 그치지 않고, 모두를 대상으로 하는 킬링필드의 잔혹함이 있어서는 안 될 것이므로, 백성은 바람 따라 눕는 풀과 같으니, 단번에 급히 바르게 되기를 추구하여서는 안 된다(不可疾貞). 지도와 교화로써 새 시대, 새 정부의 백성이 되도록 해야 한다.

육사六四

암군이 통치하는 '명이괘' 시대에는 암군의 주위에 아첨하는 간신도 있고 직간하는 충신도 있다. 간신의 무리는 평소 암군과 더불어 정권을 농단하면서 충신과 대립한다. 그들은 욕심에 눈이 어두워 장차 암군과 더불어 혁명의 타도 대상이 되리라는 것을 깨닫지 못하고 권력이 장구하게 지속될 것으로 착각한다.

한편 충신에는 여러 부류가 있다. 주 임금 때 그의 숙부인 비간比干처럼 목숨을 걸고 직간하는 이들이 있는가 하면, 이미 폭군이 더 이상 바로잡힐 가능성이 없이 타락하였음을 깨닫고, 그에 대한 직간이 무모하여 오히려 헛되이 목숨을 걸만한 가치가 없다고 생각하여 차라리 떠나는 것이 낫겠다고 여겼지만, 그래도 차마 떠날 수 없어 머물되, 미친 척하며 '명이' 시대에 목숨을 보전한 기자箕子처럼 행동하는 경우도 있다.

또는 암군이 타락하기 전부터 그 직을 맡고 있어서 비록 임금이 초심을 잃고 타락하였다 하더라도, 그래도 임금인지라 차마 버릴 수가 없어 그대로 맡고 있는 경우다. 이것이 곧 '명이괘' '육사'다.

그래서 '육사'는 암군의 측근에 있으면서(入于左腹), 의리 때문에 차마 떠날 수 없는 신하로서, 총명을 잃은(明夷) 암군의 신임도 이전부터 얻고 있다 (獲明夷之心). 그렇지만 간신처럼 아첨도 하지 않고, 부질없이 목숨을 버리는 것도 무모하다고 여긴다. 그렇다고 해서 정의를 위한 절개를 버리지도 않는다. 현명하고 지혜 있지만, 임금에 대한 의리도 차마 버리지 않는다. 백이숙제 같은 경우다. '구삼'에서 혁명을 일으키더라도 그 또한 신하의 도리가 아니라고 여기며, 언제라도 의를 지켜 문을 나서 떠날 준비가 되어 있다 (于出門庭). 백이숙제가 수양산首陽山에 은둔하는 경우다.

육오六五

'명이괘' '육오'는 기자箕子와 같은 현인이 '명이明夷'에 처한 상황이다(箕子之明夷). '오五'의 자리는 원래 임금, 최고 통치자의 자리다. 하지만 '명이괘'에서는 '상육'이 임금, 최고 통치자의 자리다. '명이괘'의 임금은 처음의 총명과 지혜를 잃고 타락하여 암매暗昧와 잔혹의 극단에 서 있어서, 이제 곧 추락할 일만 남은 통치자이기 때문에 '상육'이 그 점을 반영한다.

'육오'가 오히려 임금의 지혜와 덕이 있지만, 임금이 되지 못하고 신하의 지위로 '오'의 자리에 서 있는 신하다. 기자箕子가 곧 그런 경우다. 기자는 천하를 요람要覽할 수 있는 지혜를 가졌지만 그 지위는 얻지 못하였으므로, 주

무왕이 혁명을 일으킨 후, 무왕이 그를 방문하여 스승의 예로써 존경하자 그동안 감추었던 '밝음[明]'을 다시 드러내어, 천하를 통람通覽하며 통치할 수 있는 요체인 '홍범洪範'[113]을 그에게 준다.

'명이괘' '육오'는 기자와 같은 사람이 어려운 상황에서도 바름을 지키는 것이 이로운 상황으로서(利貞), 그러한 사람이 자신을 알아주는 사람의 방문을 기다리며 시대의 소임을 다하는 것이다.

상육上六

'명이괘' '상육'은 다른 괘와 달리 이 자리가 임금 자리다. 여기에서 임금, 최고 통치자는 특히 처음에는 덕과 지혜를 가지고 지존에 등극하여(初登于天), 천하 인민 백성의 신망과 기대를 한 몸에 받아 마치 하늘에 밝은 태양이 떠올라 세상을 비추듯 하였다. 그러나 그러던 이가 나중에는 초심을 잃고 타락하여 밝음을 잃고(不明), 칠흑같이 어두운 상태가 되어(晦), 마치 태양이 땅속에 들어간 것 같이 되면서(後入于地), 천하를 절망하게 만든다. 상의 주왕紂王이 그 대표적 사례다. 그런 임금이 임금 자리에 있다가(初登于天), 결국 타도됨(後入于地)을 말하는 것이다.

이런 임금은 그 혼자만의 문제가 아니다. 주위에 암군에 아첨하고 폭정을 부추기는 간신들이 있어서, 역시 그들과 함께 몰락하는 것이다. 주위의 정치 세력과 운명을 함께 한다. 왕정이 아닌 공화정의 시대라고 하더라도, 처음에는 부패하고 정의롭지 못한 독재자의 폭정에 맞서 싸우면서, 공정과 정의를 외치며 민주화를 이끈 밝은 민주 지도자가 마침내 독재를 타도하여 인민의 전폭적인 지지를 얻고 권력을 얻게 되는 경우도 있다(初登于天).

하지만 나중에는 초심을 잃고 자신의 지지 세력과 더불어 국정을 농단하며, 그들이 이전에 소리 높여 외쳤던 공정과 정의를 해치는 위선을 부리면서, 새로운 부정부패를 저지르기도 한다. 그러면서도 이미 이성이 혼암해져 잘못을 자각할 양심을 저버리는 상태가 되어(不明晦), 급기야 그 세력이 모두 더불어 몰락하는 경우도 있다(後入于地).

37

가인괘 家人卦

원문과 번역

家人, 利女貞. (가인은 여자가 바르고 곧게 함이 이롭다.)
가 인 리 녀 정

(初九) 閑有家, 悔亡. (막음을 집에서 하면, 뉘우침이
한 유 가 회 망

없어질 것이다.)

(六二) 无攸遂, 在中饋, 貞吉. (이루는 바가 없어도,
무 유 수 재 중 궤 정 길

주방에 있으면, 바르고 곧아서 길할 것이다.)

(九三) 家人嗃嗃, 悔厲, 吉, 婦子嘻嘻, 終吝. (가인이 엄혹하게 하면,
가 인 학 학 회 려 길 부 자 희 희 종 린

모짊을 뉘우치나 길하지만, 부녀자와 아이들이 히히덕거리면, 마침내

부끄럽게 될 것이다.)

(六四) 富家, 大吉. (집을 부유하게 하니, 크게 길하다.)
부 가 대 길

(九五) 王假有家, 勿恤, 吉. (왕이 집에서 감화시키니, 근심치 말 것이며,
왕 격 유 가 물 휼 길

길할 것이다.)(여기에서 假=격格으로서 '감화시키다'의 뜻)[114]

(上九) 有孚, 威如, 終吉. (신뢰를 두면서 위엄도 보이면, 마침내 길할 것
유 부 위 여 종 길

이다.)

가인괘家人卦 총설과 괘사卦辭 해설

'가인괘'는 『주역周易』의 37번째 괘로서, 위는 바람이고 아래는 불이다(風火家人). 아래의 불로 바람이 일어나고 위의 바람이 불기운을 더하게 하는 이미지로, 바람과 불이 서로 의존하여 조화하듯 가정이 화목함을 말한다. 가정집이나 가게의 액자나 족자에서 흔히 보는 말이 있다. '가화만사성家和萬事成', 집안이 화목하면 모든 일이 다 잘된다는 말이다. '가인괘'는 이 점을 말한다. 그런데 '명이괘' 다음에 왜 집안 문제를 말하는 '가인괘'가 올까?

암군혼주暗君昏主, 폭군, 독재자로 천하가 고통받으면, 상나라 주왕 시절처럼 타락한 세상이 되면, 통치자와 그 측근은 자신만의 쾌락을 위하고, 천하의 민생은 무너져 백성이 도탄에 빠지고 굶주려 유랑하며, 천하의 기본 단위인 가정이 망가진다. 주왕때 그 백성들은 '저 해는 언제 사라지나?' 하면서 태양에 빗댄 자신들의 왕을 저주하였다. 부정적 의미로 태양에 주왕을 빗대었지만, 아이러니하게도 『주역』에서는 주왕 시절을 주왕의 초기 밝음이 사라진 의미로 긍정적 의미의 태양이 땅 아래로 사라진 상태로 빗대었다.

잘못된 통치자와 그 측근의 통치 그룹이 천하 국가의 일을 관장하면, 공적인 일은 사적인 이익에 따라 재단하고, 통치 그룹은 나라 곳간의 돈을 제 주머닛돈, 쌈짓돈으로 여기고, 나랏일을 명분으로 세금을 퍼내어 제 주머니를 채운다. 나라가 이러하면 온갖 이익집단이 권력과 유착하여 공익을 명분으로 사욕을 채운다. 이미 이익을 선점한 기득권 집단은 그 이익 시스템을 더 공고히 하여 민생 경제는 무너지고 일자리는 사라지며 부와 권력의 양극화, 기회의 양극화는 더 극단화한다.

그로 인해 사회의 최소 단위인 가정이 파괴되고 해체되며, 미래 세대인 청년에게 미래가 없게 되어, 눈앞의 삶을 이어가기에도 벅차게 된다. 기존의 가정이 해체될 뿐만 아니라, 희망 없는 미래를 위해 새 가정을 꾸리려고 하지도 않고, 다음 세대를 이어갈 출산과 양육의 꿈도 포기하게 된다. '명이괘' 시대에서 천하 시스템의 붕괴는 곧 최소 단위인 가정의 붕괴에서 비롯된다.

그렇지만 이런 암흑의 '명이'가 있어도 새로운 지도자와 그 세력의 등장으로 다시 희망의 싹을 키우게 되고, 무너진 천하를 다시 일으키는 시도가 있게 된다. 이 새로운 시도의 출발 역시 무너진 가정을 재건하는 데서 시작된다. 이것이 '명이괘' 다음 '가인괘'를 말하는 이유다.

춥고 어두웠던 '명이괘' 시절을 혁명으로 타도하고 다시 밝음을 찾으려면, 구체제의 구질서를 청산하고 새 체제의 새 질서를 만들어야 한다. 새 술은 새 부대에 담아야 한다. 주 무왕은 은 주왕을 타도하고 나서 새로운 세상을 만들려고 새로운 질서를 위한 새로운 제도를 만들었다. 그것이 주 무왕의 동생인 주공周公(희단姬旦)이 만든 '주례周禮'다. 상나라(은나라)의 예는 폐기하고, 새 시대의 새로운 제도를 만든 것이다.

주나라는 그때 처음 만들어진 나라가 아니고, 상나라 시대의 지방 정권으로 이미 존재하고 있었지만, 그들이 혁명으로 중앙 정부가 되었다고 해서 그들이 지방 정권일 때 쓰던 제도를 그대로 쓸 수는 없다. 상나라의 제도도 그대로 쓸 수 없을 뿐만 아니라 그들 주나라가 이전에 쓰던 제도도 개혁해야 한다. 이를 두고, "주나라는 비록 옛 나라이지만, 그 명만은 새롭다(周雖舊邦, 其命維新)"[115]라고 한다. 모든 것을 다 바꿔야 한다. 그 변혁의 출발에 있는 기초가 바로 가정이다.

이렇게 만들어진 제도, 그리고 이후 공자가 모범으로 삼았던 제도가 '주례'이며, 공자는 꿈속에서라도 주공을 만나기 소원했다. 유가 문헌인 『대학』에서 "옛날에, 천하에 밝은 덕을 밝히려던 이는 먼저 그 나라를 다스렸고, 그 나라를 다스리려던 이는 먼저 그 집안을 가지런히 하였다."[116]라고 한 것을 보면 이 '주례' 시스템의 기초가 가정임이 나타난다.

공자는 주나라 통치 시스템인 '주례'가 붕괴한 춘추시대春秋時代 말, 지난 춘추시대 동안 일어났던 사건들이 기록된 그의 모국 노魯나라의 역사서 『춘추春秋』를 '주례'의 가치관에 근거해서 평가하는 『춘추春秋』를 쓴다. 또 '주례'의 윤리적 잣대에 따라 '정명正名'을 이야기한다. '주례'에서 정한 사회 각 구성원의 역할과 실제 춘추시대 구성원들이 그 역할에 부합하게 행동했는가를 대조하여 평정하는 역사 평가서 『춘추』를 쓴 것이다. 그래서 제도상 구성원의 역할 규정과 실제 구성원의 행위가 부합하여야 함을 주장한 '명名'과 '실實'의 일치를 말하는 '정명'의 이론을 "임금은 임금다워야 하고, 신하는 신하다워야 하며, 아버지는 아버지다워야 하고, 아들은 아들다워야 한다"라는 명제로 표현하였다.

『주역』 「단전象傳」 '가인괘'에서 "가인은 여자가 안에서 자리를 바르게 하고, 남자가 밖에서 자리를 바르게 하며, 남자와 여자가 바르게 함이 천지의 대의大義다. 가인에는 엄군嚴君이 있으니 부모를 이름이다. 아버지는 아버지다워야 하고, 아들은 아들다워야 하며, 형은 형다워야 하고, 아우는 아우다워야 하며, 남편은 남편다워야 하고 아내는 아내다워야 가도家道가 바르게 되니, 집안을 바르게 해야 천하가 안정된다."라고 했는데, 역시 마찬가지의 취지다.

따라서 '명이괘' 상황이 세상 질서가 무너진 것이라면, 『주역』의 저자라고 전해지는 문왕과 그의 아들 주공이 그 무너진 사회질서를 재건하려는 기준을 말하는 것이 '가인괘'이며, 그 기준은 곧 '주례'를 제도화한 것이라고 볼 수 있다. '가인괘'는 기존의 질서가 무너진 후, 새로운 질서를 세우기 위하여 기존의 상태를 초기화하는 기초와 출발점이 바로 가도의 재건임을 말하고 있다.

그러나 공자는 '주례'가 무너져 가고 있던 시대에 '주례'를 옹호했지만, '주례'가 은나라의 통치 시스템을 부정하고 나온 주나라의 통치 시스템이듯, 공자 시대에 이미 주나라의 통치 시스템을 대체할 새로운 질서가 제기될 수 있고, 결국 그것을 대체한 것이 통일 진秦나라의 통치 시스템이었다. 그러나 그 시스템은 곧 타도되고, 이어 한漢왕조의 시스템이 그것을 대체했다. 동서고금을 막론하고, 인간 사회의 정치 시스템은 시대에 따라 언제나 변천한다.

그런데도 일관되고 공통된 요소는 하나의 시스템에서 규정하는 구성원의 역할을 모두 수행하는 것이 시대마다 그 시대의 윤리 원칙이다. 플라톤의 이상국가론에서도 통치자, 수호자, 생산자의 역할을 규정하고, 구성원마다 자기 역할을 다하는 것이 정의正義가 되듯이, 하나의 시스템에서 구성원의 역할을 다함이 도덕적 정당성임은 공통된 것이다. 다만 어떤 구성원의 역할을 어떻게 규정하느냐 하는 것은 나라마다 시대마다 다를 수 있을 뿐이다. '가인괘'는 '주례'와 관련하여 그 기초를 가정에 두고 있음을 말한다.

그러면 가정이 바로 설 수 있는 기초는 무엇이며, 기초를 세우는 주도자는 누구인가. 가정이 바로 섬은 말 그대로 '바름(貞)'이다. 기초를 세우는 주도자는 가정에서 여성이다. 그래서 '여성의 바름(女貞)'이 핵심이다. 한 가정의 구성원들이(家人) 제대로 역할을 하여 바로 서려면, '여성의 바름을 이롭게 여겨야 한다(利女貞)'. 가정의 바름과 안정은 여성으로부터, 어머니로부터 비롯하는 것이다.

그리고 가정을 바로 세우려면 어떻게 해야 하나. 가정을 세우는 사람의 말이 헛되지 않고, 행동의 일관성이 있어야 한다. 가정을 꾸려나가는 사람의 말이 실없고 알맹이가 없이 지키지 않을 약속을 함부로 남발한다면, 가족 구성원에게 신뢰를 주지 못하고 자녀의 존경심을 끌어내지도 못하며 윗사람이면서도 자녀의 무시를 받는다. 어린아이에게 한 약속도 지켜야 하며, 지키지 못할 약속은 하지 말아야 한다. 말은 곧 실천으로 이어지고 행동이 변덕스럽지 않으며 원칙에 따라 일관되어야 한다. 그래서 '가인괘' 「상전象傳」에서 이르기를, "바람이 불에서 나옴이 가인이니, 군자는 그것을 본떠 말에 근거가 있고, 행동에 일관성이 있도록 한다"라는 것이다.

가인괘家人卦 효사爻辭 해설

초구初九

'가인괘' '초구'는 집안의 문제는 시작부터 바로 해야 한다는 것이다. 가정을 꾸려나가는 원칙과 법도 중 특히 자녀 교육은 그 습성이 굳어지기 전 초기에 가정에서 미리 바로 잡아서 문제를 미리 막아야(閑有家), 큰 불화를 미연에 방지하고, 있을 수 있는 후회(悔)를 사라지게(亡) 할 수 있다(悔亡). 이미

성인成人이라 하더라도 자기 내면의 사욕을 억제하지 못해 불량한 언행을 하는 것을 그 습성이 굳어지고 나서 교정하려면, 가족 구성원 상호 간의 화목한 기운을 손상하고, 골육 간이라도 원수같이 될 수 있으며, 가정 밖으로 사회에도 그 영향이 미칠 수 있다.

육이六二

'가인괘' '육이'는 천하와 나라가 '명이괘'를 거치면서 세상의 가정이 무너져 재건하려는데, 가정 경영의 실패로 좌절하고 낙담하여 자괴감과 패배감에 빠져 나쁜 습관에 물든 가정의 남자들이 있을 수 있는 상황이다. 그럴 때 자식들을 위해서라도 가정경제를 다시 살리는 데 주력하는(在中饋) 여자들, 세상에 대한 긍정적인 시각을 심어주는 어머니들이 '육이'六二의 자리에서 중심을 잡고 있어 가정에 새로운 희망을 불어넣게 됨을 말한다. 당장 그 성과를 볼 수 없다 하더라도(无攸遂), 삶의 의지가 가족을 살리기 위한 가정경제 재건에 있으니(在中饋), 맹모孟母와 같은 곧은 의지(貞)로 희망을 키울 것이다(吉).

앞의 '명이괘'를 가정으로 축소해서 말하면, 가부장적, 봉건적으로 사고하는 남성이 가정을 제대로 이끌 책임을 다하지도 못하여 가정경제만 파탄 내고, 자녀 교육을 내팽개치며, 폭력적 권위만 내세우는 경우다. 이전 드라마에서 흔히 보는바, 가정에 대해 제대로 책임도 못 지면서, 술과 도박 등으로 세월을 보내며 한량으로 사는 가장이다. '가인괘'는 이러한 상황의 처리를 오롯이 떠맡은 올곧은 여성이다. 역시 이전 드라마에서 무책임한 남성 가장을 대신하여 가계를 책임지며, 삯바느질 등으로 자녀들을 교육하는 어머니상이다. '가인괘'의 괘사가 이를 말하는데, 괘사는 효사 중 '육이'에서 보다 구체화된다.

'가인괘'를 천하와 나라의 일로 확대하면, 지나치게 엄격한 법으로 백성을 통제한 중국 춘추전국시대의 진秦나라가 통일 후에도 여전히 엄혹한 법으로 천하를 통제하다가 망한 후, 그것을 이어받은 한漢왕조 초기 상황이다.

한 왕조 초기에는 앞에 나온 '항괘恒卦'에서 말한바, 천하 백성들이 그동안 전쟁과 진 왕조의 완고한 법에 신음하던 것을 쉽게 해준다며, 한동안 무위자연의 도가적 통치 방법을 도입하였는데, 이것이 곧 '가인괘'의 상황이다. 도가는 여성적 원리를 숭상하여 강강剛强의 정치를 비판하고, 유약柔弱의 통치를 주장하기 때문이다. '가인괘'의 괘사가 그것을 말하고, 구체적 실현이 이 괘의 '육이'에 반영된다.

그래서 무위자연으로 억지로 이루려고 하지 않고(无攸遂), 백성의 마음에 서로 다투는 욕심이 없도록 마음을 비우게 하고 배를 채우게 하며(在中饋), 오로지 곧음으로 실천하여 천하가 평안하게 된다(貞吉).[117] 한 왕조의 도가적 통치 방침은 무제武帝가 유가 사상을 통치 이데올로기화한 '유교儒敎'를 도입할 때까지 계속된다.

구삼九三

'가인괘' '구삼'에 이르면 가정의 여러 가지 문제가 표면화한다. 불안정한 하괘의 '삼'의 자리다. 그런데 처리방식에 따라 결과가 달라진다. 하나는 엄하게 처리함(家人嗃嗃)이며 또 하나는 느슨하게 처리함(婦子嘻嘻)이다. '명이괘'의 봉건적 가부장제에 대한 반작용으로 어머니의 따뜻한 모성으로 감쌌지만, 그것이 지나치면 자유가 방임으로 되어 그 느슨함이 집안 질서의 문란으로 변질될 수 있다.

어떤 경우는 좀 더 엄하게 하여(家人嗃嗃), 그에 따라 가족 구성원 간 감정이 소원하게 됨을 후회함이 있더라도(悔厲), 차라리 무질서하고 문란해진 가정보다는 나을 수도 있다(吉). 봉건적이지 않고 가정을 위해 최선을 다했음에도 행운이 따르지 않아 가계에 도움을 주지 못한 선의의 아버지가 가정에서 백안시되어 설 자리 없이 방황하고, 아내와 자녀가 남편·아버지를 무시하고 비웃게 되어(婦子嘻嘻), 민주적 가정을 꿈꾸던 것이 오히려 무질서를 낳아 결국 가정에 부끄러운 결과를 초래할 수도 있기 때문이다(終吝).

'가인괘' '구삼'의 상황을 천하와 나라의 일로 확대하여 보면, 한漢 왕조 초기에 진秦 왕조의 가혹한 법에서 천하를 쉬게 하려고 도가적 통치방식을 택하다가 오초칠국吳楚七國의 난亂이나 회남왕淮南王 유안劉安의 반란처럼 정치적 혼돈이 오자, 다시 중앙 집권을 꾀하여, 마침내 무제武帝가 법가적 통제 위에 유가적 사상을 얹은 엄격한 유교 이데올로기를 만든 상황이다(家人嗃嗃). 비록 그 안에 내재한 법가적 요소로 장탕張湯 같은 혹리酷吏가 옥사를 가혹하게 함과 같은 것을 뉘우칠 일도 있으나(悔厲), 권력자에게는 유리하다(吉). 그전 도가적 통치를 주장한 무제의 조모 두태후竇太后의 영향력이 컸을 때는(婦子嘻嘻), 비록 두태후 사후에는 황제의 권위가 더욱 확립되었지만, 당시에는 그로 인해 황제의 입지와 체면이 제대로 서지 않아 부끄럽게 되는 상황이 있었다(終吝).

앞의 '항괘恒卦'에서도 언급한 것처럼 공자는 정치에 예禮와 악樂을 겸하여 적용할 것을 주장하였다. 예는 질서의 원리요, 악은 조화의 원리다. 예는 사회 구성원의 임무와 역할의 다름을 강조하는 것이고, 악은 사회 구성원 간의 상호 공감을 강조하는 것이다. 예를 중시하면 질서는 서지만, 그것이 지나치면 구성원 간의 거리가 멀어져, 그 소원함으로 인해 사회통합이 어렵게 되고, 악을 중시하면 사회 구성원 간의 공감대가 커지고 조화로워지지만, 그것이 지나치면 무질서해지고 문란해진다. 그래서 공자는 예와 악을 균형 있게 적용할 것을 주장하였다. '명이괘'와 '가인괘'의 과정이 또한 이를 말한다.

육사六四

'가인괘' '육사'는 이렇게 가정을 경영하면서 한쪽으로 치우침 없이 잘 처리하여 집안이 부유해지고 물질적으로 창성하게 되는 상황이다(富家大吉). 천하와 나라의 일에 서는 질서를 잡으면서도 지나치게 강압적이지 않은 통치술을 구사하여, 경제적 번영과 민주화를 같이 이루는 것이다(富家大吉). 이 괘 '육사'의 자리는 바로 위 '구오'의 리더십에 충심으로 협조하며, 지위를 이용하여 사심으로 국정을 처리하는 일이 없는 신료臣僚들로서, 인민 백성과 임금·대통령 사이에서 충실하게 가교 역할을 수행하는 자리다.

구오九五

'가인괘' '구오'는 한 집안에서 가장의 자리다. 집안의 진정한 평화는 물질도 중요하나 결국 가족 구성원의 정신적 교감과 조화에서 온다. 그것은 가장이 모범을 보여 가족 구성원을 감화시킴에서 온다(王假有家). 또한 천하와 나라에서는 통치자가 사회 구성원들에게 모범을 보이고 덕을 베풀어, 그들을 감화시킴에서 온다(王假有家).

당唐 고종高宗은 장공예張公藝라는 사람의 집이 구대九代가 한 집에서 화목하게 산다는 말을 듣고 그 비결을 물었다. 그때 장공예는 '참을 인자 백 번(百忍)'으로 답하였다. 한 집안을 잘 다스리기가 참으로 어려움을 상징하는 일화다. 전통적 가부장 사회에서는 가장인 남자의 역할이 중요했다. 권리가 컸던 만큼 책임도 따랐다. 가정의 화목을 위해서 희생적 인내가 필요하다는 말이다. 가정의 화목을 위해 가장만 노력한다고 되지 않는다. 가족 구성원 모두가 그 역할을 다해야 한다.

그래서 이 '가인괘' 「단전彖傳」에서 '아비는 아비답고 자식은 자식다우며, 형은 형답고 아우는 아우다우며, 남편은 남편답고 아내는 아내다워야 집안의 도가 바르게 된다'라고 한 것이다. 오늘날의 남녀 평등한 민주사회에서는 더욱 가족 구성원의 공동노력이 필요하다.

그것은 '구오'의 리더로서의 덕이 큰 이유도 있지만, 그렇다고 해서 그것이 자신만의 공은 아니고, 가정이나 정치에서나 '육이'와 '육사'의 협조에 의한 것이기도 하다. 그로 인해 가정과 나라에서 근심거리가 없게 할 수 있어서(勿恤), 한동안 좋아질 것이다(吉).

상구上九

'가인괘' '상구'는 이 괘의 마무리다. 가정이든, 나라나 천하든, 앞의 '명이괘'의 절망을 딛고 '가인괘'에서 기본부터 재건하여, '초구'부터 재건 과정에서 있었던 유가와 도가, 강강剛强과 유약柔弱, 예禮와 악樂에서, 한쪽으로 치우침의 시행착오를 극복하여 '구오'까지 온 것을 마무리하는 것이다. 그러

한 과정이 이제는 신뢰(有孚)와 위엄(威如)으로 조화를 이루어 진정으로 평

화로운 가정과 나라와 천하가 되는 유종의 미를 거두는 것이다(終吉).

38

규괘 睽卦

원문과 번역

睽, 小事, 吉. (규는 작은 일은 길할 것이다.)
규 소 사 길

(初九) 悔亡, 喪馬, 勿逐, 自復. 見惡人, 无咎. (뉘우
회 망 상 마 물 축 자 복 견 악 인 무 구
침이 없어질 것이니, 말을 잃고 좇지 않아도 스스로

돌아올 것이다. 악인을 보아도, 허물이 없을 것이다.)

(九二) 遇主于巷, 无咎. (주인을 골목에서 만나면, 허물이 없을 것이다.)
우 주 우 항 무 구

(六三) 見輿曳, 其牛, 掣, 其人, 天且劓, 无初有終. (수레 끌려감을
견 여 예 기 우 체 기 인 천 차 의 무 초 유 종
보고, 그 소는 끌어당기며, 그 사람은 이마와 코에 형벌을 받았으나,

처음은 없지만 마침은 있을 것이다.)

(九四) 睽孤, 遇元夫, 交孚, 厲, 无咎. (어긋나 외로우나, 본 남편을 만나
규 고 우 원 부 교 부 려 무 구
사귐이 미더우니, 위태로우나 허물은 없을 것이다.)

(六五) 悔亡, 厥宗噬膚, 往, 何咎. (뉘우침이 없어질 것이니, 그 종친이
회 망 궐 종 서 부 왕 하 구
살을 씹으면, 감에 무슨 허물이리오.)

(上九) 睽孤, 見豕負塗載鬼一車. (어긋나 외로워, 돼지가 진흙을 짊어짐과
_{규 고 견 시 부 도 재 귀 일 거}
귀신 한 수레 실음을 본다.)

先張之弧, 後說之弧, 匪寇, 婚媾. 往遇雨, 則吉. (먼저 활을 당기려다
_{선 장 지 호 후 탈 지 호 비 구 혼 구 왕 우 우 즉 길}
가, 뒤에는 활을 벗기니, 도적이 아니라 청혼하는 사람이다. 가서 비를 만나면

길할 것이다.)(여기서 說=脫脫)

규괘睽卦 총설과 괘사卦辭 해설

'규괘'는 『주역周易』의 38번째 괘로서, 위는 불이고 아래는 못이다(火澤
睽). 앞의 '가인괘家人卦'가 180도 거꾸로 된 모습이다. 불의 성질과 못에 있
는 물의 성질이 서로 방향이 어긋난 상황이다. '가인괘'에서 화합하던 가정
이 문제가 생겨 어긋나 흩어지는 것이다. '규睽'는 '어긋남'이다. 가정뿐 아니
라 사회 공동체도 화합하던 것이 헤어져 등을 지는 것이다. '명이괘'에서 무
너진 국가나 사회, 또는 가정의 기본 시스템이 '가인괘'에서 회복되었는데,
왜 또 공동체의 '어긋남'이란 부정적 상황을 걱정해야 하는가.

단순히 말하면, 역시 『주역』의 이치가 '물극필반物極必反'이니 '가인'으로
잘 됨이 극에 달하면 또 반전할 수 있다는 것이지만, '가인괘'가 반전하는 것
은 그 괘에 관한 특성으로 인한 면이 있다. 한 집안을 두고 볼 때, 세상의 집
안들은 집안의 번창, 특히 자손의 번창을 기원한다. 그래서 다산多産을 상징
하는 동물이나 식물을 그 집안의 자손 번창을 상징하는 이미지로 받아들여
그 문양을 표현하곤 한다. 옛날부터 왕조마다 왕손이 많기를 기원하고, 민

간의 백성들도 자손 번창을 기원하였다. 체제 유지를 위해서도 인구 확장을 바랐고, 특히 지배층은 그들을 위한 노동력, 군사력 확보의 측면에서도 백성들이 많기를 바랐다.

그러나 아이러니하게도 왕조의 왕손이든, 민간 백성의 자손이든, 자손이 많고 형제자매가 많으면 그다음에는 분쟁이 생긴다. '가지 많은 나무에 바람 잘 날 없다'. 피비린내 나는 왕자의 난, 형제의 난이 일어나는 비극이 생기기도 한다. 이럴 줄 알았으면 자손이 많기를 바라지 않았을 텐데, 후회할 수 있는 형국이 되기도 한다. 왕조의 권력 다툼, 재벌과 같은 부잣집의 재산 다툼이 그러하다. 그 원인은 역설적으로 '가인괘'로 있게 된 종족의 번창, 번영으로 인한 것이다.

그래서 옛날에도 자손이 많기를 바라면서 한편으로 '우애友愛'를 강조한 것은 많은 자손이 오히려 비극의 씨앗이 될 수 있으므로, 그것을 방지할 덕목을 권장한 것이다. '우애'를 강조한 것은 그만큼 분쟁, 분규의 가능성이 큼을 걱정한 것이다. 이 분쟁, 분규가 곧 '규괘睽卦'다. 그래서 '가인괘' 다음 '규괘'가 오는 것은 '가인괘'의 번창 다음에 그것이 오히려 '규괘'의 부메랑으로 돌아올 수 있음을 걱정하는 것이다.

이것은 정치적 상황에서도 나타난다. 한 정치세력은 자신들의 세력이 커질 것을 바란다. 그래서 다른 정치세력과 투쟁하면서 그 세력들을 제압하고, 타도하고, 숙청하고, 제거하면서까지도 자파의 세력을 확대하려고 한다. 그래서 정적의 세력을 무력화하기 위해 모략을 꾸미고 모함을 서슴지 않아, 급기야 성공하면 정권을 장악하고 축배를 든다.

그러나 승리의 축배 다음에는 그때까지 피로 맹세한 동지들도 다시 전리

품을 나누는 내부 투쟁에 빠지게 된다. 동인東人이 남인南人, 북인北人으로 나뉘기도 하고, 서인西人이 노론老論, 소론少論으로 나뉘기도 한다. 대윤大尹, 소윤小尹이 나뉘고, 시파時派, 벽파僻派가 나뉜다. 주류와 비주류가 나뉘고, 권력 최고 실세와의 친소親疏에 따라 파벌이 나뉜다.

한 정당이 선거에서 다른 정당을 제압하고, 유권자의 지지를 얻어 다수당을 넘어 의회의 절대 의석을 확보하고 나면, 다음에는 자신들 내부의 새로운 싸움이 생길 수도 있다. 외부의 적을 제압하고 나면, 내부가 서로 적이 된다. 그러면서 때로는 이 내부의 분쟁을 종식하기 위하여 다시 외부의 적을 만드는 정쟁을 고의로 유발하거나, 심지어 전쟁을 일으키기도 한다. 갈등과 화해, 전쟁과 평화 사이를 오가는 인간 사회의 모순이다.

그렇다고 '규괘'가 부정적 상황을 말하려는 것은 아니다. 『주역』의 중요한 취지 중 하나인 경계를 말한다. '규괘'는 평화와 화해, 번영과 번창에서 올 수 있는 방심과 오만을 경계한다.

그래서 '가인괘' 후에 올 수 있는 문제점을 예방하려는 경계의 교훈을 주려는 것이므로 오히려 길함을 말한다고 할 수 있다. 그렇지만 문제점이 발생할 우려가 있는 것이니 크게 길하다고는 할 수 없다. 그래서 '규괘'의 괘사에 "'규睽'는 작은 일에는 길할 것이다(睽, 小事吉)"라고 하는 것이다.

그렇다면 '가인괘'에서의 종족 번창과 번영이 어째서 갈등과 분열로 넘어갈까. 그 원인 역시 『주역』의 관점으로는 '소인'의 발호다. 그래서 '규괘'는 소인, 악인의 발호 속에서 군자가 어떻게 행동해야 하는가를 말하고 있다.

규괘睽卦 효사爻辭 해설

초구初九

'규괘' '초구'는 한 공동체 내의 소인, 악인들이 분열을 책동하기 시작하는 단계다. 만일 분열의 악행을 방치하면 사회적으로 장차 큰 후회가 될 것이지만, 지금은 아직 초기이므로 군자가 경계하고 삼가면 그나마 악행을 막을 수 있어서 후회할 일이 사라질 수 있다(悔亡). 이는 말을 잃었지만(喪馬), 그 말을 찾으려 하지 않아도(勿逐), 스스로 돌아오듯 하여(自復), 사태가 심각해지기 전에 회복 가능한 수준의 상황이다. 그러나 주위에 위선의 탈을 쓰고 숨어 있던 악인이 머리를 쳐들기 시작하는 때, 그 소인, 악인은 정의로운 군자를 밀어내기 위해 트집 잡아 모함하려 하므로, 악인에게 대처할 때는(見惡人), 빌미를 주지 않도록 맞대응을 삼가서 허물없는 상태(无咎)에 있는 것이 최선이다.

구이九二

'규괘'가 '구이'에 이르면 소인들의 세력이 더욱 커져서 군자를 끌어내리려는 책동이 더 노골화한다. 더구나 군자에 대한 모함과 자기의 악을 위선으로 감추어 포장하는 홍보와 선전 선동에 능한 소인들은 어리석은 대중을 기만하여 그 지지까지 얻고 언론까지 장악하면, 세상의 정의와 불의가 바뀌어 인식될 수도 있다. 포청천 같은 정의의 집행자도 이때가 되면 주위의 악인들과 무지한 대중의 기세에 밀릴 수 있다. 그래서 위선적 소인의 악행을 세상에 알리거나, 왜곡되지 않은 사실을 알릴 언로도 제대로 확보하지 못하여, 대로에서 공개적으로 일을 추진할 수 없어 뒷골목(巷)에서 일을 도모한다(遇主于巷).

만일 소인에게 장악된 공식적 언론에서 자기 의견을 개진하면, 검열의 탄압을 받을 수도 있고, 위선적 소인을 극렬히 지지하는 이들의 공격을 받을 수도 있다. 그래서 공격의 빌미를 주어 허물을 만들지 않으려면(无咎), SNS 같은 비공식적 언론(巷)에 의존할 수밖에 없다. '구이'는 '육오'와 응하는 자리이지만, 양강으로 음유의 자리에 있고, '육오'는 음유로서 양강의 자리에 있어, 둘 다 실위失位한 처지인 것도 그 점을 말해준다.

육삼六三

'규괘' '육삼'은 '규괘'의 상황에서 하괘의 맨 위에 서 있는 위태로움을 보이는 자리다. 사회의 공정과 정의를 무너뜨리고 사리사욕을 채우려는 소인의 무리와 외로이 투쟁하는 소수의 군자가 겪는 고난의 상황이다. 소인들의 비리를 밝혀내어 강직하게 정의를 세우려는 군자에 대하여 자기의 악행을 감추려는 소인들의 모함이 있어서, 군자가 마치 뒤에서는 수레가 끌어당김을 겪고(見輿曳), 앞에서는 그에 매인 소에 앞길을 가로막히는 듯한(其牛掣) 상황이다.

이렇듯 진퇴양난에 끼인 군자는(其人) 하이에나 떼처럼 사방에서 물어뜯는 소인들의 책동으로 정의 실현이 좌절되고, 모함으로 형벌을 받을 수도 있다(天且劓). 그러나 '육삼'과 호응하는 자리에 '상구'가 있어 언젠가는 불의를 처단하고 정의를 세우게 되므로, 시작은 어려우나(无初) 그 결과는 좋아질 것이다(有終).

구사九四

'규괘' '구사'는 소인들이 정권을 잡아 사방에 소인이 득세한 상황에서, 그들이 사리사욕을 부리며 국정을 농단하여 새로운 기득권 세력이 된 단계다. 또한 그들의 위선적 허상에 열광하며 지지하는 극렬 팬덤 '홍위병'들이 거리에 범람하는 왜곡된 현실의 단계이기도 하다. 그래서 강정(剛正)한 군자가 '분열과 이간으로 인한 고독'(睽孤)에 처한 상황이다. 그 군자는 그 상황 속에서도 소인들의 허상을 벗기고 비리를 들춰내어 정의를 실현하려고 하지만, 의금부義禁府, 사헌부司憲府 안의 군자 성향의 인물들이 이미 찍어내어 지고 끌어내려 지는 상황에서 자신 역시 이미 소인들에게 둘러싸여 고립무원孤立無援이 된 처지다.

이때, 본래부터 뜻을 같이하는 양강한 군자인 '초구'를 만나(遇元夫), 서로 뜻을 교류하지만(交孚), '초구' 역시 양강하나 아직 세력이 미미하여 '구사'와 호응할 위치는 아니고, 게다가 소인이 중간에서 이간질하므로 언제 어떻게 될지 모르는 위태로운 상황이다(厲).

그래도 그나마 뜻을 같이하는 이들이 있다는 것을 위로로 삼을 정도여서 그저 "덕 있는 이는 외롭지 않으니, 반드시 이웃이 있다(德不孤必有隣)."라는 심정에 만족할 뿐이다. 소인들이 정국을 장악하고 있어서 세가 밀려있는 군자들이지만, 그래도 '구사'의 군자를 응원하는 '초구'와 같은 이들이 있어 위태로움 속에서도 큰 허물은 없게 된다(无咎).

육오六五

'규괘'는 '육오'에서 어려움이 풀린다. 사적 이익을 위해 공익을 해치며 분열을 조장하고, 구성원들을 진영으로 나누고 당파를 나눠 네 편 내 편으로 이간질하던 소인들의 세력이 약해진다. '구사'의 군자가 강단 있게 소인들의 모함과 공격을 이겨낸 것이다. '육오'가 양강한 자리에 있으므로 실위失位한 상태로 '뉘우침'이 있는 상태에 처해 있었지만, 원래 대권을 가질만한 덕이 있는 이가 아님에도 우연히 그 자리에 있게 되었으며, 게다가 구성원들의 편 가르기로 계속 온 나라가 혼란스럽게 된 상태였지만, 그래도 재야의 현명한 군자들이나 우국지사들, 나라의 종친 대신(厥宗)과 같은 이들인 '구이'가 도움을 줄 수 있다.

그러나 이들을 공개적으로 대로에서 만나듯 하지 못하고 뒷골목(巷)에서 만나듯 하지만, 그래도 극성스러운 세력들의 눈을 피해 국정의 조언을 받으면, 그때까지 행한 정치적 실책을 만회하여 뉘우침이 없어질 수도 있다(悔亡). 더불어 이제 '구이'의 군자들(厥宗) 사이에 있는 '육삼'의 세력이 약화하여 더 이상 양강한 뼈[骨])가 아닌 음유한 살[膚]의 상태가 되었으므로, 그동안 국가의 혼란을 수습할 길이 없던 '육오'에게는 그 세력들이 무른 살을 씹듯이(噬膚) 제압하기가 쉽게 된 것이다. 그래서 '구이'(厥宗)가 '육오'에게 다가가는 데 있어(往), 별다른 허물이 없게 된 것이다(何咎).

정국을 이렇게 바꿀 수 있는 관건은 방해 세력을 물리치고 강단 있게 악과 적폐를 처단하는 군자인 '구사'의 인내와 유약하고 우유부단한 최고 통치자인 '육오'에게 충실하게 국정을 조언하는 '구이'의 노력 덕분이다. 바꾸어 말하면, 이러한 여건이 갖추어지지 않으면 소인배들에 의한 국정 농단의 난국이 해결될 수 없다는 것이다.

상구上九

‘규괘’ ‘상구’는 ‘육오’에서 난국이 해결되지 않을 경우, ‘규괘’가 극단에 이른 것이다. ‘규괘’는 분열과 이간의 상황이므로, 이의 극단에 처한 공동체 구성원은 주위가 온통 적으로 여겨지는 분열과 이간으로 인한 고독한 상황이다(暌孤). 만나는 사람마다 과연 적인지 동지인지 구분이 어려워 믿을 수 없다.

마치 ‘인베이젼(The Invasion, 2007, 니콜 키드먼, 다니엘 크레이그 등 출연)’이라는 영화의 상황과 같다. 외계에서 온 어떤 미생물체에 감염된 인간들이 잠을 자고 나자 인간미가 사라져 냉혹하고 난폭하게 변한다. 주인공들은 도대체 주위의 누가 감염되었는지 모른다. 또한 감염된 인간들에게 위해를 당하지 않으려고 그들과 이미 같은 듯 자신을 그들 속에 감춘다. ‘아무도 믿지 마라, 감정을 보이지 마라, 잠들지 마라’, 이것이 행동 지침이다. 드러난 좀비가 아니라 보통 사람의 모습을 한 좀비들 속에 있는 상황이다.

지도자가 이 상황에 부닥친 것은 마치 조선조 정조正祖의 상황과 같다. 그의 주위는 온통 정적政敵이고, 그를 돕는 이는 거의 없다. 정적들이 끊임없이 노리고 있는 상황에서 믿을 이도 거의 없다. 자기감정을 함부로 드러내지도 못한다. 자객 때문에 잠도 편히 못 잔다. 정조의 영화나 드라마 속의 모습이다. 이렇게 묘사된 영화나 드라마 속 상황이 실제 역사에 부합하는지는 알 수 없지만, 그것은 ‘규괘’에 처한 상황의 이미지다(暌孤).

이 상황에서는 평소에 사랑하던 사람들도 진흙을 뒤집어쓴 돼지처럼 보일 수도 있으며(見豕負塗), 평소에 신임하던 사람들도 수레 하나 가득한 귀신(載鬼一車), 또는 ‘인베이젼’ 영화 속 좀비로 보일 수도 있다.

정조는 적들에게 둘러싸여 있다는 강박관념 속에서 만나는 사람마다 의심하며, 그들 중 누가 벗이고 누가 적인지 몰라서 아무도 믿지 못한다. 그래서 마치 자신을 도우려고 온 사람을 보고도 활을 당겨 겨누듯 했으나(先張之弧), 사실을 알고 활을 벗기듯 경계를 풀고(後說之弧), 적이 아니라(匪寇) 청혼하러 온 이(婚媾)와 같은 아군임을 알게 되는 경우도 있어, 온 세상이 불신으로 인한 분열과 갈등으로 점철되어 있음을 통감한다.

그러나 '규괘'가 비록 대립, 분열, 갈등을 말하고 있지만, 궁극적으로는 새로운 화합을 지향한다. '규괘'의 하괘가 못을 상징하는 태괘兌卦☱로 불신과 의심을 빗물로 씻듯 하면 길하게 되는 것이며(往遇雨則吉), 상괘가 불을 상징하는 리괘離卦☲이므로 밝은 불빛과 같은 지혜로움을 가지고 불신과 의심의 어둠을 사라지게 할 수 있는 것이다. 다만 그때까지의 과정은 외로움 속의 고통이요 심지어 지옥일 수도 있다.

39

건괘 蹇卦

원문과 번역

蹇, 利西南, 不利東北, 利見大人, 貞吉. (건은 서남
쪽이 이롭고 동북쪽은 이롭지 않으며, 대인을 봄이 이로우니,
바르고 곧으면 길할 것이다.)

(初六) 往蹇, 來譽. (가면 어렵고, 오면 명예로울 것이다.)

(六二) 王臣蹇蹇, 匪躬之故. (왕과 신하가 어렵고 어려운 것이, 자신의
몸 돌보는 까닭이 아니다.)

(九三) 往蹇, 來反. (가면 어렵고, 오면 돌아올 것이다.)

(六四) 往蹇, 來連. (가면 어렵고, 오면 이어질 것이다.)

(九五) 大蹇, 朋來. (크게 어려움에 벗이 온다.)

(上六) 往蹇, 來碩. 吉, 利見大人. (가면 어렵고, 오면 크다. 길할 것이며,
대인을 봄이 이롭다.)

건괘蹇卦 총설과 괘사卦辭 해설

'건괘'는 『주역周易』의 39번째 괘로서, 위는 물이고 아래는 산이다(水山蹇). 앞의 '규괘睽卦'는 구성원들끼리 어긋나 반목함이다. 그런데 이러한 반목이 해결되지 않으면 어떻게 될까. 상황은 어렵게 될 것이다. '건괘'는 앞에 험한 물이 가로 놓여 있어서, 나아가지 못하고 산처럼 머물러 있게 되는 어려운 형국이다. '건蹇'은 '어려움(難)'의 뜻이다. 앞 '규괘'의 반목과 불화로 인하여 어려움이 생기는 상황이다.

이 반목 불화가 우리 역사에서 극단적으로 나타난 것이 조선조의 당쟁黨爭이며, 그 폐단은 구한말舊韓末 이건창李建昌의 『당의통략黨議通略』에 적나라하게 나와 있다. 붕당朋黨, 즉 패거리를 짓는 것은 인간사회에 내재한 속성인지, 오늘날도 정치인은 물론 먹물 든 지식인에서 어린애에 이르기까지 흔하여 남을 배척하면서 패거리끼리는 끌어주고 추천하기도 하며, 자신들의 사적 이익을 추구한다. 이러한 붕당으로 인한 폐해는 같은 당여黨與이든 아니든 모두 난국으로 몰아가는 결과로 나타난다.

'건괘蹇卦'를 우리 역사에 비추어 말하면, '규괘'에 해당하는 조선조 당쟁이 결국 모두 자타 공멸하는 망국의 큰 원인이 되어 타민족인 일본의 식민지가 되는 '어려움'을 겪는 상황에 해당한다. 그러나 『주역』의 중요한 가르침 중 하나는 태평할 때 난국을 걱정하고 난국에는 그것을 헤쳐 나올 노력과 의지를 발휘하는 것이다. 그래서 이 '건괘'도 어려움을 헤쳐 나오는 지사志士들의 노력을 담고 있다고 볼 수 있다. 식민지화된 조국의 독립을 위하여 혹은 민중을 계몽하며, 혹은 광야에서 말달리며 투쟁하는 독립지사獨立志士들의 난국 극복과정을 묘사한다고 할 수 있다.

또 유감스럽게 해방 후에도 '규괘睽卦'에 해당하는 민족의 분단과 분열이 있게 되고, 그로 인한 '건괘蹇卦'의 난국이 있게 된다. 그 최대 난국이 동족상잔의 전쟁이며, 오랜 세월의 분단과 분열이다. 그로 인한 민족의 정치적, 경제적 난국을 비롯한 각 방면의 '건괘蹇卦'가 계속된다. 그리고 동시에 그 반목과 분열을 종식하기 위한 노력의 과정 역시 '건괘'의 과정이다.

이런 난국을 해결하려면 먼저 그 주체가 유리한 입지를 마련해야 한다. 그래서 '건(蹇)'은 서남쪽이 이롭고(利西南), 동북쪽은 이롭지 않다(不利東北)'라고 한다. 『주역』을 썼다고 전해지는 주周 문왕文王이 상商 왕조의 지방 정권일 때, 주 왕조는 중앙정권인 상 왕조의 서남쪽에 있었고, 상 왕조는 그에 대해 주 왕조의 동북쪽에 있었다. 그래서 주 문왕의 입장에서는 난국을 해결하기 위해 그가 처해 있는 본거지에서 세력을 키워나감이 유리하고, 그 반대로 상 왕조의 지역으로 감이 불리한 것이다.[118]

난국을 타개하기 위해서는 이처럼 유리한 입지 조건을 확보함과 더불어 훌륭한 덕을 갖춘 지도자(大人)를 만나야 한다(利見大人). 장군이 아무리 훌륭해도 잘 조련된 병사가 없으면 안 되고, 기업가가 아무리 경영 능력이 출중해도 성실하고 기술 좋은 노동자가 없으면 안 되며, 국가 지도자가 훌륭해도 계몽된 인민이 있지 않으면 안 된다. 그러나 같은 조선 수군이라도 이순신은 승리했고, 원균은 패배했다. 같은 노동자라도 효율적으로 경영하는 기업가가 있어야 하고, 같은 인민 백성이라도 어떤 지도자가 나라를 이끄는가에 따라 국가의 존망이 결정되기도 한다.

그렇다면 한 국가로 볼 때 지도자의 어떤 점이 이런 차이를 만드는가. 『주역』에서 이 부분의 맥락과 관련되는바, 상商의 주왕紂王과 주周 문왕文王의 백성은 같은 백성이지만, 포학한 주왕에서 떠난 민심은 문왕에게로 향한 것이다. 그것은 지도자의 덕으로 인한 것이다. 그래서 '바르고 곧으면(貞)', 나라가 '흥성하게 되는 것이다(吉)'. 주왕紂王은 바르지 못하였고, 문왕文王은 바르고 곧았기(貞) 때문이다.

건괘蹇卦 효사爻辭 해설

초육初六

'건괘' '초육'은 나라가 식민지화된 망국의 현실에서 세상의 중심으로 나아감은(往), 곧 식민체제에 협조한다는 친일의 비난을 초래하여, 두고두고 삶의 난관을 초래하니(蹇), 적극적으로 독립투쟁에 참여하든지, 아니면 차라리 물러나 향리에 은둔함이(來), 그나마 지조 있는 명예(譽)가 된다(往蹇來譽). '건괘'의 '이二'부터 '상上'까지 모든 효가 양이 양 자리에 음이 음 자리에 있어 제자리를 차지하고 있지만, 오직 '초육'만 음이 양 자리에 있어 제자리에 있지 못하다. 이는 곧 이 상황에 부닥친 이가 바른 처신을 못 하는 것임을 말한다.

앞의 '규괘'의 후유증이 남아 분열과 갈등 국면이 해소되지 않았기 때문에, 이런 상황에 부닥친 구성원 중 오판으로 올바르게 처신하지 못 할 수가 있다. 만일 잘못된 판단으로 나아간다면, 처음에는 독립 투쟁에 참여했다가 변절하거나, 태어날 때부터 일제 치하에 있음에 물들어 민족정신을 자각하지 못한 경우가 된다.

국가로 봐서는 해방 전 난국의 상황에서 민족이 제 자리를 찾지 못하고, 해방 후에도 분열과 갈등으로 먼저 외세를 끌어들인 동족이 다른 동족을 침략하여, 또 다른 외세를 끌어들이는 연쇄작용을 일으켜, 식민 침략 세력에 오히려 반사이익을 주는 상황이기도 하다. 이런 상황에서 군자는 미리 깨닫고, 난국의 상황으로 경솔하게 스스로 뛰어드는 어리석음을 범하지 않는다.

육이六二

'건괘' '육이'는 '초육'에서 제 자리를 찾지 못하여 '건괘'의 난국에 처하거나 때가 도래하지 않아 무모하게 위험에 뛰어들지 않고 사태를 관망하던 개인과 민족, 나라가 자각과 반성으로 제자리를 찾고 용기를 내는 노력을 하는 것이다. 이 괘의 '육이'는 난국 속에서도 음이 음 자리에 있으면서, 위로 양이 양 자리에 있는 '구오'와 호응하는 상황이다.

난국을 타개하려는 '구오'인 지도자(王)와 그의 신하와 백성이 비록 어렵고도 어려운(蹇蹇) 상황에 부닥쳐 있지만(王臣蹇蹇), 일신의 안위를 도모하지 않고 위험을 무릅쓰고 나아가는 처신이다(匪躬之故). 자신을 희생하여 독립운동에 뛰어듦이요, 침략으로 인해 존망의 갈림길에서 풍전등화에 놓인 나라를 구하기 위하여 전장에 뛰어드는 애국적 군인의 장렬함이며, 유례없는 전염병의 창궐 속에 살신성인殺身成仁의 정신으로 희생적으로 봉사하는 의료인이기도 하다.

구삼九三

'건괘' '구삼'은 하괘인 간괘艮卦☶의 맨 위로 바로 아래 두 음의 방패막이가 되어 주면서 머물러 그침(止)을 주도한다. 머물러 그침은 위 상괘인 감괘 坎卦☵의 험난함에 바로 직면하고 있는 상황에서 무모하게 전진하지 않는 신중함이다. 세 번째 자리이므로 맨 윗자리 '상육'과 호응하는 자리이지만, '상육'은 권력이 없어 '구삼'을 도와줄 힘이 없다. 지원 세력이 없는 상태에서 경솔하게 전진하면, 어려움을 만나 낭패를 당한다(往蹇).

혁명 투사, 독립투사가 '육이'의 때에 다진 살신성인의 강한 의지를 다지고 투쟁 대열에 나아갔지만, 앞에 감괘☵의 험한 물과 같은 봉건 세력이나 일제 식민통치 세력의 난폭함을 만난 것이다. 또는 동족을 침탈하는 침략 세력을 물리치고 전진하였지만, 뜻하지 않은 외세 군대의 참전이라는 큰 난관에 봉착한 것이다. 어떻게 할 것인가. 귀향하듯 본거지로 후퇴하여 전열을 다시 정비할 수밖에 없다(來反). 인해전술로 밀고 오는 적들에게 중과부적衆寡不敵 상태에서 무모하게 싸우기보다 작전상 후퇴다.

육사六四

'건괘' '육사'는 상괘인 감괘坎卦☵라는 험난함의 초입에 선 입장으로서 바로 앞 '구삼'의 여의치 않은 현실에서 잠시 물러선 독립지사가 뜻을 같이하는 동지들을 규합하여 세력을 연대함이다(往蹇來連). 또는 적군의 세력이 예상보다 커서 전진하면(往) 큰 난관을 만날 형국이므로(蹇), 일시 후퇴한(來) 아군이 자신을 도와주는 연합군과 연합(連)하여 전열을 정비하는 상황이다.

구오九五

'건괘' '구오'는 국난에 처한 국가 지도자 자리다. 지도자가 감괘坎卦☵의 험난함 속에서 마치 태풍의 눈 속에 들어 있는 것 같이 타개하기 어려울 정도의 큰 난국에 빠진 형국이다. 나라가 식민지화된 망국의 상황에 있는 조국 그 자체이기도 하다. 조국이 망하여 다른 나라의 식민지화된 큰 어려움에 부닥쳐 있다(大蹇). 적군의 세력이 커져 큰 난관에 빠진 상황이기도 하다(大蹇). 그러나 조국을 해방하려는 우국憂國의 독립지사들이 뜻 모아 모여듦이다(朋來). 누란의 위기에 빠진 나라를 도와주려는 연합군이 참전하려고 오는 상황이다(朋來). '구오'의 상황이 비록 난국의 절정 상태(大蹇)이지만, 그런데도 '구오'는 또한 그 어려움 속에서 강인한 지도력으로 난국을 타개하려는 강력한 지도자이면서 도와줄 세력(朋)을 모아올 수 있는 외교력도 가진 지도자이기도 하다.

상육上六

'건괘' '상육'은 어려운 '건괘' 상황의 끝이다. 난국이 끝나가는 상황이다. 전쟁도 거의 끝나간다. 이제 전후를 준비하며 평화 시대에 대비해야 한다. 전쟁의 끝 무렵, 특히 동족상잔의 전쟁에서 지도자들이 한 뼘의 땅을 더 차지하기 위한 욕심으로 막판에 전투를 가속하면 국민을, 인민을 고통스럽게 하고, 특히 고지를 뺏기고 다시 뺏는 피비린내 나는 전장에서는 젊은 군인들의 가련한 희생만 늘 뿐이다. 더 나아갈수록 그만큼 더 어려워지는 상황이다(往蹇). 서로가 전쟁을 빨리 끝내고, 병사들이 고향에 돌아올 수 있도록 해야(來), 크게 문제가 풀려(碩), 나라의 상황이 좋아진다(吉). 난국의 해결과 마무리를 위해서는 역시 큰 덕과 영도력을 가진 지도자를 만나야 한다(利見大人).

40

해괘 解卦

원문과 번역

解, 利西南. 无所往, 其來復, 吉, 有攸往, 夙, 吉.
_{해 리서남 무소왕 기래복 길 유유왕 숙 길}
(해는 서남쪽이 이롭다. 갈 데가 없거든 와서 돌아옴이 길하고, 갈 데가 있거든 일찍 함이 길할 것이다.)

(初六) 无咎. (허물이 없다.)
_{무 구}

(九二) 田獲三狐, 得黃矢, 貞吉. (사냥하여 세 마리 여우를 잡고, 누런
_{전 획 삼 호 득 황 시 정 길}
화살을 얻으니, 곧고 바르면 길할 것이다.)

(六三) 負且乘, 致寇至, 貞, 吝. (지고 또 탐으로 도적 옴을 초래하였으니,
_{부 차 승 치 구 지 정 린}
바르게 하여도 부끄럽게 될 것이다.)

(九四) 解而拇, 朋至, 斯孚. (너의 엄지발가락을 풀면, 벗이 이르러 이에
_{해 이 무 붕 지 사 부}
미덥게 될 것이다.)('而'는 '너'의 뜻)

(六五) 君子, 維有解, 吉, 有孚于小人. (군자가 매임에 풀림이 있으면
_{군 자 유 유 해 길 유 부 우 소 인}
길하니, 소인에게 미덥게 함이 있을 것이다.)

(上六) 公用射隼于高墉之上, 獲之, 无不利. (공이 높은 담 위에 있는
공 용 석 준 우 고 용 지 상 획 지 무 불 리
새매를 쏘아 맞힘으로써, 그것을 잡으니, 이롭지 않음이 없다.)

해괘解卦 총설과 괘사卦辭 해설

'해괘'는 『주역周易』의 40번째 괘로서, 위는 우레이고 아래는 물이다(雷水
解). 앞의 '건괘蹇卦'를 180도 거꾸로 뒤집은 모습이다. 앞의 '건괘蹇卦'의 어
려움이 해결됨을 말한다. 어려움이 언제까지나 계속될 수는 없다. 어려움이
극에 이르러 반전함이다. 앞을 가로막던 물, 험난함을 상징하는 물을 벗어
난 우레의 움직임이 그 험난함을 건너 뒤로 하듯, 어려움, 난국이 풀린다.

'해解'는 '풀림', '벗어남', '해결', '해방'이다. 민족이 식민 상태의 고난에서 해
방됨도 '해'이고, 해방 후에 민족의 또 다른 난국인 동족상잔의 전쟁에서 벗어
남도 '해'이다. 그러나 진정한 해방은 쉽지 않다. 민족의 갈등으로 전쟁이 있었
고, 전쟁의 해결도 쉽지 않아 분단이 계속된다. 그래서 '해괘'는 그저 이제 '해
결되었다'라고 하지 않는다. 어려움, 난국이 해결되는 과정에서 역설적으로 그
과정의 어려움, 난국이 내재함을 말한다. 분단이 미완의 민족 해방임을 말하
듯이, 휴전 상태가 미완의 종전임을 말한다. '해괘'는 과제를 해결하는 과정에
서 잠복한 미완의 상태가 어떤 상태로 내재할 수 있는지를 말한다.

난국 해결은 해결의 주체가 불안정한 상태에서 이루어지면 해결이 어렵
다. 안정된 상태는 곧 자신의 세력 근거지에서 해결하는 것이다. 적진에서
어떤 문제의 해결을 도모하기는 어렵다. 그래서 '해결(解)'은 앞의 '건괘蹇卦'

와 같이 서남쪽에서 도모함이 이롭다고 한다(利西南). '서남쪽'은 상商나라 말 당시 중앙 왕조의 임금인 주紂 임금의 위치를 기준으로 할 때, 『주역』의 저자 주周 문왕文王의 본거지인 주나라가 있던 곳이다.[119] 즉 난국을 해결하려는 주체가 있는 그 세력의 본거지를 말하는 취지다.

맹자孟子는 상商나라(은殷나라)를 세운 탕왕湯王이 당시 하夏나라의 마지막 임금으로 폭군이었던 걸왕桀王을 몰아내려고 할 때, 천하가 그를 신망하여 동쪽으로 정벌하러 가면 서이西夷가 자기들을 해방해 주지 않음을 원망하고, 남쪽으로 정벌하러 가면 북적北狄이 역시 자기들을 해방해 주지 않음을 원망하면서, "어찌하여 우리를 뒤로하는가"라고 하였다고 하면서, 당시 백성들이 그를 바라기를 큰 가뭄에 구름과 무지개를 바라듯 하였다고 한다.[120]

그런데 어떤 지역의 인민이 악한 지배자에 의해 핍박받고 착취를 받으며, 나아가 지옥 같은 삶을 살고 있는데, 그들의 정치 영역 안에서는 해결될 기미도 희망도 없어 보인다면, 외부에서 그들을 구원하러 가는 것만이 유일한 방법일 수도 있다. 그래서 역사 속에서는 악의 세력을 응징하고, 그 치하에서 억압받는 인민을 해방하러 간다는 명분으로, 때로는 성지聖地를 수복하러 간다는 종교적 명분으로, 군사를 일으켜 '정벌征伐'하러 가는 경우가 있었다.

19세기와 20세기, 세계적으로 강대국의 약소국에 대한 제국주의 침략이 엄청났던 시절에도 봉건 왕조에 신음하는 인민 백성, 민중을 해방하러, 구원하러 간다거나 미개하고 야만적인 곳을 문명으로 개화하러 간다거나 일제처럼 서양 제국주의의 침략으로부터 동아시아를 보호하기 위해서라는 명분으로 약소국을 침략했다.

오늘날에는 그런 경우가 적어, 이제 다른 국가의 인권 문제조차도 해당 국가는 내정 간섭 운운하거나 문화적 차이를 이유로 반발하기도 하지만, 안으로는 정치적, 경제적 이유이면서도 밖으로는 인류 보편적 윤리 운운하며 다른 나라를 침공하는 경우도 있다. 어쨌든 언제나 남는 문제는 어떤 곳에서 실제로 잔혹한 살육이나 인권 탄압이 이루어지는데도, 그 지역 자체적으로 해결 불능인 경우, 다른 나라나 국제사회가 개입할 수 있는가 하는 문제이며, 그럴 경우 거짓된 명분으로 다른 나라를 침략하는 문제를 어떻게 할 것인가 하는 것이다.

'해괘'에서는 해결할 과제가 없어서 갈 이유가 없는 상태(无所往)에서는 개입하지 말고 돌아옴이 길하다고 한다(其來復吉). 만일 해결할 과제가 있어서 갈 이유가 있는 상태라면(有攸往), 개입할 수는 있되 빨리 해결해야 바람직하다(夙吉). 어디까지나 잔혹한 인권 탄압으로 고통받는 인민을 해방하기 위한 개입일 경우에만 정당화되고, 그렇다 하더라도 문제가 해결되면 조속히 철수하여(夙), 침략이 아님을 보여야 한다.

이런 경우가 곧 『맹자』에서 이어서 이야기되는 것이다. 맹자가 탕湯임금을 거론한 것은 당시 제齊나라 선왕宣王이 연燕나라를 쳐서 그 땅을 취하려 함에 다른 제후들이 제나라를 치려 하자, 제 선왕이 그 문제로 맹자에게 질문하여 나온 이야기다. 그 질문에 맹자는 이러한 취지로 답했다.

지금 연燕나라가 그 백성에게 포학하게 해서 왕께서 가서 정벌하시니, 그 백성들이 자신들을 물과 불에서 구해주리라 여겨 대그릇 밥과 음료수를 들고 나와 왕의 군대를 환영한 것인데, 만약 그 부형父兄을 죽이고 그 자제子弟를 구속하며 그 종묘를 훼손하고 그 보물을 옮겨간다면 어떻게 옳다고 할 수 있겠는가 하는 것이다. 즉 연나라 정벌에 대한 도덕적 명분이 없다는 것이다.

그래서 맹자는 왕이 속히 명령을 내려 포로로 잡은 노인과 어린이를 돌려 보내고, 그 보물 옮김을 중지하며, 연나라 사람들과 상의하여 새 임금을 세운 후에 떠나오시면, 제후들의 군대가 제나라를 치는 것을 멈추게 할 수 있다고 하였다. 이는 바로 '해괘' 괘사의 취지와 맞아떨어진다고 할 수 있다.

그런데 현대사에서 제국주의에 의해 식민지화된 인민의 해방을 명분으로 한 개입에 있어서, 그 피개입 국가 중 비극적 사례의 하나가 한반도에 대한 개입이다. 열강들은 한반도에서의 일본군에 대한 무장 해제, 치안 유지, 신생 국가의 독립에 대한 지원 등을 명분으로 북위 38도선을 나누어, 남에 미국, 북에 소련이 진주하여 점령한 것은 해결할 문제가 없어 갈 필요가 없음에도(无所往), 해결할 문제가 있다(有攸往)는 핑계를 댄 것이라는 비판을 받을 수 있다.

한편 독일은 가해자로서 분단되었으나, 일본은 가해자이면서도 온전하고, 오히려 피해자인 한반도가 분단된 모순이 발생하였다. 이로 인해 전쟁과 분단의 지속이라는 비극이 이어진 것은 점령자들은 해방, 해결을 위한 점령이라 했지만, 사실상은 그릇된 해결로 '해괘解卦'의 취지와 맞지 않는 해결 명분이라고 할 수 있다. 마치 맹자가 제나라 선왕을 비판한 것과 같다.

해괘解卦 효사爻辭 해설

초육初六

'해괘' '초육'은 한 민족의 식민 상태로부터의 해방 직후다. 온 겨레가 이민족에 의해 엄청난 고난을 겪다가 갓 해방되었으니 무슨 말이 필요하겠는가. 그저 좋을 따름이다. 그래서 '허물이 없다(无咎)'라고만 한다. 『주역』의 명제인 괘사와 효사는 대체로 어떤 상황에 대한 사실 판단과 그에 대한 가치 판단이나 그에 따른 행위의 지침이 되는 당위 판단으로 구성되어 있다. 그러나 '해괘'의 '초육'에는 단지 '허물이 없다(无咎)'라는 가치 판단만 있다. 아무런 전제나 조건을 달 필요가 없다는 이야기다.

제2차 세계대전 종전 소식이 알려진 날, 고통스러운 전쟁이 끝났다는 소식을 들은 세계 각지 사람들의 거리 축제는 다른 말이 필요 없는 기쁜 감정의 표현이다. 그저 기쁠 뿐이다. 그래서 그냥 '무구(无咎)'다. 1945년 8월 15일 조국이 일제 식민치하에서 해방되었다는 소식은 이 나라 인민 백성이 기쁨에 겨워 거리로 쏟아져 나오게 했다. 그저 '무구(无咎)'의 기쁨이다.

지루한 3년의 6·25 한국전쟁이 끝난 상황, 정전 협정(휴전 협정)의 발효 직후 전선의 병사들이 느끼는 감정, 그것은 영화 '고지전'에서 묘사한 것처럼[121], 그 순간은 이제 살았다고 하는 감정뿐이다. 병사들은 이제 안전하게 고향으로 돌아갈 수 있다는 안도감과 기쁨에 그저 가슴이 벅찰 뿐이다. 그저 기쁘다. 그저 '무구(无咎)'다.

구이九二

그런데 이렇게 그저 기쁘다고 모든 일이 해결되는 것은 아니다. 해방되어 새 나라 건설의 희망에 부풀어 있지만 일은 쉽지 않다. '해(解)'는 '풀림'이지만, '느슨함'이기도 하다. 즉 '이완'이요 '해이'이며 '무질서'다. 해방 직후는 무질서했다. '건괘蹇卦' 이전 '규괘睽卦'의 당쟁이 이념으로 재현되었다. 남북으로 분단된 것도 부족해, 남에서는 서로 '좌익'이니 '우익'이니, 이도 저도 아니면 '기회주의'니 하며 싸웠다. 스스로 혼란을 해결하지 못하면, 외세 개입의 빌미를 준다. 이때 나라를 걱정하는 군자는 어떻게 해야 하나.

그래서 '해괘' '구이'에서 말한다. 소인의 무리인 '좌익', '우익', '기회주의'의 세 마리 여우를 잡고(田獲三狐), 민족을 위해 중도로 정의롭게 나아가야 한다고(得黃矢, '黃'은 '中'을, '矢'는 '곧음'을 상징). 그래서 사욕을 버리고 극단을 넘어서 '중용中庸'을 맞추는 곧은 화살처럼, 정의롭고 곧게 해야 나라와 민족이 좋게 된다(貞吉). 하지만 그러지 않았다. 남북을 오가며 민족 분단을 막아보려는 지사도 있었지만, 양쪽의 세력들은 그러지 않았다.

괘효에 있어서 '해괘' '구이'에서 말하는 소인인 세 여우는 '해괘'의 네 음 중 혼란에서 제대로 지도력을 발휘하지 못하는 유약한 '육오' 이외의 '초육', '육삼', '상육'이며, 진정한 해방을 위해 분골쇄신하는 군자는 두 양인 '구이'와 '구사'다. 세 여우인 소인들은 군자의 노력을 방해하며, 음유한 '육오'의 지도자 주위를 돌며 그를 현혹하여 세상을 난세에 빠지게 한다. 진정한 해방을 방해하는 분열 세력이다.

육삼六三

'해괘' '육삼'은 소인들의 세력이 서로 욕심내 싸우며 자기 것이 아닌 재물을 등에 지고도 군자의 수레를 타는 듯이 하는 것이다(負且乘). 해방 후 자신의 수중에 떨어지듯 보이는 절반의 권력을 등에 지고 또 나머지 절반을 욕심내어, 군자의 덕이 없이 그 자리를 탐하여 전쟁을 일으키니, 결국 서로 차례로 외세를 불러(致寇至), 겨레의 온 강토를 전쟁의 참화에 빠지게 한 형국이다.

그래서 각자 민족의 자주와 독립, 민주주의를 외치면서도 오히려 외세의 간섭과 영향을 스스로 초래하는 모순을 범했으니 누구를 원망하겠는가. 각자 스스로 정의롭다고 주장하지만(貞), '해괘'의 진정한 민족의 해방을 저해하였으니, 후손과 역사에 부끄러운 일이다(吝).

구사九四

'해괘' '구사'는 '구이'와 더불어 진정한 해방을 위해 노력하는 군자다. 이괘 '구사'는 '구이'가 밖에서 먼저 세 마리 여우의 소인들을 제거하려고 투쟁함과 더불어, 조정 안에서 '육오'의 임금, 대통령에 접근하는 소인들을 막는 역할을 한다. 나라가 어려울 때 그나마 정의를 위해 노력하는 '구사'와 같은 올바른 지도 세력들이 있어, 침략 세력을 막아 인민 백성(而拇: 너의 발가락, '拇'는 맨 아래의 백성을 상징한다.)에 대한 해방의 노력을 위해 헌신할 때(解而拇), 그러한 충정을 돕는 국제사회의 우군이 이른다(朋至). 이에 나라의 안팎으로 신뢰가 쌓여(斯孚), 그나마 나라의 위기가 극복된다.

육오六五

'해괘' '육오'는 비록 유약한 임금이지만, 조정 밖에서 자신을 돕는 '구이'나 조정 안에서 자신을 보좌하는 '구사'가 소인들의 발호를 막음에 힘입어 난국을 비로소 해결하는 상황이다. '구이'가 밖에서 강력하게 세상의 바른 여론을 조성하고, '구사'가 안에서 소인의 접근을 막는 것, 이것은 군자가 임금을 도와 난국을 해결하여(君子維有解), 나라가 길(吉)하게 되는 것이다.

그래서 소인들은 감히 정치의 전면에 나서지 못한다는 시대적 분위기를 조성하여, 소인들에게 그러한 명확한 메시지를 주는 상황이 된다(有孚于小人). 소인이 물러나고 군자가 나아가, 비로소 난국이 해결된다. 또한 동족상잔을 일으킨 적들이 물러나고, 이제 전후戰後에 나라를 다시 복구하고 재건한다.

상육上六

'해괘' '상육'은 '육오'에서 난국이 해결되고 전쟁이 끝났지만, 적들이 언제 다시 침략해 올지 모름을 경고하며 경각심을 준다. 적들은, 그들을 아무리 평화 정책으로 포용해도, 때때로 신의를 저버리며 이전 동족상잔의 기억을 떠올리게 한다. 틈만 있으면 새매가 높은 담 위에서 이쪽을 노리듯(隼于高墉之上), 다시 공격의 기회를 엿보고 번번이 도발하므로, 지도자(公)는 '높은 담 위'의 '새매'를 쏘아 잡듯(公用射隼于高墉之上), 안보의 경계심을 풀어서는 안 된다. 도발할 경우에는 새매를 잡듯 상응하여 반격하면(獲之), 모든 것이 잘 풀릴 것이다(无不利).

41

손괘 損卦

원문과 번역

損, 有孚, 元吉, 无咎, 可貞. 利有攸往, 曷之用.
손 유부 원길 무구 가정 리유유왕 갈지용
二簋, 可用享. (손은 믿음을 가지면 크게 길하고, 허물이
이궤 가용향
없어서 바를 수 있다. 가는 바를 둠이 이로우니, 어디에 쓸
것인가. 두 대그릇으로써 제사 지낼 만하다.)

(初九) 已事, 遄往, 无咎, 酌損之. (하던 일을 그치고 빨리 가야, 허물이
이사 천왕 무구 작손지
없을 것이니, 헤아려 보며 덜 것이다.)

(九二) 利貞, 征凶, 弗損益之. (곧음이 이롭고, 가면 흉하니, 덜지 않고
리정 정흉 불손익지
더해 줌이다.)

(六三) 三人行, 則損一人, 一人行, 則得其友. (세 사람이 감에는 한
삼인행 즉손일인 일인행 즉득기우
사람을 덜고, 한 사람이 감에는 그 벗을 얻는다.)

(六四) 損其疾, 使遄, 有喜, 无咎. (그 질병을 덜고 빨리하게 하면, 기쁨이
손기질 사천 유희 무구
있어 허물이 없을 것이다.)

(六五) 或益之十朋之龜, 弗克違, 元吉. (누군가 십붕의 거북이라는 큰
혹익지십붕지귀　불극위　원길
재물을 더해 주어도, 어길 수가 없으니, 크게 길하다.)

(上九) 弗損益之, 无咎. 貞吉, 利有攸往, 得臣无家. (덜지 않고 더해
불손익지　무구　정길　리유유왕　득신무가
주니, 허물이 없다. 바르고 곧아서 길하니, 가는 바가 있음이 이로우며,
신하 얻음에 집이 없을 것이다.)

손괘損卦 총설과 괘사卦辭 해설

'손괘'는 『주역周易』의 41번째 괘로서, 위는 산이고 아래는 못이다(山澤
損). 산 아래를 파서 산 위에 더하여, 산은 높아지고 못은 깊어짐이다. '손損'
은 '덞'인데, 여기에서 '덞'은 아래를 덜어 위에 더해 주는 것이다. 이 괘의 아
랫 괘는 백성이고 윗 괘는 나라이므로, 백성의 것을 덜어서 나라에 더해 줌
이 이 '손괘'의 뜻이다.

'손괘'는 역가易家에서 특히 '괘체卦體'에 바탕을 둔 '괘변卦變'의 이론에 따
라 해석하곤 하였다. 즉 '손괘☶☱'가 원래 '태괘泰卦☷☰'에서 변하여 왔다는 것
이다. 구체적으로 말하면, '태괘泰卦' 하괘의 '구삼'이 상괘의 '상'의 자리로 가
서, '태괘'의 '상육'이 '상구'로 변하여 '손괘'가 되었다는 것이다. 이 말은 '태
괘'의 하괘에 있는 양강陽剛의 획 하나를 덜어서 상괘에 더해 주었다는 것이
다. '손괘'의 괘 효사가 이런 이론에 따라서 유래되었다는 말이다.

그러나 이런 '괘변' 이론에 따라 괘 효사가 성립되었든, 『주역』의 저자가
괘형卦形의 이미지에서 취했든, 아니면 그냥 『주역』 전체의 스토리텔링에 따

랐든, 어차피 이미 만들어진 결과로의 괘 효사를 해석해도 결국은 그 취지가 된다. 즉 그 취지란 아래를 덜어서 위에 보태준다는 것이다. 정치적으로 아래는 인민 백성이요, 위는 지배 계층이다.

인류가 원시 자연에서 출발하여 만인에 대한 만인의 투쟁 상태인 야만 상태를 벗어나 문명화한 핵심은 집단을 이루어 공동체를 만들어 삶에 있다. 처음 씨족사회에서 부족사회를 거쳐 하나의 국가를 형성한 것이다. 인류 사회 공통의 과정이라고 할 수 있다. 이에 인류의 지배와 피지배 관계가 성립한다. 이렇게 국가를 형성하면 하층의 백성은 생산을 담당하는 경제활동을 하고, 그 결과물을 덜어서 위의 지배 계층에게 제공한다. 그리고 지배 계층은 백성과 국가를 경영·관리한다는 명목으로 백성의 경제활동에 기대어 산다.

맹자는 이를 두고 이 사회에는 마음을 수고롭게 하여 사는 사람(勞心者)이 있고, 힘을 수고롭게 하여 사는 사람(勞力者)이 있다는 식으로 설명한다. 마음을 수고롭게 하여 사는 사람은 다른 사람을 다스리는 사람, 곧 지배 계층이고, 그 대표가 임금이다. 힘을 수고롭게 하여 사는 사람은 다른 사람의 다스림을 받는 사람, 곧 백성이다. 다른 사람의 다스림을 받는 사람은 다른 사람을 먹여주고, 다른 사람을 다스리는 사람은 다른 사람에게서 먹임을 받는데, 이는 천하의 보편적 의리라고 하였다.[122] 플라톤이 말한바 통치자, 수호자, 생산자의 구조와 마찬가지 취지다.

'손괘損卦'는 지배 계층이 피지배 계층의 경제 산물을 덜어서(損) 가져가는 것임과 동시에, 피지배 계층은 그것을 덜어서 지배 계층에게 더해주는(益) 것이다. 무정부주의를 추구하거나 국가를 인민에 대한 착취 시스템으로 간주하여 그 소멸을 주장하는 사상도 있지만, 인류 역사에서 존재해 왔고, 오늘날도 존속하는 국가를 좋든 싫든 인정할 수밖에 없다면, 그 유지·존속을 위해서는 운영비용이 필요할 수밖에 없다. 그 비용을 마련하여 대어주는 존재는 경제활동을 담당하는 인민 백성이고, 국가의 운영자는 그들의 생산물뿐만 아니라, 노동력도 덜어서 가져간다.

그래서 옛날부터 인민 백성은 국가를 위하여, 특히 지배 계층의 대표인 임금을 위하여 생산물뿐만 아니라, 각종 토목공사에 동원되어 노동력을 제공하거나, 군대에 동원되어 목숨도 바쳐야 했다. 사실상 지배 계층은 국가의 운영비용 조달보다는 그들의 부귀영화를 위해 인민 백성을 수탈하였다.

그런데 국가가 있을 수밖에 없다 하더라도, 역사적으로 지배 계층이 백성에게 어떻게 대하느냐에 따라 그 양상은 크게 달랐다. 즉 선한 통치자와 악한 통치자의 존재와 그 백성들과의 관계는 역사를 참으로 굴곡지게 만들었다. 그로 인한 백성의 고통이야말로 역사를 잔혹하도록 얼룩지게 했다.

국가가 백성으로부터 경제 산물을 덜어가는 형태에서 가장 대표적인 것이 '세稅'다. 그 형태가 현물이든 화폐든, 이것은 백성을 고통스럽게 한 상징의 하나였다. 국가가 필요하고, 운영을 위해서 어쩔 수 없이 세稅를 거두어야 한다고 하더라도, 종종 그것이 지나치다 못해 가혹하여, 그 지나침을 표현하는 '가렴주구苛斂誅求'라는 말은 매우 유명하다. 조선 왕조 후기 전정田政·군정軍政·환정還政인 삼정三政의 문란은 그런 대표적인 경우다. 이 경우 세금 제도와는 별개로 그것을 빌미로 부정부패를 일삼는 탐관오리의 문제도 매우 컸다.

세금은 어떤 기준으로 어떤 계층과 사람들에게 거두는가, 그 기준이 공정한가, 징세 대상이 적절한가의 문제와 더불어, 거두어진 세금을 어떻게 사용하는가의 문제가 중요하다. 이것이 정의롭지 못하거나, 제도를 근거로 부정부패가 있다면, 역사에서 민란과 같은 백성의 반발을 불러일으키곤 했다. 올바른 '손損'이 아니기 때문이다.

'손괘'의 의미는 통상의 국가 운영에 필요한 재원을 마련하기 위한 세금에 관한 것뿐만 아니라, 국가 경제의 기초를 세우기 위한 자본의 마련에도 해당한다. 해방 후 이 나라는 식민지 수탈 경제에서 벗어났지만, 민족자본은 빈약했고 이어 설상가상으로 전쟁까지 겪었다. '손괘'는 이런 경제 상황에서 국민이 허리띠를 졸라매고, 그 가진 경제력을 '덜어', 국가에 '더하여', 경제 발전을 위한 자본을 조성하는 것이기도 하다.

국가 경제발전을 위해 자본 조성은 필요하나, 이것은 곧 성장 위주의 경제정책으로 이어져 자본가에게는 유리하나, 노동자의 권익은 상당 기간 유보되고, 일반 국민에게는 일정한 희생이 요구되기도 했다. 해방 후 특히 전후 복구과정에서 있었던 개발 독재의 '조국 근대화' 시대 상황이다. '손괘'는 이러한 상황의 일단을 말하기도 한다.

그러나 '손괘'는 경제발전 초기의 불가피한 국민적 희생은 인정하나, 이것은 궁극 목표인 선진 국가 경제를 위한 희생일 뿐, 그동안 정부, 기업 위주의 일방적 정책으로 국민이 겪어온 국가적, 사회적 갈등을 정당화하지는 않는다. 오히려 이러한 갈등을 피하고 건전한 경제성장을 가져올 수도 있었을 지도층의 올바른 덕목을 말한다. 그래서 '손괘' 「상전象傳」은 지도층의 탐욕을 경계하여, "산 아래에 못이 있음이 '손損'이니, 군자는 이를 본떠서 분노를 징계하고 욕심을 막는다."라고 한다.

나라의 지배 계층이 인민 백성의 자산을 '손損'함은 그들만의 이익이 목적이 아니다. 그것은 다시 인민 백성을 위한 경제 이익과 복지 혜택으로 돌려주고, 그리하여 상하가 함께 행복하기 위한 것이다. 지배 계층의 행복만을 위하는 '손損'을 두고 '가렴주구'의 착취라고 하는 것이다. 그래서 '손損'은 지도층이 도덕적 신뢰성과 성실함이 있어야(有孚), 나라에 크게 길함이 있고(元吉), 아무런 문제가 없게 되며(无咎), 정의로운 나라가 될 수 있는 것이다(可貞). 그리하여 진정한 의미로 백성과 나라에 이익이 되는 일을 할 수 있게 된다(利有攸往).

그러면 백성, 국민에게서 덜어 거둔 것을 어디에 어떻게 쓸 것인가(曷之用), 지배층은 당연히 그것을 국민 백성을 위하여 써야 하며, 또한 마치 제사 지낼 때 제수를 성대하게 하여 사치함을 부리는 일 없이, 단지 두 대그릇으로 검소하고 소박하게 제사 지내듯, 재정 집행을 검소하게 하고 낭비가 없어야 한다(二簋可用享).[123]

즉 지배층은 '노블레스 오블리주'의 정신으로 임하고, 국가의 존립 이유와 지배층의 존재 이유는 오직 인민 백성을 위한 것임을 알아야 한다. 지도층은 오만·부패하지 않고 겸손·청검한 도덕성을 가져야 하며, 그렇지 않으면 인민 백성이 국가를 위하여 희생하는 '손損'의 의미가 없어지고, 백성의 저항을 불러일으켜 결국은 국가 체제를 위태롭게 할 수도 있다.

손괘損卦 효사爻辭 해설

초구初九

'손괘' '초구'는 국민, 인민이 빈곤한 국가 경제를 살리기 위해 자신이 하던 일을 그만두고서라도(已事), 빨리 국가를 도우러 가는 것이다(遄往). 지도층이 경제개발계획을 세우고, 그에 필요한 기초적 국가자본을 조성하기 위해 여러 가지 방법을 동원하며 국민, 인민에게 국가에 대한 충성 어린 참여를 독려함에, 국민, 인민이 자기 일도 접어두고 호응한다. 그렇게 해야 국민, 인민의 도리에 허물이 없다(无咎). 즉 '초구'와 '육사'가 호응하는 것이다.

국가 지도층은 때로는 국민, 인민에게 머나먼 나라에 광부로, 간호사로 가서 외화를 벌어오도록 하고, 추운 나라 벌목장에서 외화벌이까지 하도록 하고, 심지어 다른 나라에 전쟁까지 하러 가도록 한다. 또 때로는 이웃 나라와의 역사적 구원舊怨에도 불구하고 어떤 사안에 대해 타협하는 일까지도 서슴지 않을 정도로 국가 경제발전을 명분으로 도덕적 정당성을 접어두기도 한다. 국민, 인민은 과연 그러한 정책이 자신들을 위한 것인지, 지배층을 위한 것인지, 나아가 그런 정책이 도덕적으로 정당한 것인지 의문을 가지며, 정부와 기업의 도덕적 진정성을 참작하여 손(損)한다(酌損之).[124]

구이九二

'손괘' '구이'는 바로 '초구' '작손지酌損之'의 취지를 이은 것이다. 국민, 인민이 나라가 어려울 때 희생적으로 발 벗고 나서는 것을 도리로 여겨 나라 정책에 참여할 수 있지만, 그것은 어디까지나 지배층의 정책 동기와 그 방법이 정당한 경우에 한하는 것이다(利貞).

그렇지만 지배층이 국민, 인민의 복리와 행복을 위하고, 국가 경제발전을 위한다는 미명美名을 내세우지만, 실제로는 자신들의 기득권을 유지하고 확장하기 위해 정책을 시행하려고 한다면, 그런 정책에 맹목적으로 동조하여 참여함은(征), 오히려 나라에 흉(凶)이 된다.

그런 경우에는 부패하고 탐욕스러운 정부·기업의 착취에는 응하지 않고 자신을 덜지 않음(弗損)이 오히려 나라의 장래를 위해 더해주는 것이 된다 (益之). 이는 하괘의 '구이'가 중도의 자리에서 굳은 심지를 지키면서 상괘의 유약한 '육오'에 선택적으로 응하는 것이다.

육삼六三

'손괘' '육삼' 역시 '초구' '작손지酌損之'의 연장선에 있다. '육삼'은 하괘의 맨 위로서, 상괘에 진입하기 직전의 불안한 상황이다. '덞'에 있어서 너무 덜지나 않았는지, 아니면 부족하게 덜지는 않았는지 불안한 상황에서 고민한다. 즉 '초구' '작손지酌損之'의 헤아림이 계속된다. 백성이 자기의 모든 것을 덜어서 지배층에 보태어 줄 수는 없다. 그것은 노예나 하는 일이다. 나라의 근본이 노예주인 지배층에 있다는 전제가 있을 때 그런 것이다.

그러나 나라의 근본은 백성에게 있고, 주권은 국민에게 있다. 백성이 자기 것을 덜어서 지배층에 보태준 것은 궁극적으로 다시 백성에게 환류되어야 한다. 백성이 자기의 모든 것을 지배층에 덜어주어 삶의 토대가 없어지면 결국 나라도 없어지고, 백성 덕에 살 수 있는 지배층도 존재할 수 없다.

한편 '괘변卦變' 이론상 '손괘損卦☷'는 '태괘泰卦☷'에서 왔다. 그런데 '태괘☷'의 아래 세 양을 모두 덜어서 위에 보태주는 것은 백성의 모든 것을 희생하는 것이다. 백성, 국민이 곧 국가인데, 본질 없이 현상이 존재할 수는 없다. 그래서 세 개의 양이 있으면 요량하여 하나를 남겨둔다(三人行則損一人). 씨앗과 뿌리는 남겨 놓는 것이다. 만일 국가가 백성에게, 씨앗과 뿌리도 없이 양 세 개를 모두 달라고 하듯이 백성의 재산을 모두 달라고 하면, 이것이 곧 '가렴주구苛斂誅求'이고 착취이며, 이때 나라는 이미 나라가 아니고, 임금도 이미 임금이 아니다.

그러나 백성, 국민이 국가를 외면해도 역시 그 후과는 백성에게 돌아온다. 백성의, 국민의 울타리가 곧 국가다. 국가가 없는 백성은 그저 유랑민이다. 이천 년 가까이나 나라 없이 떠돌았던 유대인과 같다. 고대 이스라엘 멸망 후 나라를 찾고자 하는 열망이 비록 다른 민족과의 투쟁에서도 오늘날 이스라엘을 있게 했다. 무엇보다 일제에 의해 식민지 삶을 산 우리 역사가 우리에게는 가장 큰 증거다.

수많은 백성이 자신의 사익만을 생각하여, 자신의 경제적 산물을 국가에 필요한 만큼 기여하지 않고 부당하게 탈세만 하여 국가 재정이 부족하다면 모두 공멸한다. 그래서 한 사람이 가면 그 벗을 얻어 둘이 되듯이(一人行則得其友), 국가 재정이 부족하면 자기 것을 덜어 보태주는 것이다. 세 개의 양은 지나치고, 하나의 양은 부족하다. 그러나 이것은 어디까지나 지도층의 도덕성에 달렸다. 백성은 지도층의 성심 여부를 '酌'하고 난 후 '損之'하는 것이다.

육사六四

'손괘'의 하괘가 국민, 백성임에 대하여 상괘는 하괘의 경제활동에 의존하는 국가 지배 계층이라고 할 수 있다. 상괘 중 처음인 '육사'는 '육오'의 최고 권력자와 더불어 이익을 같이 하며 실무를 맡는 지도층이다. '손괘'의 하괘에서 덜어내는 것은 백성의 경제 산물이며, 상괘의 지배 세력은 그것을 거두어 공적으로 국가 유지에 사용하고, 그들의 사적 이익은 공적 체계 속에서 정당하게 얻어지는 것이어야 한다.

그렇지만 세상은 꼭 그렇게 되는 것이 아님은 오랜 세월 인류 역사에서 드러났으며, 지금도 그런 현상이 비일비재하다. 원래 '천하는 공적인 것(天下爲公)'이지만, 지배 계층이 천하를 사유화하기 때문이다. 단순히 사유화함을 넘어서서 탐욕을 부리기까지 한다. 지배 계층이 천하를 사적인 것으로 여긴다면, 인민 백성이 그들의 경제활동으로 얻은 것을 국가를 위하여 덜어서 더해 주는 의의가 사라지게 된다.

모든 권력은 백성에게 기반을 두며, 국가는 그들의 복지와 행복을 위하여 존재하고, 국가 관리자는 백성을 지배하기 위해 존재하는 것이 아니라, 단지 백성을 위하여 봉사해야 한다. 과연 지배층이 이런 정신을 가졌는지를 헤아려 보고 난 후, 국가에 세금 등을 덜어서 냄이 '초구'의 '작손지酌損之'다. 따라서 상괘 지도층의 덕목은 천하에서 부당하게 사적 이익을 취하는 '탐욕'을 버리는 것이다. 이 '탐욕'은 정상적인 것이 아닌, 하나의 '질병(疾)'이다. 그러므로 '육사'의 지도층은 모름지기 이러한 '그들의 질병(疾)을 덜어야(損其疾)' 하는 것이다.

'초구'의 백성은 상층의 지도자들이 이렇게 탐욕을 부리지 않고 정의로운 정신 상태일 때라야 '초구'에서 말하는바, 자기들이 '하던 일을 그치고 빨리 가서(已事遄往)' 백성으로서의 허물이 없도록(无咎) 노력한다. 이처럼 지배 계층이 그들의 탐욕을 덜어내고(損其疾) 나서, 백성들이 '초구'의 일을 빨리하게 해야(使遄), 백성들이 기꺼이 나라를 위하여 기쁜 마음으로(有喜), 자신들의 경제 산물과 노동력을 공적 시스템인 국가를 위하여 덜어내 줄 것이다. 또 이렇게 해야 지도층이 지도층다운 덕을 보여 허물이 없게 된다(无咎).

그렇지 않고 탐욕으로 백성의 고혈을 빨아낸다면, 백성의 저항을 불러일으키게 된다.

육오六五

'손괘' '육오'는 '육사'에서도 말한 대로, 지도층이 탐욕을 버리고 누군가 큰 재물을 준다 해도(或益之十朋之龜), 마음이 흔들리지 않음이다. 천하와 나라를 위하는 도덕 원칙을 어길 수 없는 것이다(弗克違). '육오'는 유약한 지도자이지만 중도를 지키는 '구이'와 호응하여 도덕적 청렴성을 갖추어, 그 아래 휘하의 '육사'와 더불어 세상을 이끌어 가니 크게 길하게 된다(元吉).

즉 하괘의 중심인 '구이'를 비롯한 세상의 인재와 백성이 그들의 지혜와 능력, 재물을 덜어서 상괘의 지도층에게 더해주니,[125] 그런 상황을 사적 탐욕을 실현하는 데 쓰지 않고, 공정과 정의로움으로 세상을 위해서 쓰니 '손괘'의 취지가 바르게 살려지고 크게 길하게 되는 것이다.

상구上九

'손괘' '상구'는 지도층의 도덕적 처신이 종합적으로 표현된 것이다. 이것은 '손괘'의 최종 상황으로서, 하괘 백성이 '손(損)'한 희생의 노력으로 초기 국가 자본이 축적되어, 빈한貧寒하던 국가 경제가 발전의 궤도에 올라선 것이다. 비록 국민의 것을 덜어내는 희생이 없다 하더라도(弗損), 이제는 오히려 국가가 국민에게 경제발전의 성과로 복지와 행복을 더해주게 될 정도로(益之), 국가 경제가 문제없게 된다(无咎).

오로지 국가 지도층이 도덕적으로 올바르고 정의로워서 이러한 좋은 결과를 낳은 것이니(貞吉), 이제 나라를 본격적으로 발전시킬 수 있는 계획을 실행할 수 있다(利攸有往). 이런 상황이 지속되게 하려면, 인재 등용에도(得臣) 공정하여, 내 집안 네 집안, 내 편 네 편, 내 진영 네 진영, 내 당파 정당 네 당파 정당 구분 없이 편당적이지 않아야 한다(无家).

42

익괘 益卦

원문과 번역

益, 利有攸往, 利涉大川. (익은 갈 바를 둠이 이로우며,
_{익 리 유 유 왕 리 섭 대 천}
큰 내를 건넘이 이롭다.)

(初九) 利用爲大作, 元吉, 无咎. (크게 지음에 씀이
_{리 용 위 대 작 원 길 무 구}
이로우니, 크게 길하며 허물이 없을 것이다.)

(六二) 或益之十朋之龜, 弗克違, 永貞, 吉, 王用享于帝, 吉. (누군가
_{혹 익 지 십 붕 지 귀 불 극 위 영 정 길 왕 용 향 우 제 길}
십붕의 거북이라는 큰 재물을 더해 주어도 어길 수가 없다. 길이 바르게

하면 길하니, 왕이 이로써 상제께 제사 지내면 길할 것이다.)

(六三) 益之用凶事, 无咎, 有孚中行, 告公用圭. (더함을 흉한 일에
_{익 지 용 흉 사 무 구 유 부 중 행 고 공 용 규}
씀에 허물이 없으니, 믿음을 가지고 중도를 행하여야, 공에 고하여 규를

쓸 것이다.)

(六四) 中行, 告公從, 利用爲依遷國. (중도를 행하며 공에게 따르도록
_{중 행 고 공 종 리 용 위 의 천 국}
고할 것이니, 이로써 나라 옮김에 의지함이 이로울 것이다.)

(九五) 有孚惠心, 勿問, 元吉, 有孚, 惠我德. (믿음을 가지고 마음을 은
혜롭게 하면, 물을 필요 없이 크게 길하니, 믿음을 가지고 내 덕을 은혜
롭게 여길 것이다.)

(上九) 莫益之, 或擊之. 立心勿恒, 凶. (더하지 않아서 누군가 칠 수도 있
을 것이다. 마음 세움에 항상 되지 못하니 흉하다.)

익괘益卦 총설과 괘사卦辭 해설

'익괘'는 『주역周易』의 42번째 괘로서, 위는 바람이고 아래는 우레다(風雷
益). 앞의 '손괘損卦' 기호가 180도 반전한 모습이다. '익益'은 '더함'이다. 즉
앞의 '손괘損卦'가 '빼기', '덜기'인데 '익괘'는 '더하기', '보태기'를 상징한다.
무엇을 더해주고 보태주는가. 앞의 '손괘'에서는 하괘의 양을 덜어서, 상괘
에 더해주었다. 이제는 상괘의 양을 덜어서 다시 하괘에 더해주는 것이다.
받은 것을 돌려주는 것이다.

역가易家에서는 앞의 '손괘'의 경우와 같이, 이 '익괘'도 '괘변卦變' 이론을
적용하는 관점이 있다. 즉 괘의 기호에서 '손괘損卦☰'가 '태괘泰卦☰'에서
유래한 것으로 해석함에 대해, '익괘益卦☰'는 '태괘'의 반대가 되는 '비괘否
卦☰'에서 유래한 것으로 해석한다. '비괘☰'의 상괘에 있는 '구사'인 양이 하
괘의 '초구'로 가서 더해져 '익괘☰'가 되었다는 것이다.

'손괘'에서는 낙후된 나라 경제를 발전시킨다는 명분으로, 하괘로 상징되는
백성, 인민, 국민으로부터 그들의 재산과 노동력을 덜어서 상괘로 상징하는

지배 계층에 더해주어 국가 자본을 조성하여 경제가 발전·성장하도록 했는데, '익괘'에서는 그 성장의 성과물을 다시 백성, 인민, 국민에게 분배하여 돌려주는 것이다. 만일 돌려주지 않으면 백성, 인민, 국민을 기만한 착취다.

훌륭한 임금은 '손괘'에서 덜어 온 것을 백성에게서 빌려온 빚으로 생각하여, '익괘'에서 다시 갚는다고 생각한다. 보통의 임금은 백성에게 더해주되, 돌려주는 것이 아니라 자신이 백성에게 은혜를 베푸는 것으로 생각한다. 폭군은 백성을 착취하여 자기와 그 수족의 배만 불리고 아예 돌려주지 않는다.

앞 '손괘'는 제대로 된 경제 토대가 없는 상황에서 아래를 덜어 위에 더하듯 민족자본을 조성하여 경제성장을 이루었다. 그러나 아래의 흙을 파서 산을 높이면, 그 산이 높아질수록 골은 더 깊어진다. 빈부격차는 커지고 양극화는 심화된다. 아래를 덜어 위에 더하는 '손괘'의 목적은 상층 계급을 살찌우기 위함이 아니라 국가 경제를 키워 아래 국민을 먹이기 위함이다.

그래서 '익괘'는 '손괘'와 반대로, 위를 덜어 아래에 더한다는 의미로 성장 후 반드시 그 과실을 분배해야 함을 말한다. 이렇게 돌려주고 분배하는 일은 반드시 필요한 중대사이므로 그 일을 실행하는 것이 나라에 이로운 것이며(利有攸往), 이것은 나라 각계각층의 여러 이해관계의 갈등을 조정해야 하는 일이므로, 큰물을 건너듯(涉大川) 매우 어려운 일이지만, 그것을 해내는 것이 모두에게 이로운 상황이다(利涉大川).

만일 백성에게서 덜어내는 '손괘'의 상황만 계속되면, 산 밑을 덜어서 산을 높이기만 하는 것으로서, 그 산이 무너질 수도 있듯 사회 불안이 조성될 수도 있다. 성장 위주의 우파가 '손괘'의 상황만 치중한다면, 하층의 토대가 취약해지는 사회 불안으로 인해, 그 반발로 좌파의 분배 위주 경제론이 설득력을 얻고, 주도권, 나아가서 정권을 넘겨줄 수도 있다. 그것은 우파 위정자가 '익괘'의 이치를 모르는 탐욕의 결과다. 어리석은 우파는 자신의 탐욕으로 스스로의 발밑을 파낸다.

현명한 우파는 이 지경에 이르지 않도록 분배와 복지에 관심을 둔다. 오늘날 복지 정책이 좌파의 주장과 구호에서 주로 나오지만, 사실상 현대의 국가 주도 사회보장제도, 사회복지제도는 독일의 우파 정치가인 세칭 '철혈 재상鐵血宰相' 비스마르크(Otto von Bismarck)가 원조다.

그는 당시 사회주의자들을 선제적으로 견제하고, 노동자들이 사회주의 혁명에 선동되는 것을 방지하기 위해, 한편으로는 '사회민주주의 탄압법'(1878년)을 만들고, 또 한편으로는 '의료 보험법'(1883년), '산업 재해 보험법'(1884년), '노령 및 폐질 보험법'(1889년)을 만들었다. 그래서 전자인 첫 번째 법은 '채찍' 또는 '회초리', 후자인 세 법은 '당근' 또는 '사탕'으로 이야기되는 것으로서, 그는 이를 통해 사회주의 혁명을 방지하려고 하였다.

세계적 대부호들이 열심히 기부하고, 자기에게 세금을 더 부과하라고 하는 것은 자기 기득권을 안정적으로 지키기 위한 것이라는 솔직한 소회를 밝힌 일도 있다. 분배하지 않아서 구매력이 없는 소비자 백성은 부자 기업인이 만든 상품을 사줄 수가 없어서, 결국 과잉 생산된 잉여 생산물은 경제 공황을 불러일으키고, 상괘와 하괘 모두에게 재앙이 된다. '익괘'의 취지는 이를 방지하는 것이다.

반면 우파 탐욕의 결과로 좌파가 집권하면, 우파의 오답과 실책에 집착한 나머지, 좌파 정권은 지나친 포퓰리즘적 복지와 분배에 경도될 수도 있다. 이로 인해 그 재원 마련을 위한 과도한 세금이 노동의 의욕도 사업의 진취성도 꺾어, 성실한 자의 부를 게으른 자에게 나누어주는 결과를 초래할 수도 있다. 급기야는 국가 모라토리엄도 올 수 있다.

보수에도 군자와 소인이 있고, 진보에도 군자와 소인이 있다. 보수의 군자는 탐욕을 부리지 않고 '노블레스 오블리주'를 지키고, 보수의 소인은 탐욕만 부리는 극단적 우파일 뿐이다. 진보의 군자는 인민에 대한 진정한 사랑과 정의의 마음으로 천하위공天下爲公의 정신으로 권력을 사유화하지 않고, 진보의 소인은 겉으로는 공정과 정의를 가장하지만, 뒤로는 사리사욕의 탐욕을 부리며, 인민 위에 새로운 기득권으로 군림하는 위선적, 극단적 좌파일 뿐이다.

'익괘益卦'는 국가 경제의 성장 과실을 인민 백성에게 베풀어 복지를 확대함과 기득권층의 이익을 덜어 비기득권층에게 더해 돌려주는 정책의 과정을 반영한다. 또 '익괘'의 진행 과정은 이 돌려주는 일에 있어서 최고 위정자와 여러 공직자가 행하는 처신과 태도를 말하기도 한다. 이러한 '익괘'의 진행 과정은 결과적으로 전 공동체를 위해 이로울 일이 많게 되는 것이다(利有攸往).

이 일은 비록 어렵지만(涉大川), '익괘' 시대에는 이런 정책들이 천하 국가를 위한다는 명분이 있으므로 그런 어려운 일을 진행하는 데 이로운 상황이다(利涉大川). 그러나 '익괘'는 분배와 복지를 정파의 이익과 집권을 위한 사탕발림의 명분으로만 내세우는 정치세력에는 비판적이다. 그래서 민중 사랑의 바른 정치를 강조하고도, 그것을 저버리는 정파에 경고의 메시지를 보내기도 한다.

익괘益卦 효사爻辭 해설

초구初九

'익괘' '초구'는 국가 경제 성장의 과실을 국민에게 크게 나누어주는 것이 다(利用爲大作). '초구'의 상황이므로 국민들에게 더해 줌에 있어서 일반적이 고 보편적 복지와 같은 혜택을 주는 것이다. 국민들은 보릿고개도 넘기 어 려웠던 그동안의 빈곤을 참고 견디고, 열악한 노동조건도 감수하며, '손괘損 卦'에서 국가 지도층이 자신들의 이익을 위하여 국민의 것을 덜어간 것이 아 니라 국가를 위한 선의였다는 것을 신뢰하여 희생하였다. 그러므로 경제성 장의 결과물을 가뭄에 단비처럼 국민들에게 돌려주어야 크게 좋고(元吉), 국 민의 원성도 없어진다(无咎).

바꾸어서 이야기하면, 만일 위정자 집단이 경제성장의 성과물을 국민들 에게 충분히 돌려주지 않고, 지도층의 배만 불린다면, 길(吉)하지도 않고 무 구(无咎)하지도 않아서 국민들의 반발만 살 것이다. 익괘 '초구'의 상황에서 국민 전체에 대해 '익(益)'하는 것이므로, 그 행정 집행은 일반 국민과 직접 접하는 가장 하급 공직자의 평범한 일이다. 그래서 '익괘' '초구'「상전象傳」에 는 '下不厚事也', 즉 '아래에서는 두터운 일을 할 수가 없다'라고 했다. 평범하 고 일반적인 일이므로 국가 대사에 관한 것은 아니라는 말이다.

육이六二

'익괘' '육이'는 이 괘의 상황에서 국민들에게 경제성장의 성과를 돌려 줌에 있어서, 일반적 행정 사안보다는 더 특화된 국정 과제를 수행하는 것이다. 따라서 그 시행도 권한이 더욱 큰 중견의 공직자가 담당하게 된다. 경제성과의 배분에 관한 것은 재물에 관한 것으로 공직자에게는 부정부패의 유혹이 따르게 된다. 권한이 클수록 그 규모와 유혹도 더 커지므로, '익괘'의 시대에 나라가 정의롭게 운영되려면, 특히 실무의 책임자인 중견 공직자의 청렴성이 중요하다.

그래서 국민 백성을 위한 정책을 시행함에 비리와 부패에 연루될 물질적 유혹을 물리쳐 "누군가 '십붕지귀十朋之龜'와 같은 큰 보물을 더해준다고 하더라도(或益之十朋之龜)", 원칙을 어기지 않고 지켜나가야 하는 것이다(弗克違). 그것도 지속해서 곧게 수행해야(永貞) 길(吉)한 것이다.

이러한 것은 단순히 일부 공직자에게만 해당되는 것이 아니라, 나라 전체의 공직 기강에 해당된다. 그러므로 국정을 총괄하는 최고 통치자(王)가 하늘(帝)에 제사 지내듯 우러러 한 점 부끄럼 없이 떳떳할 정도로(王用享于帝), 국가 전체의 공직 기강을 바로잡아 국가 재정이 엉뚱한 곳으로 빠져나가는 일이 없어야, 나라가 길(吉)하게 된다.[126]

육삼六三

'익괘' '육삼'은 '익괘' 하괘의 맨 위로서, 상괘에 나아가기 전의 불안한 상황이다. 국민에게 더해주는 분배의 일이 국가 재난이 있는 경우처럼 위급한 일(凶事)인 경우다(益之用凶事). 재난과 같은 위급한 일은 숙고할 여유가 없는 경우가 있고, 심지어 상급자에게 보고할 겨를이 없는 경우도 있다. 먼저 실행하고 나중에 보고하는 선조치 후보고의 비상 상황이 발생할 수도 있다.

이런 경우 실무자는 자신의 직권으로 일을 처리해야 하는 상황이므로, 이

후 권한을 남용하지 않았다는 평가, 즉 '허물이 없었다(无咎)'는 평가를 받으려면, 성실함을 가지고(有孚) 중도에 맞게 일을 처리해야 한다(中行). 그리고 그러한 일을 총괄 지휘하는 비상 사령탑의 책임자(公)에게 사후보고를 함에 있어서(告公), 홀[규圭]을 잡고 보고하듯이(用圭), 자신에게 불순한 의도가 없었다는 것을 보여야 한다.[127]

육사六四

'익괘' '육사'는 바로 위 '육오'와 연계되어 있다. 국가의 중대한 일이 계속되는 상황에서 국민 백성에게 '보탬(益)'을 준다. 원래 앞의 '손괘損卦'에서는 국민들의 경제이익을 덜어오는 전제조건이 그것으로 국가자본을 조성하여 경제를 성장·발전시켜 나중에 국민의 복리福利로 돌려준다는 것이었다. 그런데 막상 경제성장의 목표를 달성하고 나면, 위정자 그룹에서 탐심이 생겨 약속을 어기고 이익을 독점하여, 자신들에게만 그 '보탬'을 적용할 수도 있다. 즉 기득권을 활용해 자신들의 부만 축적할 수가 있다.

이 경우 그 부의 중심은 흔히 한 나라의 수도가 될 수 있다. 그래서 기득권층이 국가의 부도 수도에 모아 놓고, 국가의 각 방면의 중추적 기능도 수도에 모아놓고, 일자리도 수도에 모아 놓을 수 있다. 그러면 국민들은 자기의 경제적 여건을 개선하기 위해서도, 일자리를 위해서도, 그리고 교육을 위해서도, 입신양명을 위해서도, 모두 수도로, 수도로 몰려들수밖에 없어 수도는 사람도 돈도 넘쳐나면서도, 집값 등 경제적 비용은 늘고, 지방은 인구가 줄어 공동화하여 사람도 돈도 없는 삭막한 사막 같은 상황이 될 수가 있다.

'익괘' 상황에서 특정 지역만 '익益'의 혜택을 보면 나라가 기형적인 상태가 되고, 궁극적으로는 수도도 지방도 모두 몰락하는 결과가 될 수 있다. 이러한 상황을 타개하기 위해 세상을 개혁하여 '익益'의 혜택을 국민에게 모두 골고루 돌아가게 하려면, 공정하고 정의로운 위정자가 어떤 정파나 계층에 편중됨이 없는 중도의 정책을 써서(中行), 여러 이해관계 세력들을 설득하여 따르도록 해야 한다(告公從). 그 방안 중의 하나로 기득권 집단의 중심이 되고 포화 상태에 있는 수도를 옮기는(遷國), 정치적 결단이 나라에 이로울 수도 있다(利用爲依遷國).[128]

구오九五

'익괘' '구오'는 국민에게 두루 혜택을 주는 '익괘'의 상황에서 이러한 모든 정책이 실행되도록 하는 정신적 중심의 최고 지도자다. 그런데 경제적 부를 창출하는 것은 각계각층에서 경제 활동을 하는 국민들이며, 그 결과물이 국민들에게 돌아가도록 하는 정책 실무를 맡는 것은 국정 방침을 실행하는 공직자들이지, 최고 지도자인 임금, 대통령이 아니다.

최고 지도자는 국민에게 경제적 성과를 골고루 공평하게 나누어주는 국정 이념을 정신적으로 지도하는 위치다. 그 지도는 신뢰가 있어야 한다. 그 신뢰는 임금, 대통령이 국정을 수행하면서 국민을 속이지 않는 성실함에 바탕을 둔다(有孚). 또한 임금, 대통령의 임명을 받아 국정 실무를 수행하는 공직자를 등용함에서도 사리사욕을 취하는 위선자인 소인을 멀리하고, 진정으로 국민들을 위하여 봉사하는 군자를 가까이해야 한다. 그렇지 않으면 애써 이룬 국가의 경제 성과가 소인들의 탐욕의 사냥감이 될 것이다.

또한 국민을 이끌어 감에도 강압적으로 핍박하지 않고 은혜로운 마음으로 대해야 한다(惠心). 이렇게 하면 나라는 물을 필요도 없이 크게 길할 것이다(勿問元吉). 또 이렇게 하면 국민, 백성 역시 나라를 깊이 신뢰하고(有孚), 임금, 대통령인 '나(我)' '육오'의 덕에 감동하여 은혜롭게 생각할 것이다(惠我德).

상구上九

'익괘' '상구'는 위정자 개인이나 주위의 정파 세력이 처음 '손괘' 당시부터 국민을 기만할 의도를 가져왔던 경우는 물론이고, 처음에는 순수하고 성실한 마음으로 시작했으나, 초심을 버리고 권력과 부에 취한, 부패한 욕심으로 인해 더 이상 국민에게 더해줌이 없이(莫益之), 자신들의 부와 권력을 유지하기 위해 끝없는 탐욕을 부리는 상황이다.

즉 마치 '건괘乾卦' '상구'上九의 '항룡유회亢龍有悔'의 상황처럼 되어, 마침내 인민 백성이 봉기하여 그 정부는 탄핵받을 수도 있고, 혁명의 대상이 되어 인민 백성이 그들을 칠 수도 있다(或擊之). 이 모든 것이 진정으로 국민 백성을 위한다는 개혁의 초심을 잃고, 그것을 항구히 지키지 못한 결과이니(立心勿恒), 그 종말이 흉(凶)할 것이다.

43

쾌괘 夬卦

원문과 번역

夬, 揚于王庭, 孚號有厲, 告自邑, 不利卽戎,
쾌 양우왕정 부호유려 국자읍 불리즉융
利有攸往. (쾌는 왕의 뜰에서 드날림이며, 믿음으로 부르
리유유왕
짖되 위태로운 마음을 가짐이며, 자기의 읍에서 국문함이며,
군사에 나아감이 이롭지 않음이며, 가는 바를 둠이 이롭다.)

(여기서 告=국鞫)

(初九) 壯于前趾, 往不勝, 爲咎. (발 전진함에 씩씩하니, 가서 이기지 못하
장우전지 왕불승 위구
면 허물이 될 것이다.)

(九二) 惕號, 莫夜, 有戎, 勿恤. (두려워하며 부르짖음이니, 늦은 밤에 군사
척호 모야 유융 물휼
가 있더라도 근심치 말 것이다.)(여기서 莫=모暮)

(九三) 壯于頄, 有凶, 君子夬夬. 獨行, 遇雨若濡, 有慍, 无咎. (광대
장우구 유흉 군자쾌쾌 독행 우우약유 유온 무구
뼈에 씩씩하여 흉함이 있으나, 군자는 마땅히 결단할 것을 결단해야
한다. 홀로 가다가 비를 만나서 젖은 듯하나, 성냄이 있으면 허물이 없을

것이다.)

(九四) 臀无膚, 其行次且, 牽羊, 悔亡, 聞言, 不信. (볼기에 살이 없으
둔무부　기행자저　견양　회망　문언　불신
며, 그 다님이 머뭇거리니, 양을 끌면 뉘우침이 없어지지만, 말을 들어도

믿지 않을 것이다.) (여기서 次且=자저趑趄)

(九五) 莧陸夬夬, 中行, 无咎. (비름 꺾듯 결단하고 결단하니, 중도로 행하
현　륙쾌쾌　중행　무구
면 허물이 없을 것이다.)

(上六) 无號, 終有凶. (호소할 데가 없으니, 마침내 흉함이 있다.)
무호　종유흉

쾌괘夬卦 총설과 괘사卦辭 해설

'쾌괘'는 『주역周易』의 43번째 괘로서, 위는 못이고 아래는 하늘이다(澤天
夬). 아래 다섯 양인 군자가 맨 위 하나 남은 음의 소인을 척결하는 것이다.
'쾌夬'는 '결決', 즉 '터짐'이다. 의로운 군자의 진행을 둑처럼 막고 있는 소인
을 터트려 제거함이다. '손괘損卦'에서 국민의 경제적 재산을 덜어 자본을 조
성하고, 국가 경제를 발전·성장시켜, 그 성장의 과실을 '익괘益卦'에서 다시
국민에게 분배하여 더해주는 과정을 거쳤다.

그런데 초심을 유지하여 그 약속을 지키는 지도자도 있지만, 권력과 부를
맛보고 그에 취해 탐욕을 버리지 못하여 경제적 과실을 독점하는 지도자 또
는 기득권층이 있을 수 있다. 국민의 희생으로 권력을 얻고 기업을 키운 기
득권층이 국민을 배반하는 것이다.

국민 백성을 사랑하여 그들에게 베풀어주는 것이 유가의 '인仁'의 정치다.

그런데 지도층이 자신의 탐욕을 이겨내지 못하고, 국민을 위해야 하는 자신의 기본적 임무로 돌아가지 못하면, 이는 '인仁'이 아니다. 그래서 공자孔子는 자신의 탐욕을 이겨내고(克己), 백성을 위한 자신의 기본적 임무로 돌아감(復禮)을 '인仁'이라고 하였다. 앞의 '익괘益卦' '상구'上九가 곧 '불인不仁'한 지도층이며, 소인 지도층이다. 이 '쾌괘'는 '익괘'의 끝에 생길 수 있는 '불인不仁'의 소인 지도층을 척결剔抉하는 것이다. '쾌괘'의 '결決'의 의미가 악의 척결이기도 하다.

이를 해방 후 정치적 상황에도 빗댈 수 있다. 일제 강점기로부터 해방을 열망하는 온 겨레와 우국지사들의 노력과 희생(損卦)을 겪고 난 후, 마침내 해방과 독립을 이루어 이 기쁨을 온 겨레에게 베풀어 주게 되었다(益卦). 그런데 일제 강점기에서 겨레의 희생으로 오히려 자신의 이익을 취한 이들이 '익괘'의 '상구'로 상징된다. 그래서 '익괘' 다음 '쾌괘'에서 해방 후 민족정기를 바로 세우기 위해 반민족 행위자를 척결할 필요가 있다. 비슷하게는, 제2차 세계대전 후 나치 독일에 의해 피해를 당한 국가들이 나치 협력자를 척결함과 새 독일 정부가 나치 잔재를 청산함이다.

'쾌괘夬卦'는 친일파 세력이든, 나치 세력이든, 독재의 적폐 세력이든, 민주를 가장한 위선 세력이든 이런 소인을 척결하면서 취해야 할 몇 가지 원칙을 말한다.

첫째, 사적 보복이나 응징이 아닌, 왕의 조정에서 공개적으로 죄상을 드러내듯(揚于王庭), 세상에 널리 알리는 공적 처단이어야 한다. 세상의 소인들에게 같은 종류의 악을 저지르지 않도록 경고하기 위해서다.

둘째, 정치적 편파성이 없이 국민에게 모두 신뢰를 주면서 호령하고(孚

號), 동시에 삼가고 조심하는 처리 방식(有屬)이어야 한다. 시대가 바뀌어 이전의 폐단을 척결할 경우, 종종 공명정대하지 못한 정치 보복이라는 소인들의 반격이 있기도 했으며, 실제로 새 세력이 오히려 소인으로서 개혁과 혁명을 가장한 정치 보복을 하기도 했기 때문이다. 또한 궁지에 몰린 소인들이 살기 위한 발악으로 어떤 음모나 술책 또는 극단적 테러로 반격할지 모르기 때문에, 단순한 정의감만 앞세워 일을 처리해서는 안 되니, 삼가고 조심하는 태도로 임해야 한다.

셋째, 국민 백성이 존재하는 곳(읍邑)에서 공표하여 지지를 받으며(告自邑), 외부 세력에 의존하지 않는 자주적 처리여야 한다. 그렇지 않으면 외세의 간섭을 받을 수 있기 때문이다.

넷째, 전쟁의 수단(융戎)을 동원하는 것은 이롭지 않다(不利卽戎). 전쟁으로 가게 되면, 각자 전쟁의 한 세력이 되어 정의와 불의의 구도가 아닌 약육강식의 구도가 되어 소인 척결의 정당성을 잃게 되고, 무엇보다 국민 백성의 고통이 극심해지며, 그 상호 원한에 의한 후유증이 오래도록 남기 때문이다.

다섯째, 일이 여의치 않아도 포기하지 않고 끝까지 처결함이 이롭다(利有攸往).

특히 마지막 원칙은 '쾌괘'의 특징과 관계가 있다. '쾌괘☰☱'의 괘상은 군자를 상징하는 아래 다섯 양이 소인을 상징하는 맨 위 '상육'의 하나 남은 음을 밀어내는 상황이다. 아래의 다섯 음이 하나 남은 맨 위의 양을 밀어내는 괘상인 '박괘剝卦☷☶'와 반대다. '박괘'는 대세를 장악한 소인이 거의 군자를 다 몰아내게 된 상황으로서, 세상이 이제 난세로 감을 상징하지만, 반대로 '쾌괘'는 군자가 대세를 장악하여 하나 남은 소인의 세력을 거의 다 밀어내는 양상이다. 그러나 소인은 군자보다 악독하고 집요하다.

군자가 하나 남은 세상에서 군자는 차라리 은둔할 수도 있지만, 소인은 다르다. 소인이 하나 남은 경우에 그 소인은 수단과 방법을 가리지 않고 간교함으로 격렬히 저항한다. 그러면 다시 세상이 어지러워질지도 모른다. 군자는 차마 하지 못할 것이 있지만, 소인은 하지 못할 것이 없다. 그래서 소인의 세력이 조금 남았다고 온정을 베풀며 방심하여 미온적으로 처리해서는 안 됨을 경계한다.

전후 독일과 나치 피해국들은 이 점에 철저했지만, 우리 민족은 소인의 반격에 오히려 대세를 빼앗겼고, 전쟁을 일으킨 세력의 어리석음으로 인해 그 명분도 이념에 묻혀 버려 친일파 잔존의 명분만 주었다.

쾌괘夬卦 효사爻辭 해설

초구初九

'쾌괘' '초구'는 척결 대상인 '상육'의 소인을 척결하기에는 지위가 너무 낮은 군자다. '상육'이 비록 아래 다섯 양의 군자에게 밀려 대세가 이미 저물었지만, '초구'가 상대하기에는 역부족이다. 친일파를 척결하려는 '반민족행위특별조사위원회(약칭 반민특위)'가 의욕만은 강하여 용감하게 앞으로 발을 내딛고 나아가려 하지만(壯于前趾), 실권은 적고 비호 세력이 커서 가도 이기지 못하는 상황이 된다(往不勝). 이념적 명분을 내세운 친일파의 반격으로 오히려 자신들에게 화가 되는 상처만 남겼다(爲咎). 역사 속에서 볼 때, 용기는 있되 현실적인 지위와 세력이 따르지 못하여 실패한 사건들이 이러한 것들이다.

구이九二

'쾌괘' '구이'에서는 동족상잔의 비극이 있을 수 있는 전운이 감도니, 두려워하듯 부르짖으며(惕號) 경계해야 한다. 반민족적 소인을 몰아낸다는 핑계로 전쟁을 일으키는 쪽의 밤중 기습이 있을 수 있기 때문이다(莫夜有戎). '구이'는 양의 강한 기개를 가지고 중도의 자리에 처한 상황으로서, 무모한 시도 없이 두려워하듯 신중하게 경계한다면(惕) 걱정 없을 것이다(勿恤). 그러나 만일 설마 하는 생각으로 안일하게 대처하면 내부의 소인을 제거하지도 못하고, 오히려 외부의 새로운 적이 이르는 전쟁의 큰 비극이 일어날 수도 있다.

구삼九三

'쾌괘' '구삼'은 '상육'의 하나 남은 소인을 척결하는 군자의 세력이지만, '삼'의 불안한 자리에 있으면서도 그와 호응하는 자리인 '상'에 있는 '상육'과 호응하는 상황이다. 효사 중의 광대뼈(頄)는 하나 남은 음인 '상육'이다.

그런데 '구삼'이 척결하여야 할 소인인 '상육'에 호응하여 온정을 베풀고 세력을 보태 도와주어(壯于頄), 나쁜 결과를 가져오는(有凶) 일이 있을 수 있다. 인간 세상에는 이러한 내부의 어리석은 세력이 있는 경우도 있어서, 거의 척결되어 갈 악의 세력, 소인이 다시 기사회생하는 계기를 마련해 주기도 한다.

그러나 그런 상황에도 군자는 마땅히 척결해야 할 것을 결단하여(君子夬夬), 홀로 결행하다가(獨行), '상육'의 반격을 받더라도(遇雨若濡),[129] 이에 분기탱천憤氣撑天하여(有慍) 결행한다면, 역사적 허물은 없을 것이다(无咎). 친일파를 비호하는 세력으로 인해 '반민특위'가 실패했지만, 그 시도는 역사적 평가를 받는다.

구사九四

'쾌괘' '구사'는 '구삼'과 더불어 더욱 '상육' 소인의 재기를 도울 수 있는 처신이다. '구'로서 양강한 자질이지만, 처한 자리가 '사'의 음유한 자리다. 그래서 자신의 처신에 확신이 없는 태도를 가지고, 자리에 앉아 있어도 마치볼깃살이 없는 마른 엉덩이(臀无膚)처럼, 앉아 있어도 편안하지 못한 좌불안석坐不安席의 불안한 상황이다. '엉덩이(臀)'는 신체의 다른 부위에 비해 상대적으로 살이 많은 곳이다. 그런데 거기에 살이 없는 상태는 앉아 있어도불안함을 상징한다.

'구사'는 겉으로는 양강한 군자인 듯하지만, 내면은 유약하고 우유부단하여 주위의 눈치를 보는 자다. '상육'의 소인이 세력이 있을 때가 생각나서 그트라우마에 혹시 반격하여 권토중래하면 어떡하나 하는 나약하고 강단 없는 처신을 보인다. 그래서 구악舊惡 청산에 머뭇거린다(其行次且).

그런데도 '구사'는 '오'의 최고 자리 바로 아래의 실무 권력이 있어서, 개혁작업에서 배제할 수도 없다. 소인 척결의 동력을 잃게 하는 이런 소극적인 자들에 대해서는 주위에서 강력하게 양을 끌듯(牽羊) 압박하여 재촉하면, 그나마 결과적으로 후회가 없을 수는 있다(悔亡). 하지만 총명하지 못하고 의심이 많은 그 자질로 인해 옳은 말을 들어도 믿지 않을 수 있다(聞言不信).

그런데 세상의 어리석은 대중에게는 이런 자들이 마치 아주 선량한 심성을 가져서 자신에게는 엄격하면서 남에게는 관대한 넓은 덕으로, 악인에게도 과거의 잘못을 뉘우치고 교화할 기회를 주어 선도하는 훌륭한 사람으로 평가될 수도 있다. 그래서 대중이 이런 자들을 공동체 구성원의 갈등을 봉합하고 사회를 통합하는 화해의 아이콘으로 오인하여, 세상을 그르치게 할 수도 있다. 이런 자들은 '상육'의 소인과 결탁하고 있으면서도, 공자가 말한바, 누구에게나 좋은 사람처럼 보이게 하려는 위선자인 '향원鄕原(鄕愿)'[130]일 수도 있다.

구오九五

'쾌괘' '구오'는 '쾌괘'의 핵심적 위치다. '쾌괘' 시대에 구악과 적폐를 청산하고 소인을 척결하는 성패와 관건이 '구오'에게 있다. 자신의 아래 네 양을 지도하여, '상육'의 소인을 처단하는 최종적, 최고의 권력을 가진 자리다. 자신 아래 '초구'의 무모한 기개, '구이'의 신중함, '구삼'의 '상육'과의 내통, '구사'의 우유부단함에 대해 강력하게 양을 끌듯(牽羊) 하는 주체로서, 모두 총괄하여 현명한 정치적 결단을 내려야 하는 자리다.

마치 소크라테스, 플라톤의 이상 국가에서의 지혜, 용기, 절제의 덕을 조화롭게 겸비하여 정의롭게 통치하는 철인哲人 통치자의 위치와 같다. 또는 공자가 말하는 지知, 인仁, 용勇의 덕목을 조화롭게 구현하는 성인聖人의 위치다. 만일 그가 부드러워 쉽게 꺾을 수 있는 비름 꺾듯 소인을 척결하는 지도력을 발휘하면서도(莧陸夬夬), 요堯가 순舜에게, 순이 우禹에게 전한, '진실로 그 중中을 지키시오(允執厥中)'라는 '심법心法'을 지키는 '중용中庸'의 조화로운 원칙을 지키는 통치를 한다면(中行), '쾌괘'의 시국에서 악을 제거하는 데 있어 허물이 없을 것이다(无咎).

그러나 만일 '구오'의 통치자가 아래 네 양의 다양한 처신을 조화롭게 제어하지 못하고, '상육'의 소인에 대해서도 사적으로 가까웠던 옛정에 얽매이거나, 궁지에 몰려 발악하는 소인에게 휘둘려 그 농간에 빠진다면, 소인을 척결하는 '쾌괘'의 목표를 달성하지 못할 뿐만 아니라 소인이 다시 기사회생하여 재기하는 발판을 만들어 주게 될 것이다. 예컨대, 친일파에 대한 처단을 제대로 하지 못하여 다시 그들이 재기하는 터전을 만들어 주는 것이다.

상육上六

'쾌괘' '상육'은 바로 그 청산되어야 할 구악의 소인이다. 만일 다섯 양이 힘을 합쳐 '상육' 소인의 최후 발악과 농간에 넘어가지 않고, 척결의 강한 의지를 실행하면, 그 소인은 소리쳐 울부짖어도 소용없는(无號) 상황이 되어, 마침내 최후는 흉하게 되는 것이다(終有凶). 나치 관련자 척결은 다섯 양의 강한 의지로 인해 그들이 호소할 데 없는 처지였으나(无號終有凶), 친일파 척결은 다섯 양이 분열하고, 또 그 발악과 농간에 휘둘려 잔재가 남게 되었다.

44

구괘 姤卦

원문과 번역

姤, 女壯, 勿用取女. (구는 여자가 씩씩함이니, 이로써
구 녀 장 물 용 취 녀
여자를 취하지 말 것이다.)

(初六) 繫于金柅, 貞吉, 有攸往, 見凶. 羸豕,
계 우 금 니 정 길 유 유 왕 견 흉 이 시
孚蹢躅. (쇠굄목에 매고 바르게 하면 길하고, 가는
부 척 촉
바를 두면 흉함을 볼 것이다. 여윈 돼지가 믿고 날뜀
이다.)

(九二) 包有魚, 无咎, 不利賓. (꾸러미에 물고기가 있으면, 허물이 없을
포 유 어 무 구 불 리 빈
것이니, 손님에게는 이롭지 않다.)

(九三) 臀无膚, 其行次且, 厲, 无大咎. (볼기에 살이 없으며, 그 다님이
둔 무 부 기 행 자 저 려 무 대 구
머뭇거리니, 위태롭다 여기면, 큰 허물은 없을 것이다.)(여기서 次且=자
저趑趄)

(九四) 包无魚, 起凶. (꾸러미에 물고기가 없으니, 흉함을 일으킬 것이다.)
포 무 어 기 흉

(九五) 以杞包瓜, 含章, 有隕自天. (구기자나무로 오이를 싸며 빛남을
　　　　이 기 포 과　함 장　유 운 자 천
머금으면, 하늘로부터 떨어지는 것이 있을 것이다.)

(上九) 姤其角, 吝, 无咎. (그 뿔에서 만남이니, 부끄럽게 되나 허물은 없다.)
　　　　구 기 각　린　무 구

구괘姤卦 총설과 괘사卦辭 해설

'구괘'는 『주역周易』의 44번째 괘로서, 위는 하늘이고 아래는 바람이다(天
風姤). 앞의 '쾌괘夬卦'를 거꾸로 뒤집은 모습이다. '구姤'는 '만남'의 뜻이다.
'구괘'의 만남에는 좋은 만남과 나쁜 만남이 있다. 좋은 만남은 훌륭한 임금
이 현명한 신하를 만나는 것이다. 그러나 당연히 경계해야 할 것은 나쁜 만
남이다. 소인을 제대로 척결하지 못하여 그 싹이 아래에서 또 자라나 그들
을 다시 만난다. '구괘'의 맨 아래 음효가 그것이다.

만일 '쾌괘'에서 간악한 소인을 완전히 척결하지 않고 미온적으로 처리하
면, 그 잔재가 남아 다시 아래에서 그 싹이 튼다. 그런데 '쾌괘'에서의 척결
은 어떤 소인들의 생물학적 존재가 사라지도록 척결했다는 것만을 의미하
지는 않는다. 당연히 생물학적으로 생명을 부지한 소인들이 잔존해서 다시
반격을 가하는 경우는 물론이고, 그들이 생물학적 생명을 잃었다고 해도 정
치적, 이념적 요인이 잔존하여 그 후예가 정치적 좀비로 환생할 수 있다. 아
니 『주역』의 사상으로 봐서는 이 좀비는 필연코 다시 나타난다. 소인을 완전
히 사라지게 할 수는 없다. 다만 발호하지 못 하도록 하는 것이 최선일 뿐이
라는 것이 『주역』뿐 아니라 유가 철학 전반의 생각이다.

『주역』 사상은 자연과 인간에 동일한 원리가 있음을 말한다. 더위가 추위를 밀어내고 나면 영원히 더위만 있는 것이 아니라, 추위를 완전히 밀어내는 순간 다시 새로운 추위의 요소가 시작된다. 그 역逆도 마찬가지다. 그것을 『주역』의 괘상으로 표시하면 음이 양을 완전히 밀어내는 순간 맨 아래에서 양이 다시 생기고, 양이 음을 완전히 밀어내는 순간 맨 아래에서 음이 다시 생기는 것으로 표현한다. 즉 전자는 '박괘剝卦▤▤' 다음의 '복괘復卦▤▤'이고, 후자가 바로 '쾌괘夬卦▤▤' 다음의 이 '구괘姤卦▤▤'다.[131]

낮과 밤의 세력이, 더위와 추위의 세력이 서로 밀고 당기듯이, 군자와 소인의 세력도 서로 밀고 당긴다. '구괘姤卦'는 바로 '쾌괘夬卦'에서 소인을 척결하더라도 그 소인 세력이 바로 좀비화하여 세상에 숨어 있다가, 다시 세력을 키워갈 수 있음을 경계한다. '구괘'의 '만남'이란 이처럼 '쾌괘'의 척결 작업으로 사라진 것으로 보이던 소인의 세력을 세상에서 다시 볼 수 있다는 것이다.

그렇지만 초기에는 그런 사실을 알지 못할 수도 있다. 그 좀비는 영화 '부산행'의 좀비가 아니라, 겉으로 봐서는 알 수 없는 영화 '인베이젼(The Invasion)'의 좀비이기 때문이다. '구괘'는 소인 좀비를 다 박멸했다고 모두 환호하는 순간, 어느 어두운 그늘에 소인 좀비가 다시 환생하여 세상을 몰래 엿보고 있는 섬뜩한 상황의 '만남'이다.

더글러스 맥아더(Douglas MacArthur)가 "I shall return."이라는 약속을 지켜 필리핀에 돌아온 것도, 터미네이터(The Terminator)가 "I will be back."이라고 내뱉은 말대로 다시 돌아온 것도 아닌, '쾌괘' '상육'에서 척결된 '소인 좀비'가 '구괘'에서 다시 돌아온 것이다.

이런 소인과의 다시 만남에서 군자는 어떻게 해야 하는가. 그 '만남(姤)'은 마치 여자가 씩씩함(女壯)과 같으니, 그런 여자를 취하지 않듯 해야 한다(勿用取女)고 한다. 『주역』이 만들어진 시대는 남자 위주의 봉건적 가부장家父長 시대다. 그래서 『주역』에서 세상을 군자와 소인의 투쟁 관계로 볼 때, 소인을 말하는 경우 '여자'를 그 비유로 사용하기도 했다. 오늘날에는 받아들일수 없는 비유이지만, 남자가 양임에 대해 여자를 음으로 두고, 군자가 양임에 대해 소인을 음으로 두므로, 그 비유 대상은 '소인'이다.[132]

'구괘姤卦☰'는 음이 맨 아래에 하나만 있고, 그 위의 다섯 효가 모두 양이어서 하나의 음이 다섯 양을 만나는 것이고, 다섯 양으로서는 각자 하나의 음을 만나려고 한다. 비유하면, 한 여자가 다섯 남자를 만나려 하는 것이고, 다섯 남자가 각자 한 여자를 만나려고 하는 것이다. 즉 한 소인이 다섯 군자를 만나려고 하고, 다섯 군자가 각자 한 소인을 만나려고 한다.

여자를 두고 비유하면, 한 여자가 다섯 남자를 만나려고 하니 그 여자가 '음부淫婦'라는 것이며, 이에 다섯 남자가 유혹을 받는다. '쾌괘'에서 척결된 소인이 '구괘'에서 다시 돌아왔지만, 아직 그 세력이 미미함을 '구괘' 맨 아래 하나의 음으로 표현하고, 그 소인이 다시 자신의 세력을 키우기 위해 자신의 정체를 감추고 다섯 군자를 기만한다.

'구괘' 맨 아래 음은 국민 백성이다. 그런데 그 속에 소인 좀비가 섞여 있다. 현대 민주주의든 과거 봉건사회든 민심을 반영함을 바른 정치로 간주한다. 그런데 그 '민民' 속에는 소인도 포함되어 있다. 그리고 이전에 권력을 잡고 농단하던 소인들이 밀려나 '쾌괘' '상육'에서 척결되고 나서, 일반 국민으로 '구괘' '초구'로 다시 돌아와 민중 속에 섞여 있으면서 자신의 옛날을 회복하기 위해 정의를 가장하며 민중을 선동할 수도 있다.

민주주의 선거에서는 소인 좀비도 한 표를 행사하고, 그 뜻이 똑같이 국정에 반영되며, 그 결과를 가지고 권력의 집권과 그에 의한 국정을 정당화한다. 그 안에 소인 좀비가 있든 없든, 그 비율이 어느 정도이든 상관없다. '구괘' 맨 아래 음인 국민 인민 백성은 국정을 운영하는 위 다섯 양에게 자신들의 의사를 반영해달라고 요구한다. 위 다섯 양은 민주주의 원칙을 지키기 위해 맨 아래 음이 무엇을 바라는가를 여론과 민심이라는 명분으로 알려고 한다.

그렇게 양쪽은 '만나는(姤)' 것이다. 그런데 국민 중에 목소리를 크게 하여 나서며, 자신들의 이기적인 정치적 요구를 민주와 정의라는 이름으로 주장하며 선동하는 자들이 있다(女壯). '쾌괘'에서 사라진 소인 좀비의 귀환이다. 그래서 '구괘'에서 말한다. 그런 가짜 민주, 가짜 정의를 채택하지 말 것을(勿用取女).

구괘姤卦 효사爻辭 해설

초육初六

'구괘' '초육'은 '괘기설卦氣說'로 보면, 비록 위는 모두 양이어서 지금은 양이 대세이지만, 맨 아래 음이 생겨나서 장차 위의 양들을 몰아내는 서막이다. 양들은 지금 자신들이 주도하는 세상이라고 여겨, 맨 아래의 음 하나쯤은 가볍게 여기거나 아예 인식하지 못할 수도 있다.

그러나 이후 점차 음이 세를 더 모아 언젠가는 모두 음이 되는 '곤괘坤卦

䷗'가 될 수 있음을 『주역』은 경고하고, 그 경고를 '곤괘' '초육'에 담아두었다. 그것이 '곤괘' '초육'의 효사인 '려상견빙지履霜堅氷至'다. 가을이 되어서 지금 약간의 찬 기운인 서리를 밟고 있지만, 이후 곧 극심한 찬 기운인 굳은 얼음에 이르는 서곡이다. 모두 양인 '건괘乾卦䷀'의 '초구'는 그것이 음으로 변한 '구괘姤卦䷫'임을 말한다는 '효변爻變' 이론[133]에 의거한 『주역』 이론상 양자는 관련이 있다.

'구괘' '초육'은 '곤괘' '초육'처럼, 이 음이 처음 시작하려는 때에 장차 온통 음의 세상이 될 수 있음을 경고한다. 지금은 소인 세력이 미약하지만, 장차 소인이 득세하여 날뛰는 세상이 올 수 있음을 경고한다. 그래서 그 음, 즉 소인이 아직 미약할 때 준동하지 못 하도록 '쇠꼬리목에 매어 놓고(繫于金柅)', 정의가 제대로 실행되도록 해야(貞), 좋은 세상이 되는 것이다(吉).

그런데 '쾌괘'에서 반민주 반인권을 행하는 소인을 척결한 후, 세상이 이제 민주화되고 인권을 중시하게 된 정의로운 세상이 되었지만, 소인도, 악인도 그 혜택을 볼 수 있다. 그들도 국민 백성이기 때문이다. 악인도 민주적 대우를 요구할 권리가 있고, 인권을 주장할 권리가 있다. 남을 해코지한 가해자에게도 인권이 있다고 편드는 사람도 생긴다.

그러다 마치 '구괘' 괘상䷫처럼 아래에서부터 치안에 틈이 벌어지게 된다. 정당하게 공권력을 집행하다가(有攸往), 오히려 흉한 꼴을 겪을 수도 있다(見凶). 소인들이(羸豕) 민주적 사회 환경을 믿고 날뛰기 때문이다(孚蹢躅).

구이九二

'구괘' '구이'는 '초육'의 국민들을 직접 대하는 일선 대민 업무에 종사하는 공직자들이다. 그들은 스스로 국정 방침을 정하는 것이 아니라, 정권을 잡고 있는 지도층인 '구사'가 최고 지도자인 '구오'의 명을 받아 정한다. '구이'는 실행만 할 뿐이다.

민주화 시대에 '구사'가 정책 실무를 맡고 '구이'에게 민주적 원칙에 의해 명령을 내리지만, 발호하는 소인들을 직접 대해야 하는 '구이'는 몸을 사리면서 소인이 포함된 국민들을 그저 포용할 수밖에 없다(包有魚, 물고기는 음물陰物로 '초육'의 국민을 가리킨다). 그래야 자신에게 허물이 돌아오지 않는다(无咎). 좋은 게 좋다는 식이다. 그러나 정부(賓, 대민 일선에서 멀리 떨어져 있어 손님처럼 되어 있는 '구사'를 지칭한다.)에게는 불리하다(不利賓). 실정失政 책임은 결국 그들에게 돌아가서 정권에 부담이 되기 때문이다.

구삼九三

'구괘' '구삼'은 대민 업무를 맡는 일선 공직자인 '구이'와 고위 공직자이며 정부의 실세 권력자인 '구사' 사이에 있는 중간 지위의 공직자다. '구이'로부터 얻은 민심의 정황을 '구사'에게 전달하며, 정권의 잘못에 대해 일정 부분 책임을 지기도 하는 위치다. 개인적으로는 장차 '구사'의 고위 공직자가 되기 위하여 노력하는 위치다. 그래서 '볼기에 살이 없어(臀无膚)' 좌불안석이며, 중간에 위치한 입장으로 진퇴에 있어 위아래 눈치를 보며 갈팡질팡하는(其行次且) 위치다.[134]

또는 정치적 중립을 지키며 정권과 관계없이 부정을 척결해야 하는 공안기관이기도 하다. 이러한 '구괘' '구삼'은 군자 성향의 국민과 소인 성향의 국민이 섞여 있는 '초육'의 여론 눈치를 보기도 한다. 이러한 자신의 처지에서 위태로운 듯 삼가면서(厲) 처신하면 큰 문제는 없겠지만(无大咎), 그렇지 않다면 권력의 하수인이라는 비난을 받게 된다.

구사九四

'구괘' '구사'는 최고 권력자 '구오'를 도와 국정을 수행하는 고위 공직자 또는 '구오' 측근의 정부 요직의 권력 실세들이다. '쾌괘'에서 소인을 몰아내어 공정하고 정의로운 세상을 만들었다고 자부하는 개혁과 혁명의 주체 세력이다. 그런데 자신들이 해내었다는 자부심이 도덕적 자만심에 빠질 수도 있다.

한편으로는 세상을 지나치게 순진하고 낭만적으로 보아 이제 그들이 만든 깨끗한 세상이 오래오래 계속되리라고 여겨, 사라졌던 소인의 세력이 아래 민중 속에 뿌리 내려 다시 돌아올 수 있다는 것을 간과할 수 있다. '구이'가 국민을 직접 대하여 알 수 있는 사실, 소인이 다시 돌아온 사실, 느슨하고 낭만적인 국정 운영을 비집고, 소인들이 인권을 요구하며 다시 발호하기 시작한 사실을 보고 받고도, 이러한 것들을 기우杞憂로 치부해 버릴 수가 있다. 국민과 멀리 떨어져 있어서 그들 속에 국민이 없기 때문이다(包无魚). 결국 소인이 다시 득세할 나쁜 계기를 만들어 줄 수 있다(起凶).

구오九五

'구괘' '구오'는 '구괘' 시대의 최고 권력자이지만, 구중궁궐에서 세상에 대한 직접적 정보가 차단된 채로, 자칫 자기 주위에서 자기 권위에 근거하여 권력을 행사하는 국정 실세인 '구사'의 시각과 판단에 의존하여 세상을 바라볼 수 있는 위험이 있다. 그러므로 진정으로 지혜롭고 덕 있는 지도자라면

'구사'의 보고에만 의존하지 말고, 직접 '초육'의 민정을 살피고, 하급 공직자의 보고를 받으려고 노력하여 마치 큰 구기자나무로 오이를 싸듯(以杞包瓜, '기杞'나무는 '구오' 자신, '과瓜'는 '초육'의 국민 백성을 상징한다.) 국민 백성을 포용하면서, 자기 내면의 덕을 속에 머금고 겸손하게 행동하면(含章), 하늘로부터 천명을 받듯(有隕自天), 국정을 그르치는 일을 겪지 않을 수 있다.

상구上九

'구괘' '상구'는 '구오'와 달리, 머리보다 더 높은 뿔끝에서 국민 백성을 만나려 하듯(姤其角) 한다. 진정으로 '초육'의 민정을 살피려고 하지 않으면, 바른 지도자의 명예를 잃는 부끄러움을 당하지만(吝), 그래도 아직 소인의 세력이 다시 크게 자라는 상황에까지는 이르지 않은 상태이므로 문제는 없다(无咎).

45

췌괘 萃卦

원문과 번역

萃, 亨, 王假有廟, 利見大人, 亨, 利貞, 用大牲,
췌　형　왕격유묘　리견대인　형　리정　용대생

吉, 利有攸往. (췌는 형통하니, 왕이 사당 있는 데 이르고,
길　리유유왕

대인을 봄이 이로워서 형통하고 곧음이 이롭다. 큰 희생을

씀이 길하니, 가는 바를 둠이 이롭다.)(여기서 假=격格)

(初六) 有孚, 不終, 乃亂乃萃, 若號, 一握爲笑, 勿恤, 往, 无咎. (믿
　　　　유부　부종　내란내췌　약호　일악위소　물휼　왕　무구

음을 가지나 끝까지 아니하여, 어지러웠다가 모였다가 한다. 부르짖듯

하면 주먹 쥘 만큼 잠깐 사이에 웃을 것이니, 근심치 말고 가면 허물이

없을 것이다.)

(六二) 引, 吉, 无咎, 孚乃利用禴. (이끌면 길하여 허물이 없을 것이니,
　　　　인　길　무구　부내리용약

믿으며 이에 간략한 제사를 올림이 이로울 것이다.)

(六三) 萃如嗟如, 无攸利, 往, 无咎, 小吝. (모이는 듯하다가 탄식하는
　　　　췌여차여　무유리　왕　무구　소린

듯하여, 이로운 바가 없으니, 가면 허물이 없으나, 조금 부끄럽게 된다.)

(九四) 大吉, 无咎. (크게 길하여야, 허물이 없을 것이다.)
　　　대길　무구

(九五) 萃有位, 无咎, 匪孚, 元永貞, 悔亡. (모으는 데 자리가 있고, 허물
　　　췌유위　무구　비부　원영정　회망
　　　이 없으나, 믿음이 아니니, 크고 길고 곧으면 뉘우침이 없어질 것이다.)

(上六) 齎咨涕洟, 无咎. (탄식하며 눈물 콧물을 흘리면, 허물이 없다.)
　　　재자체이　무구

췌괘萃卦 총설과 괘사卦辭 해설

'췌괘'는『주역周易』의 45번째 괘로서, 위는 못이고 아래는 땅이다(澤地
萃). 못이 땅 위에 있어 물이 모여 합한다. 그래서 '췌萃'는 '모여 합함'의 뜻이
다. 인류가 처음 생겨났을 때는 그 수가 적어 군데군데 살면서 자유로웠지
만, 그 수가 많아져 다른 사람을 만남이 '구괘姤卦'다. '구괘'의 만남 이후 점
차 무리 지어 모여 합함이 있게 되는 것이 '췌괘'다.

만남에는 좋은 만남과 나쁜 만남이 있기에, '췌괘'의 모여서 무리 지음에
는 평화도 전쟁도, 화해도 갈등도 있게 된다. 그 모임의 대표적인 것이 국가
이고, 국가 구성원의 투쟁 속에 혼란과 질서가 자연의 계절이 바뀌듯 거듭
순환한다.『주역』에서는 그 혼란과 질서가 군자와 소인의 투쟁에서 순환한
다고 보고 있다.

'쾌괘夬卦'에서 군자가 소인을 척결하여 세상이 맑아지는 듯하였지만, 그
소인은 언제라도 다시 돌아올 수 있다. 그것을 상징하는 것이 그다음의 '구
괘姤卦'다. 외견상 '구괘'가 소인을 상징하는 음이 맨 아래 하나뿐이고, 위 다
섯은 모두 군자를 상징하는 양이고 게다가 세상의 권력을 장악한 실세로 보

이지만, 국가는 맨 아래 국민 백성을 상징하는 음 하나의 의사를 반영하지 않을 수 없다. 그것이 문명화된, 민주화된 정의롭고 공정하고 좋은 세상임을 군자들이 이미 밝혔기 때문이다.

그런데 백성은 군자도 있고 소인도 있지만, 현실적으로 국민 백성이라는 이름으로 섞여 있으니 구분하기 어렵다. 소인은 언제나 군자로 가장하고, 민심의 이름으로 의사를 표현한다. 그러면서 불화와 갈등을 유발한다. 이에 세상의 군자와 소인, 정의와 불의, 선과 악의 문제는 국민 간의 갈등 해소, 국민통합, 국민화합의 문제로 전환하게 된다. 지배자에게 있어서 이제 백성은 그저 통치의 대상이 된다. 그렇게 보는 것은 곧 사회가 혼란스럽지 않게 지배 계층의 기득권 유지에 필요한 것이 되기 때문이다. 이렇게 통합의 문제가 되는 것이 이 '췌괘萃卦'다.

인류 역사에서 인민 백성의 통합과 지배자의 기득권 유지의 편의를 위해 고안된 것이 곧 '통치 이념', '통치 이데올로기'다. 인류 초기 그것은 종종 신화로 시작하는 원시 종교의 형태로 나타났다. 그 속에서 지배자는 하늘의 아들이거나 태양의 아들이었다. 그들은 죽어서도 거대한 무덤 속에서 계속 지배의 상징으로 남곤 했다.

그들의 후예는 조상 영혼의 상징을 담은 '사당(廟)'을 만들어 신화를 영속하려 했다. 그 아래 모든 피지배자를 통합하려고 한다. 그 통합체 바깥으로 나간 구성원은 보호받지 못하게 되고, 그 안에 포섭되는 구성원은 보호받으면서도 착취당하는 노예가 된다.

따라서 '모임(萃)'은 '통합(亨, 형통)'을 위한 것이다. 이에 통치자(王)는 사당(廟) 있는 데 나아가(王假有廟), 그의 통치와 지배를 위한 신화를 창조해 주는 제사장(大人)을 만나는 것이 이로우며(利見大人), 그렇게 하여 지배의 정당성을 확보해 주어야 나라가 형통해지고(亨), 이를 굳게 지켜나감이 이롭다(利貞). 나라를 위해 목숨을 바쳐 크게 희생하는 것(用大牲)이 선하고 좋은 일이며(吉), 나라를 위해 일을 도모함이 이로운 것이다(利有攸往).

'췌괘萃卦'는 국가 형성의 초기에 아직 계몽되지 않은 국민의 통합을 이룰 이데올로기와 그것을 실행할 카리스마를 가진 통치 지도자에 대해 언급한다. 즉 괘사의 '사당(廟)'은 국가 정신을 통합하는 곳이고, '이념', '이데올로기'는 정신적 사당이며, '대인(大人)'은 그 지도자다.

그런데 역사가 흐르면서 이러한 원시 종교적 통치 이념은 고도화하였다. 중세 유럽의 지배 이념이 된 기독교, 아랍권의 이슬람교, 그리고 중세 동아시아의 성리학적 유교가 그것이다. 근대 이후 자본주의 팽창에 따른 제국주의 국가 이념과, 그에 대항해 나타난 공산주의 이념, 그 외 유사하거나 파생된 국가 이념이 여러 나라를 주름잡으면서, 그 이념을 진리와 정의로 내세우는 국가에서 그것을 자국민을 통합하는 정신적 사당(廟)으로 삼고, 그 이념을 정당화해주는 근·현대적 제사장으로서의 정치 이론가, 관변 사상가(大人)를 동원하여 국민을 세뇌하며 총화 단결(萃)을 꾀한다.

종교 이념이나 정치 이념은 안으로는 구성원을 통합하고, 그에 동의하지 않는 구성원을 이단異端, 마녀, 사문난적斯文亂賊으로 따돌려 박해하는 통치 도구가 되고, 밖으로 다른 이념권에 대해서는 자신들이 고안하여 신봉하는 이념으로 진리와 정의의 이름하에 그들을 해방시킨다는 명분으로 정치적, 경제적 침략을 자행함을 정당화하는 사상적 도구가 된다.

특히 내적으로 구성원을 통합하는 명분으로 사용할 때의 이념은 자기와 다른 정적, 정파를 배척, 탄압하는 도구가 된다. 1950년 2월 미국 위스콘신 주州 출신의 공화당 상원의원 조지프 레이먼드 매카시(Joseph R. McCarthy)가 정치적 반대파를 공산주의자로 매도하면서 생긴 말인 '매카시즘 McCarthyism'이 그 상징이다.

사실상 이른바 원래의 '매카시즘' 외에도 인류 역사상 특정 공동체에서 정치적 반대파를 탄압하는 데 사용한 이념적 잣대가 모두 '매카시즘'이다. 우리 역사에서 외세와 관련된 이념적 '친親x파'의 프레임도 '매카시즘'이다. 통합을 위한 이념이 오히려 분열의 메커니즘으로 작용한다. 같은 이념을 가진 무리를 결집하고, 다른 이념을 가진 무리를 배척하고 공격하는 도구로 사용한다.

이렇게 동조를 넘어서 다수가 열광하는 이념의 국가 공동체는 극단적이고 집단적인 광기를 보여 자기 이념에 대한 강한 확신과 집착을 하고, 집단 리플리 증후군을 보이기도 한다. 그 결과는 그들 무리에 속하지 않는 개인과 집단에 대한 탄압에 그치지 않고, 잔혹한 학살에 이르는 경우도 있다. 다수가 동조하므로, 흔히 그러한 체제에 민주주의라는 타이틀을 달기도 한다.

췌괘萃卦 효사爻辭 해설

초육初六

'췌괘' '초육'은 '췌괘'의 초기로서 국민 통합의 초기 단계다. 아직 통합이 이루어지지 않은 상태에서, 위정자의 정치적 의도가 의심되고, 통합을 명분으로 도입·주장되는 이념이 아직 국민에게 익숙하지 않은 단계다. 믿는 듯 (有孚), 확신의 결말이 나지 않는 듯하다(不終). 기존 체제의 근거가 되는 종교 이념이나 정치 이념을 교체하려고 시도하는 세력이 있으면, 그 충돌로 박해와 순교와 같은 사건도 있게 되는 등, 사회적 혼란과 통합이 반복된다(乃亂乃萃).[135]

그러나 결국 권력을 장악한 국정 주도 세력이 자기 이념을 부르짖으며 국민 백성을 세뇌하면(若號), 주먹 쥘 만큼의 잠깐 사이에 웃을 정도로 쉽사리 뜻을 이룰 수 있게 되어(一握爲笑), 걱정할 필요가 없으니(勿恤), 그대로 밀고 나가면(往), 아무런 문제 없이(无咎) 국정을 장악할 수가 있다. '세 사람이 우겨대면 없는 호랑이도 만들 수 있다(三人成虎)'라고 하니, 지배 권력이 지속해서 세뇌하면 결국 그 이념은 진리처럼 된다.

육이六二

'췌괘' '육이'는 '초육' 때의 지속적인 선전과 세뇌의 성과로, 그렇게 선전하고 세뇌한 통치 이념 아래의 통합을 이끌어내는 단계다(引). 그 결과 좋게 되어(吉), 문제없게 되려면(无咎), 위정자 계급은 국민들에게 정성을 다하는 모습을 보이며(孚), 소박하고 간략한 제사를 올리듯 하고(乃利用禴), 시장을 방문하듯 서민적이고 검소한 정치적 행보를 보이면, 국민에게 신뢰를 주어 이롭게 될 것이다(孚乃利用禴).[136]

육삼六三

'췌괘' '육삼'은 하괘 맨 위 '삼'의 자리로서 상괘로 나아가기 전의 불안한 상황인데, '췌괘'의 시대를 진행할 이념의 세뇌가 만만치 않은 상황이다. 국민 모두가 그 세뇌에 넘어가지는 않기 때문이다. 국민들이 집권 세력의 정치 이념 자체를 비판하거나 그 정치적 의도를 의심할 수도 있다. 그래서 집권 세력의 정치 이념에 따라 모이는 부류도 있고(萃如), 집권 세력과 그 정치 이념을 비판하는 부류도 있게 된다(嗟如).

집권 세력은 나라의 낙후된 경제를 발전시키고 국민의 오래된 가난을 물리치기 위해서, 그들의 이념과 그 이념에 기반한 권력 유지를 정당화하고, 그러기 위해서는 국론을 통일해야 한다고 주장한다(萃如). 그러나 반대 세력은 집권 세력의 주장은 허무맹랑하고 단지 정권욕에 의한 집권 연장 음모에 불과하다고 비판한다(嗟如). 이런 정쟁은 집권 세력에게 이로운 바가 없다(无攸利). 그래도 밀어붙이면(往), 문제는 없게 될 수는 있지만(无咎), 비판에 의해 그들의 집권욕이 드러났으므로 정치적, 도덕적으로 조금 부끄럽게 된다(小吝).

구사九四

'췌괘' '구사'는 이미 집권 세력의 집권 명분이 반대 세력에 의해 비판받고, 집권 세력에 동조하는 국민과 반대 세력에 동조하는 국민이 양립하는 상황이다. 이때 집권 세력의 집권 명분을 살려주려면 그들이 주장하는 바의 경제발전이 크게 잘 이루어져야 한다(大吉). 그래야 일반 국민과 반대 세력의 비판을 누그러뜨려 허물이 없게 된다(无咎).

한편 인물에 대한 평가나 정권에 대한 평가는 그 공과 과를 요량하여 이루어져야 한다. 과거에 공이 있던 이가 훗날에 타락하거나, 과거에 허물이 있던 이가 훗날에 공을 세우기도 한다. 이전에 약간의 독립운동을 하고도 이후에 동족을 침략하는 큰 전쟁을 일으키는 경우도 있고, 이전에 이적행위를 하였지만 이후에 나라를 구하는 경우도 있다. 다만 정파에 따라서 공과 과 중 선택적으로 침소봉대하는 것이 문제다.

'구사'는 그 이전에 허물이 있는 자와 그 정치 세력이 나중에 나라의 경제를 발전시키고 국민을 가난에서 구하여(大吉), 그 이전의 허물이 덮이는 것이다(无咎). 반대로 이전에 나라와 민족에 대한 약간의 공이 있다고 하여, 그것을 빌미로 자자손손 권력과 부귀영화를 누리고도 백성을 굶어 죽을 지경에 빠트린다면, 훗날의 큰 허물이 오히려 과거의 작은 공을 상쇄하고도 세상을 덮을 정도가 되는 것이다.

『레 미제라블』의 주인공 '장 발장'의 속죄와 그 훗날의 공적과는 상관없이, 이전의 작은 허물을 집요하게 물고 늘어져 추적하는 자베르 같은 경우도 있다. 이것은 자신은 과거에 별다른 공도 없으면서, 남의 작은 허물을 빌미로 하여 그 사람의 큰 공을 시샘하여 덮으며 자기 이익을 취하면서, '췌괘'의 통합에 반하는 분열을 조장하는 소인의 경우를 상징한다.

구오九五

'췌괘' '구오'는 그 전성기다. 또 '췌괘'의 상황을 통괄하여 이끌어가는 최고 권력자다(萃有位). 국론 통일을 '췌괘' 시대의 통치 방법으로 내세움에 대해 반대파도 그들의 비판도 많은 상황이지만, 다만 경제발전은 잘 이루어져 문제를 상쇄한다(无咎). 그러나 진정으로 나라와 국민을 위하기 때문이고 권력욕으로 인한 것이 아님을 보여 주어야 하는데, 독단적 국정 운영으로 진정성에 손상이 가기도 한다(匪孚). 이 문제를 해소하려면 자신의 진정성을 증명해야 하는데, 그것도 보통의 노력을 넘어서는 매우 크고 지속적인 올곧음을 보여주어야(元永貞), 후회할 일이 없게 된다(悔亡).

상육上六

'췌괘' '상육'은 비록 집권 세력이 그동안 부국강병에 힘써서 나라를 부강하게 만든 공이 있지만, 그 과정에서의 비민주적인 강압과 인권 탄압이라는 허물이 생겨, 반대 세력이 비판할 빌미를 준 상황이다. 만일 진실로 탄식하며 눈물로 반성한다면(齎咨涕洟), 역사에 허물을 남기지 않을 것이다(无咎). 이것은 바꾸어 말해, 진정한 반성이 없다면, 그 공에도 불구하고 허물을 남길 것이라는 말이다.

46

승괘 升卦

원문과 번역

升, 元亨, 用見大人, 勿恤, 南征, 吉. (승은 크게 형통
하니, 이로써 대인을 보되 근심치 말고, 남쪽으로 가면 길할
것이다.)

(初六) 允升, 大吉. (믿고 오름이니, 크게 길하다.)

(九二) 孚乃利用禴, 无咎. (믿으며 이에 간략한 제사를 올림이 이로울 것이
니, 허물이 없을 것이다.)

(九三) 升虛邑. (빈 읍에 오름이다.)

(六四) 王用亨于岐山, 吉, 无咎. (왕이 이로써 기산에서 제사 지내면, 길하
고 허물이 없을 것이다.)(여기서 亨=향享)

(六五) 貞, 吉, 升階. (바르게 하여야 길할 것이니, 섬돌에 오른다.)

(上六) 冥升, 利于不息之貞. (어둡게 오름이니, 쉬지 않는 바름에 이롭다.)

승괘升卦 총설과 괘사卦辭 해설

'승괘'는 『주역周易』의 46번째 괘로서, 위는 땅이고 아래는 바람(또는 나무를 상징)이다(地風升). 앞의 '췌괘萃卦'를 180도 뒤집은 모습이다. '승升'은 '오름', '발전'이다. 땅 속에서 나무가 자라서 오르듯 사물이 발전함을 상징한다. 즉 앞의 '췌괘'에서 '모인' 것과 그로 인해 축적된 역량이 이제 발휘되고 발전하는 단계에 접어든 것이다.

그런데 이 발전은 나무가 자라듯, 작은 것을 쌓아서 크고 높은 것을 이루듯, 서서히 꾸준히 진행되어야 하는 것이지, 급격하게 진행되어서는 안 된다. 만일 의욕만 앞선 급격한 발전을 도모한다면 무리가 따르게 된다. 개인이든 기업 또는 나라든 현실을 무시하고 단계를 뛰어 넘는 사업 확장을 통한 단기간의 성장 도모는 오히려 개인이나 기업 발전에 독이 될 수도 있으며, 나라의 경제에 위기를 초래할 수도 있다.

개인이든 국가 같은 공동체든 '췌괘' 이후 본격 성장을 추구함이 '승괘'로서, 이러한 성장의 '승(升)'은 '크게 형통하다(元亨)'. 개인은 옛날부터 한미한 집안에 태어났어도 출세의 큰 꿈을 꾸고, 자수성가하여 그 꿈을 이루는 입지전적 인물이 많았다.

유교 문화에서는 '입신양명立身揚名'을 효도의 최종 성과로 보기도 하였다. 집안이 빈한했던 이가 출세하여 가문을 일으키는 것이 매우 중요한 목표로 두어진 경우가 많았다. 속칭 미꾸라지가 용이 되는 신분 상승을 꿈꾸는 것은 예나 요즘이나 출신 계층 계급이 낮은 이들의 소망이 되기도 한다. 속칭 흙수저가 금수저로 되기를 꿈꾸는 것이다.

사회 제도가 고착화된 봉건 계급사회에서는 신분이 고착화되어 신분 상승을 꿈꾸기 어려웠지만, 사회가 근대화, 문명화되어 계급이 타파되면, 가능성이 열리기도 한다. '승괘'는 개인이 이런 목표를 달성하려는 꿈을 말하기도 한다. 봉건사회에서도 일정 부분 가능한 경우가 있어서, 시험으로 관리를 선발하는 과거제도가 그러한 역할을 하기도 했다.

　현대 사회도 고위 공직자 선출 시험이 그런 연장선에 있다. 그리고 진취적 사업으로 큰 부를 쌓아 사회에 큰 영향력을 끼치는 신분이 된 경우도 매우 많다. 개인은 이런 신분 상승의 목표를 달성하기 위해 먼저 자신의 역량을 모으고 닦는다. 그것이 개인의 '췌괘萃卦'이고, 그 역량을 이용해서 상승에 매진하는 과정이 '승괘升卦'다.[137)]

　한 국가의 발전도 앞 '췌괘'의 국민 통합이 있으면 '승괘'의 발전이 있게 된다. '췌괘'는 국민의 역량을 모으고 함양한다. 거기에는 경제적 자본의 축적도 필요한 것이고, 그 자본을 이용해 경제발전을 이루는 원대한 계획도 필요하며, 구체화하여 추진하는 과학기술도 필요하다. 앞서 '췌괘'에서 국민 통합이 필요한 것은 아무리 축적된 자본과 치밀한 계획, 그리고 첨단 과학기술이 있어도 국민 구성원의 단결된 마음이 없이 분열된 상태가 되면 이루기 어렵다는 취지였다.

　지리멸렬한 국민의 마음을 다잡아 모으는 역할을 하는 것이 리더십을 가진 지도자(大人)다. 그래서 '췌괘'에서 '대인大人'이 중요하였다. 그런데 이제 나라를 낙후된 후진국에서 문명화된 선진국으로 발전을 이루는 '승괘'에서도 역시 '췌괘'에서와 같이 리더십을 가진 지도자(大人)가 여전히 필요하다. 양적 성장의 '췌괘'와 질적 성장의 '승괘' 모두 '대인'을 강조한다.

이 '대인'은 한 사회의 최고 지도자를 상징하는 '오五'의 자리만을 두고 말하는 것은 아니다. '오'는 그에 상응하는 '이二'의 자리가 그를 도우는 '대인'임을, 특히 '건괘乾卦'에서 '이견대인利見大人'의 효사가 '구이'와 '구오'에서 상응함을 본바 있다. 사실상 사회 각계각층의 각 분야에서 진취적 지도자, 모험심을 가진 영웅적 지도자가 많으면 좋다. 그래서 '승괘升卦'에서는 각계각층에서 '승괘' 상황의 '크게 형통함(元亨)'을 위해 활약할 '대인' '쓰임(用)'의 필요성을 말하는 '용견대인用見大人'이 등장한다.

'승괘' 시대에는 진취적 정치 지도자나 과감한 경제 지도자가 부각된다. 그런데 그와 더불어 지도자에 대한 우려도 있을 수 있다. 그렇지만 '승괘' 시대에는 그렇게 걱정할 필요가 없다(勿恤). 이미 승기勝機를 잡고 상승하는 국면이기 때문이다. 단 조건이 있다. '빛'이 있는 남쪽으로 지향해야(南征), 길(吉)하게 된다고 말한다.[138] 어두운 곳에서 몰래 일을 처리하는 사사私邪로움이 아닌 광명光明과 공정公正으로 세상을 이끌어야 한다는 말이다.

만일 '승괘' 시대를 주도하는 이들이 겉으로는 나라와 국민을 위한다는 명분을 내세우면서도 실제로는 어둠 속에서 사적 이익을 취한다면, 그들의 진취성, 모험, 과감성은 권력과 부를 위해 인민 백성을 희생하고 그 위에 군림하는 독재자와 천민 자본가의 탐욕이 되기 때문이다. 이러한 '승괘' 상황은 당연히 '걱정할(恤)' 것이며, 이미 바른 '승괘'의 상황이 아닌 것이다.

우리 현대사를 보면 '승괘'는 '국론 통일'로 사회 혼란을 극복한다는 명분으로 '췌괘'의 통치 이념을 내세워 본격적인 경제발전을 이루는 단계다. 그런데 이런 발전은 지도자의 올바른 진정성을 조건으로 한다. 국민이 처음 그 '이념'에 따라 많은 것을 양보하고 희생한 것은, 지도층의 진정성에 대한 믿음 때문이었다. '승괘'는 처음부터 끝까지 지도층의 올바름을 강조한다.

승괘升卦 효사爻辭 해설

초육初六

'승괘' '초육'은 개인이나 국가의 성장에 있어 초기단계다. 아직 열악한 처지에 있는 개인이나 빈궁한 상태에 있는 후진국의 국민이 찬란한 미래의 무지개꿈을 꾸는 것이다. 내가, 내 나라가 과연 앞으로 잘될 수 있을까 하는 회의적 사고로 자포자기의 노예 사고에 빠져 있지 않고, 언젠가는 나도 큰 인물이 될 수 있다, 언젠가는 내 나라도 선진국이 될 수 있다는 꿈과 희망을 품는다. 그리고 미래를 위하여 지금의 곤궁한 상황을 참고 인내하는 것이다.

'승괘' 하괘인 손괘巽卦 ☴에는 겸손하게 자신을 낮추는 상象이 있고, 상괘인 곤괘坤卦 ☷에는 유순함의 상象이 있다. 장래의 성장 목표를 위하여 고난을 참고 노력하며 기다리는 것이다. '초육'의 음유함은 '승괘'의 초기 단계에서 특히 강조된다. 개인으로서도 주위의 홀대와 멸시를 참고 은인자중하며 노력하는 것이고, 국가로서도 전쟁후의 잿더미 속에서 최빈국의 하나라는 무시를 받으면서 부자 나라의 동정 속에 원조를 받아야 하는 상태를 감수하는 것이다.

그리고 그런 나라의 국민이 민주주의의 기본적 권리마저 희생하고 노동자가 저임금을 감수하면서도, 위정자에게 권력을 위임하고 재벌 대기업에 경제 주도권을 양보함은 경제발전으로 선진국에 진입할 수 있다는 위정자와 자본가의 장밋빛 청사진을 믿기 때문이다. 개인이든 국가든 성장을 믿고 기다리는 것이다(允升). 우선 그렇게 하여 시작은 크게 길하게 된다(大吉).

구이九二

'승괘' '구이'는 '초육'에서 꿈을 실현하려고 시작한 후, '구이'라는 양강함의 자질을 가지고 '이'의 음유한 자리에서 은인자중하는 상황이다. 개인은 스스로 믿는 자신감을 보다 확고히 하고(孚), 나라도 그 상하가 신뢰를 가지고(孚), 미래 발전을 위하여 노력한다. 아직 곤궁한 처지이므로, 개인도 나라도 마치 간략한 제사를 지내듯(孚乃利用禴), 근검절약하며 허리띠를 졸라매고, 해진 옷과 양말을 기워 쓰며, 개인과 나라의 발전에 매진하면 허물이 없을 것이다(无咎).

구삼九三

'승괘' '구삼'은 개인이든 나라든 성장을 위한 초기의 노력이 중간 결실을 맺는 단계다. 비록 '구삼'의 자리는 상괘로 올라가기 직전의 아직은 불안정한 상태, 개인으로서는 중산층의 단계, 나라로서는 선진국으로 가기 위한 중진국의 단계로서, 아직 완전한 안정을 이루지는 않았지만, 그래도 상당한 결실을 이룬 상태다. 개인은 중견의 지위를 얻고, 나라는 수출도 늘고 국민소득도 늘어 괄목할 경제발전을 이룬 것이 마치 무인지경無人之境의 빈 성에 올라가듯(升虛邑), 훤하게 뚫린 고속도로를 만들어 달리는 것처럼 된다.

육사六四

'승괘' '육사'는 '구삼'의 단계를 지나 상괘의 첫 단계에 진입하여 개인은 중
견의 지위를 확고히 하고, 나라는 선진국 문턱에 진입한 것이다. 그런데 개
인이든 나라든 어느 정도 발전이 이루어지면 방심하고 교만해지기 쉽다. '육
사'는 하괘를 벗어나 상괘에 진입했다는 안도감이 오만함으로 변질될 수도
있다.

또는 그동안 쉬지 않고 달려온 질주로 지치고 피로하여 쉬어가려는 안이
함과 해이함이 있을 수 있고, 지루한 과정으로 슬럼프에 빠질 수도 있다. 그
러다 자칫 샛길로 빠질 수도 있다. 이럴 때 수험생이 졸음을 참으며 공부하
다 찬물에 얼굴을 씻듯, 자신을 채찍질하며 마음을 다잡고 정신 차려야 한
다. 다른 유혹에 빠지지 않고, 올바른 방향으로 지속적으로 발전하기 위해
서는 옛날 주周 나라 문왕文王이 기산岐山에서 제사지내듯 경건함과 정성을
가져야(王用亨于岐山), 이후의 과정이 길(吉)하게 되고 문제도 없어질 것이다
(无咎).[139]

개인의 경우, 한미한 흙수저 출신이지만 노력으로 기득권층에 합류하고
나서는, 자기 자식에게 대를 이어 신분과 지위를 물려주기 위해 자신이 올
라온 사다리를 걷어차는 '음서蔭敍' 제도를 만든다면, 역시 교만함의 후과가
있을 수 있다.

육오六五

'승괘' '육오'는 이제 '승괘'의 전성기가 된 것이다. 속칭 흙수저가 입신양명
하여 금수저가 되었다. 나라는 선진국으로 진입하여 경제발전과 문명화가

이제 본궤도에 올랐다(升階). 마치 '건괘乾卦' '구오' '비룡재천飛龍在天'의 단계와 같다. 그러나 거기서는 '구오'이고 여기서는 '육오'다. 양강의 전성기가 아니고, 음유의 전성기다.

성장하는 동안 겪은 반대파의 지속적 비판과 반대, 자신의 정치적 의도에 대한 의심뿐만 아니라, 자파 속 불량한 자들의 오만함이 이런 성장을 언제 퇴색시킬지 모르는 전성기라는 것이 '건괘' '구오'의 전성기와는 다르다. 그래서 다시 한번 지도층의 올바름을 강조하는데, 『주역』에서는 일반적으로 사실 판단을 먼저 한 후 가치 판단이나 당위 판단을 하지만, 여기서는 당위와 가치 판단을 먼저 하여 행동에 대한 다짐을 받는 조건으로 사실 판단을 한다.

그래서 말한다. 바르고 정의로워야(貞) 진정으로 잘된(吉) 성장 단계에 오르는(升階) 것이라고. 즉 개인이든 기업이든 나라든, 아무리 전성기에 이르러 입신출세하고 세계적 기업이 되고 부유한 선진국이 되어도, 그 인성이 바르지 못한 개인이고, 천박하고 탐욕에 가득 찬 자본가이기만 하며, 권력만 향유하려는 독재자가 다스리는 나라라면, 그 성장이 무슨 의미가 있느냐는 것이다.

상육上六

그런데 만일 '승괘' '육오'에서 올바름(貞)을 갖추지 못하면 어떻게 될까? '승괘' '상육'은 바로 '승괘' '육오'에서 올바름을 갖추지 못함을 경계한다. 전성기를 구가하고도 만족하지 못하고, 도덕성 없이 계속 탐욕만 부리고 그칠 줄 모른다면 어떻게 될 것인가. 세상 만물은 그 극한이 있다. 그런데도 그

극한의 상태에 이르러 더 올라가려 하면(升), 그것은 어두운 성장이다(冥升). 그 발전도 왜곡된 발전이다.

개인이 전성기에 올라서도 만족을 모르고 더 올라가려 하면 후회할 일이 있고, 기업도 성장의 과실을 경제적 공동체 구성원과 나누기는커녕 수단과 방법을 가리지 않고 끝없이 부를 축적하기만 하면 역시 후회할 일이 있고, 국가 지도층도 성장 발전의 목적이 국민을 행복하게 잘 살게 하기 위함임을 잊고 국민을 저버리고 '그들만의 나라'를 만들려고만 한다면, 이 역시 나라의 앞날을 어둡게 하는 발전(冥升)일 뿐이다.

여기서 지나치게 올라감을 경계하는 것은 역시 '건괘乾卦' '상구' '항룡유회亢龍有悔'의 취지와 닮았다. 그런데 '항룡유회'는 지나치게 올라가서 뉘우침이 생기는 상황만을 말하였는데, 여기 '승괘' '상육'은 '어두운 상승', 즉 '명승冥升'에 이르지 않기 위해서 어떻게 해야 하는가를 말하고 있다. 그것은 '육오'에서 말한 '바름(貞)'을 유지하기 위해 지속적으로 노력하는 것이다. 즉 '쉬지 않는 바름(不息之貞)'에 이로운 노력이다(利于不息之貞). 그래야 개인도, 기업도, 나라도 올바르고 진정한 성장 발전을 이룬다. 사업事業은 더 욕심을 부리지 않고 쉬어야 하지만, 덕업德業은 쉬지 않고 정진하는 노력을 해야 하는 것이다.

47

곤괘 困卦

원문과 번역

困, 亨. 貞, 大人, 吉, 无咎, 有言不信. (곤은 형통하
_{곤 형 정 대인 길 무구 유언불신}
다. 바르고 곧아 대인이니, 길하고 허물이 없으나, 말이 있으
면 믿지 않을 것이다.)

(初六) 臀困于株木. 入于幽谷, 三歲不覿. (볼기가 그
_{둔 곤 우 주 목 입 우 유 곡 삼 세 부 적}
루터기 나무에 곤함이다. 어두운 골짜기에 들어가서,
세 해라도 보지 못한다.)

(九二) 困于酒食, 朱紱方來, 利用享祀, 征凶, 无咎. (술과 밥에 곤하
_{곤 우 주 식 주 불 방 래 리 용 향 사 정 흉 무 구}
나, 주불이 바야흐로 오리니, 이로써 제사를 올림이 이롭고, 가면 흉하나
허물은 없다.)

(六三) 困于石, 據于蒺藜. 入于其宮, 不見其妻, 凶. (돌에 곤하며 납가새
_{곤 우 석 거 우 질 려 입 우 기 궁 불 견 기 처 흉}
덤불에 의지함이다. 그 집에 들어가도 그 아내를 보지 못하니 흉하다.)

(九四) 來徐徐, 困于金車, 吝, 有終. (오는 것이 더딘 것은 쇠수레에 곤하
_{래 서 서 곤 우 금 거 린 유 종}

기 때문이니, 부끄러움이 있더라도, 마침은 있을 것이다.)

(九五) 劓刖, 困于赤紱, 乃徐有說, 利用祭祀. (코 베이고 발꿈치 베이
　　　　의월　곤우적불　내서유열　리용제사
니, 적불에 곤하나, 이에 천천히 기쁨이 있을 것이니, 이로써 제사를
올림이 이롭다.)(여기서 說=열悅)

(上六) 困于葛藟于臲卼, 曰動悔, 有悔, 征吉. (칡덩굴과 위태로움에
　　　　곤우갈류우얼올　왈동회　유회　정길
곤함이니, 움직이면 곧 뉘우치게 되더라 하면서, 뉘우침을 두면 가서 길
할 것이다.)

곤괘困卦 총설과 괘사卦辭 해설

'곤괘'는 『주역周易』의 47번째 괘로서, 위는 못이고 아래는 물이다(澤水
困). '곤困'은 '막혀 고달픔'이다. 마치 길을 가다가 길은 막히고 힘은 다한 것
과 같다. 물이 못 위에 있지 않고, 못 아래 있으니, 곧 못에 생명의 원천인
물이 말라 주위 생물이 곤궁하게 된 것이다.

앞 '승괘升卦'는 승승장구 발전하여 올라가는 것인데, 만물은 극에 이르면
돌아가게 됨(物極必反)이 세상의 이치이므로, 발전이 극에 이르러 다시 몰락
함이 '곤괘'다. '승괘'의 발전 상황에서 항상 토대의 취약함을 무시하지 않는
지 공명정대하지 못한 일처리는 없는지 살펴야 하는데, 그렇지 않으면 '곤
괘'와 같은 곤경에 처하게 된다. 즉 앞 '승괘' '육오' 상황이 구체화한 것이다.

그런데 '곤괘'는 말 그대로는 곤궁한 상황이지만, 이런 상황을 타개하는
의지의 발현이 요청되어 역설적으로 노력을 통해 오히려 형통함을 가져올

수도 있다(困亨). 그렇지만 아무런 전제조건 없이 그렇게 되는 것은 아니다. 조건은 도덕성 회복이다. 올바르고(貞) 덕이 있는 대인(大人)이 그런 좋은(吉) 결과를 가져올 수 있다(貞大人吉). 그런 사람은 어려움에 처해서도 흔들리지도 않고 좌절하지도 않으며 어려움을 타개하는 의지를 발현한다.[140]

소인은 어려우면 수단과 방법에 있어 옳고 그름을 가리지 않고, 우선 그 어려움만 모면하려고 한다. 그러다 세상에 문제를 야기한다. 올바르고 덕 있는 자는 자기 이익을 위하여 부정한 방법을 쓰지 않는다. 그래서 궁극적으로 세상에 그 허물을 남기지 않는다(无咎). 또 소인은 곤경에 처했을 때 행동보다는 말이 앞서서, 행동은 따르지 못하면서도 입으로는 세상을 다 구제할 수 있는 지도자인 것처럼 위선을 부린다. 말만 앞서는 자들은 믿을 수가 없다(有言不信).[141]

그에 반해 대인, 군자는 어려움에 처해서 자기 이익보다는 세상을 위해 헌신한다. 그래서 이 '곤괘'「상전象傳」에 "못에 물이 없음이 곤괘이니, 군자는 그 상황을 본떠서 목숨을 바쳐서라도 뜻을 이룬다(澤无水, 困, 君子以致命遂志)"라고 한다.[142]

'곤괘困卦'가 생명에 필요한 물이 부족한 상象이라는 것은 경제 운용에 있어서 그 물에 해당하는 금융 자본인 돈이 부족한 것을 의미할 수도 있다. 이렇게 '곤괘'는 국내 경제에 있어서 돈이 제대로 돌아가지 않는 것이기도 하지만, 국제무역에서는 결제 수단인 외화가 부족한 상황이다.

대한민국은 국민의 분투와 노력으로 전쟁의 잿더미 속에서 단기간에 큰 경제성장을 이루었다. 그렇지만 그 과정에서 국가 중심, 대기업 중심의 밀어붙이기식의 많은 무리가 있었고, 그로 인해 국가 구성원 간의 갈등이 있었다. 이러한 편중된 경제 시스템과 단기성과에 대한 집착으로 비록 일시적으로 성공하기도 했지만, 그 결과에 도취한 자만심으로 방만한 경제 운영도 있었다. 즉 '승괘升卦'에서 주의하는 바를 제대로 경계하지 못하였다. 그래서 급기야 못에 물이 부족한 것처럼 외화가 부족한 외환위기를 겪게 된다. 국제통화기금(IMF) 관리체제와 같은 상황이 곧 국가 경제의 '곤괘'다.

그런데 '곤괘'에는 '곤困'을 '형통함(亨)'으로 묘사하는 역설이 있다. 이것은 위기 속에서도 그에 대한 극복의지가 있으면 전화위복으로 형통해질 수 있음을 말한다. 이런 위기를 타개하여 금융을 '형통亨通'하게 함에 있어서, 위기를 우선 모면하기 위해 편법과 꼼수로 대응해서는 장래에 또 다른 위기를 부를 수가 있다. 그래서 올바른 해결책인 정공법으로 국가 경제의 근본적 체질 개선으로 나아가야 한다(貞). 이때 이 국가적 경제위기를 이용해서 특정 정파가 정권을 획득하려는 기회로 삼는다든지, 특정 계층이 사리사욕을 채우는 계기로 이용하지 않고, 바른 양심으로 임해야 한다(貞).

이런 위기 국면을 타개하고 난국을 헤쳐 나가는 데 앞장서서 살신성인하는 지도자들(大人)이 있어야 길(吉)한 상황이 되어 국가 경제 문제가 해결될 것이다(无咎). 이때 정치적 위기 모면용, 또는 정권 획득을 위한 정략적 대책 등 비현실적 말잔치 정책을 입으로만 떠들어서는 국민들의 불신만 초래할 것이다(有言不信).

곤괘困卦 효사爻辭 해설

초육初六

'곤괘' '초육'은 '승괘'에서 성장 가도를 달리던 개인과 기업, 국가가 오만함으로 인해 몰락한 후 겪는 곤궁함의 시작이다. 개인이 입신출세하여 그 지위를 누리는데, 부와 권력에 도취하여 함부로 처신하다가 추락하여 곤궁하게 된다. 기업이 열악한 사업 환경에서도 도전 정신으로 기업을 일으켜 마침내 큰 사업체로 성장하였지만, 외형 성장에만 치중하고 내실을 기하지 못하여 부도와 같은 위기를 맞는다. 국가가 빈궁함 속에서 선진국 진입으로의 꿈을 꾸며 경제개발에 힘써 마침내 경제발전과 성장의 과실로 선진국의 문턱에 이르렀지만, 오만하게 너무 일찍 샴페인을 터트리면서 금융정책에 실패하고, 외환관리를 소홀히 해, 외환위기로 국가가 다시 곤궁한 위기를 겪게 되기 시작하는 것이다.

개인, 기업, 국가 모두 볼기가 그루터기 나무에 끼어서 곤란을 겪듯(臀困于株木) 하는 상황이다. '곤괘' 초기 상황으로 깊고 어두운 골짜기에 들어선 듯(入于幽谷), 언제 이 위기를 벗어날지 모르는 암담한 상황이 계속되어 삼년 동안 벗어나지 못하게 된다(三歲不覿). 국가 경제가 외환위기로 고통을 겪으면서 IMF 관리체제를 벗어나지 못함이 삼 년 동안 계속된다.[143]

구이九二

'곤괘' '구이'는 곤궁이 계속되어 개인도 나라도 먹고 살기 어려운 상황에 처한 것이다(困于酒食). 이런 위기에서 국민들은 지도층이 솔선수범하여 이 난국을 해결할 것(朱紱方來)을 바란다.[144] 이와 함께 국가 구성원 모두 제사 올리듯 성실함으로 난관을 극복해야 한다(利用享祀).

'곤괘'가 오기 전 그 원인은 개인, 기업, 국가가 지나치게 방만한 계획을 세우고 함부로 그것을 실행한 것이다. 그래서 이제는 신중하고 성실하게 위기를 수습하며, 함부로 어떤 정책을 실행하면 안 된다(征凶). 사실상 무엇을 실행하려고 해도 지금은 그러한 자본조차 확보하기 어려운 상황이므로 아무것도 하지 않음으로 인해 오히려 새로운 허물도 없다(无咎).

육삼六三

'곤괘' '육삼'은 '곤괘'의 상황이 지속되는 데다, 하괘에서 상괘로 올라가기 직전인 '삼三'의 불안한 자리여서 더 곤궁한 처지다. 하괘의 주된 자리인 '구이'의 양을 '초육'의 음과 '육삼'의 음이 단단한 돌에 끼이듯 험한 데 빠지게 한 모습이며(困于石), 더불어 모두 가시투성이의 질려(蒺藜) 덤불에 걸려있듯(據于蒺藜), 고통스러운 상태에 빠진 모습이다.

개인의 곤궁함이 극심한 상태이며, 국가 경제가 IMF 관리체제에 구속되어 기업 도산, 구조 조정, 경기 침체, 비정규직 증가, 실업자 양산 등 돌과 질려에 겹겹이 고통 받고 있는 상황이다. 개인은 집에 들어가도(入于其宮), 아내가 떠나고 없어 볼 수 없는(不見其妻), 그야말로 효사의 표현 그대로의 상황이며, 나라도 이 비유처럼 여러 방안을 모색해도 뚜렷한 해결책이 나오지 않는 흉(凶)한 상황이 지속된다.

구사九四

‘곤괘’ ‘구사’는 ‘곤괘’ 상황에 처한 개인의 어려움이나 총체적 경제 위기에 직면한 국가의 어려움이 해결이 더디고 지지부진하여(來徐徐), 쇠로 만든 무거운 수레 끌 듯 고통스러움이다(困于金車, ‘金車’는 ‘돈 수레’로 해석할 수 있으므로 ‘困于金車’가 개인의 돈 부족, 나라의 자본이나 외환부족을 상징할 수 있다.). 처한 상태가 개인도 나라도 체면이 안 설 만큼 부끄럽다(吝). 그러나 이제 하괘에서 상괘로 강 하나를 넘은 상황으로 끝이 보이듯(有終) 해결의 조짐이 보이기도 한다.

구오九五

‘곤괘’ ‘구오’는 ‘곤괘’의 상황에 처한 국가 지도자가 위기를 극복하려고 형벌을 가하듯 상하의 국민들에게 강경책을 쓰는 것이다. 비유하면 코를 베는 형벌을 쓰고(劓, 코는 신체의 위쪽에 있으므로, 여기에 형벌을 가함은 나라의 상층부인 고위 공직자나 기업인에게 국가 위기 탈출을 구실로 강압적 정치를 하는 것을 상징한다.), 발을 베는 형벌을 써서(刖, 발은 신체의 아래쪽에 있으므로, 여기에 형벌을 가함은 나라의 하층부인 국민 백성이나 노동자에게 강압적 정치를 하는 것을 상징한다.) 통제하려고 하지만, 국민 모두의 힘들고 피로감이 누적된 상황에서 강압적으로 하면, 결국 상하 모두의 민심이 이반되어 정권이 곤경에 처한다(困于赤紱).[145]

오히려 국가 구성원을 조급히 압박하지 말고 관용으로 대하면서(乃徐), 마음이 기쁘게(有說) 하여 협조를 구하며, 만일 제사 올리듯 정성으로 구성원을 속이지 않는 정치를 하면, 어려운 문제가 해결될 것이다(利用祭祀).[146]

상육上六

　'곤괘' '상육'은 '곤괘'의 끝으로서, 앞 '승괘카卦' 시대의 성장이 극에 이르러 그 한계로 인한 반전이 있었듯이, '곤괘困卦' 시대의 곤궁함도 반전이 있으니, 모두 '물극필반物極必反'인 것이다. 그러나 아직도 여전히 어렵다. '상육'은 '육삼'과 호응하는 자리이지만, 둘 다 음이므로 호응하지 않아 국민의 일정한 정도의 부류가 비판하여 칡덩굴에 발이 감겨 곤란하듯 하고(困于葛藟)(그러나 '육삼'의 '石'과 '蒺蔾'보다는 그 어려움의 강도가 상당히 줄어든 것이다), 여전히 위태로움과 불안한 상황에서 곤경에 처해 있다(于臲卼, 앞에 '곤困'이라는 글자가 생략된 것으로 본다).

　그렇다면 이런 어려움의 여진을 완전히 사라지게 하려면 어떻게 해야 하나. 그것은 왜 이런 '곤괘'의 상황이 왔을까 반성하는 데서 온다. 그래서 과거에 한 행동마다 뉘우치게 되더라고 스스로 말하면서(曰動悔), 반성하고 회개해야 한다(有悔). 어려움을 겪은 개인이든 외환위기를 겪은 국가이든, 그렇게 곤경의 원인을 반성하는 마음가짐으로 하면 개인의 처신과 국정 수행이 잘 이루어져(征), 모두 결국 좋아질 것이다(吉).

48

정괘 井卦

원문과 번역

井, 改邑, 不改井. 无喪无得, 往來井井. 汔至, 亦
<small>정 개 읍 불 개 정 무 상 무 득 왕 래 정 정 흘 지 역</small>
未繘井, 贏其甁, 凶. (정은 고을은 바꿔도 우물은 바꾸지
<small>미 귤 정 리 기 병 흉</small>
못한다. 잃음도 없고 얻음도 없으며, 가고 와도 우물은 우물
이다. 거의 이르렀는데 우물에 두레박줄이 닿지 못하고, 그
병 두레박을 깰 수도 있으니 흉하다.) ('繘'의 음에는 '귤'과
'율'이 있다.)

(初六) 井泥不食, 舊井无禽. (우물이 진흙만 있어 먹지 못한다. 옛 우물에
<small>정 니 불 식 구 정 무 금</small>
새가 없다.)

(九二) 井谷射鮒, 甕敝漏. (우물이 골짜기로 가 붕어에게 쏟음이요, 옹
<small>정 곡 석 부 옹 폐 루</small>
기 두레박이 깨져서 샌다.)

(九三) 井渫不食, 爲我心惻. 可用汲, 王明, 并受其福. (우물을 깨끗이
<small>정 설 불 식 위 아 심 측 가 용 급 왕 명 병 수 기 복</small>
쳐내도 먹지 않아, 내 마음을 슬프게 한다. 길어 쓸 만하니, 왕이 밝으면

함께 그 복을 받을 것이다.)

(六四) 井甃, 无咎. (우물에 벽돌을 쌓으면, 허물이 없을 것이다.)
　　　정추　무구

(九五) 井冽寒泉食. (우물이 달고 맑으며, 시원한 샘물을 먹는다.)
　　　정렬한천식

(上六) 井收勿幕, 有孚, 元吉. (우물을 거두어 덮지 않으니, 믿음이 있어
　　　정수물막　유부　원길
크게 길하다.)

정괘井卦 총설과 괘사卦辭 해설

'정괘'는 『주역周易』의 48번째 괘로서, 위는 물이고 아래는 바람(또는 나무)
이다(水風井). 앞의 '곤괘困卦'를 180도 뒤집은 모습이다. 앞 '곤괘'는 못의 물
이 아래로 다 빠져 버려 못의 물이 고갈된 상태다. 생물은 물이 없으면 생명
을 유지하지 못한다. 생명체의 많은 부분도 물로 되어 있다. 산골짜기에 많
은 생명체가 모임도 그 곳에 물이 많기 때문이다. 생명체의 하나인 사람도
물이 없으면 생존하지 못한다. 그래서 인류 문명도 강 유역에 자리 잡았다.
한 나라의 도읍도 먼저 물을 찾아 자리를 정한다. 고대 그리스 철학자 탈레
스는 아르케(arche), 즉 만물의 근원을 물로 봤다.

'곤괘困卦'의 곤궁함을 물로 말하면, 못의 물이 아래로 빠져 물이 부족한
데, '정괘井卦'는 '곤괘'에서 아래로 빠져 버린 물을 다시 위로 퍼 올려 회복하
는 것이다. 아래의 물을 위로 퍼 올리는 것은 우물이다. 그래서 '곤괘' 다음
은 '우물(井)'을 상징하는 '정괘井卦'가 된다. '정괘'의 각 단계는 아래로 내려
가 버린 생명의 물을 오아시스를 찾듯 다시 얻어, 그것을 위로 올려 생명체

를 살리는 것을 묘사한다.

수기水氣가 밑으로 내려가고 화기火氣가 위로 올라가는 것은 자연스러운 현상이다. 하지만 한의학에서는 자연성에 따라 신기腎氣인 수기水氣가 밑으로 내려가고 심기心氣에 해당하는 화기火氣가 위로 올라가기만 한다면, 수화水火가 분리되어 병이 난다고 본다. 자연성에 따라 그대로 두면, 삶의 자연성으로 생로병사生老病死의 과정을 밟는다.

건강하려면 자연성과는 반대로 '수승화강水升火降' 즉 물은 위로 올리고 불은 아래로 내려야 한다. 말하자면 의학적, 의술적 노력은 인위인 셈이다. 물에 초점을 맞추어 본다면, 물 기운이 아래로 내려가 병든 상태가 '곤괘困卦'라면, 물을 다시 끌어 올려 건강회복을 시도함이 곧 이 '정괘井卦'다.

앞 '곤괘困卦'를 IMF 사태를 불러온 외환 고갈의 경제위기 상태에 상응시켰었다. 그에 반하여 '정괘井卦'는 바로 IMF 관리 체제하의 병든 국가 경제를 다시 건강하게 회복시키기 위해 경제의 생명수를 다시 공급하려는 노력에 해당한다. 고갈된 경제의 생명수인 금융 문제를 해결하려는 것이다. 그것을 우물에서 물을 길어 올리듯 해야 한다는 것이다.

그런데 이처럼 물의 중요성을 말하더라도, '정괘井卦'에서 말하는 것은 흘러가는 물, 즉 개울물도 강하江河의 물도 대해大海의 물도 아니라, 고여 있는 물이라는 것이다. 그렇다고 단순히 고여 있어서 썩은 물이 아니라 우물 속에서 정화한 물이다. 일반적인 물의 중요성을 말하기보다는, 물중에서 오염되지 않은 깨끗한 물을 말한다.

우물이란 언제나 그 자리에 있어서 다른 곳을 판다고 하여 물이 있다는 보장이 없다. 우물은 속성상 공간과 관련 있다. 따라서 특정한 성질을 가진 우물이 있다면, 그 우물은 옮길 수도 없으며 옮길 경우 물이 나온다 해도 이미 다른 우물인 것이다.

좋은 우물은 사시사철 마르지도 않고 넘치지도 않으면서 항상 적정한 양을 유지한다. 그런데 '정괘'에서 말하는 우물의 물은 특히 정치적으로는 덕과 재능 있는 인물에 비유된다. 훌륭한 인물은 좋은 우물의 물과 같아서 덕과 재능이 마르지도 넘치지도 않는 우물같이 '중용'의 덕을 지키며, 세상에 혜택을 주는 재능을 지니고 있는 존재다. 이런 인물은 세상 사람들이 필요할 때 가서 요청하는 것이지, 그가 세상에 자신을 과시하려 하지 않는다. 특정한 우물이 공간적으로 그 자리에 있는 것과 같다.

맑고 시원한 우물은 세상 사람들이 가서 마시면 혜택을 보지만, 세상이 알아주지 않아 버려둔다고 해도 세상과 상관없이 그저 존재할 뿐이다. 훌륭한 인물도 세상이 그를 알아주어 발탁해야 세상에 도움이 되지, 세상이 알아주지 않아 버려두면 우물처럼 그저 시정市井에, 초야草野에 묻혀 있을 뿐이다. 그렇지만 그래도 산 속에 홀로 피고 지는 꽃처럼 그저 존재한다.

'곤괘'의 곤궁함에 빠져 있는 세상의 인민 백성을 구원해 줄 훌륭한 인물도 세상이 알아주지 않으면 아무런 소용이 없다. 요堯임금이 순舜임금을 발탁하여 천하를 맡기듯 천하의 통치자로서의 인물도 그렇고, 유비劉備가 제갈량諸葛亮을 알아주듯 그 통치자를 도울 인물도 그런 것이다.

세상에 좋은 인물, 훌륭한 인물이 없는 것이 아니라, 세상 사람들이 찾지 못할 뿐이다. 세상의 통치 지도자가 밝지 못하면 좋은 인물을 찾지 않고 버려두고, 세상의 국민 백성이 우매하면 위선적 소인을 지도자로 뽑는다. 명군明君은 충간忠諫하는 군자를 등용하고, 혼군昏君은 아첨하는 소인을 곁에 둔다.

훌륭한 덕을 가진 인물은 아무리 세속의 정치적 이해利害가 변하여도 기회주의적으로 그 덕을 바꾸지 않는다. 그래서 '정괘井卦'는 "고을은 바꿔도 우물은 바꾸지 못한다(改邑不改井)"라고 한다. 이렇게 변치 않는 훌륭한 군자의 덕과 재능은 찾으면 쓰이고, 찾지 않으면 그저 존재하는 우물처럼, 등용하는 자가 있으면 쓰이고, 그렇지 않으면 쓰이지 않는다. 그래도 그저 존재하므로 원래 잃음도 얻음도 없다(无喪无得). 우물을 알아보고 인재를 알아보는 쪽의 문제이므로, 우물을 쓰려는 자, 인재를 쓰려는 자가 가고 오고 하더라도 맑은 우물은 그대로 변치 않고 맑은 우물일 뿐이고, 깨끗한 인재는 그대로 변치 않고 깨끗한 인재일 뿐이다(往來井井).

만일 인재를 쓰려고 하더라도 그 덕과 능력을 세상을 위하여 충분히 쓸 수 있도록 배려해야지 정치적 이해득실에 따라 인재를 이용하려 한다면, 두레박으로 우물을 길어 올리면서 거의 우물에 닿았는데도(汔至), 두레박줄이 닿지 못할 수도 있고(亦未繘井), 그 병 두레박을 깰 수도 있음과 같다(羸其瓶). 즉 인재를 쓰는 시늉만 하고, 능력을 발휘할 환경을 만들어 주지 못한다든지, 이용하고 버릴 생각을 한다든지 함은 쓰지 않고 버림과 같은 것이다. 이는 군자를 모욕하는 일로 흉(凶)한 일이다.

정괘井卦 효사爻辭 해설

초육初六

'정괘' '초육'은 '곤괘困卦'의 상황을 타개하기 위하여 가뭄으로 물이 고갈된 세상에 맑은 우물물을 공급하려고 하는 것이다. 그런데 우물이 바닥에 진흙만 있는 상태여서 먹을 수 없을 정도로(井泥不食), 폐정廢井 상태의 오래된 우물이어서(舊井), 물을 먹으려고 오는 사람은 물론 새조차도 없다(无禽).

평소에 우물을 관리하지 않듯이 인물을 관리하지 않다가, 위기가 오자 우물을 찾듯이 인물을 찾는 꼴이어서, 인물난의 틈을 타서 기회를 엿보고 모이는 천박하고 간사한 소인배들만 모여서 그 인물을 쓸 수가 없는 상태다(井泥不食). 평소에 금융 관리를 잘 하지 않아, 그로 인해 금융 위기에 봉착하여 쓸 수 있는 자금이 없는 상태이기도 하다.

구이九二

'정괘' '구이'는 허겁지겁 우물을 정비할 대책을 세우지만, 그동안 관리하지 않은 우물을 단기간에 정상화할 수 없어 위로 길어 올려야 할 우물물이 골짜기 물처럼 옆으로 새듯 흘러, 골짜기에 있는 붕어에게 부어주는 꼴이다(井谷射鮒). 인재를 급히 모아도 적시에 모이지 않고, 자금을 모아도 적시에 모이지 않는 것이다. 그나마 쓸 만한 우물물, 쓸 만한 인재도 자금도 새어나가, 밑 빠진 독에 물 붓는 격이다(甕敝漏).

구삼九三

'정괘' '구삼'은 평소 준설을 잘하여 먹을 수 있는 우물 상태이지만, 세상 사람들이 어리석어 맑은 물을 알아보지 못하여 있어도 먹지 않는 경우이다(井渫不食). 초야와 시정에 덕업을 겸비한 인재들이 있어도 지도자가 우매하여 등용하지 않으니 군자의 마음을 슬프게 한다(爲我心惻). 길어 올릴 물이 있을 때(可用汲) 그 물을 쓸 사람이 있고, 쓸 만한 인재가 있을 때 지도자가 지혜로우면(王明), 세상 사람들 모두 그 혜택을 입을 것이다(并受其福).

육사六四

'정괘' '육사'는 이제 하괘에서 상괘로 올라와, 우물 외곽을 튼튼한 벽돌로 쌓듯(井甃), 인재 발굴 시스템을 정비하고 개선하여, 나라에 도움이 되도록 한다. 경제 위기에 경제 구조에 대한 체질 개선을 시도함이기도 하다. 이러한 노력이 있으면 허물이 없을 것이다(无咎). 우물을 벽돌로 쌓음은 우물의 구조를 근본적으로 개선하려는 것이고, 쌓는다는 것은 꾸준한 노력을 의미한다. 그래서 이는 사회에서 인재 양성 노력을 꾸준히 한다는 의미일 뿐 아니라, 인재들 또한 우물의 벽돌을 평소에 쌓듯, 인격을 도야하는 덕德의 수양과 실무 능력을 증진하는 업業의 습득을 평소에 꾸준히 함을 비유적으로 상징한다.

구오九五

'정괘' '구오'에서는 '육사'에서 노력한 효과가 나타나, 우물이 달고 맑고 시원한 수질을 갖추게 되어 목마른 이의 갈증을 풀어 줄 단계에 이르렀다(井洌寒泉食). '정괘'에서 '구오'의 중정中正한 지도자가 자리 잡으니, 그를 믿고 인재가 모여들어 세상을 위해 일 하게 된다. 그리고 그동안의 노력으로 국가 운영 자금이 확보되고, 금융 자본의 회전이 본격화하여, 경제가 비로소 회복되기 시작한다. 다만 아직 성과가 명확하게 나타나지 않은 상태라서 사실만 말할 뿐 가치 판단하는 평가의 말은 없다.

상육上六

그런데 다른 괘와 달리 '정괘'는 '오'의 자리, 즉 '구오'가 아닌 '상육'에서 그 전성기를 말한다. 그것은 이미 앞에서 말한 괘사에 그 취지가 있다. 우물물은 위로 길어 올려 두레박이 우물 입구 밖으로 완전히 나올 때까지 그 물을 쓸 수 있다는 보장이 없으므로, 맨 위 '상'의 자리에까지 이르러야 하기 때문이다.

즉 괘사대로 두레박으로 우물을 길어 올리면서도 거의 우물밖에 이르렀지만(汔至), 두레박줄이 닿지 못할 수도 있고(亦未繘井), 그 병 두레박을 깰 수도 있기 때문이다(羸其瓶). 물을 긷는 이의 정성 부족과 부주의로 이런 일이 발생할 수 있다.

말하자면 인재를 씀에 있어서 그 기회와 과정과 결과까지, 즉 우물을 길어 올리기 시작하여 그 과정과 결과인 우물밖에 이르는 그 끝까지 모두 점검하고 확인하는 바른 등용 방법을 써야 한다.

만일 바르지 않은 등용 방법, 즉 기회가 평등하지도 않고 과정이 공정하지도 않고 그 결과가 정의롭지도 않아서, 이념, 지역, 혈연, 학연 등 특정한 부류에 치우쳐, 탕탕평평蕩蕩平平한 인사가 아닌, 네 편 내 편 가르는 당파적 인사를 한다면, 그래서 정권의 입맛에 맞고 정권을 비호하고 정권에 아부하는 인물을 발탁하며, 그렇지 않은 이는 등용하지 않거나, 뜻대로 될 줄 알고 등용하여 뜻대로 안 되면 축출하거나, 실컷 이용하고서는 결과의 이해득실에 따라 유방劉邦이 한신韓信에게 하듯 토사구팽兔死狗烹하거나 해서는 안 된다.

그렇게 하면 거의 다 길어 올린 우물물을 도로 우물 안에 떨어트리거나,

길어 올린 물이 담긴 두레박을 깨거나 하듯, 세상에 헛된 일이 될 뿐만 아니라, 오히려 독이 되어 흉(凶)하게 될 수도 있기 때문이다. 그래서 '정괘'에서는 '상육'에 이르러서야 이제 우물물을 길어 올림이 완성되면서(井收), '정괘'의 완결을 말하게 된다.

그리고 덧붙여, 편을 나누어 다른 편은 먹지 못하게 우물을 뚜껑으로 덮어 놓지 않아야 함도 말한다(勿幕). 즉 인재 등용의 공정한 시스템을 만들고, 인재들이 특정한 정파나 계급을 위해서만 일하지 않고 모두를 위해 일하도록 하여, 세상에 두루 혜택이 미치도록 하는, 공자가 말한 바처럼 '널리 베풀어 민중을 구제함(博施濟衆)'의 공효(功效)가 드러나도록 해야 한다. 그래야 공동체 구성원이 서로 믿고 신뢰하는(有孚) 세상이 되어, 크게 길하게 된다(元吉).

49

혁괘 革卦

원문과 번역

革, 已日, 乃孚, 元亨, 利貞, 悔亡. (혁은 날을 마쳐야
_{혁 이일 내부 원형 리정 회망}
이에 믿으리니, 크게 형통하고 바르게 함이 이로워, 뉘우침
이 없어진다.)

(初九) 鞏用黃牛之革. (누런 소의 가죽을 굳게 쓴다.)
_{공용황우지혁}

(六二) 已日, 乃革之, 征吉, 无咎. (날을 마쳐야 이에 고치리니, 가면 길하
_{이일 내혁지 정길 무구}
여 허물이 없을 것이다.)

(九三) 征凶, 貞厲, 革言三就, 有孚. (가면 흉하니, 곧고 바르게 하며 위태
_{정흉 정려 혁언삼취 유부}
로운 듯해야 할 것이니, 고친다는 말이 세 번 이루어져야, 믿음이 있을
것이다.)

(九四) 悔亡, 有孚, 改命, 吉. (뉘우침이 없어지니, 믿음을 가지면, 명을
_{회망 유부 개명 길}
고쳐서 길할 것이다.)

(九五) 大人虎變, 未占, 有孚. (대인이 범처럼 변하니, 점치지 않아도 믿음
_{대인호변 미점 유부}

이 있다.)

(上六) 君子豹變, 小人革面, 征凶, 居貞吉. (군자는 표범처럼 변하고,
　　　　군 지 표 변　소 인 혁 면　정 흉　서 성 길
소인은 낯만 고치니, 가면 흉하고, 바른 데 거처하면 길할 것이다.)

혁괘革卦 총설과 괘사卦辭 해설

'혁괘'는 『주역周易』의 49번째 괘로서, 위는 못이고 아래는 불이다(澤火
革). '혁革'은 '바꿔 고침', 즉 '변혁變革'이다. 그래서 '혁괘'는 '개혁改革', '혁명
革命'을 말한다. '곤괘困卦'에서의 외환 위기와 같은 문제를 해결하기 위해서
는 그 원인을 규명하여 변혁해야 하는데, '정괘井卦'에서와 같은 대책, 우물
을 보수하는 정도의 대책이 미봉책으로만 끝날 경우, 근본적 해결을 위해서
는 아예 제도를, 더 나아가서는 체제를 바꾸어야 한다.

앞 '정괘井卦'에서 "정井은 고을은 바꿔도 우물은 바꾸지 못한다(井, 改邑,
不改井)"라고 하였지만, 만일 우물을 단순히 준설하고 보수하는 정도로만 할
경우, 그 샘의 원천 수질이 문제여서 그러한 방법으로는 깨끗한 물이 나오
기 어렵거나, 아예 수원이 고갈되어 있어 물 자체가 나오지 않는다면, 새 수
원을 찾아 새 우물을 파야할 것이다. 이 단계가 곧 '혁괘革卦'다. 이때 '혁革'
이 '개혁'이냐 '혁명'이냐는 구폐舊弊의 정도에 달렸다. 외환위기 정도의 대책
은 '개혁'에 그칠 수 있으나, 체제가 썩어 국가 기틀 자체가 문제된다면 '혁
명'이 발생할 수 있다.

『주역』 '혁괘' 「단전彖傳」은 이 괘와 관련하여 중국 고대 상商(은殷)의 탕왕

湯王과 주周의 무왕武王의 혁명을 말한다. 즉 "하늘과 땅이 '혁革'하고 사시四時가 이루어지니, 탕湯과 무武가 '혁명革命'을 하여 하늘을 따르고 사람에 응하니, '혁革'의 때가 크구나!(天地革而四時成, 湯武革命, 順乎天而應乎人, 革之時大矣哉!)"라고 한 것이다. '혁명革命'이란 말은 '명命'을 바꾼다(革)는 뜻이다. '혁革'이 곧 '바꾸다'는 말이다. 여기서 '명命'이란 '천명天命', 즉 하늘의 명이다.

원래 다른 문화권도 유사하지만, 중국은 상고시대부터 통치자의 권력은 하늘이 부여한다고 생각했다. 물론 권력자들이 자기 권력을 정당화하기 위한 것이다. 권력의 뒷배가 하늘이라는 것이다. 이것은 원시 종교 시대부터 국가 종교로서 전개되면서, 신정神政국가화하며 만들어진, 종교적인 정치 신학政治神學에 의거한 사상이다. 그래서 최고 통치자를 '천자天子', 즉 하늘의 아들이라고 주장했다. 하늘이 자기 아들에게 지상 권력을 부여하여 보낸 것이라는 주장이다. '명命'은 '명령'임과 동시에 '주다', '부여하다'는 뜻이다.[147]

그런데 하늘이 명을 내려 보낸 통치자가 덕을 잃어 하늘이 보기에 더 이상 통치자의 자격이 없다고 여기면, 그 '명'을 거두어 자격을 가진 다른 자에게 준다는 것이 명을 바꾼다는 것이며, 이것이 바로 '혁명革命'이다. 그러니 사실상 '명을 바꾸다'의 주어는 '하늘'로서 하늘이 '혁명'의 주체인 것이다.

그렇지만 인간 사회에서 정치적으로 실행에 옮기는 쪽은 사람이다. 하늘로부터 새로 명을 받은 자가 하늘을 대신하여 하늘의 명을 집행하고는 자신이 최고 권력자가 된다. 그리고 자기 마음대로 혁명한 것이 아니라, 하늘이 명한 것이라고 정당화한다. 사실상 자신이 일으킨 정변은 신하가 당시 통치자인 임금을 밀어내는 것이므로 반역이 되지만, 그것을 하늘의 명이라는 논리로 정당화하는 것이 곧 '혁명'이다.

중국에서 혁명의 최초 시도자가 상商나라를 세운 탕湯이다. 그는 앞 왕조인 하夏나라의 당시 임금 걸왕桀王이 임금의 덕을 잃은 폭군이라고 비판하며, 그를 몰아내고 상商이라는 새 왕조를 세웠다. 그래서 최고 통치자의 성姓을 하나라 왕족의 성姓에서 자기 가문의 성으로 바꾸었으므로, 이후 이러한 정치 행위를 '성姓'을 바꾸다(易)라는 의미의 '역성易姓'과 '명命'을 바꾸다(革)라는 의미의 '혁명革命'을 합쳐서, '역성易姓 혁명革命'이라고 한다.

탕의 혁명 대상이 된 왕조의 시조는 우禹인데, 우는 앞의 임금인 순舜의 선양禪讓을 받았고, 순 또한 그 앞의 임금인 요堯의 선양을 받았다. 그런데 우 이후 한 성씨姓氏의 자손으로 왕권이 이어지는 첫 세습 왕조가 된 것이 하 왕조다. 이 하 왕조를 혁명이라는 정치 행위로 밀어낸 최초의 시도가 탕에 의해 이루어진다.

그런데 상 왕조 역시 그 말기에 폭군 주紂임금이 나타나고, 이를 혁명으로 몰아낸 이가 곧 주周 무왕武王이며, 정변 성공 후 자신의 아버지를 왕으로 추존하여 '문왕文王'이라고 하였다. 이런 혁명은 훗날 공자孔子의 정명론正名論에 기반한 맹자孟子와 순자荀子의 혁명론에 의해 이론적으로 정당화된다. 흔히 이성계李成桂의 근세近世 조선朝鮮 건국을 이런 중국의 사례에 빗대어 역성 혁명이라고 한다. 고려高麗라는 왕씨王氏 성姓의 왕조를 조선朝鮮이라는 이씨李氏 성姓의 왕조로 바꾸었다는 것이다.[148]

'혁괘'에서 말하는 변혁의 의미를 가진 '혁'은 그 변화의 정도 차에 따라 '개혁'일 수도 있고, '혁명'일 수도 있다. 그러나 '혁괘' 「단전」에서는 분명히

'혁명'의 의미로 쓰고 있다. 개혁이든 혁명이든 모두 기존 세력과의 투쟁이 전제된다. 성공 여부도 불확실하여 모험을 수반한다. 그 조건은 당시 주체 세력의 순수성, 시행 후의 바른 조치에 달려 있다.

하나의 정변을 일으킬 때 그 성공 여부는 확신이 어렵고 매우 큰 모험이 어서, 참여자들은 자신과 가문의 목숨을 걸어야 하는 경우가 많다. 그래서 매우 신중함이 필요하다. 무엇보다 성공 후라도 공동체 구성원들이 인정해 주느냐의 여부도 중요하다. 새로운 권력을 가진 왕자王者가 되느냐 역적逆 賊이 되느냐의 갈림길에 서는 것으로서, 중요한 결단의 순간이 있게 된다.

역사에서 정변을 일으킨 자들은 많은 경우 강을 건너 거사하였다. 주의 무왕도 강을 건널 당시 자신을 따르는 다른 제후들과 병사들이 주왕紂王 군 대보다 군사력의 열세로 성공 가능성에 불안해하고, 신하가 임금을 친다는 정당성에 회의하고 동요하여, 하늘이 명을 바꾸었다는 명분을 말하는 세 차 례의 연설[149]로 혁명군을 설득하였다. 이런 명분은 곧 정권의 성립을 정당 화하는 이념, 이데올로기다.

이데올로기는 통치 세력이 세상의 다양한 국면에서 필요한 사항을 부각 하여 감성으로 포장한 것이다. 무왕은 하늘의 명이 상商에서 주周로 바뀌었 다는 명분을 내세우며, 그것을 부각하여 제후들과 군사들의 감성을 자극하 고 선동하여 혁명에 성공한다. 이 이데올로기를 이후 그의 동생 주공周公 단 旦이 제도화하여 통치 체제로 확립한 것이 이른바 '주례周禮'라는 것이다.

혁명 후 주체 세력이 행하는 체제와 제도의 변혁이 오히려 이전보다 더 못하여, 구관이 명관이라는 식이 되면, 혁명은 인민 백성의 동조를 받기 어 렵다. 그래서 '혁명'은(革) 거사 후 일정한 날이 지나(己日), 혁명으로 인한 변혁의 성과가 나타나야, 인민 백성으로부터 신뢰 받을 수 있고(乃孚), 이 신뢰를 통해 혁명이 크게 형통하게 되며(元亨), 또 중요한 것은 그 정당성이므로 바르게 함이 이로운 것이다(利貞). 이렇게 해야 혁명을 수행한 이들이나 인민 백성이 후회함이 없게 된다(悔亡).

혁괘革卦 효사爻辭 해설

초구初九

'혁괘' '초구'는 초기로서, 아직 구체제(앙시앵 레짐, ancien régime) 보수 세력의 완강함이 그 질김으로 인해 병사의 갑옷으로 쓸 정도인 황소의 가죽과 같이 공고鞏固한 상황이다(鞏用黃牛之革). '초구'는 '구사'와 호응하는 자리이지만 둘 다 양이므로 호응하지 않는다. 즉 '구사'는 기존 구체제의 실세 자리다. 기득권을 향유하는 자리이므로, '초구'와 호응할 필요가 없다.

기득권 세력 중에서도 기존 체제의 모순을 인식하고 있는 정의로운 군자가 있어서 호응할 수도 있고, 또는 그 중에서 소인이지만 기득권층 중 주류에서 소외된 불만을 가진 비주류 세력으로서 호응할 수도 있지만, 아직은 그러한 호응 세력이 없는 상태다. 인민 백성도 체제의 모순을 느끼고 민생의 어려움으로 불만을 지니고 있지만, 아직 구체제에 물들어 벗어나려 하지 않고 타성으로 살려는 생각이 그들의 기득권층에 대한 분노를 오히려 상회하고 있다.

상하가 호응하지 않는 상황에서 섣불리 거사하면 혁명이 실패할 확률이 높다. 혁명의 때가 아직 도래하지 않았으니 행동을 개시하지 않고 기다려야 한다. 단순한 개혁이라 하더라도 반개혁 세력이 아직 강고한 상태다.

육이六二

'혁괘' '육이'는 '초구'가 아직 혁명의 때가 도래하지 않았음에 대해 이제 비로소 혁명의 때가 도래한 것이다. 하괘의 가운데 자리로 중도를 지키므로 더욱 시기가 적절하다. 그러나 '초구'는 양강으로서, 혁명의 의지는 불타오르나, 때가 아직 성숙하지 않은 상태이지만, '육이'는 거사의 때는 무르익었으나 음유함으로 인해 앞장서서 거사할 용기가 없는 상태다. '육이'는 상괘의 '구오'와 음양으로 호응하는 자리다.

'구오'는 혁명 지도자다. 기득권층의 주류밖에 있지만, 신분과 지위가 높으면서 기존 체제를 변혁할 의지가 큰 자다. 궁궐 밖 반정의 주도 세력이기도 하다. 또는 현재 최고 통치자일 경우, 아래 '구사'의 조선조 노론 귀족들이 실권을 차지하고 있고, 그들에 의해 실권이 제한된 정조正祖이거나, 그후 더욱 허수아비 임금 노릇한 조선조 후기의 임금들과 같은 자리다. 이러한 '구오'가 일종의 친위 쿠데타적 혁명을 계획할 수 있는 상황으로서 밖에서 '육이'와 같은 호응 세력이 필요하지만, '육이'가 음유하여 우유부단하고 용기가 없는 상태다.

그러나 만일 '구오'가 먼저 혁명의 신호를 보내거나 아래 '초구'의 뒷받침이 있을 경우 앞장 서는 다른 지도자가 먼저 거사하면, 그 거사를 따라서 이에 혁명에 동참할 수는 있다(己日乃革之). 그럴 경우 앞장서는 지도자를 따라 행동을 개시해도 좋으며(征吉), 거사 자체에도 문제가 없을 것이다(无咎).

구삼九三

'혁괘' '구삼'은 하괘의 맨 위다. '혁괘'의 하괘는 리괘離卦☲의 불로서 '구삼'은 그 맨 위에 있으면서, 상괘인 태괘兌卦☱의 못을 혁명의 대상으로 삼아 못의 물을 다 말릴 듯이 전진하려 한다. 하괘의 맨 위이므로 불안 동요의 자리이기도 하면서 불의 선봉이기도 하다. 그래서 혁명 대상을 마주하고 혁명 의지를 불태운다. 그런데 상괘인 태괘兌卦☱에는 '열순悅順'(기뻐하며 따름)의 상象이 있다.

혁명할 때 만일 혁명 대상이 완강히 저항한다면 혁명의 맹렬한 기세로 전진해 나가야 하겠지만, 그 대상이 이미 대세가 기울었음을 알고 '열순'의 뜻을 보이며 귀순한다면 어떻게 할 것인가. 만일 귀순, 투항하는 혁명 대상을 무관용으로 공격하여 제거하려 한다면, 이는 잔인한 살육일 뿐, 그런 거사는(征) 흉한 일이 된다(凶). 이럴 경우 혁명 명분이 아무리 정의롭더라도(貞), 정치적, 도덕적 명분을 잃는 위태로운 일이 된다(厲).

동시에 '구삼'의 불안한 자리에서 혁명하는 것은 경거망동하지 말고, 정의로움을 지키면서도 위태로운 듯하면서(貞厲), 신중하게 처신해야 한다. 그 신중함은 혁명의 공약을 거듭 강조하며(革言三就), 모두에게 신뢰를 줌으로써 행하여야 한다(有孚).

구사九四

'혁괘' '구사'는 이제 혁명의 거사를 실행하는 것이다. 『주역』은 64괘 384효가 연속되는 스토리를 이루지만, 매 괘, 매 효마다 그에 처한 존재가 독립적 의미를 지니는 상대성의 이치가 있다. 예컨대 이 '혁괘' '구사'가 '구오'의 입장에서 보면 자신의 친위 혁명을 방해하는 귀족 세력으로 해석될 수도 있지만, '구사'의 입장에서는 그 자체가 이제 본격적인 혁명 주체가 된다. 그러므로 '역易'은 어떤 자리에 처해 있느냐가 관건이다.

지금 '혁괘' '구사'는 그동안 고민하며 계획하던 혁명을 위해 진군하는 상황이다. 그런데 '사四'와 '초初'가 호응해야 하지만, 둘 다 양이므로 '구사'는 '초구'와 호응하지 않는다. '초구'의 민중 세력이 호응하지 않는 것이다. 주周 문왕文王이 서백西伯으로 있을 때, 비록 천하의 3분의 2가 그와 호응할 정도였지만, 아직 때가 도래하지 않아 거사하지 못하였다. 그런데 그의 아들 희발姬發, 즉 무왕武王은 이제 때가 도래하여 거사하려 하는데, 민중이 성공 가능성과 거사 명분에 대해 회의懷疑하고 있다. 그렇지만 시운이 혁명에 유리하게 되었음을 놓칠 수가 없다.

'혁괘' 괘효로 봐서는 상괘인 태괘兌卦 ☱의 물이 있는데, 하괘가 리괘離卦 ☲로 불이다. 이제 수화水火 교체 시기가 시작된, 혁명의 때가 온 것이다. 그래서 그는 동요하는 다른 제후들과 군사들을 설득하여, 즉 '초구'를 설득하여 혁명의 때를 놓치지 않는다. '초구'가 처음에 호응하지 않음은 잘못된 선택으로 '뉘우침(悔)'을 남길까 우려한 것이지만, 지도자의 때를 판단하는 지혜로움과 결단력 있는 의지로 혁명을 수행하여 그 후회할 일이 없어진 것이다(悔亡).

결국 앞서 '혁괘' 「단전」의 말처럼, 하늘이 돕고 사람이 도와서 하늘도 사람도 믿음을 가졌으니(有孚), 혁명을 수행하여 구체제를 청산하고 천하를 새롭게 다스릴 '명命'을 고쳐(改命), 좋은 결실을 맺는다(吉). 즉 주나라는 비록 이전부터 있던 제후국으로서 옛 나라이지만, 그 명만은 새롭게 된 것이다(周

雖舊邦, 其命維新).[150]

구오九五

'혁괘' '구오'는 '혁괘'의 전성기다. '구사'에서 이룬 혁명이 본격적으로 사회를 바꾼다. '구오'는 '혁괘'에서 최고 지도자(大人) 자리다. 주 무왕이 혁명을 완수하고, 그 자신이 혁명 지도자로서 이제 어제의 희발姬發이 아니다. 새로운 시대에 스스로 솔선하여 범 가죽 무늬 같이 찬란한 새로운 면모로 변하듯, 천하의 체제, 제도, 모습도 역시 범 가죽 무늬처럼 변하여(虎變) 일체를 혁신한다(大人虎變). 또 점占 치는 것과 같이, 향후 어떻게 될까하는 불확실성을 해소하기 위해 행동할 필요가 없을 정도로, 공동체 구성원이 새로운 체제와 제도에 신뢰를 가진다(未占有孚).

바꾸어서 이야기하면, 만일 혁명을 실행한 지도자와 그 동조 인물들이 자신들조차 새로운 체제의 제도로 일신하지 못하고, 정권을 얻고 나서는 딴 마음이 생겨 자신들의 사리사욕을 취하기 위해 인민을 착취하는 새로운 기득권 세력으로 행세하며, 그 기득권을 공고히 하기 위한 제도를 만든다면, 그것은 '호변虎變'이 아니라 위선적 가면이므로, 인민 백성으로 하여금 실망하게 하여 신뢰를 잃게 된다.

상육上六

이제 '혁괘'의 '상육'에서 혁명이 마무리된다. 이때 혁명에 마음으로 따르는 자(君子)는 표범 가죽 무늬처럼 변하듯(豹變) 돕지만(君子豹變), 사익을 추구하는 소인은 얼굴 표정만 바꾸듯 겉으로만 따르는 척한다(小人革面). '혁괘'에서는 인간 유형을 '대인大人', '군자君子', '소인小人'으로 나누고 있다. 이 중 덕이 높은 대인이 혁명 지도자로서 새로운 천하를 만들면, 덕에 있어 그 다음 급인 군자들이 그를 따르고 보좌하여 새로운 나라를 만드는 주류 세력이 된다.

그런데 소인은 이익에 따라 기회를 엿보는데, 이전 체제의 치하에서 새로운 체제의 치하에 있게 되어 그들의 이익에 따라 새로운 체제에 순응한다. 이러한 순응이 곧 소인의 내면적 마음까지 도덕적으로 되는 것은 아니다. 그리고 그렇게 기대할 필요도 없고, 무리하게 그렇게 만들려고 해서도 안 된다. 소인은 원래 그런 존재이므로 순응의 '혁면革面' 만으로 만족할 수밖에 없다. 만일 내면까지 바꾸려고 더 몰아세우면(征), 궁지에 몰린 쥐가 저항하듯 오히려 반란을 일으켜 결과가 나빠질 수가 있다(凶).[151]

세상에서 완벽한 도덕적 교화로 소인을 완전히 없애는 것이 이론적으로는 이상적이지만 현실은 그렇지 않다. 세상을 군자가 주도하게 하고, 소인의 발호를 막는 것이 현실적으로 최선이다. 즉 사회 전체를 정의가 주도하게 하면(居貞), 그것이 치세治世로서의 좋은 세상인 것이다(吉).[152]

50

정괘 鼎卦

원문과 번역

鼎, 元吉亨. (정은 크게 길하여 형통하다.)[153]
정　원 길 형

(初六) 鼎, 顚趾, 利出否, 得妾, 以其子无咎. (솥이
정　전 지　리 출 비　득 첩　이 기 자 무 구
발을 뒤집었으나, 나쁜 것을 내놓음이 이로우니, 첩을

얻으면 그 자식으로써 허물이 없어질 것이다.)

(九二) 鼎有實, 我仇有疾, 不我能卽, 吉. (솥에 물건이 차 있으나, 내 짝
정 유 실　아 구 유 질　불 아 능 즉　길
에 병이 있으니, 내가 나아갈 수 없으면 길할 것이다.)

(九三) 鼎耳, 革, 其行塞, 雉膏不食, 方雨, 虧悔, 終吉. (솥귀가 바뀌어
정 이　혁　기 행 색　치 고 불 식　방 우　휴 회　종 길
그 가는 것이 막혀, 꿩기름을 먹지 못하나, 바야흐로 비가 와서, 뉘우침

을 이지러지게 하니, 마침내 길하게 될 것이다.)

(九四) 鼎, 折足, 覆公餗, 其形渥, 凶. (솥에 발이 부러져 공의 음식을
정　절 족　복 공 속　기 형 악　흉
엎으니, 그 모습이 젖음이라서 흉하다.)

(六五) 鼎黃耳金鉉, 利貞. (솥에 누런 솥귀와 쇠솥 귀고리이니, 바르게 함이
정 황 이 금 현　리 정

이롭다.)

(上九) 鼎玉鉉, 大吉, 无不利. (솥에 옥솥 귀고리이니, 크게 길하여 이롭지
_{정 옥 현 대 길   무 불 리}
않음이 없다.)

정괘鼎卦 총설과 괘사卦辭 해설

'정괘'는 『주역周易』의 50번째 괘로서, 위는 불이고 아래는 바람(또는 나무)
이다(火風鼎). 앞 '혁괘革卦'를 180도 뒤집은 모습이다. '혁괘'는 변혁을 상징
한다. 그런데 만일 바꾸는 일만 계속한다면 사회는 안정되지 못할 것이다.
'정괘鼎卦'는 변혁 후 안정을 도모함이다. 그러나 안정은 변화를 거부하는 그
안정은 아니다. 변혁 후 변혁으로 인한 변화의 취지를 살리면서 그 효과의
결과를 다지고 굳히는 안정이다. '정鼎'은 발이 셋인 솥으로 안정의 상징이
기도 하다. 발이 셋인 물건은 흔들림 없이 안정된 상태를 유지할 수 있기 때
문이다.

앞 '혁괘'는 상괘 못의 물이 내려오고 하괘 불이 올라가면서, 물불이 상
충하듯 치열한 투쟁이 있는 변화다. 그러나 솥은 중간에 쇠가 있음으로
인해 물과 불을 완충하여 쌀을 밥으로 만들듯 음식물을 변화시킨다. 물과
불이 직접 만나면 물은 불을 꺼뜨려 없애려 하고, 불은 물을 말려 없애려
하는 상극相剋 작용을 한다. 그러나 솥이 있으면 그 사이에서 완충하여 상
생相生으로 바꾸어 극단적 모순을 오히려 변증법적으로 통일한다. '혁괘
革卦'가 물리적 변화라면, '정괘鼎卦'는 화학적 변화다. 인류 문명은 이렇

게 '정鼎'으로 상징되는 문명적 도구를 사용하여 변화 발전을 전개해 온 과정으로 이루어진다.

『주역』「잡괘전雜卦傳」에서 "혁괘革卦는 옛 것을 버림이고, 정괘鼎卦는 새 것을 취함"이라고 하였다. '혁괘'에서 묵은 것을 파괴하고, '정괘'에서 새로운 것을 건설한다. 변혁을 명분으로 파괴만 하고 새로운 건설이 없으면 세상은 안정되지 못한다. '혁괘'의 혁명은 기존의 묵고 낡은 것을 해체하는 극단적 처방이다. 그런데 파괴하고 해체해 놓고는 그 자리에 잔해만 남겨 놓는 것은 혁명의 목적이 아니다. 낡은 마을을 재개발한다고 하고서 철거만 하고 끝내는 것과 같은 것이다. 거기에 새로운 마을을 건설해야 한다. 이것이 '정괘鼎卦'다. 혁명 후 새로운 체제에 맞는 새로운 질서를 제도화하는 것이다.

한漢 고조高祖 유방劉邦이 천하를 얻고 나자, 숙손통叔孫通이 "말 위에서 천하를 얻어도 말 위에서 천하를 다스릴 수는 없다"라고 하였다. 무武로써 얻은 것을 문文으로써 안정시켜야 한다는 것이다. '혁괘'의 혁명은 무武이고, '정괘'의 안정은 문文이다. 혁명으로 구폐舊弊를 일소하고도 민중의 지지를 얻을 만큼의 대안을 제시하지 못하거나 사익만 추구한다면, 다시 다른 세력에 의해 타도될 수 있다. 나아가 이후 역사의 승자에 의하여 반反역사 세력으로 폄하될 수도 있다.

'정괘'는 변혁 후의 굳히기, 안정화의 과정을 상징한다. 계속적인 파괴와 해체의 과정만 있어서는 새로운 세상은 열리지 않고 혼란만 거듭된다. 변혁 후에는 새 시대의 새로운 질서를 만들어야 하고, 그 작업의 시대가 '정괘鼎卦'의 시대다.

'혁괘'는 진보이고, '정괘'는 보수다. 어떠한 진보도 그 다음에 보수화 작업이 없으면 그들의 이념을 안정화할 수 없다. 구시대를 타파한 진보는 새 시대의 보수가 된다. 그들이 옳다고 믿는 이념에 의해 그들의 새로운 기득권 체제를 구축하는 것이 진보의 새로운 보수화 작업이다. 이미 그들의 이익을 보수화하고도 여전히 진보의 타이틀을 달고 있는 것은 명실이 일치하지 않는 것이다.

지금의 보수는 이전의 진보다. 이전의 진보였던 새로운 보수는 새롭게 얻은 기득권을 유지하고 그 세습을 고착화하기 위한 제도, 예컨대 대를 이어 부와 권력을 이어가려는 음서蔭敍제도 같은 것을 만드는 경우처럼 적폐를 드러낼 때, 그 생명은 시효 지난 단순한 수구가 된다. 그때가 되면 새로운 '혁괘'의 시대가 도래하여, 새로운 진보 세력에 의해 타도된다. 물론 그 다음에 다시 보수화 시도의 '정괘鼎卦'가 온다.

이처럼 진보와 보수는 상대적이다. 어느 한쪽이 선이고 어느 한쪽이 악인 것이 아니다. 혁명이 정당하고 선이라면, 그것을 굳혀 보수화시키는 것도 정당하고 선이어야 한다. 보수가 악이 되는 것은 특정 세력이 권력을 사유화하며 탐욕을 부려 체제가 썩어가는 것이고, 진보가 악이 되는 것은 기존 체제가 부패하지 않았는데도 새로운 세력이 자기 이익을 위하여 진정한 명분 없이 기존 체제를 파괴하는 것이다. 진보적 개혁을 넘어서 혁명을 이야기하는 '혁괘'도 시대적 정당성이 있어야 하며, '혁괘' 후 보수적 안정화를 위한 '정괘' 역시 시대적 정당성이 있으면, 크게 길하여 형통하게 된다(鼎, 元吉亨).

정괘鼎卦 효사爻辭 해설

초육初六

'정괘' '초육'은 '혁괘'에서 이룬 혁명의 취지를 착실히 수행하여 안정화하기 위한 '정괘' 첫 단계다. 그래서 세 발 솥인 '정鼎'의 '발[지趾]'에 비유했다. 먼저 낡은 구폐를 제거하여 청산하여야 한다. 마치 솥 안에 이미 전에 만들었던 음식이 있었지만 부패하여 먹을 수 없다면, 우선 솥의 발을 잡아 뒤집어(鼎顚趾), 낡고 썩은 내용물(否)을 쏟아버려야 함과 같다. 그래야 솥의 새 음식이 취식을 위한 경우에는 건강을 해치지 않고, 제사를 목적으로 할 경우에는 정성을 표현할 수 있어서 이롭게 된다(利出否).

폭군과 함께 백성을 가렴주구 하던 탐관오리도, 일제에 빌붙어 앞잡이 노릇 하던 친일파도, 독재 정권의 국민 인권 탄압에 앞장섰던 자들도 썩은 음식 버리듯 쏟아서 버려야 함과 같다. 그래야 '혁괘'를 이은 혁신의 안정적 토대가 확립된다. 새 술은 새 부대에 담듯 새 솥의 상태를 만든다. 그러나 타도된 정권에도 썩지 않은 인재는 있을 수 있다. 세상은 모든 것이 일사불란하게 획일화될 수 없는 복잡하고 다양한 상황이 혼재되어 있다. 모든 것이 한 잣대로 일도양단一刀兩斷하듯이 평가되고 결정될 수 있는 것이 아니기 때문이다.

더구나 부패한 전 정권에 부역한 당사자가 아닌 생물학적 후예나 정치적 후예 중에 나라를 위해 절대적으로 필요한 인재가 있을 수 있다. 이럴 때 원래는 본처가 아닌 첩이라 하더라도 훌륭한 자식을 두면 그 덕을 보듯(得妾以其子无咎), 구체제의 사람도 어진 인재이면 발탁할 수 있다. 킬링필드의 피비린내 나는 숙청만이 국정의 혁신도 진정한 혁명도 아님을 말한다.

구이九二

'정괘' '구이'는 이 괘 '초구'의 솥발 다음 단계로 올라간 솥의 배에 해당한다. '초구'에서 이전의 낡고 썩은 내용물을 비운 솥에 새 것을 채우는 단계다(鼎有實). 그런데 이미 새로운 내용물로 가득 찬 솥을 더 채우면, 솥은 넘치거나 무게를 못 이겨 뒤집어진다. 즉 이미 채워진 새로운 내용물의 적절성이 검토될 때까지 기다려야 한다.

개혁이나 혁명 후, 새 체제를 위한 정책, 제도 등이 적절한지 성과를 보고 검증도 하기 전에 조급증으로 또 거듭 바꾼다면, 혁신의 열매는 언제라도 거두지 못할 것이다. 예컨대 공직자들의 복지부동도 문제이지만, 성과 경쟁의 압박에 너도 나도 이 정책, 저 제도를 줄서서 제안하듯 하는 것도 문제다. 한 열매가 여물기 전에 파버리고 새 열매 나무를 심는 것이다. 진보, 개혁, 변화라는 이념에 함몰되어 지지자의 극성에 눈치 보며 쫓기듯 국정을 시행하면, 전체를 돌아볼 여유가 없는 것이다.

그런데 다행스럽게도 '구이'와 상응하는 자리의 내 짝(我仇)인 '육오', 즉 현 상황을 총 지휘하는 최고 지도자가 제동을 걸어 준다. 국정 전체를 고민하고 번뇌하는(有疾) 자리에서 속도를 조절해준다. 그래서 정책 실무자인 '구이'의 위치에 있는 내가(我) 또 다시 새로운 기획안을 들고 결재하러 가지 못하도록(不我能卽), 정책을 안배하여 잠시 자제하도록 한다. 그것이 현 상황 전개에 좋은 것이기 때문이다(吉). 이것은 곧 혁명의 진보가 급진화하지 않도록 안정화 단계를 밟는 것이다.

구삼九三

‘정괘’ ‘구삼’은 양陽인 ‘구九’가 들뜨는 조급증을 가지고 있는 성질인데다, 하괘의 맨 위라는 불안정성 때문에 그 점이 가중된다. ‘정鼎’이라는 솥은 발이 셋으로 그냥 두고 사용할 때는 그 발로 안정을 취하고 있는데, 옮길 때는 윗 쪽에 달린, 양 쪽의 구멍이 있는 솥귀에 긴 막대기를 끼워 이동한다.

이동하는 경우는 조리가 끝난 후 요리를 먹기 위해서나 제사에 사용하기 위해서다. 일단 그 전에 안정적으로 조리한 후에 사용처로 옮긴다. ‘정괘’ 괘상으로 볼 때 그 옮겨질 자리에 관한 것은 ‘육오’이고, ‘구삼’은 ‘구이’, ‘구사’와 더불어 내용이 들어가는 솥의 몸통에 해당한다. 몸통은 조리를 하는 위치이므로, ‘구삼’의 단계는 아직 옮길 때가 아니다. 아직 제도의 검증과 안정화의 시기다.

만일 ‘구삼’에서 벌써 옮김을 생각하고 솥귀의 변화를 추구하여(鼎耳革), 음식이 익기도 전에 굽힘 없이 계속 바꾸어간다면, 혁명 과업 수행이 막혀서(其行塞), 꿩 기름으로 만들어진 요리 같은 그 성과를 맛보지 못하게 된다(雉膏不食). ‘구이’에서와 같은 지나친 변혁의 열정을 때마침 오는 비로 식히듯이 하여, 꿩 기름을 굳히고 안정화해야(方雨), 이후에 있을 수 있는 후회를 줄여(虧悔), 결과적으로 좋아진다(終吉).

구사九四

‘정괘’ ‘구사’도 솥의 몸통으로 여전히 솥의 음식 내용물이 잘 조리될 때까지 기다려야 하는 단계다. ‘구삼’이 하괘의 맨 위로서 조리의 결과가 어떨까 궁금해 하는 상황인 것같이, ‘구사’ 역시 상괘의 맨 아래로 그런 상황이다.

'삼'과 '사'가 모두 불확정적 상황임은 같지만, 여기서 '구사'는 이제 곧 그 결과가 나올 단계다. 그런데 솥의 크기도 감당할 수 없는데, '이'와 '삼'의 단계에 이어 '사'에서도 지나치게 요리의 재료를 더 많이 넣는 과잉 의욕이 발생할 수 있다.

혁명에서 타도 대상이 된 이전 체제 권력은 비록 부패했지만, 오랫동안 익히 유지해온 행정 능력은 있다. 그에 비해 혁명으로 새롭게 집권한 세력은 국정 경험은 없이 의욕만 왕성할 수 있다. 그래서 요리는 조화가 중요한데도 솥에 이 재료, 저 재료 마구 집어넣어, 조화는커녕 솥이 그 양과 무게도 견디지 못하게 할 수도 있다. 새로운 최고 국정 책임자가 용인用人의 경험이 적으면 인재를 적절하게 안배하지 못할 수도 있다.

그래서 무능력한 자를 등용해 일을 맡기면, 이 정책 저 정책을 쓰면서 정책만 남발하여 국정을 실험 대상으로 삼을 수도 있고, 결과적으로 그 고통은 국민 백성에게 돌아갈 수밖에 없다. 마침내 솥이 무게를 견디지 못하여 발이 부러지고(鼎折足), 임용권자의 음식을 쏟듯 하게 된다(覆公餗). 국정을 망칠 수도 있다.

도덕성도 능력도 안 되면서, 임용권자가 자리를 준다고 출세욕에 앞뒤도 재지 않고 덥석 물어 청문회에서 본색이 드러나 망신당하고 낙마하든가, 억지로 임용돼도 국정을 망치고는 쫓겨날 수 있으니, 온 몸이 땀에 젖듯(其形渥), 당혹스러운 처지에 빠질 것이다. 결국 자기나 나라에 흉(凶)하게 된다.[154]

육오六五

'정괘' '육오'는 '혁괘' 후 '정괘'의 안정화에 총책임을 지는 최고 지도자다. 혁명 정신을 단계적으로 실천해 나가는 계획을 총괄 지휘하는 자리다. '구이', '구삼', '구사'는 솥의 몸통에 조리할 요리의 재료를 넣어 내용물을 채우는 과정이다. 즉 혁명 정신을 정책으로 계획화하여 실천하는 과정이다. 이 과정에서 '구이', '구삼', '구사'의 세 양은 그 내용 '채움'의 '실實'이다.

이제 '육오'는 음으로서 비로소 '비움'의 '허虛'의 단계가 된다. 그것도 조리가 끝난 후, 연회 자리나 제사상에 그 요리를 옮김을 상징하는 솥귀의 위치다. 또한 그 이동을 위해 긴 막대기를 끼울 위치가 되는 솥귀의 비어있는 구멍을 상징하는 것도 '육오'의 음이다. 즉 그동안의 정책 실천의 효과를 지도자 입장에서 종합 판단하는 단계다.

그동안 경제개발계획 같은 실천 과정에서 강경한 양인 '실實'의 방법을 취했는데, 그것은 곧 '무武'의 방법이다. 앞서 숙손통叔孫通의 말처럼, 이제 '문文'으로 전환해야 할 단계이기도 하다. 그것은 솥귀의 비어 있음이다. 또 지도자의 지도력은 '중용'으로 국정을 조화해야 한다(鼎黃耳, '黃'은 '中'을 상징한다.). 그리고 솥을 옮길 때, 즉 그동안의 성과를 국정에 구체적으로 적용할 때, 솥귀의 쇠솥 귀고리(金鉉)에 막대를 걸어서 옮겨 가듯, 확실하게 해야 한다.

이는 솥의 몸통에 해당하는 '구이', '구삼', '구사'의 단계에서 있을 수 있는 경거망동을 누르고, 지나치지도 모자람도 없는 '중용'을 추구하는 지도자의 모습을 보이는 것이 바람직하다. 그리고 국정을 정의롭게 수행해야 나라에 이로울 것이다(利貞).

상구上九

'정괘' '상구'는 그동안 이룬 혁명과업 실천의 종합적 마무리 단계다. 그동안 무武의 방법에 의거한 급격한 혁명 실천과정으로 인해 구성원들의 불만이 누적되어 왔지만, 이제는 그렇게 해 왔던 과정에 대해서 국민에게 양해를 구하고 그동안 국민 희생을 부드럽게 위로하는 덕德의 실천이 필요하다. 단단한 쇠솥 귀고리인 '금현金鉉'을 씀에서 옥솥 귀고리인 부드럽고 온화한 '옥현玉鉉'으로 전환할 필요가 있다. 즉 강경한 무에서 부드러운 문으로 확실하게 넘어가 국민을 위로해야 한다.

그렇게 한다면 '육오'의 '금현'에서의 국정 성과가 이 '상구'의 '옥현'에서 마무리되어(鼎玉鉉), 금옥金玉의 조화가 이루어질 것이며,[155] 이로써 혁명가의 공적이 빛나고, 국민과 국가에 크게 길하여(大吉), 이롭지 않음이 없을 것이다(无不利).

그런데 만일 '육오'에서의 '허虛'와 '중용中庸', 그리고 이 '상구'에서의 '옥현玉鉉'의 부드러움이 없이 계속 강경 일변도만 계속 한다면, 물에 빠진 사람을 구하고도 보따리 내놔라고 도리어 멱살 잡히듯이, 보릿고개를 넘기 어렵도록 굶주린 국민을 구하고 나라를 경제 대국으로 발전시키는 초석을 마련하는 대공을 세우고도 죽어서는 무덤에 침을 뱉는 자들이 비판하는 빌미를 줄 수 있다.

51

진괘 震卦

원문과 번역

震, 亨. 震來虩虩, 笑言啞啞, 震驚百里, 不喪匕鬯.
진 형 진래혁혁 소언액액 진경백리 불상비창
(진은 형통하다. 우레가 옴에 두려워하면 웃음소리 껄껄거릴
것이니, 우레가 백 리를 놀라게 함에, 종묘사직 제사 임무를
잃지 않는다.)

(初九) 震來虩虩, 後, 笑言啞啞, 吉. (우레가 옴에 두려워해야, 뒤에 웃음
진 래 혁 혁 후 소 언 액 액 길
소리 껄껄거릴 것이니, 길하다.)

(六二) 震來厲. 億喪貝, 躋于九陵, 勿逐, 七日得. (우레가 옴에 위태
진 래 려 억 상 패 제 우 구 릉 물 축 칠 일 득
롭게 여김이다. 헤아려보니 재물을 잃을 것 같아, 구릉에 올라감이니,
좇지 않아도 이레 만에 얻을 것이다.)

(六三) 震蘇蘇, 震行, 无眚. (우레에 두려워 불안하니, 두려워하면서 나아
진 소 소 진 행 무 생
가면, 재앙이 없을 것이다.)

(九四) 震, 遂泥. (우레가 마침내 진흙이다.)
진 수 니

(六五) 震, 往來, 厲, 億, 无喪有事. (우레가 가고 옴에 위태롭게 여기며
_{진 왕래 려 억 무상유사}
헤아림이니, 가지고 있는 일을 잃음이 없다.)

(上六) 震索索, 視矍矍. 征凶, 震不于其躬, 于其隣, 无咎,
_{진 삭삭 시 확확 정흉 진불우기궁 우기린 무구}
婚媾有言. (우레 흩어짐에 두리번거리며 본다. 가면 흉하여, 두려움이
_{혼 구 유 언}
그 몸에 있지 않고 그 이웃에 있으면 허물이 없을 것이나, 혼인에는 말이
있을 것이다.)

진괘震卦 총설과 괘사卦辭 해설

'진괘'는 『주역周易』의 51번째 괘로서, 위도 우레 아래도 우레다(重雷震). 3
획 괘의 8괘 중 하나인 진괘震卦☳는 '우레(천둥)', '움직임', '장자長子'의 이미
지를 가진다. 그것이 6획 괘로 두 개 겹쳐 있다. 우레는 고대인들에게 자연
현상 중 '두려움', '공포'의 상징이었다. 그래서 삼 획괘 진괘震卦☳와 같이 육
획괘 '진괘震卦䷲' 역시 그러한 이미지가 거듭된 의미가 있다. 번개(電)의 번
쩍임 후에 엄습해오는 우렛소리는 고대인들을 전율하게 했다. 공포로 인해
인간은 자신밖의 신神의 존재를 믿고 의지하기도 한다.

그런데 『주역』을 만든 이는 오히려 이 공포를 안으로 돌려 자기반성의 계
기로 승화하였다. '진괘震卦' 「상전象傳」에서 말하는바, 이 괘의 이미지를 생
각하고 군자가 그것을 본받아 '두려워하며 닦고 반성한다(恐懼修省)'라고 함
이 그것이다. 그런데 '정괘鼎卦' 다음에 왜 이 '진괘震卦'인가?

'정괘鼎卦'는 '혁괘革卦'의 혁명 후 혁신의 새로운 시스템, 체제를 마련하

여 안정적으로 자리 잡도록 한다. 그런데 새로운 제도가 생겼지만, 인민 백성이 여전히 구습에 젖어 새 제도에 아직 익숙하지 않아 잘 따르지 않을 수도 있다. 또는 새 권력층은 그 타도 대상이었던 구체제 세력이 몰락하고 새 시스템이 조금 안정되었다고 생각하면 방심과 나태함이 생겨날 수 있다.

'진괘震卦'의 천둥소리 같은 이미지는 이런 것을 깨뜨림의 비유다. 아침에 자고 일어나서 잠이 아직 덜 깬 사람에게 찬물로 얼굴을 씻게 하여 정신이 번쩍 들게 하는 것이다. 졸고 있는 선승禪僧의 등을 죽비竹篦로 후려쳐 수마睡魔에서 벗어나 정신 차리도록 일방[一棒]함이다. 요컨대 '진괘'는 곧 '혁괘'의 혁명 상황에서 제도화한 '정괘'를 구체적으로 실천하면서, 역시 그 실천도 천둥과 관계되는 표현인, 말 그대로 번개가 치듯, 즉 '전격적電擊的'으로 실행한다.

혁명 상황에서 혁명 전과 같은 방식으로 국정을 운영할 수는 없다는 것이며, '정괘'로 제도를 마련해 놓고 조문條文만 존재해서는 그 혁명은 하나마나이다. 비상시에는 비상하게 행동해야 한다. 더구나 혁명 상황이 단지 내부 모순만 문제 되는 것이 아니라 외부 침략이 상존하는 상황에서는, 즉 내우외환內憂外患이 겹쳐 있는 상황에서는 더욱 긴박하게 위기감을 느끼고 실행할 수밖에 없다.

진시황秦始皇이 당시 중국을 천하 통일하게 된 토대는 그 이전에 이미 마련되었다. 진은 후발국이었지만, 효공孝公 때 상앙商鞅을 등용하여 체제를 혁신하면서 신흥 강대국으로 급격히 부상하였다. 상앙이 새로운 시스템으로 변법變法을 시행하려고 했지만, 그 제도를 철저하게 시행할 것이라는 것을 백성이 믿지 않을까 우려하여 취한 행동이 유명하다.

상앙商鞅은 새 법령을 반포하기 전, 어느 날 국도国都의 시장市場 남문南門에 3장丈 길이의 긴 나무막대를 세워 놓고, 백성들을 불러 모아 그것을 북문으로 옮기면 10일鎰의 황금黄金을 상으로 주겠다고 했다. 백성들이 이를 듣고 놀라면서도 설마 저런 간단한 일에 그런 상을 줄까 하여 믿지 않고 그 나무막대를 옮기려는 사람이 없었다. 상앙이 다시 명령을 선포하며 상을 50일鎰로 올렸다. 그러자 어떤 한 사람이 그저 시험 삼아 그 막대기를 북문으로 옮기자 즉시 50일鎰의 황금을 지급하여 자기 말이 속임수가 아님을 표명하였다. 그러고는 마침내 변법의 법령을 반포했다. 즉 국가가 반포한 법은 반드시 시행한다는 것을 보인 것이다.

진秦나라의 법은 상대적으로 느슨했던 다른 나라에 비해 전시 상황에 국가를 일사불란하게 통치하는, 요즘으로 치면 비상계엄과 같은 강력한 법으로 백성을 천둥소리에 소스라치듯 하는 상황으로 몰아붙인 것이다. 즉 내부 기강 문제와 타국과의 투쟁을 동시에 해결하기 위한 처방이었다.

이로써 진은 금세 경제적으로 부유해지고 군대는 강하게 되어, 다른 나라들이 위협적으로 여겼으며, 훗날 진시황이 천하를 통일하는 초석이 되었다. 진시황 역시 통일 전 그냥 진왕秦王일 때부터 그 전통을 이어받아 강력한 법으로 나라를 다스렸다. '진괘'는 이처럼 '정괘'에서 확립한 제도를 우레처럼 강력하게 백성 국민들이 정신이 번쩍 들도록 시행하는 것이다.

현대의 대한민국으로 보면 '진괘'는 혁명적 정치 변혁 후 새 법과 제도를 만들어 국가를 강력하게 통치하며, 산업화와 부국강병의 길로 국민을 몰아붙이는 상황이다. 겨레의 역사 이후 조선 왕조에 이르기까지 배어 있는 '가난은 나라님도 구제 못 한다'라는 속설과 같은 사고를 깨고, 가난의 원인은 나라와 백성이 봉건적 구태에 젖어 게으름과 자포자기에 빠져 있기 때문이라고 보고, 노력하면 우리도 잘살 수 있다는 독려 하에 '우리도 한번 잘 살아 보세'라는 캐치프레이즈를 내걸고, 연차적 경제계획의 타임 스케줄을 만들어 밀어붙이는 것이다.

그래서 구성원의 반대에도 민족적 자존심과 젊은이들의 피와 땀의 희생으로 바꾼 자본으로 고속도로를 놓고, 제철소를 만들며, 추진 과정에서 인권과 민주적 절차의 파괴라는 비난을 무릅쓰면서, 농경 사회 단계를 산업화 사회 단계로 변환하는 국가 주도의 고도성장 정책을 밀어붙이는 산업 혁명적 상황으로 돌입했다. 역시 진나라의 변법 시행과 그 실천 과정의 취지처럼 '혁괘革卦', '정괘鼎卦' 후의 '진괘震卦'의 전광석화電光石火 같은 실용성과 효율성을 앞세운 국정 운영과정이다.

'진괘震卦'가 상징하는 이미지 중의 하나인 '장자長子'는 지도자의 인적 계속성을 말한다. 문자 그대로는 '차자次子' 이후가 아닌 '맏이'를 말하지만, 그보다는 통치 이념과 시행의 연속성을 위한 후계 계승을 말하는 취지다.

혁명 대업을 완성하여 안정시킨 단계인 '정괘鼎卦' 후, 창업자創業者는 이것을 언제까지라도 이어갈 수 있을 수성守成의 후계자를 바란다. 진시황秦始皇을 비롯하여 오늘날 권력자나 기업의 창업자에 이르기까지, 자기 후계자가 능력이나 자질에 상관없이 오로지 자기 자식임을 바라는 이들이 있다. 그래서 국가 권력과 기업 경영권 승계를 위하여 온갖 비난을 무릅쓰는 피눈물 나는 부모의 정을 보인다. 생물학적 후계자의 연속성을 시도하는 세습은 물론이고, 한 지도자의 장기 집권이나 정치 이념을 승계하는 정치적 세습도 이에 포함된다. 구성원의 뜻을 반영하려는 경우가 아니므로, 천둥처럼 그냥 밀어붙이는 것이다.

그런데 '진괘震卦'는 이런 지도자와 후계자의 능력과 자질 중 중요한 조건 하나를 말한다. 그것은 이 험난한 세상의 '두려움'이라는 '위기'에 대처하여 공동체를 관리하는 능력과 자질이다. 이에 '정괘鼎卦' 다음, '두려움'과 더불어 후계자로서 '장자'의 의미를 지닌 '진괘'가 있는 것이다. 하지만 핏줄로서의 '장자'가 아니라 위기 대처 능력을 지닌 후계자를 말한다.

그래서 유가儒家에서는 자식이 아니면서도 진정한 후계자의 자질을 지닌 이에게 권좌를 물려준 요堯와 순舜을 이상적 지도자로 여긴다. 지도자든 후계자든 그런 이들에게는 위기에 대처하는 능력과 더불어 항상 그 능력을 유지하는 자기 수양과 반성이 필요함도 '진괘'는 전제하고 있다.

'정괘'에서 확립한 시스템을 '진괘'에서 시도하고 실행함에는 그 형통함이 추구된다(震亨). 그리고 그것은 천둥이 치듯 전격적이고 과감하게 행해지는 것이다(震來). 그러한 제도 시행에 있어서 최고 통치자로부터 일반 국민 백성에 이르기까지 나태함을 버리고, 삼가면서 두려워하는 마음으로(虩虩) 그 제도에 호응하면, 결과는 국가의 급속한 성장으로 구성원의 웃음소리가 크게 퍼지듯이(笑言啞啞) 즐거워하게 된다. 이러한 것은 최고 통치자의 우레 같은 권위가 백 리 밖까지 진동하여 놀라게 하는 것으로 이루어진다(震驚百里). 통치자는 종묘사직을 지키듯이 그가 설계한 혁명 이념을 잃지 않고 유지하려고 한다(不喪匕鬯).[156]

진괘震卦 효사爻辭 해설

초구初九

'진괘' '초구'는 혁명 과업을 전격적으로 실천하는 첫 단계다. 혁명에 대한 반발 세력이 있고 과거의 타성에 젖어 있는 국민이 많으므로, 과감한 실행 드라이브가 없으면, 혁명이 물거품이 될 수 있다. '진괘震卦☰☰' 전체의 첫 번째이며 하괘인 진괘震卦☰☰의 첫 번째로서 천둥소리의 양강陽剛이 크게 움직이기 시작한다. 혁명의 수행 역시 그렇게 시작해야 한다. 그렇지 않으면 우레로 상징되는 위기가 엄습해 온다.

우레는 위기이면서 동시에 거기에 대처하기 위한 과감한 실천이라는 양면성을 지니고 있다. 해이해진 마음을 수습하면서도 반혁명 세력에게 빌미를 주지 않도록, 경거망동하지 않고 과감하게 대처해야(震來虩虩), 실행 후 전화위복으로 웃을 수 있는 좋은 결과가 온다(後, 笑言啞啞, 吉).[157]

육이六二

'진괘' '육이'는 혁명 과업 실천이 한 단계 더 올라간 것이다. 이 단계에서는 우레 같이 강력히 실천함, 그리고 우레 같은 위기, 즉 내부의 비판과 외부의 침략 가능성에 삼가 조심하는 마음을 가져야 한다(震來厲). 급속 성장을 추구하는 과정에서 경제적 손실이 올 수도 있는 위기(喪貝)를 고려하면서(億喪貝), 또는 혁명 과업을 방해하는 세력의 책동과 외부 세력의 도발이 있을 수 있음을 헤아리면서, 높은 곳으로 올라가 피하듯(躋于九陵), 미리 대책을 세워야 한다. 어떤 손실이 있거나 외부 세력의 도발이 있더라도 그들을 소탕해야겠다며 끝까지 좇지 않아도(勿逐), 물극필반物極必反하듯 한 바퀴 돌아 다시 회복할 것임을 생각하여(七日得), 그들에게 과민 반응할 필요는 없다.

육삼六三

'진괘' '육삼'은 하괘 맨 위로서 불안한 상황이다. '초구' 양강의 강력한 혁명 과업 추진 시기에 비하여 내부와 외부 적들의 공격이 계속됨으로 인해 위기를 맞는다. 정책의 강력한 드라이브에 대해 반대 정파가 지속적으로 반대 투쟁을 하고, 외부의 도발도 계속된다. 그런 상황에서 필요한 것은 '여림심연如臨深淵', '여리박빙如履薄氷' 하듯이 전전긍긍戰戰兢兢하면서 삼가고 조심하는 것이다(震蘇蘇). 강압할수록 반발은 더 커질 수가 있다. 강경책을 쓰면 반대 세력이 잠깐 움츠려 들어 당장의 효과는 볼 수도 있어서, 혁명 과업의 문제는 없을 것이다(震行无眚). 그렇지만 반발의 문제는 잠복할 수 있다.

구사九四

'진괘' '구사'는 혁명 과업을 수행하는 데 있어 계속적으로 도전하는 안팎의 위기에 처한 상괘인 진괘震卦☳의 첫 번째로서 다시 한번 양강의 정치적 결단을 한다. 그러나 아래에도 두 개의 음, 위에도 두 개의 음이라는 적들에 둘러싸여 그 속에 빠져 있다. 개인적으로도 홀로 정치적 결단을 내려야 하는 고독한 혁명가다.

'구'의 양강함으로서 음유한 자리인 '사四'에 위치하여 겉은 강해 보이나 속은 여리다. 안팎의 적들에 대처하기 위해 내면의 나약한 마음을 물리치려는 결단이 새로운 친위 혁명을 일으켜 체제를 강화하지만, 이러한 강경함이 그 동기는 애국이라 여겨도 마침내 자신을 수렁에 빠지게 할 수도 있다(震遂泥).

육오六五

'진괘'의 '육오'는 '구사'에 이어 혁명가의 고독함이 계속된다. '구사'와는 반대로 양강의 최고 권력 자리이지만, 주위의 도전으로 자신의 뜻을 펼치는 데 부딪힘이 많아서 음유함의 고민이 있다. 그래서 계속 도전받는 정치적 위기에 처해(震), 나아가든 다시 돌아서오든 어떤 정치적 상황에도(往來), 위기감을 가지고(厲), 고뇌하며 번민한다(億). 그러나 세상이 알아주지 않아도, 나라를 근대화하는 큰일을 할 절호의 기회를 잃어버릴 수는 없다(无喪有事).

상육上六

'진괘' 상육'은 혁명가가 나라를 부강하게 하고 백성을 굶주림에서 구하기 위하여 반대를 무릅쓰고 백성을 일깨워 이끌어 왔지만, 굶주림을 면한 은혜는 잊기 쉽고 일깨움의 채찍질만 원망으로 남기 쉽다. 그동안 혁명가의 강력한 권위도 원망으로 인해 '진괘'의 '상육'에서 낙담으로 남고(震索索), 이제 백성의 비판과 항거에 실망과 당혹감으로 백성을 바라본다(視矍矍).

백성이 더 이상 원하지 않으니, 그 오랜 혁명의 로드맵도 계속 진행하면 혁명가에게 흉하게 될 것이다(征凶).[158] 위기가 아직 자기 몸에 미치지 않을 때(震不于其躬), 그 가까이 앞선 지도자에게 있었던 위기를 교훈 삼아야(于其

隣) 허물이 없을 것이지만(无咎), 만일 계속 진행한다면 측근의 부하들 사이에 언쟁이 있어서(婚媾有言, '혼구婚媾'는 친한 측근을 비유한다.) 결국 문제를 야기할 수도 있다.

52

간괘 艮卦

원문과 번역

艮其背, 不獲其身, 行其庭, 不見其人, 无咎. (그 등
_{간 기 배 불 획 기 신 행 기 정 불 견 기 인 무 구}
에 그치면 그 몸을 얻지 못하며, 그 뜰을 다녀도 그 사람을

보지 못하여, 허물이 없을 것이다.)

(初六) 艮其趾, 无咎. 利永貞. (그 발에 그침이니, 허물
_{간 기 지 무 구 리 영 정}
이 없다. 길이 바르고 곧게 함이 이롭다.)

(六二) 艮其腓, 不拯其隨. 其心不快. (그 장딴지에 그침이니, 그 따름을
_{간 기 비 부 증 기 수 기 심 불 쾌}
건지지 못함이다. 그 마음이 유쾌하지 못하다.)

(九三) 艮其限, 列其夤, 厲薰心. (그 허리에 그치며, 그 등뼈 살을 벌림이
_{간 기 한 렬 기 인 려 훈 심}
니, 위태로움이 마음을 태운다.)

(六四) 艮其身, 无咎. (그 몸에 그침이니, 허물이 없다.)
_{간 기 신 무 구}

(六五) 艮其輔, 言有序, 悔亡. (그 볼에 그침이니, 말에 차례가 있으면 뉘우
_{간 기 보 언 유 서 회 망}
침이 없어질 것이다.)

(上九) 敦艮, 吉. (두텁게 그침이니, 길하다.)
_{돈 간 길}

간괘艮卦 총설과 괘사卦辭 해설

'간괘'는 『주역周易』의 52번째 괘로서, 위도 아래도 산으로 거듭되었다 (重山艮). 앞의 '진괘震卦'를 거꾸로 뒤집은 모습이다. '진괘'의 '움직임(動)'이 언제까지나 계속될 수는 없다. '움직임'이 다하면 '멈춤(止)'이 있다. '간괘'는 '멈춤', '머묾', '그침'이다. 자연물로는 '산山'이 그 이미지가 있는데, 산이 두 개 겹쳐 있어서 그 이미지가 두 배다.

나라나 기업을 창업創業하여 지속하려면 처음의 전투적이고 저돌적인 욕망의 분출은 우레가 결국 잠잠해지듯이 산처럼 안정되어야 한다. 그것이 수성守成의 길이다. 진秦나라나 수隋나라가 창업 후 오래가지 못한 것도, 지난날 경제개발 과정에서 혜성같이 나타났던 일부 재벌그룹이 어느 날 사라진 것도 안정의 도리를 지키지 않았기 때문이다.

앞의 '정괘鼎卦'도 안정의 의미인데, 그것은 '혁괘革卦' 후의 안정이다. 그런데 그 경우는 막 혁명을 일으킨 후 새 제도의 정착으로서의 안정이다. 여기 '간괘艮卦'의 안정은 '정괘鼎卦' 후 그 시스템을 '진괘震卦'에서 천둥처럼 본격 작동시키다가 그것이 과도해짐을 우려한 뒤의 안정이다. 이 과도함은 '진괘'에서의 의욕 과잉으로 인한 폐단이며, '간괘' 시대는 그것을 그치게 하여 막으려고 한다.

단순한 의욕 과잉도 예방해야겠지만, 나아가 욕망의 과도한 분출, 급기야는 탐욕에 이르는 것을 눌러 그치게 하여 안정을 도모하는 것이다. 과속을 방지하여 속도 조절을 하는 것이기도 하다. 짧은 기간 동안 한꺼번에 압축하여 성장하려면, 미처 주위를 살피지 못하여 놓친 여러 가지 문제가 드러날 수도 있기 때문에, 멈추고 땀을 닦으며 숨 고를 필요가 있다. 욕망이 과도하지 않고 적절하다고 하더라도 속도가 과도하지 않은지도 살피면서, 멈추고 잠시 쉬어 갈 필요가 있음을 말하는 것이 이 '간괘'다.

개인의 삶이나 기업이나 국가 운영이나 '진괘'의 우레 같은 추진을 제어하는 '간괘'의 취지는 장래에 있을 수 있는 부작용을 미연에 방지하는 것이다. 부작용은 개인의 경우 스트레스, 기업이나 국가의 경우 경영과 국정 운영의 단순한 차질이나 지연처럼 경미할 수도 있지만, 심하면 매우 극단적 사태를 촉발할 수도 있으므로 '간괘'의 도리는 아주 중요하다.

'진괘'에서 발전에 박차를 가하는 것은 예컨대 개인은 부모의 자식에 대한 과잉 교육열, 특히 출세를 위한 교육열로 인해 자식이 부모의 과잉 교육열을 감당하지 못할 경우 부모에게 '간괘'가 필요할 것이다. 국가는 지도자가 국민이 잘 먹고 잘 살며 부를 누리도록 하기 위해 각종 정책으로 진나라 상앙商鞅처럼 몰아칠 때 더구나 고대도 아닌 현대에서 국민들을 몰아칠 때, 국민이 지도자의 열정에 부응하기보다는 그에 반발할 때, 국가 지도자가 자신의 과잉 의욕을 '간괘'로 누그러트려야 하는지, 아니면 국민이 쉬고 싶고 놀고 싶은 욕심을 '간괘'로 누그러트려야 하는지에 따라 정국이 요동칠 수 있다. 사실상 과잉의 기준이 정치적 견해에 따라 다를 수도 있다.

역사에서 '혁명'이라는 이름의 정치적 격동이나 정변은 그 추진 세력과 반대 세력의 정치적 입장에 따라 극명하게 의견이 갈릴 수 있다. 이때 '간괘'의 이치는 '혁명'을 표방하는 세력의 행위를 욕망으로 규정해 멈추게 하는 것일 수도 있고, 그 반대 세력의 반혁명 행위를 욕망으로 규정해 멈추게 하는 것일 수도 있다.

즉 정당한 혁명과 정당하지 못한 혁명, 또 그 중에서도 출발과 동기가 정당했으나 과정과 결과가 왜곡되고 정당하지 못한 경우, 출발과 동기가 정당하지 못했으나 그 과정과 결과가 정당한 경우도 있을 수 있다. 정당한 혁명임에도 국민을 선동해 그 추진을 계속 방해하는 경우도, 정당하지 못한 혁명을 역시 국민을 선동해 계속 밀어붙이는 경우도 있다.

'간괘'의 이치로 욕망, 나아가서 탐욕을 그치게 하는 기준은 각 행위 주체의 역할과 직분에 따라 다르므로 해당 상황에 따라야 한다. 유가 철학의 경우, 공자의 '정명론'의 기준으로, "임금은 임금다워야 하고, 신하는 신하다워야 하며, 아버지는 아버지다워야 하고, 아들은 아들다워야 한다"라는 것, 즉 각 주체가 자신의 역할과 직분을 다해야 하는 것이어서, 우선 그 역할에 못 미치는 것도 문제지만, 그 직분을 넘어서는 경우가 이 그침, 멈춤의 이치에 관한 것이다.

그래서 '간괘' 「상전象傳」에 그 취지를 한 마디로 말하여 "겸해져 있는 산이 '간괘'이니, 군자는 그것을 본떠서 생각함이 그 자리를 넘어서지 않는다."라고 했다. 서양의 철학자 플라톤도 이와 비슷하여, 통치자, 수호자, 생산자가 각각 자신의 역할을 다하고, 다른 역할에 개입하지 않아야 한다고 하였다.

자신의 지위를 넘어서 다른 역할을 넘보는 것은 어떤 원인인가. 바로 욕망 때문이다. 공자가 "자신을 이겨 예로 돌아가는 것이 '인仁'이다(克己復禮爲仁)"라고 할 때, 자신을 이김, 즉 '극기克己'는 자기 욕망을 이기는 것이다. 그렇지 못할 때 다른 역할을 넘보는 것이므로 다른 역할을 넘보지 않는 것은 '예禮'를 지키는 것, 곧 '예'로 돌아가는 것인 '복례復禮'다. '예'는 곧 각자의 사회적 역할과 직분이다. 자신의 역할에만 충실하고 다른 역할에 간섭하고 넘보는 욕망을 부리지 말고 멈추어야 하는 것이다.

이러한 멈춤은 시간적, 공간적 의미를 다 지니고 있어서, 때와 장소에 따라 적절히 행동함이 곧 자신의 역할에 충실하고 남의 역할에 욕심내지 않는 것이다. 때와 장소에 따라 적절하게 행동함이 곧 '시중時中', 즉 '때에 맞는 중용'이다.[159] 이에 '간괘' 「단전彖傳」에서는 이 점을 말하여 "간艮은 '멈춤(止)'이다. 멈춰야 할 때는 멈추고, 행동해야 할 때는 행동하여, 동動함과 정靜함에 그 때를 잃지 않아야 그 도가 광명光明해진다"라고 한다.

이렇게 때와 장소에 따라 적절하게 멈출 줄 아는 존재가 되려면 스스로 욕망을 절제할 줄 아는 훈련이 되어야 할 것이며, 그것이 '수양修養'이다. 그래서 『대학大學』에서 말하듯, "멈출(止) 줄 안 후에 안정됨이 있고, 안정됨이 있고 난 후에 고요할 수 있고, 고요하게 된 후에 편안할 수 있고, 편안하게 된 후에 사려할 줄 알게 되고, 사려하고 난 후에 얻을 수 있다"[160]라고 하여, 수양의 결과가 나타나기 위한 첫째 전제 조건으로 '멈춤(止)'을 들어, 이 멈춤은 유가 철학의 중요한 개념이 되고 있다.

피안彼岸의 이상을 지향하는 불교는 욕망의 불길을 근원적으로 불어 꺼버리려고 한다. 이것이 열반涅槃이다. 그러나 문화·문명을 인정하는 유교는 이 문화·문명을 이루는 인류 욕망의 역할을 전적으로 부정하지는 않는다. 다만 지나침이나 부족함으로 흐르지 않도록 '중용'으로 절제할 뿐이다.

따라서 '간괘'는 욕망을 그치게 하되 금욕禁慾을 말하는 것이 아니라 상황과 처지에 맞는 절욕節慾을 이야기한다. 곧 악惡에 이르지 않도록 적절한 상태에서 그치는 것이다. 욕망을 그치는 관건은 그 대상을 보고 집착하지 않는 데 있다. 보고도 보지 않은 듯, 또는 아예 보지 않고 관심을 두지 않는 것이다. 고려 말 최영崔瑩의 아버지가 최영에게 한 훈계인 '황금보기를 돌같이 함(見金如石)'이다.

욕망의 대상을 보고도 욕심내지 않는 것은 높은 수양의 경지이지만, 보통의 인민 백성도 세상에서 흔히 말하듯 '견물생심見物生心'하지 않도록 해야 한다는 주장도 있다. 『노자』에서의 "가지고 싶은 것을 보지 않게 하면, 백성의 마음을 어지럽지 않게 한다"[161]라고 하거나, 그래서 아예 "나라를 작게 하고, 백성을 적게 하여 … 이웃나라가 서로 바라보이는 거리에 닭 우는 소리, 개 짖는 소리가 서로 들려도 백성들이 늙어 죽도록 서로 왕래하지 않는"[162] 상황이 되도록 해야 한다는 것이 그것이다.

그래서 '간괘' 괘사에 사람들이 서로 상대를 등지고 욕망을 그치게 하면(艮其背), 상대의 몸에 관심을 두지 않게 되어(不獲其身), 같은 뜰을 다녀도(行其庭), 상대방 사람의 모습조차 보지 않는 것처럼 행동하면(不見其人), 허물이 없게 된다(无咎)라고 하는 것이다. 이것이 앞만 보고 달려가는 '진괘震卦'의 과열된 행동을 식히는 '간괘艮卦'의 취지다.

간괘艮卦 효사爻辭 해설

초육初六

'간괘' '초육'은 욕망이 악에 이르지 않도록 초기 상태에서 적절히 그치도록 하는 것이다(艮其趾). 비유컨대, 신체의 맨 아래 발의 단계에서 그쳐야 하는 것이다. 사람이 가야할 바른 길에서 궤도를 이탈한다면, 산길을 가다가 옆길로 샌다면, 다시 돌아오는 어려움은 멀리 갈수록 크다. 조금이라도 일찍 멈추어야 본래의 길을 찾기가 쉽다. 가장 좋은 것은 처음부터 본궤도를 조금이라도 이탈하지 않는 것이지만, 인간은 태어나면서 누구나 욕망을 가지고 있다.

삶 자체가 욕망의 수레와 같아서 욕망 그 자체를 부정할 수는 없다는 것이 유가 철학의 생각이다. 다만 길을 벗어나서는 안 된다. 자칫 잘못하여 길을 벗어나는 일이 있어도 가급적 가장 초기 단계에서(其趾) '멈춤(艮)'이(艮其趾) 문제를 없게 한다(无咎). 그런데 아무리 초기 단계에서 멈추었다 하더라도, 그것으로 인생의 모든 문제가 해결되는 것은 아니다. 바이러스가 새로 증식하듯이, 꺼진 불이 다시 타오르듯이 언제 다시 궤도를 벗어나려는 욕망이 생겨날지 모른다. 그래서 욕망을 통제한 상태가 지속되도록 올바름을 간직하여야 이로운 것이다(利永貞).

육이六二

'간괘' '육이'는 초기에 욕망을 저지하지 못하여, 이미 진행되고 나서 그것을 그치게 함이다(艮其腓). 비유컨대, '초육'의 발보다 더 위에 있는 장딴지(腓)에서 멈추는 것이다. 만일 혁명을 핑계로 집권한 세력이 자신들의 사익을 위하는 위선적인 정치를 한다면, 나아가 재집권을 위해서 온갖 구실을 붙여 정적을 비판하고 제거하기에만 혈안이 된, 분열을 선동하는 정치를 한다면, 애당초 그 혁명을 환호했던 국민들의 지지(其隨)를 살려낼 수 없게 되어(不拯其隨), 국민의 마음을 고통스럽게 만들 것이다(其心不快). 그 세력이 혁명의 취지를 본 궤도에서 이탈시킨 결과로 국민만 고통스럽게 된다.

구삼九三

만일 잘못된 혁명의 추진 과정에 대한 국민의 비판을 듣지 않고, 자신들만이 옳다고 믿으며 독선을 그쳐야 할 때 그치지 못하면, 마침내 '간괘'의 '구삼'에서처럼 하괘에서 상괘로 넘어가는 중간, 몸으로 말하면 그 중간, 즉 하체와 상체의 한계선(其限)인 허리에 이르러 멈출 것을 경고하는 데 이르게 된다(艮其限). 자신들의 이념만 고집하며 다른 생각을 허용하지 않고, 국민을 등뼈살(夤)을 벌리듯이(列其夤) 이간하고 분열시키면 나라를 위태롭게 하여(厲), 국민들의 마음을 태우듯(薰心) 고통스럽게 한다.

육사六四

'간괘' '육사'는 행위 주체인 마음을 담고 있는 몸에서 욕망을 그치는 것이다(艮其身). '사四'의 자리는 혁명을 실무적으로 추진하는 핵심 세력이다. 또는 재야에서 그들을 지지하는 시민 세력이기도 하다. 그들이 주체적으로 반성하여 초심으로 돌아간다면 허물이 없게 되지만(无咎), 그렇지 않으면 계속 국정 혼란이 있게 된다.

육오六五

'간괘' '육오'는 '간괘' 시대의 최고 통치자다. 자신 휘하의 신하와 지지 세력을 이끌고 혁명을 수행해온 과정에서 '진괘'의 격정의 정치를 되돌아보고 지나침이 없었는지를 점검하는 '간괘' 시대의 국정을 최종적으로 책임지는 지도자다.

'진괘'에서 국민의 지지를 받으며 그들의 욕망을 실현해 준다고 공약하고, 나라를 공정과 정의로 이끌어가겠다고 다짐한 상황에서, 그동안 언행이 일치하였는지 되돌아보아야 하는데도 계속적으로 말만 앞세우는 정치를 한다면, 국민에게 실망을 줄 것이므로, 이때는 그 말을 하는 입이 있는 볼(광대뼈)(輔)에서 멈추어야 한다(艮其輔).

최고 지도자로서 말을 가볍게 하지 않도록 입조심하며 말에 절도를 지키고, 국민에게 신뢰를 줄 수 있도록 해야 한다. 말에 차례를 지키고(言有序), 일관성 없거나 앞뒤가 모순되는 정책을 쓰지 않아야, 이때까지 있을 수 있는 후회를 없도록 할 수 있다(悔亡).

상구上九

'간괘' '상구'는 이렇게 경거망동하지 않게, 이전 '진괘'에서 한 일들을 돌아보는 '간괘'에서의 '머묾', '멈춤', '그침'에서 오는 안정을 종합하는 단계다. 삼획괘인 간괘艮卦☶를 거듭하여 만들어진 육획괘의 '간괘艮卦☶'는 하괘 맨위의 양효인 '구삼'과 상괘 맨 위의 양효인 '상구'가 '멈춤', '그침'을 대표적으로 상징하는데, 그 둘 중에서 '상구'가 아래의 '구삼'과 호응하면서 최종적으로 '머묾', '멈춤'의 효과를 결론짓는 의미를 가진다. '상구'와 '구삼'이 호응함과 상괘와 하괘가 '멈춤', '그침'을 중첩함은 곧 두터운 '멈춤'이요 '그침'이 된다(敦艮). 그동안 '멈춤', '그침'의 의미를 두텁게 새기며 조심하여 길(吉)하게 됨이고, 또 그렇게 해야만 길(吉)하게 된다.

즉 지도층이 자신들의 기득권만 지키려는 욕망의 멈춤을 두텁게 거듭하여(敦艮), '노블레스 오블리주'를 실천하는 행동을 해야 나라의 구성원에게 모두 좋게 되는 것이다(吉). 만일 정치 지도자나 경제 지도자가 욕망을, 나아가서 탐욕을 멈추지 못하여 그로 인한 허물을 만든다면, 나라를 위기에서 구하고도, 가난에서 구하고도, 선진국으로 올려놓고서도 그들의 허물이 그들의 큰 공을 덮어버릴 것이다.

53

점괘 漸卦

원문과 번역

漸, 女歸, 吉, 利貞. (점은 여자가 시집감이 길하니, 곧고
_{점 녀귀 길 리정}
바름이 이롭다.)

(初六) 鴻漸于干. 小子, 厲, 有言, 无咎. (기러기가 물
_{홍점우간 소자 려 유언 무구}
가로 차츰 나아감이다. 소자가 위태로운 듯하면,
말이 있으나, 허물은 없다.)

(六二) 鴻漸于磐. 飮食衎衎, 吉. (기러기가 반석으로 차츰 나아감이다.
_{홍점우반 음식간간 길}
마시고 먹음이 즐거우니, 길하다.)

(九三) 鴻漸于陸. 夫征不復, 婦孕不育, 凶, 利御寇. (기러기가 뭍으로
_{홍점우륙 부정불복 부잉불육 흉 리어구}
차츰 나아감이다. 지아비가 가서 돌아오지 않고, 지어미가 애를 배도
기르지 못하여 흉하니, 도적을 막는 것이 이롭다.)

(六四) 鴻漸于木. 或得其桷, 无咎. (기러기가 나무로 차츰 나아감이다.
_{홍점우목 혹득기각 무구}
혹시 그 평평한 가지를 얻게 되면, 허물이 없을 것이다.)

(九五) 鴻漸于陵. 婦三歲不孕, 終莫之勝, 吉. (기러기가 언덕으로 차츰
홍 점 우 릉　부 삼 세 불 잉　종 막 지 승　길
나아감이다. 지어미가 세 해 동안 애를 배지 못하나, 마침내 이길 수 없

으니, 길할 것이다.)

(上九) 鴻漸于陸. 其羽可用爲儀, 吉. (기러기가 뭍으로 차츰 나아감이다.
홍 점 우 륙　기 우 가 용 위 의　길
그 깃이 그로써 본으로 삼을 만하니, 길하다.)[163]

점괘漸卦 총설과 괘사卦辭 해설

'점괘'는 『주역周易』의 53번째 괘로서, 위는 바람(또는 나무) 아래는 산이다
(風山漸). '점괘漸卦'의 괘명인 '점漸'의 의미는 한자어 그대로 '점점漸漸', '점
차漸次'이며, 순우리말 '시나브로'를 말한다. 즉 '조금씩 조금씩 나아감', '차
례를 따라 나아감'이다. 그렇지 않은 경우는 차례와 단계를 뛰어넘어 나아가
는 것이다.

　이것은 물이 흘러가면서 중간 단계를 뛰어 넘어 가지 않듯이, 가까운 데
서 먼 곳으로 가고, 또 어떤 공간을 채울 때 아래에서 점차로 채워 올라옴과
같은 것이다. 흘러가면서 어떤 공간을 채워가는 측면을 말하면, 패어진 공
간을 채우지 않으면 앞으로 나아가지 않는다. 그래서 맹자는 이를 군자의
발전 과정에 비유하여, "흘러가는 물의 속성은 웅덩이를 채우지 않고는 나
아가지 않듯이, 군자君子가 도道에 뜻을 두는 것은 조리에 따라 나아가지 않
으면 도달할 수 없다"[164]라고 하였다.

　이런 뜻으로 『중용』에서는 "군자의 도는 먼 곳을 갈 때는 가까운 데서부터

시작하고, 높은 곳에 올라 갈 때는 낮은 곳에서 시작함과 같다"[165]라고 했는데, 더 앞서 『논어』에서는 "간절히 묻고 가까운 데서부터 생각한다"[166]라고 하여, 유가 철학의 기본 정신은 갑자기 어떤 단계를 뛰어 넘어 일을 이루려는 것을 나무란다.

유가의 사랑인 '인仁'도 그러하다. 유가를 비판하는 묵자墨子가 주장하는 사랑인 '겸애兼愛'는 천하의 모든 사람을 차별 없이 사랑하기를 주장하는 가치 있는 사상이다. 하지만 유가에서는 묵자가 주장하는 사랑은 단계를 뛰어넘는, 보통 사람의 상정常情에 맞지 않는 것으로서, 대부분의 사람에게는 당장은 현실적으로 실천이 어려운 사랑이라고 본다.

유가 역시 궁극적으로 천하의 모든 사람을 사랑하는 것이 목표이지만, 사랑 역시 단계를 밟아 가까운 데서부터 먼 곳으로 나아가는 것으로 본다. 맹자가 말한, "우리 집 노인을 노인으로 대접하고, 그리하여 남의 집 노인에게까지 미치고, 우리 집 어린이를 어린이로 대접하고, 그리하여 남의 집 어린이에게까지 미친다"[167]는 것이 그것이다.

유가에서 말하는 사랑이 가까운 데서부터 시작하여 궁극적으로 천하에 미치는 것은 곧 유가의 정치 철학을 말하는 것이기도 하다. 유가에서 사랑이 천하에 다 미치는 것은 곧 천하를 화평하게 하는 것, 즉 『대학』의 '평천하平天下'이며, 자신의 '밝은 덕을 천하에 밝힘(明明德於天下)'이다. 그런데 '평천하'는 사랑의 최종 목표로서, 그것은 사랑이 단계를 밟아 가까운 데서 먼 곳으로 퍼져 확장하는 과정을 거쳐 도달되는 것이다. 그래서 가장 먼저 자신의 문제인 '수신修身'에서부터 출발하여, '제가齊家', '치국治國' 다음에 '평천하平天下'가 된다.[168] 이 모든 것의 취지가 곧 이 '점괘漸卦'에서 말하는 취지와 관련된다.

그런데 왜 '간괘艮卦' 다음에 '점괘漸卦'를 말하는가. 앞서 '혁괘革卦'에서 혁명이 이루지고, 다음 단계로 혁명을 수행하기 위해 새로운 체제의 제도적 토대를 마련하기 위한 '정괘鼎卦'가 있었다. 그리고 그러한 새로운 체제의 제도를 시행하는 데 있어, 빨리 세상을 바꾸는 성과를 내고 싶은 조급함이 다음 괘인 '진괘震卦'의 전광석화, 질풍노도의 시기로 나타난다.

하지만 지나친 조급함이 여러 부작용을 낼 수 있고, 그래서 그것을 추스르기 위한 단계가 곧 '멈춤'과 '그침'인 '간괘艮卦'다. 그렇다면 왜 '간괘'를 말하게 되었는가를 반성해 보면, 결국 '진괘'의 조급함이 단계를 뛰어넘는다는 점, 밟아야 할 단계를 제대로 밟지 않은 병폐에 원인이 있으므로, '간괘'의 반성 후 단계와 절차를 지켜야겠구나 하는 것을 말하게 된다. 그래서 조금씩 조금씩 차례를 지켜 나아가야 부작용이 없겠구나 라고 생각하는 것이 곧 '점괘漸卦'다.

가난과 후진적 정치 상황을 '빨리 빨리' 벗어나려고 나라의 경제를 발전시키고 민주화도 이루었건만, 챙길 것을 챙기며 제대로 따지는 습성의 부족함이 각종 안전사고를 일으키기도 한다. 오늘날 민주주의는 곧 과정과 절차임을 강조하기도 한다.

그런데 '빨리' 함에 본질적 문제가 있는 것은 아니다. 느슨하게 '주토피아'의 '나무늘보'처럼, 무조건 천천히 한다고 해서 옳은 것도 아니다. 순서와 절차를 지켜야 한다는 것이다. 빨리하면서 절차를 지켜 문제가 없도록 하면 빨리 해도 나쁜 것은 아니다. 이 괘는 뛰지도 못하면서 날려고 하는 조급함을 경계하고, 세상사 모든 것이 단계와 절차가 있음을 무리지어 날되 질서를 지켜 나는 '기러기(鴻)'와 절차를 중시하는 '결혼'에 빗대어 말한다.

개인의 처세에도 절차를 지켜야 할 때가 있다. 더구나 그중에서도 세상을 바로 살고자 하는 선비의 처세는 말할 것도 없다. 선비의 입신양명立身揚名도 적절한 과정이 필요하다. 중국 한대漢代 문제文帝 때의 가의賈誼는 일찍 능력을 발휘하여 단시일에 높은 벼슬로 초천超遷되지만, 주위의 질시로 좌천左遷된다. 스스로 옳다고 믿는 바대로 제도 변혁을 주장했지만, 기성 원로 대신들로부터, 나이도 어리고 학문도 막 시작한 자가 권한을 마음대로 하며 여러 일에 분란만 일으킨다는 비판을 받아, 임금인 문제가 그를 멀리하게 된 것이다. 훗날 북송北宋의 소식蘇軾(즉 소동파蘇東坡)은 이 일을 논하면서 "한 문제가 그를 쓰지 못한 것이 아니라, 그가 한 문제를 쓰지 못한 것이다"라고 하였다.

초년에 재능을 보이는 자는 스스로 교만해지기 쉽고, 타인으로부터 시기 받기도 쉽다. '점괘漸卦'는 출세에도 온갖 인간 군상이 존재하는 세태를 살피는 지혜와 자신의 욕망을 누르는 절제가 필요함을 말한다. 하물며 권력을 잡았다고 자기 주위의 같은 정치 패거리들과 그 권속들을 절차를 무시하고 불공정하게 합격, 임용, 승진시키는 일은 더 말할 것도 없다.

국가의 혁명과 개혁도 그러하다. 세상에 나아가 전광석화처럼 감행하여야 할 혁명의 때도 있지만, 그 과업을 정착시키기 위해 신중하게 시도해야 할 개혁의 때도 있다. 앞의 소식蘇軾이 활동하던 중국 북송대 왕안석王安石과 우리 조선조 조광조趙光祖의 개혁 시도와 좌절은 역사의 교훈이다.

동서고금의 수많은 혁명과 개혁이 의욕만 앞서 급히 서두르다 오히려 실패로 돌아간 사례가 허다하며, 오늘날에도 그런 사례는 비일비재하게 일어나고 있다. 혁명과 개혁은 우선 그 대상이 이미 부패하여 혁명과 개혁의 정당성이 확보되어야 할 뿐만 아니라, 과정 역시 정당하지 않으면 타도대상과 차별성이 없는 역시 새로운 타도 대상이 될 뿐이다.

그래서 '점괘漸卦'는 이것을 남녀의 혼인에 비유하여 "점(漸)은 여자가 시집가는 일이어서(女歸), 길(吉)한 일이지만, 곧고 발라야 이롭다(利貞)"라고 하면서, 세상 모든 일의 절차적 정당성을 말하고 있다.[169]

점괘漸卦 효사爻辭 해설

초육初六

'점괘' '초육'은 기러기(鴻)가 물가(干)로 나아가듯 선비가 처음 벼슬길에 나아가는 것이다(鴻漸于干). 물갈퀴가 있어 물과 뭍을 모두 다닐 수 있는 기러기가 뭍에, 육지에 나아간다는 것은 최종 목표가 육지임을 말한다. 하지만 앞 '간괘艮卦'에서 멈추어 있어, 다시 활동할 때가 되지 않아 물에 있다가 '점괘'에서 차근차근 육지에, 즉 세상에, 벼슬길에 나아가는 것이다.

그러나 육지에는, 정계政界·관계官界에는 기존의 세력이 있다. 이는 한漢 문제文帝 때 가의賈誼가 벼슬길에 나아가는 것과 같다. 자기 능력을 발휘하려고 하지만, 이미 자리를 차지하고 있는 구세력들이 아직 풋내기 젊은이(小子)가 나댄다고 훼방할 수 있다. 이때 위태로운 듯 삼가고 조심하여야 한다(厲). 기존의 대신들이 헐뜯을 수 있다(有言). 그렇지만 조심하면서 의로움을 지킨다면 문제는 없다(无咎).

한 국가가 혁명적 산업화 과정을 밀어붙이는 '혁괘革卦' 후 '정괘鼎卦'에서 경제계획을 확립하고 나서, '진괘震卦'에서 박차를 가하였지만, 급격한 변화로 인해 불안정해질 수 있는 상황에서, '간괘艮卦'에서 숨고르기를 한 후, 다시 이전의 문제점을 반성하고 계획을 재검토하여 다시 차근차근 나아가는 첫 단계다(鴻漸于干). 혁명으로 정권을 잡은 신흥 정치 세력(小子)이므로 반대파의 비판 세력을 항상 조심하며 경계해야 한다(厲). 반대파가 정치적으로 계속 비판하며 공격해 올 수 있으나(有言), 단계를 밟아 나아가면 문제는 없을 것이다(无咎).

육이六二

'점괘' '육이'는 '초육'의 단계에서 조심하며 견딘다면(가의賈誼는 그렇게 되지 못했지만), 출사出仕 후 자신에게 걸 맞는 역할을 맡아 중견의 위치에서 기러기가 물가에 인접한 반석磐石으로 나아가듯(鴻漸于磐), 그 지위가 반석 같이 된다. 그리고 국록을 받아(飮食), 생활도 여유롭고 안정되어(衎衎), 좋아진다(吉). 앞에서 경제계획 진행에 우여곡절을 겪은 국가가 다시 경제 정책을 재추진하여 나라살림이 반석에 오른 듯하다(鴻漸于磐). 국민소득도 높아져(飮食), 국민들의 생활이 여유롭게 안정되어(衎衎), 좋아진다(吉).

구삼九三

'점괘' '구삼'은 '초육'과 '육이'의 음유한 단계에서 조심조심 처신하여 자신감을 얻은 강유의 상태다. 그래서 한 단계 더 나아가, 가의賈誼 같은 이가 문제文帝 같은 임금의 신임을 과신하고, 더 높은 지위를 얻고자 마치 기러기가 반석을 지나 물가에서 좀 더 멀리 떨어진 육지로 나아가듯 한다(鴻漸于陸).

그런데 하괘 맨 위인 '삼三'의 불안정함이 나타난다. 비유하면, 한 가정의 지아비가 집을 떠나 다른 여자를 만나 돌아오지 않듯 처신한다(夫征不復). 즉 지위의 높아짐에 교만함이 나타난다. 이에 집에 있는 지어미는 애를 배도 기르지 않는 등 가정이 파탄 나고 흉하게 될 수 있다(婦孕不育凶). 즉 교만함이 화근이 되어 비판 세력의 구설에 올라 지위가 불안정해질 수 있다. 비판 세력(寇)은 바로 위 '육사'의 기존 정치 세력으로서, 그들을 제압해야만 이롭게 된다(利御寇).

국가 경제로 볼 때 '초육'과 '육이'에서 발전의 자신감을 얻게 되어 성장에 더 욕심을 내게 되지만(鴻漸于陸), 양강한 '구삼'의 상태에서 자신감이 자만심으로 된다. 게다가 기존 세력인 '육사'의 농간에 빠져 그들의 경제 노선에 따르고, 혁명 정신으로 계획했던 경제 노선을 벗어나 다른 이념의 방향으로 가서 한 동안 돌아오지 않는 상황이 된다(夫征不復). 그로 인해 그동안의 경제 성과가 생겨도(婦孕), 연속한 성장으로 이어지지 않아서(不育), 경제에 타격이 올 수 있다(凶). 그 외적 원인이 되는 세력(寇)을 제압해야만 이롭게 된다(利御寇).

육사六四

'점괘' '육사'는 발톱으로 나뭇가지를 꽉 쥐듯이 앉는 새 종류와 다르게 물갈퀴가 있어 그렇게 할 수 없는 기러기가 나무에 다가가 앉듯(鴻漸于木), 처해 있는 자리가 편안하지 못한 상태다. 그런데 둥근 형태의 나뭇가지이면 편안하지 못하지만, 기러기의 특성에 맞는 평평한 나뭇가지를 얻게 되면(或

得其桷), 그런 불안함을 면할 수 있다(无咎).

'점괘漸卦'가 비록 이전의 '진괘震卦'와 '간괘艮卦'에서 겪은 경험을 반성하여 절차와 단계를 중시하는 상황이지만, 점차 진행하는 과정에도 그 시기와 장소 같은 처지에 따라 역시 우여곡절이 있을 수 있다. 그 중에서도 『주역』의 일반적인 경우처럼 '삼三'과 '사四'라는 하괘와 상괘의 전환점에서 그런 상황이 나타나곤 한다.

'구삼'에서 양강함으로 무모하게 진행하는 측면이 있었지만, '육사' 역시 불안한 상황에서 도전 정신으로 '육사'의 대신大臣 자리까지 올라 온 벼슬아치다(鴻漸于木). 개인적 노력으로 기득권층에 편입되려고 하며, 기존 세력의 텃세에 대해 다른 욕심을 부리지 않고, 자신의 처지에 맞는 자리를 찾아(或得其桷), '육사'인 음유함으로 음유한 자리에 있듯이, 겸손하게 자신을 낮추면 큰 탈은 없다(无咎).

구오九五

'점괘' '구오'는 마침내 기러기가 '높은 언덕(陵)'에 올라서 이제 더 이상 올라갈 더 높은 곳은 없다(鴻漸于陵). '구오'는 제왕의 자리로서 최고 통치자의 자리이며, 개인으로서도 최전성기다. '점괘'에서 절차와 단계를 밟아 올라간 곳의 정점이다. 이 상태에서 더 올라가는 것은 마치 '건괘乾卦' 상구의 '항룡유회亢龍有悔'처럼 후회만 남긴다. '구오'에서는 최고 지도자의 자리에서 전체를 조망하며 질적 수준을 올리는 것이 바람직하다. 그것은 '구오'가 자신을 도울 현명한 인재들과 의기투합하여 이루어야 한다. 자신을 도울 인재가 여기서는 곧 '육이'이다.

그런데 이 세상에는 언제나 방해꾼들이 있을 수 있다. 국가 경제를 산업 혁명 수준으로 올려놓았지만, 계속 비판하는 세력들이 있다. '구오'가 '점괘'의 상황에서 절차를 밟아 우선 양적 규모에서 국가를 발전시켰다(鴻漸于陵). 이제 질적으로 업그레이드하여 선진국에 진입하려고 '육이' 자리의 인재들을 모으지만, 중간에서 시기 질투하여 방해하는 자들이 있을 수 있다. '구오'와 '육이' 사이의 세 효로 상징하는 거리가 그것을 상징한다.

즉 비유하면 '육이'의 지어미(婦)가 '구오'의 지아비를 만날 수 없다. 그래서 삼 년 동안 애를 가질 수가 없는 상황이다(삼년은 '육이'와 '구오' 사이의 세 효의 단계이다.)(三歲不孕). '육이'의 인재들(婦)이 '구오'의 지도자를 만나지 못하여 국가가 목표로 하는 결실을 한 동안 맺을 수가 없다(三歲不孕). 비판자들의 반대 때문이다. 그러나 이전과는 달리 '점괘'의 단계와 절차를 밟아 의지를 품고 실행하면, 우여곡절 끝에 결국 그 방해꾼들이 이겨내지 못하여(終莫之勝), 마침내 좋은 성과를 이루게 된다(吉).

상구上九

'점괘' '상구'는 '구오'의 전성기에서 나라를 선진국에 올려놓는 소명을 마친 지도자가 더 이상 권력에 욕심을 부리지 않고, 다시 '구삼'의 자리(즉 '陸')로 돌아가는 것이다(鴻漸于陸).[170] 애초에 자신이 강경한 통치 방식으로 자신의 임기도 연장하면서까지 권좌에 앉아 있었던 것이 개인의 권력욕 때문이 아님을 보여 주려면, '공이 이루어지고 자신은 물러나는(功遂身退)'[171] 처신을 해야 자기가 행한 모든 날갯짓(其羽)이 세상의 모범이 되어(可用爲儀), 자신과 나라와 국민에게 모두 좋은 결과를 낳을 것이다(吉).

그러나 이 시기를 어떻게 결정하는가는 국민이 어느 정도 이해하고 감내하는가의 문제와 그들을 자극하는 비판자로 인해 벌어지는 상황을 고려할 때, 여러 정치적 변동 가능성이 있을 수 있다. 만일 적절한 시기를 놓치면, 자기 신상과 나라의 운명에 큰 소용돌이가 있게 되고, 후세의 평가에도 많은 논란을 야기할 것이다.

54

귀매괘 歸妹卦

원문과 번역

歸妹, 征凶, 无攸利. (귀매는 가면 흉하니, 이로울 바가
귀 매 정 흉 무 유 리
없다.)

(初九) 歸妹以娣, 跛能履, 征吉. (귀매를 잉첩으로 하
귀 매 이 제 파 능 리 정 길
나, 절름발이가 밟을 수 있으니, 가면 길할 것이다.)

(九二) 眇能視, 利幽人之貞. (애꾸눈이 볼 수 있음이니, 은둔한 이의 곧음
묘 능 시 리 유 인 지 정
이 이롭다.)

(六三) 歸妹以須, 反歸以娣. (귀매를 천한 여자로 하니, 잉첩으로 되돌려
귀 매 이 수 반 귀 이 제
보낸다.)

(九四) 歸妹愆期, 遲歸有時. (귀매함이 시기를 어김이니, 지연하여 시집감
귀 매 건 기 지 귀 유 시
에 때를 둔다.)

(六五) 帝乙歸妹, 其君之袂, 不如其娣之袂良, 月幾望, 吉. (제을이
제 을 귀 매 기 군 지 몌 불 여 기 제 지 몌 량 월 기 망 길
귀매함이니, 그 군의 소매가 그 잉첩의 소매 좋은 것만 못하니, 달이

거의 보름이면, 길할 것이다.)

(上六) **女承筐无實, 士刲羊无血, 无攸利.** (여자가 광주리를 받드는 데
　　　　녀 승 광 무 실　사 규 양 무 혈　무 유 리
내용물이 없고, 선비가 양을 찌르는 데 피가 없으니, 이로운 바가 없다.)

귀매괘歸妹卦 총설과 괘사卦辭 해설

'귀매괘'는 『주역周易』의 54번째 괘로서, 위는 우레, 아래는 못이다(雷澤歸
妹). 앞 '점괘漸卦'를 180도 뒤집은 모습이다. '점괘漸卦'에서는 매사 절차가
있음을 기러기와 결혼을 비유로 말하였고, 특히 이 점을 선비의 출사에 빗
대어 말하였다. 그런데 '귀매괘'는 직접 결혼을 가지고 말한다. 이 역시 비유
다. 그리고 여기서 말하는 결혼은 고대의 결혼인데, 그 시대의 일반적 결혼
을 말하는 것이 아니라 중국 고대 지배층의 결혼을 말한다.

'귀매歸妹'의 '매妹'는 '누이동생'을 뜻하지만, 여기서는 특히 '잉첩媵妾'으
로서의 누이동생이다. '귀매歸妹'의 글자 그대로의 뜻은 '누이동생을 시집보
냄'이다. 여기서 '귀歸'가 '시집보냄(가嫁)'이다. '귀매괘' 상괘는 진괘震卦☳이
고 하괘는 태괘兌卦☱인데, 가정으로 말하면 8괘 중 진괘는 장남長男, 즉 맏
아들이고, 태괘는 소녀少女, 즉 막내딸이다. 그래서 두 사람의 결혼은 사실
상 나이가 맞지 않다.

그런데 여기에는 중국 고대 지배층의 결혼 풍습이 있다. 사실상 원래 정
처正妻인 신부는 8괘의 상징으로는 장남에 대한 장녀다.(8괘의 상징을 두고
말하는 것이지, 실제 취지는 부부의 나이를 맞춘다는 의미다.) 여기서 '매妹'가 시

집간다는 것은 자신의 언니를 따라 '잉첩滕妾'으로 시집간다는 의미다. '잉첩'은 중국 고대 지배층에서 귀인에게 시집가는 여인이 데리고 가던 시첩侍妾으로서, 신부의 질녀나 여동생으로 충당하였다.

고대 중국 지배층의 결혼 풍습에 천자天子는 열둘, 제후諸侯는 아홉의 아내를 한 번에 맞이하였는데, 그중 한 사람은 정처正妻인 여군女君이고 나머지는 모두 잉첩이었다. 잉첩은 여군을 따라 시집가며 정처가 죽거나 생육生育을 못할 경우, 남자는 다시 장가들지 않고 잉첩에서 정처를 보충하였다. 따라서 대개 단순한 '첩妾'보다는 지위가 높은 정식 신분으로서, 정식 연회에도 참석했다. '귀매'란 이 잉첩으로 시집보내는 것이다.

중국 고대에는 이런 풍습이 흔히 있어서 요堯임금은 순舜임금에게 딸 둘을 함께 시집보냈고, 후대인 삼국시대 오吳나라 손권孫權의 어머니는 자신의 누이동생과 함께 손권의 아버지인 손견孫堅에게 시집갔다.

잉첩은 정처와 자매 관계이거나 그렇지 않더라도 최소한 동성同姓으로 하였다. 이는 '질투'로 일어날 수 있는 궁중 참극을 차마 저버릴 수 없는 골육骨肉의 정情으로 막기 위해서였다. 정처와 잉첩이 혈육이면 그들은 한 지붕 아래 공동 운명체로서 서로 저버릴 수가 없고, 다투면 집안을 상하게 하므로 자연히 다툼을 삼가게 된다는 생각에서다. 양가의 정치적 이익에 관한 정략결혼일 경우에 정처가 결할 경우에도 여전히 그 혈육이 지위를 이어 받으므로, 상호 정치적 이익관계는 연속하게 된다.

'귀매괘' 역시 『주역』의 다른 괘와 마찬가지로 문자에 쓰인 표현의 자체 의미도 있으나, 더 폭넓게는 세상사에 대한 비유다. 오늘날 양성 평등, 일부일처제의 문화 관점으로 봐서는 이런 결혼 풍습은 마음을 불편하게 할 수 있지만, 이 비유의 취지는 정처인 '여군女君'과 '잉첩'이 싸울 경우처럼, 구성원이 싸울 경우 공동체 자체에 해악을 끼쳐 모두 망하게 되는 운명 공동체를 말하려는 것이다.

예컨대 정치적으로 보면 정처는 정부 여당이요 잉첩은 야당이다. 정부 여당과 야당은 한 국가의 공동 운명체다. 정부 여당에 문제가 있으면 정권이 교체되어 잉첩이 정처가 되듯 정권이 교체된다. 양자는 국가를 위해서 서로 견제해야 하지만, 그렇다고 '충심'이 아닌 '질투'로 인한 비판과 투쟁이라면, 국가를 상하게 하여 망국에 이를 수도 있음을 조선조 당쟁에서 본다. 한 민족이 분단되어 전쟁을 하거나, 한 기업에서 기업가와 노동자가 분쟁을 하는 경우도 그러하다.

'혁괘革卦' 이후의 여러 변화를 겪으면서 국가 경제가 발전해 왔다면, 사회 구성원들이 그 경제 성장의 과실을 나누면서 조화로운 조정이 없으면, 사회적 분쟁, 분규, 투쟁이 있게 된다. 어떤 혁명가, 개혁가가 나서서 국가 경제를 발전시키고, 거기에 창업 정신이 투철한 여러 혁명적 기업가가 동참하여 여러 기업을 창업하고 노동자를 고용하여 기업을 경영한 이후에는, 국가적으로나 기업 내부에 있어서나 필연코 분배의 문제가 떠오르게 된다.

국가 자본, 기업 자본이 부족한 혁명 초기 상황에서는 저임금으로 노동자들이 희생하는 경우가 많다. 그러나 희생을 언제까지나 감내할 수 없으므로 노동자의 투쟁이 발생할 수 있고, 이를 잘 넘기지 못하면 새로운 혁명이 발생한다. 여기 '귀매괘'에서 말하는 것은 아직 국가 경제 토대가 완전하지 않고, 성장도 미진하여 국가의 일반 국민, 기업 노동자의 저임금 상태가 아직 해결되기 어렵고, 고임금으로는 대외 무역에 서 가격 경쟁력이 없는데도 양자가 분쟁이 있으면, 국가와 기업은 위험에 처하여 결국 국가, 국민, 기업, 노동자 모두 몰락할 수 있는 발전 도상의 경우와 같다.

이는 마치 누이동생이 언니를 따라 시집가서(歸妹), 그 집안에서 내부 권력 다툼을 벌이면(征), 집안에 흉(凶)한 상황이 발생하여 이로울 바가 없다는 것과 같다(无攸利). 즉 아직 경제발전이 충분히 이루어지지 않은 경우 비록 그동안 국가 경제에 기여하여 왔지만(歸妹), 아직은 고임금이 비현실적이라도 노동자가 무리하게 투쟁한다면(征), 국가와 기업에 흉(凶)한 상황이 발생하여 결국은 공동체 모두에게 이로울 바가 없다는 것이다(无攸利).

단, 여기서 말하는 바는 곧 효사에서 이야기하게 될 '육오'의 지도자 그룹인 국가와 기업이 사리사욕을 위해서가 아니라 지도자로서 덕을 발휘하여 충분한 자기희생적 기여가 있음을 전제로 하는 것이며, 이제는 충분히 국민과 노동자를 배려할 시기가 왔어도 성장의 과실을 독점하기 위하여 고의로 착취하는 경우는 아니다.

귀매괘歸妹卦 효사爻辭 해설

초구初九

'귀매괘' '초구'는 누이동생을 시집보내는데, 정처가 아닌 잉첩으로(娣) 시집보내지만(歸妹以娣), 그 결혼이 예에서 벗어난 야합이 아닌 정식 결혼이므로, 절름발이가 정상적으로 걸음을 걸을 수는 없지만 그래도 갈 수는 있음(跛能履)과 같이, 잉첩의 신분이지만 그래도 시집을 가서 좋다는 것이다(征吉).

국가와 국민이 낙후된 후진 경제 상황에서 빈곤을 탈피하지 못하고 있을 때, 그 가난을 벗어나기 위해 새롭게 시도하는 국가 경제개발계획 초기, 기업 창업 초기에 일반 국민이나 노동자(娣)가 나라 발전을 위하여 그 계획에 참여하면서(歸妹), 비록 국가와 기업보다 상대적으로 따라가는 입장(娣: 잉첩)이며(歸妹以娣), 아직 정상적인 분배, 많은 임금의 혜택을 받지 못하는 상황이지만(跛), 그래도 경제발전에 기여할 수 있으니(跛能履), 성실히 참여하면 결국 국가 경제가 발전하여 모두 좋은 결과를 낳을 수 있다는 것이다(征吉).

구이九二

'귀매괘' '구이' 역시 잉첩인 누이동생이 아직 시집간 지 얼마 되지 않아 집안일의 전면에 나서서 관여할 수 없는 상황이지만, 그래도 정식 결혼 절차를 밟았으므로 부분적으로는 역할을 할 수 있는 입장이다. '초구'의 비유와 비슷하게 애꾸눈(眇)이 완전하지는 않지만 그래도 볼 수는 있듯이(眇能視), 가정사에 부분적으로는 관여할 수 있는 상황이다. 그러나 정처를 제치고 주된 역할을 하면 안 되고, 은둔한 사람이 곧은 지조를 지키듯이 행하는 것이 이롭다(利幽人之貞).

국가와 기업의 상황이 아직 '초구'와 같은 초기 단계를 벗어나지 못한 상황에서 일반 국민과 노동자는 다만 아직 국가와 기업가의 방침을 따라가는 입장으로 경제발전에 참여하는 상황이다(眇能視). 아직 국가 산업 전반이 낙후되어 있고, 전후 복구도 완전하지 않은 상황을 벗어나지 못하여, 경제 성

장의 결실에 대한 분배를 요구하고 저임금을 벗어나기 위해 투쟁할 만한 때
가 도래하지는 않았으므로, 역시 은둔한 사람이 곧은 지조를 지키듯 인내하
는 것이 이롭다(利幽人之貞).[172]

육삼六三

'귀매괘' '육삼'은 누이를 시집보내는데 천첩賤妾(수須)[173]으로 보낸다(歸妹
以須). 갈 때의 신분이 천한 것이 아니라, 그 성품이 천하다는 것이다. 하괘
의 맨 위인 '삼' 자리의 불안한 상황이다. '초구'와 '구이'에서 참고 기다리는
상황이 아니다. 그래서 정비正妃를 질투하고, 집안에 분란을 일으키는 행동
을 한다. 그로 인해 다시 잉첩의 신분으로 친정으로 되돌려 보내진다(反歸以
娣).

'육삼'의 상황은 국가와 기업은 경제 성장의 정도가 '초구'와 '구이'처럼 아
직 고임금이 될 상황이 아닌데도, 노동자 계층은 '초구'와 '구이'처럼 더 이상
기다리지 못하겠다면서, 기득권층이 부를 독점하며 일반 국민과 노동자를
착취한다고 보고 투쟁을 벌인다. 국가와 기업은 이를 부당한 투쟁이라고 간
주하는 상황이다(歸妹以須). 그로 인해 노동자를 해고하는 등의 강경한 대처
방법을 쓴다(反歸以娣). 이로 인해 나라의 경제 상황에 많은 분란과 어려움
이 생긴다.

구사九四

'귀매괘' '구사' 역시 '육삼'처럼 집안에 문제를 제기하는 상황이다. 그래서
누이를 시집보내는데 시기를 맞추지 않는 행위를 한다(歸妹愆期). 그냥 시기

를 맞추지 않는 정도를 넘어서, 시집보내면서 계획적으로 때를 따로 설정하여 시기를 지연시키는 방법을 쓴다(遲歸有時). 노동자들이 작업에 참여하는 것을 때에 맞춰서 하지 않는 투쟁 방법을 사용한다(歸妹愆期). 근무시간, 작업시간을 노동조합 차원에서 때를 정해 놓고 지연하는 투쟁을 한다(遲歸有時).

육오六五

'귀매괘' '육오'는 상商 왕조(은殷 왕조)의 임금 '제을帝乙'[174]이 누이동생을 시집보내는데(帝乙歸妹), 정비正妃인 여군女君의 소매가 오히려 잉첩의 소매만 못하다는 것(其君之袂不如其娣之袂良), 말하자면 검소하다는 것을 예로 비유하고 있다. 잉첩媵妾은 바로 그 아래 '구사'를 지칭하는데, 양강한 성격의 제娣로서 탐욕스럽고 성격이 드세다. 그런데 지금 '육오'는 정비이지만 음유하여 온순, 온화하다. 그래서 '구사'가 '육오'를 만만하게 보고 함부로 기어오르려고 한다.

원래 제을이 누이동생을 시집보낼 때 온유한 '육오'를 정비로 삼고 '구사'를 잉첩으로 삼았는데, 그것은 '육오'가 성격이 온유하며 상괘의 가운데 자리를 지켜 중도를 지키는 덕을 가지고 있기 때문이다. 그래서 '육오'가 '구사'보다 나은 점이 검소함에도 나타나, 그 군君(여군女君)의 소매가 검소함이 그 잉첩의 소매가 사치함보다 더 낫다는 것이다.

만일 '구사'가 '육오'를 따르며, 달이 거의 보름달이 되어가지만 아직 가득 차지는 않은 듯(月幾望), 그 탐욕과 성격을 누르고 집안의 화목을 위해 협조한다면 집안이 좋아질 것이다(吉). 그런데 집안의 화목에는 여군女君인 '육오'의 온유한 덕이 먼저 전제되어야 한다.

국가와 기업, 일반 국민과 노동자가 모두 힘을 합쳐 경제성장을 위해 노력하고 있지만(帝乙歸妹), 아직 국가의 경제성장이 미흡한 상황에서 그 점을 고려한 정부와 기업(其君)이 아직은 모두 욕심을 부릴 때가 아니라 절약해야 한다고 하는데, 일반 국민과 노동자가 관점을 달리하여 요구가 드센 상황이다(其君之袂不如其娣之袂良).

그렇지만 욕심이 과하면 모든 게 수포가 되므로 달이 거의 보름달이 되어 가지만 아직 가득 차지는 않은 것처럼, 선진국의 문턱에서 지나친 욕심을 부리지 않고, 보름달 전만큼의 마음을 가지면(月幾望), 나라가 좋을 것이다(吉). 반대로 달이 보름달을 넘긴 것처럼 욕심이 과도하면 좋지 않다. 그런데 국가 공동체의 화목에는 정치적, 경제적 지도자 그룹인 '육오'의 '노블레스 오블리주'의 덕, 즉 음유한 '육오'의 온순, 온화함이 먼저 전제되어야 한다.

상육上六

그런데 '귀매괘' 끝인 '상육'이 되도록 정처와 잉첩이 서로 협조가 안 되면 가정이 불화하여 집안에 이로울 것이 없다. 그래서 만일 잉첩의 탐욕에 따라 집안을 이끌어 간다면, 그런 여자가 제사 지내는데 마련한 제물 광주리가 텅 비어 있듯(女承筐无實) 하고, 가장이 제사를 위해 희생으로 쓰는 양에서 피가 나오지 않듯(士刲羊无血), 집안에 이로운 것이 없게 된다(无攸利).

국가 경제가 아직 완전하게 성장하지 못한 상태에서 국민과 노동자의 요구가 지나쳐, 그때까지의 경제성과를 재투자의 종잣돈도 제대로 남김없이 분배해 버린다면, 결국 국민이 누릴 수 있는 나라 곳간이 텅 비게 되어(女承

筐无實), 나라에서 운용할 수 있는 필수 자금도 없이(羊无血), 금융위기를 겪게 될 수도 있으니(土刲羊无血), 국가 구성원 모두에게 결국 이로운 것이 없게 되는 것이다(无攸利).

55

풍괘 豐卦

원문과 번역

豐, 亨. 王假之, 勿憂, 宜日中. (풍은 형통하다. 임금이
풍 형 왕 격 지 물 우 의 일 중
이에 이르니, 근심 없게 하여, 마땅히 해가 중천에 있도록 한
다.) (여기서 假=격格)

(初九) 遇其配主, 雖旬, 无咎, 往有尙. (그 짝 되는 주
우 기 배 주 수 순 무 구 왕 유 상
인을 만나되, 비록 고르게 하나 허물이 없으니, 가면
높임이 있을 것이다.)

(六二) 豐其蔀. 日中見斗, 往, 得疑疾, 有孚發若, 吉. (그 차양을 풍성
풍 기 부 일 중 견 두 왕 득 의 질 유 부 발 약 길
하게 함이다. 한낮에 두수를 봄이니, 가면 의심의 병을 얻을 것이나,
성실함을 가지고 발하듯 하면, 길할 것이다.)

(九三) 豐其沛. 日中見沫, 折其右肱, 无咎. (그 깃발을 풍성하게 함이다.
풍 기 패 일 중 견 매 절 기 우 굉 무 구
한낮에 어두움을 봄이니, 그 오른 팔뚝을 꺾었으나 허물이 없다)(여기서
沛=패旆.)

(九四) 豐其蔀. 日中見斗, 遇其夷主, 吉. (그 차양을 풍부하게 함이다.
　　　 풍 기 부　 일 중 견 두　 우 기 이 주　 길
한낮에 두수를 봄이니, 그 평등한 주인을 만나면 길할 것이다.)

(六五) 來章, 有慶譽, 吉. (빛남을 오게 하면, 경사와 기림이 있어 길할 것이다.)
　　　 래 장　 유 경 예　 길

(上六) 豐其屋. 蔀其家. 闚其戶, 闃其无人, 三歲不覿, 凶. (그 지붕을
　　　 풍 기 옥　 부 기 가　 규 기 호　 격 기 무 인　 삼 세 부 적　 흉
풍성하게 하여 그 집안을 덮음이다. 그 문을 엿보니, 고요하여 거기에

사람이 없으며, 세 해라도 보지 못할 것이니, 흉하다.)

풍괘豐卦 총설과 괘사卦辭 해설

　'풍괘'는 『주역周易』의 55번째 괘로서, 위는 우레, 아래는 불이다(雷火豐).
'풍豐'은 '큼[大]', '풍성함', '풍요로움'이다. 현재의 풍성함만을 말하는 것이 아
니고 앞으로 이를 유지함도 말한다. 앞 '귀매괘'에서 한 지붕 아래 구성원의
화합이 이루어진다면, 그 공동체는 풍성함을 누릴 수 있게 된다. 그러나 '풍
괘' 「단전彖傳」은 역설적으로 오히려 "해가 중천에 오면 기울어지고, 달이 가
득 차면 이지러진다"라고 하여, 풍성함 끝에 그 풍성함을 흥청망청 낭비하
여 올 수 있는 반전을 경계한다.

　돈을 벌기도 어렵고 돈을 잘 쓰기도 어렵지만, 돈을 흥청망청 쓰기는 쉽
다. 돈을 땀 흘려 힘들게 벌어 본 사람은 부자가 되어도 검소하다. 그러나
그 부를 물려받은 자식은 부모가 힘들게 번 과정을 체험하지 못하여 낭비할
수도 있다. 풍요로움 뒤에 그 풍요로움을 유지하지 못할 수가 있는 것이다.
돈 쓰는 데 맛 들인 자식은 부모의 재산을 다 쓰고도 빚을 내어서까지 낭비

할 수도 있다.

가난을 물리치기 위해 경제발전에 매진하여 나라를 풍요롭게 만들 때도, 가난은 나라도 구제하지 못한다는 패배주의에 빠져 노력을 비웃고 비판하다가도, 막상 경제성과가 나타나면 또 빨리 나누지 않느냐고 하여 설익은 풍요로움을 무산시킬 수도 있다. 그러한 갈등의 과정이 '귀매괘'를 거치면서 '풍괘'의 풍요로움에 이르면, 밥할 때 구경하던 자들이 숟가락 먼저 들고 밥상머리 먼저 차지할 수도 있다. 그러다가 밥통을 차지할 기회가 되면, 이리저리 밥 퍼 주는 데만 혈안이 될 수도 있다. 경제발전의 어려움을 모르는 자들은 그 성과를 쓰는 데는 남 먼저 앞장서며 그 베풂에 생색내고, 생색내는 재미에 빠지면 나랏빚을 내어서도 베푸는 재미를 즐긴다.

'풍괘'는 역시 『주역』답게 풍요로움이 있자마자 그 풍요로움에 안주하여 낭비하는 것을 경계한다. 그래서 해가 중천에 뜨면, 곧 기울어짐을 명심시킨다. '풍괘'는 해가 중천에 떠 있는 상태가 유지되듯 풍성함이 지속될 수 있는 조건으로, 괘사에서는 우선 지도자의 지도력을 든다. 풍요로움은 가난할 때 있었던 공동체 구성원들의 투쟁과 갈등을 상당 부분 해소할 수 있다. 그래서 풍요로움은 형통하다(豐亨).

그런데 풍요로운 경제적 과실을 나눌 때도 역시 경제적 발전을 땀 흘려 이루어 본 지도자가 그 소중함을 알고 흥청망청하지 않는다. 그래서 올바른 지도자(王)가 그 일에 임해야(王假之), 낭비로 인한 국가의 우환을 막을 수 있다(勿憂). 해가 중천에 떠 있는 풍요로움의 전성기를 지속시켜야 함을 알기 때문이다(宜日中). 우매한 지도자는 나라 곳간을 함부로 관리할 수가 있는 것이다.

또 다른 조건으로는 소인배의 발호를 막는 것이다. 공자가 "덕 있는 이는 외롭지 않다. 반드시 이웃이 있다"라고 했지만, 우매하고 악한 지도자도 역시 외롭지 않고, 반드시 이웃이 있다. 그를 지지하는 소인들이 있기 때문이다. 이들의 연대감은 아교보다 더 끈끈하다. 이들은 정의로움을 가장하고, 그동안 벌어놓은 돈을 물 쓰듯 쓰며 생색내는 포퓰리즘 정치를 한다. 군중은 당장의 꿀맛에 환호한다. 또 이들은 한편으로는 사익을 추구하여, 나랏돈으로 제 주머니를 채운다.

그래서 '풍괘' 「상전象傳」에서는 "천둥과 번개가 함께 이르는 것이 '풍괘'이니, 군자는 이를 본떠 옥사를 판결하고 형벌을 이룬다"라고 한다. 천둥의 위엄과 번개의 밝음으로 옥송獄訟의 일을 처결하는 것이다. '풍괘'의 풍성함을 이야기하다가 결이 달라 보이는 이 말을 하는 것은 풍요로움 뒤에 올 수 있는 소인들의 책동을 응징하지 않으면, 그동안 땀 흘려 이룬 풍성함이 하루아침에 사라질 수 있음을 경고하는 것이다.

'풍괘'는 이렇게 풍요로움을 이룬 상황을 지속하려 함에 있어서, 풍요로움을 이룬 군자가 그 결과의 처리에서는 밀려, 주도권을 잡은 소인들을 견제하는 상황이다. 하괘가 곧 주도권을 잃은 군자들이고, 상괘가 새로 권력을 얻은 소인들이다.(그렇다고 상괘가 모두 소인이고, 하괘가 모두 군자라는 의미는 아니다. 대세가 그러하다는 말이다.)

풍괘豐卦 효사爻辭 해설

초구初九

'풍괘' '초구'는 유능하고 강직한 군자이지만 아직 크게 쓰이지 않는 신하 또는 초야에 묻혀 있는 의로운 선비다. 이런 선비가 세상에 나아가 크게 쓰이려 해도, 세상이 알아주지 않거나 소인의 방해가 있을 수 있다. 따라서 이러한 군자가 충심과 능력을 발휘할 수 있도록 돕는 이가 있어야 하는데, '구사'가 곧 그러한 이다. 즉 '초구'가 이순신李舜臣이라면 '구사'는 그를 알아주는 류성룡柳成龍과 같은 사람이다.

'초구'가 '구사'를 만남에 강직함으로는 서로 짝을 이루듯이 의기투합한다 (遇其配主). '초구'의 지위는 낮으나 강직함은 '구사'와 같아서, 서로 의로움을 말할 때는 양보하지 않을 정도로 대등함을 겨루지만(雖旬), 모두 나라와 천하를 위한 일이니 허물이 없다(无咎). 오히려 이런 태도는 세상을 위해서 높이고 권장할 일이다(往有尙).

나라를 풍요롭게 하였지만, 주류의 대세는 소인이 차지하여 소인들이 당파적 이익을 위하여 풍요로움을 마음대로 좌지우지하는 상황이다. 이때 재야의 의로운 군자들이 비록 소수이기는 하지만, '구사'와 같은 상괘의 군자와 의기투합할 수도 있다(遇其配主). 각자의 주장이 완전히 같지는 않아서 비록 그 옳음을 논함에는 팽팽하게 겨루기도 하지만(雖旬), 대의를 위한 일이므로 허물이 없다(无咎). 그래서 그런 행동은 오히려 숭상할 일이다(往有尙).

육이六二

그러나 '풍괘' '육이'에서는 이순신과 같은 장군이 '육오'의 선조 같은 임금을 만나니, 마치 해를 가린 차양막(蔀)만 풍성한 상황이다(豐其蔀). 햇빛이

가려져 마치 밤 같아서 낮에 별자리 두수斗宿를 선명히 보듯 캄캄할 지경이 되어(日中見斗), 자신이 나라를 위해 충심으로 간諫해도(往), 오히려 임금의 의심만 산다(得疑疾). 그래도 성심으로 충언하면(有孚發若), 길할 것이다(吉).

또한 세상의 권세를 차지한 이들과 그들을 지지하는 무리의 편중된 정치 이념으로 세상의 밝음이 짙게 가려져(豐其蔀), 마치 해가 중천에 떠도 낮에 두수斗宿를 선명히 볼 수 있을 정도로 세상이 캄캄하다(日中見斗). 이때 뜻있는 지식인과 국민들이 나라를 위해 직언을 해도(往), 권세를 가진 세력에 의해 반민족분자로 의심된다며 매도될 우려가 있다(得疑疾). 그래도 나라를 위하는 마음으로 성심을 다하여 문제를 제기하면(有孚發若), 일반 국민들이 지지하여 길(吉)할 것이다.

구삼九三

'풍괘' '구삼'은 하괘의 맨 위로 불안이 가중된 상황이다. 외적이 침략해 온 상황인데도 조정은 여전히 혼군昏君과 간신奸臣들이 주도하고 있어서 나라는 온통 간신들의 깃발로 펄럭이고(豐其沛), 낮에 해가 중천에 떠도 어둠 속에 있는 듯 캄캄하다(日中見沫). 충심으로 나라를 위해 싸웠지만, 급기야 모함으로 인해 직위를 잃고 백의종군白衣從軍까지 하지만(折其右肱), 끝내 그를 허물할 수는 없다(无咎).

세상이 특정 이념을 추종하는 세력의 깃발로 가득차서(豐其沛), 다른 견해를 가진 이들은 해가 중천에 뜬 낮에도 어둠 속에 있는 듯 나라의 앞날이 걱정된다(日中見沫). 때로는 소신을 가진 공직자가 자신의 오른 팔을 끊어내는 심정으로 충정어린 간언을 올리지만(折其右肱), 받아들여지지 않는다. 그래도 의로움을 위한 일이어서 허물이 없다(无咎).

구사九四

'풍괘' '구사'는 비록 상괘에서 수많은 소인에 의해 둘러싸여 있으나, 그 가운데 처해 있는 군자다. 양강함으로 음유한 자리에서 처신이 어려운 상황이다. 하괘 '초구'와 호응하는 자리이나, '초구'가 양강하기 때문에 음양의 호응은 없이, 다만 그 강직함만 서로 인정할 뿐이다. 햇빛을 가리는 차양막에 둘러싸여(豐其蔀), 해가 중천에 뜬 낮에 밤에 볼 수 있는 두수斗宿를 볼 수 있을 만큼 어두운 나라 상황에서(日中見斗), '구사'의 재상 류성룡이 의기가 같은 상대인 '초구'의 장군인 이순신을 만나듯 하여(遇其夷主), 나라를 위해 어려움을 헤쳐 나가니 길하다(吉).

'구사'는 권력을 가진 주류 세력 중의 비주류로서, 그 안에서 바른 소리를 하는 사람이다. 주위가 온통 한 생각으로 일사불란하게 움직이는 이들로 가득 차(豐其蔀), 낮에도 밤인 듯 앞이 캄캄하지만(日中見斗), 재야의 바른 이들을 만나 의기투합하면(遇其夷主), 올바른 국민들이 알아주어 길할 것이다(吉).

육오六五

'풍괘' '육오'는 간신들에 의해 둘러싸인 우매한 임금이다. 그러나 그가 '구사'인 재상 류성룡 같은 이의 말을 경청하여 '초구'에서 '육이'로 올라온 이순신 같은 이에 대한 의심을 거두고 그의 빛나는 충심(章)을 받아들이면(來章), 나라에 축복이 되고 바른 이들로부터 기림을 받아(有慶譽), 나라를 구하는 길한 일이 있을 것이다(吉).

주위에 온통 하나의 이념으로 무장한 측근들로 人人의 장막에 둘러싸여, 자기가 보고 싶은 것만 보고 듣고 싶은 것만 들으며, 자신에게 아첨하는 자들만 등용하고, 지지자들과만 소통하던 '육오'가 만일 하괘의 다른 생각 가진 이들 중 충심어린 이들의 말에도 귀를 기울여 그 생각을 받아들인다면(來章), 편을 나누어 서로 싸우는 나라 상황이 밝아져서 나라에 좋은 일과 자신에 대한 찬사가 있게 될 것이니(有慶譽), 이는 나라와 자신에게 좋은 일이 된다(吉).

상육上六

그러나 '풍괘' '상육'에서 '육오'의 기회를 잃어버리고, 다시 지붕을 풍성하도록 크게 만든다(豐其屋). 외부와 차단할 정도로 온 집을 덮어 가리고(蔀其家), 생각을 편협하게 하므로 나라는 어두워진다. 그 조정을 보니(闚其戶), 간신들은 많아도 이순신과 같은 충신은 희생되고 없다(闃其无人). 그로 인해 국난 후 나라는 오래도록 전대의 풍성함을 잃으니(三歲不覿), 통탄할 일이다(凶).

'육오'의 지도자가 결국 정국을 개선할 기회를 찾지 못하고, 이념 코드가 같은 자들, 아첨하는 자들로 자신의 주위에 장막을 쳐서(豐其屋), 그들로 온 관직을 뒤덮는 상황이 된다(蔀其家). 나라의 어느 부처를 보든(闚其戶), 올곧은 쓴소리 하는 이들은 없고(闃其无人), 있다 해도 그들은 권력 지지자들의 헐뜯음을 견디지 못하여 오랫동안 바른 사람을 보지 못할 것이니(三歲不覿), 자신과 나라에 좋지 않은 일이다(凶).[175]

56

려괘 旅卦

원문과 번역

 旅, 小亨, 旅貞, 吉. (려는 조금 형통하니, 나그네가 바르
려 소 형 려 정 길
고 곧아야 길하다.)

(初六) 旅瑣瑣, 斯其所取災. (나그네가 자잘하게 구차
려 쇄 쇄 사 기 소 취 재
함이니, 이에 그 재앙을 취하는 바이다.)

(六二) 旅卽次, 懷其資, 得童僕貞. (나그네가 거처를 얻어, 그 노자를 얻
려 즉 차 회 기 자 득 동 복 정
고, 아이 종의 바름을 얻음이다.)

(九三) 旅焚其次, 喪其童僕貞, 厲. (나그네가 그 거처를 불태우고, 그
려 분 기 차 상 기 동 복 정 려
아이 종의 바름을 잃으니, 위태하다.)

(九四) 旅于處, 得其資斧, 我心不快. (나그네가 거처한 데서 그 노자와
려 우 처 득 기 자 부 아 심 불 쾌
도끼를 얻지만, 내 마음은 불쾌하다.)

(六五) 射雉一矢亡, 終以譽名. (꿩을 쏘아 맞혀 한 화살이 없어짐이니,
석 치 일 시 망 종 이 예 명
마침내 기림과 복록으로써 할 것이다.)

(上九) 鳥焚其巢, 旅人, 先笑後號咷. 喪牛于易, 凶. (새가 그 둥지를
조분기소 려인 선소후호도 상우우이 흉
불태우니, 나그네가 먼저는 웃고 뒤에는 울부짖는다. 소를 쉽사리 잃으
니, 흉하다.)

려괘旅卦 총설과 괘사卦辭 해설

'려괘'는 『주역周易』의 56번째 괘로서, 위는 불이고 아래는 산이다(火山
旅). 앞의 '풍괘豐卦'를 180도 뒤집은 모습이다. 의미도 '풍괘'와 서로 반대된
다. 『주역』의 괘에는 역사의 흥망興亡과 치란治亂의 순환을 상징하는 것이
많다. '풍괘'와 '려괘'의 관계도 그중의 하나다. 64괘가 연속하여 하나의 변화
과정을 말하기도 하지만, '건괘乾卦'와 '곤괘坤卦'의 한 쌍으로부터 시작하여,
두 개씩 기호가 서로 관련하여 짝을 짓고 있는 32쌍의 괘는 두 괘씩 서로 물
극필반物極必反의 반전 상황을 보인다. '풍괘'와 '려괘'의 한 쌍의 괘도 그런
면을 보여주는 대표적인 경우이다. 즉 '풍괘'의 상황이 지극하면 '려괘'가 되
고, '려괘'의 상황이 지극하면 '풍괘'가 될 수 있다.

'려旅'는 '나그네'란 뜻이다. 앞 '풍괘'의 풍요로운 상황이 반전하여 그 터전
을 잃고 떠돌이 나그네 신세가 된다. '려괘'는 박목월의 '구름에 달 가듯이 가
는 나그네'의 분위기보다 차라리 뮐러의 시, 슈베르트 곡의 '겨울 나그네'에
가깝다. 봄, 여름을 지나 풍요로운 가을의 풍성함을 잃어버린 황량한 겨울,
사랑을 잃어버린 청년의 여정旅程이다.

'려괘'의 분위기는 비록 암울하지만, 그래도 그 겨울 나그네인 청년을 탓

하는 취지라기보다는, 날마다 깨어나도 여전히 풍요롭고 그 풍요로움이 마치 숨 쉴 때 주위에 언제나 있는 공기처럼 당연한 것으로 여겼지만, 그것이 영원히 지속되지 않을 수도 있다는 것을 알지 못하고 흥청망청하다가 몰락하여 동가식서가숙東家食西家宿하는 어떤 부잣집 금수저 자식이었던 나그네를 탓한다.

『주역』이 말하는 대표적 교훈 중의 하나는 발전하여 풍요로울 때는 교만으로 인해 그것을 잃지 않도록 경계하고, 쇠락하여 빈곤할 때는 희망을 잃지 않고 재기하는 노력을 독려함이다. 이 '풍豐'의 교만 끝에 찾아온 '려旅'의 상황도 그러하다. 몰락으로 인해 '풍괘'에서 누렸던 것들을 잃고서도 낙담하여 자포자기하지 않고, '나그네'로 전락한 상황에서도 다시 옛날의 영화와 번영을 회복하도록 독려한다.

그러나 단순히 의욕만 앞서서는 어려우며, 철저한 반성이 선행되어야 한다. 이런 반성은 '려괘'에서의 완전한 탈출을 말하는 것은 아니고, 다만 재기의 전제 조건 정도는 되므로 '려旅'는 조금 형통한 정도라고 한다(小亨). 또한 어려운 상황에 빠져 있을수록, 그 상황을 모면하기 위하여 부정한 술수와 편법을 쓰기보다는 '려괘'의 때에 오히려 바르고 곧은 처신을 하며(旅貞), 재기를 모색해야 좋아진다(吉)고 말한다.

영락한 나그네로 살 것인지 다시 '풍괘'의 풍요로움을 회복할 것인지는 어디까지나 나그네 자신에게 달려 있다. 사업이 망해도 다시 의지를 다지고 노력하는 사람이 재기의 달콤함을 맛볼 수 있고, 나라가 망해도 광복의 투지를 불태우는 민족이 해방된 독립국을 누릴 수 있다.

나그네는 쇠퇴 국면에 접어들거나 이미 몰락한 왕조요 기업이다. 그리고 그 지도자다. 몰락한 로마제국이요, 청淸에 망한 명明이요, 청에 굴복한 후 반성하지 않다가 결국 일본에 망한 조선 왕조다. 그런데 역사를 통해 풍요를 누렸던 나라는 그 풍요가 사실상 모든 구성원의 풍요는 아니었다. 오히려 피지배자들의 고혈膏血 위에 선 풍요였고, 풍요로움을 누리는 측은 지배자들뿐이었다. 그들은 그들만의 나라, 그들만의 풍요를 누렸다.

지배자들이 풍요를 잃고 몰락하여 '풍괘'에서 '려괘'로 된 것은 사실상 그들만의 풍요로 인한, 백성들의 불만 폭발에 기인하였다. 아무리 가난한 나라라도 1%의 지배층은 풍요를 누리기도 한다. 순전히 외부의 침략으로만 멸망한 나라는 적다. 대부분 스스로 멸망한다. 그 근본 원인은 지배층만이 풍요로웠기 때문이다. 그로 인해 그들은 '려괘' 상태로 된다.

몰락한 나라나 기업의 지도자 또는 몰락한 처지의 개인 중에는 그 처지를 비관하여 좌절하거나 단지 구차한 삶을 연명할 뿐인 이들도 있지만, 와신상담臥薪嘗膽하며 재기의 칼날을 품는 이들도 있다. '려괘旅卦'의 교훈은 전자에 대한 질타와 후자에 대한 격려다. 후자의 경우는 중국 춘추시대에 와신臥薪한 오왕吳王 부차夫差와 상담嘗膽한 월왕越王 구천句踐이다.

역시 춘추시대의 진晉 문공文公이야말로 이 '려괘旅卦'의 사례에 적합하다. 그는 진晉나라의 22대 군주(B.C.636~B.C.628년 재위)인데, 그의 아버지 헌공獻公의 서자庶子로서 견융犬戎 공녀의 소생이었다(본명 중이重耳). 부친의 애첩인 여희驪姬의 흉계로 나라에서 쫓겨난 뒤, 호언狐偃, 조쇠趙衰, 전힐顚頡, 위주魏犨, 서신胥臣 등의 여러 충신과 함께[176] 19년 동안 천하를 주유周遊하면서, 세상사에 대한 여러 경험을 쌓고 폭넓은 지혜와 경륜을 체득했다. 이 시기가 곧 그의 '려괘旅卦'라고 볼 수 있다.

그러다가 진秦 목공穆公의 원조를 받아 진晉으로 돌아와 이복동생 혜공惠公(B.C.650~B.C.638년 재위)의 아들인 회공懷公(B.C.637년 재위)을 죽이고 임금 자리에 올라, 내정을 안정시키고 부국강병富國强兵을 이루었다. 이를 토대로 초楚 나라의 대군을 격파하고 여러 제후를 위복威服시켜, 춘추 시대의 두 번째 패업覇業을 이룩하여 '춘추오패春秋五霸'의 한 사람으로 일컬어졌다.

그런데 이보다 앞서, 춘추오패의 첫 번째 패자覇者인 제齊 환공桓公(B.C.685~B.C.643년 재위, 진 문공과 더불어 '제환진문齊桓晉文'으로 일컬어짐)은 당시 제나라의 내란을 피해 형인 공자규公子糾는 노魯 나라로, 자신은 거莒나라로 도망가서 '려괘'의 상태가 되었지만, 제에 다시 정변이 있어 되돌아오는 과정에서, 형보다 먼저 돌아와 제의 임금이 되었다. 이 과정에서 공자규 편에 섰던 관중管仲을 죽이려던 것을 관중의 오랜 친구 포숙아鮑叔牙(관중과 포숙아의 '관포지교管鮑之交'의 고사가 유명하다.)의 건의를 받아들이는 포용력으로 그를 재상으로 임명, 안으로 부국강병을 이루고 밖으로 천하의 제후를 제압하여 세칭 '춘추오패春秋五霸'의 첫 번째 패자覇者가 되었다.[177]

그런데 인류 역사상 하나의 민족으로서 나라 없이 가장 긴 '려괘旅卦'의 상태에 처했던 사례는 이스라엘 민족이다. 그들의 디아스포라(Diaspora) 처지가 그것이다. 그들은 이천 년 가까운 기나긴 세월 동안 나라 없는 상태로 떠돌다가, 19세기에 들어 시오니즘이 싹터 국제적 분쟁 속에서 1948년 5월 14일 지금의 이스라엘을 건국하였으니, 참으로 긴 '려괘'의 세월을 겪은 것이다.

려괘旅卦 효사爻辭 해설

초육初六

'려괘' '초육'은 이 괘의 맨 아래로서 풍요로움을 맛보다가 몰락하여, 옛날
의 영화를 생각하며 그리워하고 아쉬워할 줄 만 알지 다시 몸을 일으켜 세
워 상황을 반전시킬 의지 없이 자포자기하는 상황이다. 그래서 나그네가 되
어(旅), 그 신세만 한탄하며 비관하고 좌절하여, 구차하게 산다(瑣瑣). 떠돌
아다니면서 여기저기 기웃거리며 당장 편안함만 구하고, 향후에 다시 부흥
할 의지도 노력도 없이 그저 요행만을 바란다. 스스로 곤궁한 상태에서 벗
어날 노력을 하지 않으니, 이러한 곤궁한 재난은 스스로 취하는 것이다(斯其
所取災). 남에게 모욕을 당해도 그 원인은 자신으로부터 출발하므로 다른 사
람들이 자신을 모욕하기 전에 자신이 먼저 자신을 모욕한다.

육이六二

'려괘' '육이'는 제齊 환공桓公이나 진晉 문공文公이 다른 나라로 망명하여,
그 나라 임금으로부터 도움받아 재기의 노력을 하는 것이다. 자신을 적극적
으로 내세워 어떤 것을 요구할 만한 상황이 아닌 망명객의 입장이다. '육이'
의 음유한 특질로 하괘 중도의 자리에 있는 만큼, 스스로 겸허하게 처신해
야 하지만, 상황을 잘 판단하여 외교적 노력을 기울이면 다시 자기 나라로
돌아가 권력을 잡을 수 있는 토대를 마련할 수 있다.

그래서 나그네로 타국에 망명해 있는 입장에서(旅), 거처도 얻고(即次, 即
은 얻음, 次는 거처), 생활할 수 있는 물자도 받고(懷其資), 인적 지원도 얻을

수 있는 것이다(得童僕貞). 이때는 중도를 지키며 올바른 태도로 일관해야 하는데, 주제 파악도 못 하고 강경하게 행동하면 해당국의 반감을 살 것이고, 지나치게 자존심을 버리고 비굴한 태도로 처신해도 대접받을 수 없다. 어쨌든 실제로 제 환공과 진 문공은 다른 나라의 도움으로 다시 귀국하여 권력을 잡는 결과를 만들어냈다.

나라를 침략국의 식민지로 빼앗기고 다른 나라를 전전하여 임시정부를 꾸리며 독립 투쟁하는 망명 정부의 상황에서도, '육이'의 처지에서 중도를 지켜 임시정부의 거처를 얻어(旅卽次), 독립 투쟁의 자금과 물자도 마련하고 (懷其資), 망명지 나라와 국제사회에 외교적 노력을 기울여 외교적 지지와 여러 가지 인적 지원도 얻어낼 수 있기도 한 것을 말하기도 한다(得童僕貞). 망명지 국가와 국제사회는 어디까지나 그들의 국익에 따라 지원을 결정하므로, 그저 인류人類 공영共榮의 도리만 기대하는 것은 국제사회의 냉혹한 현실을 모르는 낭만적인 처신이다. 그래도 일단은 올곧은 독립 의지를 확실히 보여주는 수밖에 없다.

구삼九三

'려괘' '구삼'은 하괘 맨 위로서 상괘로 나아가기 전 불안한 위치다. 임시정부의 조그만 권력 다툼이나 투쟁 방법의 차이나 좌우 노선의 파벌 싸움으로 적전 분열하거나, 개인의 소영웅주의에 빠지거나, 교활한 주변국의 술책에 순진하게 대응하다 '자유시　참변自由市　慘變'과 같은 사건을 겪을 수도 있다. 즉 나그네로 전전하는 독립 투쟁 상황에서(旅), 그 터전을 잃을 수도 있고(焚其次), 많은 동지도, 국제사회의 지지도 잃을 수 있다(喪其童僕貞).

아무리 다수가 독립 투쟁의지를 가지고 있다 하더라도, 자신의 사익을 취하려는 위선적 구성원을 제대로 대처하지 않거나, 수많은 군사력을 가진 적들에 대해 마음만 앞서는 행동만 한다면, 어리석고 무모하고 순진한 행동으로 위태로움을 불러일으킬 수 있다(厲).

구사九四

'려괘' '구사'는 망명 정부가 '구삼'의 무모함과 경거망동을 반성하고, 다시 전열을 가다듬어 망명지에서 거처를 얻음과 함께(旅于處), 군자금과 무기도 지원받을 수 있지만(得其資斧), 원래 응해야 할 '초육'의 기층 민중은 식민 통치에 순화되어 호응을 끌어낼 수 없다. 또 아래의 '구삼'은 냉엄한 국제현실이나 적과의 크나큰 현실적 전력 차이에도 다만 독립의 순수한 투쟁 의지만으로 단발성의 무모한 거사에만 몰두하며 계속 일을 만들어 낸다. 그래서 '구사' 자신이 생각하는 투쟁은 자력으로 해야 하므로, '구사' 자신(我)의 마음 고통이 크다(我心不快).

육오六五

'려괘' '육오'와 '상구'는 나그네의 두 가지 상반된 처신을 말한다. 먼저 '육오'를 보면, 『주역』에서 '육오'는 일반적으로 최고 통치자의 자리이지만, '려괘'의 경우는 다르다. 나라 없이 떠도는 상태이니 최고 통치자를 말할 입장이 못 되기 때문이다. 그저 독립운동 지도자의 위치다.

'려괘' '육오'는 나라 잃은 상태에 있는, '초육'부터 '구사'까지의 망국인들이 취하는 여러 가지 행동 방식을 바라보며, 진정한 독립 방법을 총괄하는 지도자 입장이다. 무기력하게 식민 지배자에 순응하여 소시민적으로 살아가는 이들, 적극적 또는 소극적으로 식민 지배자에 협조하는 이들, 독립 투쟁을 하되 무장 투쟁을 주장하는 이들, 독립 투쟁을 하되 외교적 방식을 채택해야 한다는 이들 등, '육오'는 이러한 여러 상황을 보고 독립 방법을 고민한다. 그러다 기회가 오면, 꿩[雉]을 쏘아 한 방의 화살에 맞춰 죽이듯이 해방과 독립을 이루는 것이다(射雉一矢亡).[178] 또한, 제 환공과 진 문공이 그들의 정치적 기지와 수완으로 귀국하여 정권을 잡는 것이다.

이렇게 나라를 잃고 '려괴'의 상태에 있던 민족이 식민 지배에서 벗어나 독립 국가를 이루고, 제 환공과 진 문공이 임금 자리에 오르게 되면, 마침내 그로써 나라 찾은 민족은 독립 국가가 된 명예(譽)와 천명(命)을 얻게 되고(終以譽命), 제 환공과 진 문공은 통치자에게 주어지는 명예(譽)와 천명(命)을 얻게 되어(終以譽命), '려괴旅卦'의 여정旅程을 마무리하게 된다.

상구上九

'려괴' '상구'는 마침내 잃어버린 나라를 찾았지만, 그 기쁨도 잠시, 그동안 외부의 적과 싸웠지만, 해방 후 민족의 내부 분열로 동족상잔의 전화戰禍에 휘말려 새가 그 둥지를 불태우듯이(鳥焚其巢), 국토를 초토화한다. 그동안 나라를 잃고 나그네의 신세였던 민족이(旅人) 먼저 해방의 기쁨을 누리며 웃었지만(先笑), 전쟁의 비극으로 뒤에는 울부짖게 된다(後號咷).

새로운 나라를 세워 나라와 민족의 발전을 꿈꾸었다. 그러나 산업 기반(牛)의 건설은 오래 걸리고 어렵지만, 그것을 잿더미로 만들어 잃어버리는 것은 단기간이고 참으로 쉬운 일이니(喪牛于易), 얼마나 흉(凶)한 일인가. '려괘' 꼭대기 '상구'의 오만과 편견과 어리석음으로 인한 것이다.

　금金에 밀려난 송宋이 내부 분열로 인해, 진회秦檜에 의해서 악비岳飛가 죽는 결과와 더불어, 북방 영토 수복 의지를 버리고 장강長江 이남의 현실에 만족하다가, 그것마저 원元에 의해 잃게 되는 것이기도 하다(鳥焚其巢, 旅人先笑後號咷). 지키기는 어려워도 잃는 것은 쉬우니(喪牛于易) 흉한 일이다(凶).

57

손괘 巽卦

원문과 번역

巽, 小亨, 利有攸往, 利見大人. (손은 조금 형통하니,
_{손 소형 리유유왕 리견대인}
갈 데를 둠이 이로우며, 대인을 봄이 이롭다.)

(初六) 進退, 利武人之貞. (나아가고 물러남이니, 무인
_{진퇴 리무인지정}
의 바름이 이롭다.)

(九二) 巽在牀下, 用史巫紛若, 吉, 无咎. (손함이 평상 아래에 있으니,
_{손 재상하 용사무분약 길 무구}
사史와 무巫를 씀이 분주한 듯하면, 길하고 허물이 없을 것이다.)

(九三) 頻巽, 吝. (자주 손함이니, 부끄럽다.)
_{빈손 린}

(六四) 悔亡, 田獲三品. (뉘우침이 없어지니, 사냥하여 삼품을 얻는다.)
_{회망 전획삼품}

(九五) 貞吉, 悔亡. 无不利, 无初有終. 先庚三日, 後庚三日, 吉. (바
_{정길 회망 무불리 무초유종 선경삼일 후경삼일 길}
르고 곧으면 길하며, 뉘우침이 없어진다. 이롭지 않음이 없으니, 처음은
없고 마침은 있다. 경庚에 삼일 앞서며, 경庚에 삼일 뒤에 하면, 길할 것
이다.)

(上九) 巽在牀下, 喪其資斧, 貞, 凶. (손함이 평상 위에 있어, 그 도끼를
손 재 상 하   상 기 자 부   정   흉

잃음이니, 바르고 곧게 하여도 흉하다.)

손괘巽卦 총설과 괘사卦辭 해설

'손괘'는 『주역周易』의 57번째 괘로서, 위도 바람, 아래도 바람이다(重風
巽). 앞 '려괘旅卦'의 나그네는 마음이 위축된 상태다. 자연히 겸손하게 된다.
'손巽'은 남에게 겸손하여 굽힘이다. 괘의 이미지는 바람이 겹친 것인데, 바
람은 파고들기를 잘하는 성질을 가지고 있으므로 '들어감(入)'의 상象을 지니
고 있다. 이 '손괘巽卦☴'는 이러한 이미지의 '손괘巽卦☴'가 위아래 겹친 것
이다. 그래서 허리 펴고 서기보다 굽히는 이미지를 나타낸다. 즉 '겸손'이다.

겸손은 그것을 행하는 이의 마음가짐과 동기에 따라 다른 측면을 가지고
있다. 겸손을 도리에 맞는 마음과 동기로 행하면 미덕美德이 되지만, 그것을
자신의 사사로운 이익을 위한 마음과 동기로 행하면 아첨이 된다. 게다가
아무리 좋은 취지로 행한다 해도 그것이 지나치면 역시 도리를 해치게 된
다. 공자孔子가 "교묘한 말과 꾸미는 낯빛과 지나친 공손함을 좌구명左丘明
이 부끄럽게 여겼는데, 나 역시 부끄럽게 여긴다."[179]라고 말한 것이 바로
그것이다. 그래서 지나친 공손은 오히려 예의에 벗어나게 된다(過恭非禮)고
말한다. 급기야 자신의 주체성까지 굽히거나 잃어버리면 '비굴'이 된다.

사람이란 흔히 부귀를 누리는 입장이 되면 당당하다 못해 교만하게 되기
쉽지만, 빈천하게 되어 남에게 아쉬운 소리를 하게 되면 위축되어 자존심을

세우지 못하고 공손함을 넘어서 불필요한 저자세를 취하다가 아첨이나 비굴의 정도에 이르는 경우가 많다. 공자의 제자 자공子貢은 이재理財의 능력이 있어 부유하였다. 그가 한 번은 공자에게, "가난하지만 아첨하지 않고, 부유하지만 교만하지 않음"에 관해 묻자, 공자는 "그것도 좋지만, 가난하면서도 즐거워하고, 부유하면서도 예를 좋아함"을 더 높이 평가한다고 답하였다.[180] 공자는 부유한 자의 예에 맞는 처신을 말하면서도, 자기가 가장 높이 평가하는 제자 안회顏回가 안빈낙도安貧樂道함을 염두에 둔 것이기도 할 것이다. 안회는 가난한 처지에도 남에게 아첨하지도 비굴하지도 않고, 초연하게 그 가난을 오히려 즐긴 것이다.

'손괘巽卦'는 이전의 영광을 누리던 이가 초라한 나그네로 영락한 상태의 심정을 반영한다. 즉 앞 '려괘旅卦'의 심정이다. 논리적 순서로는 '려괘' 상태가 되고, 그에 따라 '손괘' 상태의 심정과 태도를 지니는 것이지만, '려괘' 처지가 되면 그 상태에서 '손괘'의 심정이 되는, 동시적인 것이기도 하다. '손괘'와 관련되는 겸손한 태도에 미덕과 아첨 또는 비굴의 경우가 있다고 했지만, 그러한 점들이 그 원인인 '려괘'에 이미 내재해 있기 때문이다.

영락하여 세상을 떠도는 나그네 신세인 '려괘'는 64괘의 스토리에 따른 순서로 보면 바로 앞 '풍괘'에서의 교만함이 원인이 되었지만, 그 원인이 없다 하더라도, 즉 군자의 바른 삶을 견지하였더라도 군자가 시절을 제대로 만나지 못하여 나그네 신세가 되는 경우도 있다. 대표적인 경우가 바로 공자다.

공자는 그가 생존했던 당대에 자신의 덕과 능력을 펼칠 수 있는 때를 만나지 못하고, 생애의 많은 기간을 이리저리 천하를 떠돌아다니는 기나

긴 '려괘'의 시절로 보냈다. 공자 자신만이 아니라 그를 수행하며 같이 천하를 돌아다닌 제자들 역시 마찬가지로 그와 더불어 긴 '려괘'의 시절을 보냈다. 그중의 일부는 세상에 나아가 정치에 참여하기도 했지만, 공자가 가장 아끼던 제자인 안회는 그 스승 공자가 인정한 덕을 갖추고 있음에도, 천하에 도가 행해지지 않으므로 세상에 나아가지 않고 가난한 생활 속에서도 도를 지켰다.

이 경우는 '풍괘'의 풍요로움에 안주하여 자만한 것이 원인이 되어 '려괘'로 전락한 것이 아니라, 세상이 이미 '려괘'가 된 상태에서 도가 행해지지 않으므로 '려괘'의 삶을 살 수밖에 없게 된 것이다. '려괘'에 처한 입장은 같더라도 그 원인이 다를 수 있을 뿐만 아니라, 그에 대처하는 방식, 더 근본적으로는 행위 주체의 심지心志도 다를 수 있다.

그런데 많은 경우 '려괘'에 처하면, 상황이 상황인지라 적극적으로 나서기보다는 소극적이고 유순한 태도를 취하기 쉽다. 바로 '손괘'의 태도다. 사람에 따라서는 '려괘'에 처해 있어도 철없이 분위기 파악 못하고 설치고 나대는 사람도 있지만, 그것은 또 별개다. '려괘'에 처해 '손괘'의 유순한 태도를 취하는 것을 특히 '손괘'와 관련하여 '손순巽順'이라 부르기도 한다. 이러한 '손순'의 태도에는 세 가지가 있다고 할 수 있다.

먼저 하급의 '손순'은 비굴함이다. 즉 자신이 처한 상황에 마음이 너무 위축되어 지나치게 다른 사람과 세상에 대해 저자세를 취한다. 하급 중 가장 하급은 자신보다 더 강한 자에게 아첨하는 것이다. 이런 자들은 자신이 처한 불리한 상황을 벗어나기 위하여 수단과 방법을 가리지 않고 세상에 영합하려고 한다.

중급의 '손순'은 정치적, 전략적 저자세다. 외견상 비굴함을 보이지만, 앞의 경우와는 달리 그 심지는 다르다. 장래를 위해서 전략적으로 인내한다. 동네 양아치들의 가랑이 사이로 기어가는 비굴함을 보인 한신韓信이나, 안동 김씨의 가랑이 사이로 기어가기도 하고 미친 척하고 돌아다니기도 한 흥선대원군興宣大院君 이하응李昰應의 경우가 그것이다. 이들은 다만 시세가 불리하여 고개를 숙여 유순한 태도를 보일 뿐, 속으로는 '두고 보자'며 참으면서 마음속으로 칼을 갈며 후일을 도모한다. 『주역』「계사전繫辭傳」의 "자벌레가 굽히는 것은 펴기 위해서다"라는 취지다.

　　상급의 '손순'은 군자가 난세에 처하는 방식이다. 비록 유순함을 보인다고 하더라도, 그것은 비굴함이 아니라 자신이 처한 위치에 따라 그 태도가 자신의 지위와 임무를 넘어서는 것이 정당하지 않기 때문이다. 군자는 부귀하든 빈천하든 자신의 역할에 따른 처신, 예에 따른 처신을 하므로 어려울 때도 비굴하지 않고, 예를 따를 뿐이다.

　　이러한 상급의 손순은 어려운 처지에서도 의연하고 당당함을 보이는 손순이다. 하급과 중급의 손순이 도덕적인 판단에 의한 처신이 아닌 자신의 이익에 따른 것이라면, 상급의 손순인 군자의 손순은 도덕적인 선·악이나 정의·불의를 가려 선과 정의에 따르는 입장이면서도, 단지 어리석게 경거망동하지 않고 굳건한 심지로 침착함과 차분함을 유지하려는 손순이다.

　　이런 태도의 표상이 맹자孟子가 말하는 '대장부大丈夫'다. 즉 "천하의 넓은 거처에 살고, 천하의 바른 자리에 서서 천하의 큰 도를 행하며, 뜻을 얻으면 백성과 함께 그 도를 따르고, 뜻을 얻지 못하면 홀로 그 도를 행한다. 부귀富貴도 (그 마음을) 더럽히지 못하고, 빈천貧賤도 (그 마음을) 바꾸게 하지 못하며, 위무威武도 (그 마음을) 굴복시키지 못한다. 이러한 이를 '대장부大丈夫'라고 한다"[181]라는 것이다.

'손괘'는 영락한 '려괘'에서 가질 수 있는 처신을 말하는 것이므로 당장 큰일을 도모할 수 있는 처지는 아니고, 그 상황에서 벗어나는 것이 급선무다. 그 상황에서 삼가면서 손순하게 처신하며(巽), 조금씩 일이 풀리고 개선되길 도모한다(小亨). 즉 '려괘'의 어려운 상황에 빠져 있다고 자포자기하지 말고, 심지를 굳게 하며 할 일을 도모하여야 이롭다(利有攸往). 그러면서 맹자가 말한 '대장부'의 처신을 하며, 역시 '대장부'인 '구오'의 '대인'을 보는 것이 그 상황을 벗어나는 데 이롭다(利見大人).

손괘巽卦 효사爻辭 해설

초육初六

'손괘' '초육'은 '손괘'의 가장 낮은 위치다. 그래서 '려괘旅卦'로 떠돌면서 그 전 '풍괘豐卦'의 풍요로움에 흥청망청하다가 나락으로 떨어진 트라우마로 세상에 한 발자국씩 내딛는 것조차도 어떤 일이 일어나지 않을까, 누군가에 의해 위해를 당하지 않을까 두렵다. 어떤 일에 적극적으로 나설 용기도 나지 않고, 하나부터 열까지 불안하여 결정, 결단을 유예하며, 우유부단하게 머뭇거리면서 전전긍긍한다. 주눅이 들어서 행동하기 전 자기 검열부터 한다. 나아가는 것도 두렵고, 물러서는 것도 두렵다. 진퇴양난(進退兩難)이며, 『시경詩經』에서 말하는 '진퇴유곡進退維谷'[182]이다.

이런 두려움 때문에 용기 없이 비굴할 정도의 저자세로 매사 소극적으로 임하는 처신에 대해, 이 효의 효사는 안타까움으로 훈계한다. 나아감이나 물러남에(進退) 무인武人의 곧고, 용기 있고, 과감한 정신을 가져야 이롭다고 말한다(利武人之貞). 이 험난한 세상에서 더구나 이전에 큰 어려움을 겪었으므로 '여림심연如臨深淵'하고, '여리박빙如履薄氷'하는 신중함을 이해하지 못할 바는 아니지만, 손순함이 너무 지나칠 것을 경계하여 용기를 주려고 한다.

구이九二

'손괘' '구이'는 '초육'의 비굴할 정도로 지나친 저자세의 손순함은 벗어났으나, 여전히 '려괘'에 처해 있는 나그네가 주인에 대해 조심스러워하는 상태다. 나라를 잃은 망명객이 아무것도 가진 것이 없이 다른 나라에 막 갔을 때는, '초육'의 황망한 상태로 어찌할 바를 모르고 일단 저자세를 보일 수도 있지만, '구이'에서는 마음을 추스르고, 그 나라의 상황에 적절히 적응하며 외교적 노력을 보일 때다.

'구이'는 '손괘'에서도 양강함의 자질로 하괘의 가운데 자리에서 중용을 지키고 있으므로, 속으로는 강단이 있는 인사다. 제 환공과 진 문공이 다른 나라에 거처하면서도 자기 나라에서의 지위에 따라 자존심을 지키려고 하는 것이다. 일제 강점기에 다른 나라에 망명하여 아무런 인적, 물적 기반 없이 외교적 노력으로만 조국 독립을 추구하려는 망명객이 아무런 자존심도 없이 그저 구걸 외교만 해서는 오히려 다른 나라로부터 무시 받는 처지가 되므로, 겸손하면서도 의연한 자세로 중도를 지키는 '구이'의 모습을 보여야 하는 것이다.

그렇다고 해서 제 환공, 진 문공 또는 독립지사가 망명객의 입장임을 생각하지 않고 너무 설쳐도, 해당 나라에서 '굴러 들어온 돌이 박혀 있는 돌을 빼내려 한다'는 시기를 받을 수 있으므로, 스스로 평상 아래에 기거하는 손순함을 보이는 전략적 태도를 취해야 한다(巽在牀下).

그러나 이러한 태도가 '초육'처럼 비굴함이 되지 않으려면, 신神에게 제사 지내는 축사祝史와 무격巫覡이 신에게 정성精誠을 보이는 듯한 자세로, 바쁜 듯 노력하여야(用史巫紛若), 정치 외교적으로 좋은 결과를 얻으면서도(吉), 망명지 나라 사람으로부터 객客이 나댄다는 반감이나, 지나친 저자세로 인해 무시 받을 수 있는 문제도 없게 된다(无咎). 즉 손순함과 의연함을 겸비해야 한다.

구삼九三

'손괘' '구삼'은 '손괘' 하괘의 맨 위이므로 불안한 자리다. '초육'에서부터 손순한 태도를 취해 왔으나, 이제는 '왜 그렇게 해야 하나' 하는 불만이 속에 자리 잡는다. 그렇다고 처지가 나아지지도 않았으니 어떻게 할 것인가. 남에게 유순하게 굽혀야 하는 처지가 자존심 상하고 부끄럽다. 그래도 할 수 없이 손순해야 하니, 양미간에 주름 잡고 얼굴을 찡그리면서(빈축嚬蹙), 괴로운 표정으로 손순한다(頻巽)[183]. 자존심에도 부끄럽고, 그렇게 처한 상황도 부끄럽다(吝).

이전에 '풍괘'로 권력과 부를 가졌던 자가 그 권력과 부를 빼앗긴 후의 처지는 물론이고, 지금 부를 가진 자도 권력자 앞에 있을 때, 또는 자신의 안

위에 영향을 미치는 더 큰 부와 권력을 마주했을 때, 마지못해 손순하는 경우이니, 부끄러운 일이다. 또는 가지고 있던 권력을 잃었는데, 죄를 지었든 정치 보복을 당하든, 이전의 자기 권력보다 한참 아래인 사법 담당자 앞에서 마지못해 손순하는 경우이니, 역시 부끄러운 일이다.

육사六四

'손괘' '육사'는 '손괘' 중 상괘 맨 아래에 있는 상태다. 자신은 음유한 자질로 '사四'의 유순한 자리에 있으니, '손괘'의 상황에 더욱 마땅히 손순해야 할 자리다. 게다가 위로 '구오'의 양강함이 있고, 아래에도 자신보다 지위가 낮지만 양강함이 있어 두 양강의 사이에 끼어 있으니, 당연히 손순해야 할 것으로 보인다.

그런데도 이 효사에는 '손巽'이라는 글자가 없다. '손순'의 시대에 마땅히 손순해야 할 자리에서 손순하지 않다는 말이다. 자신이 지켜야 할 임무를 좌고우면左顧右眄하지 않고 지키기 때문이다. 군부대의 출입문을 지키는 초병이 권세 있는 자가 무단 통과하려 함에 손순하지 않고, 자기 임무에 따라 보초 수칙대로 처리하는 것이다.[184] 나라의 법과 정의를 수호하는 사법기관이 살아 있는 권력의 눈치를 보지 않고 법대로 처리하는 것이다.

법과 원칙을 위반하는 자를 따르는 소인들이 '감히'라며 그를 공격하더라도, 지각 있는 '구오'의 최고 권력자가 그 충직함을 높이 사서 공으로 인정하여 칭찬하므로, 후회가 없어질 뿐 아니라(悔亡), 오히려 그에게 상을 내리게 된다(田獲三品). 설사 당시의 '구오'가 지각이 없어 '육사'가 일시적으로 고통을 당해도, 세상이 그를 칭찬하고 상을 준다.[185]

구오九五

‘손괘’ ‘구오’는 ‘손괘’ 시대에 ‘초육’의 지극히 손순한 위치에서 점차 상황이 나아져, ‘육사’의 당당함을 거쳐 이제 허리 펴고 있을 수 있는 자리에 온 것이다. 그래서 역시 효사에 ‘손巽’이 없다. ‘육사’의 충직함을 인정하는 지덕智德을 갖춘 지도자다. 그래도 손순해야 하는 ‘손괘’ 상황의 지도자인지라 국정도 강경함을 버리고 손순하게 수행한다. 이것이 모두 ‘려괘旅卦’를 거치며 얻은 반성에서 온 것이다.

‘구오’는 국민에 대하여 독단을 부리지 않고 손순하게 통치하되, 그의 총애를 믿고 호가호위狐假虎威하며 그기 부여해 준 권력을 남용하는 자들을 법과 정의에 따라 처단하여 의연히 임무를 수행하는 ‘육사’의 공을 높이 산다. 그래서 나라에 정의로운(貞) 결과가 와서 좋아지게 된다(吉). 그로 인해 지지자들의 불만을 사더라도 일반 국민의 지지를 얻으니 뉘우침이 없어져(悔亡), 결국 모두 이롭게 된다(无不利).

처음에는 호가호위하는 측근 문제로 국민들 사이에서 갈등이 심했지만(无初), 자신의 바른 결단으로 끝마무리는 좋게 된다(有終). ‘려괘’를 거치면서 그동안의 잘못된 국정을 반성하고 개혁하는 데에도 자기 지지 세력만 믿고 급격하고 졸속하게 법령을 고치려고 하지 않고, 고치기 전 한동안 먼저 국민의 뜻을 수렴하여 문제가 없는지 검토하며(先庚三日), 고친 법령을 반포하고 난 후에도, 새 법령의 시행에 문제가 없는지 또다시 한동안 검토하는 기간을 가지면(後庚三日), 나라에 좋은 결과를 가져온다(吉).[186]

상구上九

'손괘' '상구'는 '구오'의 모든 좋은 결과는 '구오' 지도자가 그렇게 한다는 전제하에서만 올 수 있고, 반대로 행하면 반대의 결과가 될 것임을 경고한다. 만일 자기 지지 세력에게 끌려다니며 측근들의 비리를 덮어 무마해주고, '육사'의 정의로움을 뭉개어 버리며 오히려 그에게 불이익을 준다면, 지지율이 올라가기는커녕, 레임덕으로 자기 권위만 떨어지게 된다. 그때가 되어서야 후회하고, 뒤늦게 국민 눈높이에 맞춘답시고 아래로 임하여 손순해봐야(巽在牀下), 이미 때는 늦어 자신이 가진 물적 기반(資)도, 권력(斧)도 다 잃게 될 것이니(喪其資斧), 공정이니 정의니 운운해도(貞), 흉(凶)하게 될 것이다.

58

태괘 兌卦

원문과 번역

兌, 亨, 利貞. (태는 형통하니, 바르게 함이 이롭다.)
_{태 형 리 정}

(初九) 和兌, 吉. (화합하며 기뻐함이니, 길하다.)
_{화 태 길}

(九二) 孚兌, 吉, 悔亡. (성심으로 기뻐하니, 길하며 뉘우
_{부 태 길 회 망}
침이 없어진다.)

(六三) 來兌, 凶. (와서 기뻐함이니, 흉하다.)
_{래 태 흉}

(九四) 商兌未寧, 介疾, 有喜. (상의해서 기뻐하여 편치 못함이니, 나누어
_{상 태 미 녕 개 질 유 희}
서 미워하면, 기쁨이 있다.)

(九五) 孚于剝, 有厲. (깎음에 성심을 두면, 위태로움이 있다.)
_{부 우 박 유 려}

(上六) 引兌. (끌어당겨 기뻐함이다.)
_{인 태}

태괘兌卦 총설과 괘사卦辭 해설

'태괘'는 『주역周易』의 58번째 괘로서, 위도 못, 아래도 못이다(重澤兌). 앞 '손괘巽卦'를 180도 뒤집은 모습이다. '려괘旅卦'에서 떠돌면서 몸과 마음이 고생스러운 경험을 한 결과로 '손괘'에서 '손괘'의 유순柔順함, 즉 손순巽順함의 마음을 가지게 되었다. 마음이 매우 위축되었다가 이전을 반성하면서 마음을 추스르기도 하였다. 세상 눈치도 많이 보았다. 그래서 자연히 대인관계에서 세상 사람과 마주함에서 온화하고 부드러운 모습을 보이게 되었다. 그러다 보니 다른 사람들에게 호감을 주게도 되었다.

거슬러 올라가 보면, '풍괘豐卦'의 풍요로움 속에서 남에게 오만하고 각박하게 대한 것이 그동안의 마음고생을 겪으면서 너그러워진 모습을 보이게 되었다. 남에게 추상秋霜같이 대하다 이제 춘풍春風같이 대할 줄 알게 된 것이다. 남을 기뻐하게 만드는 처세술을 익힌 것이다.

'태兌'는 '열悅', 즉 '기뻐함'이다.[187] 앞 '손괘巽卦' 상황 후, 부드럽고 편안함에서 오는 '기쁨'의 상황이다. 거칠고 엄혹한 상황보다 부드럽고 편안한 상황이 '기쁨'의 이미지로 느껴지는 것은 자연스럽다. '려괘'와 '손괘' 후에 기쁨의 시대가 온 것이다. 기쁨의 시대를 상징하는 육획괘의 '태괘☱'를 구성하는 삼획괘의 상괘와 하괘가 모두 역시 태괘兌卦☱로서 못이 두 개 중첩된 상이다. 물은 생명의 원천이고 생명체에게 삶의 기쁨을 주는데, 그것이 두 개 중첩되어 기쁨이 배가倍加된 것이다.

태괘兌卦☱는 또 가정에서는 소녀少女, 즉 막내딸로서 봄바람 같은 청춘의 아름다움을 상징하므로 이 역시 기쁨이다. 기쁨(兌)은 모든 것을 소통시켜 형통하게 한다(亨). 그렇지만 기쁨이란 바르고 곧음을 전제조건으로 한다(利貞). 왜 그런가. 기쁨도 바른 것과 바르지 않은 것이 있기 때문이다.

『논어』 첫 문장 "學而時習之, 不亦說乎"의 기쁨(說)도, "기쁘다 구주(救主) 오셨네"의 기쁨도 좋은 기쁨이다. 개인과 가정의 삶에서 바라는 여러 가지 선의의 소박한 꿈이 이루어지는 기쁨도 좋은 것이다. 한 기업이 번창하는 것도 기쁜 일이요, 조국이 식민 상태에서 해방되는 것도 기쁜 일이며, 나라 경제가 괄목할 성장을 이루는 것도 기쁜 일이고, 전쟁으로 고통받는 나라가 전쟁이 종식되는 것도 기쁜 일이듯, 세상에 기쁜 일은 얼마든지 있다.

그러나 기쁨의 주체가 바르지 못한 경우는 어떤가. 도둑이 도둑질에 성공하는 기쁨, 사기꾼이 사기에 성공하는 기쁨, 기업이 부당하게 탈세하여 부당한 이익을 누리는 기쁨, 탐관오리가 부정부패를 저질러 얻는 기쁨, 폭군이나 독재자가 백성, 인민을 억압하며 권력을 누리는 기쁨, 이웃 나라를 침략하여 식민지화하여 누리는 기쁨과 같은 기쁨도 기쁨이겠지만, '태괘'는 그러한 부당한 기쁨을 비판한다. 그래서 곧고 바름을 이롭게 여긴다(利貞).

군자는 곧고 바른 동기에서 정당한 행위를 한 결과로 얻는 기쁨을 추구하고, 그런 기쁨을 얻었을 때는 마음이 떳떳하고 호쾌해진다. 맹자의 '호연지기浩然之氣'에서 오는 기쁨이다. 더 나아가 차라리 세상의 속된 욕심에서 벗어나 세상을 관조하면서, 오히려 탈속脫俗의 경지에서 오는 기쁨을 누리려고도 한다.

이런 기쁨은, 공자가 제자 몇 사람에게 앞으로의 꿈을 물었을 때, 다른 사람들과는 달리 기수沂水에서 목욕하고, 무우舞雩에서 바람을 쐬고, 노래하며 돌아오겠다고 한 증점曾點의 말에 표현된 기쁨, 즉 증점이 바라고 공자가 찬동한 그 경지에서 오는 기쁨이다. 이는 곧 세상을 달관한, 맑은 마음의 상태에서 오는 '쇄락灑落'의 경지에서 얻는 기쁨이다.[188] 군자의 기쁨은 바름(貞)에서 오고, 나아가서 '쇄락'에서 오기 때문이다.

그러나 소인의 기쁨은 다르다. 그 기쁨은 바르지 못한(不貞) 데서 오는 경우가 많기 때문이다. 소인은 그런 부정한 기쁨을 즐긴다. 부정한 기쁨을 좋아하는 자들에게는 그런 기쁨을 제공하려는 소인들이 꼬이게 마련이다. 아첨의 말을 하고, 뇌물을 들이민다. 아첨의 말을 좋아하는 지도자에게는 간신이 기쁨을 준다. 양약良藥은 입에 쓰고, 충언忠言은 귀에 거슬린다. 사람은 감언이설甘言利說을 좋아하기 쉽다. 교언영색巧言令色하는 자들에게 현혹되기 쉽다. 자신을 비판하는 말보다 자신을 칭찬하는 말을 좋아한다. 자신의 말을 들어주고 그 말에 맞장구쳐주는 데서 기쁨을 느낀다. 카사노바가 수많은 여인을 가까이할 수 있었던 것은 주로 그들의 말을 들어주고, 아첨으로 맞장구쳐 주었기 때문이라는 이야기가 있다.

그래서 바른 정치를 하려고 마음먹었던 지도자도 자칫하면 아첨하는 말에는 솔깃하고, 충직한 간언은 불쾌해할 위험성이 항상 있는 것이므로, 마음을 바로 할 것을 충고하는 많은 잠언箴言들이 있어 왔다. 올바른 지도자는 자신을 질책하는 충언에 기쁨을 느낀다. 지도자뿐이랴, 누구든 자신의 인생에 도움을 주는 사람은 자신에게 아부하는 사람이 아닌, 자신에게 고언苦言하는 사람이다. (물론 악플 달 듯, 의도적으로 헐뜯는 소인배들을 두고 하는 말은 아니다.)

말을 듣는 쪽이 아닌, 말을 하는 쪽도 다른 사람들에게 충언하며, 싫은 소리 할 수 있는 사람이 오히려 인생의 바른 기쁨을 줄 수 있다. 남에게 싫은 소리를 하며 도리어 남의 비판을 받아도 개의치 않는 사람이 군자다. 그러나 세상에는 적당히 호인으로 보이면서, 누구에게나 좋은 사람인 척, 인격자인 척 보이려는 사람들이 있다. 선악 시비를 제대로 하지 않으면서 좋은게 좋다는 식의 사람들이 있다. 공자는 그러한 자를 향원鄕原이라 하며, 덕을 해치는 자라 하였다.

아랫사람이 윗사람에게 향하여 기쁨을 주려고 할 때 주로 바르지 못한 동기가 많다. 윗사람의 비위를 맞추려는 아첨과 뇌물이 그것이다. 대가를 바라는 과잉 충성도 그렇다. 그래서 '태괘兌卦'의 취지는 윗사람이 아랫사람에게 베푸는 기쁨을 강조한다. 을이 갑에게 주는 기쁨은 아첨일 가능성이 크지만, 갑이 을에게 주는 기쁨은 베풂일 경우가 많다.

봉건 왕조사회의 관점으로는 권력은 하늘의 명, 즉 천명으로 주어지는 것이므로 하늘이 통치자에게 베풀고, 통치자는 백성에게 베풀어 기쁨을 준다. 그러나 민주정치는 권력이 국민으로부터 주어지기 때문에, 권력을 얻으려는 정치가가 국민에게 베푸는 것도 아첨이 될 수가 있다. 더구나 국민이 낸 세금으로 조성된 나랏돈을 함부로 쓰면서도 국민에게 베풀어 기쁨을 주는 듯, 자신의 주머니에서 나온 듯 선심을 쓰기도 한다.

태괘兌卦 효사爻辭 해설

초구初九

'태괘' '초구'는 '태괘' 기쁨의 처음이다. '손괘巽卦'의 손순巽順함이라는 세상의 부드러운 분위기로 인해 사회 구성원의 기쁨이 시작된다. 중국 고대 진秦나라는 법가 사상으로 나라를 일사불란하게 관리하여, 전시 상황의 당시 중국 천하에서 상대적으로 느슨했던 다른 나라들을 제압하고 천하를 통일하였다. 그러나 통일 후, 전쟁이라는 비상 상황이 끝난 후에도 여전히 법으로 엄혹하게 통치하였다. 그로 인한 피로감이 반란을 불러일으켜 2대 만에 망했다.

그 후 다시 천하를 통일한 한漢나라는 지나치게 엄격한 법의 통치와 전쟁의 피로감으로 백성들이 지쳐있다고 여겨, 통일 직후에는 법을 대폭 간소화하여 이른바 약법삼장約法三章으로 상징하는 간략한 법을 시행하여 백성들이 기뻐했다. 구성원들의 화합으로 인한 기쁨, 즉 '화태和兌'로서 모두에게 좋은 것이다(和兌吉).

'화태'의 '화和'는 단순히 '화합'의 의미만 있는 것은 아니다. 먼저 '조화調和(harmony)'의 의미가 있다. 근원적으로 우주宇宙의 존재 원리가 조화와 질서다. 태초의 혼돈混沌(chaos)에서 우주(cosmos)가 생성되고, 우주는 '조화'와 '질서'로 존재하게 된다. 유가 철학의 중요한 주제 중 하나는 '중용中庸'이며, 이는 『주역』의 중요 주제이기도 하여, '이二'와 '오五'의 효가 그것을 상징한다.

'중용'을 주제로 한 유가 철학의 문헌이 곧 『중용中庸』이다. 그 앞부분에 "희로애락喜怒哀樂의 감정이 아직 발發하지 않은 상태를 '중中'이라 하고, 그런 감정이 발하여 절도에 맞는 것을 '화和'라고 한다."고 하면서, '화和'는 곧 인간 주체의 감정의 조화임을 말한다. 즉 '화'는 우주의 원리이자, 인간 주체의 원리이다.

이런 '화'는 중국 철학에서 중요한 주제가 되었다. 음악에서도 '화'를 중시하여 이를 예술 철학적으로 설명했다. 이 '화'로서의 조화는 결국 인간 사회의 여러 이질적 요소를 변증법적으로 통일하는 원리로 받아들였다. 또 이 '화'를 맛이 다른 여러 재료로 요리를 만듦으로 비유하여, 여러 다른 생각을 조화시키는 것으로도 말하였다.[189) 결국 각자의 생각이 다른 것을 인정하면서 그것을 조화시키는 것이 '화합'이지, 같음만 추구하는 것은 아첨과 아부가 된다.

그래서 공자는 "군자는 조화를 추구하지 같음을 추구하지 않고, 소인은 같음만 추구하고 조화를 추구하지는 않는다."[190)라고 했다. 다르면서도 서로에게 '화답和答'하는 소통이다. '화태和兌'는 너와 나의 다름, 사회 속의 다양성을 조화롭게 통합함에서 오는 기쁨이다.

구이九二

'태괘' '구이'는 '초구'에서 구성원의 화합으로 인한 '기쁨'의 상황이 더 전개되어 간 것이다. '초구'는 한 사회 공동체의 여러 다른 의견으로 인한 갈등이 조화를 이루어서 '기쁨'이 된 것이다. 그런데 더 전개되면 어떤 변화가 있게 된다. 모두 화합하던 '초구'에서 '구이'로 상황이 전개하면 각자의 정치적 견해에 따라 파벌이 생길 수 있다.

'태괘'에서 '초구'는 양이 양 자리에 있어서 정당한 자리다. 하지만 '구이'는 양이 음 자리에 있어 자리가 마땅치 않다. 그래서 마땅치 않아 후회할 일이 있을 수 있다. 그런데도 가운데 자리를 차지하면서 '중용'을 지키고 있어 이 후회가 사라진다. 그것은 '구이'에서 성심(孚)을 다하여 그로 인해 기쁨이 있기 때문이다(孚兌). 그래서 좋은 결과가 있고(吉), 뉘우침이 사라진다(悔亡).

관중管仲은 처음 제齊 환공桓公이 임금 자리를 얻기 전, 그의 형 공자규公子糾와 권좌 다툼을 벌였을 때 공자규 편에 섰다. 그러나 그 '공公' 자리 계승전에서 동생인 제 환공이 승리하여 위기에 처했지만, 친구 포숙鮑叔의 추천으로 제 환공에 의해 등용되었다. 이전에 대적했던 사람을 모시게 된 것이다. 정치적으로 불편한 상황에 처해 후회가 있는 상황이지만, 성심을 다하여 기쁨이 있게 되어(孚兌), 길(吉)하며 후회도 사라지게 된다(吉悔亡). 어떤 자리에 있어서도 성심을 다하는 것이 핵심적인 요건이라는 말이다.[191]

흔히 당을 바꾸어 새로운 정치적 행로를 걷는 정치인을 철새 정치인이라고 한다. 그러나 진짜 철새 정치인인가 아니면 당과 상관없이 자신만의 정치적 소신에 따른 정치인인가에 따라 그 경우가 다르다. 만약 자신이 평소에 표방한 정치적 소신에 따라 당을 바꾸어도 그 주장에 성심을 다하여 일관성이 있으면, 그런 사람은 철새 정치인이라 할 수 없다. 오히려 폭력 조직의 두목에게 충성하는 건달처럼 특정 당에 충성하면서, 그 당이 옳든 그르든 배신하지 않음을 소신으로 삼는 것이야말로, 국가와 국민보다 특정한 사람과 조직을 앞세우는 조선 왕조 당쟁에서와 같은 소인의 행태다. 진정한 정치가는 자신이 생각하는 정치적 소신을 우선으로 여긴다.

육삼六三

'태괘' '육삼'은 '태괘'의 상황이 더 전개된 것이다. 하괘의 맨 위로 상괘에 나아가기 전 불안한 상황이다. '육삼'은 또 음이 양 자리에 있어서 자리도 마땅치 않은데, 원래 응하는 자리인 '상육'이 음이므로, 가서 응하지도 못하니 더 불안하다. 그래서 반대로 그 아래 '구이'에게 와서(來) 친하고자 한다. 정치적 계산에 따르면 '구이'가 지금은 자리도 마땅치 않고 큰 권력이 없지만, 앞으로 정치적 실세가 될 떠오르는 해라는 것이다. 그래서 그에게 와서 기쁨을 주며(來兌) 아첨한다. 즉 '육삼'은 기회주의자이다. '구이'는 당을 바꾸어도 정치적 소신을 지키지만, '육삼'은 자신의 이익에 따라 당도 바꾸고, 그때그때마다 말과 행동도 바꾸는 위선적 소인이니, 결국 흉(凶)하게 된다.

구사九四

'태괘' '구사'는 위의 최고 통치자를 가까이에서 수행하며 나랏일을 맡아 하는 대신이다. 비록 양이 음 자리에 있지만, 앙강한 사실을 가지고 '구오'를 보필한다. 그런데 '육삼'의 기회주의자 소인이 그와 '구오'의 임금에게 아첨한다. 특히 '구오'에게 접근하여 사리사욕을 추구하려 한다.

그런데 '구사'는 강직하면서도 일을 함부로 하지 않는다. 매사를 주위와 의논하고(商), '구오'의 임금에게 보고한다. 그가 직무를 수행하면서 얻는 보람과 기쁨은 이처럼 매사 독단하지 않고 상의하면서 합당한 결론을 얻는 데서 온다(商兌). 매사를 이렇게 나날이 고뇌하기 때문에 정신적으로 편치 않다(未寧). 특히 '육삼'과 같은 소인배들이 '구오'의 임금을 감언이설로 현혹하며 아첨하는 것을 그 사이에서 미워하여(介疾), 그들의 악행을 사전에 차단하면, 그로 인한 기쁨이 있을 것이다(有喜).

구오九五

'태괘' '구오'는 최고 통치자인 임금이나 대통령이다. '육삼'의 소인들이 계속 아부하며 자신을 기쁘게 하려고 접근하므로 마음이 흔들리기 쉬운 상황이다. 그것을 비록 '구사'가 극력 막고 있지만, '구오'의 심지가 굳이 못하다. 이는 소인들이 군자를 밀어내어 양의 군자가 하나 남은 '박괘剝卦 ☶☷'의 양상과 같다. 그래서 비록 '구오'가 그 '박剝'의 상황에서 성심을 보이지만(孚于剝), 마치 촉한蜀漢의 후주後主 유선劉禪처럼, 제갈량諸葛亮이나 제갈량이 『출사표出師表』에서 거론한 충신들이 '구사'의 자리에서 보필하는데도 계속 소인들에게 흔들려 나라에 위태로움이 있다(有厲).

또한 '구오'의 대통령이 줏대가 없고 신념이 없으며 생각이 편파적이면, 비록 중간에 강직한 '구사'의 참모가 있다 하더라도 주위에서 위선자 소인들이 흔들어 대어 '박剝'의 상황에 몰릴 수 있다. 그 상태에서 아무리 성심을 다하는 시늉을 해도(孚于剝), 나라에 위태로움이 있다(有厲). 소인들에 의해 흔들리는 임금, 대통령이므로, 효사에 '기쁨(兌)'의 표현도 없이 위태로움만 있다.

상육上六

'태괘' '상육'은 '태괘'의 기쁨이 종착역에 있는 것이다. '육삼'인 소인들의 아첨·권모술수와 '구사'의 충직함 사이에서 소신 없이 우왕좌왕하면서, '구사'의 간언諫言만 없다면 언제라도 소인에게 기울 수 있는 '구오'가 나라를 위태롭게 할 수 있기 때문에, '상육'의 단계에서 '태괘'의 기쁨이 위기에 처해 있다.

군자가 소인에게 거의 밀려날 수 있음을 암시하는 '박괘剝卦'의 그림자가 이미 '구오'에서 있었는데, 이 '상구'는 그러한 상황의 연장선이다. 그래서 뜻 있는 군자들은 이미 밖에 나가 은둔해 있을 수도 있다. 올바른 기쁨을 회복하려면 이들을 다시 불러들여야 한다. 즉 끌어와서 '기쁨'이 있게 되는 것이다(引兌).

이미 밖에서 은둔하면서 적극적으로 나서지 않는 군자 현인들은 자발적으로 나서지 않으므로, 주周 문왕文王이 강태공姜太公에게 청하듯, 유비가 제갈량을 삼고초려三顧草廬하듯, 지도자가 몸을 굽혀 예禮로써 모셔야 한다. 그렇게 지도자가 인재를 끌어서 초빙함에 반해, '육삼'은 그 소인들이 스스로 오는 것으로 인한 기쁨(來兌)이므로 대조된다.

그런데 최고 통치자가 몸을 굽혀 은둔 현인들을 모시는 것은 현인들에 대한 예의지만, 최고 통치자가 올 때까지 기다리는 은둔 현인들의 처신은 예의에 맞는가 하는 평가를 할 수 없어, 효사에서 단지 '인태引兌'라고만 하고 평가하지 않은 것이다.

59

환괘 渙卦

원문과 번역

渙, 亨, 王假有廟, 利涉大川, 利貞. (흩어짐은 형통하
환 형 왕격유묘 리섭대천 리정
니, 왕이 사당 있는 데 이르며, 큰 내를 건넘에 이로우며,

곧고 바름이 이롭다.)(여기서 假=격格)

(初六) 用拯, 馬壯, 吉. (그로써 건지니, 말이 씩씩하여
용증 마장 길
길하다.)

(九二) 渙, 奔其机, 悔亡. (흩어짐에 그 책상으로 달려가면, 뉘우침이 없어질
환 분기궤 회망
것이다.)

(六三) 渙, 其躬, 无悔. (흩어짐에 그 몸이니, 뉘우침이 없다.)
환 기궁 무회

(六四) 渙, 其群, 元吉, 渙, 有丘, 匪夷所思. (흩어짐에 그 무리니, 크게
환 기군 원길 환 유구 비이소사
길하며, 흩어짐에 언덕이 있음이니, 보통사람이 생각할 바가 아니다.)

(九五) 渙, 汗, 其大號, 渙, 王居, 无咎. (흩어짐에 땀남이며, 그 큰 호령이
환 한 기대호 환 왕거 무구
니, 흩어짐에 왕이 자리를 지키면, 허물이 없을 것이다.)

(上九) 渙, 其血去, 逖出, 无咎. (흩어짐에 그 피가 제거되고, 멀리 벗어나
환 기 혈 거 적 출 무 구
면, 허물이 없을 것이다.)

환괘渙卦 총설과 괘사卦辭 해설

'환괘'는 『주역周易』의 59번째 괘로서, 위는 바람이고 아래는 물이다(風水
渙). '환渙'은 '흩어짐'이다. 앞 괘 '태괘兌卦'의 '기쁨'의 시대는 세상이 기뻐하
는 태평의 시대다. 오랜 전란이 끝나거나, 오랜 폭정이 끝나거나, 또는 오랜
전염병이 종식되거나, 오랜 경제난에서 벗어나면 기쁨이 온다. 그런 경우
그동안 힘든 세월을 감내한 것이 주마등처럼 스쳐 가며 때로는 트라우마에
시달리기도 하지만, 그래도 이제 고통에서 벗어난 기쁨이 오면, 긴장이 탁
풀린다. 개인도 오랜 고난을 겪다가 그 고난에서 벗어나서 기쁨이 오면, 역
시 긴장이 풀린다. 이것이 '환渙', 즉 '흩어짐'이다. 이것은 곧 '해이解弛함',
'풀림', '느슨함'이다.

개인이든 사회든 고난에서 벗어나서 기쁨이 오면 얼마나 좋은 일이겠는
가. 그러나 기쁨이 오면 긴장이 풀리고, 긴장이 풀리면 경계심도 풀리기 쉽
다. 인간에게는 망각이라는 것이 있어, 기쁨의 시대를 만끽하다 보면 고난
의 세월을 잊어버리기 쉽다. 그런데 개인이든 사회든 고난에서 벗어났다고
해서, 세상의 이치상 그 원인이 근본적으로 사라지는 것은 아니다.

4년 넘어 길게 이어진 제1차 세계대전이 끝나고, 다시는 이런 전쟁의 고
통을 겪지 않아야겠다고 생각하여 '국제연맹'을 만들었지만, 그 문서의 잉크

가 채 마르기도 전에 더 긴 제2차 세계대전이 일어났다. 그리고 '국제연합'을 만들었다. 그러나 그 후에도 세계는 전쟁, 또 전쟁..., 아직도 그 위험에 처해 있다. 평화의 달콤함과 그로 인한 해이함은 언제라도 전쟁을 일으킬 수 있다. 전염병이 돌아 세상에서 고통받으면서, 손을 씻고 생활 속 여러 사물을 소독하고, 사회적 접촉도 삼갔지만, 그 고통에서 벗어나 기쁨이 오면, 곧 따라오기 쉬운 것이 '해이함'이다. 이로 인해 또다시 위생을 망각하고, 새로운 전염병을 맞이하곤 한다.

건물이 무너지고, 다리가 무너지고, 배가 가라앉고, 비행기가 추락하고, 온갖 인재와 천재가 생겨나면 다시는 이런 사고가 없도록 해야지, 다시는 이런 천재를 최소한으로 만들어야지라고 맹세하고 안전을 점검하며 대책을 세우지만, 그 고통이 지나고 나면 다시 오는 '태괘兌卦'의 기쁨으로 '환괘渙卦'의 상황이 된다. '환괘'는 바로 기쁨 후에 올 수 있는 이러한 '흩어짐', '느슨함', '해이함'과 그로 인해 다시 올 수 있는 새로운 고난에 대한 경계를 말한다.

그런데 '환괘'는 단순히 기쁨 뒤의 '흩어짐'을 말하려는 것을 넘어서, 오히려 그 흩어짐으로 인한 세상의 위험과 고난을 구제하려는 데 중점이 있다. 그래서 위험과 고난이 있게 된 후, 그것을 '흩어지게 하여 풀어 버림'이라는 것, 즉 고난의 구제요 해결을 말하려고 한다.

사실상 인류가 처음 생겨나서 모여 살기 시작하던 때는 원래 '흩어짐'의 상태였다. 그것은 곧 무질서다. 세상에는 '만인의 만인에 대한 투쟁'이 있었다. 이때 이러한 '흩어짐'을 수습하여 질서를 잡으려는 지도자가 나서게 된다. 무질서는 집단 구성원의 마음이 모두 제각각이어서 그 집단 속의 행위에 기준이 없으므로 발생한다. 이에 마음을 모두 하나로 묶기 위해 이념, 이데올로기가 등장한다.

　지도자(王)는 바로 이 이념으로써 흩어진 마음을 하나로 하고, 흩어진 구성원의 행위 기준을 하나로 한다. 흩어진 마음이 하나로 되면 공동체는 통일된 생각으로 소통하여 형통하게 된다(渙亨). 이렇게 공동체 구성원을 하나로 하는 초기 이념이 곧 조상신을 모시는 것이다. 그래서 지도자(王)는 조상신을 모신 사당인 종묘에 나아가(王假有廟), 하나의 이념을 만든다. 그리하여 공동체의 큰 어려움을 헤쳐 나간다(利涉大川).

　이 이념은 인류 각 종족마다 그리고 종족의 문화마다 다양한 양상을 띠게 된다. 그것은 각 종족이 정치적으로 병합될 때마다 그 조상신들을 하나로 묶어 병합하는 어떤 '~교敎'라는 종교 사상의 형태로 나타나기도 하고, 이 종교 사상의 신앙적 성격을 벗어나면서 이성적 활동으로 만들어낸 철학 사상의 형태로 나타나기도 하여, 어떤 '~주의主義(~ism)'와 같은 이념 형태를 띠기도 하지만, 그 기능은 결국 공동체 구성원의 흩어진 마음을 하나로 묶기 위한 것이다.

　그런데 이 이념에는 혼란하여 무질서한 공동체를 하나로 하는 순기능도 있지만, 거기에 동조하지 않으면 공동체에서 배제되고, 따돌림 당하다가 심지어 마녀사냥을 당하기도 하는 역기능도 있곤 했다. 이러한 역기능은 인류 역사를 통하여 지배층의 지배와 그 기득권의 유지와 세습을 정당화하는 역기능, 또 종족마다 나라마다, 심지어 그 종족과 나라의 파벌마다 다른 이념으로 오히려 민족과 인류를 '흩어지게' 하는 새로운 갈등, 투쟁, 전쟁의 원인이 되는 역기능으로 나타나기도 한다. 그러므로 이념은 그 바르지 못한 기능을 버리고 그 바름을 취하여야 이롭다(利貞).

환괘渙卦 효사爻辭 해설

초육初六

'환괘' '초육'은 '환괘' 초기의 흩어져 혼란하고 험난한 세상의 상황이다. 그 험난함, 고난을 극복하고 구제하려 하나, '환괘' '초육'은 음유한 자질인데 그 자리는 양강한 자리로서 음유함이 처할 마땅한 자리가 아니므로, 그 험난함, 고난에 대한 독자적 구제 능력이 없다. 또 위의 '사四'와 응하여 도움을 받을 방법도 모색할 수 있지만, '사'는 '육사'의 음이어서 응할 수가 없다. 차라리 바로 위 '구이'와 친하여 도움을 받아야 한다. '구이' 역시 양이 음 자리에 있어 마땅한 자리가 아니나, 말의 씩씩함(馬壯) 같은 양강의 자질로 가운데 자리의 중도를 지키고 있어서 서로 도움이 된다. 그래서 '초육'에 처한 지도자는 말의 씩씩함으로써 세상을 구제하려 하는데(用拯), 마침 '구이'도 말처럼 씩씩하여(馬壯), 세상 구제에 서로 의기투합하니 길(吉)하다.

구이九二

'환괘' '구이'는 '흩어짐(渙)'의 상태인 세상을 구제하려는 의지를 가진 세상의 이념 지도자다. 그는 무리를 이끈 석가모니요, 공자요, 묵자요, 모세요, 여호수아요, 예수요, 마호메트다. '구오'인 기존의 세상 지도자와 양강 대 양강으로 호응하지 않는 '구이'는 '초육'인 민중의 지지를 받아 그들을 이끌고 흩어진 세상 사람의 마음을 하나로 모으는 지도자다.

민중이 그의 지도를 믿고 따라, 세상의 '흩어짐(渙)'에서 그들을 구원해 주기를 바라지만, 그 역시 민중의 지지에 의지해야(奔其机, 궤机는 몸이 의지하는 도구다), 기존 세상에 새로운 이념을 창도함으로써 오는 고난과 박해를 이겨내어, 있을 수 있는 후회가 없어지는 지도자의 삶이 될 것이다(悔亡).

육삼六三

'환괘' '육삼'은 흩어진 고난의 세상에 빛을 주기 위해 먼저 자신이 깨달음을 얻어야 한다. '삼'은 하괘의 맨 위로서 위태로운 자리다. 그리고 '육삼'이므로 음이 양 자리에 있어 마땅치 못한 상황이다. '구이'에서 뜻을 세웠지만, 민중의 지도자가 되려면 먼저 자신이 깨달아야 한다. 상구보리上求菩提해야 하화중생下化衆生할 수 있고, 내성內聖 후에 외왕外王할 수 있으며, 수기修己해야 치인治人할 수 있기 때문이다.

그래서 '구이'에서 뜻을 세워 '육삼'에서 개인적 깨달음의 고행苦行을 한다. 즉 '흩어짐(渙)'이 자신의 몸(其躬)에 있다(渙其躬). 비록 당장은 민중을 구제할 수 없으나, 먼저 자신의 깨달음이 선행되어야 뉘우침이 없다(无悔).

육사六四

'환괘' '육사'는 하괘에서 내성內聖 후에 상괘에서 이제 외왕外王하는 단계다. '사四'의 자리이므로 세상에 나간 첫 단계다. 속세의 싯다르타 태자였지만 출가하여 보리수나무 아래에서 깨달음을 얻은 석가모니가 중생에게 가르침을 주기 위해 세상에 다시 나온 단계다. 종교 이념의 지도자로서, 정치 이념의 지도자로서, 이제 세상의 '흩어짐(渙)'에 대해 민중을 구제하므로(渙其群), 공자의 이른바 '박시제중博施濟衆'이며, 『대학大學』에서 말하는 '천하에 밝은 덕을 밝힘(明明德於天下)'이어서, 세상에 크게 좋다(元吉).

그렇지만 기존 이념과 부딪칠 수도 있다. 예수가 겪었던 것과 같은 박해가 있을 수 있다. 세상의 흩어짐을 구제하려면 아직도 앞에 넘어야 할 '골고다 언덕'이 있다(渙有丘). 세상에 새로운 빛을 던지려는 대업이니 보통 사람들이 생각할 수 있는 바가 아닌 것이다(匪夷所思, '夷'는 '평상', '보통').

그러나 기존의 이념 체제에서 보면, '육사'는 새롭게 도전해 오는 이념에 대해 기존 이념을 지키려는 입장이다. 그래서 '육사'는 기존 이념의 최고 상징의 지도자인 '구오'를 도와 그 이념을 지키려고 한다. 기독교가 로마제국에 전파되려 할 때의 로마제국의 기존 정치 이념 세력이다. 유대 기독교 문화인 헤브라이즘이 그리스·로마 문화인 헬레니즘에 도전해 옴에 대해 기존의 문화를 지키려는 입장이다. 그 입장에서는 그들의 이념이 옳으므로, 도전 이념에 혼란을 겪고 있는 로마의 백성이 그에 빠지지 않도록 구제하려는 것이 그들의 입장이다.

구오九五

'환괘' '구오'는 새로운 이념으로 기존 이념과 투쟁하여 마침내 그 고지를 점령한 것이다. 이념과 이념의 충돌로 세상이 혼란해진 상황에서(渙), 박해에 대해 순교로 맞서는 투쟁으로 땀 흘리듯 하다가(汗), 결국 그들의 이념이 승리하여 기존 지배자의 법령인 호령號令으로 공인을 받는다(其大號). 마치 처음에는 기독교를 심하게 박해했던 갈레리우스가 311년 임종 직전 기독교를 인정하는 칙령에 서명하고, 그다음 콘스탄티누스 1세가 313년에 밀라노 칙령으로 기독교를 공인한 것과 같다.[192]

당시 세계의 서쪽에는 로마제국이 있었지만, 동쪽에는 진秦 제국에 뒤이은 한漢 제국이 있었다. 당시 유가 사상은 진시황秦始皇에 의해서 분서갱유焚書坑儒 사건으로 상징되는 탄압을 받았고, 그다음 한 제국에서는 비슷한 시기이지만 기독교를 공인한 시기보다 앞서, 한漢 무제武帝와 그 시대 이념의 정립자 동중서董仲舒에 의해 정식 통치 이념인 '유교儒敎'가 되었다. 한 무제는 유교로서 '흩어진' 생각을 하나의 이념으로 통일하려고 한 것이며, 이후 오랫동안 서양은 '기독교'가, 동양의 동아시아는 '유교'가 지배 이념이 되었다. 이것은 곧 이념적 혼란기에(渙), 최고 통치자가 정치적으로 결단하여(王居), 더 이상 혼란이 없게 된 것이다(无咎).

그렇지만 '구오'는 기존 이념을 따르고 있는 입장에서는, 새롭게 치고 올라오는 이념으로 인해 나라가 이념적 혼란에 빠진 것이고(渙), 그에 대해 기존의 전통적 이념을 지키기 위해 땀 흘리며(汗), '육사'와 더불어 법령을 내려 그 전파를 막는 것이다(其大號). 즉 새롭게 전파되어 오는 기독교 세력으로 인한 혼란에(渙), 최고 지도자가 자신의 자리를 지켜(王居), 문제를 극복하려고 한 것이다(无咎).

비록 로마제국 시대에 기독교를 극심하게 박해한 황제들이 있었고, 심지어 로마제국 오현제五賢帝의 마지막 황제이며 스토아학파의 철학자였던 마르쿠스 아우렐리우스조차 그 박해의 대열에 있으면서 자신도 기독교를 이해할 수가 없다고 생각하였지만, 사실상 양대 문화의 충돌이라는 측면에서는, 당시 로마제국의 기존 이념 세력은 그들의 문화와 이념을 지키는 것을 정의라고 생각했던 것이다.

상구上九

'환괘' '상구'는 '구오'에서와 같이 새로운 이념을 내세우는 세력이 기존 세력을 극복하지 못할 경우다. 그러면 계속 순교를 거듭하며 투쟁하는 경우도 있지만, 만일 어떤 이념 세력이 그 혼란기에(渙) 박해로 인해 피비린내 나는 희생이 제거되어 더는 없도록(渙其血去), 멀리 벗어나 훗날을 도모하면(逖出), 또는 그 피비린내 나는 희생을 해소하여(渙其血), 멀리 벗어나면(去逖出), 허물이 없을 것이다(无咎).

그러나 '상구'가 기존 이념 세력일 경우에는 새로운 이념 세력에 대해 더 이상 피를 부르는 박해와 탄압을 하지 않아(渙其血去)(渙其血), 그들을 인정해 주고, 정치적으로 양보하면(逖出)(去逖出), 더 이상의 혼란을 막을 수 있을 것이다(无咎).[193]

60

절괘 節卦

원문괴 번역

節, 亨, 苦節, 不可貞. (절은 형통하지만, 쓴 절은 바르지
절 형 고 절 불 가 정
못하다.)

(初九) 不出戶庭, 无咎. (방문 밖 뜰을 나가지 않으니,
불 출 호 정 무 구
허물이 없다.)

(九二) 不出門庭, 凶. (대문 안 뜰을 나가지 않으니,
불 출 문 정 흉
흉하다.)

(六三) 不節若, 則嗟若, 无咎. (절하지 않는 듯하면, 탄식하는 듯하나, 허물
부 절 약 즉 차 약 무 구
은 없다.)

(六四) 安節, 亨. (편안한 절이니, 형통하다.)
안 절 형

(九五) 甘節, 吉, 往有尙. (달콤한 절이어서, 길하니, 가면 숭상함이 있을 것
감 절 길 왕 유 상
이다.)

(上六) 苦節, 貞, 凶, 悔亡. (쓴 절이니, 바르고 곧아도 흉하지만, 뉘우침은
고 절 정 흉 회 망
없어질 것이다.)

절괘節卦 총설과 괘사卦辭 해설

'절괘'는 『주역周易』의 60번째 괘로서, 위는 물이고 아래는 못이다(水澤節). 앞 '환괘渙卦'를 180도 뒤집은 괘 모습이다. '환괘'의 시대는 개인도 해이하고 사회도 해이하여 세상의 기강이 허물어져 풀려 있는 상황이다. 군대로 말하면, 군기軍紀가 빠져 있는 것이다. 그러나 '환괘'의 시대를 사는 군자는 그런 해이함으로 오는 환란을 극복하려고 노력한다. 그것이 이 '절괘'로 나타난다. 기강을 바로 잡는 시대인 것이다.

'환괘渙卦'는 세속적으로 표현하면, 나사가 풀려 있는 것이다. 자동차를 비롯한 세상의 기물器物은 나사가 풀려 있으면, 작동을 제대로 못할 뿐 아니라 언제 사고가 날지 모르게 위험한 상태다. 그래서 이런 기물에 대해서는 물론이고, 현재 문제없어 보이는 기물에 대해서도 사고를 미연에 방지하기 위하여 항상 정비를 해야 한다. 즉 '닦고, 조이고, 기름치자'는 것이다. 이것이 곧 '절괘節卦'의 취지다.

'절괘'의 '절節'은 '대[竹]'의 마디다 그(한자漢字의 부수部首도 물론 '죽竹'이다). 계속 뻗어나가는 모습을 보이는 다른 식물과 달리, 대는 마디를 만들면서 나아간다. 마치 한 마디 한 마디 스스로를 점검하고 반성하면서, '절節'이란 글자처럼 '절제節制'하며 나아가는 듯하다. 이처럼 '절괘'의 '절節'은 곧 '절제'이며, 그와 더불어 '조절調節'이고, '절약節約'이며, '검속檢束'이다.

'절괘'의 '절제'는 무엇을 절제하는가. 그것은 '환괘渙卦'의 흐트러짐을 절제하는 것이다. 더 근본적으로는 그 흐트러짐을 가져온 '욕망'을 절제하는 것이다. 『주역』을 말하는 유가에서는 욕망을 이처럼 '절제'의 대상으로 볼 뿐, 불교를 비롯한 금욕주의 사상에서처럼 그 자체를 부정하는 것은 아니다. 즉 '금욕禁慾'을 말하는 것이 아니라, '절욕節慾'을 말한다.

'욕망'을 부정적으로 보고, 악의 원천으로 말하는 사상도 있지만, '욕망'이 없으면 문명도 없다. 인간의 가장 기본적 욕망은 『예기禮記』「예운禮運」에서 말하는 '음식남녀飮食男女'나 『맹자』에서 고자告子가 말하는 '식색食色'이다. '음식남녀'의 '음식飮食', 즉 '식색'의 '식食'은 개체 보존의 본능이고, '음식남녀'의 '남녀男女', 즉 '식색'의 '색色'은 종족 보존의 본능이다.

욕망이 없으면, 인간을 비롯한 생명체는 멸종한다. 인간의 '문명' 역시 욕망의 구현체다. 그러나 문제는 욕망이 통제 없이 마음대로 방종할 때다. 욕망 자체가 악이 아니라, 방종할 때가 악이다. 욕망이 방종하여 악에 빠지는 일을 막아, 욕망을 적절히 '절제'하는 것이 선이다. 이것이 곧 '절괘'의 취지다.

인간 이외의 자연 상태의 동물도 '식색' 본능이 있지만, 동물에게 절제를 말할 필요는 없다. 그들은 자연 상태의 본능에 따라도 저절로 '조절'되기 때문이다. 그러나 인간은 다르다. 인간은 본능의 조절 기능이 자연 상태에 맡겨진 것이 아니라, 자유 의지에 따르도록 되어 있기 때문이다. 인간은 스스로의 선택에 따라 선으로 갈 수도 악으로 갈 수도 있다. 자유가 주어진 대신, 선악에 대한 결정과 책임도 스스로 져야 한다. 이것이 윤리, 도덕이며, 인간이 도덕을 가질 수밖에 없는 이유다.

그러나 인간 이외의 다른 동물은 자연 상태로 자동 조절된다. 그래서 도덕 없이도 적절함을 유지할 수 있다. 그 동물들, 즉 짐승들은 '식색'의 욕망을 과도하게 추구하지 않고, 개체 보존과 종족 보존에 필요한 만큼만 추구한다. 그러나 인간은 그렇지 않다. 스스로 조절하여 절제하지 않으며 과도하게 된다.

앞 '환괘渙卦'의 상태는 이러한 욕망을 '태괘兌卦'의 기쁨으로 만끽하다가 무절제하게 추구하는 것이다. 욕망이 절제되지 않으면 개인도 나락에 빠질 수 있고, 역사 속의 왕조들도 멸망을 자초한 경우를 볼 수 있다. 훌륭한 문명은 절제된 욕망의 표현이다. 절제는 어떻게 이루어지는가. 근본적으로 인간 주체의 감정 조절로 이루어진다. 감정 조절이 가장 적절하게 이루어진 상태가 곧 '중용中庸'이다.

그래서 『중용』에서 "희로애락의 감정이 아직 발현되지 않은 상태를 '중中'이라 이르고, 발현되고 나서 모두 '절도節度에 맞는 것(中節)'을 '화和'라고 한다."라고 하였다. 여기서 '절도에 맞는 것', 즉 '중절中節'이 곧 가장 적절한 '절제'다. '환괘'의 상황은 절도에 맞지 않는 상태였던 것이고, 그로 인해 세상에는 사치와 방탕, 해이함이 생겨났으니, 이제 '절괘'의 시대에 그것을 반성하여, '중용'으로서의 '절제'를 하려 한다. '절괘'의 괘효사는 이 '절제'의 의미를 말하는 것이다.

그런데 '절괘'에서 말하는 '절제'에는 경계해야 하는 아주 중요한 점을 말하고 있다. 그것은 욕망을 마음대로 하여 생긴 '환괘'로 인한 트라우마로, 그 반성이 너무 지나쳐 그로 인해 지나치게 절제할 때 발생하는 문제다. 지나친 절제는 곧 '금욕'에 가까워진다. 불교에서는 욕망을 '제로'로 만들어 그로부터 완전히 자유로운 상태를 이상적 존재인 '부처(佛)'로 보지만, 유가에서는 다르다.

유가의 이상적 존재인 '성인聖人'은 완전한 금욕의 상태가 아니다. 성인은

'중용'의 상태, 즉 이상적인 '절욕'의 상태를 유지할 수 있는 존재다. 『주역』으로 말하면, 64괘로 상징되는 매 괘의 상황에서 언제나 이러한 상태를 유지할 수 있는 존재다. 군자는 아직 부족하지만, 매 괘의 상황에서 그런 상태가 되도록 노력하는 도덕 실천자다. 소인은 그에 반하는 존재다.

'절괘節卦'는 정치적으로는, 흩어지고 해이해져 환란患亂이 생긴 '환괘渙卦' 상황의 세상을 단속하고, 검속하며, 절도 있게 질서를 잡아 구제하는 상황이다. 그것을 위해 '예禮'라는 제도를 만들어 방만해진 인간의 마음과 행동을 절제한다. 나사가 풀어져 있어 기물이 작동하지 않고 위험을 초래하는 상황에서, 나사를 조여서 정상화시키는 것이다.

그런데 나사를 힘껏 많이 조인다고 해서 그만큼 좋은 것은 아니다. 나사를 지나치게 조이면, 오히려 나사가 망가지게 되어 기물 자체를 못 쓰게 될 수 있다. 즉 기물은 덜 조여도 작동에 문제가 있지만, 지나치게 조여도 역시 문제가 생길 뿐 아니라, 아예 못쓰게 망가지는 것이다. 필요한 만큼만 조여야한다. 이것이 과불급過不及이 없는, 즉 지나침도 미치지 못함도 없는 '중용中庸'이다. 따라서 세상이 지나치게 풀어져 있어도 제대로 작동하지 않고 환란이 생기지만, 그 대응으로 세상을 지나치게 조여도, 즉 지나치게 절제해도 문제가 생긴다.

인간은 매우 다양하다. 우리는 이상을 지향하지만, 그럼에도 현실 존재의 인간이 모두 성인, 군자일 수는 없다. 천차만별한 인간 중에는 스스로 자신을 절제할 수 있는 덕이 높은 이들도 있지만, 스스로 절제하지 못하여 타율적 제재를 받아야 하는 이들도 있다. 덕이 높은 이들이라 하더라도 인간으로서 근본적으로 가진 욕망을 스스로 절제하기 위해서는 끊임없이 노력해야 하는데, 타율이 필요한 수많은 보통 사람들은 말할 것도 없다.

그래서 '절괘'의 취지대로 절제를 하는 제도를 만드는데, 지나치게 조이면 자기 절제력이 조금 부족한 사람도 그렇거니와, 많이 부족한 사람은 인간의 근본 욕망을 절제하지 못하여 매우 고통스러워한다. 그러다가 지나치게 조이는 강한 법령에 못 참고 일탈하여 난을 일으키기도 한다. 마치 궁지에 몰린 짐승이 오히려 발악을 하는 경우와 같다. 세상 사람이 모두 수도승 같은 삶을 살 수 있는 것이 아니기 때문에, 제도의 마련은 인간의 기본적 욕망을 감안하지 않으면, 오히려 문제가 생길 수가 있다.

요堯 임금 시대에 큰 홍수가 나서 곤鯀이란 사람에게 치수治水를 맡겼다. 그는 물길을 모두 틀어막는 방법을 썼다. 그래서 오히려 물이 넘쳐서 더 큰 문제가 생겼다. 그로 인해 순舜 임금은 그에게 벌을 내리고, 그 임무를 그 아들 우禹에게 맡겼다. 그는 아버지와 달리 물길을 적절한 방향으로 터주어 바다로 흘러들게 했다. 인간의 욕망을 규제하고 절제하는 제도도 이와 마찬가지다. 그래서 '환괘'에서 생긴 세상의 문제를 해결하는 '절괘'는 절제로 세상을 형통하게 하는 것이지만(節亨), 그렇다고 해서 지나친 절제인, 괴롭고 고통스런, 쓴 절제(苦節)는 오히려 올바르지 못한 것으로 본다(苦節不可貞).

인간의 근본 욕망은 인간을 기본적으로 굴러가게 하는 동력이 된다. 그러나 플라톤의 사상이나 다른 여타의 사상에서도 그렇듯이, 그것은 언제라도 지나칠 수 있기 때문에 이성으로 절제해야 한다. 그러나 그렇다고 그 욕망을 깡그리 부정하면 세상은 '겨울왕국'이 되어 버린다. 중세의 엄혹한 분위기의 세상이 된다고도 할 수 있다. 그러다 참지 못하는 이들로 인하여, 오히려 환란이 생길 수 있다. '고절苦節'이 가져 오는 현실적 문제를 참작해야 하는 것이 지도자의 지혜 발휘에 부여된 과제다.

절괘節卦 효사爻辭 해설

초구初九

'절괘' '초구'는 이 괘의 초기 상황이다. '환괘'로 세상의 질서가 허물어져 기강이 해이해진 상황에서, 그 반성으로 다시 세상을 검속하고 절제하려고 생각하는 단계다. 그래서 그러한 절제를 위해 법령과 제도를 마련하려고 계획하고 있는 상황이다. 그러나 세상은 그동안의 습관에 젖어 아직 쉽사리 절제에 호응할 상황이 아니다. 그동안 일자리가 없어 일하지 않고 한량으로 생활하던 사람에게 갑자기 일자리를 주어, 이튿날 아침 일찍 출근하도록 한다면, 그 사람은 우선은 힘들고 고통스럽기까지 할 것이다. 그래서 일이 생긴 것은 좋지만, 일해야 하는 노동에 두려움을 느낄 수 있다.

세상도 마찬가지다. 그동안 나무늘보처럼 늘어져 생활하던 사회 구성원에게 당장 다음날부터 갑자기 절제된 사회 시스템에 맞출 것을 요구하며 채찍질하듯이 닦달하면, 앞으로 잘살게 된다는 보장이 있어도 우선은 힘들어한다. 마치 한가로이 방안에서 머물던 사람이 갑자기 방문 밖 뜰로 나가는 것이 익숙하지 않은 상황과 같다(不出戶庭). 그러나 그동안의 습관이 그러했던 정상을 참작하여 그 점을 그다지 허물할 일은 아니다(无咎).

나라를 경영하는 쪽에서도 이제 '환괘' 후 '절괘'가 시작되어 세상을 절제시키려는 제도를 정비함에 있어서, 그동안의 습관에 젖어 있는 인민 백성을 처음부터 거칠게 몰아붙여서도 안 된다. 또한 해이함으로 인해 발생한 사회악을 척결하려고 세상을 절제시키는 제도를 만듦에 있어서도, 앞으로 시행할 제도에 대한 기밀을 누설한다면, 그 정보를 입수한 소인들이 미리 악의 요인들을 감추도록 만들어서, 악을 근원적으로 뿌리 뽑을 수 없이 계속 안고 가게 만들 수 있다. 그래서 기밀이 방문 밖 뜰을 나가지 않도록 해야(不出戸庭), '절괘'의 시대가 문제없이 순조롭게 진행될 것이다(无咎).

구이九二

'절괘' '구이'는 '절괘' '초구'의 상황에서 더 진행된 상황이지만, 마치 여전히 세상 눈치를 보면서 밖으로 나가기를 어려워하듯 함이다. '초구'의 경우는 인민 백성이 '환괘'의 습관에 젖어 있어 바뀐 상황에 쉽사리 적응하지 못함에 대한 정상참작을 해줄 수도 있어서 무턱대고 탓할 수는 없지만, '구이'의 경우는 이제 어느 정도 상황 인식이 되고, 구습에서 벗어날 시기도 되었건만, 여전히 절제의 새 시기에 적응하려고 하지 않는 것이다. 비록 마치 방문 밖 뜰은 나왔지만, 아직도 그 다음 단계인 대문 안 뜰을 나가지 않고(不出門庭), 세상 눈치를 보면서 절제의 시대인 새로운 상황에 적극적으로 참여하지 않으므로, '절괘'의 시대에 흉(凶)한 일이다.

또한 '절괘' 시대의 '구이' 상황은, '초구'에서는 악인들이 미리 잠적할까 봐 기밀을 유지한 것이지만, '구이'에 이르러서 이제 법령이 마련되어 시행 단계에 들어갔음에도, 국가 경영자가 여전히 인민 백성에게 법령에 대한 충분한 정보를 주지 않고 기밀유지의 태도를 취하는 것이다(不出門庭). 국민이 절제를 위한 제도의 입법 취지를 제대로 알고 대처할 수 있도록 하지 않아 절제의 상황이 진전되지 않으므로, 나라에 흉(凶)한 일이다.('초구'의 호戸와 '구이'의 문門은 모두 사람으로 봐서는 말을 하는 입[口]에 해당하여, 호정戸庭과 문정門庭은 기밀을 말하는 시기에 따른 단계를 말한다.)

육삼六三

'절괘' '육삼'은 이 괘 하괘의 맨 위이므로 '절괘'의 절제 시대가 더 진행되었지만, 국민의 적극적 호응이 아직 없는 불안한 상황이다. 그래서 국민이 새로운 상황에 아직 제대로 적응하지 못하여 절제하지 않는 듯하다(不節若). 이런 상황은 국가경영자 입장에서는 절제를 위한 제도가 제대로 시행, 정착되지 않는 것으로서 안타까운 일이니, 참으로 탄식이 나올 수밖에 없다(則嗟若). 그렇지만 적극적으로 노력해도 때로는 중간에 슬럼프에 빠질 수가 있고, 아직 하괘를 완전히 벗어나지 않아서 국민이 아직 철저히 새 시대에 적응하지 못한 탓이기도 하므로, 전적으로 그들을 허물할 일도 아니다(无咎).[194]

육사六四

'절괘' '육사'는 '절괘'의 상황이 이제 하괘에서 상괘로 진전한 상황이다. 세상의 사회 구성원들이 이제는 '절괘'의 제도에 익숙해지고 안정된 절제의 상황에 접어들어서, 구성원들이 절제의 상황을 편안히 여기게 된 것이다(安節). 세상이 당연히 형통하게 된다(亨). 국민의 협조도 있고, '육사'의 지도층이 '구오'의 최고 지도자를 보좌하며, 음유함의 부드러운 정책으로 절제의 시대를 안정화하는 것이다.

구오九五

'절괘' '구오'는 '절괘'의 전성기다. '초구'인 처음에는 인민 백성에게 익숙하지 않던 절제가 그 이후의 과정을 거치면서 '육사'의 안정적 상태를 넘어서서 이제는 절제의 상황을 달콤하게 여기기까지 한다(甘節). 절제의 시대를 경영하는 양강한 '구오'의 최고 지도자가 부드러운 음유의 자질로 백성을 억압하지 않는 '육사'의 보좌를 받으면서, '구오' 중정中正의 자리에서 지나치지도 않고 부족하지도 않는, 절도에 맞는 중화中和의 정책을 펴기 때문이다. 자연히 온 나라에 좋다(吉). 절제에 있어서, 이러한 중용에 맞는 정책의 시행(往)은 당연히 숭상 받고 찬양 받아야 하는 것이다(有尙).

상육上六

그러나 '절괘' '상육'은 '구오'의 중용을 지키는 절제를 지나치게 넘어서는 상황이다. '환괘'는 절제가 없는 상황이고, '절괘'가 시작될 당시에는 절제가 부족한 상황이었다가 '육사'에서 안정화되고, '구오'에서 과불급이 없는 중용의 절제로 전성기가 되었지만, 이제 지나친 절제의 상황이 된 것이다. 즉, 국민에 대해 지나칠 정도로 엄격한 절제를 요구하는 제도를 만들어 시행한다. 이로 인해 국민들은 이제 국가의 엄격한 절제를 쓰라린 괴로움으로 느낀다.

이런 고통스런 절제를 시행하면(苦節), 동기와 취지가 아무리 바르더라도(貞), 흉(凶)한 결과를 낳을 수 있다. '절괘'는 이러한 상황을 이미 괘사에서 말하면서, 절제가 지나치지 않아야 함을 총괄적으로 말하였다. 동시에 그러한 문제점을, 지나침을 반영하는 자리인 상효에서 다시 제기하여, '절괘'의 중요한 취지로 말하고 있다.

그런데 위정자가 이렇게 엄격한 절제를 요구하는 동기는 바르므로(貞), 이 점이 곧 폭정暴政을 말하는 것은 아니다. 다만 요구 수준이 너무 높아 일반인이 거기에 맞출 수 없어 괴로운 것이다. 우禹 임금은 천하를 위해 자신을 절제하고 희생하여 홍수를 다스리면서, 자신의 집 앞을 세 차례나 지나가면서도 집안에 들어가지 않을 정도로 멸사봉공滅私奉公의 나날을 보내어, 마침내 홍수를 다스리는 업적을 내고, 그 공으로 순舜 임금의 선양禪讓을 받아 다음 임금이 되었다.

이 정신을 본받은 묵자墨子 역시 자신의 문도들을 이끌고, 천하를 위하여 희생적으로 봉사하여, 묵자의 집 굴뚝에 연기가 나지 않았다고 할 정도로 역시 집에 들어가지 않고 천하를 위해 일했다. 그 사상의 중요한 부분에 근검 절약의 절제가 있음도, 이 '절괘'의 취지와 상통한다.

그러나 우임금과 묵자의 절제는 보통사람이 따르기에는 요구 수준이 너무 높다. 바로 '절괘'의 '고절苦節'에 해당하기 때문이다. 그래서 그들의 동기가 비록 바르지만(貞), 사회 전체의 인민 백성을 이끌어가기에는 흉(凶)한 결과가 될 수 있다(貞凶). 그렇지만 그들의 생각과 행동이 폭군이나 독재자와 같은 폭력적 동기로 인한 것이 아니기 때문에, 그들의 생각과 행동에 뉘우침은 없게 되는 것이다(悔亡).

61

중부괘 中孚卦

원문과 번역

 中孚, 豚魚, 吉, 利涉大川, 利貞. (중부함이 돼지와
중 부 돈 어 길 리섭대천 리정
물고기까지 미치면 길하니, 큰 내를 건너는 데 이롭고, 곧고
바름이 이롭다.)

(初九) 虞, 吉, 有他, 不燕. (헤아리면 길하니, 다른 뜻이
우 길 유타 불연
있으면 편안하지 못할 것이다.)

(九二) 鳴鶴在陰, 其子和之. 我有好爵, 吾與爾靡之. (우는 학이 그늘
명 학 재 음 기 자 화 지 아 유 호 작 오 여 이 미 지
에 있음에, 그 새끼가 그에 화답한다. 나에게 좋은 벼슬이 있으니, 내
너와 더불어 그것을 나누리라.)

(六三) 得敵, 或鼓或罷或泣或歌. (적을 얻어서, 두드리기도 하고 그만두기
득 적 혹 고 혹 파 혹 읍 혹 가
도 하며, 울기도 하고 노래하기도 할 것이다.)

(六四) 月幾望, 馬匹亡, 无咎. (달이 거의 보름이 됨이니, 말의 짝이 없어지
월 기 망 마 필 망 무 구
면, 허물이 없을 것이다.)

(九五) 有孚攣如, 无咎 . (믿음을 둠이 굳게 잡는 듯하면, 허물이 없을 것
유 부 련 여　무 구
이다.)

(上九) 翰音登于天, 貞, 凶. (나는 소리가 하늘에 오름이니, 바르더라도
한 음 등 우 천　정　흉
흉할 것이다.)

중부괘中孚卦 총설과 괘사卦辭 해설

'중부괘'는『주역周易』의 61번째 괘로서, 위는 바람이고 아래는 못이다(風
澤中孚). 앞 '절괘節卦'는 그 앞 '환괘渙卦' 시대의 흐트러지고 해이해져 환란
이 생긴 것을 구제하는 시대다. 그 가장 지극한 상태가 '구오'의 '감절甘節'이
다. 절제를 하되 지나침(過)도 모자람(不及)도 없이 '중용'을 지켜 가장 조화
로운 상태다. 이러한 상태를 이어받으면서도 오히려 그 조건이나 전제가 되
기도 하는 것이 곧 '중부괘中孚卦'다. '중부中孚'의 '중中'은 중용이요, 인간 주
체 내면의 마음이며, '부孚'는 믿음, 신뢰다.

'믿음(信)'은 인간관계의 기본조건이다. 그래서 유가에서는 벗 사이에는
'믿음'이 있어야 한다(朋友有信)고 하여 '오륜五倫'의 하나로 두었다. 맹자孟子
는 인仁, 의義, 예禮, 지智를 인간 본성 속의 네 덕으로 보았다. 그 후 한대漢
代에 가서 여기에 신信을 추가하여 '오상五常'으로 삼은 것은 인·의·예·지
를 실행할 기본조건이 '신信'이라는 것이다.

사회 공동체 유지의 기본조건, 경제활동의 기본조건도 믿음, 즉 신용이
다. 올바른 상인의 가장 중요한 덕목이 정직과 신용이다. 그저 남의 이익을

탐할 마음으로만 경제활동을 하는 자들은 눈앞의 이익만 보고 남을 속이고 다음은 생각하지 않는다. 뜨내기 장사치가 남을 속이고 이익을 취하고는 그 자리만 뜨면 다시 못 볼 고객이라는 것이다. 이것은 상업이 아니라 사기와 다름없다. 사기꾼은 남을 등쳐먹을 생각만 하지, 뒷일을 생각하지 않는다. 대상大商은 당장 손해를 보더라도, 정직과 신용을 점훈店訓으로 삼는다.

공자는 "사람으로서 신의가 없으면, 그 쓸 만함을 알 수 없다"[195]라고 하였다. 특히 국가를 경영하는 정치에 있어서야 말로, '믿음', '신의', '신뢰'는 무엇보다 중요하다. 공자는 한 나라에 있어서, 군대와 식량보다도 가장 최후에 남겨야 할 중요한 것을 '믿음(信)'으로 두었다.[196] 정치인이야말로 이러한 덕목이 있어야 하므로, 국민 백성에 대해 가장 우선되는 덕목이다.

정치인이 만일 당장의 표를 구걸하기 위하여 현란한 공약을 하고 당선되고 나서는, 그것을 무시하거나 때로는 말을 바꾸고 뒤집는다면, 그것은 뜨내기 장사꾼이나 사기꾼의 행태다. 정적을 비판할 때는 날 선 말로 혹독하게 비판하며, 자신은 정의로워서 믿을 만하다고 선전하고는, 자신 역시 다름없이 불의하게 행동하고도 파렴치한 변명을 늘어놓는 것도 '믿음'을 저버리는 것이다.

사기꾼이나 정치꾼의 이러한 행태와 선인善人, 군자君子의 진정한 신뢰의 차이는 무엇인가. 그것은 내면의 '성실함(誠)'에 있다. 내면이 성실하지 않으면서 신뢰를 이야기하는 것은 거짓이다. '중부'가 말하는 신뢰는 내면(中)으로부터 성실함에 바탕을 두고 우러나오는 신뢰(孚)를 말한다. 그래서 '중부中孚'라고 부른다.

'절괘' '구오'의 '감절甘節'은 내면의 성실함으로 나라를 경영하는 지도자에 의해 행해지는 절제이기 때문에, 구성원이 그것을 적절한 중용의 절제라고 달게 여기고 그 정치를 믿는다. 내면이 성실하다는 것은 내면에 사심私心도, 사심邪心도, 탐심貪心도 없다는 것이다. 그것은 마음이 비어있음이다. '중부괘中孚卦☲' 괘상의 가운데 '삼三'과 '사四'가 비어있음이 그것을 상징한다. '중부괘'는 가운데가 텅 비어 '허심虛心'을 상징하고 있을 뿐만 아니라, '구이'와 '구오'가 양陽의 강강剛强함으로 그것을 견지하고 있음을 나타낸다.

그런데 '중부괘'의 가운데가 비어 있다는 것은 '사심私心', '사심邪心', '탐심貪心'이 없이 비어있다는 것인데, 역설적으로 거기에는 '믿음', '신의', '신뢰'가 가득 차 있어서 그것을 '성실誠實', '신실信實'이라고 한다. 여기서 '실實'은 곧 '허虛'의 반대어로 '가득 참'이란 의미로서, 결국 악한 것이 텅 비어(虛) 있고, 선한 것이 가득 차(實) 있다는 말이다.

'중부괘'가 성실함을 바탕으로 한 신뢰임을 말하는 것은『중용中庸』의 도道가 '성誠'임을 말한다.『중용』에서 "'성誠'이란 하늘의 도이고, '성誠'하려고 하는 것은 사람의 도이다"라고 한 것이 그것이다. 하늘의 법칙이 '성誠'이므로 사람, 그중에도 도덕적 실천자인 군자가 그것을 본받아 '성誠'을 사람의 도덕 법칙으로 삼는 것이다.

『중용』에서는 '성'이 모든 것의 기본조건이 되므로 '성'을 지극히 하는 것, 곧 '지성至誠'을 이루면 천지의 화육化育에 동참할 수 있다고 할 정도이니, 하물며 인간 세상의 일이겠는가. 이렇게 성실함이 바탕이 된 믿음이어야 진정한 믿음이라고 할 수 있다. 이것이 곧 '중부괘'의 취지다.

이처럼 내면에서 우러나오는 지극한 정성으로 세상 모든 것에 믿음을 주는 것이 곧 '중부中孚'이므로, 이 '중부中孚'함이 우둔한 동물이라는 돼지(豚)

와 물고기(魚) 같은 존재들까지도 감화시킬 있다면(中孚豚魚), 그야말로 길(吉)한 것이 된다. 흔히 '지성감천至誠感天', 즉 지극한 정성이면 하늘도 감동시킬 수 있다고 했는데, 돼지와 물고기까지도 감동시킬 수 있는 정성이면 무엇이든 다 해낼 수 있다는 것이다.

그래서 '중부中孚'의 정신이 있으면, 큰물을 건너는 것과 같은 어려운 일을 해내는 데 이로운 것이다(利涉大川). 이러한 처신은 사기꾼이나 정치꾼 같은 사심邪心의 존재가 범접할 수 없으므로, 그들과 같아서는 안 되며 정의롭고 곧고 발라야 이로운 것이다(利貞).

중부괘中孚卦 효사爻辭 해설

초구初九

'중부괘' '초구'는 이 괘의 첫 번째 상황으로서 믿음을 세우는 초기다.[197] 그런데 누가 어떤 것을 믿으라고 할 때 그대로 믿을 것인가. 믿을지 말지는 이성적으로 헤아려(虞) 따져 봐야 한다. 믿음에 관한 가장 대표적인 경우는 종교다. 종교는 믿음, 즉 신앙을 바탕으로 한다. 초현실적인 어떤 교리를 믿으라고 할 때 과연 믿어도 될까 의심한다면, 그 종교는 이성에 근거한 현실적 논리로는 증명하기 어렵다. 그렇지만 어차피 종교는 합리적인 논리로는 증명하기 어렵다.

기독교 교부 테르툴리아누스는 "예수가 사흘 만에 부활했다는 것은 불합리하다. 불합리하기 때문에 합리적이다. 그러므로 나는 믿는다"라고 했다.

종교적 교리는 이성의 검증 대상이 아니며, 이성이 의심하기 시작하면 종교는 서기 어렵다. 믿음과 의심은 모순 개념이다. 그래서 초기 교부철학시대에는 이성을 사용하는 철학을 종교에 위험하다고 여겼다.

그러다가 이후 철학을 이용하여 교리를 증명하려고 시도하게 되었고, 스콜라철학시대로 가면서 그러한 시도가 점점 더하여져 철학의 역할이 다시 커지게 되었다. 서양 중세 기독교 시대의 이성과 신앙에 있어서의 갈등과 조화의 시도가 그것이다. 그러나 종교는 믿음을 기반으로 하므로, 어떤 종교라도 그러한 문제는 있다.

그런데 중국 상고시대에 원시 종교에서 탈피하려는 시도가 『주역』이 만들어진 주나라 시대부터 시작됐고, 그러한 정신을 처음으로 종합화한 이가 공자다. 공자는 검증할 수 없는 귀신의 세계나 사후세계를 말하지 않은, 인간 중심의 휴머니스트였다.[198] 그래서 그는 '괴怪: 괴이한 것', '력力: 폭력적인 것', '란亂: 무질서한 것', '신神: 신비로운 것'을 말하려고 하지 않았다.[199] 이것은 모두 불합리하다고 생각했다.

공자는 검증할 수 없고 근거 없는 것을 믿어서는 안 된다고 보았다. 그래서 "믿음만을 좋아하고, 배우기를 좋아하지 않는다면, 그 폐단은 진정한 앎을 해치는 것이다"[200]라고 했다. 맹목적 믿음의 위험성을 말하면서, 그 믿음은 인류가 누적하여 온 경험에서 얻은 배움으로 검증해야 한다고 보았다. 그리고 이 배움(學)조차도 맹목적일 수 있으므로, "배우기만 하고 생각하지 않으면 어둡고, 생각만 하고 배우지 않으면 위태롭다"[201]라고 하였다.[202]

믿음의 문제에 있어서 종교만큼이나 세상에 영향을 많이 끼치는 것은 정치다. 사실상 인류 초기에 정치와 종교는 분리되지 않고 일체인 상태에서 출발하였다. 상고시대에는 제사장祭司長과 군장君長이 같은 제정일치祭政一致 사회였다. 그 후 종교도 정치도 더욱 고도화하며 때로는 분리되기도 했지만, 양자는 상호 관련성을 잃지 않은 경우가 많았다. 종교 이념이 곧 지배를 정당화하는 정치 이념으로 되기도 하였다.

그러나 종교와 무관한 정치 이념이 등장해도, 역시 그 이념은 지지자에게는 맹목적 신앙으로 될 수도 있으며, 정치 지도자에 대한 신앙적 지지는 종교의 교주에 대한 지지와 같을 수도 있다. 이로 인해 공동체 안에서 수많은 갈등이 야기되기도 한다.

그래서 어떤 사상, 이념으로부터 단순한 정보에 이르기까지 모두 먼저 헤아려야(虞) 길(吉)하며, 맹목적인 믿음은 옳지 못하다. 그러나 그 검증이 이루어지고 난 후에도 여전히 지나치게 의심하여, 다른 생각이 계속 개입되면(有他), '중부괘' 초기에 믿음을 정립해야 할 상황에서 판단 주체로서는 편하지 않은 일이 된다(不燕, 여기서 연燕=안安).

구이九二

'중부괘' '구이'는 비록 양이 음 자리에 있지만, 양강한 자질로 하괘의 가운데 자리에 있으면서 중도를 지키고 있다. 그로써 세상에 대한 영향력(鳴)을 가지고 있지만, 바로 위에 있는 두 음의 그늘 아래에 가려 있는 '학鶴'과 같다. 중도를 지키면서 성심誠心을 다하는 덕 있는 이로서 세상 사람들에게 진정한 믿음과 신뢰를 줄 수 있는 군자다.

세상에는 자신을 믿어 달라며 대중에게 선전하면서 교언영색巧言令色으로 사람들을 현혹하면서도, 심중에는 딴마음을 품고 있는 정치인들이나 지식인들이 있다. 내면에 성심이 없으면서 거짓과 위선으로 겉만 꾸미는 것이다. 무지한 대중이나 맹목적 지지자들은 겉만 보고 이들을 믿을 수도 있다. 열 길 물속은 알아도 한 길 사람의 속은 알기 어려운 법이다.

상앙商鞅이 법령 시행에 대한 믿음을 주기 위해서 나무막대기 옮기기에 상금을 건 일은 진정한 믿음을 위한 것이 아니라 일종의 술수이며, 소진蘇秦과 장의張儀의 외교술책 역시 적을 속이기 위한 권모술수의 대표다.

군자가 다른 사람들에게 주는 신뢰성은 술수에서 오는 것이 아니라, 남을 속이지 않는 성실한 마음에서 나온다. 남을 속이지 않는 이는 먼저 자신을 속이지 않는 데서 출발한다. 그것이 『대학』과 『중용』에서 말하는 '신독愼獨'이다.

이렇게 내면에 진정한 성실성을 가진 이의 마음은 비록 당장 세상에 나서서 일할 수 있는 지위가 주어져 있지 않아도, 그들의 말 한 마디는 인仁의 마음으로 세상을 위하는 울림과 같다. 마치 우는 학이 그늘에 있는 듯하지만(鳴鶴在陰), 그를 진정으로 알아보는 안목이 있는 사람들은 그에 화답한다(其子和之). 이렇게 성실성을 가지고 믿음을 줄 수 있는 이는 하늘도, 깨어 있는 백성도 그에게 적합한 임무(好爵)를 부여하여(我有好爵), 그 복록을 함께 한다(吾與爾靡之).

육삼六三

'중부괘' '육삼'은 성실한 마음으로 덕을 쌓은 '구이'와 달리, 겉만 그럴듯하게 꾸미는 자다. 하괘 맨 위로서 상괘로서 나아가기 전의 불안한 모습이다. '구이'처럼 덕은 있지만 아직 세상이 알아주지 않아 그늘에 은둔해 있는 경우와 달리, 입신출세를 위하여 덕이 없지만 겉으로는 덕이 있는 듯 꾸미는 자다. 이 '육삼'이 세상에 나아가려 하니, 이미 '육사'가 '구오'의 최고 지도자인 임금, 대통령 아래에서 자신의 정치적 진로를 막고 있다.

그래서 '육삼'은 '육사'를 정적政敵으로 여기고(得敵), 그를 공격하기도 하고(或鼓), 정세가 불리하여 그만 두고 후퇴하기도 한다(或罷). 또 '육삼'은 '육사'가 자신과 같은 종류의 사람으로 생각하고, 자신에게 복수하며 반격하지는 않을까 두려워하면서, 울며 근심하기도 한다(或泣). 하지만 '육사'는 '육삼'과 다른 종류로서 덕도 있고 현실 권력도 있어서, 승자의 여유로움으로 '중부괘'의 시대에 정치 보복보다는 신뢰를 널리 펴야할 상황이다. 그래서 '육삼'에게 관대하게 하니, '육삼'이 안도하여 기뻐하며 노래하기도 한다(或歌).

육사六四

'중부괘' '육사'는 음유함으로서의 유연한 덕도 쌓고, '구오'의 최고 지도자를 보필하는 현실 권력도 가졌다. 육의 음이 '사四'인 음 자리에 있어서 자리도 마땅하다. '중부괘' 시대에 음유한 덕을 가졌으므로, '육사' 자신은 실무자로서 '초구'의 국민에 대해 지도층의 신뢰를 쌓는 정책으로 지지와 인기를 얻지만, 그 공은 임금, 대통령인 '구오'에게 양보한다. 그의 덕망으로 국민인 '초구'로부터 받는 지지와 '구오'로부터 받는 신뢰로 인해 권력도 커진다. 마치 거의 가득 찼으나 아직 완전히 가득 차지는 않은 달, 즉 거의 보름에 가까운 달과 같아서(月幾望), 떠오르는 차기 지도자로 부각된다.

그러나 만일 '초구'인 국민의 자신에 대한 지지에 도취하여, 달이 이미 가득 찬 보름달이 된 듯 자칫 오만해질 우려가 있다. 만일 이때 겸허해하지 않으면 정적으로부터 오만하다는 비판과 견제를 받을 것이고, '구오'로부터는 자신을 능멸하는 하극상의 역심이 있을 수 있다는 의심을 받을 수도 있다. 이때 단순히 현실을 모면하려는 술수의 처세술로 겸허한 척해서는 진짜 정치적 소용돌이에 휘말릴 수 있다. 국민인 '초구'(馬)의 지지(匹)를 겸허히 사양하면(亡), 정치적 허물이 없다(无咎).[203)]

구오九五

'중부괘' '구오'는 '중부괘'의 전성기로서 이 괘의 시대, 이 괘의 세상에서, 국가 공동체에 신뢰를 주는 최고 지도자다. 많은 부분, '육사'의 보필, 보좌로 인한 이유도 있지만, 그 스스로 양강함이 제자리에 있으면서 중도를 지키며, '중부괘'의 시대에 맞게 내면으로부터 성실하여 자신도, 다른 사람들도, 세상도 속이지 않는 덕을 지니고 있는 지도자다. '육사'의 협조로 '초구'인 국민의 지지도 있고, 재야의 '구이'와 같은 덕망 있는 지식인이 정치적 조언도 해준다(鳴鶴在陰).

그러나 인간은 본질적으로 내면에 도덕성도 지니고 있지만 욕망도 있으므로, 아무리 지금 덕이 있는 이라 할지라도 언제 그 초심을 잃어버릴지 모른다. 그래서 항상 마음의 수양을 지속해 가야 한다. 만일 국민이 주는 신뢰를 가지고, 그것을 주먹을 꽉 쥐고 놓지 않듯이 유지하면(有孚攣如), 지도자로서 허물이 없게 된다(无咎). 만일 그렇지 않고 권력에 취해 초심을 버리고 국민을 속이면서 거짓을 말하면, 국민 중 그를 맹목적으로 광신하는 우매한 지지자와 같은 자들이 아니고, 정의롭고 지각 있는 국민이라면, 더 이상 그를 신뢰하지 않을 것이다.

상구上九

'중부괘' '상구'는 신뢰의 시대인 '중부괘' 시대의 최고 지도자 '구오'가 그 초심을 잃어버리고, 권력과 맹목적이며 광신적인 지지자와 선동으로 조작된 여론과 민심을 믿고, 성심誠心 없이 허언虛言만 하는 상황이 된 것이다. 믿음을 말하는 '중부괘'의 극한에 올라가 그 믿음이 고집이 되어 다른 생각을 받아들이지 않는 자기 확신에 가득 차 변할 줄 모른다. 이 상황의 '상구'는 '구오'의 중도도 성실함도 잃어, 이제는 국민의 반향을 받을 수 없는 상태가 된 것이다. 그래서 그의 말은 허공으로 날아가는 말이 되어(翰音) 하늘 저편으로 사라져 버리니(登于天), 이제는 아무리 정의로운 척 떠들어도(貞), 바람 앞에 촛불로 되어 흉(凶)하게 된 것이다.

62

소과괘 小過卦

원문과 번역

小過, 亨, 利貞, 可小事, 不可大事. 飛鳥遺之音,
<small>소 과　형　리 정　가 소 사　불 가 대 사　비 조 유 지 음</small>
不宜上, 宜下, 大吉. (소과는 형통하나, 바르게 함이 이
<small>불 의 상　의 하　대 길</small>
로우며, 작은 일에는 옳으나, 큰일에는 옳지 않다. 나는 새가
소리를 남김에, 위로 감은 마땅치 않다고 여기고, 아래로
감은 마땅하다고 여기면, 크게 길할 것이다.)

(初六) 飛鳥, 以凶. (나는 새이니, 그 때문에 흉하다.)
<small>비 조　이 흉</small>

(六二) 過其祖, 遇其妣, 不及其君, 遇其臣, 无咎. (그 할아버지를 지나
<small>과 기 조　우 기 비　불 급 기 군　우 기 신　무 구</small>
그 할머니를 만남이니, 그 임금에 미치지 못하고, 그 신하를 만나면,
허물이 없을 것이다.)

(九三) 弗過防之, 從或戕之, 凶. (지나치지 않고 그들을 막으며, 따라가
<small>불 과 방 지　종 혹 장 지　흉</small>
그들을 해칠 수도 있으니, 흉할 것이다.)

(九四) 无咎, 弗過, 遇之. 往厲, 必戒, 勿用永貞. (허물이 없을 것이니,
<small>무 구　불 과　우 지　왕 려　필 계　물 용 영 정</small>

지나치지 않고 그들을 만남이다. 가면 위태로울 것이니, 반드시 경계하면서, 길게 바르게 함을 쓰지 말 것이다.)

(六五) 密雲不雨, 自我西郊, 公弋取彼在穴. (빽빽한 구름이지만 비가
밀운불우   자아서교   공익취피재혈
오지 않음이, 내 서쪽 변두리부터이며, 공공이 주살을 쏘아 구멍에서
저들을 취한다.)

(上六) 弗遇, 過之, 飛鳥離之, 凶, 是謂災眚. (만나지 않고 그들을 지나
불우   과지   비조리지   흉   시위재생
치며, 나는 새가 그들을 떠나서 흉함이니, 이것을 재생災眚이라고 이
른다.)

소과괘小過卦 총설과 괘사卦辭 해설

'소과괘'는 『주역周易』의 62번째 괘로서, 위는 우레이고 아래는 산이다(雷山小過). 앞 '중부괘'의 음양이 바뀐 괘다. '소과小過'는 '작은 것이 지나침'인데, 여기서 '소小'는 '음陰'이다. 그래서 소과는 '음陰'이 지나친 것이다.[204] 28번째 괘인 '대과괘大過卦 ䷛'는 '대大', 즉 '양陽'이 지나친 것으로서 양에 해당하는 군자, 대인, 영웅과 같은 이들의 큰 역할이 있는 때다. '대과괘'는 맨 아래와 맨 위만 음이고 가운데 네 효가 모두 양으로 양이 지나친 것, 즉 대가 지나친 것이다.

그런데 '소과괘 ䷽'는 가운데 두 효만 양이고, 위아래 둘 씩 모두 네 효가 음으로서 음이 지나친 것, 즉 소가 지나친 것이다. 그래서 소에 해당되는 소인이 지나쳐서, 위와 아래의 두 음이 가운데 두 양을 에워싸고 있으며, 가운

데 두 양의 입장에서는 네 음 사이에 빠져 있다.

만일 여섯 획을 두 개씩 겸兼하여 보면, 삼획괘인 8괘 중 '감괘坎卦☵'의 모양으로서 '소과괘'는 대감大坎, 즉 큰 감坎이다. 8괘 중 감괘坎卦☵를 두고 하나의 양이 두 음 사이에 빠져 있다고 상황 규정을 하는데, 이 '소과괘'도 마찬가지로 두 양이 네 음 사이에 빠져 있는 것이 된다. 그래서 가운데 두 군자가 소인들 틈에서 운신의 폭이 좁고, 위아래 네 소인들이 설치는 상황이다.

'소과괘'는 가운데 두 양을 몸체로 하고, 위아래 네 음 사이의 갈라진 모양을 날개로 한 새의 형상을 하고 있음을 들어, '소과괘'에 새[조鳥]의 상이 있다고 본다. 그 괘 상을 그대로 보면 옆으로 나는 새의 모습이고, 90도 세워서 보면 위아래로 나는 새의 모습이 된다. 그래서 '소과괘'의 괘효사에 '나는 새', 즉 '비조飛鳥'가 있다. 말하자면 네 음의 날개가 두 양의 몸체를 마음대로 하여 날아가는 것으로서, 소인들이 군자를 가운데 빠뜨려 세상을 마음대로 하는 상황이다.

앞 '중부괘'는 믿음, 신뢰가 쌓이는 시대 상황을 말하였다. 그런데 그 믿음이 진정한 믿음이 되려면 내면의 성실성이 전제가 되어야 한다. 그러다가 그 극단에 이르면 성실성보다는 맹목적 믿음과 자기 확신에 사로잡힌 상태가 되어, 그에 따른 주장은 하늘로 날아가는 헛된 소리(한음翰音)가 된다('중부괘' '상구'의 효사: 翰音登于天, 貞, 凶.). 건전한 믿음이 맹신이 되어 나타나는 것이 '중부괘' 다음에 오는 '소과괘'다. 그래서 맹신에 가득 찬 위아래의 소인이 가운데 군자를 가두고 세상을 전횡하는 것이다.

아래의 두 음은 '중부괘'에서 형성된 믿음이 그 '상구'에서 특정 정치적 신념이나 특정 종교적 신념으로 고착화된 이념이 되어, '소과괘'에 와서는 다른 생각은 받아들이지 않고, 광장에서 또는 온라인상에서 자기주장만을 소리쳐 외치는 민중이다. 위의 두 음은 아래 두 음의 민중과 동일한 정치적 신념이나 종교적 이념을 가지고 집권하여, 그 민중에게 현실적 이익을 주면서 반대급부로 정치적 이익을 얻는 지도자층이다.

가운데 두 양은 '구삼'의 중산층과 '구사'의 경제 지도자다. 그런데 집권 세력인 맨 위 두 음은 맨 아래 두 음의 표수가 많으므로 그들을 위한 국가 재정 분배에 힘써서, 나아가서는 빚을 내서라도 그 환심을 사려는 정치적 목적이 있다. 그로 인해 맨 아래 두 음은 경제적 자립보다는 점차로 국가의 분배정책에 예속된다. 맨 위 두 음이 가운데 두 양에서 거두어 맨 아래 두 음에게 베푸는 양상이다.

그래도 '소과괘' 시대는 형통하다(小過亨). 재정지원을 위해서 돈이 풀리니 돈의 형통으로 그만큼 경제는 돌아가기 때문이다. 그러나 그 집행이 어떤 정치적 목적이 아닌 바른 목적이어야 국가에 이롭다(利貞). 임시변통의 경제는 어느 정도 돌아가기 때문에 국가 경제의 작은 일에는 옳을 수 있지만(可小事), 국가의 부를 근본적으로 확충하는 국가 경제의 큰일에는 옳지 않다(不可大事).

앞 '중부괘' '상구'의 하늘로 올라가는 '한음翰音'이 '소과괘'로 이어져, 맨 아래 두 음과 맨 위의 두 음의 소리만 요란한 정치적 구호가 나는 새가 소리를 남기듯 하니(飛鳥遺之音), 이런 헛된 소리가 실속 없이 위로 올라가지 않아야 하고(不宜上), 아래로 내려가 현실을 직시하여야(宜下), 나라가 크게 잘될 것이다(大吉).

소과괘小過卦 효사爻辭 해설

초육初六

'소과괘' '초육'은 '소과괘' 맨 아래 민중이다. 바야흐로 민중이 정치에 참여하는 시대가 되어, 그 외치는 소리가 나는 새처럼 위로 올라간다(飛鳥). 그래서 '육오', '상육'의 정치 지도층과 직접 소통하며 그 찬성과 반대의 의사를 표현하여, 그것을 반영, 관철하려는 직접 민주주의를 외친다. 그러나 그로 인해(以) 중간의 두 양, 즉 '구삼'의 중산층, '구사'의 경제 지도자와 경제정책 실무자를 배제한 포퓰리즘이 팽배하여, 국가 전체의 소통에는 흉하게 된다 (以凶).

육이六二

'소과괘' '육이'는 민중의 지도자 그룹이다. '소과괘' 상황에서 시민단체나 노동조합을 결성하여 '초육'의 기층 민중을 이끌며 이념으로 '육오'와 '상육'의 지도층과 직접 소통한다. 때로는 기존의 인재 등용 시스템을 통하지 않고 직접 '육오'와 '상육'에 의하여 각종 주요 직책에 전격 발탁되어 등용되기도 한다. 그래서 '구삼'과 '구사'인 양陽, 특히 '구사'인 '그 할아버지(其祖)'를 지나(過其祖), '육오'와 '상육'인 음, 특히 '육오'인 '그 할머니(其妣)'를 만난다 (遇其妣). 음유한 '육이'의 민중 지도자 그룹이 '그 할머니'로 상징되는 음유한 정치 지도자를 직접 만나서, 정치와 정책에 참여하여 기존의 틀을 깬다.

이것은 '구삼'과 '구사'의 기존 세력에게는 상식 파괴이고, 네 음의 새로운 세력에게는 적폐 청산이다. 그로 인해 사회는 갈등의 소용돌이에 휘말린다.

만일 이렇게 단계와 절차를 뛰어넘어 '구삼'과 '구사'를 배제하고, '육오'의 임금(其君)과 직접 교류하는 행동을 하지 않고(不及其君), 단계와 절차에 따라 '구삼'과 '구사'의 신하(其臣)부터 만난다면(遇其臣), 즉 정해진 인재 등용 시스템에 따른다면, 나라에 문제가 없을 것이다(无咎).

구삼九三

'소과괘' '구삼'은 정치 경제적 사회 시스템 속에서는 중산층이요, 정치 행정 시스템에서는 실무적 공직자이고, 민간 경제 속에서는 다양한 중소기업가다. 기존 시스템을 운영하여 이끌어 오던 정치, 행정, 경제의 실무적 주도 세력이다. 그런데 이들이 만일 '초육'과 '육이'가 시도하는 '상식 파괴'와 '적폐 청산'에 반발하여 그들이 하는 행동을 묵과하지 않고(弗過), 적극적으로 막으려 한다면(防之), '초육'과 '육이'의 신흥 세력이 가만히 있지 않을 수 있다.

'초육'과 '육이'가 '구삼'을 익명의 온라인상에서 악플로 공격하거나 개인 신상정보를 털 수도 있는 것은 물론이고, 극단적으로는 오프라인에서 테러 등 위해를 가할 수도 있다. 즉 '구삼'을 따라와서 해칠 수도 있으니(從或戕之), '구삼'에게는 물론이고 세상을 흉흉(洶洶)하게 만드는 흉(凶)한 일이다. 사실상 '소과괘' '구삼'의 자리는 하괘 맨 위로서 본래 불안한 자리인데, 하괘가 '그침(止)'을 상징하는 간괘艮卦☶의 맨 위이므로, 네 음과 정면충돌을 피하며 정치적 대응 행동을 '그쳐', 훗날을 도모하는 것이 현명한 상황이다.

구사九四

'소과괘' '구사'는 정치, 행정, 경제에 있어서 기존의 실무 지도자 그룹이다. 그런데 네 음이 국가를 주도하는 상황인데다, 심지어 '구삼'이 위해를 당할 수도 있을 정도로 기존 세력에게는 불안한 정국이다. 그렇지만 상괘인 진괘震卦≡≡의 처음이며, 진괘는 '움직임(動)'을 상징하므로 가만히 있을 수만은 없다. 더구나 '구삼'과는 달리 나라의 실무적 책임을 맡은 지도자이므로, 가만히 엎드려 부동不動할 수는 없다. 네 음이 '개혁'이라는 이름으로 끊임없이 들쑤시고 있기도 하므로, 어떤 식으로든 행동할 수밖에 없다. 그러나 행동 여하에 따라 네 음의 비판과 공격에 직면할 수밖에 없다.

이런 경우에는 행동하되 행동하지 않는 듯, 상황에 따라 잘 판단하여 지혜롭게 처신해야 한다. 빈틈을 보이면, 네 음이 곧바로 허물을 잡아 하이에나 떼처럼 공격할 것이다. 책잡히지 않고, 허물을 없게 하려면(无咎), 네 음의 비판을 무시하고 지나칠 수는 없다(弗過). 무대응은 곧 인정함이 되기 때문이다. 그래서 일단 대면할 수밖에 없다(遇之).

그러나 그들에게 적극적으로 대응하며 반격을 가하는 것은(往), 그들의 작전과 술수에 말려들어 함정에 빠질 수 있는 위태로움이 있으므로(厲), 반드시 이 점을 경계해야 한다(必戒). 그래서 군자는 정의로움을 항상 생각해야 하지만, 하이에나들에 의한 무가치한 희생의 함정에 무모하게 불나방처럼 뛰어드는 것은, 예컨대 공자孔子가 자로子路를 걱정하는 것처럼, 그 동기는 정의롭지만 무모함이 문제로, 마치 호랑이를 맨몸으로 때려잡으려 하고, 황하를 맨몸으로 건너려고 하며, 죽어도 후회하지 않는 것(暴虎馮河, 死而無悔)[205]과 같은 것은 그 네 음이 본래 원하는 상황이다. 그렇기 때문에 길게 바름을 고집하는 태도로 맞서지는 말고(勿用永貞), 때로는 전략적 후퇴와 양보의 작전도 필요한 것이다.

육오六五

'육오'는 양의 자리에 있는 음이므로 원래 '구오'의 경우가 정당하여, 『주역』에서 가장 대표적으로는 '건괘' '구오'의 '비룡재천飛龍在天'의 효사가 그 성격을 가장 상징적으로 말해준다. 그런데 '소과괘' '육오'는 음유한 지도자가 정당한 자리가 아닌 곳에서 자리 잡아 권력을 쥐고 있다.[206] '소과괘' '육오'는 이런 지도자를 말함과 더불어, 만일 군자가 집권하여 세상을 바로 잡으려는 경우도 복합적으로 말하고 있다.

그래서 『주역』이 만들어진 시기의, 그 저자로서 이야기되는 주周 문왕文王의 경우에 비유한다. 주 문왕은 당시 폭정을 일삼던 상商 주왕紂王의 세력 본거지에 대해 서쪽에 본거지를 두고 있다. 그래서 폭군을 몰아내고 정의로움을 실현해야 하는 것이 자기에게 주어진 시대적 사명이지만, 아직 주왕의 세력이 크고 때가 도래하지 않아, 그 당대에는 혁명을 이루지 못한다.

즉 빽빽한 구름이 하늘을 뒤덮어 혁명의 기운이 무르익었지만, 구름의 차가운 물기운이 비로 내릴 수 있도록 그에 상응하는 따뜻한 불기운이 아래에서 상승하여 상호 작용해야 하는데, 아직 비가 내릴 만큼 상황 조성이 되지 않은 것과 같다(密雲不雨). 그런 상황이 지금 문왕 자신의 서쪽 본거지에서 시작되고 있지만(自我西郊), 아직 때가 오지 않았다.

더불어 '소과괘' '육오'는 그 당시 권력자 주왕에 대해서도 말하는바, 그가 비록 권력을 잡고 있어 하늘 높은 줄 모르고 주살을 쏘아 나는 새를 잡으려고 하지만(公弋), 그 사냥감을 취하는 것은 동굴에 사는 땅의 짐승일 뿐이어서(取彼在穴), 하늘로 올라가려는 그의 권력욕을 이루기가 어렵다.

'소과괘' 시대에 '육오'의 음유한 권력자의 국정 농단을 물리치기 위해 군자가 노력하지만, '육오'와 '상육'의 술책은 다수를 차지하는 민중 세력인 '초육'과 '육이'의 호감을 얻는다. 그래서 아무리 '육오'와 '상육'이 실정을 해도 그들에 대한 열렬한 지지자인 '초육'과 '육이'가 주도하는 여론과 표수에 따라 국정이 끌려다니므로, '육오'와 '상육'의 실정으로 인한 상황 조성이 이루어져도 아직 실현되기는 어려운 것이다(密雲不雨).

따라서 자기 근거지에서 때를 기다리는 수밖에 없다(自我西郊). 그러나 현 집권 세력은(公) 그들의 이념에 따른 정책이라는 명분으로 '초육'과 '육이'에 대한 국가의 지원을 확대하여 하늘의 새를 주살로 잡듯이, 나라 경제를 '비룡재천飛龍在天'하듯이 성장시킬 것이라는 포부를 밝히지만(公弋), '초육'과 '육이'의 자생적 경제활동 의지를 꺾어 국가의 지원에 예속하게 함과 동시에, '구삼'과 '구사'의 기업 활동 의지도 꺾어버려, 결과적으로 그들이 얻는 것은 하늘 높이 있는 사냥물처럼 고성장의 경제가 아니라, 땅의 동굴 속에 있는 사냥물처럼 저성장의 경제다(取彼在穴).

상육上六

'소과괘' '상육'은 '육오'에게 통치의 명분을 주는 이념적 동반자이며, 같이 권력을 누리는 지도층이다. 그들이 옳다고 믿는 신념에 따라 '육오'를 옹립하고, 정권을 유지하기 위하여 동고동락해 온 세력이다. 동시에 그들의 이념에 따른 국가정책을 입안하여, 기존의 체제를 개혁한다면서 나선 세력이다. '초육'과 '육이'의 열렬한 지지자와 소통하며 여론을 주도하고 권모술수와 전략을 구사하는 책사들이나 정치적 행동대원의 집단이기도 하다.

그러나 그들의 이념에 따른 정책을 써서 국가를 운영했지만, 경제발전의 목표는 만나지 못하여(弗遇) 지나쳐 버리고(過之), 하늘에 나는 새처럼 높은 경제발전을 이루려고 했지만, 그 하늘을 나는 새는 그들을 떠나 버려(飛鳥離之), 흉(凶)하게 된다. 이런 상황은 곧 하늘이 만든 재앙인 '재災'와 사람이 만든 재앙인 '생眚'이라고 말할 수 있다(是謂災眚).

63

기제괘 旣濟卦

원문과 번역

旣濟, 亨小, 利貞. 初吉, 終亂. (기제는 형통함이 작은
것이고, 바르게 함이 이롭다. 처음은 길하고 마침은 어지
럽다.)

(初九) 曳其輪, 濡其尾, 无咎. (그 수레바퀴를 끌며, 그
꼬리를 적시면, 허물이 없을 것이다.)

(六二) 婦喪其茀, 勿逐, 七日得. (지어미가 그 머리 장식을 잃어버림이니,
쫓지 않아도 칠 일이면 얻을 것이다.)

(九三) 高宗伐鬼方, 三年克之, 小人勿用. (고종이 귀방을 쳐서 삼 년 만
에 이기니, 소인은 쓰지 말 것이다.)

(六四) 繻, 有依袽, 終日戒. (젖음에 대비해 헌 옷가지를 두고, 종일토록
경계함이다.)

(九五) 東隣殺牛, 不如西隣之禴祭實受其福. (동쪽 이웃이 소를 잡음

이, 서쪽 이웃의 약제가 실제로 그 복을 받음만 못하다.)

(上六) 濡其首, 厲. (그 머리를 적심이니, 위태롭다.)
_{유 기 수 려}

기제괘旣濟卦 총설과 괘사卦辭 해설

'기제괘'는 『주역周易』의 63번째 괘로서, 위는 물이고 아래는 불이다(水火
旣濟). '기제旣濟'는 '이미(already) 건넜음'이다. 즉 물을 이미 건넜다는 것이
다. 건너가야 할 물이 앞에 놓여 있을 때, 그 물은 해결해야 할 큰 난관을 말
한다. 그런데 그 물을 이미 건넜다는 것은 그것을 다 해결했다는 것이다. '기
제괘'는 기호가 맨 아래에서부터 양과 음을 반복한다.

『주역』 해석학에서는 아래에서부터 1·3·5는 홀수의 자리로 양의 자리이
고, 2·4·6은 짝수로 음의 자리로 본다. 그래서 양이 양의 자리, 음이 음의
자리에 있을 때는 바른 자리(정위正位), 마땅한 자리(당위當位)로 보고, 그렇
지 못하고 양이 음의 자리, 음이 양의 자리에 있을 때는 바르지 못한 자리(부
정위不正位), 마땅하지 못한 자리(부당위不當位)로 본다. 그런데 '기제괘'는 모
든 효가 제 자리를 차지하고 있다.

또 『주역』을 해석할 때, 1(초初)과 4, 2와 5, 3과 6(상上)을 서로 응하는, 즉
상응相應하는 자리로 보아, 한쪽이 음이고 한쪽이 양일 경우에는 음양이 상
응하는 상태로 보고, 둘 다 음이거나 둘 다 양이면 서로 응하지 않는 상태로
본다. 마치 자석의 N극과 S극이 서로 다른 극이면 붙고, 서로 같은 극이면
밀어냄과 같다. 그런데 '기제괘'는 모든 효가 음양 상응의 상태에 있다. 그래

서 기호를 볼 때도 모든 것이 해결되었음을 말한다.

그리고 이 괘의 괘상을 보면, 그 요소가 되는 8괘의 상象이 내려오는 성질을 가진 물이 위에 있고, 올라가는 성질을 가진 불이 아래에 있어서, 물과 불이 서로 만나 상호 작용할 수 있으므로 이를 두고도 다 해결되었음을 상징한다고 본다.

한의학에서 심장心藏(心臟)은 오행五行에서 화火의 기운이 담겨 있고, 신장腎藏(腎臟)은 오행에서 수水의 기운이 담겨 있다고 본다. 그런데 인체의 에너지 순환에서 그 자연 상태로 두면, 심장의 불기운은 저절로 위로 올라가고, 신장의 물기운은 저절로 아래로 내려가게 되어 중간에서 교류하지 못하므로 순환에 문제가 생기고, 그로 인해 병이 생길 수 있다고 본다. 그러므로 올라가려는 불의 기운은 아래로 끌어내리고, 내려가려는 물의 기운을 위로 끌어올려서 물과 불이 서로 만나 상호 작용하게 하면 건강하게 된다는 것이다. 이를 두고 '수승화강水升火降'이라고 한다. '기제괘'는 그런 상태가 이미 이루어진 것을 말하므로 기운의 완전한 순환을 이룬 상태를 상징한다.

'제濟'는 물을 건넘으로서의 해결을 말하기도 하고, 물에 빠져 위기에 처해 있는 것을 건짐으로서의 해결을 말하기도 한다. 불교에서 말하는바, 고해苦海에 빠져 신음하는 중생을 건져줌의 '제濟', 다시 말해 미혹과 번뇌로 고통받는 중생이 그 고해의 이 언덕(차안此岸)에서 해탈解脫한 열반涅槃의 저 언덕(피안彼岸)에 이름, 즉 도피안到彼岸(pāramitā 바라밀다波羅密多)하게 하는 '제도濟度'의 '제濟'이기도 하다. 이렇게 '제濟'는 일반적으로 모순에 가득 찬 현실 세계의 실존적 존재를 이상 세계로 인도하는 건져줌으로서의 '구제救濟'이기도 하여 특히 종교적 의미가 크다. 또한 이 '제濟'는 빈곤이나 환란에서 건져 구조함이라는 일상적 의미의 '구제'이기도 하다.

'기제旣濟'는 이런 '제'를 '이미' 이루었을 뿐만 아니라 '완전히' 이루었음이다. 이 '완전'은 상태의 종결인바, 그 대상을 모두 포괄한다. 즉 그 대상 중 하나라도 구제하지 못하면 '기제'가 아니다. 불교의 '사홍서원四弘誓願'이라는 맹세에서 '중생무변서원도衆生無邊誓願度', 즉 모든 중생을 구제하겠다는 맹세 중 그 중생을 모두 그 대상으로 포함한 것이요, '번뇌무진서원단煩惱無盡誓願斷', 즉 다함이 없는 중생의 많은 번뇌를 끊겠다는 맹세 중 그 번뇌를 모두 그 대상으로 포함한 것이다. 요컨대 '기제'는 그 대상과 과제에 대한 '완전한 해결'이다.

'기제괘'는 『주역』 64괘의 변화 패턴 과정상 바로 앞 '소과괘小過卦' 다음에 온다. 그 이유에 대해 『주역』 「서괘전序卦傳」에서는 "사물에 지나침(過)이 있는 것은 반드시 건져야(해결해야, 濟) 한다. 그러므로 '기제旣濟'로써 받았다"라고 한다. '소과괘小過卦'는 '과過', 즉 '지나쳐버림', '지나침', '과실', '허물'로 인한 세상의 문제를 말한다. '기제괘'는 그런 문제를 해결함이다.

그런데 '건괘乾卦', '곤괘坤卦'에서부터의 62개 괘를 거쳐 오는 동안, 문제 발생을 말하는 괘도 많았고, 그 해결을 말하는 괘도 많았다. 『주역』의 괘들은 그러한 문제의 발생과 해결이 우여곡절을 거치며 거듭 전개해 오는 과정이며, 그 과정의 패턴이다. 그 패턴 속의 일정한 규칙을 말하는 것이 『주역』의 취지다. 문제의 발생과 해결은 규칙 없이 전개되는 것이 아니라, '물극필반物極必反'의 기본적 동력에 의해서 극과 극을 반복하며 규칙을 가지고 전개된다.

그것은 하루의 낮과 밤이 반복하듯, 일 년의 추위와 더위가 반복하듯, 역사 속의 나라가 흥망성쇠하듯, 주식시장의 주가가 등락을 반복하듯, 순탄하든 파란만장하든 한 인생의 우여곡절이기도 하다. 크게 보면 문제의 발생과 해결이 양극 사이를 반복함을 말하는 것이지만, 그러한 패턴이 모두 같은 것이 아니라 그때마다 다른 양상을 보이며 다양하게 전개되는 것이 '소과괘'까지의 과정이었다. 그 긴 변화의 과정을 겪어 오는 역정歷程 그리고 그 변화의 여행 속에 치열하게 삶을 사는 인간 존재의 여정旅程이 '소과괘'까지 이르렀다.

'기제괘'는 가깝게는 그동안의 수많은 문제 해결 과정을 거치면서도, 또다시 발생하는 그 조금이라도 남은 '지나침'인 '소과괘'의 문제마저도 마저 해결하는 것이면서도, 동시에 멀게는 62개 괘들 전체에서 반복적으로 전개되어 온 문제의 발생과 해결의 과정에서 그 전체의 문제를 해결하는 종결의 의미까지도 지닌다.

그러면 이 대단원의 마무리와 해결의 상황에서 군자는 어떻게 해야 하나. 『주역』은 매번 그러하였듯이, 해결의 상황에서 방심에 대해 경계를 준다. 다 된 밥에, 죽에 재 뿌리거나 코 빠트려서는 안 되기 때문이다. '완전한 해결'의 '기제'를 꿈꾸었는데 말이다. 그래서 마지막 하나의 벽돌을 쌓을 때까지 신중에 신중을 거듭하지 않으면, 유종有終의 미美를 거둘 수 없다는 점을 경고한다. 만일 그렇지 않으면 시작은 창대했지만, 끝마무리가 제대로 되지 않은 '용두사미龍頭蛇尾'가 된다.

이런 '완전한 해결'을 추구하는 '기제旣濟'는 그 형통함이 작은 것에까지 미치어 해결을 보는 것이다(旣濟亨小).[207] 그렇지만 이렇게 완전하게 해결하려면 끝까지 삿된 마음을 가지지 않고 곧고 발라야 이롭다(利貞). 만일 그렇지 않다면, 그 처음은 길할 것이지만 나중에 그 마침은 어지럽게 되는 것이므로(初吉終亂), 초심을 잃지 말고 끝까지 삼가고 조심해야 한다. 살얼음이 낀 연못을 걸어가듯 조심해야 하는데, 마지막 한 걸음까지도 조심하지 않으면, 그동안 조심해 온 것이 모두 허사가 되기 때문이다.

기제괘旣濟卦 효사爻辭 해설

초구初九

'기제괘' '초구'는 완전한 해결을 위한 '기제괘'의 가장 첫 단계다. 문제 해결을 강을 건너는 것에 비유한다면, 이 언덕에서 저 언덕으로 건너가는 것이다. 그런데 이제 다 건너서 배 위로부터 강기슭으로 발을 뻗으려 하는데, 만일 부주의하여 헛디디게 되면 거의 다 가서 건너지 못하고 물에 빠지게 된다. 그것은 곧 어떤 일의 해결을 마무리하는 단계에서, 이제 거의 다 이루어졌다고 방심하거나, 빨리 완결 지어야겠다는 조급한 마음으로 조심하지 않아 막판에 일을 그르칠 수도 있음을 경계한다.

그래서 완전한 해결이 이루어진다 싶어도 처음 이쪽 강가에서 출발할 때의 마음을 지키고, 마지막에는 수레바퀴로 강기슭으로 올라갈 때, 마치 앞에 어떤 장애물이 있을 수도 있어서 섣불리 가다가는 뜻하지 않은 일이 발생할 수도 있다는 경계심을 가지고, 그 수레바퀴를 뒤에서 잠시 끌어당기며(曳其輪), 멈칫하며 살피는 마음을 품어야 한다. 어떤 짐승[208]이 강을 헤엄쳐 건널 때 꼬리를 물에 담그지 않고 가야 불편하지 않은데, 불편하더라도 차라리 꼬리를 물에 적시며(濡其尾), 나아가지 않으려는 태도를 보이듯, 전방 주시를 잘하면서 상황을 일단 살펴야 문제가 없게 된다(无咎). 요컨대 경거 망동하지 말라는 것이다.

육이六二

'기제괘' '육이'는 '기제괘'의 과정이 '초구' 조심함의 다음 단계로 진행한 것이다. '육이'는 음이 음 자리에 있으면서 가운데 자리로서 중도를 지키고 있다. 그러면서 '구오'의 양과 서로 응하고 있다. '초구'보다는 안정적이지만, '육이'의 음이 '구오'의 양과 응하려 하는데, 이웃에 있는 '초구'와 '구삼'의 양들이 기웃거리고 있다. 비유하면, '육이'는 아내로서 '구오'는 남편으로서 서로 응하는 관계인데, '초구'와 '구삼'의 이웃 남자들이 유혹하며 속칭 '작업'을 걸고 있는 격이다.

그러나 '육이'는 바른 자리에서 중도를 지키고 있는 지조 있는 여자다. 그러자 '초구' 또는 '구삼'이 '육이'가 아끼는 '머리 장식(茀)'[209]을 빼앗아 달아나 버려, '구오'의 '지어미(婦)'인 '육이'가 그 머리 장식을 잃어버린다(婦喪其茀). 그렇다고 그것을 찾기 위하여 그 불한당들을 좇(逐)아갈 필요도 없고, 그러면 오히려 위험할 수도 있다. 좇(逐)지 말고(勿逐), 기다리면 칠 일 만에 다시 찾게 된다(七日得).[210]

정치적으로 볼 때 '육이'는 이제 시대의 과제를 마지막으로 해결하려는 '구오'의 지도자를 도우려는 이다. 그런, 주위에 있는 적대적 정치 세력인 '초구'와 '구삼'이 방해하며 '육이'를 자신들의 편으로 끌어들이려 한다. 이에 '육이'는 정치적 지조를 지키며 그에 응하지 않지만, '초구'와 '구삼'이 '육이'를 정치적으로 타격을 주는 공격을 한다(婦喪其茀).

이때 그들에게 말려들면 정치적 함정에 빠지므로, 시대의 과제를 다 해결할 수 있는 시기가 임박한 '기제'에서 섣부른 정치적 대응을 하지 말고 기다리면(勿逐), 일정 기간이 지나고 나서 저절로 해결될 수 있는 것이다(七日得). 결국 '기제괘'의 과정에서 중간에 어떤 위기가 있더라도 초심을 잃어버리지 않고 굳게 지키면 문제가 해결되니, 섣불리 경거망동하지 말라는 것이다.

구삼九三

'기제괘' '구삼'은 '기제괘' 세 번째 단계로서 하괘의 맨 위이므로, 상괘로 진행하기 전 불안한 상황이다. 그것은 마치 상商 나라 고종高宗 때 '귀방鬼方'이라는 변방의 나라가 문제를 일으켜 오랜 골칫거리가 되므로, 고종이 정벌하여 해결한 것과 같다고 말해진다(高宗伐鬼方). 즉 완전한 해결을 위하여 '기제괘'의 시대에 묵은 과제를 해결하려고 용단을 내리는 것을 말한다. 그런데 해결이 쉽지 않아 삼 년이나 걸려야 겨우 이길 수 있을 정도다(三年克之). 즉 쉽사리 해결되지 않으니 완전한 해결까지 인내심을 가지고 임해야 하는 것이다.

그런데 이런 외환外患이 있을 때 흔히 내부의 적으로 인한 내우內憂가 있기도 한다. 외환을 틈탄 소인의 준동이 있을 수도 있고, 외환의 해결에 경거망동하는 소인이 나서려고 할 수도 있다. 인재를 쓸 때 신중하지 않으면, 바야흐로 '기제'의 시대에 완전한 해결이 이러한 문제로 물거품이 될 수 있으므로, 소인은 쓰지 말아야 하는 것이다(小人勿用).

육사六四

'기제괘' '육사'는 완전한 해결에 한 걸음 한 걸음 다가가는 네 번째 단계다. 하괘에서 상괘로 막 진입했으니, 물을 반쯤 넘어 건넌 셈이다. 즉 일이 반쯤 넘어 해결된 셈이다. 그런데 해결 과정에서 불시에, 불의의 어떤 돌발 변수가 생기거나 예기치 못한 난제가 발생할지도 모르므로 중간 점검을 해야 한다. 그래서 갑자기 발생할 변수에 대비하여 그것을 해결할 비상 수단을 마련해 두어야 한다.

지금 배를 타고 물을 건너는데, '다 건너는 것(旣濟)'을 목표로 하고 있다. 그런데 갑자기 배에 문제가 생겨 물이 새면 어떻게 할 것인가. 침몰할 수도 있으니 정말 가장 큰 문제가 아닐 수 없다. 그래서 물이 새서 젖음(繻=유濡)에 대비하여, 새는 부분을 틀어막을 헌 옷가지를 준비해 두어야 한다(繻有衣袽). 그러한 장비나 준비물을 준비만 해 놓는다고 될 일이 아니다. 가는 중에 배에 물이 새는 곳이 없는지 맞은편 언덕에 도착하여 완전히 건널 때까지 경계해야 하는 것이다(終日戒).[211]

정치적인 측면에서 볼 때도 역시 시대의 과제를 완전히 해결하려면, 그 과정에 있을 수 있는 여러 가지 돌발 변수에 미리 대비해 두는 신중함과 주도면밀함을 가져야 한다(繻有衣袽). 그리고 완전한 해결까지 계속 사태를 예의주시하며 경계해야 하는 것이다(終日戒).

구오九五

'기제괘' '구오'는 다른 괘에서도 그렇듯이 전성기다. 이제 '기제괘'에서 완전한 해결을 위해 저편 언덕에 곧 닿을 수 있는 마지막 피치를 올리는 단계다. 고지가 바로 저기다. 사업이 곧 성공하려는 때다. 나라의 경제발전을 비롯한 여러 성장으로 곧 선진국의 문턱에 들어서려는 단계다. 그런데 이때 만일 교만함이 생겨 사치와 낭비를 일삼으면, 물을 건너기는커녕 나락에 빠질 수도 있다. 더욱더 마음을 다잡으며 정신을 차리고, 개구리가 올챙이 적 생각하듯이 근검, 검소해야 한다.

마치 동쪽 상나라 주왕이 사치스럽게 소를 잡아 희생犧牲으로 삼아 제사 지내는 것보다는, 서쪽 주나라 문왕이 검소한 제사인 '약제禴祭'[212)를 지내듯 해야, 오히려 하늘을 감동하게 해 진정한 복을 받을 수 있는 것이다. 동쪽의 사치스러운 이웃이 소를 잡음이(東隣殺牛), 서쪽의 검소한 이웃이 '약제禴祭'를 지냄으로써 실제로 그 복을 받음만 못하기 때문이다(不如西隣之禴祭實受其福).

상육上六

아! 그런데 어쩌나. 만일 이 '기제괘'에서 '구오'까지 노심초사하면서 노를 저어 물을 건너왔건만, '상육'의 단계에서 마지막으로 강기슭에서 방심하고 부주의하여 물에 빠져 머리를 적신다면(濡其首), 그 위태로움(厲)을 어찌할 것인가.

평생 지조를 지키던 올곧은 선비가, 독립운동에 매진하던 독립투사가 인생의 마지막에 견디지 못하고 지조를 꺾어버리니, 평생 깨끗하게 살던 정치인, 공직자가 마지막에 부정부패를 저지르고 뇌물을 받으니, 평생 수행하며 활불活佛 소리까지 듣던 고승高僧이 마지막에 파계破戒를 하니, 잘 나가던 기업이 경영을 방만하게 하여 여기저기 문어발 확장을 하다가 부도가 나니,

나라의 온 국민이 합심하여 경제발전을 이루어 온 세계에서 이제 선진국에 진입하게 되었다는 칭송을 듣고는 재정을 함부로 쓰다가 국가 부도가 날 지경이니, 이를 어떻게 하나.

'기제괘既濟卦'는 왜 '완전한 해결'이라는 괘 이름과 달리 그 마지막 단계인 '상육'에서 이처럼 찬물을 끼얹듯 하는가. 그것은 『주역』이 끝까지 오만하지 말고, 방심하지 말고, 나태하지 말라는 경고를, 처음 '건괘乾卦' '상구'上九의 '항룡유회亢龍有悔'에서 말한 취지를 마지막에 다시 일갈하는 것이다. 이렇게 해서 '기제괘'는 '완전한 해결'의 문턱에서 조심하지 않으면 안 된다는 경고를 하며, 이제 오히려 '아직 해결되지 않았음'이라는 '미제未濟'를 말하는 '미제괘未濟卦'를 예고하는 것이다.

64

미제괘 未濟卦

원문과 번역

 未濟, 亨, 小狐汔濟, 濡其尾, 无攸利. (미제는 형통하
미 제 형 소 호 흘 제 유 기 미 무 유 리
니, 어린 여우가 거의 건너서 그 꼬리를 적시니, 이로울 바가

없을 것이다.)

(初六) 濡其尾, 吝. (그 꼬리를 적시니, 부끄러운 일이다.)
유 기 미 린

(九二) 曳其輪, 貞吉. (그 수레바퀴를 끎에, 바르게 하면 길할 것이다.)
예 기 륜 정 길

(六三) 未濟, 征凶, 利涉大川. (미제에 가면 흉하나, 큰 내를 건넘에 이로울
미 제 정 흉 리 섭 대 천
것이다.)

(九四) 貞吉, 悔亡. 震用伐鬼方, 三年, 有賞于大國. (곧으면 길하여
정 길 회 망 진 용 벌 귀 방 삼 년 유 상 우 대 국
뉘우침이 없어질 것이다. 위세 떨침으로써 귀방을 쳐서, 삼 년 만에 큰

나라에서 상이 있을 것이다.)

(六五) 貞吉, 无悔. 君子之光有孚, 吉. (곧으면 길하여 뉘우침이 없을 것
정 길 무 회 군 자 지 광 유 부 길
이니, 군자의 빛에 믿음성이 있으면, 길할 것이다.)

(上九) 有孚于飮酒, 无咎, 濡其首, 有孚, 失是. (술을 마심에 믿음성이
있으면 허물이 없겠지만, 그 머리를 적시면 믿음성에 옳음을 잃을 것
이다.)

미제괘未濟卦 총설과 괘사卦辭 해설

'미제괘'는『주역』의 마지막 괘인 64번째 괘로서, 위는 물이고 아래는 불
이다(水火未濟). 앞 '기제괘'의 기호를 180도 뒤집은 모양이기도 하고, 그대
로 둔 상태에서 음양을 반대로 한 모양이기도 하다. 그래서 '기제괘'가 양이
양 자리에, 음이 음 자리에 있어서 음양이 모두 정당한 자리를 차지하고 있
음에 대해, '미제괘'는 반대로 모든 효가 부당한 자리에 있다.

'기제旣濟'가 '완전한 해결'의 의미인 것과는 반대로 '미제未濟'는 '아직 해
결되지 않았음'이다.[213] 앞에 건너야 할 물이 있을 때, '기제'는 '이미 건넜음'
임에 대해, '미제'는 '아직 건너지 않았음'이다. 바로 앞 '기제괘'에서 '이미 건
넜음'을 말하지 않았던가. 그런데 왜 다 건넜다면서 아직 건너지 않았다고
하는가. 바로 이 점에『주역』의 세계관과 인생관이 반영되어 있다. 특히 그
중에 이미 '기제괘'에서도 말한 것처럼, 다 이룬 것에 대한 오만함을 경계하
고 경고하는 교훈적 가르침이 있다.

『주역』은 '물극필반物極必反'의 항구적 순환성의 세계관을 가지고 있다.
그 취지를 해석한『주역』「계사전繫辭傳」에서 말하듯, 자연의 순환에서 그
관점을 취하였다. 낮이 가면 밤이 오고, 밤이 가면 낮이 오며, 추위가 가

면 더위가 오고, 더위가 가면 추위가 온다. 그래서 「계사전」에서 "낮과 밤이 서로 밀어서 하루가 생기고, 추위와 더위가 서로 밀어서 한 해가 생긴다."라고 한다.

이 순환 과정에서 낮의 완성, 밤의 완성, 추위의 완성, 더위의 완성이 있는 순간, 바로 그 상대적 힘인 밤, 낮, 더위, 추위가 '다시' 시작한다. '다시' 시작한다는 것은 그전에 그 상대적인 것에 의해 이미 밀려났던 적이 있다가, 순환하여 '다시' 시작한다는 것이다. 양측 상대적인 것 모두가 서로에게 그러한 관계다. 한쪽이 끝나는 순간이 곧 상대 쪽의 새로운 시작이 되는 것이다.

중국 문화와 같은 농경문화의 세계관은 농경 정착민이 한군데 정착하여 고정된 공간에서 시간의 변화를 관찰한 결과 얻은 순환론적 세계관이다.[214] 중국 문화의 이런 사고가 『주역』에 반영된 것이다. 비단 『주역』뿐만 아니라, 그 문화에 녹아 있는 일반적 특징이 그러하다.

『주역』을 말하는 역가易家에서는 일 년의 추위와 더위의 순환을 더 세분해서 말하는 역법曆法과 연관시켜 일 년 열두 달의 순환을 말하면서, 한 해가 끝나는 순간 새로운 한 해가 시작됨을 말한다. "겨울이 가면 봄이 오고, 또 겨울이 가면 봄이 오겠죠. 그리고 여름이 오고 한 해가 가고, 또 한 해가 가겠죠. 그러나 언젠가 그대가 돌아오실 거라 굳게 믿고 있어요."라고 노래하는 그리그(Edvard Hagerup Grieg)의 '솔베이지의 노래(Solveigs Lied)'처럼.

순환론적 사고는 역가易家에서뿐만 아니라 『주역』과 상관없이 중국의 여러 사상 유형에 일반화되어 있다. 이러한 것을 흔히 '종즉부시終則復始', 즉 '끝나면 다시 시작된다'는 말로 표현한다. '기제괘' 다음에 '미제괘'가 오는 것

또한 이 점을 말한다. 즉 '다 건넜다', '모두 해결했다'라고 하는 순간, 바로 이어 '아직 건너지 않았다', '아직 해결되지 않았다'며 정신 차리라고 깨우치듯 소리친다. 세상 모든 것이 '리셋'되어 새로 시작하게 되는 것이다. 그러나 '리셋'은 패턴의 반복이지, 내용은 새로운 시작이다.

어제와 오늘의 하루 형식은 같고 지난해와 올해의 한 해 형식은 같지만 그 내용은 다르며, 오늘과 내일의 하루 형식은 같고 올해와 다음 해의 한 해 형식은 같지만 그 내용은 다르다. 이 반복되는 패턴이 곧 『주역』 64괘이며, '기제괘'의 완성을 말하자마자 '미제괘'에서 그 패턴의 반복을 예고한다. 즉 다시 '건괘乾卦', '곤괘坤卦'가 시작된다는 것이다. 이러한 것은 우주의 거대한 변화에서부터 미세한 미립자의 변화에 이르기까지, 자연의 일에서 인간의 일까지, 모두 다 그러하다. '미제괘'는 '아직' 건너지 않았고, '아직' 해결하지 않았고, '아직' 완성하지 않았음을 말한다. 그러면서 새로운 '건넘', '해결', '완성'의 시도를 시작한다.

그러면 '기제괘'의 완결 이후 다시 '미제괘' 상태로 되는 원인은 무엇인가. 그것은 자연의 물질성이 그러하고, 인간의 육체라는 물질성이 그러하기 때문이다. 구체적으로 말하면, 육체의 속성에 따른 욕망이 그러하다. 인간 이성은 지혜를 발휘하여 세상 문제를 해결하려 하지만, 우여곡절 끝에 그 해결에 성공해도 육체가 있는 한, 그로 인한 욕망이 있는 한, '기제'된 모든 문제는 언제라도 다시 '미제' 상태로 되는 것이다.

번뇌를 끊고 분별分別의 지智를 떠나 육신까지 없앤 무여열반無餘涅槃이 아닌, 온갖 번뇌를 말끔히 없앴으나 아직 그 번뇌煩惱의 원인이 되는 육신이 남아 있는 유여열반有餘涅槃의 상태라면, 온갖 번뇌를 해결해 깨달음의 '기제' 상태가 되었더라도, 그 육신으로 인해 다시 번뇌가 시작될 수 있음이 '미제'다.

세계는 물질적 변화를 속성으로 하여, 스스로 변화에 따라 '기제'로 갔다가 다시 '미제'로 가서, 새로운 변화 과정을 시작하여 영원히 그 변화를 반복한다. 세계 속에 존재하는 인간도 근본적으로 이러한 물질성의 육체로 인한 욕망을 가지고 있어 자신의 삶과 사회의 변화를 겪게 된다. 변화 과정에서 문제를 해결해 '기제괘'가 되어도, 그 욕망은 아직도 끝나지 않았으므로 '미제괘'가 된다. '사랑은 아직도 끝나지 않았네'라는 노랫말처럼, 욕망도 아직 끝나지 않았으므로 '미제괘'다.

사회는 군자와 소인의 투쟁으로 인한 변화 속에 있다. 인간의 욕망이 끝나지 않듯, 악을 행하는 소인의 존재도 사라지지 않는다. 악의 문제를 해결한 '기제괘'의 상태가 되어도 악을 유발하는 소인의 존재가 사라지지 않는 한, 다시 '미제괘'가 되어 이 풍진 세상의 변화가 또 시작된다. 소인은 사라질 수 없으며 다만 그 발호만 누를 수 있을 뿐이다. 그 발호를 누른 '기제괘'가 되어도, 방심하는 사이 소인은 좀비처럼 다시 살아나 세상은 다시 '미제괘'의 상태가 되어, 새로운 투쟁의 사회가 된다.

이렇게 아직 완전히 해결되지 않은 상태가 되어도, 그런 상태는 오히려 역설적으로 형통하다(未濟亨). 앞서 '기제'도 형통하였는데, 그것은 특히 작은 것까지도 다 해결된 형통함이다. 그런데 '기제괘'와 '미제괘'가 서로 반대임에도 '미제괘' 역시 형통하다. 다만 그 취지가 다르다. '기제괘'는 다 이루었으므로 인해 형통한 것이지만, '미제괘'는 '기제'의 다 이룸으로 인한 자만심이 다시 '미제'를 초래하게 된 점을 반성하여, 그에 대한 경각심의 교훈을 이야기하기 때문에, 미래의 형통함을 추구한다.

'미제괘'에서의 반성은 마치 어린 여우가 물을 거의 다 건넜음에도(小狐汔濟), 철없는 경거망동으로 꼬리를 적셔(濡其尾), 물을 건넌 이로움을 이루지 못함(无攸利)을 반성함과 같다. 여우는 의심이 많은 동물이라 물을 건널 때도 신중하여 꼬리를 들고 건너지만, 어린 여우는 철이 없으므로 부주의하여 그러지 못할 수가 있다. 물을 다 건너 '기제'일 수 있는 상황에서 다시 '미제'가 될 수 있는 문제를 반성함은 사실상 『주역』 전반에 흐르는 경계이기도 하다.

미제괘未濟卦 효사爻辭 해설

초육初六

'미제괘' '초육'은 모든 사태를 완전히 해결할 수 있는, 즉 '기제既濟'일 수 있는 상황에서 '기제괘' '상육'이 뒤집혀 머리까지 물에 빠트림이 미제괘의 '초육'에서 꼬리를 빠트림(濡其尾)으로 된 것이다. 이것은 '기제괘' '상육'에서 이미 예고된 것이다. 마치 다 된 죽에 콧물을 빠트리는 것 같은 상황인데, 음유함이 양의 자리에 있어서 자질이 되지 않는데, 어려운 일을 성급히 해결하겠다고 철없는 어린 여우처럼 나선 것이다.

나라의 문제를 해결하겠다고 나서는 우국지사라고 해도, 물정을 모르고 소인들이 지천으로 널린 세상의 험난함을 과소평가하여, 무모하게 낭만적으로 사태를 해결하려 한다. 동기는 가상하다고 할 수 있지만, 안타깝게도 부끄러운 결과를 초래한다(吝).

구이九二

'미제괘' '구이'는 '미제괘'의 두 번째 단계다. '초육'은 자신의 동기가 비록 어떻든, 환란을 구제하겠다고 철없이, 낭만적으로 함부로 나서다가 역부족으로 부끄러운 결과를 초래하였지만, '구이'는 강함이 가운데 자리로서 중도를 지키며, '미제괘'의 상황을 호전시킬 수 있는 역량을 갖춘 상태다. 위로 음유한 '육오'와 호응하면서 환란을 구제하여 문제를 해결하려 하는 것이다.

그래서 수레바퀴를 끌듯이(曳其輪), 천하나 나라의 난제를 해결하려고 나선다. '육오'는 최고 지도자이지만, '미제괘'의 상황에서 과단성 있게 일을 처리하기 어려워 '구이'의 강건한 신하의 도움을 받아 문제를 해결해야 한다. '미제괘' '구이'에서 수레바퀴를 끎은 '기제괘' '초구'에서 수레바퀴를 끎과 다르다. '기제괘' '초구'는 일의 시작부터 성급히 문제를 해결하려고 하는 조급함을 뒤에서 끌어서 제어하는 것이지만, 이 '미제괘' '구이'는 음유한 '육오'의 우유부단함에 대해 수레바퀴를 앞에서 강력하게 끌듯이 돕는 것이다.

그러나 '구이'는 양강함이 음유한 두 번째 자리에 있어서 제자리가 아니므로, 자칫 삿된 마음을 먹고 음유한 '육오'를 능멸할 수가 있다. 그래서 충정忠貞한 마음으로(貞), 그 사욕을 버려야 모두 길할 것이다(吉).

육삼六三

'미제괘' '육삼'은 '초육'과 마찬가지로 음유한 자질로서 양강한 자리에 있어 역량이 없으면서도 아직 해결하지 못한 환란을 구제하려는 뜻만 크다. 더구나 하괘의 맨 윗자리는 불안한데 하괘는 감괘坎卦☵로 험난함을 상징하고, 험난함을 아직 벗어나지도 못했다. 그런데도 맨 위 '상구'와 호응하는 상태로서 외부의 '상구'가 함께 세상의 환란을 구제하자고 선동하고 있다.

그래서 차라리 가까이 있는 내부세력인 '구이'와 뜻을 합침이 적당한데도, '미제괘' 시대에 무모하게 멀리 있는 외세인 '상구'와 일을 도모하려고 나아가면(未濟征), 뜻하는 일을 이루지 못하여 흉하게 된다(凶). 그러나 방법만 다를 뿐, 모두 나서서 시대의 과제를 해결하려는 상황이고, 바로 건너편에 뜻을 같이하는 '구사'가 있으므로, 대국적인 측면에서 큰 문제를 해결하려는 의지의 발현에는 이로울 것이다(利涉大川).

구사九四

'미제괘' '구사'는 해결되지 않은 천하 세상의 문제를 해결하려는 '미제' 시대에 최고 책임을 지고 있는 바로 위 '육오'에게 가장 가까이 있는 신하다. 자질이 비록 양강하지만, 자리가 음유한 자리로 음유한 최고 지도자인 '육오'가 정변의 위협을 받는 상황이 될 수도 있다. 마치 제갈량諸葛亮과 유선劉禪, 또는 이순신李舜臣과 선조宣祖의 관계처럼 될 수 있다.

그렇기 때문에 역심을 품고 '육오'를 밀어내는 경우로 오해받지 않으려면, 백의종군白衣從軍을 하더라도 충정을 나타내 보여야 좋은 결과가 되어(貞吉), 뉘우침이 없어질 것이다(悔亡). 나아가 자신이 가진 세력(震)을 활용하여(用), 오히려 멀리 원정을 하러 가서 변방의 나라 귀방鬼方을 정벌하고(震用伐鬼方), 오랫동안 내부를 비워 삼 년 만에야 돌아온다면(三年), 자신의 군사력을 내부에 쓸 수도 있다는 오해도 불식하고, 큰 나라 본국에서 상을 받을 것이다(有賞于大國).[215]

육오六五

'미제괘' '육오'는 '미제괘' 최고 지도자다. '초육'부터 '구사'에 이르기까지 각각 모두 음으로서도 양으로서도 적절한 자리에 있지 않은 '미제괘' 시대이지만, 그래도 뜻은 모두 천하 세상의 문제를 해결하려는 의지를 품고 있다. '육오'는 '미제괘' 시대에 시대의 문제를 해결해야 할 최고의 책임을 지고 있다. 비록 최고 권력을 잡고 있지만, 음유하기 때문에 나라에 강압으로 임하지 않는다.

동시에 상괘인 리괘離卦☲의 중심에서 자신을 비우고 공정으로 임하면 (貞), 세상에 좋은(吉) 영향을 미치므로(貞吉), 구성원이 반발하지 않아서 정치적으로 후회할 일이 없다(无悔). 밝고 빛나는 문명을 상징하는 상괘의 리괘離卦☲로 군자의 덕을 가진 통치자의 빛남(君子之光)을 드러낼 수 있다. 이에 천하 구성원에게 신뢰성을 주면(有孚), '미제' 상태로 남아있는 세상의 문제 해결에 좋은 결과가 있게 될 것이다(吉).

상구上九

그동안 '미제괘' 시대의 각 단계를 거치면서 해결하지 못한 숱한 시대적 과제의 해결을 시도해 온 결과, 비로소 '육오'에 이르러 성과를 이루었다. 그래서 상·하의 구성원이 모두 흡족함을 느낀다. 특히 '육오'는 자신의 지도력으로 그런 성과를 이루었음에 큰 자부심을 가진다. 그런데 그러다가 그 자부심이 자만심이 될 수도 있는데, 그것이 곧 '미제괘' '상구'다. 역시 『주역』 맨 첫 괘인 '건괘乾卦'의 맨 위 '상구'를 상기시키는 상황이 될 수도 있다.

그래서 이제 천하의 문제가 해결되었다고 기뻐하며 성대한 잔치를 벌일 수도 있다. 샴페인을 터트려 축배를 들면서, 그동안에 있었던 구성원의 노고를 위로할 수도 있다. 그러나 최고 지도자가 그런 축제에서 술을 마시며 기뻐함에 있어 구성원에 믿음성을 줄 수 있다면(有孚于飲酒), 아무런 허물이 없겠지만(无咎), 오만함과 탐욕이 생겨 거기에 머리를 빠트릴 정도로 탐닉한다면(濡其首), 국민 백성에게 주어야 할 신뢰성에(有孚) 손상이 가서, 권력의 정당성을 잃어버리게 된다(失是). 그래서 아직 해결하지 못한 상태인 '미제괘'의 한계 속에서 세상은 다시 욕망의 변화 과정을 겪게 될 것이다.

이렇게 『주역』의 64괘는, 이런 우주와 인간과 사회의 변화를 말하는 패턴 범주다. 그리고 욕망의 변화 과정이다. 그러면 변화의 과정에서 군자는 어떻게 살아야 하는가. 세상에 나아가(進) 참여할 때는 '중용'을 지향하며 소인과 투쟁하면서도, 세상에서 물러나(退) 있을 때는 64괘 변화 과정을 관조觀照하며 마음을 동요하지 않는 것이다. 그리고 궁극적으로는 이 변화의 과정으로부터 달관達觀하는 것이다. 그 달관의 경지가 곧 모든 경우에서 '중용'을 이루는 '성인聖人'의 경지이다.

　수년 전, 나는 오래전부터 한 번 가보리라 마음먹었던, 왕양명王陽明(본명 왕수인王守仁)이 도를 깨달았다는 중국 귀주貴州의 '용장역龍場驛'에 달랑 배낭만 메고 가보았다.

　그곳은 왕양명이 유배 성격의 좌천으로 간 곳이다. 그곳 사람의 안내로 용장역에서 조금 떨어진, 왕양명의 이른바 '용장오도龍場悟道'의 현장인 '완역와玩易窩'에 가보았다.

　'완역와'는 지면에서 약간 지하 쪽으로 나 있는 동굴로서, 내부는 어둡고 습기가 차 있었다. '완역와玩易窩'의 '역易'은 『주역周易』의 '역易'이다.

　그러므로 '완역와'는 '역易을 음미하는 동굴'이다. 왕양명이 그곳에서 깨달은 도道는 『주역』과 관련된다.

　나는 어릴 때 『주역』을 읽으면, 『노자老子』의 말처럼 "문을 나가지 않고도 천하天下를 알고, 들창을 내다보지 않고도 천도天道를 볼 수 있다"는 경지에 이를 수 있으리라 꿈꾸었다.

　이제는 알게 되었다. 『주역』은 세상과 함께 '표류漂流'하지 않고, 세상을 '관조觀照'하기 위함이란 것을.

　그리고 그 궁극은 세상을 '달관達觀'함이다.

1) 실제 이러한 방식이 '복희씨伏羲氏'와 관련 있는지 알 수 없고, 또 소옹이 이러한 괘 연역 방식을 말했는지 소옹의 저술 속에는 보이지 않는다. 다만 주희가 그의 저술 『주역본의周易本義』와 『역학계몽易學啓蒙』에서 이렇게 수록하여 말하고 있을 뿐이다.

2) 『주역』의 괘 순서 자체가 『주역』의 세계관을 말한다는 점에서, '머리말'에서 말한 '백서본' 『주역』이 '통행본' 『주역』과 괘 순서가 다름은 매우 중요한 본질적 차이다. 『주역』의 저자가 괘를 어떤 순서로 배열하였는가는 그 저자가 의도한 것으로, 그 철학적 관점을 표현한다.

3) 이것은 상수역象數易의 관점으로 이를 종합한 정약용丁若鏞의 관점이기도 하다. 본서는 『주역』의 기호와 언어의 연관 관계에 따른 성립 기원을 유추하는 데는 상수역의 관점이 취할 바가 많고, 『주역』을 세상, 인생에 적용하여 해석하는 데는 의리역이 취할 바가 많다고 본다. 역학 해석의 대표적 두 경향인 상수역과 의리역은 각각 그 말하는 방면이 다른 것이어서 서로 대립적인 것이 아니다.

4) 왜 숫자 중에 '구'를 '양'으로 '육'을 음으로 말하는가 하는 것에 대해서 이런 이야기가 있다. 1에서 10까지 숫자 중 1에서 5까지는 '생수生數'이고 7에서 10까지는 '성수成數'인데, 변화를 말하는 것은 이룸을 의미하는 '성수'이여야 하므로 6에서 10까지를 취하는데, 10은 완전한 수이므로 제외한다. 그래서 남는 수는 '6', '7', '8', '9'인데, '역'에서 홀수는 양의 수로 짝수는 음의 수로 본다. 그래서 양의 수는 '7'과 '9'이고 음의 수는 '6'과 '8'인데, '역'은 변화를 말하므로, 변화가 임박한 '노양'과 '노음'을 취한다. 이때 '9'와 '7' 중 더 큰 숫자인 '9'가 '노양'이고 '7'은 '소양'이 되며, 음의 경우는 양과 반대이므로 작은 숫자가 오히려 '노음'이 되어 '6'이 '노음'이고 '8'이 '소음'이 된다. 그래서 '구'를 '양'으로 '육'을 음으로 말한다는 것이다. 또 어떤 이야기로는 '9'를 수의 궁극으로 보고, 1에서 9까지 중 궁극의 수인 '9'를 제외하고 양의 수인 홀수 1, 3, 5를 모두 더하면 '9'가 되는데, 여기에 하나 남은 양의 수 '7'까지 더하면 9를 초과하므로 이 수는 더하지 않아서 결국 양은 '9'로 표시한다. 그리고 음의 수인 짝수 2와 4를 더하면 '6'이 되는데, 여기에 하나 남은 음의 수 '8'까지 더하면 역시 9를 초과하므로 이 수는 더하지 않아서 결국 음은 '6'으로 표시한다.

5) 여기에서 '元亨利貞'을, 북송北宋 때의 정이程頤는 '元', '亨', '利', '貞'의 넷으로 나누어, '건괘乾卦'의 네 덕德으로 본다. 본문에 제시한 번역은 정이의 견해에 따른 경우다. 그런데 남송南宋 때 주희朱熹는 '元亨', '利貞'의 둘로 나누어 본다. 이 경우 '元亨'은 '크게 형통하다', '利貞'은 '바르고 곧음이 이롭다'는 의미가 된다. 정이程頤는 한 살 위의 형인 정호程顥와 더불어 '이정二程'으로 일컬어지며, 두 사람 모두 흔히 '정자程子'로 일컬어지지만, '정자程子'의 호칭은 동생을 일컫는 경우가 더 많다. 이 '이정 형제'의 사상은 많은 부분이 이후 주희朱熹(흔히 '주자朱子'라 일컫는다.)에게 받아들여져, 주희의 학문인 '주자학朱子學'의 주된 내용이 된다. 그래서 정자程子와 주자朱子의 학문은 같은 계통의 속성을 지닌 철학으로 평가되며, 합쳐서 '정주학程朱學'이라 일컫는다. ─ 이는 철학사에서 육구연陸九淵(육상산陸象山)과 왕수인王守仁(왕양명王陽明)의 학문적 성향을 연계한 '육왕학陸王學'에 대응되는 학문 명칭이다. ─ 이 '정주학程朱學'의 '정程'은 주로 동생인 정이를 일컬을 정도로 주희에게 영향이 더 컸다. (이는 형인 정호보다 동생인 정이가 더 오래 살았기 때문이기도 하지만, 근본적으로 두 사람의 사상 성향도 달랐는데, 주희는 주로 정이의 성향을 받아들였기 때문이다.) 이렇게 정주학이라 일컬으며 정이와 주희 두 사람의 사상 경향을 연계시키고 있지만, 이는 그 철학 사상 일반의 경우이고, 『주역周易』에 대한 해석은 두 사람이 견해를 달리하는 경우가 많다. 이처럼 『주역』 원문 서두에서부터 견해를 달리할 뿐만 아니라, 『주역』 내용의 많은 부분에서도 차이가 있다. 정이程頤는 『주역』에 관하여 『주역정전周易程傳』이라는 주석서를, 주희朱熹는 『주역』에 관하여 『주역본의周易本義』라는 주석서를 남겼다.

6) 『주역』의 원리는 우주의 일체 현상에 모두 적용되므로, 당연히 우리를 둘러싼 환경인 태양과 주위 행성의 운동 양상에도, 원자핵과 전자의 운동 양상에도 적용된다. 고대 『주역』 저자가 이러한 오늘날의 자연과학 이론까지 몰랐다 하더라도, 그것이 실제 구체적으로 어떻게 적용되는가의 문제 이전에, 『주역』의 저자가 생각한 취지가 모든 현상적 존재에 이 원리가 동일하게 적용된다는 전제를 깔고 있기 때문이다. 「계사전」에서 '역'의 성격 규정을 '광대실비廣大悉備'라고 표현한 취지다.

7) 그런데 상수역에서 근거로 하는 「설괘전」에서는 '龍'은 8괘 중 '진괘震卦☳'의 상이고, '馬'가 '건괘乾卦☰'의 상이다. 여기서 '龍'을 건괘의 대표적 상이라고 함은 8괘의 상을 근거로 하는 상수역을 두고 말하는 것이 아니고, 괘 효사의 언어적 표현을 액면 그대로 받아들여, 64괘 중 '건괘' 괘 효사에서의 '龍'의 이미지를 말하는 관점에서다. 이 점은 역학에서 매우 전문적인 이야기이므로 이 정도로 그치겠다.

8) "和其光, 同其塵." (『노자』 제4장)

9) "君子進德修業."(『주역』「건괘乾卦 문언文言 '구삼'九三」)

10) "知進而不知退, 知存而不知亡, 知得而不知喪"

11) 아이러니하게도, 루이 14세가 이후 짓게 한 베르사유 궁전의 원조가 보르비콩트 성이다.

12) 『주역』 64괘卦는 모두 각각 6개의 효爻로 구성되어 있으므로, 그것을 언어로 묘사하는 효사爻辭도 6개다. 64괘가 6개의 효로 구성되어 있으므로 전체 효는 384개이다. 그런데 그에 대한 효사는 386개다. '건괘乾卦'에 '용구用九'의 효사가 있고, '곤괘坤卦'에 '용육用六'의 효사가 있기 때문이다. '구'는 양을 말하고 '육'은 음을 말하므로, '용구'는 양을 활용함이요, '용육'은 음을 활용함이다. 곧 64괘를 구성하는 가장 기본요소인 양과 음의 변화 과정상의 기본적 활용 원칙을 말한다. 그래서 '용구'와 '용육'은 이에 해당하는 별도의 효가 있다는 말이 아니고, 전체 음양 운영의 기본 속성과 원칙을 말하는 것이다. 곧 세계 변화의 작용 원칙이며, 가정과 국가로 치면 가도와 이념의 실제 적용과 활용을 상징한다. '건괘乾卦'와 '곤괘坤卦'는 64괘 전체의 대표 괘요 부모 괘다. 그러면서도 이 두 괘는 각각 64괘를 구성하는 두 개의 개별적 괘이기도 하다. 마치 부모가 한 가정을 총괄하는 대표이면서도, 동시에 각자 그 가족의 일원이기도 한 것과 같다. 부모는 가족 전체를 대표하면서, 그 가정의 운영과 관리를 맡아 총괄한다. 거기에는 가정의 기본 운영방침인 가도家道가 있다. 한 국가로 치면 통치 이념이다. 이러한 기본 운영방침은 가정이든 국가든 전체 운영에 적용된다. 즉 가도나 이념이 구체화하여 활용된다. 『주역』으로 세상 변화의 이치를 말할 때, '용구'와 '용육'의 취지는 이렇게 볼 수 있다. 또한 『주역』을 점서占書로 활용하는 관점에서는, 384효爻의 각각은 그 해당 효 각각의 음 하나가 양으로, 양 하나가 음으로 변한 것을 말하고, 64괘卦 자체는 각각 그 불변의 상태를 말한다. '용구'와 '용육'은 이러한 음양 변화의 기본 속성이다.

13) 여기에서 '元亨利牝馬之貞'도 '건괘乾卦'의 경우처럼, 정이程頤는 '元', '亨', '利', '牝馬之貞'의 넷으로 나누어, '곤괘坤卦'의 네 덕으로 본다. 본문의 번역은 정이程頤의 관점에 따를 경우다. 그런데 주희朱熹는 역시 '건괘'의 경우처럼, 둘로 나누어 '元亨'과 '利牝馬之貞'으로 본다. 이 경우 '元亨'은 '크게 형통하다', '利牝馬之貞'은 '암말의 곧음이 이롭다'는 의미가 된다.

14) 『주역』에서는 군자君子와 소인小人의 관계를 양과 음의 관계로 이야기한다. '건괘'는 순양으로 군자가 가득 찬 세상이다. 그런데 소인은 언제나 자신의 이익을 위해 수단과 방법을

가리지 않고, 군자를 음해하며 위해를 끼쳐, 궁극적으로는 군자를 밀어내어 소인의 세상으로 만들려고 한다. 선과 정의의 세상을 악과 불의의 세상으로 바꾸려고 한다. '곤괘' '초육'은 순음의 '곤'으로 가는 첫 번째 단계로 하나의 음이 시작되는 것이다. 곧 하나의 소인이 군자를 밀어내어 세상에 잠입한 상태다. 소인은 선과 정의를 가장하는 위선의 인간이므로, 세상은 그가 소인인지도 알기 어렵다. 이때 하나의 소인을 간파하는 것이 중요함을 '곤괘'의 '초육'은 말한다. 동시에 이를 알았다 하더라도, 그 세력이 미약하니 충분히 통제할 수 있다고 과소평가하여 방심하면, 언젠가는 군자가 모두 밀려나고 세상이 온통 소인 천지가 될 수도 있으니, 그때 땅을 치고 후회해도 때는 늦음을 경고하는 것이기도 하다. 소인은 흔히 그들의 이익을 위해 무리를 지으므로, 하나의 소인이 작은 세력을 얻게 되면, 차츰차츰 동류의 소인을 끌어들여서 세력을 확대하여, 언젠가는 군자를 모두 몰아내려고 한다. 그래서 '곤괘'의 '초육'은 하나의 소인이라도 들어오면, 나중에 온통 소인 천지가 될 수 있다는 경각심을 가지고, 소인의 세력 확대를 미연에 방지해야 함을, 서리와 얼음의 비유로 말한다. 이 점은 한 국가이든 작은 지역이든, 큰 회사든 소규모 단체이든, 어떤 조직 공동체라도 다 마찬가지다.

15) '역易'에서는 홀수 자리를 양의 자리, 짝수 자리를 음의 자리라 하여 각각이 제 자리를 차지했을 때를 '정正'이라고 한다.

16) "功遂身退, 天之道." (『노자』 제9장)

17) 당시 한신韓信은 세운 공에 미련을 가지다 제거되었다. 한신이 죽으면서 속담에서 인한, '교활한 토끼가 죽으니 사냥개가 삶긴다(狡兎死走狗烹)'라는 말이 유명하다. 세속에서 줄여서 '토사구팽兎死狗烹'이라고 한다.

18) '의상衣裳'은 한국 한자어에서나 중국 현대 구어에서는 그냥 '옷'을 말하여, 중국 현대어 발음도 '衣裳yī-shang'인데, 중국 고대 복식에서는 '衣裳'의 '衣yī'는 상의를 '裳cháng'은 하의를 의미하며, 중국 현대어 상 발음도 다르다.

19) 이 괘명의 '屯'을 '둔'이라고 읽는 이도 있다. 그러나 '둔'으로 읽을 때, 우리 자전에서의 의미도 그렇지만, 현대 중국어 발음으로 tún에 해당하며, 이 경우의 의미는 '모으다, (군대가) 주둔하다, 마을 이름' 등이 된다. 이 괘에 해당하는 의미인 '곤란하다, 번민하다, 망설이다. 머뭇거리며 나아가지 못하다' 등의 경우는 현대 중국어 발음으로 zhūn으로 읽으므로, 이 괘명의 경우 우리 발음으로 '준'이라 읽음이 마땅하다.

20) '금부金夫'의 '금金'은 '쇠'의 의미로 봐서 '금부'를 쇠 같은 남자, 즉 속칭 '몸짱'이나 외모가 준수한 남자로 볼 수도 있고, '금전'으로 봐서 '금부'를 돈 많은 남자로 볼 수도 있다.

21) 중국 고대 관원官員의 옷 장식의 하나인 가죽으로 만든 '대대大帶', 즉 '큰 띠'. 중국 고대 귀족의 예복에 쓰는 띠에 '혁대革帶'와 '대대大帶'가 있는데, 혁대를 먼저 하고 그 위에 대대를 더한다.

22) 훗날 진시황이 된 진왕은 우선 외교술로 다른 나라를 안심시키고는, 후에 결국 침략하여 하나씩 멸망시켰다. 1939년 히틀러 치하의 독일은 폴란드 침공으로 제2차 세계대전을 시작하기 전, 소련과 독소불가침조약(1939)을 맺었다. 하지만 2년 후 1941년 독일은 결국 소련을 침공하였다. 평화를 단지 입으로만 말하는 외교적 선언이나 조약 같은 수사는 언제라도 폐기될 수 있다. 그런 행위로 평화가 올 것이라고 믿는 것은 인간과 사회의 속성에 무지한 망상이거나 순진한 이상임이 인류 역사가 증명한다. 그리고 허술한 안보관으로 잊을만하면 외침이 있다가, 결국은 타국의 식민지화까지 초래한 우리 민족의 피被침략사가 웅변적으로 말해준다. '떡 하나 주면 안 잡아먹지'라고 하는 호랑이가 약속을 지키지는 않는다.

23) 중국 전국시대 초, 병법가이며 장군인 오기吳起가 등창이 난 병사의 상처 부위 고름을 직접 입으로 빨아내자, 그 사실을 안 병사의 어머니가 "아이고, 이제 우리 아들은 죽었네. 이전에 내 남편도 오공吳公(오기吳起)이 고름을 빨아주어, 그 은혜에 감복하여 전장에서 죽어도 후퇴하지 않고 싸워 전사했는데, 이제 우리 아들도 그렇게 죽겠네"라고 하면서 울부짖었다고 한다. 오기의 이러한 행동이 병사를 위한 진심이었는지, 아니면 병사들의 충성을 끌어내려는 술책이었는지 논란이 있다. 왜냐하면, 그는 제齊나라와 노魯나라가 전쟁을 할 상황에 노나라의 장군이 되려 했지만, 그의 아내가 제나라 대부 전거田居의 딸이어서 노나라 임금이 그를 믿지 못하자, 자신의 손으로 그의 아내를 죽여 노나라 임금이 자신을 믿게 했으므로, 병사에게 한 행동도 진심인지, 아니면 장군이 되기 위해 아내를 죽일 정도로 잔혹하면서 거짓 연기를 했는지 의심되기 때문이다. 어쨌든 지휘자의 행동이 병사들에게 영향을 미치는 사례이기는 하다.

24) 용렬한 임금이 아니더라도, 카이사르(시저)가 '주사위는 던져졌다'라고 하고는 루비콘강을 건너 공화정을 끝낸 쿠데타나 이성계가 위화도 회군하여 일으킨 쿠데타와 같은 군부 쿠데타가 있을 수 있다. 그래서 한고조漢高祖 유방劉邦 같이 전쟁이 끝나자 한신韓信과 같은 장수를 토사구팽兔死狗烹한 사례도 있다.

25) 공자는 "군자는 두루 인간관계를 맺으며 편당적이지는 않고, 소인은 편당적이고 두루 인간관계를 갖지 않는다(君子周而不比, 小人比而不周)"(『논어論語』 「위정爲政」)라고 하였다. 이 말 원문의 '주周'나 '비比'는 모두 사람과의 관계를 친하고 돈독하게 함이지만, 인간관계에 있어서 '周'는 군자가 공적公的인 측면을 우선하는 것이지만, '比'는 소인이 사적私的인 측면을 앞세워 편당偏黨 짓는 것이다. 여기서는 '비比'가 부정적 의미에서의 친함을 말하고 있다. 그러나 『주역』 비괘比卦의 '비比'는 부정적인 것이 아니다.

26) 장자莊子가 양식이 떨어져 어떤 지방 토호에게 꾸러 간 적이 있는데, 그 토호는 장자에게 나중에 조세를 거둬들인 후에 큰돈을 꾸어주겠다고 했다. 그러자 장자는 어제 길을 가다가 길가의 수레바퀴 자국의 마른 구덩이 속에 있는, 물이 말라서 죽어가고 있는 물고기(붕어)와 주고받은 대화라며, 그 토호에게 이렇게 말했다. 그 물고기가 물이 없어 죽게 되었으니, 한 통의 적은 물이라도 가져다 구해달라고 하여 나중에 서강西江의 물을 거꾸로 흐르게 해서 대줄 테니 기다리라고 하니, 그 물고기는 당장 필요한 것은 물 한 통인데, 그때가 되면 자신을 건어물 가게에서 찾는 것이 나을 것이라고 말하였다는 것이다. (『장자莊子』 「잡편雜篇·외물外物」, '학철부어涸轍鮒魚' 이야기) 마냥 성장만 기다릴 수 없이, 분배에도 시기가 있다.

27) 『논어論語』 「학이學而」

28) 『논어論語』 「이인里仁」

29) 『논어論語』 「이인里仁」

30) 공자는 자신의 제자 자로子路가 지나친 용기만 앞세워 맨몸으로 황하를 건너려고 하는 정도의 무모함이 있음을 질책하였지만, 그렇다고 해서 옳은 일을 위해서 희생적으로 나서는 것을 부정하지는 않았다. 그것을 한 마디로 '살신성인殺身成仁'이라고 한다. '태괘'의 이 부분에서 '用馮河'는 그런 취지로 봐야 할 것이지, 자로에 대한 질책과 상충하는 점으로 봐서는 안 될 것이다.

31) 흔히 제왕이 공주인 자신의 누이나 딸을 시집보낼 경우, 최고 신분이라는 오만함으로 배우자를 업신여기고, 그 위에 군림하는 태도를 취하거나 극단적으로는 횡포를 부릴 수도 있다. 그런데 이전 중국의 상나라 임금 제을이 여동생을 자신보다 신분이 낮은 신하에게 시집보내면서 예의와 도리를 다하는 겸허함을 보였다는 비유를 쓴 것이다.

32) 성 주위를 빙 둘러 가며 방어를 목적으로 깊게 파 놓은 참호. 그냥 깊게 흙만 파놓거나 때로는 거기에 물까지 채워 놓아 적이 쉽사리 침범치 못 하게 한 군사용 시설.

33) 한의학에서 위로 올라가려는 자연성을 가진 양의 기운과 아래로 내려가려는 자연성을 가진 음의 기운을 그대로 두면, 위는 지나치게 더워지고, 아래는 지나치게 차가워지며, 가운데는 통하지 않아 막혀버리는 병적 상태가 된다고 보는데, 곧 이 '비괘否卦'의 상황이다. 그래서 건강을 유지하며 무병장수하려면 위로 올라가려는 양의 기운을 끌어내리고, 아래로 내려가려는 음의 기운을 위로 올려서, 서로 교류·소통해야 한다고 본다. 그래서 '태괘泰卦'의 상황이 건강상 형통한 상황이다. 이런 측면과 비슷한 것은, 하늘처럼 위로 올라가려는 자연성을 가진 불의 기운과 땅처럼 아래로 내려가려는 자연성을 가진 물의 기운과의 관계를 말한 '수화기제괘水火旣濟卦', '화수미제괘火水未濟卦'로 한의학적인 측면은 이 두 괘에서 더 강조된다. (이 두 괘는 『주역』의 맨 마지막 두 괘로, 이런 취지는 그때 다시 말하게 될 것이다.)

34) 이 괘의 괘사는 당시 폭군인 상商나라 주왕紂王의 정치적 탄압을 받아서 유리羑里라는 곳에 연금된 주周 문왕文王이 썼다는 설과 관련 있다. 주 문왕은 당시 백성의 지지를 받았지만, 아직 주왕을 타도할 혁명의 때가 도래하지 않았고, 이후 그의 아들 무왕武王에 의해 혁명이 실현된다. 무왕은 당시 주왕의 폭정을 종식하기 위해, 여러 제후와 더불어 주왕을 공격하려고 강가에 군사를 집결했지만, 그래도 임금인데 신하가 임금을 몰아내는 것이 정당한가, 그리고 실제 군사 수도 주왕 쪽이 더 많은데 현실적 가능성이 있는가 하는 문제로 동요하는 제후들과 군사들을 진정시키고, 혁명 의지를 결집하기 위해 강가의 들판(野)에서 연설한다. 그리고는 마침내 배를 타고 강을 건넌다. 배 안에서 또 동요가 있어서 다시 연설한다. 그런데 맞은 편 강가에 도착해서도 또 동요가 있어서, 또다시 연설하여 혁명군의 마음을 다잡는다. 그리고 마침내 혁명에 성공한다. 괘사의 이 표현은 마치 그때 상황을 묘사하는 것 같다. 괘사가 주 문왕이 쓴 것이라면 미래에 대한 예언이거나 미래 혁명의 성공조건을 미리 제시한 것이고, 주 무왕의 역성혁명의 역사적 사건을 기술한 것이라면 괘사는 주 문왕이 쓴 것이 아닌, 주 무왕의 역성혁명 이후의 다른 사람이 쓴 것이 될 것이다. 『서경書經』「주서周書·태서泰誓」참조.

35) 고구려, 백제, 신라의 삼국을 합친 영토를 유지하지 못하여 민족의 영토가 쪼그라든 요인도 '동인'하지 못한 민족의 적전 분열이 중요한 요인이었고, 당唐은 이를 이용했다. 민족의 초가삼간이 다 타도 민족 내부의 빈대가 죽어 좋다는 삼국의 갈등이 있었다. 강하던 고구려가 허무하게 무너진 것도 민족의 분열 외에 당시 지배층의 분열이 있었다. 임진왜란 전

일본 침략의 전조를 알고도, 상대 당파와 반대 의견을 내기 위해 일본 침략이 없을 거라고 말한 적전 분열, 나라를 위해 피 흘리는 많은 의병과 백성이 있음에도 그리고 구국의 영웅으로 등장한 이순신의 충정을 보고도 그를 오히려 모함하는 소인들, 그들과 더불어 일본의 이간책에 놀아나 결국 이순신을 백의종군시킨 소인 군주 등의 적전 분열, 왜란과 호란을 겪고도 정신 차리지 못하고 내부 정치 투쟁으로 나날을 보내면서 민생을 도탄에 빠트리고, 나라를 외세의 백화점으로 만든 조선 왕조 말기에, 민중의 궐기에 반성하지 않고 오히려 외군과 함께 진압한 군주, 결국은 망한 나라를 다시 찾은 후에도 외세 앞에 각각 하나씩 외세를 등에 업은 남북, 그러면서도 상대방을 외세의 괴뢰(꼭두각시)로 상호 비난, 민족은 아직도 분단인데 이념, 지역, 각종 이익집단에 따라 분열하는 치킨게임, 이 모든 것이 반(反) '동인'이다.

36) '대동大同 사회'에 대한 상세한 설명은, 필자가 쓴 책 『『대학』 읽기』 (세창미디어, 2016)의 '프롤로그'를 참고 바람.

37) "人心惟危, 道心惟微, 惟精惟一, 允執厥中 (인심은 오직 위태로울 뿐이며, 도심은 오직 미세할 뿐이니, 오직 세밀하게 살피고 오직 한결같이 하여, 진실로 그 '중中'을 잡으시오)." (『서경書經』 「우서虞書·대우모大禹謨」)

38) 주돈이周惇頤, 『통서通書』

39) "上善若水, 水善利萬物而不爭, 處衆人之所惡, 故幾於道." (『노자』 제8장)

40) "江海所以能爲百谷王者, 以其善下之." (『노자』 제66장)

41) 이 부분에 대한 전통적 해석의 대표인 정이程頤와 주희朱熹의 해석은 '육오'인 지도자의 겸손한 덕으로 이웃을 감화시키니 어떤 물질적인 유인책(富)을 쓰지 않아도 되며, 그래도 복종하지 않는 자들이 있으면, 권위와 무력을 사용하여(利用侵伐) 승복시켜도, 모든 것이 괜찮음(无不利)을 말하는 것으로 보는 것이며, 필자도 이전에 그런 취지로 해석한 바 있다. 즉 '겸괘'의 시대라고 하여, '육오'의 최고 지도자가 유순함으로만 다스리면 신하나 백성들이 그 지도자를 만만하게 볼 수 있으므로, 덕과 더불어 위무威武도 함께 써야 한다. 그러나 '겸괘'의 취지나 '겸괘'를 전후한 전체 맥락으로 볼 때, 갑자기 지도자의 침벌侵伐을 거론하는 것이 어색하다. 이 점은 지도자와 주위 세력이 겸손함을 보이지 않을 경우를 경계하는 취지로 보는 것이 옳다고 여겨진다. 그리고 『주역』이 상(은)나라 말 폭군 주紂 임금에게 핍

박받던 시기에 주 문왕과 그 작은 아들 주 공단周公旦에 의해 쓰였다는 전통적 견해가 있고, 결국 주 문왕의 큰아들 주 무왕이 역성혁명을 일으켜 상나라 주 임금을 몰아내고 중앙의 권력을 차지한 점을 볼 때도, 주 임금 같은 권력자가 부富를 그 이웃(즉 인민 백성)과 나누지 않을 경우 무력 혁명(侵伐)을 일으켜도 무방하며, 나아가 성공할 것(无不利)임을 말하는 것으로 해석하는 것이 순조롭다고 여겨진다. 그래서 이러한 점을 일반화하여 '겸괘' 시대의 최고 지도자를 비롯한 기득권층이 '대유'의 풍요로움을 겸손으로써 인민 백성과 나누지 않고, 인민을 도탄에 빠진 불쌍한 존재(Les Misérables)로 만들면, 그들에 대해 반발한 혁명에 봉착할 수도 있을 것임을 경고하는 것으로 해석하는 것이 마땅하다고 생각한다. 맹자가 양혜왕梁惠王과 대화하면서, 임금의 주방에 좋은 음식이 가득 차 있고, 임금의 마구간에 살진 말이 있는데도 백성들이 주린 기색이 있으며, 들에는 굶어 죽은 시체가 있다면, 이는 짐승을 몰아다가 사람을 먹게 하는 격이라고 한 것이나, 상(은)나라 말의 주紂 임금을 하늘의 해에 비유하여 『시경詩經』의 '저 해는 언제 사라지나'라고 한탄한 백성들의 말을 인용한 것이나 주 무왕이 혁명을 일으킬 때 주장한 명분을 두고 볼 때도, 이 '겸괘' '육오' 효사의 취지와 맞아떨어진다고 할 것이다.

42) 그러나 이 부분도 '육오'의 경우처럼, 정이程頤와 주희朱熹는 기존 세력의 입장에서 보아, 겸손이 지나친 경우로 해석하였다. 그래서 원문의 '읍국邑國'도 자신의 읍국이며, 읍국을 치는 것은 자신의 읍국을 치는 것으로 보았다. 곧 이는 자신의 겸손이 지나치다고 여겨, 자신의 겸손을 반성하여 다스린다는 의미로 본 것이다. 필자 역시 이전에 이러한 취지로 보았지만, 겸손이 지나치다는 이유로 겸손을 부정적으로 보는 것과 더불어, 자신이 자신의 '읍국'을 친다는 것도 어색하게 여겨지는 데다가 주 문왕, 주 무왕 세력의 입장에서 보는 것이 『주역』 성립 당시 상황과도 맞아떨어질 뿐 아니라, 어색함도 없다고 판단한다.

43) "幾者, 動之微, 吉之先見者也. 君子見幾而作, 不俟終日."

44) 결과적으로는 조카 성왕에게 권좌를 돌려주었지만, 주공도 실제로 야욕을 가졌다는 주장도 있다.

45) 여기서 말하는 '주례周禮'는 지금 전해지는 유교 경전의 『주례周禮』라는 문헌을 말하는 것이 아니라, 주周나라 초기에 주공周公에 의해 만들어진 주나라의 체제(regime)와 그 제도적 시스템 자체를 말한다.

46) 수양대군은 평소 자신을 주공에 비유하였는데, 그의 조카 단종端宗이 성왕의 경우라는 것

이다. 이를 두고 사육신死六臣들은 주공이 어찌 조카의 왕위를 찬탈하였느냐고 비난하였다.

47) 여기서 '관官'은 '벼슬'의 의미가 아니라 '주체'의 의미다. 그래서 정이程頤는 이 '官'을 '주수主守', 즉 '주체로서 지키는 것'이라고 해석하였다.

48) 『논어』 「안연顏淵」

49) "傳曰: "君者,舟也, 庶人者,水也 ; 水則載舟, 水則覆舟."(『순자荀子』 「왕제王制」)

50) 중국의 문화대혁명(1966~1976) 때 대학생과 고교생으로 이루어진 준군사적인 극좌 사회 주의 청년조직으로, 이의 이념적 반대의 경우가 히틀러 나치 독일의 청소년 조직인 '히틀 러유겐트(Hitler-Jugend)'라는 극우 국가사회주의 청년조직이다.

51) 이 효 「상전象傳」에서 이를 두고, "'붙들어 매는 것'은 위에서 궁해진 것이다(拘係之, 上窮 也)."라고 하였으니, 이러한 것을 말함이다.

52) 또는 '형亨'을 '향享'으로 보아, 새날을 위해 '정성 들여 제사를 지냄'의 의미로 볼 수 있다.

53) 유덕화(劉德華, Andy Lau), 주성치(周星馳, Chow Sing Chi) 등이 주연한 1991년 홍콩 코미 디 영화인 '정고전가整蠱專家(Tricky Brains)'의 제목은 '고蠱'를 해결하는(整) 전문가(專家), 즉 '해결사'의 의미다. '고蠱'는 해결해야 할 문제다.

54) '고蠱'가 '적폐'로 해석됨은 주희朱熹의 『주역본의周易本義』에서도 나타난다. 주희는 이 괘의 이름과 뜻을 해석하면서, "이처럼 하면, 폐단을 쌓게 되어 '고'에 이르게 될 수 있다 (蓋如此, 則'積弊'而至於蠱矣)."라고 했다. 다만 주희 글 속의 '적폐'는 '오랫동안 쌓이고 쌓 인 폐단'으로서의 명사가 아닌, '폐단을 쌓다'라는 '동사+목적어'의 구句다.

55) 여기서 '삼일三日'이란 문자 그대로의 '사흘'이 아니라, 필요한 정도의 여유가 있는 시간 을 이야기한다.

56) 로베스피에르 등이 이끄는 좌익의 자코뱅 당은 당시 왕이었던 루이 16세와 왕후 마리 앙 투아네트를 단두대의 이슬로 사라지게 하는 데 그치지 않고, 라부아지에 같은 지식인을 비 롯하여 수많은 사람을 처형하는 공포정치를 감행하여, 30만 명가량을 학살하기에 이른다.

당시 루이 16세를, 죄의 근거가 없던 상황에서, 로베스피에르는 "왕은 무죄일지도 모른다. 그러나 그를 무죄라고 선언하는 순간 혁명이 유죄가 된다. 이제 와서 혁명을 잘못이라고 할 수 있는가? 왕을 죽여야 한다. 혁명이 죽을 수는 없기 때문이다"라고 루이 16세의 처형을 정당화했다. 그리고 수많은 죽음을 진두지휘하며 또 로베스피에르는 이렇게 말했다. "인권을 억압하는 자들을 응징하는 일, 그것이 자비입니다. 그런 자들을 용서하는 일, 그것은 야만입니다. 폭군의 잔인함은 그저 잔인함일 뿐이지만, 공화국의 잔인함은 미덕입니다." 그러나 아이러니하게도 이후 로베스피에르를 비롯한 공포정치의 주역들은 자신들이 수립한 방식 그대로 재판받고 처형당했다.

57) '고괘蠱卦' 뿐만 아니라 『주역』 64괘에 쓰인 말들은 삼라만상 일체를 모두 포괄하는 의의가 있다. 그러므로 일상 언어로 쓰였지만, 그 일상 언어 문자 그대로의 의미에 그치지 않는다. 비유의 방법으로 일체를 표현한다. 만일 그렇지 않다면, 『주역』은 64괘 안의 언어로 표현된 숫자만큼의 사건밖에 말하지 못하는 것이 될 것이다.

58) 중국 절강성浙江省 소흥紹興에 가면, 회계산會稽山공원 안에 그의 무덤, 즉 '대우릉大禹陵'의 터가 있다.

59) '考'는 세상을 떠난 '父'를 일컫는 말이다. 세상을 떠난 '母'는 '비妣'라고 일컫는다. 고는 정치적 사망 선고를 받은 전대 정권의 비유다. '子'는 그다음 정권의 비유다.

60) 조선 왕조 후기 세도정치 때처럼, 실제 권력은 신하들에게 있고, 임금은 단지 허수아비에 불과했다면 이 경우는 아닐 것이다.

61) 은나라의 신하 백이伯夷·숙제叔齊는 주 무왕이 역성혁명(요즘의 쿠데타)을 일으키자, 역시 은나라의 신하인 주 무왕이 임금을 몰아내는 일에 반대하다가 듣지 않자, 주나라가 된 상황에서 그 주나라의 곡식을 먹지 않겠다고 하여, 수양산首陽山에 들어가 고사리를 캐 먹다가 죽었다. 잘못되었다고 생각하는 세상에서 같이 호흡하는 것도 거부한 것이다. —그런데 주 무왕의 입장에서는 은나라가 잘못이라고 해서 혁명을 한 것이다. — 조선 왕조 초기 사육신死六臣의 한 사람이었던 성삼문成三問은 '수양대군首陽大君'의 쿠데타에 반대하여, '수양산 바라보며 이제夷齊를 한하노라'라는 시조를 지으면서 백이·숙제가 먹은 수양산의 고사리조차도 이미 주나라의 것이니 그것은 왜 먹었는가 하는, 철저한 저항정신을 보였다. 이처럼 백이·숙제나 더 나아가 성삼문의 생각과 같다면, '바르게 할 수만은 없다(不可貞)'는 정상 참작은 고려될 수 없을 것이다. 즉 잘못된 시대를 살면서 적극적으로 저항하지 않으

면, 그 자체가 곧 죄라는 관점이 되는 것이니, 관점에 따라 다를 수 있다.

62) 공자孔子는, "누군가 말하기를, 덕(은덕)으로써 원한을 갚아야 한다고 했는데, 어떻게 생각하십니까?(或曰, 以德報怨, 何如?)"라는 제자의 물음에, "그러면 덕은 무엇으로 갚겠는가? 곧음으로써 원한을 갚고, 덕으로써 덕을 갚아야 한다(何以報德, 以直報怨, 以德報德)."(『논어論語』「헌문憲問」)라고 대답했다. 이는 『노자老子』에 나오는 '報怨以德(보원이덕)'[원한을 덕으로 갚는다]는 관점이나, 기독교의 '원수를 사랑하라'[마태복음 5장 44절]는 관점이나, 불교의 자비慈悲의 관점과 대비된다. 공자의 관점, 유가의 관점은, 원수, 원한은 그것을 감정적인 복수심으로 갚아도 안 되지만, 그렇다고 선과 악, 정의와 불의의 구별 없이 모두 관용만을 베풀면, 선과 정의는 그 보람이 없고, 악과 불의는 두려움 없이 계속 발호하게 한다는 것이다. 감정을 배제한 '정의'의 잣대, 즉 '곧음(直)'으로써 갚아야 한다고 한 것이다.

63) 이 '초구'와 더불어 다음의 '구이'도 효사가 모두 '함림咸臨'이다. '함림'의 '함'에 대해서는 의견이 분분하다. '함咸'이라는 글자는 『주역』 31번째 괘인 '함괘咸卦'의 괘명이기도 하다. 그런데 '함괘' 「단전象傳」에서 '咸'을 '感'의 뜻으로 해석하여, 역대로 '함괘咸卦'의 '咸'을 '感'과 통용되는 것으로 해석하였다. 「단전」이 나온 시기로 추정되는 춘추시대 말에서 전국시대 사이에는 '咸'을 '感'으로 해석하였지만, 『주역』 텍스트가 나온 은말 주초 때는 '感'의 뜻으로 '咸'이라는 글자를 썼다는 것이다. '咸' 아래에다 '心'을 추가하면 '感'이 되는데, 원래는 '咸'에 '모두', '느끼다'의 뜻이 있었지만, 나중에 '느끼다'의 뜻을 가진 '感'이 독립되었다고 볼 수도 있다. 그래서 『주역』 텍스트를 해석하면서 '咸'자는 그 당시 '感'의 의미로 쓰였다는 것이다. 이처럼 이전부터 '咸'을 '感'으로 해석하였고, 북송대北宋代 정이程頤도 '感'으로 해석하였지만, 남송대南宋代 주희朱熹는 '모두'의 의미로 해석하였다. 그러나 『주역』 텍스트상에서의 '咸'의 의미는 이런 의미를 중의重義로 다 담고 있다고 볼 수 있다. 그래서 필자는 '咸臨'을 인민 백성이 '모두' 정치적 상황에 '감응感應'하여 '참여(臨)'하는 것으로 해석하였다. 그런데 심지어 어떤 이는, '咸'과 '感'의 글자꼴을 비교하여, '咸'은 '無心'의 '感'이라고 해석하기도 하는데, 이는 나중에 생긴 '感'자에 근거하여 이전 글자를 거꾸로 추상적으로 해석하는 것으로 적절치 않은 견해다.

64) "天視自我民視, 天聽自我民聽."(『서경書經』「주서周書 · 태서泰誓 중中」).

65) 『주역』을 해석하는 전통적인 방법 중에서 64괘 중 음양이 자라고 사라지며 서로 밀어내

는 양상을 반영하는 12개의 괘를 중심 괘로 삼는 견해가 있다. 그 중심 괘들을 벽괘辟卦[여기서 '辟'은 '임금(君)'의 뜻이다]라고 하여, 이들이 12개이므로 12벽괘라고 한다. 그것은 '복괘復卦䷗', '림괘臨卦䷒', '태괘泰卦䷊', '대장괘大壯卦䷡', '쾌괘夬卦䷪', '건괘乾卦䷀', '구괘姤卦䷫', '둔괘遯卦䷠', '비괘否卦䷋', '관괘觀卦䷓', '박괘剝卦䷖', '곤괘坤卦䷁'다. 그 괘들의 양상이 '곤괘坤卦䷁' 순음純陰의 상태에서 '복괘復卦䷗'가 되면, 맨 아래에서 하나의 양이 회복되어 생겨나서 음을 처음으로 밀어내기 시작하여, 그다음 '림괘臨卦䷒'로 이행되어 양의 세력이 더 커져 음을 더 밀어낸다. 이렇게 점차로 음을 밀어내어, 마침내 '쾌괘夬卦䷪'에서 마지막으로 하나 남은 음의 잔존 세력이 마저 밀려나면, 모두 양인 순양純陽 상태의 '건괘乾卦䷀'가 된다. 그러나 '물극필반物極必反'이어서, 밀려난 음이 완전히 소멸하지 않고 다시 맨 아래에서부터 세력을 회복하여 '구괘姤卦䷫'가 되었다가, 다시 더 세력이 커져 맨 아래에 음이 두 개인 '둔괘遯卦䷠'가 되었다가, 점차로 그 세력을 늘려 마침내 '박괘剝卦䷖'에서는 마지막으로 하나 남은 양의 세력이 밀려나면서, 다시 모두 음인 순음의 '곤괘坤卦䷁'가 된다. 이러한 이론은, 12벽괘의 음과 양이 서로 밀어내는 양상이 1년 12달의 추위와 더위가 서로 밀어내는 현상에 상응함에 따른 것으로 중국 한대漢代 때의 역학易學에서 유래하였다. 당시 이 이론의 대표자가 맹희孟喜와 제자 경방京房이다. 이 이론은 『주역』의 음양 변화는 천체天體의 변화를 반영하는 역법曆法에서 유래하였다는 것으로 조선 왕조 정약용丁若鏞 역학 이론의 골격을 이룬다(필자의 박사학위 논문과 그동안의 연구논문 중 일부가 이에 관한 것이다). 정약용은 이 12벽괘를 사시四時의 변화를 반영하는 '사시지괘四時之卦'라고 이름하고, 그중에서 대표 격 두 괘인 '건괘乾卦䷀'와 '곤괘坤卦䷁'를 '부모지괘父母之卦'로 삼고, 나머지 10괘는 자식을 상징하는 괘로 보았다. 그리고 64괘의 나머지 52개 중 '중부괘中孚卦䷼'와 '소과괘小過卦䷽'를 '재윤지괘再閏之卦'로서 윤년閏年을 상징하는 것으로 보았다. 즉 한대 역학가와 마찬가지로 『주역』의 이론을 역법과 관련시킨 것이다. 그리고 64괘 중 '부모지괘'와 '재윤지괘'를 뺀 나머지 50개의 괘를 '부모지괘'와 '재윤지괘'의 추이推移에 따른 상호 연역관계에서 도출된 괘로서의 '오십연괘五十衍卦'라고 불렀다. 이러한 한대의 역학가와 정약용에 이르는 그사이의 중국 북송대北宋代의 소옹邵雍(소강절邵康節)은, 12벽괘를 단지 1년 12달을 상징함을 넘어서 전 우주의 변화 양상에 대응시켰다. 이것이 그의 원·회·운·세元·會·運·世의 학설이다. 이 이론은 1년의 변화를 우주의 생성 소멸에까지 확대한 것으로 우주의 1년年을 1원元으로 보아, 이 1원의 변화 과정을 12벽괘에 대응한 것이다. 그에 따르면 우주의 1년 역시 12단계로 변화하는데, 그 변화 과정이 12벽괘로 상징되는 12회會의 변화다. 맹희, 경방, 소옹이든, 그리고 정약용이든 이러한 12벽괘의 이론은 『주역』 텍스트에서 보이는 64괘 순서와 그에 따른 변화 양상과는 다른 것이다. 그런데도 지금 말하는 '림괘'는 12벽괘의 순서에 따르면, 그 바로 앞의 '복괘'의 다음 단계가 된다는 점에 착안하여, '복괘'와 '림괘'의 연속적인 양陽의 성장이 '초구', '구이'로서의 양의 성장을 상징하여, 그 위의 음을 몰아냄에 상응하는 견해가 있어 왔다. 그래서 이 견해를 '림괘臨卦'의 '초구'와 '구이'의 효사가 다같이 '함림咸臨'인 것과 연관 지을 수도 있다.

66) 哀公問日: "何爲則民服?" 孔子對日: "擧直錯諸枉, 則民服; 擧枉錯諸直, 則民不服." (『논어論語』「위정爲政」)

67) 12벽괘에서 볼 때, '복괘復卦'에서 하나의 양이 처음 생기는데, 이것은 자월子月이며, 하夏나라 력曆으로 동월冬月이다. '림괘'는 두 양이 생긴 축월丑月이며, 하나라 력으로 납월臘月이다. '태괘泰卦'는 세 양으로 인월寅月이며, 하나라 력으로 정월正月이다. '대장괘大壯卦'는 네 양으로 묘월卯月이며, 하나라 력으로 이월二月이다. '쾌괘夬卦'는 다섯 양으로 진월辰月이며 하나라 력으로 삼월三月이다. '건괘乾卦'는 여섯 양으로 사월巳月이며, 하나라 력으로 사월四月이다. 이렇게 하여 양의 발전이 극에 달한다. 그런데 양이 극에 달하면 음이 생겨난다. 이에 '구괘姤卦'에서 맨 아래에 하나의 음이 양을 대체해서 생겨 오월午月이 되며, 하나라 력으로 오월五月이다. '둔괘遯卦'는 두 음으로 미월未月이며 하나라 력으로 유월六月이다. '비괘否卦'는 아래가 세 음으로 신월申月이며 하나라 력으로 칠월七月이다. '관괘觀卦'는 아래가 네 음으로 유월酉月이며 하나라 력으로 팔월八月이다. '박괘剝卦'는 아래가 다섯 음으로서 술월戌月이며 하나라 력으로 구월九月이다. '곤괘坤卦'는 여섯 모두 음으로 해월亥月이며 하나라 력으로 시월十月이다. 이렇게 하여 음의 발전이 극에 달한다. 하나라 왕조는 인월寅月을 정월正月로 삼았고, 상商나라는 축월丑月을 정월로 삼았으며, 주周나라는 자월子月을 정월로 삼았다. 이 중 '관괘觀卦'는 아래가 네 음으로 '림괘臨卦'를 뒤집은 괘로서 반대의 상황을 상징한다. 이 '관괘'는 아래의 음이 양을 밀어내어 양이 맨 위에 두 개밖에 안 남았고, 이때가 지나면 양의 경우 하나 남는 '박괘剝卦'가 되고, 이마저도 사라지면 온통 음인 '곤괘坤卦'가 된다. 즉 소인이 군자를 몰아내는 상황에서 '관괘觀卦'에 군자 세력이 겨우 둘만 남아, 이어 '박괘剝卦'와 '곤괘坤卦'가 될 상황이다. 그래서 '림괘臨卦'에서 만일 군자들이 조심하지 않으면, 그 반대의 상황, 즉 하나라 력으로 8월인, 『주역』 순서상 '관괘觀卦'의 상황이 올 수도 있음을 경고한 것으로 볼 수도 있다. 또는 『주역』이 만들어진 때, 즉 주周 문왕文王이 『주역』을 쓸 때는 상商나라가 아직 망하지 않은 때이어서 상나라 력을 썼기 때문에, 축월丑月을 정월로 삼았다. 축월丑月에서 신월申月까지 여덟 달이고, 신월申月은 막혀서 흉한 '비괘否卦'이므로, '至于八月, 有凶'이라 보기도 한다.

68) 동양 철학적 의미로는 더 나아가 어떤 '경지境地'를 말한다. 경지의 정도는 수양, 수행의 결과다. '관觀'은 수양, 수행의 방법을 말하기도 한다. 수양이 지극한 존재는 어떤 고차원적 관점을 가지게 된다. 『노자老子』의 "문을 나가지 않고도 천하天下를 알고, 들창을 내다보

지 않고도 천도天道를 볼 수 있다(不出戶, 知天下, 不闚牖, 見天道)."(제47장)라는 경지다. 『맹자』의 '호연지기浩然之氣'를 기른, '그 마음을 크게 한(大其心)' 도덕적 경지다. 『주역』을 읽는 목적은 술수의 획득이 아니라 경지의 고양高揚에 있다. 높은 경지의 존재는 높이 나는 갈매기가 멀리 볼 수 있듯이 세상을 '관觀'할 수 있다. 『장자莊子』「逍遙遊」의 '대붕大鵬'이 천하를 내려다보는 경지이고, '지인至人'이 '소요逍遙'하는 경지다. 이러한 궁극적 '관觀'은 세상을 초탈한 '달관達觀'이며, 그 경지에 이른 존재는 세상 사람들을 감화시킬 수 있다. 이러한 관점의 경지에 이른 존재를 『주역』에서는 '대인大人', '성인聖人'이라고 한다. 이 상태를 '건괘乾卦' 「문언전文言傳」에서는 "대인大人이란 존재는, 천지天地와 그 덕을 합하고, 일월日月과 그 밝음을 합하며, 사시四時와 그 차례를 합하고, 귀신鬼神과 그 길흉吉凶을 합한다(夫大人者, 與天地合其德, 與日月合其明, 與四時合其序, 與鬼神合其吉凶)."라고 하였다.[이처럼 「문언전」에서는 '대인'이 이러하다 하였는데, 이후 북송대 주돈이周惇頤(주렴계周濂溪)는 그의 『태극도설太極圖說』에서 이 '대인大人'을 '성인聖人'으로 바꿨다. '대인'을 '성인'으로 이해한 것이다] 동시대 장재張載(장횡거張橫渠)는 『주역』「계사전」의 '신神을 다하고 화化를 아는(窮神知化)' 존재를 '성인'으로 보았는데, 이는 곧 『주역』의 이치에 통달한 경지의 존재를 말한다.

69) 이런 '소인'과 '군자'는 인간을 인격의 기준에 따라 분류할 때이지만, 정치적으로는 또 다른 함의가 있다. 사실상 원래 소인과 군자의 분류는 정치 지위에 따른 신분으로 나누는 데서 유래했다. 즉 소인은 피지배계층인 인민 백성, 군자는 지배계층을 지칭하는 것이었다. 그러던 것이 이후 인격에 따라 나누는 성품의 유형이 되었다. 공자의 경우, 군자는 행동의 기준을 옳음(義)에 두는 인간 유형이고, 소인은 이익(利)에 따르는 인간 유형으로 본다. 『주역』이 성립될 당시에는 이 양자가 겸해졌다고 볼 수 있다. 그러다가 『주역』의 최초 해석인 「역전易傳」이 나온 춘추전국시대에는 공자처럼 도덕 기준에 따른 인간 유형이 매우 강해진 것이다. 사실상 인간 사회에서 하층의 인민 백성은 부와 권력에서 소외되어, 그로 인해 교육 기회에서도 소외되기 쉽다. 그에 대해, 지배계층은 부와 권력을 누리고, 그에 따라 교육 기회를 훨씬 많이 가진다. 그래서 인격의 타고난 가능성은 동등하지만, 백성은 어쩔 수 없이 교육 기회가 부족하여 교양이 부족할 수가 있고, 지배계층은 자신을 우아한 품성을 가진 듯 미화하기 쉽다. 그러다가 공자의 시대와 같은 때에는 이에 대한 반발로 부와 권력과 상관없이 도덕적 기준으로 인간을 나누어, 부와 권력을 가진 자라도 도덕적으로 소인으로 평가될 수가 있고, 부와 권력이 없는 이라도 군자로 평가될 수가 있었다. 예컨대, 공자가 가장 아낀 제자인 안회顔回는 빈한貧寒했지만, 공자에 있어서는 단연 군자의 인격으로는 대표 격의 제자였다. 그런데도 『주역』에서는 문맥에 따라 정치적, 도덕적 의미가 한쪽 또는 겸해져서 나오고 있다.

70) 맹자는 만일 누군가가 생존을 위한 최소한의 경제 여건(그는 이것을 '항산恒産'이라 했다)을 가지지 못하여, 인간으로서의 최소한의 양심(그는 이것을 '항심恒心'이라 했다.)을 가지지 못했다면, 그런 사람이 만일 백성이라면 그럴 수 있다고 양해해야 한다고 보았으며[『주역』의 표현대로라면 '허물이 없음(无咎)'], 이 책임은 오히려 그런 백성을 그러한 경제적 상태에 빠트린 지도층 그중에서도 위정자에게 있다고 보았다. 그러나 지도층의 경우는 비록 '항산'이 없어도 '항심'을 지킬 수 있다고 보았는데[맹자는 이 지도층을 폭넓게 봐서 최소한 '지식인(士)' 이상을 지칭했다.], 이는 바꾸어 말해서, 지도층은 오히려 그러한 의무, 즉 굶어 죽어도 '항심'을 지킬 수 있음, 아니 지켜야 한다는 것이다. 그렇지 않다면 『주역』의 표현대로라면 '부끄러운(吝)' 것이다.

71) 이러한 주나라가 후기에 접어들어, 중앙 정부의 무능함으로 인해 그 체제가 제대로 유지되지 못하는 상황에 이르게 되자, 각 지역 정부의 정치가, 즉 제후들이 세력을 키워 중앙 정부를 무시하고 새로운 정치 세력으로 나서게 되는데, 이때가 곧 춘추전국시대다. 이 시대에는 중앙 정부가 장악하고 있던 세상에 대한 지식과 정보의 독점력 역시 약해져서 그것이 민간에 흘러 들어가게 되고, 인민 백성도 시대에 따라 점차로 계몽되어, 이들 가운데 독자적 사상을 가진 지식인들이 나오게 된다. 이들이 곧 제자백가諸子百家로 일컬어지는 지식인과 그들의 학파이며, 그 선두 주자가 공자孔子와 그 학파인 유가儒家다. 이들 제자백가는 시대가 달라져 세상을 '엿보는' 정도의 지식에서 독자적으로 세상을 조망하는 사상을 가지게 되어, 천하 세상에 나아가 유세遊說한 것이다.

72) 오늘날 '관광觀光'이란 일상용어가 있다. 비록 그 의미는 다르지만, 용어의 유래가 생각되는 부분이다.

73) 원문에 '구오'에서는 '관아생觀我生'이라 했고, '상구'에서는 '관기생觀其生'이라고 했음에 주목할 필요가 있다. 퇴임 후의 입장에서 지난 일을 지칭하기 때문이다.

74) "唯仁者, 能好人, 能惡人." (『논어論語』 「이인里仁」)

75) 이는 '지리地理'를 포괄하여 말한다. 앞서도 말한, 『주역』 「계사전」에 나오는 '천문天文'과 '지리地理'는 하늘의 현상과 땅의 현상을 말하며, 그것은 자연의 문식이다. 이 자연의 문식을 전설상의 임금 복희씨伏羲氏가 '관觀'하고 '찰察'하여 『주역』의 '괘卦'로 표현했다고 전해진다.

76) 삼국시대 위魏의 왕필王弼은 이에 주注하기를, "'속백束帛'을 꾸미면 '구원丘園'이 낙후되

고, '구원'을 꾸미면 '속백'이 적어진다"라고 하여, 그 상대적 반비례 관계를 말하였다.

77) 한의학에서 철학의 취지처럼 '불인不仁'이란 용어를 썼지만, 북송대의 철학자 정호程顥(정명도程明道)가 오히려 다시 한의학의 취지를 거론하며, 의서醫書에 수족이 마비됨을 '불인'으로 정의함이 참으로 적절하다고 하였다. 그의 철학의 중심이 '인仁'에 있고, 그의 입장에서 세상에 사랑이 두루 미치는 것이 건강한 세상이므로, 역시 이를 인체에 빗댄 의서를 거론한 것이다. 공자의 '인'의 사상이 보다 세련된 이론으로 전개된 것이다.

78) "若民, 則無恒産, 因無恒心. 苟無恒心, 放辟, 邪侈, 無不爲已."(『맹자』「양혜왕梁惠王 상上」)

79) 특히 북송대의 소옹邵雍(소강절邵康節)은 한 우주가 생겼다 사라지는 한 단위를 1원元으로 보고, 그 과정을 12단계로 나눠 12회會로 보았는데, 그 첫 번째 단계가 곧 이 '복괘復卦'에 대응되는 단계다.

80) 『맹자』에서는 '성실함을 생각하는 것(思誠)'으로 표현했다. 같은 취지다.

81) "克己復禮爲仁."(『논어』「안연顏淵」).

82) 송宋 왕조를 세운 조광윤趙匡胤은 자신이 쿠데타로 왕권을 찬탈하여 나라를 세웠으므로, 그 자신 역시 그 대상이 될까 봐 국가의 무력武力을 약화하고 문치주의文治主義로 통치하였다. 이후 전기前期 송대인 북송대北宋代는 문화는 발전했으나 국방이 약해져, 거란契丹(요遼)과 서하西夏의 침략에 굴욕스러운 외교관계를 맺고 돈으로 평화를 샀다. 상대편의 강요와 협박으로 어쩔 수 없이 매년 재물을 주면서도, 오히려 '하사下賜'한다는 명분으로 허울뿐인 자존심을 내세웠다. 내적으로도 부패하여 『수호전水滸傳』의 시대 배경이 북송대임이 우연이 아니다.

83) '대축괘'의 '축畜'의 의미에는 세 가지가 있다. 효사의 측면에서는 그침, 제지함(止)의 의미가 있고, 괘사의 측면에서는 세상에 쓰일 훌륭한 인재를 기름(養)과 좋은 역량과 자본을 쌓는다는 의미가 있으며, 그리고 「단전彖傳」에서 해석하는 측면에서는 이 상황에 처한 주체가 스스로 덕행을 닦음(修)의 의미가 있다. 그래서 이러한 의미가 종합적으로 반영된다.

84) 원래 '삼'과 '상'은 음과 양일 경우 호응하는 것이어서, 이처럼 둘 다 양인 경우는 통상 배

척하는 것으로 봐야 한다. 그러나 '대축괘'의 경우는 그렇지 않아서, '상구' 역시 '대축'의 지나친 상태로 보지 않고 '天之衢'란 긍정 평가를 할 뿐만 아니라, '구삼'과도 호응하는 상황으로 보아, 역가易家에서 일종의 변례變例로 간주한다.

85) 그런데 한편으로 달리 해석하면, '송아지(童牛)'일 때는 아직 뿔이 없다. 따라서 송아지가 함부로 날뛰어서 뿔로 아무것이나 들이받지 않도록 막기 위한 '뿔빗장(牿)'이 근본적으로 필요가 없다. 그러므로 '童牛之牿'이란 필요 없는 것의 비유라는 것이다. 여기서 '뿔빗장(牿)'은 강제적 수단이다. 즉 '육사'의 국가 운영자들이 '초구'인 국민의 욕구에 대해, 권위주의 독재 시절처럼 강압적으로 탄압하는 방법을 써서 그것을 누르는 것을 말한다. 그래서 '童牛之牿'은 '童牛'에게 '牿'이 필요 없듯이, '육사'가 국민에 대해 '뿔빗장(牿)'으로 비유되는 강제적 수단이 필요 없어서 쓰지 않고, 도덕적 감화와 합리적 설득으로 문제를 해결하기 때문에, 그것이 '크게 좋다(元吉)'는 것이다. 취지는 마찬가지다.

86) 한편, 또 다른 해석으로는 이 효사의 '豶豕之牙'의 '牙'가 '어금니'가 아니라 수컷의 '생식기'라는 것이다. 중국의 어떤 지방에서는 '수돼지(公猪)'를 '牙猪'라고도 불러 '암돼지(母猪)'에 대응하는 표현으로 쓴다. 그래서 불깐 돼지는 성질이 유순해지고 생식 욕구가 없어져 더 이상 생식기가 쓸모없게 되어, '豶豕之牙' 역시 '쓸모없는 것'의 비유라는 것이다. 즉 '구이'의 국민들이 국가에 과도한 요구를 하지 않도록, 근원적으로 해결될 수 있는 정책을 쓰면 나라가 좋게 된다는(吉) 것이다. 역시 취지는 마찬가지다.

87) 통상 『주역』의 괘에서, 맨 윗자리 '상'은 상황의 극단으로서 부정적 의미를 띠지만, '대축괘'의 경우는 오히려 많은 문제를 해결하여, 그 후의 좋은 결과를 누림을 말하는 특별한 상황이다.

88) 세속에서는 '虎視眈眈'이 흔히 부정적인 나쁜 뜻으로 쓰여, 오히려 남의 것을 빼앗기 위해 형세를 살피며 기회를 엿본다는 의미로 알려져 있기도 하다. 하지만 원래 출전인 여기서의 뜻은 비록 범이 그렇게 먹잇감을 노리는 것을 말하는 표현을 빌었지만, 거기에서 먹잇감을 자세히 살피는 의미를 취하여, 백성의 어려움을 자세히 살피는 취지로 쓰인 것이다.

89) 이 '逐逐'에는, '高峻', '계속하다', '心煩', '敦實', '漸漸' 등의 해석이 있다. 여기에서는 '高峻'의 의미로 보아, '높은 뜻'으로 새겼다.

90) 그러나 올바른 위정자가 집권해 있음에도 불순한 소인배들이 실제 정의롭지 못한 반란

을 도모하는 경우도 있다. 이 경우의 판단은 위정자의 지혜에 의존할 수밖에 없을 것이다.

91) "人不知而不慍, 不亦君子乎?"(『논어論語』「학이學而」)

92) "不患人之不己知, 患不知人也."(『논어論語』「학이學而」)

93) "象日: 澤滅木, 大過, 君子以獨立不懼, 遯世无悶." 여기에서 '遯世无悶(세상에서 은둔해 있어도 근심함이 없다)'은 '건괘乾卦 · 초구初九'의 「문언文言」에도 있다. 그 상황과 취지가 상통한다는 이야기다.

94) "지사志士와 인인仁人은, 자신의 목숨을 구하려고 인仁을 해치는 경우는 없어도, 오히려 자신을 죽여서도 인仁을 이루는 경우는 있다(志士仁人, 無求生以害仁, 有殺身以成仁)." (『논어』「위령공衛靈公」)

95) 자로가 말하기를 "선생님께서 삼군三軍을 지휘하신다면, 누구와 함께하시겠습니까?"라고 하자, 공자는 말하기를 "맨손으로 호랑이를 때려잡으려고 하거나, 맨몸으로 황하를 건너려고 하면서, 죽어도 후회하지 않는 자와는 내 함께하지 않겠다. 반드시 일에 임하여 두려워하고, 계획 세우기 좋아하여 성공하는 자와 함께할 것이다"라고 하였다.(子路日, "子行三軍, 則誰與?" 子日, "暴虎馮河, 死而無悔者, 吾不與也. 必也臨事而懼, 好謀而成者也.") (『논어論語』「술이述而」).

96) "天將降大任於是人也, 必先苦其心志, 勞其筋骨, 餓其體膚, 空乏其身."(『맹자孟子』「고자告子 하下」)

97) "知生於憂患而死於安樂也."(『맹자孟子』「고자告子 하下」)

98) 독일 철학자 야스퍼스(K. Jaspers)는 이런 철학자들이 동시다발적으로 대거 나타난 시기를 '축시대軸時代(Achsenzeit)'라고 하였다.

99) 그런데 '리괘'의 시대는 새로운 희망과 폭발하는 갈등이 공존하는 아이러니의 시대다. 새로운 희망의 측면에서는 중세 기득권 세력의 독점적 정치 권력과 경제 이익의 장악을 위한 고착화된 계급의 신분제와 그로 인한 민중의 자유 박탈을 타파하는 시도이지만, 다른 한편으로는 중세시대의 지배 세력에 의해 강압적으로 억압된 구성원의 욕망 또한, 그 체제의

안정이 깨어지면서 그에 따라 폭발적으로 일어나 시대의 갈등을 유발한 것이다. 근대화 과정에서 나타난 탐욕의 자본주의와 제국주의 출현이 그것이며, 동시에 민중의 입장에서는 중세봉건의 구체제를 타도하자 바로 나타난 새로운 착취 형태가 이 자본주의, 제국주의로서, 민중의 새로운 극복과제가 된 것이다. 따라서 근대의 '리괘' 시대는 합리적, 이성적 문화 문명을 꿈꾸지만, 동시에 탐욕이 한꺼번에 분출되면서, 정치적, 경제적 측면의 수많은 갈등이 폭발적으로 일어나고, 이에 따라 오히려 불합리하고, 비이성적인 폭력이 수반되는 정치적 사변이 동시에 일어난다. 문화 문명의 '리괘'는 아이러니하게도 바로 이 점도 반영하고 있다. 이러한 것은 진정한 근대화의 문화 문명 달성이 어려움을 말하는 것이기도 하다. 중세시대에 억눌렸던 인간의 욕망이 근대화 과정의 자유와 평등의 기치 아래 한꺼번에 표출되면서, 인간의 이성적 도덕심과 더불어 잠재되어 있던 원초적 탐욕이 더불어 나타나기 때문이다. 그래서 봉건적 구체제를 전복하여 근대적 정치체제를 수립하는 과정의 혁명이나 개혁 과정에서 유혈의 정치 사변이 나타나기도 한다. 또한 정치 권력체제에 수반된 경제적 관계 또한 변화되면서, 과거 봉건귀족과 하층 농민, 농노의 관계에서 자본가와 노동자의 관계로 바뀌는 새로운 착취관계가 나타나기도 하며, 국가 간에는 강대국이 약소국을 침탈하여 식민지화하는 제국주의가 나타나는 것이다. 이러한 국가 간의 경제적 투쟁이 세계대전을 낳고, 다시 이러한 것이 새로운 이념의 갈등으로 나타나서, 이에 따른 전쟁을 겪기도 한다. 이러한 투쟁 관계는 이후에도 계속 현재형으로 진행되는 것으로, 진정한 '리괘'의 근대화 역시 현재형이다.

100) 브루노는 교황 클레멘스 8세의 명령에 따라 1600년 2월 17일, 로마의 캄포 디 피오리 광장에서 화형에 처해졌다. 그때 브루노는 "선고를 받는 나보다도, 나에게 선고를 내린 당신이 진리 앞에 두려워하고 있는 것은 아닌가"라는 말을 남기고, 입에 재갈이 물린 채 불에 타 죽었다. 그는 자신이 불에 타 죽어가고 있을 때, 그에게 전해진 십자가를 거부하여 스스로 선택한 죽음 앞에서 자신의 신념을 끝까지 지켰다.

101) 『주역』 전체가 64괘로 구성되어 있지만, 정확히 반분하여 상하로 나누지 않고, 「상경」은 '건괘乾卦'로부터 '리괘離卦'까지의 30개의 괘, 「하경」은 '함괘咸卦'로부터 마지막인 '미제괘未濟卦'까지의 34개의 괘로 나눈다. 『주역』을 해석하는 역사인 역학사易學史의 초창기부터, 「상경」은 하늘 이치(天道)를, 「하경」은 사람 이치(人道)를 주로 말한다고 하였다. 그러나 이런 해석은 『주역』 전반을 볼 때 그다지 타당하지 않은 생각이다. 「상경」이라고 해서 사람의 일을 말하지 않는 것은 아니고, 「하경」이라고 해서 하늘, 즉 자연의 일을 말하지 않는 것은 아니다. 실제 역학사를 두고 볼 때도 위진魏晉시대의 한강백韓康伯을 비롯해 많은 사람이 그런 해석에 반대한 바 있다. 이렇게 '상', '하'로 나누는 것은 『한서漢書』 「예문지藝文

志」에서 '이편二篇'이라는 말을 사용함과 그 후 남송 주희朱熹(주자朱子)의 '상경'과 '하경'으로 나눈 『주역본의周易本義』가 후세의 통행 판본이 됨과 관련 있다는 말이 있다. 그러나 「단전彖傳」과 「상전象傳」이 상, 하로 나누어져 있고, 또 「서괘전序卦傳」도 내용상 둘로 구분되어 있으므로 전국시대에 이미 그렇게 나누어졌다고도 한다. '편篇'을 '경經'으로 표현한 것은 물론, 『주역』을 '경전經典'으로 존중함으로 인해서 그런 것이다. 어쨌든 「상경」을 '건괘'에서 '리괘'까지로 하고, '함괘'에서 「하경」이 시작하는 것으로 구분하는 것은 외견상 의미가 있다고 볼 수는 있다. 「상경」의 마지막 두 괘가 '습감괘', '리괘'이며, 「하경」의 마지막 둘은 '기제괘', '미제괘'로서 '습감괘☵☵'는 감괘☵가 거듭된 것이고, '리괘☲☲'는 리괘☲가 거듭된 것인데, '기제괘', '미제괘'는 또 모두 감괘☵, 리괘☲를 구성요소로 하고 있기 때문이다.

102) 그래서 본서에서는 '상경(상편)'과 '하경(하편)'의 구분을 두지 않고, 계속 이어지는 연속적 의미 파악을 중시하려고 한다.

103) 그래서 이 효의 「상전象傳」에 "준항浚恒의 흉함은 처음부터 깊음을 추구하기 때문이다(浚恒之凶, 始求深也)."라고 말한다.

104) 한漢 문제文帝는 한漢의 제5대 황제로 한漢 고조高祖 유방劉邦의 넷째 아들이다. 그런데 묘하게도 그의 이름은 지금 말하고 있는 '항괘恒卦'의 '항恒'이다. 즉 '유항劉恒'이다. 이 문제文帝의 첫 번째 황후가 죽고 두 번째 황후가 된 효문황후孝文皇后 두의방竇漪房(자字가 의방漪房)은 무제武帝 유철劉徹의 할머니인 두태후竇太后다. 한조漢朝는 한 고조 유방劉邦의 황후인 여후呂后와 문제文帝가 도가를 좋아하였고, 문제文帝의 아들인 경제景帝는 법가 사상가를 등용하였다. 그런데 경제의 어머니이자 무제의 할머니인 두태후가 도가의 열렬한 신봉자로, 16세에 제위에 오른 무제는 유가를 중시하려고 했지만, 할머니 두태후로 인하여 뜻을 이루지 못하다가, 두태후가 세상을 떠나고 나서야 비로소 '유교儒敎'를 국가 이데올로기로 삼았으니, 이 이전의 한조는 도가를 통치 사상으로 한 것이다.

105) 앞에서 언급한 바 있는 오기吳起는 의리와 믿음을 중시하여 친구와 저녁 식사 약속을 하고 난 후, 그 친구가 갑자기 일이 생겨 약속을 지키지 못했음에도, 식탁 옆에서 밤새 친구를 기다렸고, 이튿날 친구가 오자 함께 식사했다. 심지어 이런 경우도 있었다. 자신을 비웃는 사람들을 죽이고 자신의 조국인 위衛나라를 떠나 노魯나라로 도망치면서, 노모 앞에서 자신의 팔을 깨물어 맹세하기를, 상경上卿이나 재상宰相 같은 큰 벼슬을 하지 못하면 절대 돌아오지 않겠다고 했다. 이후 노나라에 가서 공자의 제자인 증자曾子의 문하에서 배웠는

데, 노모가 세상을 떠났다는 소식을 듣고도 자신과의 약속을 지켜야 한다는 이유로 어머니 장례를 위한 귀국을 하지 않았다. 이에 증자에게 불효의 평가를 받아 그 문하를 떠났다. 그런데 이러한 측면과 더불어 앞에서 말한 대로, 벼슬을 위해 아내를 죽이기도 하는 신의 없는 행동도 하였다.

106) 이 '遯卦'의 '遯'자를 '돈'으로 읽는 이들도 있으나, 그 합당한 이유가 없다고 생각하며, '둔'으로 읽어야 한다고 생각한다.

107) 삼국시대 오吳의 우번虞翻은 이 '비否'를 '비괘否卦'의 '비否', 즉 '막힘'의 의미로 봤는데, 소인에게는 막혀 있는 상황이라는 것이다.

108) 요堯 임금이 자신 다음으로 천하를 다스릴만한 인물로 허유許由를 생각하고는, 그를 찾아 천하를 맡아 달라고 요청하였다. 이에 허유는 거절하고, 더러운 천하를 맡아달라는 더러운 소리를 들었다며, 시냇물에 귀를 씻었다. 그때 같은 은자인 소부巢父가 소에게 물을 먹이려고 시냇물가에 왔다가, 허유가 귀를 씻는 것을 보고 그 연유를 물었다. 허유의 이야기를 다 들은 소부는 그 자리에서 소에게 물을 먹이지 않고 상류로 올라가려 하자, 허유가 그 연유를 물으니, 그대가 요임금으로부터 더러운 천하를 맡아달라는 더러운 소리를 들은 더러운 귀를 씻은 더러운 물을 내 소에게 먹일 수 없어서, 더 깨끗한 상류로 가노라고 하였다는 전설이 있다.

109) 이 경우는 '비둔肥遯'의 '비肥'를 '비飛'와 통하는 것으로 보는 견해에 따라, '나는(飛) 은둔'으로 해석하였다.

110) "危邦不入, 亂邦不居. 天下有道則見, 無道則隱. 邦有道, 貧且賤焉, 恥也; 邦無道, 富且貴焉, 恥也."(『논어』「태백泰伯」)

111) 황종희 자신은 처음 『대방록待訪錄』이라고만 하였으나, 이후 간행될 때 책의 취지에 따라 '명이明夷'라는 말이 붙었다. 루소보다 100년 앞서 봉건 군주제를 비판하고, 민주 계몽사상을 설파한 글이다. 황종희는, 청나라 말 중화민국 초기 지식인들에 의해 '중국의 루소'로 일컬어졌다.

112) 통계적으로 오른손잡이 또는 오른발잡이가 절대다수를 차지하는 상황에서, 『주역』의 저자는 왼쪽 허벅다리의 손상은 아직 치명적이지 않은 상태로 보고 쓴 비유다.

113) 『서경書經』 「주서周書 · 홍범편洪範篇」에 '홍범구주洪範九疇'의 내용이 있다.

114) 여기에서 '假'을 '격格'으로 해석하는 데 있어서 여러 해석에서 동의한다. 그런데 그 뜻에
는 다른 부분이 있다. 정이程頤는 '至'의 의미로 보면서, 그것을 '다함(極)'의 뜻으로 보았
고, 소식蘇軾과 주희朱熹 역시 '至'로 보았지만, '이르다'는 뜻으로 보았다. 여기서는 '격格'
으로 보되 '감화感化'의 의미로 본다. 사실상 어느 쪽으로 보든 왕이 집안을 경영, 관리하며
집안 구성원에게 영향을 미친다는 취지는 비슷하다. 그러나 『대학』에서의 취지처럼, '수신
修身'으로 얻은 '德'의 공효가 구성원에 대한 '도덕적 감화력'으로 나타나서, 먼저 '가家'의
구성원에서 시작하여 '국國'의 구성원을 거쳐, 궁극적으로는 '천하天下'의 구성원에게 그
영향을 미친다는 측면에서 볼 때는, '감화感化'로 해석함이 의미상 더욱 선명해 보인다고
생각한다.

115) 『시경詩經』 「대아大雅 · 문왕지십文王之什 · 문왕文王」

116) "古之欲明明德於天下者, 先治其國; 欲治其國者, 先齊其家."

117) 『노자』의 "그 마음을 비우고(虛其心), 그 배를 채우며(實其腹), … 하지 않음을 행하면 다
스려지지 않음이 없다(爲無爲, 則無不治)"라는 정신이라고 할 수 있다.

118) 한편 『주역』 「설괘전說卦傳」에 근거한 북송대北宋代 소옹邵雍(소강절邵康節)의 '문왕후천
팔괘도文王後天八卦圖'에 서남은 곤괘坤卦☷ 자리이고, 동북은 간괘艮卦☶ 자리인데, 곤괘
는 '평지'를 말하여 그 지세가 다니기 좋지만, 간괘는 험준한 산을 말하여 다니기에 좋지
않으므로, 서남쪽이 이롭고, 동북쪽은 이롭지 않다고 말하기도 한다. 역시 북송대의 정이
程頤(정이천程伊川)도 이런 취지로 해석하였으며, 이후 남송대南宋代의 주희朱熹(주자朱子)
가 계승하였다. 그러나 이러한 것은 후대의 해석으로서, 『주역』이 성립될 당시의 원래 뜻
인지는 알 수 없다. 차라리 주 문왕 때의 주 왕조와 상 왕조의 입지를 두고 말한 것이라고
보는 것이 적절하다. 어쨌든 그 취지는 방위 자체에 있기보다는 '건괘蹇卦'의 난국을 해결
하려는 정치적 주체 세력의 입지를 두고 말한 것이라고 볼 수 있으므로, 유리한 곳에 처하
고 불리한 곳에 처하지 말라는 것으로 봄이 적절하다.

119) 어떤 견해로는 앞의 '건괘蹇卦'에서처럼, 서남쪽은 『주역』 「설괘전說卦傳」에서 곤괘坤卦☷
를 말하고, '곤괘'는 안정된 '평지'를 말한다고도 한다. 그러면서 '해괘'에서는 언급하지 않
는 동북쪽이 서남쪽을 해방하는 해결 주체이고, 서남쪽이 해방되는 쪽이라고 한다. 그러나

비록 이 견해에 동의할 수 없다 하더라도, 사실 크게 중요하지 않다. '해괘'의 전체 취지가 중요하다.

120) 『맹자』 「양혜왕梁惠王하下」참조.

121) 역시 지루한 협상 후에 대한민국이 빠지고 체결된, 서명 즉시 발효하지 않고 12시간 후 발효하게 하여 전쟁 막판에 다시 엄청난 희생을 낳은, 그래서 발효 시점으로 볼 때 전선의 군인들을 전혀 아랑곳하지 않은, 협정 당사자들 수뇌부만의 불인不仁하고 잔혹한 협정이 었다. 영화 '고지전'에 잘 묘사되어 있다. 바로 그 전선의 눈보라 몰아치던 고지의 병사였던 필자의 마음을 아프게 하였다.

122) 『맹자』 「등문공滕文公상上」, "或勞心, 或勞力; 勞心者治人, 勞力者治於人; 治於人者食人, 治人者食於人: 天下之通義也." 참조.

123) 고대에는 제사 지낼 때 제수를 진설하면서 아주 융성한 경우는 '팔궤八簋'를, 중간 정도는 '사궤四簋'를, 가장 검소한 경우는 '이궤二簋'를 썼다. '궤簋'는 제사 지낼 때 서 직黍稷을 담는 제기로서, 둥근 것은 '보簠'라고 하고, 네모난 것을 '궤簋'라고 한다.

124) 이 '초구'에 대해서 정이程頤와 주희朱熹 등은 『주역』의 저자가 백성이 빨리 윗사람을 위해서 자신을 희생하는 도리를 강조하는 것으로 해석하였다. 이 취지는 옛날 「상전象傳」의 이 부분 해석에서도 윗사람과 뜻을 합한다(尙合志也)고 하여 이미 있었던 것이지만, 「상전」 이든 정이와 주희의 해석이든 이것은 모두 봉건시대에 지배층 중심으로 해석한 것이라고 할 수 있다. 이런 해석은 뒷부분 '酌損之'의 취지를 상대적으로 가볍게 다룬 것이며, 「상전」 에서는 이를 언급조차 하지 않았다. 그러나 백성이 나라와 임금을 위해 자신을 희생하는 도리는 봉건시대에 강조되긴 하였지만, 한편으로 지배층의 탐욕의 동기가 있을 수도 있는 상황에서 맹목적 희생은 옳지 않음을 『주역』의 원문에서 '酌損之'로써 말하고 있는 것이다. 즉 지배층의 동기가 불순하면, 그것을 헤아려 보아서 옳지 않으면 따르지 않을 수도 있고, 심지어 혁명을 할 수도 있는 것이 고대 유가 사상의 취지이기도 하다.

125) '십붕지귀十朋之龜'의 '귀龜'는 의문을 해결하기 위해 점치는 데 쓰는 사물이므로, 지혜를 상징한다. 동시에 이것은 큰 보물이기도 하다.

126) '或益之十朋之龜, 弗克違'는 앞의 '손괘損卦' '육오六五'에도 있다. '손괘'를 180도 뒤집으

면 되는 '익괘益卦'에서는 그 말이 이제 '육이六二'에 있게 된다. 그런데 '손괘' '육오'에서는 이에 대한 평가로 '元吉'이라고 했고, '익괘' '육이'에서는 '永貞吉'이라고 한다. '손괘' '육오'는 임금의 자리로 그것을 상징하는 '元'을 말하였고, '익괘' '육이'는 신하의 자리이므로, 그 공직 수행의 태도를 두고 '永貞'이라고 말하였다. 한편 둘 다 나오는 '十朋之龜'는 '큰 보물'의 의미도 있지만, '귀龜'가 어떤 의심되는 일을 판단하기 위해 점占을 칠 때 쓰는 도구의 하나이므로, 그중에서도 크게 영험한 '龜'이므로, '지혜'를 상징하기도 한다. 그래서 '十朋之龜'는 '수많은 지혜로운 인재'를 의미하기도 한다. 여기서는 '큰 보물'로 보았다.

127) 만일 전시에 그러한 경우가 발생했다면, 심지어 군사 동원 같은 일이 발생했다면, 역심逆心이 없었다는 것을 보여야 한다. 여기서 '홀[圭]'은 '성실'과 '신뢰'를 상징한다.

128) 이 '익괘'의 '육삼'과 '육사'에 모두 '中行'이라는 말이 있다. '중中'은 원래 하괘의 가운데인 '이二' 자리와 상괘의 가운데인 '오五' 자리를 지칭한다. 그런데 여기 '육삼'과 '육사'에 '中行'이 있음은 육획괘 전체를 두고 볼 때 '삼三'과 '사四'가 가운데이므로 그러하다는 견해가 있다.

129) 상괘는 태괘兌卦≡로서 그 못에 있는 물의 기운이 하괘인 건괘乾卦≡ 하늘의 위쪽에서 비를 내림이다. 이때 군자가 홀로 실행하다가 그 물의 기운을 받아 몸을 적시니, 이는 곧 '상구'의 반격을 받음이다.

130) 공자는 "향원鄕原은 덕을 해치는 도적이다(鄕原, 德之賊也)."(『논어』 「양화陽貨」)라고 하였다('향원鄕原'은 '향원鄕愿'이라고도 함). '향원'은 한 공동체에서 언행이 일치하지 않으며, 위선적으로 세상을 속이는 사람을 말한다. '위군자僞君子', 즉 '거짓 군자'다. 맹자는 공자의 말에 대해서 이렇게 제자에게 설명했다. "그를 비난하려고 해도 딱히 들어서 말할 것이 없고, 나무라려고 해도 딱히 나무랄 것이 없으며, 흘러가는 시속에 적당히 맞추고 더러운 세상에 적당히 부합하며, 평소의 태도는 충직한 듯, 신실한 듯이 보이고 행동은 청렴결백한 듯 보여, 무리가 모두 그를 좋아하고, 자신도 옳다고 여기지만, 요순堯舜의 도에는 함께 들어갈 수 없기 때문에 '덕을 해치는 자'라고 (공자께서) 말씀하신 것이다."(『맹자孟子』 「진심盡心 하下」) 우리 전통사회에서는 향리鄕里에서 겉으로는 선량하고 덕이 있는 사람인 척 행동하면서, 실제로는 환곡이나 공물과 같은 데서 수령을 속이고 백성을 괴롭히며 자신의 사리사욕을 채우는 악덕 토호土豪를 말하는 것으로 쓰이기도 했다.

131) 『주역』 문헌에서는 이처럼 '박괘剝卦' 다음 '복괘復卦', '쾌괘夬卦' 다음 '구괘姤卦'이지만,

한대漢代의 '괘기설卦氣說'에서 시작된 12벽괘辟卦에는 음양 기호의 밀고 당김을 순차적으로 표시하는 과정에서 '박괘剝卦'와 '복괘復卦' 사이에 순음의 '곤괘坤卦'를 두고, '쾌괘夬卦'와 '구괘姤卦' 사이에 순양의 '건괘乾卦'를 두었다. 이를 가지고 북송대北宋代 소옹邵雍(소강절邵康節)이 역사의 변화를 설명할 때, '쾌괘夬卦'와 '구괘姤卦' 사이 순양의 '건괘乾卦'로 가장 이상적인 사회인 요堯·순舜시대를 상징하였다. 그런데 현실을 말하는 『주역』 문헌 중 64괘 전체의 변화 속 괘의 전개에서는 '쾌괘夬卦' 다음 바로 '구괘姤卦'가 오니, 이상 사회는 꿈 같이 매우 짧은 것이다.

132) 『주역』에서 군자를 양, 소인을 음으로 두고, 남자를 양, 여자를 음으로 둔다고 해서, 남자는 모두 군자, 여자는 모두 소인이라는 등식이 성립하는 것은 아니다. 군자와 소인의 분류 범주와 남자와 여자의 분류 범주는 별개다. 일 년 중 더위가 양이고, 추위가 음이며, 하루 중 낮이 양이고 밤이 음이라고 해서, 더위는 낮, 추위는 밤이라는 등식이 성립되지 않음과 같다. 더위와 추위, 낮과 밤, 군자와 소인, 남자와 여자를 두고 말할 때, 오직 그 한 쌍의 상관관계에서만 성립하는 것이다. 이 점은 『주역』에서의 음양 범주 의미에 모두 적용된다. 만일 군자와 소인, 남자와 여자의 두 쌍의 범주를 연계시킨다면, 남자 중에 군자인 남자가 있고 소인인 남자가 있으며, 여자 중에 군자인 여자가 있고 소인인 여자가 있다. 흉악한 살인마 남자가 군자가 아니고, 천사 같은 성품을 지닌 여자가 소인이 아니라는 것을 생각하면 된다. 여기서는 다만 가부장적 사회의 시대적 한계로 인하여, 군자가 양임에 대하여 소인이 음이고, 남자가 양임에 대하여 여자가 음이라는 점을 가지고 비유로서 말한 것이다. 그리고 『주역』에서의 음과 양의 개념은 적용하는 한 쌍 내에서의 상대적인 관계에 관한 것이다. 음은 자연적으로 볼 때는 수렴성, 수동성, 소극성의 성향이고, 양은 발산성, 능동성, 적극성의 성향이다. 그리고 이 적용은 한 쌍 내에서의 비교에서만 말한다. 그리고 어떤 상대에서는 양인 것이 다른 상대에서는 음일 수도 있다. 하나의 밝은 조명기구가 그보다 어두운 조명기구보다는 양이지만, 더 밝은 조명기구에 대해서는 음이다. 모든 것은 비교 대상에 따라 그 쌍 내에서만 성립하는 개념이다.

133) 이 '효변爻變' 이론은 『춘추좌씨전春秋左氏傳』에 그 용례가 보이는데, 『주역』 매 괘의 매 효는 그 음이 양으로, 양이 음으로 바뀐 것을 지칭한다는 이론이다. 예컨대 '건괘乾卦☰' '초구'는 '건괘'의 맨 아래 획인 양이 음으로 바뀐 '구괘姤卦☴'를 지칭하고, '건괘' '구이'는 '건괘'의 두 번째 획인 양이 음으로 바뀐 '동인괘同人卦☲'를 지칭한다는 것이다. 마찬가지로 '곤괘坤卦☷' '초육'은 '곤괘'의 맨 아래 획인 음이 양으로 바뀐 '복괘復卦☳'를 지칭하고, '곤괘' '육이'는 '곤괘'의 두 번째 획인 음이 양으로 바뀐 '사괘師卦☵'를 지칭한다는 것이다. 그리고 모든 괘 자체는 아무 획도 변하지 않은 '불변不變'의 상태를 지칭한다는 것이

다. 64괘 384효가 모두 이런 방식으로 설명된다. 이 이론은 훗날 조선조 정약용丁若鏞이 상세히 밝혔다. 자세한 것은 정약용의 『주역』 해석 방법에 대하여 연구한 필자의 박사학위 논문을 참고하기 바란다. 필자의 박사학위 논문에는 앞서 말한 '괘변卦變' 이론에 관해서도 설명하고 있으니, 더불어 참고할 수 있다.

134) '쾌괘' '구사'에도 "臀无膚, 其行次且"가 있다. '쾌괘'를 거꾸로 뒤집어 '구괘'가 되면, '구삼'의 위치가 된다. '쾌괘' '구사'의 좌불안석, 갈팡질팡함은 '상육'의 음을 고려하며 눈치를 보는 것이고, '구괘'에서는 그 상태가 뒤집혀도 역시 음인 '초육'을 고려하며 눈치를 보는 것이다.

135) 두 번째 '내乃'를 '기其'로 고쳐야 한다는 주장이 있다. 그럴 경우 글은 '乃亂其萃'가 되어 '이에 기존의 체제 통합 상황을 혼란스럽게 만든다.'는 의미로 해석할 수도 있다.

136) '약禴'은 제사의 이름이다. 하夏나라와 상商나라 때는 봄제사를 '약禴'이라 하고, 주周나라 때는 그것을 고쳐서 여름제사를 '약禴'이라 하였다. 봄과 여름은 모두 아직 수확하기 전이어서 백성이 빈궁할 때이다. 그래서 이때의 제사는 그 제수가 부족하고 소박할 수밖에 없다. 그래서 '약禴'은 '박제薄祭'를 말하는 것이 되고, 여기서는 검소하고, 소박함을 상징하는 행동이 되는 것이다.

137) 여기서 말하는 바는 이러한 입신양명의 출세 위주의 가치관이 바람직한가 아닌가의 문제는 아니다. 지금 말하는 것은 '가치'의 문제가 아니라, 『주역』이 말하는 변화의 법칙상 전개되는 '사실'의 문제다.

138) 『주역』이 쓰인 곳이 북반구여서, 태양이 남쪽으로 기울어 운행되기 때문에, '남쪽'은 곧 '빛', '밝음'을 상징한다.

139) 『주역』을 지었다는 주周나라 문왕文王이 상商나라 주왕紂王의 신하였을 때, 천하의 3분의 2가 그의 덕을 칭송하며 그에게 귀순했지만, 아직 주왕의 신하라는 점에 마음을 겸허히 하고, 주왕의 박해 속에 그에 의해 유리羑里라는 곳에 연금되는 고초를 겪으면서도 참고 훗날을 도모하였다. 문왕이 상나라의 제후이던 시절 상나라 중심지의 서쪽 방면에 있어서 서백西伯이라 일컬어졌는데, 기산岐山은 그곳에 있는 그의 근거지인 서산西山이다. 즉 '육사'의 단계에서는 문왕이 은인자중하며 겸허한 마음으로 제사 지내는 경건함으로 훗날을 기다리듯, 개인도 나라도 그 마음을 본받으라는 것이다.

140) '곤괘困卦' 「단전象傳」에 '곤궁하여도 그 형통할 바를 잃지 않는 이는 오직 군자뿐이리라!(困而不失其所亨, 其唯君子乎!)'라고 한 취지다.

141) "말을 교묘하게 하고, 얼굴빛을 보기 좋게 꾸미는 자는 인仁이 적은 것이다(巧言令色, 鮮矣仁)." (『논어』 「학이學而」)라는 취지다.

142) "지사志士와 인인仁人은 자신의 삶을 추구하기 위해 인仁을 해치지 않고, 오히려 자신을 죽여서라도 인仁을 이룬다(志士仁人, 無求生以害仁, 有殺身以成仁)." (『논어』 「위령공衛靈公」)라는 것이다.

143) 여기에서 '삼세부적三歲不覿'이란 말 속의 '삼 년'은 흔히 어떤 구체적 기간을 말하는 것이 아니라 그 정도의 긴 시간을 말하는 것으로 해석되곤 하지만, 1997년에 시작된 대한민국의 외환위기로 인한 세칭 'IMF 관리체제'는 묘하게도 딱 맞아떨어지는 '삼 년'이었다[즉 1997.12.3.(대한민국이 IMF으로부터 자금을 지원받는 양해각서를 체결한 날)~2000.12.4.(당시 대통령이 "국제 통화 기금의 모든 차관을 상환하였고, 우리나라가 'IMF 위기'에서 완전히 벗어났다"라고 공식 발표한 날)].

144) '주불朱紱'은 왕의 옷으로서, 무릎을 덮는 용도다. 무릎은 국민 백성을 상징한다. 주불로써 무릎을 덮음은 왕자王者, 즉 지도층이 국민 백성들을 위한 해결책을 내놓는 것이다.

145) '적불赤紱'은 제후의 옷이다. 즉 지도자인 임금에 대해 신하와 백성을 상징한다. 강압적 정책이 오히려 역효과를 내어 임금이 정치적 곤경에 처함을 상징한다. 여기서 '제후'는 임금이 협조를 구하여야 할 정치적 세력이므로, 오늘날로 말하자면 각 지역의 정치 세력이나 경제에 영향을 미치는 여러 기업가를 말한다고 할 수 있다.

146) '구이'에서는 '利用享祀'라고 하고 '구오'에서는 '利用祭祀'라고 하였는데, '향享'은 '인귀人鬼'에 대한 것이고 '제祭'는 '천지天地'에 대한 것이다. '구이'는 '신하'이고 '구오'는 '임금'이므로, 상하 신분에 따라 제사의 대상과 명칭이 다르다. 어쨌든 모두 제사 자체를 두고 이야기하는 것이 아니라, 나라의 지도자가 제사 지낼 때와 같은 마음가짐인 '성경誠敬'으로 직무를 수행하고 나라의 구성원들을 대하라는 취지다.

147) 이후 철학 시대에는 이 '천명'이 철학적 용어가 되어, 『중용中庸』에서는 하늘이 명한 것, 즉 하늘이 부여한 것을 '성性', 즉 '본성'이라고 하였다. 『중용』의 맨 첫 명제인 '천명지위성

天命之謂性'이 그것이다.

148) 이처럼 동아시아 한자漢字 문화권의 '혁명革命'이란 용어의 어원으로 보면, 하늘이 특정 지배자에게 부여한 명命, 즉 천명天命을 바꾸어 새 지배자에게 준다는 것이다. 상층 지배계급 사이의 정변에 의한 교체이므로 서양말의 '쿠데타(coup d'Etat)'에 가깝다. 그러나 오늘날 '혁명'이란 말은 오히려 사회 전반의 변혁이나 아래에서의 변혁인 서양말, 예컨대 영어의 경우 'revolution'의 번역어로 쓴다. 그러니 어원적으로는 엄밀한 의미에서 '혁명'과 'revolution'은 다르다고 할 수 있다. 그렇지만 왕조를 바꾸든가, 체제 자체를 바꾸든가 하여 송두리째 시스템을 바꾼다는 측면에서는 비슷하다. 다만 '역성혁명'의 혁명 역시 상층 지배층끼리의 교체라는 측면이 강하다. 그런데 근대 정치사에서 'revolution'도 역시 민중이 '혁명'을 하여도 최종 수혜자는 숟가락을 거기 얹는 새로운 정치 세력이므로 결과는 결국 마찬가지라고 할 수 있다. 다만 '역성혁명'과 달리 'revolution'은 권력의 근원을 '하늘'이 아닌 '민民'에게 둔다는 것이지만, 최종적 결과는 결국 새로운 지배 세력의 등장이라는 것이다.

149) 즉 『서경書經』 「주서周書」 중 「태서泰誓」의 상上·중中·하下다.

150) 『시경詩經』 「대아大雅」 '문왕지십文王之什'에 나오는 말.

151) '대인', '군자', '소인'이란 용어는 원래는 정치적 측면에서의 신분 분류다. '군자'는 지배 계층을 말하고, '소인'은 하층인 피지배계층의 백성을 말한다. '대인'은 그 공동체의 최고 지도자다. '군자'인 지배계층의 귀족은 사회의 문화적 혜택을 보는 데 유리하므로, 덕과 교양을 쌓을 기회도 많다. 반면, '소인'인 백성은 그 문화적 혜택에서 소외되어 있으므로, 자연 덕과 교양의 함양에서도 소외될 확률이 높다. 평등한 인간임에도 사회적 환경의 차이로 인한 것이지, 성품의 차이는 아니라는 말이다. 그러다가 주나라의 기존 체제가 붕괴하면서, 이런 구도도 붕괴하였다. 귀족이라고 해서 교양이 반드시 높은 것도 아니고, 일반 백성이라고 해서 교양이 반드시 낮은 것도 아니다. 덕과 교양이 이제는 거기에 관심을 두고 노력하는 각자의 문제가 된 것이다. 그래서 이후 '군자'와 '소인'은, 신분에 상관없이 덕을 쌓으려고 노력하는 존재는 '군자'로, 그에 반하여 이익만 챙기려고 하는 존재는 '소인'으로 규정되었다. 공자가 말하는바, "군자는 의義에 밝고, 소인은 리利에 밝다"는 정의定義와 같다. 그래서 '혁괘'의 이 부분도 정치적, 신분적 측면으로 해석할 여지도 있지만, 신분과 관계없이 지향하는 취지는 '덕德'의 기준이라 보는 것이 적절하다고 하겠다.

152) 만일 이념의 잣대로 이 '상육'을 보면, 군자와 소인의 구분은 각자 진영의 이념에 의해 판단된다. 자신의 이념에 동조하면 군자고 그에 반하면 소인이다. 좌파에게는 좌파가 군자고 우파가 소인이다. 우파에게는 우파가 군자고 좌파는 소인이다. 조선 왕조시대의 당쟁에서 자신의 당파는 군자고 다른 당파에 있는 정적들은 소인으로 매도했던 것과 같다. 이러한 잣대로는 다른 사상 이념을 가진 사람들은 모두 소인이다. 그런데 이런 판단보다 더 심각한 것은 다른 이념을 가진 사람들을 끝까지 추적해서 박멸하려는 사고다. 조선 왕조의 당쟁을 서술한 조선 말엽 이건창李建昌의 『당의통략黨議通略』에는 당쟁으로 날이 새고 지는 정치 현실에 염증을 느끼고 세상을 피해서 은둔하여 사는 이들까지도, 당쟁을 일삼던 자들이 상대 당이라는 이유로 끝까지 찾아서 사약을 내려 죽게 하는 경우가 나온다. 자신의 당파가 아니며 자신의 사상과 다르면, 끝까지 찾아서 소인으로 몰아서 처단해야 한다는 극단적 사고이다. 이런 사고는 자신의 사상에 반하는 존재는 죽어도 용서치 않는다. 홍위병들이 '문화대혁명' 시기에 공자의 비석을 파괴하듯이, 정적이 죽어도 묘를 파 부관참시剖棺斬屍하듯이 한다. 이런 사고에는 자신들이 정권을 잡고 나서는 자신들의 정적을 '소인'으로 규정하는 데 그치지 않고, 그 정적들이 이미 정치적으로 패퇴한 상태로 '혁면革面'이라도 하는 것도 용납지 않는다. 그러나 실은 이러한 극단적 사고로 상대에게 잔인한 자들이야말로 '인仁'이 없는 소인이다.

153) 정이程頤는 여기에서 '吉'자는 잘못 들어간 글자로서, 원래는 "鼎, 元亨."이기만 하다고 한다. 그래서 「단전象傳」에도 '元亨'으로 되어 있음을 그 근거의 하나로 들었고, 이후 주희朱熹도 이를 따라 '吉'을 연문衍文으로 보았다. 하지만 「단전象傳」을 근거로 원문을 고치는 것이 합당한지도 의문이며, 『주역』 원문 전반을 볼 때, 원래 '원길元吉'이라는 표현도 있으므로, 그렇게 보아도 문제가 될 수 없다.

154) 이에 대해 『주역』 「계사전」에서 이렇게 말하였다. "덕은 박한데 지위는 높고, 지혜는 작은데 도모하는 것은 크며, 힘은 작은데 책임은 무거우니, (화禍에) 미치지 못함이 적도다! '역易'에 말하기를 '솥에 발이 부러져 공의 음식을 엎으니, 그 모습이 젖음이라서 흉하다'고 하니, (이는) 그 책임을 이기지 못함을 말하는 것이다(德薄而位尊, 知小而謀大, 力小而任重, 鮮不及矣! 易曰: '鼎折足, 覆公餗, 其形渥, 凶.' 言不勝其任也.)."

155) 중국 고대에 곡을 연주할 때는 먼저 '쇠[금金]'로 만든 악기인 '종鐘'을 쳐서 음악을 시작하고, 마지막에 '옥玉'으로 만든 악기인 '경磬'을 쳐서 마무리한다. 음악 연주에서 처음과 끝을 조리 있게 연결하는 것이다. 이를 가지고 맹자는 공자를 평가하는 비유로 썼는데, 『맹자孟子』 「만장萬章하下」에 이런 말이 있다. "공자 같은 분을 일러 '집대성集大成'하였다고 한

다. '집대성'이란, (곡을 연주할 때) (먼저) 쇠로 만든 악기를 치고서는, (마무리할 때) 옥으로 만든 악기를 친다. 쇠로 만든 악기를 침은 음악을 시작하는 것이고, 옥으로 만든 악기를 침은 음악을 마무리하는 것이다. 음악을 시작하는 것은 '지智'에 속하는 일이고, 음악을 마무리하는 것은 '성聖'에 속하는 일이다.(孔子之謂集大成, 集大成也者, 金聲而玉振之也, 金聲也者, 始條理也, 玉振之也者, 終條理也. 始條理者, 智之事也, 終條理者, 聖之事也)." 여기서 맹자가 공자의 인품을 표현한 '집대성集大成'을 설명하는 말에서 유래한 '금성옥진金聲玉振', 그리고 음악의 시작을 말하는 '시조리始條理', 음악의 마침을 말하는 '종조리終條理', 그리고 전자를 '지智'에 후자를 '성聖'에 연계시키는 말들이 후대에 유명해졌다. 그런데 마침 이 '정괘鼎卦'의 '육오'에서 '금현金鉉'을, 그 '상구'에서 '옥현玉鉉'을 말함이, 마치 '금성옥진金聲玉振'의 조화를 말하는 듯하다.

156) '비창匕鬯'의 '비匕'는 음식을 뜨는 도구이고, '창鬯'은 '향주香酒'다. 모두 종묘宗廟의 제사에 쓰인다. 종묘는 나라의 정신적 지주를 상징한다. 즉 나라의 이념이다. '비창을 잃지 않음(不喪匕鬯)'은 곧 나라의 이념을 잃지 않음이다. 여기서는 앞에서 혁명을 이루며 확립된 나라의 이념을 잃지 않음이다.

157) 이 '초구'의 '震來虩虩, 後笑言啞啞'의 부분은 '後'자가 더해진 것을 제외하고는 괘사와 같다. 그래서 이 '後'자는 연문衍文이라는 견해가 있다. 그렇지만 괘사와 효사가 반드시 완전히 같아야 할 이유는 없다. '진괘' 괘사에 '後'자가 없는 것은 '진괘' 일반의 의미를 말한 것이고, '초구'의 효사에서는 '震來虩虩'이라는 전자의 부분이 있고, 그 전제조건하에 '笑言啞啞'이라는 후자가 있음을 분명히 한 것이라고 할 수 있다.

158) 상앙商鞅은 비록 진秦나라를 부강하게 만들었지만, 그렇게 만드는 과정에서 국가의 구성원들을 강력한 법으로 옥죄고 힘들게 하였다. 법 앞에 누구나 평등하다는 소신으로 다음 권좌를 이어받을 태자도 그 예외로 두지 않다가, 자신을 등용한 효공이 죽자, 그동안 많이 만든 정적과 새 임금이 된 태자의 구원舊怨으로 결국은 자신의 공에도 불구하고 죽임을 당하였다. 그러나 진은 상앙의 정책을 그 이후에도 계속 이어가면서 국력을 키워, 상앙의 공적은 마침내 진시황 대에서 천하를 통일하는 기초가 되었다.

159) '시중時中'은 문자상 '때[時]'만을 표현한 말이지만, 여기에는 시간적, 공간적 의미가 모두 포함된다.

160) "知止而后有定, 定而后能靜, 靜而后能安, 安而后能慮, 慮而后能得."「대학」

의 첫머리에 "大學之道, 在明明德, 在親民, 在止於至善."이라는 말이 있고, 이어 앞의 "知止…"라는 말이 이어진다. 즉 "知止…"의 부분은 '지선至善'이라는 데 머묾에 대한 것이다. 그런데 이 '止'에는 양면성이 있다. 즉 욕망이라는 부정적인 것을 그치게 하고 멈추게 함이라는 의미와 그로 인해 긍정적인 '지선'에 머묾이라는 의미가 동전의 양면처럼 있다. '至善'이라는 '최고선'에 머묾(止)을 실현함이란 곧 욕망을 멈춤과 맞닿아 있다고 할 수 있다. 욕망을 그치는 순간이 곧 '지선'이기 때문이다. 바꾸어 말해 '극기克己'함으로써 곧 '복례復禮'하게 된다. '간괘艮卦 ☶'와 '간괘艮卦 ䷳'의 상象인 '지止'의 배후에는 이러한 철학적 취지가 있다.

161) "不見可欲, 使民心不亂."(『노자老子』제3장)

162) "小國寡民 … 隣國相望, 鷄犬之聲相聞, 民至老死不相往來."(『노자』제80장)

163) '陸'을 '逵'로 바꿔 '하늘길'로 보기도 하나 적절하지 못하다.

164) "流水之爲物也, 不盈科不行; 君子之志於道也, 不成章不達."(『맹자孟子』「진심盡心 상上」)

165) "君子之道, 辟如行遠必自邇, 辟如登高必自卑."(『중용中庸』제15장)

166) "切問而近思."(『논어論語』「자장子張」에 나오는, 공자의 제자 자하子夏의 말)

167) "老吾老, 以及人之老; 幼吾幼, 以及人之幼."(『맹자』「양혜왕梁惠王 상上」)

168) '수신' 이전에 '수신'의 전 단계인 '격물格物', '치지致知', '성의誠意', '정심正心'이 먼저 있고, '정심' 후에 '수신'이 있다.

169) 여기서 '점漸'이라는 과정과 절차의 문제 제기를, '여자가 시집가는 일'이라는 혼인의 절차를 두고 말하는 것은, 혼인 그 자체를 두고 말하는 것이 아니라, 남녀가 혼인함에 정당한 절차가 없으면 야합野合에 불과한 것이고, 특히 남성 중심의 가부장적 사회였던 『주역』의 성립 시기에 여자가 이런 정당한 절차의 대우도 받지 못한다면, 큰 모욕이 된다는 것을 말하는 것이다. 그래서 먼저 남자 쪽에서 굽히고 여자를 존중하여 정당한 절차를 지켜야 하는 것이다. 이러한 것을 비유로 차근차근 밟아야 할 절차의 정당성을 말하는 것이 '점괘漸卦'의 취지다.

170) 이 '상구'‘鴻漸于陸’의 ‘륙陸’에 대해서, 북송北宋의 호원胡瑗과 정이程頤, 그리고 이후 남송南宋의 주희朱熹는 그 글자를 ‘규逵’ 즉 ‘하늘길’로 바꿔야 한다고 보았다. 사실상, ‘상구’도 ‘鴻漸于陸’이고 ‘구삼’도 ‘鴻漸于陸’이니 의아스러울 수도 있다. 그래서 ‘구오’의 ‘릉陵’보다 더 높은 곳이 되어야 한다고 생각할 수 있다. 마침 ‘하늘길’의 의미인 ‘규逵’가 ‘륙陸’과 글자꼴이 비슷하니, 원래 ‘규逵’였는데 와전되었다고 여길 수 있다. 그리고 그들은 운韻을 맞춰도 ‘규逵’가 적절하다고 주장한다. 그러나 북송과 남송 사이의 주진朱震, 명말청초明末淸初의 고염무顧炎武와 같은 이들은 원래 글자인 ‘륙陸’이 맞는다는 입장이다. 필자의 입장으로도 ‘하늘길’이란 말을 설정해서 더 높은 곳으로 올라가려는 것은 『주역』의 취지에도 맞지 않고, 글자 그대로 하여 다시 낮은 곳으로 은퇴함을 말함이 그 취지에도 맞는데, 문헌의 원래 상태를 군이 고쳐서 다른 뜻으로 만들 필요는 없다고 생각한다.

171) “功遂身退, 天之道.” (『노자老子』 제9장)

172) 개인 각자의 열악한 상황에서 보면 이롭지 않아서 수많은 노동자의 희생이 있었고, 탐욕적 자본가의 수탈과 착취가 있었다. 다만 산업화 과정의 국가 경제발전 전체 측면에서의 이로움을 말하는 것이다.

173) 여기서 ‘수須’는 중국 전통적 천문天文의 별자리인 28수宿 중 ‘여수女宿’를 말한다. 이 ‘여수’의 ‘여女’를 ‘수녀須女’, ‘무녀婺女’라고도 한다. ‘수녀須女’는 하급의 천한 일을 한다고 하여, 여기서는 ‘천첩賤妾’의 의미로 쓰였다.

174) 상 왕조의 마지막에서 두 번째 임금으로 마지막 임금인 주왕紂王, 즉 제신帝辛의 아버지다. 제을帝乙의 장자長子는 ‘미자계微子啓’이고, 차자次子는 ‘미중연微仲衍’이며, 제신帝辛(즉 주왕)은 제을帝乙의 막내아들(少子)이었다. 세 사람 모두 같은 어머니의 자식이었으나, 앞의 두 아들을 낳을 때 그 어머니는 첩妾이었고, 이후 왕후王后가 된 후에 제신을 낳는데, 제을이 미자계가 장자라고 하여 후사로 삼으려고 했으나, 태사太史가 예법에 따라 미자계는 어머니가 첩妾이었을 때 낳았기 때문에 서자庶子이고(미중연도 마찬가지), 제신은 그 어머니가 왕후가 된 후에 낳아서 처妻의 아들인 적자嫡子이기 때문에, 제신을 후사로 삼아야 한다고 하여, 그에 따라 이후 제신이 왕위를 이었다. 이가 곧 상 왕조 마지막 임금인, 『주역』을 지었다는 주周 문왕文王을 박해한 주왕紂王이다. 만일 이러한 내용이 모두 사실이라면, 주 문왕은 바로 그 직전의 일을 빗대어 이 글을 쓴 셈이다. 또는 효사爻辭는 주 문왕의 아들 주공周公이 지었다는 설에 따른다면, 주공이 그런 식으로 효사를 쓴 셈이 된다.

175) 동진東晉의 간보干寶는, "(이 '풍괘豐卦'의) 상육上六은 아마 (상商나라) 주왕紂王의 일을 기록한 것일 거다. 사직社稷이 망하고 나서, 궁실이 텅 비었기 때문에, '闃其戶闃其无人'이라고 말한 것이다"라고 했다. 즉 어떤 나라나 공동체가 피폐해지거나 망한 상황을 묘사한다는 것으로 볼 수 있다. '격闃'은 '적정寂靜', 즉 '고요함'의 뜻이다.

176) 이 일행 중 한식절寒食節, 청명절清明節의 고사에 관련되는 개자추介子推도 있었다.

177) 제 환공은 이로써 '풍괘'의 영화를 누렸지만, 만년에 혼용昏庸해져서 관중이 그보다 먼저 병사病死하기 전, 역아易牙, 개방開方, 수조竪刁의 세 소인을 쓰지 말라고 충고했음에도, 관중 사후 그 말을 듣지 않고, 그 세 소인들을 중용重用하여 그들이 권력을 독점하는 결과를 만들었다. 이후 환공이 중병이 들었을 때, 다섯 공자公子가 서로 다투어 당파를 만들어 후계를 다투었다. 환공이 죽고 난 후, 그 다섯 공자자 서로 공격하며 다투어, 환공의 시체는 침상에 67일이나 방치되어, 시체가 썩어 벌레가 창밖으로 기어 나오기까지 하다가, 새 임금이 세워진 후에야 장례가 치러지는 사후의 수모를 당하였다. 그는 '풍괘' 후 다시 '려괘'로 돌아가 몰락하여 죽은 셈이다.

178) '꿩[雉]'은 상괘인 리괘離卦의 상象 중 하나인데, 리괘는 또 '문명'을 상징하기도 한다. 이는 곧 해방과 광복을 말한다.

179) "巧言·令色·足恭, 左丘明恥之, 丘亦恥之."(『논어』「공야장公冶長」)

180) 子貢曰: "貧而無諂, 富而無驕, 何如?" 子曰: "可也. 未若貧而樂, 富而好禮者也."
(『논어』「학이學而」)

181) "居天下之廣居, 立天下之正位, 行天下之大道, 得志, 與民由之, 不得志, 獨行其道.
富貴不能淫, 貧賤不能移, 威武不能屈, 此之謂大丈夫."(『맹자』「등문공滕文公 하下」)

182) 『시경詩經』「대아大雅·상유桑柔」: "人亦有言; 進退維谷."

183) '頻巽'의 '頻'을 정이程頤, 주희朱熹는 '자주'의 의미로 보았지만, 그런 손순함은 차라리 '초육'의 지나치게 굽신거리는 태도에 알맞은 해석이다. 여기에서의 '빈頻'은 '빈축嚬蹙'의 '嚬'으로 보는 것이 낫다고 생각한다.

184) 『한비자韓非子』에 이런 이야기가 있다. 초楚나라 왕이 태자太子를 급히 부른 일이 있었는

데, 초나라 법에 따르면 수레는 묘문茆門(두 번째 문)으로 들어갈 수 없었다. 그런데 마침 비가 와 궁궐 내에 물이 고여 있어서 태자는 바로 묘문茆門으로 수레를 몰고 갔다. 그러자 그 문의 근무자가 수레는 이 문으로 들어올 수 없으니 이는 법을 어긴 것이라고 말했다. 그래서 태자가 임금께서 급히 불러서 가니, 물이 없어질 때까지 기다릴 수 없다고 하며, 바로 수레를 몰고 들어가려고 하였다. 그러자 그 근무자는 병기를 들어 태자의 말을 쳐 죽이고, 수레를 부숴 버렸다. 태자가 들어가서 초나라 임금 앞에서 울며 과정을 말하고는, "부왕께서 꼭 그자를 죽여주십시오!"라고 했다. 그러나 왕은 오히려 그 근무자를, 법을 지키는 훌륭한 신하라고 칭찬하고는, 즉시 두 등급이나 작위를 올려 승진시켰다. 그리고는 후문을 열어 태자를 내보내면서, "다시는 이러한 잘못을 저지르지 말라!"라고 하였다. (『한비자韓非子』「외저설外儲說 우상右上」참조). 필자도 일개 병사였을 때 초병으로서 비슷한 경험이 있었다. 다만 필자의 보고를 받은 상급 책임자는 초나라 왕처럼 하지는 않았지만.

185) '田獲三品'은 사냥에서 잡은 사냥물을 세 등급으로 나눈 것을 얻음을 말한다. '삼품'은 사냥물이 되는 금수禽獸에 있는 살상의 상처 부위에 따라, 상살上殺, 중살中殺, 하살下殺로 나누어, 그로 인한 사냥물의 신선도에 따라 용도를 나누는 등급이다.

186) '先庚三日, 後庚三日'의 '庚'은 십간十干의 하나이지만, 같은 발음인 '경更(고치다)'의 의미를 감추어 놓은 것이며, '삼일三日'은 특정 기간이 아닌 '한동안'을 의미한다.

187) '태괘兌卦'「단전彖傳」에 "'태兌'는 '說'이다"라고 하는 '說'은 곧 '悅'이며 음도 '열'이다. 『논어』 첫 문장 "學而時習之, 不亦說乎"의 '說(열)'이다. 『주역』 본문에 '說'이라고 표기한 것은 '悅'의 의미 외에도 '脫(탈)'을 뜻하는 경우도 있는데, 고대 한자가 처음에는 적은 글자 수에서 점차 개념이 분화되고 늘어남에 따라 글자 수도 늘어났지만, 분화되기 전 초기에는 아직 새 글자가 생겨나기 전에, 기존의 글자가 여러 개념을 포괄하여 의미했다. 그중의 한 사례가 '說'이란 글자로서, 훗날의 '說(설)', '悅(열)', '脫(탈)'과 같은 것을 포괄하고 있었다. 어떤 이는 '태괘兌卦'의 '태兌'가 '기쁨'이라는 것은 '열悅'과 달리 마음 이전의 천성에 근원을 둔 기쁨, '열說'은 진실성 없이 말로만 표현된 기쁨이라고 하지만, 이런 견해는 훗날 글자가 분화되고 난 후의 상황을 이전에 적용하여 견강부회한 것이다.

188) 공자가 어느 날 제자 자로子路, 증석曾晳, 염유冉有, 공서화公西華와 같이 있을 때, 그들에게 앞으로 세상에 등용된다면 어떻게 할 것인가 꿈을 물었다. 그러자 자로를 시작으로 모두 정치적 포부를 말하였지만, 옆에서 가만히 거문고 연주를 하고 있던 증점曾點(자字가 증석曾晳, 역시 공자의 제자인 증삼曾參―「논어」에서 '증자曾子'로 등장―의 아버지)은 공자의

물음에 이같이 답했다. "늦은 봄에 봄옷이 마련되면, 성년이 된 대여섯 사람, 어린이 예닐 곱 사람과 기수沂水에서 목욕하고, 무우舞雩(하늘에 기우제 지내는 곳. 제사 지내는 터에 나무가 있어서 그 그늘에서 쉴 수 있다.)에서 바람을 쐬고, 노래하며 돌아오겠습니다."(『논어』 「선진先進」).

189) '화和'에 대한 상세한 설명은, 필자가 쓴 책 『『중용』 읽기』(세창미디어, 2016)의 제5장을 참고 바람.

190) "君子和而不同, 小人同而不和."(『논어』 「자로子路」)

191) 당唐나라 초기 위징魏徵은 처음 은태자隱太子 이건성李建成(당唐 고조高祖 이연李淵의 적장자嫡長子. 죽은 후 시호諡號가 '은隱'이었으므로 '은태자'라고 일컬어짐.)을 섬기며, 그에게 그의 동생 이세민李世民(즉 이후의 태종太宗)을 제거할 것을 건의하였다. 그런데, 이건성이 이를 듣지 않다가, 이세민과의 권력 다툼 끝에 현무문 사변玄武門事變으로 이세민에게 죽자, 위징은 이세민에게 죽을 각오를 하면서도, 자신은 당시 이건성을 섬겼으므로 그때 그 위치에서 한 행동을 정당하다고 여겼다. 이후 태종 이세민은 위징을 오히려 등용하였고, 위징은 태종을 성심으로 섬기면서 수많은 직간直諫을 하였으며, 태종이 위징을 자신의 거울로 여긴 것이 역사에서 유명하다. 이 역시 관중管仲의 경우와 비슷하다.

192) 칙령은 "모든 기독교도는 신앙의 자유가 있다"는 짧은 문장이었다. 이후 기독교는 테오도시우스 1세에 의해 국교가 되었고, 오히려 다른 종교는 금지되었다.

193) 이 '상구'의 원문을, '渙, 其血去, 逖出, 无咎'로 보면, 그 피가 제거되는 것이지만, 어떤 해석처럼 '渙其血, 去逖出, 无咎'로 보면, 그 피를 해소함(渙)으로 볼 수 있고, '去'는 뒤로 붙어 '가다'의 뜻이 된다. 그러나 어떻게 보든, 여기서 말하는 해석 관점의 대의에는 차이가 없다.

194) 정이程頤와 주희朱熹는 이 "不節若, 則嗟若, 无咎"에 대해서, '육삼'이 스스로 절제하지 못하여 다른 사람에게 허물을 돌릴 수가 없는 경우라고 해석한다. 그래서 이 부분 「상전象傳」의 문장인 "不節之嗟, 又誰咎也."에서도 '誰咎'의 '誰'를 목적어로 해석하여, "누구를 허물하겠는가"라는 의미로 보았다. 이런 취지의 해석은 많은 다른 해석가도 따르는 바이다. 그런데 『주역』의 다른 괘 효에서는 '无咎'를 통상 글자 그대로 '허물이 없다'는 뜻으로 이해하고, 정이, 주희나 다른 이들도 다 그렇게 본다. 그런데, 유독 이 부분만은 '허물을 돌릴 데

가 없다'는 식으로 이해한다. 즉 '육삼'이 절제를 하지 못하는 잘못이 있어서 남을 탓할 수 없다는 것이다. 그래서 주희는 이곳의 '无咎'가 다른 곳과는 달라서, 허물을 돌릴 데가 없음을 말하는 것이라는 점을 분명히 하고 있다. 정이와 주희는 자신의 방식대로 해석하면, '无咎', '誰咎'가 다른 곳의 해석과 달라지니, 그냥 자신들의 생각을 우선하여, 그 원문의 통상적 취지를 바꾼 것이다. 정이와 주희는 이곳뿐만 아니라 다른 경우에도, 자신들의 생각과 다르면 원문까지 바꾸어버리는 경우도 있다. 가장 대표적인 경우가 『대학大學』 해석의 경우로 정이는 『대학』의 '친민親民'을 '신민新民'으로 바꾸어 주희도 이를 따랐다. 심지어 주희는 『대학』 원문과 자신의 해석을 끼워 맞추려고, 원래 『대학』 원문에 있었던 '격물格物'과 '치지致知'의 뜻을 해석하는 부분이 사라졌다면서, 『대학』 원문의 글이 아닌 「격물보전格物補傳」이란 것을, 정자程子(정이程頤)의 뜻을 취하는 것이라면서 창작해 넣기까지 하였고, 이후 주희의 학문, 즉 주자학朱子學을 신봉하는 이들은 이러한 주희의 관점을 당연시하였다. 『주역』 '절괘'의 이 부분도 정이와 주희의 그러한 태도가 적용된 것이라 할 수 있다. 그렇지만 자신들의 해석에 거꾸로 원문을 끼워 맞추는 것은 견강부회의 심한 경우이다. 필자의 소견으로는 '无咎'를 일반적 경우로 해석해도 문제없다고 생각하며, 「상전」의 '誰咎'도 '誰'를 목적어가 아닌 주어로 보아 '누가 허물하겠는가'라고 해석해도 문제없다고 생각한다.

195) "人而無信, 不知其可也." (『논어論語』「위정爲政」)

196) 자공子貢이 정치에 있어서 '병兵', '식食', '신信' 중 부득이하게 먼저 버려야 한다면 무엇이 먼저인가를 물었을 때, 공자는 '병兵'이 가장 먼저, 그다음 '식食'이라 하고, "백성에게 '신信'이 없으면 설 수가 없다(民無信不立)"라고 하였다. (『논어論語』「안연顏淵」 참조.)

197) 여기에서의 '믿음'은 대상에 대한 믿음이다. 그래서 앞의 괘명과 괘사에서 말한바, 주체의 덕으로서의 '신뢰'와는 다르다.

198) 季路問事鬼神. 子曰: "未能事人, 焉能事鬼?" 敢問死. 曰: "未知生, 焉知死?" (『논어』「선진先進」)

199) 子不語怪, 力, 亂, 神. (『논어』「술이述而」)

200) "好信不好學, 其蔽也賊." (『논어』「양화陽貨」)

201) "學而不思則罔, 思而不學則殆." (『논어』「위정爲政」)

202) 공자의 이 부분의 '신信'은 대상에 대한 믿음이다. 그래서 앞서 말한 '신뢰'의 '신信'과는 문맥상 다른 취지다. 이 '초구'의 효사 자체가 대상에 대한 믿음을 말하는 취지다.

203) 고대 중국에서 수레를 끄는 말이 네 마리일 경우, 바깥쪽 두 말의 색과 모양, 안쪽 두 말의 색과 모양을 같이 하고, 두 마리일 경우 두 마리 모두 색과 모양을 같이 하였다. 이를 '필匹'이라고 한다. 지금 '중부괘' '육사'는 『주역』의 이론상 원래 '초구'와 자리로서도 음양으로서도 짝을 이루어 호응하고 있지만, 즉 '육사'가 '초구'의 지지를 받지만, '육사'와 '초구'가 말이 짝을 이루듯 하는 '마필馬匹', 즉 그 지지를 스스로 없게 하는 듯해야(亡), 허물이 없다는 것이다.

204) '소과괘'의 '과過'에는 대체로 세 가지 뜻이 있다. 첫째, 적정한 정도를 넘어서는 초과의 '지나침'이다. 둘째, 특정한 위치에 머물지 않고 이동해 버리는 공간적 '지나침'이다. 셋째, 지나침으로 인한 허물이나 과실過失이다.

205) 『논어』「술이述而」

206) '육오'가 항상 좋지 않은 것은 아니다. 좋은 상황을 말하는 괘에서의 '육오'는 그 음유함이 폭정을 배격하고, 인민 백성에게 부드러운 정치를 펴는 것을 말하는 경우도 허다하게 있다.

207) 이 '旣濟亨小'의 '亨小'에 대해서는 논란이 있었다. 그중에 '小亨'이 아닐까 하는 견해도 있었다. 이에 대해 정이程頤는 원래의 원문을 그대로 인정하여, "만약 '小亨'이라고 하면, 형통함이 작은 것이 된다."라고 하였다. 그런데 이후 주희朱熹는 "'亨小'는 '小亨'이 되어야 마땅하다"라고 하였다. 그런데 『주역』의 최초의 해석 중 하나인 『단전彖傳』에서는 이를 두고 "작은 것이 형통하다(小者亨也)."라고 하였다. 여기서는 완전한 해결이 이루어짐의 의미에서, 작은 것까지도 형통해지는 것으로 해석한다.

208) 이 짐승은 다음의 '미제괘未濟卦'를 볼 때 '여우'로 해석된다. 즉 다음의 '미제괘未濟卦'도 역시 이 예를 드는데, 괘사에 아예 '어린 여우(소호小狐)'라고 표현하고 있다.

209) '불茀'을 중국 삼국시대 위魏의 왕필王弼과 오吳의 우번虞翻은 모두 '머리장식'으로 보았지만, 그 훗날 북송北宋의 정이程頤는 여인이 외출할 때 자신을 가리는 '가리개'로, 남송南宋의 주희朱熹는 여인이 외출할 때 수레를 가리는 '가리개'로 보았다. 정이와 주희의 경우,

여인이 외출할 때의 몸가짐을 중시하는 중세시대의 의미가 있다. '머리 장식'의 경우는 '육이' 자신이 평소 아끼는 물건이거나 지아비인 '구오'의 선물로 볼 수 있어서 모두 중요한 물건의 의미를 가지는 것이지만, '가리개'는 마치 조선 왕조 시대 여인의 '장옷'과 같은 역할로서 중세시대에 여인이 외출할 때의 필수품의 의미를 가진다. 어쨌든 모두 잃어버리면 안 되는 사물이라는 의미에서는 결국 같다.

210) 이 '칠일七日'은 흔히 여섯 효로 이루어진 『주역』의 효를 일주한 후 다시 돌아오는 기간을 두고 말한다고 해석한다. 그러나 꼭 기간을 특정하지는 않은, 그냥 불특정의 일정 기간을 말하는 것으로 보아도 된다.

211) '終日戒'의 '終日'은 온종일을 의미하는 것이 아니라, '건괘乾卦'의 '종일건건終日乾乾'처럼 '끝까지', '언제나'를 말하는 것이다.

212) 제수를 풍성하게 마련하기 어려운 시기인 여름에 지내는 고대 주周나라의 간략하고 검소한 제사. 상세한 것은 앞의 '췌괘萃卦' 참조.

213) '아직 해결되지 않았음'이라는 '미제'의 의미는 어떤 사건이 아직 해결되지 않았을 때, 그 사건을 '미제사건未濟事件'이라고 부르는 일상용어에서도 알 수 있다. '미未'는 '불不'과 다르다. '미未'는 '아직 아님(not yet)'이고, '불不'은 그냥 '아님(not)'이다. '미제'는 '아직 건너지 않았음'이지만, '부제不濟'(한국어에서 'ㄷ'과 'ㅈ' 앞에서는 '불不'을 '부'로 읽으므로)는 그냥 '건너지 않(았)음'이다. '아직'은 '미래'의 가능성을 내포하고 있다. 이 '미래未來'는 곧 '아직 오지 않았지만' 언젠가는 오는 것이다. 만일 '불래不來'라고 한다면, 앞으로의 가능성 유무는 말하지 않고, 그냥 '오지 않음'만 말한다. '미완성未完成'이라고 하면, 언젠가는 완성한다는 가능성을 열어 놓고 있다.

214) 서양의 경우 그리스·로마의 헬레니즘 문화가 그런 순환론적, 원환적 특성이 있어서, 유목민의 이동적 문화인 헤브라이즘의 직선적 특성과 대비되고 있다.

215) '미제괘'와 180도 전도된 관계에 있는 '기제괘' '구삼'이 뒤집히면, '미제괘' '구사'가 되는데, '기제괘' '구삼'은 '高宗伐鬼方, 三年克之, 小人勿用'으로 그 내용이 이 '미제괘'의 '구사'와 서로 관련된다. 그런데 '기제괘'의 '구삼'은 왕이 직접 외부 정벌에 나섰고, '미제괘'의 '구사'는 신하가 정벌하러 간 것이다.

주역 속 세상, 세상 속 주역

2021년 2월 23일 초판 1쇄 발행

지은이 정해왕(丁海王)
펴낸이 양진화
펴낸곳 ㈜교학도서
공급처 ㈜교학사

등록 2000년 10월 10일 제 2000-000173호
주소 서울 마포구 마포대로 14길 4
대표 전화 02-707-5100
편집 문의 02-707-5271
영업 문의 02-707-5155
전자 우편 kcs10240@hanmail.net
홈페이지 www.kyohak.co.kr

ISBN 979-11-89088-23-1 03140